한국 고고학 첫 세대

하담 도유호

한 창 균

연세대학교 사학과 졸업, 동 대학원 문학석사.
파리6대학교 박사(선사고고학)
현재 연세대학교 사학과 파른기념교수, 연세대학교 박물관장

저서 『북한의 선사고고학 ① 구석기시대와 문화』(1990, 편저), 『북한 선사 문화 연구』(1995, 공저),
『북한 고고학 미술사 용어집』(1996, 편저) 외

한국 고고학 첫 세대
하담 도유호
한 창 균 지음

초판 1쇄 발행 2017년 4월 10일

펴낸이 오일주
펴낸곳 도서출판 혜안

등록번호 제22-471호
등록일자 1993년 7월 30일

주소 ㉾04052 서울시 마포구 와우산로 35길3(서교동) 102호
전화 3141-3711~2
팩스 3141-3710
이메일 hyeanpub@hanmail.net

ISBN 978-89-8494-575-3 93910

값 32,000 원

한국 고고학 첫 세대

하담 도유호
荷潭 都宥浩

한창균 지음

혜안

도유호를 읽으면 북한 고고학이 보인다

잘 알려진 것처럼, 1960년에 발행된 도유호의『조선 원시 고고학』은 해방 이후 북한 지역에서 이루어진 고고학 성과를 담은 우리나라 최초의 고고학 개설서로 평가를 받고 있다. 그 뒤 이 책의 복사본이 국내에 들어와 고고학 관계 전공자들이 읽기는 하였지만, 여러 사람의 손길을 거치며 복사에 복사를 거듭한 것을 이용하는 경우가 대부분이었다. 그러다보니 복사 상태가 좋지 않아 책을 읽는 데 늘 불편한 점이 많았다. 이런 불편함을 덜고자 백산자료원의 도움을 받아 1994년에 단행본을 다시 펴내면서[1] 그 끄트머리 부분에 도유호의 고고학에 관한 간단한 내용을 정리하여 덧붙이기도 하였다.[2]

그것을 포함해서 그간 북한 고고학에 관한 글을 몇 차례 발표한 바 있지만, 글을 쓰고 나면 미흡한 점이 적지 않게 뒤따라 언제나 마음이 개운하지 못하였다. 특히『조선 원시 고고학』이 한국 고고학에 관한 최초의 개론서로 인정받고 있음에도 그에 대한 학술적인 서평조차 만족스럽게 이루어지지 않아 못내 아쉬웠다. 그래서 그 주제를 가지고 논문을 준비하고자 마음먹기 시작한 때는 약 7년 전 여름방학 무렵이었다.

논문 자료를 챙기면서 독일 유학 시절 도유호가『동아일보』에 연재하였던 여행기旅行記와『동광』에 기고하였던 인상기印象記, 그 후

---

1) 도유호, 1994,『조선 원시 고고학』(재간행), 백산자료원.
2) 한창균, 1994,「도유호와 북한 고고학」,『조선 원시 고고학』, 327~386쪽.

그의 귀국 소식을 알려주는 신문 기사를 비롯하여, 귀국 이후 『조선일보』에 게재되었던 감상문感想文 등을 좀 더 자세하게 읽을 수 있는 기회를 가졌다. 그동안 무심코 지나쳤던 여러 이야기 거리를 새삼스레 가까이 하면서 도유호가 독일로 유학을 떠났던 가장 큰 동기는 일제의 식민지적 상황에 처해 있던 민족 문제와 깊은 관계를 맺고 있음을 알게 되었다. 민족 문제에 대한 자신의 뜻을 담아 도유호는 김명식, 주요한, 이광수 등에게 서신을 보내기도 하였다. 또한 박사학위 논문 작성을 위한 참고 자료를 얻고자 그는 이광수와 이병도 등에게 도움의 손길을 구하기도 하였다.

그러한 내용 등이 게재된 신문 기사를 하나둘 읽어가며, 젊은 나이에 당대의 지식인과 교류하였던 도유호의 행적을 먼저 재구성할 필요가 있다는 생각이 한결 짙어졌다. 고고학자로서 도유호의 학문 업적을 되돌아보는 일도 중요하지만, 청년 지식인으로서 당시의 식민지적 현실을 경험하였던 그의 마음가짐을 살피는 것도 그것에 못지않은 의의를 지닌다는 사실을 깨달았다. 이와 아울러 그가 1940년대의 암울한 시대적 상황에서 친일의 늪에 빠져들지 않았다는 점도 가슴에 크게 와 닿았다.

그러면서 차츰 처음 마음먹은 논문의 주제와 체제 구성을 전면적으로 수정하고, 그에 따른 서술 내용의 범위를 확장하게 되었다. 일제강점기, 유럽 유학, 해방 공간, 월북 등과 같이 복잡한 시대적 여건을 겪은 한 지식인의 삶에 어울렸던 행적을 바라보며, 그의 학문적 성향을 논하는 방향으로 마음을 모았다.

오스트리아 비엔나대학에서 철학박사학위를 받은 다음, 도유호는 귀국을 서둘지 않았다. 오히려 그는 자신의 학문 세계를 넓히고자 선사학과 민속학 분야에 또 다른 주의를 돌렸다. 박사학위 논문을 통해서 한국사에 대한 전반적인 인식의 체계를 세웠으나 그는 그 이상의 학문적인 꿈을 실현하려는 목표를 지니고 있었다. 비엔나에 계속 머물며, 그는 독일-오스트리아의 민속학을 대표하는 비엔나학파의 학문적 경향에 많은 영향을 받으며 학업을 쌓아나갔다. 그러므로 도유호가 견지했던 고고학적 인식의 틀을 명확하게 들여다보려면 비엔나학파에서 추구하였던 문화사적 방법론에 대한 이해를 충분히 갖추는 것이 필수적이었다. 그렇지만 이 분야를 체계적으로 면밀하게 정리하는 작업은 필자의 지적 한계를 벗어나 있었다. 다행히 몇몇 영문 자료와 국내에 소개된 문화인류학 관계 번역서를 참고하여 비엔나학파의 학문 성격과 학맥에 관하여 부족한대로 매듭지을 수 있었다.

해방 이후, 도유호에 관한 행적을 조사하면서 몇 가지 의문이 머리에 맴돌았다. 그 가운데 하나는 해방 공간에서 드러나는 그의 정치적 활동과 월북의 배경이 어디에서 비롯하는지에 대한 문제였다. 이 의문과 관련하여, 해방 공간에서 그의 정치적 활동을 알려주는 각종 신문 기사와 교수 요원으로 채용되고자 김일성대학에 제출했던 이력서를 접하면서 필자의 입장은 난감해졌다. 선사고고학 전공자로서 해방 이후부터 그가 월북하기 이전까지 전개되었던 당시의 복잡하고 혼란스러운 정치적 상황을 제대로 파악하기란 매우 힘에 벅찬 작업이었기 때문이다. 그런 까닭에 관련 분야를 전공하는 지인들의 도움을 받아가며 나름대로 정리하는 데에도 많은 시간이 걸렸다. 이런저런 자료를 검토하며, 도유호가 월북하였던 계기는 철저한 사상적 기반으로 무장된 사회주의자로서가 아니라, 자신의 학문적인 목표를 실천에 옮기려는 의지에서 북녘의 활동 무대를 선택하였을 가능성이 매우 높았으리라는 결론에 이르렀다.

월북 이후(특히 정전협정 이후), 그는 북한 고고학을 앞장서서 이끌어가는 핵심적인 역할을 하였다. 1956년에 궁산 유적의 발굴보고서를 내면서, 해방 이후 처음으로 그는 신석기시대의 편년 체계를 확립하고자 노력하였다. 1957년에 발굴된 지탑리 유적의 조사 및 연구 성과를 바탕으로 그는 당시까지 해결되지 않은 상태에 머물렀던 신석기시대와 청동기시대의 상호 관계를 밝힐 수 있는 결정적인 단서를 찾아냈다. 그 뒤 거석문화 연구, 철기시대 유적의 연구 등을 통하여 그는 일제 어용학자들이 조선의 식민지 지배를 정당화시키는 수단의 일환으로 활용하였던 이른바 금석병용기설의 허구성을 입증하는 데도 온 힘을 기울였다. 마침내 그는 1963년에 이르러 오랫동안 기다려왔던 굴포리 구석기유적의 존재를 최초로 확인한 주인공이 되어 북한 고고학 연구에 새로운 이정표를 세웠다.

1956년부터 1963년까지 기껏해야 7년 남짓한 기간 동안, 북한 고고학에서는 구석기시대부터 철기시대에 이르는 선사시대 편년의 기본

얼개를 마련하였다. 여기에서 도유호의 학문적 역량은 무엇에 비교할 수 없을 정도로 커다란 보탬이 되었다. 이와 같은 학문적 공로를 인정받으며 그는 국가박사로 임명되었고 과학원 원사라는 명예로운 칭호도 얻었다. 그러나 그것은 개인적으로 잠깐 동안 누릴 수 있었던 짧은 영광에 지나지 않았다. 1960년대 중반 이후 북한 사회에 몰아닥친 정치적 격변 속에서 도유호라는 이름은 북한 고고학계에서 영원히 자취를 감추게 된다.

이 책은 크게 4부로 구성되었다. 1부에서는 청소년 및 청년 시절의 도유호, 유럽 유학과 박사학위 취득, 그리고 그에게 학술적으로 가장 큰 영향을 주었던 비엔나학파 등에 관한 내용을 살펴보았다. 2부에서는 비엔나에서 고국으로의 귀국 배경, 국내 생활과 학문 활동 및 해방 공간의 정치적 활동과 그 요인 등을 다루었다. 1946년 월북 이후에서 1960년대 중반에 걸치는 도유호의 행적과 학술 활동은 1950년대 중반을 기준으로 삼아 두 단계로 나누어 살펴보았다.

3부에서 다루고 있는 내용은 대체로 월북 이후부터 정전협정 이전까지의 시기에 해당한다. 여기에서는 김일성대학의 교원으로 자리를 잡기까지의 과정을 살펴보고, 당시 도유호와 이리저리 엮여 있던 사회적 여건과 북한 고고학계의 동향에 대하여 알아보았다. 고고학을 비롯하여 북한의 모든 학문 분야는 정치적 상황이나 변동과 긴밀하게 연계되어 있다. 그렇기 때문에 그와 같은 상호 맥락은 당시의 고고학 동향을 이해하기 위한 전제조건으로 설명되어야 한다. 또한 초기의 북한 고고학을 대표하는 도유호와 한흥수의 학술 논쟁에 관한 부분과 그 전후 관계를 비교적 상세하게 다루고자 시도하였다.[3] 그래서 도유호에서도 그러했듯이 한흥수의 경우에도 그의 학술 및 사회적 활동과 밀접한 관계가 있는 행적을 재구성하게 되었다. 그와 같은 일련의 작업을 진행하며, 도유호 그리고 한흥수와 같은 인물이 있었기에 일제강점기 동안 한국인 자체에 의한 고고학 연구가 지나치게 외롭거나 쓸쓸하지만은 않았다는 점이 필자의 머리에 되새겨졌다. 다시 말해서 한국 고고학사의 종합적인 체계를 올바르게 정립하려면, 그들이 일구어낸 학문적 업적과 그 공과功過를 자세히 살펴가며, 검토하는 일이 필요함을 느꼈다.

4부의 내용은 시기적으로 1950년대 중반부터 1960년대 중반까지에 속한다. 북한의 유적 발굴과 고고학 연구는 정전협정 이후부터 본격적인 틀을 잡아가기 시작했다. 그 이전에 안악 지방의 고구려 무덤, 초도와 궁산의 원시 유적이 발굴되었으나, 전쟁으로 인하여 후속 연구는 제 때에 이루어지지 않았다. 이러한 한계를 극복하며 그 후 북한 고고학은 수많은 각종 유적의 발굴 자료와 다양한 연구 성과를 축적하며, 빠른 속도로 발전할 수 있는 토대를 마련하였다. 비교적 짧은 기간에 이룩된 그러한 연구 성과는『조선 원시 고고학』에 잘

---

3) 이 내용의 일부를『한국고고학보』에 발표하였는데, 당시 논문 내용을 이 책에 거의 그대로 옮겨 놓았음을 밝힌다. 한창균, 2013,「도유호와 한흥수 : 그들의 행적과 학술 논쟁(1948~1950)」,『한국고고학보』87, 76~118쪽 참조.

집적되어 있다. 이와 함께 초기의 북한 고고학 성립 과정에서 이바지한 도유호의 학문적 업적을 4부에서 설명하였다.

당시 북한 고고학계에 주어진 과제는 물질문화의 시각에서 유적과 유물의 성격을 밝히는 데만 국한되지 않았다. 과업은 유물사관의 관점을 기초로 하여 고고학 자료가 지니는 사회 경제적인 의미의 내재적 본질을 해명하는 작업과 밀접하게 연관되어 있었다. 4부의 후반부는 그와 같은 논점을 중심으로 제기되었던 삼국시대의 사회 경제 구조에 대한 문제, 고조선 문제, 초기 금속문화의 기원 문제, 고구려 석실 봉토분의 기원 문제 등에 관한 도유호의 입장, 그리고 도유호와 다른 시각과 접근 방법으로 표출되었던 논쟁거리에 대하여 서술하였다. 이와 함께 도유호가 북한의 역사학계 또는 고고학계로부 터 내침을 당하게 만들었던 주요 요인과 더불어 당시의 사회적 분위기 에 대해서도 알아보고자 하였다.

위와 같은 내용을 담으며 이 책을 작성하는데 가장 걸림돌이 되었던 것은 자료 수집에 따른 시간의 문제였다. 필자의 의도를 충족시킬 수 있는 다양한 자료의 종류와 그 소재지를 파악하는 일은 쉽지 않았 다. 소재지가 확인된 자료라 할지라도 필자의 손에 들어오기까지 매번 적지 않은 시간이 걸렸다. 무엇보다도 도유호의 행적을 복원하는 데 요긴한 자료는 때때로 여러 해의 기다림 끝에 겨우 얻기도 하였다. 그런 가운데 국내의 국사편찬위원회(한국사데이터베이스), 국립중앙 도서관(해외수집기록물), 네이버(뉴스라이브러리) 등과 함께 해외 대학이나 기관 등의 인터넷 웹사이트는 자료 수집의 시간을 줄이는 데 큰 도움이 되었다.

이 책에는 많은 인용문이 실려 있다. 인용문의 본디 자료는 대부분 일제강점기 또는 해방 이후 평양에서 간행된 것들이다. 따라서 독자들이 원래의 자료 하나하나를 다시 찾아 나서기도 번거롭다는 생각이 들었다. 그런 번거로움을 피하고, 독자들과 함께 호흡하며 필자의 뜻이 전달될 수 있도록 여러 인용문을 싣게 되었다. 도유호의 행적 및 학문적 성향이나 업적과 관련하여 제시된 인용문이 많았던 만큼 책의 제목도 『한국 고고학 첫 세대 하담 도유호』로 정하였다. 또한 책을 읽어 가는데 도움이 되도록 여러 사항에 각주를 달아 그 내용을 보완하였다.

그동안 틈틈이 작성했던 글을 뒤늦게나마 인쇄로 넘기면서 여전히 아쉬운 점이 남는다. 도유호의 행적을 좀 더 짜임새 있도록 재구성하려면, 그의 독일 유학 생활, 박사학위 취득 후 오스트리아에서의 생활, 직장을 구하려고 헬싱키대학의 람스테트 교수에게 보냈던 서신 내용, 일본에서의 활동 등등을 구체적으로 살펴 정리한 작업의 결과가 덧붙어져야 한다.

일제강점기 동안 또는 해방 공간을 전후하여 통사적인 체제를 갖추며 한국인으로서 한국사를 저술했던 실례는 적은 편이다. 따라서 도유호의 박사학위 논문과 한흥수가 체코에서 펴냈던 『조선의 어제와 오늘』을 학사적 관점에서 평가하는 작업에 우리는 관심을 기울여야 하겠다. 겉으로 드러난 바가 없지만, 그들의 글은 냉전시대의 유럽, 특히 독일어권 국가와 체코에서 한국, 한국사, 한국 문화를 이해하는 데 일정한 역할을 하였으리라고 가늠된다. 비록 그들의 글이 당대의 우리 학계에 직접적인 영향을 끼치지 못한 한계를 지녔다고 생각되지만, 선학들이 남긴 한국사 인식의 자취를 오늘에 되살리는 작업은 후학들이 마땅히 담당해야 할 또 다른 숙제로 남는다.

감사의 글

　이 글을 엮는 데 필요한 자료를 수집하고, 수집된 자료의 내용을 확인 또는 정리하는 과정에서 많은 분들의 도움을 받았다. 한남대학교 김세호·성백용·박종린·허신혜 교수님, 연세대학교 백승철 박사님, 김영원 부장님, 도현철·김성보·하일식·김도형·임성모 교수님, 최민규·전소영 박사생, 아주대학교 최용찬 교수님, 휘문고등학교 신동원 교장선생님, 유성오 선생님, 충남대학교 이강승·차상철 명예교수님, 유용욱 교수님, 국방부 군사편찬연구소 남정옥 박사님, 세종대학교 하문식·공수진 교수님, 프랑스 고인류연구원(Institut de Paléontologie Humaine)의 Amélie Vialet 박사님, 스위스 Hauterive 소재 고고학 박물관 (Office et Musée d'archéologie)의 Marc-Antoine Kaeser 관장님, Marie-Josée Rezzonico 사무국장님, 비엔나대학교 당국과 Ulrich Lee 선생님, 이창현 선생님, 뮌헨의 남정호 선생님, 일본 나라문화재연구소 쇼다 신야 박사님, 한국전통문화대학교 이기성 교수님, 제주대학교 양정필 교수님, 홍미영 박사님, 강원대학교 박물관 김남돈 선생님, 서울역사박물관 박상빈 과장님, 중원문화재연구원 김무중 원장님, 국사편찬위원회 신재호 편사연구사님, 한국문명교류연구소 정수일 소장님 등을 비롯한 여러분들에게 깊은 감사를 드린다. 끝으로 어려운 출판 사정에도 이 책이 간행될 수 있도록 지원해준 혜안출판사의 오일주 사장님과 김태규, 김현숙 님에게 감사의 말씀을 전한다.

하담 도유호 탄생 112주년을 기리며
2017년 2월 15일 한 창 균

함흥 출생의 독학篤學 청년

도정호都定浩와 도유호都宥浩

도유호의 가족 관계, 학력 및 경력 등에 관한 기록물은 제법 충실하게 남아 있는 편이다. 그 가운데 참고가 되는 것으로는 도유호가 휘문고등보통학교에 재적할 당시 작성된 「학적부」(1923), 김일성대학에서 교수 요원을 채용할 때 제출된 「이력서」와 「조사서」(1946)[1]를 비롯하여 일제강점기 동안 몇몇 신문에 보도된 기사 등이 있다.[2]

도유호에 관한 자료를 수집하는 과정에서 '都宥浩'라는 이름에 얽혀 있는 혼란스러운 일과 가장 먼저 마주쳤다. 예를 들어, 휘문고등보통학교의 「학적부」에는 그의 본명이 '都定浩', 그리고 1928년 경성고등상업학교의 졸업생 명단에도 '都定浩'로 기록되었다. 그런가 하면, 1930년 동아일보에 연재되었던 그의 여행기旅行記를 비롯하여, 1931~32년 사이 잡지 『동광』에 실렸던 여러 인상기印象記의 필명은

---

1) 한국전쟁 중 평양에 주둔했던 미군에 의하여 노획된 문서가 미국 국립문서기록관리청(National Archives and Records Administration)에 보존되어 있다. 거기에 도유호의 「이력서」와 「조사서」도 들어 있는데, 월북 직후 작성된 이 자료의 자필 사항은 파란색 잉크로 쓰여 있다. 이에 관해서는 다음을 참조하기 바람. 『金大(김일성대학) 교원이력서, 문학부』.[국립중앙도서관, 해외수집기록물]

2) '자필이력서'로 알려진 그의 「이력서」, 그리고 「조사서」(김일성대학 문학부장 박극채 작성)의 내용은 1990년 고(故) 이광린(李光麟, 1924~2006) 교수에 의하여 국내 학계에 처음으로 소개되었다.

'都宥浩'로 쓰였으며, 이때부터 '都定浩'라는 본명 대신에 '都宥浩'라는 필명이 널리 알려지게 되었다.

한편, 그의 박사학위 논문(1935, 오스트리아 비엔나대학)에는 'Cyong-Ho Do'로 기록되었는데, 1937년 『진단학보』에 발표하였던 독일어 논문의 필자는 'Cyong-Ho Do(Toh Yuho, 都宥浩)'와 같이 복잡하게 표기되었다.[3] 오스트리아에서 귀국한 이후, 1940년 조선일보에 게재하였던 감상문感想文 필자는 '都宥浩'로 기록되었다. 그리고 1946년 김일성대학에 제출한 「이력서」에는 현명現名만이 '都宥浩'로 쓰였고, 본명本名을 적는 칸은 빈칸으로 처리되었다.

이뿐만이 아니었다. '都定浩' 또는 '都宥浩' 이외에 '都正浩' 및 '都有浩'라는 인물도 있었다. '都正浩'는 도유호의 육촌형으로 1920년대 사회주의자로 활동하며 항일 운동을 펼쳤다. 1950년대 후반 이후에는 고고학자 '都宥浩'와 전혀 성격이 다른 분야에서 활동하였던 '都有浩'라는 인물도 등장한다. '都有浩'는 1959년 7월 당시 김일성 내각의 금속공업성金屬工業省 부상副相으로 재임하고 있었다.[4] 또한 1965년 국내 신문에 보도된 북한 최고인민회의 상임위원 명단에서 '都有浩'라는 이름을 찾을 수 있다.[5]

'都定浩'와 '都正浩', 그리고 '都宥浩'와 '都有浩', 이들의 이름에 각각 한자가 명기되어 있어 천만 다행이었다. 그렇지 않았더라면, 이 글의 주인공인 '도정호都定浩'와 '도유호都宥浩'라는 이명異名 일인一人의 행적을 제대로 가려내는 작업은 애초부터 적지 않은 어려움을 겪었으리라.

---

3) 도유호, 1937, 「Konfuzius und Laotse im Lichte der Chinesischen Sozialgeschichte(支那社會史上으로 본 孔子와 老子, 獨文)」, 『진단학보』 8, 1~25쪽.
4) 『동아일보』 1959년 7월 6일, 「북한 괴집의 최근 기구」.
5) 『경향신문』 1965년 1월 1일, 「한국 엄연한 3권 분립, 이북 5도청까지 총괄, 북괴 노동당중앙위가 권력 구사」.

이 력 서

성 명	본 명			현 명	도유호		
연 령	1905년 5월 29일생 (세)			성 별	남		
원 적	함흥시 남문리 3구 146			사 상	공산주의자		
현 주 소	평양시 육로리 23			특 장	영어, 독일어		
문화정도	유아납대학 졸업			종 교		본인출신	소시민
현직부서	김일성대학 문학부			소 개 인	불명		
가 정 상 황	8·15 전	호주 성명	본인		동 산		무
		호주 직업	공장사무원		부 동 산		?
		식 구	4		기 타		
	8·15 후	호주 성명	본인		동 산		무
		호주 직업	도서관장 인민당 외교부장		부 동 산		?
		식 구	5		기 타		
참가한 당 혹 사 회 관 계 단 체	가 입 한 당 혹 사 회 단 체		장 소 급 시 일		담 임 공 작		
	남조선공산당, 인민당, 과학자동맹, 민전				인민당 푸락치 민전 외교원(영어) 과학자동맹위원장(□)		
	가 입 시 보 증 인	성 명		현 주 소		직 업	
		공산당 입당 시 이강국李康國					
외국에 간 시일 공작 귀국 시일	192□년 행 중국북경, 193□년 행 독일, 1933년 행 오지리, 유학 1940년 정월 귀국						
비 고							

도유호 「이력서」 내용 정리(1)[『森大(김일성대학) 교원이력서, 문학부』]

*   □은 판독이 어려운 부분을 가리킨다. 도유호가 중국 북경에 간 것은 1928년으로 가늠되며, 독
      일로 유학을 떠나려고 경성을 출발한 것은 1930년 4월 19일이다.

학력 경력 상벌

년	월	일	
			함흥영신학교 졸업
			함흥영생학교(4년제) 졸업
1922	4		경성 휘문중학교 5학년 편입, 익년 3월 동교 졸업
1923	9		신흥공립보통학교 촉탁교원 취임, 익년 3월 사직
1924	4		경성고등상업학교 입학(3년 시, 병으로 1년 휴학)
1929	3		동교 졸업
1929	9		북경 연경대학문학원 편입, 1931년 정월 퇴학
1931	10		독일 불랑부佛郞府(Frankfurt am Main)대학 입학
1933	5		오지리墺地利 유야납대학維也納大學 철학부 사학과 전학
1935	6	28	유야납대학에서 철학박사의 학위를 수受함.(Philosophiae doctor)
1935~1939년 10월			유야납대학 졸업 후, 동 대학 선사학연구소에서 선사학 고고학과 민속학을 연구.
1940	1	23(?)	귀국 착着 경성
1942	3		일본 동경에 가서 인류학 선사학 고고학에 관한 독문 서적을 일본문으로 번역하다.
1945	7		1945년 2월 귀국하야 함주군 덕산德山 농촌에 있다가 일정日政 당국의 취심取尋이 심하야 7월 흥남용흥공장興南龍興工場에 사무원으로 취직. 8.15 이후 함흥시립도서관장 급 의과대학 강사
1946	3		서울 가서 '민전民戰' 외교부에서 일 보다. 인민당 외교부장, 과학자동맹위원장 겸임.
1933			1933년 독일서 힛틀러 천하天下가 되자 투옥.
			1933년 춘春에 독일서 방축放逐을 당하야 오지리로 가다.
			1940년 귀국 후, 당국의 감시가 심하야 전연全然 행동의 자유를 잃고, 취직의 길이 없이 곤란하다가 일본 간 후로는 번역으로 호구糊口하게 되다.
			1946년 9월 1일 남조선 미군정에서 체포령이 나리다. 10월 16일 38선 탈출
			본인서명 도 유 호 ㉠인

도유호 「이력서」 내용 정리(2)[『쓝大(김일성대학) 교원이력서, 문학부』]

* 위 기록 가운데 경성고등상업학교 졸업은 1928년 3월이다. 한편 북경연경대학 문학원 편입은 1928년 9월, 퇴학은 1930년 정월로 정정해야 할 것으로 가늠된다. 1939년 10월 오스트리아(墺地利) 비엔나(維也納)를 떠난 도유호는 1940년 1월 24일에 요코하마, 그리고 1월 27일에 경성역에 도착하였다.

도유호의 가계家系와 함흥영생학교 시절

　도유호는 성주도씨星州都氏 사정공파司正公派 27세손世孫이다. 현존하
는 성주도씨의 족보에는 도유호의 가계를 명확하게 복원할 수 있는
자료가 들어 있지 않다. 그것은 아마도 사회주의 운동가가 배출되었고
해방 이후 도유호가 월북하였던 집안 내력과 매우 밀접한 관계가
있으리라 추정된다. 그런 까닭에 도유호의 친인척과 관련된 사항을
짜임새 있도록 재구성하는 작업은 세월의 흐름과 더불어 더욱 힘들어
진다.

도유호의 가계 복원 (박종린 교수 정리)

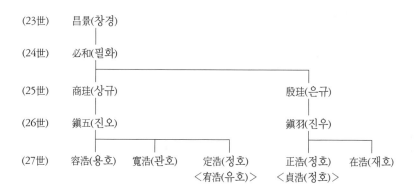

(23世)	昌景(창경)
(24世)	必和(필화)
(25世)	商珪(상규)	殷珪(은규)
(26世)	鎭五(진오)	鎭羽(진우)
(27世)	容浩(용호) 寬浩(관호) 定浩(정호) 〈有浩(유호)〉	正浩(정호) 在浩(재호) 〈貞浩(정호)〉

　'도정호都定浩'의 부친 도진오都鎭五(1874~1939)는 1894년(고종 31)
삼년마다 치르는 식년시式年試의 진사進仕에 합격한 바 있으며,6) 아들
셋을 두었다. 첫째가 용호容浩(1895~?), 둘째가 관호寬浩(1900~?), 막내
가 정호定浩(1905~?)이다. 도정호都定浩, 곧 도유호를 제외하고, 장남

---

6)『상지즉조 32년 갑오 식년 사마 방목(上之卽祚三十二年甲午式年司馬榜目)』참조.
　한편 도진오(都鎭五)의 부친 도상규(都商珪, 1856~?)는 1891년 진사를 역임하였
　다.

용호와 차남 관호는 모두 일제강점기에 사회주의 운동가로 활약하였다.

「학적부」에 의하면, 도유호가 휘문고등보통학교에 입학할 당시의 보증인은 작은 할아버지였던 도은규都殷珪(1869~?)[7]이며, 그의 아들 진우鎭羽는 정호正浩(1903~1930)와 재호在浩(?~?)를 자식으로 두었다. 그 가운데 손자인 정호正浩는 조선공산당(일명 ML당) 사건에 연루되어 서대문형무소에 수감 중 폐병으로 1930년 3월 29일 사망하였다.[8] 그리고 육촌형 도정호都正浩가 죽은 지 약 20일이 지날 무렵 도유호는 유럽 유학의 길에 올랐다.

도유호가 호적상 본명인 '정호定浩' 대신에 '유호宥浩'를 자신의 이름으로 바꾼 이유가 무엇인지? 언제부터 그렇게 한 것인지? 짐작하건대 사회주의 운동가로 젊은 나이에 감옥에서 죽음을 당했던 육촌형의 이름('正浩')과 관련이 있으리라 생각해 볼 수는 있으나, 그 까닭을 분명하게 밝혀내기란 불가능한 일이다.

「학적부」에는 도유호의 생년월일이 1905년 5월 29일(양력 7월 1일), 그리고 본명이 '都定浩'로 기재되었다. 그의 원적原籍은 표기되지 않았지만 부친의 원적은 기록되었다. 그런데 그의 「이력서」에는 자신의 원적이 "함경남도 함흥시 남문리南門里 3구 146번지"로 표기되었다. 현재의 행정 구역으로 남문리는 함흥시 성천강구역城川江區域의 남문동

---

7) 함경남도 분봉상사 주사(咸鏡南道分奉常司主事)로 재임했던 도은규는 1902년 본관(원적)을 함흥에서 서울로 옮겼으며, 일제강점기에는 일제의 감찰 대상 단체로 지목을 받았던 동서의학연구회(1921년 설립)의 회원으로 활동하였다. 1936년에는 보원의원(保元醫院, 소재지 : 종로 3정목 39번지)을 운영하고 있었다 (동아일보, 1936년 6월 14일, 「진찰 무료로 수응」 참조).

8) ①『동아일보』 1930년 3월 30일, 「ML당피고 도정호옥사, 철창신음 삼년만에 불귀객, 입구세 청춘을 일기로」, ②『중외일보』 1930년 3월 30일, 「3차공산당의 도정호 옥중사망, 보석 출감지휘 도착 전에 절명, 미결수로 2년간 신음」. 도정호 (都正浩, 異名 貞浩, 1903~1930)는 2005년 건국훈장 애족장(운동 계열 : 국내 항일)을 추서 받았다. 국가보훈처, 2006,『독립유공자공훈록』 16권(2004~2005년도 포상자), 222쪽.

학 적 부

		생도와의 관계	생년월일	직 업	원 적
생도	都定浩 (도정호)		명치 38년(1905) 5월 29일	農	
호주	都鎭五 (도진오)	父(부)	명치 7년(1874) 2월 1일		함경남도 함흥 함흥면 하서리荷西里 192
보증인	都殷珪 (도은규)	從祖父 (종조부)		醫	경성 관훈동寬勳洞 146

입학 전 학력	一. 대정 4년(1915) 함흥영신보통학교입학, 동 7년(1918) 졸업 一. 대정 7년(1918) 함흥영생학교 입학, 동 11년(1922) 졸업 一. 대정 11년(1922) 본교 5년 입학
입 학	대정 11년(1922) 4월 제5학년 입학
졸 업	4256년(1923) 3월 졸업

* 위 표는 「학적부」에 기록된 내용 가운데 일부 사항을 추려서 재편집한 것임.

南門洞에 해당하는 것으로 생각되는데, 이곳은 동해로 흘러드는 성천강의 동쪽에 위치한다.9) 한편 「학적부」에는 부친 도진오都鎭五(1874년 2월 1일 생)의 직업란이 공백으로 남아 있다. 반면에 '都定浩'의 직업이 '農'(농업)으로 기재되어 있었다. 이는 「학적부」를 작성하는 과정에서 부친의 직업을 생도生徒였던 '도정호都定浩'의 해당 칸에 잘못 적어서 그렇게 되었으리라고 추정된다.

「학적부」에 기록된 학력 사항을 살펴보면 그는 함흥영신보통학교 咸興永信普通學校에서 3년, 함흥영생학교咸興永生學校에서 4년,10) 휘문고등 보통학교徽文高等普通學校에서 1년의 교육을 받았다. 그가 함흥 지역에서

---

9) ① 이영택 편집, 1991,『최신 북한지도』, ② 김인섭 등 편집, 1997,『조선지도첩』 참조.

10) 이 학교는 캐나다 장로회의 선교사였던 맥레(D.M. MacRae, 馬具禮, 1868~1949)에 의하여 1907년에 창설되었다(함흥 영생중·고등학교 동창회, 2007,『영생백년사』, 91쪽). 맥레는 함경도 지방의 교육과 문화 발전에 크게 이바지하였으며, 3·1운동 당시 일제의 만행을 캐나다와 미국에 널리 알리는데 기여하였다.

〈그림 1〉 1920년 무렵의 함흥영생
학교 모습 함흥 영생중·고등학
교 동창회, 2007, 『영생백년사』,
54쪽

전개되었던 3·1독립투쟁을 경험한 것은 영생학교에서 2학년 신학기
를 맞이할 무렵이었다. 1919년 3월 3일, 일제에 저항하는 시위는 더욱
격렬해져 수많은 학생들이 유치장에 갇히게 되었고, 학생들의 시위를
비밀리에 지원하며 자금을 모았던 교직원 모두가 체포를 당하였다.
이런 일들이 벌어졌던 당시 도유호는 열다섯 나이의 중학생이었다.
그 나이에 그는 함흥에서 독립을 부르짖던 학생과 시민의 뜨거운
함성을 직접 보거나 소식을 들었을 것이다. 다음과 같은 그때의 상황이
청소년 시절 도유호의 머릿속에 과연 어떤 모습으로 각인되었을까?

"시민의 극렬한 시위운동은 시始하였다. 〈중략〉 자택에서 이 소식을
들은 캐나다 선교사 마구례馬具禮 씨(씨의 부인은 여학교 교장)는 분노
를 참지 못하고 현장에 달려가 이 참상을 보고 흐느껴 운다. 한 왜경이
와서 「이 폭동이 귀하의 신상身上에 위험하니 피하라」 함에 씨는 대노하
야 「이놈들아 나 보는 앞에서 한번 이같이 때려라. 네가 사람이면
광견狂犬에게도 이같이 못하리라」. 〈중략〉 유치장에 갇힌 남녀학생들
은 서로 누이 오라버니 하여 동거동식하며 애국가를 합창한다. 〈중략〉
영생중학교永生中學校 직원 전부가 피포被捕하였으니 〈중략〉 이날 하오
4시부터 적敵의 군대는 속사포를 가지고 방방곡곡이 서 있다. 일몰日沒
에는 2인도 병행並行치 못하게 하고 일몰 후에는 전혀 통행을 금하다.

거리에 들리는 소리는 다만 적의 나막신 끄는 소리라." [『독립신문』
1920년 3월 23일, 「함흥독립운동기(속)」]

휘문고등보통학교와 경성고등상업학교

1922년 3월 함흥영생학교를 졸업한 도유호는 곧바로 휘문고등보통
학교에 입학하였다. 함흥을 떠나 경성으로 오게 된 배경이 무엇인지에
대해서 구체적으로 알 길은 없지만, 경성고등상업학교에 입학하려면
5년제 고등보통학교 과정을 마쳐야 했기 때문에 그 조건을 충족시키
기 위하여 휘문고등보통학교를 선택하였다고 생각된다.

1922년 공포된 제2차 교육령에 따라 종래 4년제였던 사립휘문고등
보통학교(1918~1922)는 5년제의 휘문고등보통학교(1922~1938)로
개칭되었다. 도유호는 5년제로 개편된 첫 해에 편입한 생도 가운데
한 명이었다. 휘문고등보통학교 재학 시절, 그가 어느 곳에 거처했는
지를 확인해주는 자료는 찾지 못하였다. 만약 작은 할아버지가 원적지
또는 그 부근에 거주하였다면, 당시 휘문고등보통학교가 자리를 잡았
던 원서동苑西洞에서 관훈동寬勳洞 일대까지는 걸어 다니기에도 많은
시간이 걸리지 않았을 것이다. 도유호가 휘문고등보통학교에 입학할
무렵, 큰형 도용호와 육촌형 '도정호都正浩'는 일제에 저항하는 사회주
의 운동에 뛰어들어 활발하게 활동하였다. 이런 집 안팎 분위기와
달리, 「학적부」에 기재된 본인 신앙은 기독교로 쓰여 있는데, 이것은
그가 캐나다 장로회의 선교사가 세운 함흥영생학교 출신이었다는
배경과 깊은 관련을 맺으리라 짐작된다.

휘문고등보통학교를 졸업한 도유호는 1923년 5월 초, 동아일보에
서 1천호 발간 기념에 즈음하여 실시한 현상 문예에 응모하였다.
그는 '도정호都定浩'라는 이름으로 '가을 저녁'이라는 작품을 출품하여

〈그림 2〉 휘문고등보통학교와 주변 모습(1920년) 휘문 100년사 편찬위원회, 2006a, 『휘문 100년사 I』, 165쪽

〈그림 3〉 5년제 휘문고등보통학교의 제1회 졸업생 및 직원 일동(1923년) 휘문 100년사 편찬위원회, 2006b, 『휘문 100년사 II』, 157쪽

시 부문에 당선되었다.[11] 이 시는 지난날 우리네 농촌 마을의 전형적인 늦가을 저녁 모습을 잘 묘사하고 있다.

1923년 9월 도유호는 열아홉 살의 나이로 함흥남도 신흥군新興郡에

---

11) 갑(甲)으로 당선된 신시(新詩)는 없었고, 을(乙)에 2명의 작품이 선정되었다(『동아일보』 1923년 5월 27일, 「당선신시. 가을 저녁(咸興 都定浩)」 참조). 이 시는 「시인 「꾀테」의 구가를 찾고」(도유호, 1931d)에 제목 없이 실려 있다.

가을 저녁 (賞乙)

咸興 都定浩

저녁볕은 멀리 기울어지고
토담 밑 굴뚝에 내(煙)가 몽길 때
엉성한 정자나무 빗긴 가지서
말없이 떨어지는 마른 잎 하나

1923년 도유호가 동아일보에 응모하여 당선된 시 『동아일보』 1923년 5월 27일

있는 신흥공립보통학교新興公立普通學校에 촉탁 교원으로 취직을 하였으
나, 그 이듬해인 1924년 3월에 사직하였다. 신흥공립보통학교에서
한 학기 동안의 짧은 교직 생활을 접은 이후, 그는 1924년 4월 경성고등
상업학교京城高等商業學校12)에 입학하였다. 그곳에서 3학년으로 진급할
무렵 병으로 인하여 1년간 휴학하였는데, 이때 도유호는 금강산에
들어가 휴양을 하였다. 경성고등상업학교는 3년제였기 때문에, 휴학
기간을 포함하여, 그가 1928년 3월에 졸업한 것은 확실하며, 당시
경성고등상업학교의 졸업생 명단에 그의 이름은 '도정호都定浩'로 표
기되었다.13) 그런데 「이력서」에는 졸업 연도가 1929년 3월로 기재되

---

12) 조선총독부는 운영난에 빠진 '사립 경성상업학교'를 인수하여(1922년), '관립
경성고등상업학교'로 승격·개편하였다. 이 학교는 조선에 있는 유일한 상업
학교였기 때문에, 극심한 취업난에도 불구하고, 졸업생들은 관공서나 공공
은행 또는 일본계 대기업에 취직하였다. 학교 운영비의 대부분은 수업료와
공납금으로 충당되었기에 학생들이 부담하는 비용이 다른 전문학교보다 훨씬
높았으며, 입시 조건뿐만 아니라 학교생활에서도 조선인과 일본인 사이의 차별
이 극심하였다고 한다. 수업 연한은 3년이었다. 1944년 경성경제전문학교로
개칭되었고, 해방 후 서울대학교 발족과 더불어 서울대학교 상과 대학으로
개편되었다. "경성고등상업학교(京城高等商業學校)" <네이버 위키백과> 참조.
13) 「경성고등상업학교 졸업생 씨명(氏名)」, 『조선총독부관보』 제372호, 1928년
3월 29일, 252쪽.

〈그림 4〉 경성고등상업학교의 1920년대 모습 경성고등상업학교 편, 1923, 『경성고등상업학교 일람』

어 있는데, 그것은 아마도 단순한 기록상의 착오에서 비롯한 것으로 추정된다.

경성고등상업학교를 졸업한 그 해, 도유호는 일본으로 가서 고베상 대神戶商大의 입학시험에 합격하였다. 그렇지만 상대商大에는 뜻이 없어 등록을 하지 않았다.[14] 그리고 자신이 원하는 학업을 닦기 위하여 일본이 아닌 중국 유학을 먼저 선택하였다. 도유호는 북평연경대학北 平燕京大學[15] 문학원文學院에 편입하여 1928년 9월부터 1930년 정월까지 3학기 동안만 학적을 두었던 것으로 추정된다.[16] 그 후 조선에 귀국한

14) ① 『동아일보』 1930년 9월 16일, 도유호, 「구주행 인도양 건너서서(11)」, ② 『조선일보』 1940년 4월 24일, 도유호, 「감상 (상) 감사와 정정」 참조.

15) 중국 국민당 정부 시절의 수도는 남경(南京)이었다. 당시 북경은 수도(京)가 아니었기 때문에 북평(北平)이라고 불렀다. 연경대학(1920~1949)은 1949년, 현 중국 정부 수립 후, 북경대학(北京大學)과 청화대학(淸華大學)에 편입된 뒤 폐교되었다.

16) 그가 연경대학에 3학기 동안 학적을 두었다는 내용은 다음과 같다. "연경대학에 는 내가 3학기 간 존적(存籍)한 일은 있으나 졸업하기 전에 나는 양행(洋行)을 하고 말았다"(『조선일보』 1940년 4월 24일, 도유호, 「감상 (상) 감사와 정정」). 한편 도유호 「이력서」에는 연경대학의 편입이 1929년 9월, 퇴학이 1931년 정월로 기록되었는데, 연경대학에서의 존적 기간(3학기) 및 유럽으로의 출발(1930년 4월) 일자 등을 고려할 때, 도유호의 연경대학 편입은 1928년 9월, 퇴학은 1930년

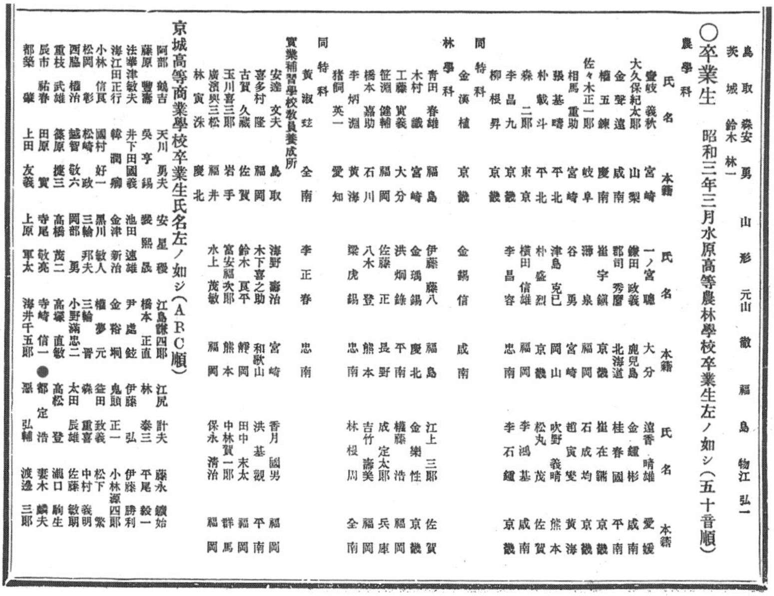
島取 森安 勇　山形 元山 徹　福島 物江 弘一
茨城 鈴木 林一

○卒業生　昭和三年三月水原高等農林學校卒業生左ノ如シ（五十音順）

農學科
氏名 本籍　氏名 本籍　氏名 本籍
壹岐 義秋 宮崎　一ノ宮 聰 大分　遠香 晴雄 愛媛
大久保紀太郎 山梨　鎌田 政義 鹿兒島　金 鍾彬 咸南
金 聲遠 咸南　郡司 秀麿 北海道　桂 春國 平南
權 五鍊 慶南　崔 宇鎭 京畿　崔 在鏞 京畿
佐々木正一郎 岐阜　薄 泉 福岡　石 成均 京畿
相馬 重助 宮崎　谷 勇 宮崎　趙 寅燮 黃海
張 基疇 平北　津島 克巳 岡山　吹野 義晴 熊本
朴 載斗 平北　朴 盛烈 京畿　松丸 茂 佐賀
森 二郎 東京　橫田 信雄 福岡　李 鴻基 咸南
李 昌九 京畿　李 昌容 忠南　李 石鍾 京畿
柳 根昇 京畿
同特科
金 漢植 京畿　金 錫信 咸南
林學科
靑田 春雄 福島　伊藤 藤八 福島　江上 三郎 佐賀
木村 識 宮崎　金 瑀錫 慶北　金 樂性 京畿
工藤 實義 大分　洪 炯銖 平南　權藤 浩 福岡
笹淵 健輔 福岡　佐藤 正 長野　成 定太郎 兵庫
橋本 嘉助 石川　八木 登 熊本　吉竹 壽美 福岡
李 炳淵 黃海　梁 虎錫 忠南　林 根周 全南
猪飼 英一 愛知
同特科
黃 淑鉉 全南　李 正春 忠南
實業補習學校教員養成所
安達 文夫 島取　海野 壽治 宮崎　香月 國男 福岡
喜多村 隆 福岡　木下喜之助 和歌山　洪 基觀 平南
古賀 久藏 佐賀　鈴木 眞平 靜岡　田中 末太 福岡
玉川喜三郎 岩手　富安福次郎 熊本　中林賀一郎 群馬
廣濱與三松 福井　水上 茂敏 福岡　保永 淸治 福岡
林 寅洙 慶北

京城高等商業學校卒業生氏名左ノ如シ（ＡＢＣ順）
阿部 鶴吉　天川 勇夫　安 星稷　江島儀四郎　江尻 計夫　藤永 鎭始
藤原 豐壽　吳 亨錫　裵 熙晟　橋本 正直　林 泰三　平尾 毅一
法華津敏夫　井下田國義　池田 遠雄　尹 處鉉　伊藤 弘　伊藤 勝利
海江田正行　韓 潤卿　金津 新治　金 裕炯　鬼頭 正一　小林源四郎
小林 信眞　國村 好一　黑川 敏人　權 夢元　益田 致義　松下 繁
松岡 彰　松崎 政　三輪 邦夫　三輪 晋　森 重喜　中村 義明
西脇 楢治　越智 敬六　岡部 勇　小野滿忠二　太田 辰雄　佐藤 敏期
重枝 武雄　篠原 擭三　高橋 茂二　高塚 直敏　高松 登　瀧口 駒生
辰市 祐春　田原 實　寺尾 敬亮　寺崎 信一　●都 定浩　妻木 麟夫
都築 [illegible]　上田 友義　上原 軍太　海井千五郎　濕 弘輔　渡邊 三郎

〈그림 5〉 경성고등상업학교의 1928년 졸업생 명단 『조선총독부관보』 제372호, 1928년 3월 29일

그는 1930년 4월 경성을 떠나 유럽 유학의 길에 오른다. 일본과 중국을 벗어나 유럽의 독일로 그의 발길을 돌리게 했던 까닭은 무엇이었을까? 일제의 식민지 상황에서 피압박민의 청년으로 그가 이루려고 했던 학문적인 꿈은 무엇을 찾아 어디를 향하여 날고 있었는지?

유학을 떠날 무렵을 전후하여, 그의 집안에는 큰형과 작은형 문제로 인하여 적지 않은 근심거리가 있었을 것으로 보인다. 두 형은 1920년대 이래로 사회주의 운동가로 활동하였다. 큰형 도용호는 1921년 모스크바에서 열린 고려공산당 임시연합 중앙위원, 그리고 1926년 조선공산당 중앙후보위원으로 선임되었던 경력이 있다. 그는 1928년 2월 경성지법에서 징역 2년을 선고받고 1929년 9월 서대문형무소에서 출옥하였으나, 1931년 8월경 또다시 검거되어 경성지법에서 징역 3년을

정월로 정정하는 것이 맞는다고 가늠된다.

선고받았다. 작은형 도관호는 오사카(大阪) 외국어학교를 중퇴한 이후, 1926년 고려공산청년회 중앙위원 후보로 선임되었고, 여러 차례에 걸쳐 징역형을 선고받은 바 있다.[17] 도유호의 해외 유학 생활비 등을 뒷바라지할 수 있을 만큼 넉넉한 규모의 살림살이를 지녔을 것으로 짐작되는 집안에서 두 명의 조선공산당 당원이 배출되었다. 친형들뿐만 아니라 육촌형까지도 조선공산당 사건과 연루되어 있었는데, 그런 집 안팎의 복잡한 사정이 청년기의 독학篤學 청년 도유호에게 어떤 영향을 미쳤을까?

유럽 유학의 길에 오르다

경성京城에서 프랑크푸르트佛郞府로

일제강점기와 분단 시대의 역사적 상황 속에서 고고학이라는 학문에 뜻을 두고, 북녘과 남녘에서, 서로 다른 삶의 길을 걸었던 두 사람의 고고학자가 있다. 그 둘은 묘하게도 모두 함경남도 함흥 지역 출생이라는 공통점을 지녔다. 그들이 바로 도유호, 그리고 해방 후 초대 국립박물관장을 맡았던 김재원金載元(1909~1990)이다. 김재원은 함흥시 남쪽에 인접한 함주군咸州郡(이전 행정지명은 함흥군) 주지면朱地面 흥상리興上里에서 출생하였으니, 둘 다 동향 사람인 셈이다. 도유호보다 4살 아래였던 김재원은 함흥고등보통학교咸興高等普通學校를 졸업하고 1929년 5월, 스물한 살의 나이로 독일 유학을 떠났다.[18] 도유호보다 어림잡

---

17) 강만길·성대경 엮음, 1996, 「도관호」, 「도용호」, 『한국사회주의운동 인명사전』, 166쪽.

18) 그는 1929년 5월 경성역을 출발하였으며, 시베리아를 경유하여 1929년 6월

〈그림 6〉「구주행 인도양 건너서
서(1)」시작 부분 『동아일보』
1930년 9월 2일

아 1년 정도 빨리 출발하였다.

북경에서 돌아온 도유호는 1930년 4월 19일 기차 편으로 경성을 떠났다. 4월 22일 중국 대련에서 배에 오른 그는 청도, 상해, 홍콩, 필리핀 마닐라, 싱가포르, 인도네시아 수마트라 섬, 인도 콜롬보 항, 이집트 수에즈 운하를 거쳐 6월 6일 이탈리아 제노바 항에 도착하였다. 그 뒤 기차 편을 이용하여 독일 프랑크푸르트佛郞府에 도착한 것은 6월 18일이었다. 이 기간 동안 그가 경험하면서 느꼈던 내용의 여행기가 1930년 9월 2일부터 10월 5일까지 모두 23회에 걸쳐 동아일보에 연재되었고, 그 때 처음으로 '도유호都宥浩'라는 필명이 등장한다. 그의 여행기, 「구주행 인도양 건너서서」[19]는 다음과 같은 글로 시작한다.

"선생님

제가 이번 여행기를 쓸려고 한 것은 이태리에 상륙한 다음이었습니다.

서울을 떠난 뒤로 우루룩 굴러가는 기차 속에서나 사나운 파도에

독일에 도착하였다(① 김재원, 2005, 『동서를 넘나들며』, 92쪽, 119쪽, ② 김재원, 1941, 「소련 인상기」, 『조광』7권 9호).

19) 여행기는 1930년 9월 2~6일(1~5회), 10~14일(6~10회), 16일(11회), 18~21일(12~15회), 24일(16회), 27~28일(17~18회), 30일(19회), 그리고 10월 1일(20회), 3~5일(21~23회)에 발간된 동아일보에 실려 있다.

넘노는 배 위에서나 저의 머릿속에는 이것저것의 암울한 광경들이 끊임없이 번득이었습니다. 제가 서울을 떠난 것이 4월 19일 저녁, 대련大連서 「떼어풀링어」 호를 오른 것이 22일 밤, 그 후 청도靑島, 상해上海, 향항香港, 비율빈比律賓의 「마닐라」, 영령 신가파英領新嘉波, 난령蘭領 「쓰마투라」 도島의 「뺄라완」, 인도 쎄일론 도의 「콜롬보」 항을 거치는 동안에 본 것 들은 것이 많았사오나 제가 붓을 든 때는 거기에 대한 기록을 쓰기에는 벌써 좀 늦었었습니다. 더구나 준비가 있었더라면 비록 관찰이 피상皮相에 그치고 솜씨가 졸拙하기는 하더라도 남양南洋의 풍토기風土記 쓸 재료나 좀 얻어두었겠는 것을 이것저것에 가슴이 뒤숭숭했던 저는 그만 무심히 지나쳐버렸습니다. 그러하옴에 저는 여기에 치우 인도양 건넌 뒤의 이야기를 쓰고 재미있는 남양의 이야기를 다만 저의 기록의 남은 것 중에서 대략을 소개하야 볼가 합니다."

[『동아일보』 1930년 9월 2일, 도유호, 「구주행 인도양 건너서서(1)」]

스물여섯 살의 청년 도유호는 경성을 출발한 지 약 50일 만에 드디어 낯선 유럽의 땅, 이탈리아의 제노바 항구에 상륙하였다. 경성을 떠나 이국의 땅, 중국과 동남아시아를 거쳐 유럽에 도착하기까지 그의 심정은 매우 착잡했던 것으로 생각된다. 그런 그의 머릿속에는 기차 안에서나 배 위에서나 "이것저것의 암울한 광경이 끊임없이 번득였고", "이것저것에 가슴이 뒤숭숭하였을" 정도로 마음이 무거웠다. 부모님과 형님에 대한 집안 걱정, 유학 생활에 따른 공부 걱정, 그리고 곧 다가올 미래에 대한 걱정 등, 그의 머리와 가슴은 온갖 걱정투성이로 가득 채워졌으리라.

6월 8일 무렵, 기차 편으로 이탈리아의 제노바Genova를 출발하여 베로나Verona와 볼차노Bolzano, 그리고 독일의 뮌헨München을 거치며, 종착역인 불랑부佛郎府(Frankfurt 프랑크푸르트)에 도착한 때는 6월 18일 밤이었다.[20] 지난 봄 4월 19일에 경성을 출발한 지 꼬박 두 달 만에 그동안 그려왔던 프랑크푸르트에 마침내 첫발을 내딛었다. 이곳까지 오면서 남양南洋의 흥미롭고 이국적인 풍물風物을 경험하였고, 배가 수에즈 운하에 머무르는 동안에는 돈지갑이 얇아 피라미드와 스핑크스를 방문하지 못한 채 배에 남을 수밖에 없었던 아쉬움도 느꼈고[21] 기차로 옮겨 타고 가면서는 이탈리아와 독일의 자연 경관을 감상하며 거기에 어울려 보존되어 있는 문화유산의 현장을 탐방하기도 하였다. '볼차노'로 가는 기차 식당에서는 함경도에서 잘 먹는다는 '눈치젓'도 맛보았다.[22] 이탈리아 제노바에 도착하여 쓰기 시작한 여행기는 덕국德國(독일) 프랑크푸르트에서 다음과 같은 글귀로 마침 인사를 올리며 어느덧 끝을 맺는다.

"선생님 「프랑크푸트」에는 아직 볼 데가 많사오나 모두 못 보았습니다. 후일 보는 대로 기회를 보아 더 적어들이겠습니다. 그리고 선생님 아직 온지가 얼마 아니 되고 또 언어도 잘 모르기에 저의 관찰은 늘 피상에 그침을 마지못합니다. 따라서 독일에 대한 내용 있는 이야기는 할 준비를 못 가졌습니다. 다만 그동안 저의 본 바 느낀 바를 다소 여쭈옵고 여기에 각필閣筆합니다. 1930, 7, 10. 덕국德國 불랑부佛郎府에서"
[『동아일보』 1930년 10월 5일, 도유호, 「구주행 인도양 건너서서(23)」]

---

20) 『동아일보』 1930년 10월 1일, 도유호, 「구주행 인도양 건너서서(20)」.
21) 『동아일보』 1930년 9월 3일, 도유호, 「구주행 인도양 건너서서(2)」.
22) 『동아일보』 1930년 9월 16일, 도유호, 「구주행 인도양 건너서서(11)」. 눈치 (Etrumeus micropus)는 정어리 종류이며, '눈통정어리'라고도 한다(백과사전출판사, 1997, 『조선대백과사전(5)』, 440쪽).

독일 유학 생활

그늘 밑에 한 송이 장미꽃!

1930년 7월 10일 작성된 글을 마지막으로 동아일보에 연재되었던 여행기는 일단락되었다. 그 뒤를 이어, 프랑크푸르트에 도착한 다음 유학 생활의 첫출발을 하는 동안 보고, 듣고, 느끼고, 겪었던 내용이 담겨진 인상기印象記가 잡지 『동광東光』에 다섯 편이 실려 있다.[23]

『동광』 21호부터 27호 사이에 수록된 인상기는 프랑크푸르트에 도착한 지 약 6개월 이후에 작성된 것으로 보인다. 거기에는 1930년 7월 중순부터 신년을 맞기까지의 여러 이야기가 쓰여 있다. 첫 번째 인상기는 1930년 크리스마스 무렵에 쓰이기 시작하였는데, 인상기의 마지막은 1931년 1월 초에 작성되었던 것으로 추정된다.

"불랑부佛郎府에 온 지도 벌써 반년이 넘었습니다. 그새 철이 두 번이나 바뀌고 이럭저럭하는 동안에 금년도 인제 거진 끝을 맺습니다. 노대露臺에 나서면 건넌 집 벽에 엉키인 등藤 잎 너울이 시선을 발갛게 불사르던 자리에는 엉성한 줄기만이 남기 시작한지도 꽤 오래되었습니다. 그러는 동안에 나는 또 구주歐洲의 첫 「크리스마스」를 여기서 맞게 되었습니다. 〈중략〉「印度洋 건너서」 중에는 엉터리없는 소리가 곳곳에 있었습니다. 게다가 교정한 분이 임의로 만들어 놓은 엉터리와 오식誤植과 누결漏決 등을 합하여 놓으니 「印度洋 건너서」는 「엉터리가 터지다」로 끝을 맺은 셈입니다. 이 불랑부 인상기印象記도 어째 솜씨가 솜씨라

---

23) ① 「고민의 독일에서」(『동광』 21, 1931년 5월), ② 「독일생활단편」(『동광』 23, 1931년 7월), ③ 「독일유학일기」(『동광』 25, 1931년 9월), ④ 「시인 「꾀테」의 구가를 찾고」(『동광』 26, 1931년 10월), ⑤ 「독일대학생의 생활」(『동광』 27호, 1931년 11월).

여전히 연설이 안 되리라고 예상키는 어렵사오나 든 재주가 엉터리니 엉터리를 막을 도리가 있겠습니까. 이제부터 인상기 타령이 나옵니다. 때는 다시 7월 중순으로 돌아갑니다." [도유호, 1931a, 「고민의 독일에서」, 50~51쪽]

"내가 이 글을 쓰는 동안에 어느덧 1930년은 지나갔습니다. 섣달 그믐밤 영시零時를 당하여 이집 저집에서는 모두들 창문을 열어놓고 길거리를 향하여 이층, 삼층, 사층 되는 위에서 연화燃火들을 불 달아서 아래로 내려던집니다. 〈중략〉 이집 저집에서는 각색의 섬광閃光들을 연連하여 반득입니다. 이렇게 신년을 맞는 일방一方 멀리서는 사원의 종소리가 우렁차게 들려옵니다. 나는 이 종소리로 신년을 맞았습니다.…… (一九三一年 一四日24) 德國 佛郞府에서) (끝)" [도유호, 1931e, 「독일대학생의 생활」, 80쪽]

"P·S=써 놓고 보니 빠진 데도 많고 안된 데도 많습니다. 그러나 당분간은 시간 관계로 다시 집필할 기회가 없기에 그대로 보내옵니다. 후일 다시 더 여쭈올 작정으로 여기에는 이것만으로 끝습니다. (필자)" [도유호, 1931e, 「독일대학생의 생활」, 80쪽]

인상기를 처음 집필하면서 그는 동아일보에 게재되었던 「구주행 인도양 건너서서」 중에는 인쇄 과정에서 오식誤植과 누결漏決 등이 있었음을 자인하면서, 불랑부佛郞府와 독일에 대한 소견이 지금에 이르러 조금 나아진 면은 있지만, 여전히 피상적인 수준에 머물러 있음을 독자들에게 전하였다. 『동광』에 실린 인상기에서는 시와 시인, 독일인의 기질, 전후 독일에 불어 닥친 미국 상품과 문화의 영향, 탄광

---

24) 글의 문맥으로 보아 이 일자는 "一九三一年 一月 四日"이 맞을 것으로 생각된다.

사고, 실업 문제와 사회민주당(SPD), 유태인과 민족 문제, 자전거 사고와 병실 생활 및 독일인의 친절함, 그가 맛본 음식과 술, 독일인들의 놀이 문화, 하이델베르크 대학을 알아보기 위하여 그곳에 들렸던 일, 공원에서 흔히 보는 젊은이들의 애정 표현, 당시 여건에서 미국 유학 국가자격시험에 응시할 수 없었던 이야기, 독일 대학생의 생활, 재래의 성性 도덕과 남녀 관계를 부정하는 '쏘시알리쓰트' 왕조평王兆平 그리고 왕조평의 애인이었던 H로부터 왕조평이 직접 보는 앞에서 공개적으로 받았던 첫 키스의 혁명적 순간에 느꼈던 당혹스러움, 뺨에 칼자국을 가진 호기에 찬 검객 그룹, 나체 생활에 호의적인 독일 분위기 등등, 당시 독자들에게 흥미를 전해줄 수 있는 다양한 소재와 내용이 소개되었다.

독일로 유학을 떠나기 전, 그의 영어 구사 능력은 상당한 수준에 이르렀던 것으로 생각된다. 그렇기에 북경의 김金 군君이 보내준 영문 시극英文詩劇, 『The Twilight-hour of Yang Kwei Fei 楊貴妃之暮景』을 크리스마스 저녁과 다음 날 밤에 끝을 낼 수 있었다.[25]

1930년 8월 2일(토), 개인적으로 독일어를 배웠던 교수 집에서 자전거를 타고 오는 길에 자동차와 부딪쳐 팔이 부러지는 사고를 당한 그는 병원에 입원하게 되었다. 옆 침상에 누웠던 독일 계통 미국인과는 부족한 독일어 대신 영어로 의사를 소통하였으며, 그 미국인은 도유호의 영어를 다시 독일어로 번역해 남들에게 전해주기도 하였다.[26]

"우리는 누어서 서로 우스운 소리를 넘기옵니다. 나는 독일어가 부족하여 영어로 씹어립니다. 그러면 뻬드 군君이 이것을 번역합니다. 나는 또 남들이 하는 소리를 조금도 알아듣지를 못하는 때가 퍽이나 많습니다. 원래 재미있는 이야기는 표준어보다도 사투리 편이 더욱 재미난다

---

25) 도유호, 1931a, 「고민의 독일에서」.
26) 도유호, 1931b, 「독일생활단편」.

고 합니다. 이 친지들이 여태껏 알음소리를 치다가도 별안간에 목이 터지라고 웃는 것을 나만은 영문을 모르고 지나옵니다. 사투리에는 삐드 군도 곡절을 모르옵니다." [도유호, 1931b, 「독일생활단편」, 79쪽]

도유호의 「학적부」에는 '기호 및 지망'이 '文學'으로 표기된 바 있다. 1923년 동아일보에서 현상 공모한 신시新詩 부문에서 입상한 경력에서 알 수 있듯이, 청년 시절의 도유호는 시詩를 가까이 하며 좋아했고, 시인과 그들의 시 세계에 대하여 관심이 많았던 것 같다. 그의 인상기에 인도 시인 타고르와 하이네, 괴테, 워즈워드 등이 등장 하는 것도 그와 같은 맥락을 반영해준다고 생각된다.

"나는 이 숲속에 산보할 때면 때때로 딸기 사냥도 하였습니다. 그 어느 날도 나는 하루를 이 딸기 사냥으로 보내게 되었습니다. 그러는 동안에 나는 이따금 앉아 쉬기도 하며 이따금 끝없이 헤매기도 하였습 니다. 때때로 소리 없이 노래도 읊어 보았습니다. 그것은 일찍이 내가 신병身病으로 금강산에 숨었을 때였습니다. 나는 어느 날 여기처럼 이렇게 전나무들이 늘어선 새로 헤매다가 외로이 길가에서 한 송이 붉은 장미꽃을 보았습니다. 그 뒤에 내가 쓴 안 된 노래를 나는 이 「타우누쓰」 숲 속에서 몇 번이나 외었습니다. 그리고는 제멋에 늘 나는 가장 그럴 듯한 시인이라고 하였었습니다. 사람들은 모두 제멋에 산다고 하지만 적어도 나만은 제멋에 삽니다. 그러나 불행히 남들이 알아 안주니 안타깝기는 합니다만 알아주거나 말거나 여전히 나는 내 멋에 삽니다. 나는 읊었습니다.

중향성衆香城27) 아래 그윽한 골

27) 중향성(衆香城)은 내금강의 백운대 북쪽에 있다. 백운대에서 바라볼 때, "마치 수억만 향불을 태워 연기가 실안개처럼 줄을 그으며 자욱하여 성벽을 둘러친

저 무렵 종소리 흐르는 속에
한가히 나는 거닐었거니
거기에 전나무 늘어선 밑에
말없이 있는 한 송이 장미!
거기는 밤이면 단 이슬 내리는
그윽한 곳 종 우는 데서
내 마음 은근히 부르옵는데
대답도 없이 숙이고 있는
그늘 밑에 한 송이 장미꽃아!
(그늘 밑에 한 송이)

거기 「타우누쓰」의 깊숙한 숲속에서 이름 모를 꽃 한 송이를 나는
은근히 불렀습니다. 내가 이렇게 허튼 생각을 하고 다니는 동안에
때때로 노루나 사슴 떼는 애꾸진 짓들을 하고 달아납니다. 나는 그날도
여전히 딸기 통을 메고 숲속에 들었습니다. 딸기는 딸 차비도 없이
나는 여전히 허튼 생각에 마음이 팔렸습니다. 정처 없이 헤매이며
나는 다시 영원을 생각하고 무상無常을 생각하고 과거를 생각하고
미래를 생각하였습니다. 나는 거기서 인생의 잡답雜沓을 생각하고 안식
安息을 생각하였습니다. 일찍이 시성詩聖 「꾀테」는 「끽켈란」 산상山上에
서 아직은 젊었을 때 손수 벽에 써놓은 시 한 귀를 다시 읽고 감개무량하
였었답니다.

온 산봉우리는 적막寂寞에 같았었고
나무가지 끝에는
숨소리 없음에

것 같다"고 하여 중향성이라 부른다(력사연구소, 1984, 『금강산의 력사와 문화』,
415쪽).

새들도 이미
숲속에 들었거니!
가만히 기다리어라
네게도 곧
안식安息이 오리로다." [도유호, 1931c, 「독일유학일기」, 53~54쪽]

1930년 9월 초순, 병원에서 만난 '랑'씨 가족과 함께 그들 친척이
사는 프랑크푸르트 근교의 볼펜하우젠 마을로 놀러간 적이 있다.
이 작은 농촌 마을은 타우누스Taunus 삼림 지대 속에 자리를 잡고
있었다. 숲속 이곳저곳을 돌아다니며, 시심詩心에 잠긴 그는 병을 치료
하려고 금강산에 잠간 머물며 지었던 자작시自作詩, '그늘 밑에 한
송이'를 읊기도 하였다. 그런데 그가 금강산에 머물렀던 시기는 경성
고등상업학교 3학년 때의 휴학 기간과 맞물린다.[28]

한편 『동광』에 실린 다섯 편의 인상기 가운데, 고국 소식과 관련된
내용이 다음과 같이 두 대목 정도 나와 있어 관심을 끈다.

"전일前日 거리에 나갔다 남들이 명절이라고 소나무 사들이는 것을
보고 마음이 풀린 김에 화점花店에 들어가서 「히야씬스」 한 모종을
사다 놓았더니 때 아닌 향기가 요새는 곡절 없이 방안에 떠돕니다.
고국서는 지금 쌀값이 내려서 모두들 목이 빠진다고 야단인데 기생충
살림에 염치를 모르는 나만은 불면不面이 다행이라 태평통운泰平通運에
든 모양입니다. 게다가 이번 크리스마스를 어느덧 동양 기분 속에서
지나듯 한 것이 나의 불고염치不顧廉恥한 태평통운을 한 자취 더 늘인

---

28) 도유호는 3학년 학기에 휴학하여 금강산에 머물렀다. 그 시기는 1926년, 곧
그의 나이 22살 무렵에 해당한다. 휴학 시기와 관련하여 "그때 나는 20 내외의
젊은 시절에 신병(身病)으로 금강산 골작이에 숨어 있을 때"라는 글귀가 참고된다
(『조선일보』 1940년 6월 4일, 도유호, 「"비엔나" 그리웁다!(2)」).

듯한 감이 있습니다. 동양 기분이란 다름 아니외다. 북경에 있는 김金
군君께서 보내준[29] 양귀비지모경楊貴妃之暮景(The Twilight-hour of Yang
Kwei Fei)이란 영문 시극 한 권을 이번 받았습니다. 〈중략〉 그 책을
읽을 때 나는「서산西山」에 지는 해를 몇 번이나 아쉬워하였습니다.
그것은 나에게 가장 얻기 어려운 순간들입니다." [도유호, 1931a,「고민의
독일에서」, 50~51쪽]

"나는 그리고 또 이번 입원 중에 가장 섭섭한 소식을 듣게 되었습니다.
기다리고 기다리던 아부지의 편지를 한번 받게 되었습니다. 거기에는
어린 삼촌 진백鎭百이와 계모의 별세 소식이 있었습니다. 진백이는
나보다 몇 배나 영리한 소년이었습니다. 진백이는 엄청난 장난도 꽤
잘하던 소년이었습니다. 그는 혈기 있는 소년이었습니다. 진백이는
이미 세상을 떠났었습니다. 나는 그리고 입원 중에 작은 형님의 검인檢
印 맞은 엽서도 받아 보았습니다." [도유호, 1931b,「독일생활단편」, 79쪽]

1929년 미국에서 촉발된 대공황의 여파로 국내의 상공업 분야가
타격을 당하였다. 1930년대 하반기에는 농산물, 특히 벼의 풍작으로
인하여 가을걷이가 끝난 뒤 쌀값이 대폭락하였다. 종전 1석에 25~26
원 하던 가격은 14원 정도로 약 5할 가량이 떨어져 수익은커녕 생산비
조차 제대로 건져내기 어려웠던 것이 당시 농촌 현실이었다.[30] 부모님
의 넉넉한 경제적 지원에 의존하였던 현실적인 여건에서 비록 자신의
운수가 태평스럽게 트였다고 표현은 했으나, 그와 같은 고국의 농촌
소식을 접한 도유호의 마음은 그다지 편치만은 않았으리라. 그가
독일로 떠난 해, 집안 안팎으로 적지 않은 변고變故가 일어나기도

---

29) 본문에는 "北京 있는 金君께서"로 인쇄되었다.
30) ①『동아일보』1931년 1월 1일,「물가와 조선」, ②『동아일보』1931년 1월
    2일,「미가 폭락과 농촌실정(2)」.

하였다. 어린 삼촌과 계모가 별세하였다는 소식을 듣게 되었고, 검인檢
印 받은 엽서는 작은형 도관호가 수감 상태에 있었음을 암시해 준다.[31]

민족 문제 그리고 춘원 이광수

그러나 아직 나로서는 춘원이 너무나 가깝습니다

『동광』에는 인상기의 성격과 전혀 다른 내용을 담고 있는 네 편이
글이 더 실려 있다.[32] 그 글들에서 도유호는 민족 문제에 대한 자신의
관점을 여러 차례 언급하였는데, 그와 같은 점은『동광』23호(1931년
7월)에 게재된「독일생활단편」이라는 인상기에서 먼저 엿보인다.
이 글에서 도유호는 유태인들이 민족적 박해를 받는 이야기를 전하면
서, 민족의 개념이 인류 역사에서 지니는 의의에 관하여 잠시 논한
바 있다.

그런데 이 글이 발표된 이후, 도유호는 자신의 글을 자평하며, 인상
기와 같은 종류의 글에서 민족 문제와 같은 학술상의 이론을 운위하는
것 자체가 잘못된 것이라고 자책하기도 하였다. 이와 아울러 그는
민족 문제에 대한 부분이 눈이 핑핑 돌아갈 정도로 바쁜 틈에 집필되었
기 때문에 자신의 논법이 전부 불합리하고 엉터리뿐이어서 독자 여러
분께 매우 죄송스럽다는 정중한 사죄의 글을 올렸다.

---

31) 도관호는 공산당 사건에 연루되어 1930년 11월 대구지방법원에서 2년 6개월의
    형을 선고받았다. 주요한, 1931,「내외대관(內外大觀)」,『동광』17, 1931년 1월,
    27쪽.
32) ①「민족문제에 대한 나의 오류」(『동광』28, 1931년 12월), ②「민족문제에
    관하야」(『동광』30, 1932년 1월), ③「긴급항의문」(『동광』33, 1932년 5월), ④
    「선풍 부는 독일에서」(『동광』37, 1932년 9월).

"편집국장 족하足下33)

귀지貴誌 7월호34)에 실린 저의 글을 다시 읽고 부끄러움과 죄송스러운 생각을 금치 못하겠사옵기에 몇 마디로 귀지 동인 제씨同人諸氏와 및 독자 제위諸位께 사죄하옵니다. 거기에 실린 민족 운운云云의 소리는 모다 저의 경솔한 탓이었습니다. 인상기 중에 그런 학술상의 이론을 운위云謂한 것부터 저의 잘못이었을 뿐外사라 그것은 전부 불합리한 논법뿐이었습니다. 그것이 바로 지난『크리쓰마쓰』휴가 중이었습니다. 저는 이것을 틈타서 Y선생께 한 약속을 이행할랴고 짧은 시간에 무리한 집필을 하게 되었습니다. 그때 마침 저는 그 원고 외에 또 방송 연설을 하나 준비하노라고 지나연구소支那研究所로 동양학『쎄미나』로 동분서주하는 판이었습니다. 그러하오와 그 글은 참말 눈이 핑핑 돌아가는 동안에 쓴 것이었습니다. 그것을 이번에 다시 읽어보니 그 중의 저의 안된 논법은 그야말로 엉터리뿐이었습니다. 오직 여러분께 죄송스러을 뿐입니다.

편집국장 족하 그러하오와 저는 이번 민족문제에 대한 좀 정돈된 글을 발표해볼까 했습니다. 그러나 그것도 저의 사정상 크리쓰마쓰 휴가가 오기까지 기다릴 수밖에 없습니다. 그러하오와 여기에는 다만 극히 중요한 점 몇 가지를 들고 그치겠습니다. 첫째로 민족문제 (Nationale Frage)와 인종문제(Rassen frame)는 아주 딴 것으로 이들은 엄연히 구별하여야 됩니다. 그리고 ××××지배 하의 ××地에 관한 민족문제는 그 ×地의 ×× 즉 그 민족의 ×이 ×國 자체 내부의 변혁을 필요로 하는 경우와 그렇지 않고도 가능한 경우와를 구별하여 생각하여야

---

33) 당시 잡지『동광』의 편집국장은 주요한이었음.

34) 도유호, 1931b, 「독일생활단편」, 75~78쪽. 이 글에서 그는 민족 문제에 대하여 "인류 역사에 있어 투쟁은 세 가지 양상으로 변하여 왔다. 첫째는 인류의 문화 건설에 의한 대자연력적(對自然力的) 투쟁이다. 둘째는 이양집합체(異樣集合體) 간의 여족(與族) 투쟁인데, 처음에는 부족 간의 투쟁으로 시작하여 민족 간의 투쟁으로 전개되었다. 셋째는 동일한 사회 내의 계급투쟁이다."라고 말하였다.

됩니다. 그리고 이후의 식민지가 자본주의적으로 발전하려면 거기에는 극도의 모순이 포함되는 것으로 그것은 경우에 의하여는 상대적으로 또는 절대적으로 불가능하다는 것을 여쭈어둡니다. 그리고 또『레닌』의 민족 문제론은 대체로 보아서 적절을 극極한 것이오나 그것은 1922년『콤민텐』제2대회 이전에 쓴 논문들로 이것을 잊어서는 안됩니다. 또『레닌』의 파란波蘭 문제에 대한 이론이나 서전瑞典과『노르웨』에 대한 이론 등은 주의하지 않고 읽다가는 오해하는 수가 많다는 것을 여쭈어둡니다. 마지막으로 다시 한 번 저의 잘못을 사죄합니다.

1931년 10월 8일
독일에서
도유호 배상拜上" [도유호, 1931f, 「민족문제에 대한 나의 오류」, 89쪽]

이 글을 쓸 시기는 프랑크푸르트대학에 정식으로 갓 입학할 무렵이라고 생각된다. 그렇기에 여러 가지 일에 바쁜 나날을 보냈던 것으로 보인다. 식민지 치하의 국내외 조선 지식인 사회에 있어 민족의 진로 문제는 많은 논쟁거리를 야기하였다. 주제가 예민하고 무거웠던 만큼, 민족 문제에 관한 자신의 논법을 체계적으로 정돈하기 위해서는 일정한 시간적인 여유가 필요했을 것이다.

일제의 식민지적 상황에서 당시 지식인들은 위 인용문에서 ××××, ××, × 등으로 표기할 수밖에 없었던 해당 단어의 정확한 의미를 서로 충분하게 교감했으리라. 앞뒤 문맥을 고려하여 그것들을 꿰맞추어 보면, 대략 "그리고 帝國主義(××××)지배하의 植民(××)地에 관한 민족문제는 植民(×)地의 獨立(××) 즉 그 민족의 獨立(×)이 帝(×)國 자체 내부의 변혁을 필요로 하는 경우와 그렇지 않고도 가능한 경우와를 구별하여 생각하여야 됩니다"로 엮어진다.

도유호는 민족 문제에 관하여 국내의 일부 지식인과 교신을 하였던

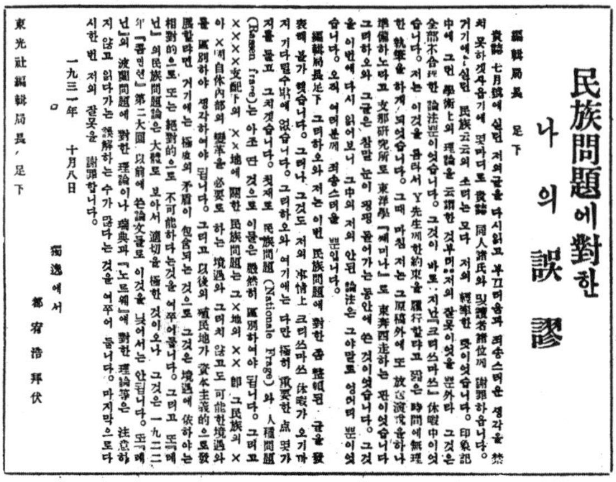

民族問題에 對한 나의 誤謬

編輯局長 足下

貴誌 七月號에 실린 저의글을 다시읽고 부끄러옴과 죄송스러운 생각을 禁치 못하겟사옵기에 몃마디로 貴誌 同人諸氏와 및讀者諸位께 謝罪하옵니다。印象記 거기에ㅅ실린 民族云云의 소리는 모다 저의 輕率한 뜻이엇습니다。그것은 全部不合理한 論法뿐이엇습니다。그것이 바로 지난「크리쓰마쓰」休暇中이엇습니다。저는 이것을 몰라서 Y先生께한約束을 履行할다고 짧은 時間에無理한 執筆을 하게 되엇습니다。그때 마침 저는 그旅行外에 또 放送演說을하나 準備하노라고 支那硏究所로 東洋學「세미나」로 東奔西走하는 판이엇습니다 그러하오와 그글은 참말 눈이 캄캄 돌어가는 동안에 쓴 것이엇습니다。그것을 이번에 다시 읽어보니 그中의 저의 안된 論法은 그야말로 엉어떠 뿐이엇습니다。오직 어려분께 죄송스러울 뿐입니다。

編輯局長足下 그러하오와 저는 이번 民族問題에 對한 좀 整頓된 글을 發表해 볼가 햇습니다。그러나 그것도 저의 事情上 크리쓰마쓰 休暇가 오기까지 기다릴수밖에 없습니다。그러하오와 여기에는 다만 極히 重要한 点 몃가지를 들고 그치겟습니다。첫재로 民族問題 (Nationale Frage)와 人種問題 (Rassen frage)는 아조 딴 것으로 이들은 斷然히 區別하여야 됩니다。그리고 ××××支配下의 ××地에 關한 民族問題는 그×地의 ×× 卽 그民族의 ×아 ×체自體內部의 變革을 必要로 하는 境遇와 그러치 않고도 可能한境遇와를 區別하야 생각하여야 됩니다。그리고 以後의 殖民地가 資本主義的으로發展할다면 거기에는 極度의 矛盾이 包含되는 것으로 그것은 境遇에 依하야는 相對的으로 또는 絶對的으로 不可能하다는것을 여쭈어둡니다。그리고 또ㅅ레닌」의 民族問題論은 大體로 보아서 適切을 極한 것이오나 그것은 一九二二年『콤민턴』第二大回 以前에 쓴論文들로 이것을 낮어서는 안됩니다。또ㅅ레닌」의 波蘭問題에 對한 理論이나 瑞典과『노르웨』에 對한 理論等은 注意하지 않고 읽다가는 誤解하는 수가 많다는 것을 여쭈어 둡니다。마지막으로 다시한 번 저의 잘못을 謝罪합니다。

一九三一年 十月八日

獨逸에서 都宥浩 拜伏

東光社編輯局長, 足下

〈그림 7〉 민족 문제에 대한 도유호의 글
『동광』 28, 1931년 12월

것으로 생각된다. 그 가운데 한 사람이 김명식金明植(1890~1943)이다. 김명식은 1931년 11월 삼천리사三千里社를 통하여 도유호의 서신을 받은 적이 있지만 그 내용이 무엇인지는 알려지지 않았다. 다만 그가 도유호의 서신을 읽고 감흥을 받았으며, 그리고 「민족문제에 대한 나의 오류」를 정독하고 감명을 받았다는 내용과 아울러 민족 문제에 대한 개인적인 의견이 담긴 답신을 편지의 형식으로 잡지 『삼천리』(1932년 2월)에 게재하였다. 그리고 편지 말미에 "당분간 귀중한 연구를 발표할 수 없는 것은 유감이지마는 백림伯林에서 독일어로 가능할 듯하고 또 독일어로 발표한 것이 있으면 널리 소개할 수도 있으리라고 믿습니다"라는 부탁의 말을 곁들였다.[35]

『동광』 30호(1932년 1월)에 실린 「민족문제에 관하야」는 원래 도유호가 주요한朱耀翰(1900~1979)에게 보냈던 개인적인 영문 서신에 지나지 않았다. 그런데 사전 허락도 없이 번역되어 『동광』에 게재되었으

35) 김명식, 「민족문제에 대하야. 백림(伯林)에 게신 도유호씨에게 답함」, 『삼천리』 4권 2호, 1932년 2월. 그는 이광수의 「민족개조론」(『개벽』, 1922년 5월)이나 「지도자론」(『동광』 23, 1931년 7월) 등에 대하여 매우 비판적인 글을 발표하였던 당대 지식인 가운데 한 사람이었다.

며, 더욱이 자신이 직접 쓴 것인 양 표현된 문체에 대해서도 도유호는 매우 못마땅하게 생각하여 「긴급항의문」을 동광에 보냈다. 특히 「민족문제에 관하야」에서 "동양으로 말할 것 같으면 일본 국민은 일본에 있는 민족 또는 그밖에 조선인, 남부지나南部支那, 마레이안즈 등의 혼합체라고 볼 수 있습니다"라는 등의 번역문 부분이 자신의 본래 의도와 동떨어진 것이고, 구상 중에 있는 박사학위 논문 제목이 공개된 점 등을 지적하며 불쾌감을 감추지 않았다.

"주요한朱耀翰 군君!

동광 2월호36)에 내 글이 또 나타났구려. 아마 원고가 없기도 한가 봅니다. 그것은 내가 군에게 사사로이 한 영문 서신이 아니었소? 그것을 번역해서 내가 동광소허東光所許로 한 게라고 하야 발표할 것이 무에 있소? 게다가 어미語尾에 「습니다」를 붙여 바로 내 문체로 만들어 놓았으니 독자가 그것을 내가 쓴 거라고 알게 아니오. 그 번역문은 내가 의미한 바와는 아주 다르오. 나는 「국가의 기원」을 의미한 일이 없었소. 그리고 「께르만즈 국민」이란 새 술어述語는 내게도 별거로 들립니다. 그밖에 일본 국민 운운(云云)! 나는 일본 국민을 의미한 일이 없소. 그리고 Race를 종족이라고 역譯한 것은 좀 약하다고 생각됩니다. (아마 내가 종족이라고 한자로 주註를 단 듯하오.) 나는 구문歐文의 술어를 될 수 있는 한에서 가장 정확히 번역할려고 애쓰는 사람 중의 하나이오. (민족사회주의자 아돌프 히틀러의 일으는 Volkstum37)과 Rasse를 민족과 인종이라고 역하는 것이 결국 지당하겠지요.)

주朱 군君, 하여간 나는 동광에 실린 나의 글로 해서 참말 말썽이 많아졌습니다. 어느덧 나도 ×××, ××× 제씨諸氏의 이론가 중에 들어 버린듯 합니다. 나는 그런 무식한 이론가가 되기를 절대로 거절합니다. 내가

36) 도유호, 1932a, 「민족문제에 관하야」, 102쪽.
37) 『동광』에 게재된 원문에는 'Volkstuus'로 표기되었다.

무식한 것은 사실이오나 그러나 나는 그 반면에 그 무식을 억지로 보호해 가며 이론하기를 꺼려합니다.

주 군!

나의 일도 좀 돌보아 주어야 되지 않았소? 군은 군의 잡지를 생각해서 그런 안 될 일도 하지만 그 반면에 나는 어떻게 됩니까. 게다가 내가 지금 책을 저작하려고 하느니 만하임 (이것을 마운하인이라고 썼습디다 그려) 교수가 박사논문에 적합한 게라고 했다느니 하는 것을 공개할 것이 무엇입니까? 박사! 박사! 나는 그런 박사를 그리 존경하는 자 아니외다. 미국에 가느니 독일에 왔느니 해서 박사가 됩니다. 그러나 그 논문이란 대개 시험관이 잘 모르는 조선에 관한 것! 사실 그 박사님네는 정말 아는 것이 별로 없습니다. 박사 소리를 내게 들려 놓으니 정말 내 자신도 그런 썩은 박사가 될까 봐 두렵소이다. 며칠 전 동양 어느 나라에서 온 나의 벗 한 분이 박사가 되었습니다. 경제학박사! 그러나 그가 쓴 논문은 자기 나라 어느 도시에 관한 것이었습니다. 여기서는 재료를 얻기 위하여 이런 종류의 논문을 환영합니다. 그래서 얻게 되는 박사! 그러나 그 박사가 별로 시원치 않았습니다. 동양인의 박사 중에는 이런 박사가 대부분이외다. 박사는 그만두고, 주 군, 여하 간 꽤 미안합니다. 동광이라면 인제 내게는 말썽거리 잡지로밖에 안 들립니다. 1932년 2월 29일." [도유호, 1932b, 「긴급항의문」, 42~43쪽]

이처럼 도유호는 언짢은 사실에 대하여 직설적인 화법으로 대응하였다. 그러면서 대학에 입학한 지 얼마 되지도 않은 청년은 다섯 살 연배인 주요한을 향하여 자신의 굳은 결의를 다졌다. 어찌 보면 자신감에 충만한 목소리였겠지만, 달리 들으면 지나치게 당차다는 느낌도 들게 한다. 아무튼 도유호에게 중요한 것은 박사학위 취득 자체가 아니었다. 뒤에 가서 다시 살펴보겠지만, 같은 박사라 할지라도 박사 소리만을 듣는데 그치지 않는 학업을 쌓기 위하여 그는 남다른 노력을 기울이게 된다. 또한 "구문歐文의 술어術語를 될 수 있는 한 가장 정확히 번역"하고, "무식한 이론가가 되기를 절대로 거절합니다"라는 글귀에서 자기의 학문적인 관리를 철저히 하려는 자세가 드러난다.

『동광』에 몇 차례 실린 글은 「선풍 부는 독일에서」(『동광』 37호, 1932년 9월)[38]를 끝으로 마감을 짓는다. 그 글을 썼을 당시 독일은 히틀러가 장악한 나치스의 세력 확대로 유럽 사회 전반이 격랑의 회오리바람 속에 놓여 있었다. 도유호는 나치스의 파시즘에 대하여 강한 거부감을 지니고 있었기에, 피압박 민족의 해방 문제는 제쳐두면서 파시즘에 의한 힘의 논리를 칭송하였던 춘원 이광수春園 李光洙 (1892~1950)의 관점[39]은 결코 용납될 수 없는 것이었다. 그래서 열세 살이나 손위였던 춘원에게 자신의 입장을 밝히며, 춘원이 심하게 느낄 정도로 반박했던 서신을 여러 차례 발송하였다. 그의 눈에 춘원은 밉기도 하고, 때로는 아니되 보이기도 한 존재였다. 그렇지만 춘원에 대한 애정만은 여전히 그치지 않고 있는데, 그 까닭의 전말이 어디에서 비롯하는지 알 수 없다.[40] 애증이 서린 안타까운 마음으로 춘원을 지켜보는 도유호의 심정은 다음의 글에 잘 묘사되어 있다.

---

38) 이 글에서 도유호는 다음과 같은 내용을 언급하였다. "동아일보에 「맑스主義=레닌主義와 辨證法」이라는 제목의 글을 번역하여 보냈으나 게재되지 않았다. 6월 6일 프랑크푸르트 사회연구소에서 개최된 세미나에서 '지나(支那) 일본 및 조선의 민족 및 민족주의의 기원'에 원고를 발표하였으며, 발표문 가운데 조선에 관한 부분이 체코 어로 번역되어 어느 잡지에 게재되었다."

39) 이지원, 2007, 『한국 근대 문화사상사 연구』, 301쪽.

40) 도유호는 경성고등상업학교를 함께 다녔던 함흥 출신 안호삼(安鎬三, 1902~1973. 서울대학교 교수, 외국어대학교 초대 학장, 휘문중고등학교 교장 등 역임)과 춘원 집에서 같이 기숙하였다고 한다. 김용호 편저, 1953, 『요철복덕방 : 일선기자수첩에서』, 99~101쪽.

"주요한朱耀翰 형兄

끝끝내 저의 항의문抗議文까지 발표되었습니다. 여하간 저의 이름이 끝없이 지상紙上에 자꾸 날아나는 게 어쩐지 미안해서 못 견디겠습니다. 그래 여러분 모다 강녕康寧하십니까? 그리고 춘원春園 선생도? 춘원 선생에게 그새 꽤 언짢은 글월을 많이 올렸었습니다. 아마 대단히 노하셨을 것입니다. 동광에 실리는 선생의 글들이 하도 안되었고 밉기에 꽤 심한 말을 적어드렸습니다. 그러나 춘원은 여전히 안된 춘원입니다. 춘원에게는 파씨즘이 퍽이나 앞필을 가진 모양입니다. 그러나 요한 형! 참말 피압박민족의 해방을 운위云謂하는 자로서 자본주의국의 파씨즘을 노래하는 자는 그야말로 그냥 두기 어렵습니다. 파씨즘이 무슨 턱으로 그리 귀여운지요!

주 형! 나는 그새 몇 번이나 춘원을 공개로 반박하려고 했습니다. 그러나 아직 나로서는 춘원이 너무나 가깝습니다. 그에게 대한 애정이 아직은 너무나 강하옵니다." [도유호, 1932c, 「선풍 부는 독일에서」, 41쪽]

박사학위 논문 통과

프랑크푸르트대학佛郎府大學에서 비엔나대학維也納大學으로

1930년 6월 프랑크푸르트에 도착한 이후, 도유호는 독일어 과외 수업을 받으며, 자신이 진학할 대학을 선택하기 위하여 신경을 썼던 것으로 보인다. 볼펜하우젠 마을에서 딸기 사냥을 마치고 돌아온 다음, 그는 하이델베르크대학으로의 진학 여부를 알려고 그곳에서 하룻밤을 보내기도 하였다.

"불랑부로 돌아온 뒤에는 별로 다른 데 여행한 일이 없습니다. 다만 하룻밤을『하이델빽』에서 지냈을 뿐입니다. 그것은 물론 그곳 대학 여부를 알기 위함이었습니다. 하이델빽은 조그만 고을이오나 가장 아름다운데 입니다. 하이델빽대학은 역사가 오래기로는 독일서 몇 째 가는 곳입니다. 거기에는 일찍이 우리가 늘 듣는 철학자 릭켈르트 교수도 있습니다. 그리고 사회학자로 독일서 이름 있는『웨버』도 있습니다. 이 웨버는 일찍이 종교사회학자로 세계적 명성을 띄던『막쓰 웨버』와는 다른 분입니다. 이『막쓰 웨버』는 이미 세상을 떠났습니다. 하이델빽에서 또 내가 여짜올 것은 인류학 연구에 적지 않은 재료를 제공한『하이델빽인』(Heidelberg man)과 불란서 군에게 파괴를 당한 거성居城이었습니다." [도유호, 1931d, 「시인 「꾀테」의 구가를 찾고」, 51~52쪽]

「이력서」에 따르면, 그는 1931년 10월 프랑크푸르트대학(*Johann Wolfgang Goethe - Universität Frankfurt am Main*, University of Frankfurt am Main)에 정식으로 입학하였다. 그때는 도유호가 프랑크푸르트에 도착한 이래 약 1년 3개월이 지난 뒤였다. 입학 이후, 그의 지도 교수는 지식사회학의 선구자로 잘 알려진 만하임Karl Mannheim(1893~1947)[41]이었던 것으로 추정된다. 당시 도유호는 '민족'에 대한 책을 저술할 의도가 있었고, 그것을 만하임 교수와 논의하여 박사 논문의 주제로 적합하다는 동의를 얻었던 것으로 생각된다.[42] 비록 고국을 떠난 상태에 있었지만, 제국주의의 지배를 당하던 식민지로서의 조선, 피압박민으로서 조선 민족이 겪고 있는 현실적인 문제에 그는 끈질긴 관심을 지녔던 것으로 보인다. 구상 중에 있었던 연구 주제를 구체화하는데 필요한 서적의 구입 방도를 주요한에게 문의하였고, 이광수와

---

41) L.A. 코우저, 1974, 「지식사회학의 선구자 칼 만하임」,『기독교사상』18권 2호, 80~90쪽 참조.
42) 도유호, 1932a, 「민족문제에 관하야」.

이병도(1896~1989) 및 작은형 도관호의 도움을 받아 조선사에 관한 문헌 자료를 수집하였다.[43]

"주朱 형兄 그리고 저는 참말 조선을 연구할 필요를 느꼈습니다. 거기 대한 서적에 관하여 특히 조선사, 사회발달사, 경제사 기타에 관하야 구득購得할 방도가 없을까요.
더구나 주 형 저는 한문이 무식해서 한문 서적을 읽지 못합니다. 그것을 짐작하시고 일본문日本文 및 조선문朝鮮文 기타 영독문英獨文으로 쓰인 한에서 구득할 방도를 가르쳐주소서." [도유호, 1932c, 「선풍 부는 독일에서」, 42쪽]

프랑크푸르트대학에서 네 학기를 마칠 무렵 시련이 닥쳐왔다. "나치스의 정책에 유수한 세계적 교수가 추방"을 당하는 일을 겪게 되었다.[44] 도유호의 박사학위 논문 지도 교수였다고 믿어지는 만하임 교수가 독일을 떠날 수밖에 없는 사건이 일어났다. 1933년 1월 독일 정권을 잡은 나치스는 만하임의 교수직을 박탈하였고, 이에 만하임 교수가 영국으로 망명하는 사태가 발생하였다. 1933년 초 도유호가 감옥에 투옥을 당하는 일이 벌어졌는데, 그 사건은 만하임 교수 문제와 연루되었던 까닭이라 짐작된다.

프랑크푸르트에 도착하여 3년 정도 지난 뒤, 그의 유학 생활은 오스트리아 비엔나대학(*Universität Wien*, University of Vienna)[45]에서 재출발한다. 1933년 독일의 히틀러 정권에 의하여 투옥되었다가 봄에

---

43) 『조선중앙일보』 1936년 4월 7일, 「도유호씨=철학박사논문통과」.
44) 『동아일보』 1940년 1월 28일(朝B), 「태서양 거친 파도에 영독군의 해전목도, "여생은 조선사연구에 바친다", 동란구주에서 도유호박사 작석 착경」.
45) 오스트리아의 수도는 Wien(독어) 또는 Vienna(영어)로 표기되며, 현행 한글 맞춤법에서는 영어식 표기인 '비엔나'를 채택하고 있다. Wien 또는 Vienna은 일제강점기에 '빈, 윈, 윈나, 비엔나, 維也納, 維納' 등으로 표기되었다.

추방된 도유호는 그해 5월 비엔나대학 철학부 사학과로 전학하였다.

도유호는 1935년 6월 하순 비엔나대학에서 철학박사학위를 수여받았다. 학위 논문의 제목은 『Probleme der koreanischen Geschichte in kulturellem Zusammenhang(문화적 맥락에서 본 조선사의 문제, 254쪽)』이다. 오스트리아에서 약 2년이라는 비교적 짧은 기간의 연구를 통하여 학위 논문을 마칠 수 있던 것은 이 주제에 대하여 이미 프랑크푸르트대학 시절부터 준비를 해왔기 때문으로 여겨진다. 박사학위 논문의 주심사원主審査員은 도프슈Alfons Dopsch(1868~1953) 교수였는데[46] 그는 유럽 중세사와 경제사 분야에 대한 업적을 남겼다.

국립중앙도서관 청구기호 951.9-D631p

도유호의 박사학위 논문은 크게 '고대, 중세, 근세' 편으로 구성되었으며, 한국 역사와 문화에 관한 내용이 언급되었다. 그러나 고고학 또는 민속학에 관한 내용은 다루어지지 않았다. 여기서 흥미로운 사실은 그의 박사학위 논문 한 벌이 국립중앙도서관(청구기호 951.9-D631p)에 소장되어 있다는 점이다. 그런데 비엔나대학 소장본과 국립중앙도서관 소장본 사이에는 약간의 차이가 있다. 비엔나대학 소장본은 국립중앙도서관 소장본과 달리, 근세의 마지막 부분에 해당하는 '동학과 동학혁명(Tong-Hak und die Tonghak Revolution)', 그리고 '1919년까지(Bis 1919)'라는 부분이 빠져 있는 상태로 제본되었다. 추정컨대, 논문 심사 과정에서 이 내용이 제외되었던 것 같다고

---

46) 이와 관련하여 도유호는 "전논문(全論文)의 주심사원(主審査員)은 당대의 석학 「돕쉬」 교수인 것도 사실이다. 나는 세계적 대사가(大史家) 「돕쉬」 박사의 제자라고 하면, 그것은 거짓말은 아니다"라고 이야기한 바 있다(『조선일보』 1940년 4월 24일, 도유호, 「감상 (상) 감사와 정정」).

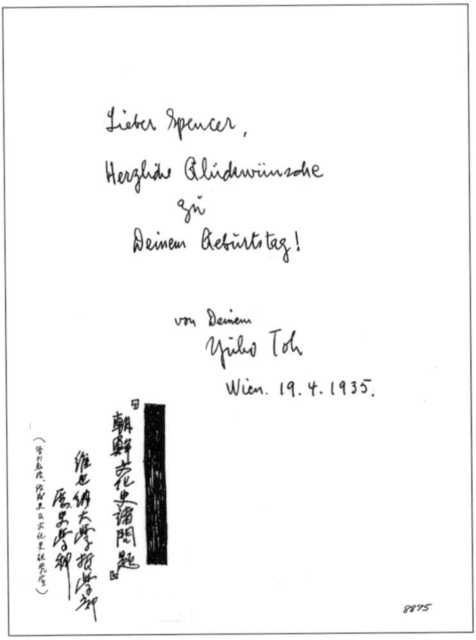
Lieber Spencer,
Herzliche Glückwünsche
zu
Deinem Geburtstag!

von Deinem
Yuho Toh
Wien. 19. 4. 1935.

[redacted]
維也納大學哲學部

8875

〈그림 8〉 **박사학위 논문에 들어 있는 도유호의 자필** 국립중앙도서관 소장 도유호 박사학위 논문

생각된다.

국립중앙도서관 소장본의 겉표지와 속표지 사이 쪽에는 도유호가 '1935년 4월 19일'이라고 친필로 명기한 내용 등이 담겨 있다. 그러나 유감스럽게도 도유호로부터 이 책을 받은 사람의 이름이 기재되었을 것으로 추정되는 부분이 검은 덧칠로 가려져 있다. 이는 아마도 과거 우리 사회의 어두웠던 일면을 여실히 반영하는 것이리라. 여러 모로 어려웠던 당시의 현실적인 여건에서 도유호의 박사학위 논문이 국립중앙도서관에 소장되어, 언젠가 후학들이 참고할 수 있게끔 배려해준 분들의 소중한 뜻을 높이 받들고 싶다.

도유호의 박사학위 논문이 심사를 통과된 것은 1935년 4월 12일이었다. 일주일 정도 지난 뒤 도유호는 일명 '스펜서'의 생일을 맞이하여 자신의 학위 논문을 선물로 삼아 축하를 보냈다. 비록 아주 짧은 생일 축하의 글이지만, 그 내용으로 볼 때 스펜서는 도유호와 허물없이

사랑하는 스펜서(Spencer)에게,

진심으로 너의 생일에 축하를 보낸다.

도유호(Yuho Toh)로부터

1935년 4월 19일, 비엔나

□□□□□□□□□

『朝鮮文化史諸問題』

維也納大學　哲學部

　　　　　歷史學科

(똡쉬　敎授, 經濟史及文化史硏究室)

스펜서의 생일을 축하하며

가까이 지냈던 인물이었다고 생각된다. 또한 거기에서 도유호가 자신의 학위 논문 제목을 '朝鮮文化史諸問題(조선문화사제문제)'로 의역意譯하고 있다는 것을 볼 수 있다. 이와 아울러, 자신이 재학하고 있던 학과가 비엔나대학 철학부 역사학과이며, 당시 도유호는 도프슈 교수가 주관하는 '경제사 및 문화사 연구실'에 소속되었음을 짐작하게 해주는 사항 등도 찾을 수 있다.

　도유호는 유럽에서 한국사에 관한 주제로 박사학위를 받은 최초의 인물이다. 그는 통사적인 체제를 유지하면서 문화적 맥락 속에서 한국사의 전개 과정을 이해하려고 하였다. 박사학위 논문에는 고대(단군 신화와 기자 전설, 민족의 기원, 삼국의 경제와 사회 등), 중세(통일신라, 고려, 봉건제도 등), 근세(조선, 정체성 문제, 이념적·정치적 발전 과정 등)에 이르기까지 한국 역사와 문화에 대한 내용이 다루어졌다. 앞으로 역사학자들의 작업을 통하여 그의 박사학위 논문이 지니는 학사적 의의가 평가되기를 기대한다.

　현재 비엔나대학 도서관에는 그의 박사학위 논문을 비롯하여 또다른 한 편의 글, 곧 "Proto-Schang und chinesische Zivilisation(原商族과

도유호 박사학위 논문 목차 (국립중앙도서관 소장본)

Inhaltsverzeichnis 〈목차〉

Altertum 〈고대〉

Über die Quellen des Altertums 〈고대의 기원에 대하여〉
1. Über den Mythos und die Sage 〈신화와 전설에 대하여〉
   a. Der Tan-Gun Mythos 〈단군 신화〉
   b. Die Sage von Ki-Tse 〈기자 전설〉
2. Die Herkunft des koreanischen Volkes 〈조선 민족의 유래〉
3. Die Drei Reiche 〈삼국〉
4. Exkurs über des Verhältnis der koreanischen Kultur zu der japonischen 〈조선과 일본 문화의 관계에 대한 보론〉
5. Wirtschaftliche und soziale Verhältnisse der drei Reich 〈삼국의 경제와 사회 관계〉

Mittelalter 〈중세〉

6. Vereinigung der Halbinsel durch Schilla, und sein Ende (668-935) 〈신라의 반도 통일과 멸망(668-935)〉
7. Die Korye-Dynastie (918-1392) 〈고려 왕조(918-1392)〉
   a. Die Frage des "asiatischen Feudalismus" 〈"아시아적 봉건주의" 문제〉
   b. Korye, – der Feudalstaat 〈고려, -봉건국가〉
   c. Die Beziehungen zu den Fremden 〈대외 관계〉

Neuzeit 〈근세〉

8. Die Yi-Dynastie (1392-1910) 〈이 왕조(1392-1910)〉
   a. Reformen und Kulturleistungen 〈개혁과 문화적 성과〉
   b. Parteikämpfe der Adligen und die "Akademien" 〈훈구파와 "사림파"의 당쟁〉
   c. Beziehungen zu den Fremden 〈대외 관계〉
   d. Das Wachsen des inneren Widerspruches 〈내부 모순의 성장〉
   e. Die Wellen der westlichen Zivilisation 〈서구 문명의 물결〉
   f. Die Diktatur des Grossfürsten Tä-Wen-Gun und die danach folgende Zeit 〈대원군의 독재와 그 이후〉
9. Exturs über die Frage des Stillstandes 〈정체성(停滯性) 문제에 대한 보론〉
   a. Über das "Statarische" der orientalischen Geschichte 〈동양사의 "정체성"에 대하여〉

b. Über die "Akkmulationslosigkeit" und das Nichtvorhandensein des Feudalismus
⟨자본 축적의 결여와 봉건주의 부재에 대하여⟩
10. Ideologisch-politische Entwicklung ⟨이념적·정치적 발전 과정⟩
   a. Die Wirkung der einheimischen Schrift ⟨한글의 영향⟩
   b. "Südkorea" ⟨남조선⟩
   c. Der Bauernaufstand unter der Führung Hong-Gyeng-Näs ⟨홍경래 주도의 농민봉기⟩
   d. Tong-Hak und die Tonghak-Revolution ⟨동학과 동학혁명⟩
   e. Bis 1919 ⟨1919년까지⟩

Literaturverzeichnis ⟨참고문헌⟩

중국 문명)"이라는 제목의 글이 소장되어 있는데[47] 이와 관련된 도서
관의 기재 사항을 소개하면 다음과 같다.

비엔나대학 도서관에 소장된 도유호의 논문 [Library services from www.univie.ac.at]

Record (기록)	Author (필자)	Title (제목)	Year (연도)	Stock (소장)	Union-Cat. -ID-No. (분류 번호)
1	Do, Cyong-ho	Probleme der koreanischen Geschichte in kulturellem Zusammenhang (254쪽)	1935 (Wien, Univ., Diss.)	Historical Studies Library, Main Library	AC04467085
2	Do, Cyong-ho	Proto-Schang und chinesische Zivilisation (22쪽)	ca. 1938	East Asian Studies Library	AC06408818

1930년 4월, 스물여섯 살에 고국을 떠난 지 약 5년 만인 서른한
살의 나이에 그의 박사학위 논문이 심사를 통과되었다. 그리고 1935년

47) 도유호는 1937년 말에 비엔나대학의 선사학연구소에서 「중국국가의 기원」이라
는 연구 보고를 하였는데 비엔나대학에 소장된 자료(Record 2)는 이와 밀접한
관계가 있는 것으로 추정된다(도유호, 1940, 「중국도시문화의 기원(1)」, 『진단학
보』 12, 184쪽 참조).

〈그림 9〉 도유호의 박사학위 소식을 알려주는 신문 기사 『동아일보』 1936년 4월 7일(夕2)

6월 28일, 그는 마침내 철학박사학위를 수여받았다. 그로부터 아홉 달 정도 지날 무렵, 그의 박사학위 취득 소식은 조선중앙일보와 동아일보 등을 통하여 고국에 전해졌다. 또한 1936년 여름에 오스트리아 비엔나를 방문했던 음악가 안익태安益泰(1906~1965)는 도유호가 박사학위를 받았다는 소식을 듣고 감회에 젖기도 하였다.

"목하 오지리墺地利 수도 유야납대학維也納大學에 재학 중인 도유호都宥浩 씨의 학위논문이 동대학 교수회를 통과하여 동교로부터 철학박사의 학위수여가 있었다는 소식이 그의 백씨 도용호都容浩 씨에게 전하여왔다. 씨는 함흥 출생의 금년 32세의 독학 청년으로 일찍이 휘문고보를 거쳐 고등상업을 우수한 성적으로 졸업한 후 동경으로 건너가 독일어를 전공하고 다시 북평연경대학 영문과를 마치고 거금 6년 전에 백림으로 건너갔다가 다시 오지리로 옮기어 유야납대학에 학적을 두고 경제학의 세계적 권위인 똡쉬 교수 지도하에서 주로 경제사經濟史를 연구하고 일반 사회철학과 민족문제를 연구하였다는 바, 조선사에 관하여서는 이광수李光洙 이병도李丙燾 양씨와 중형 도관호都寬浩 씨의 주선으로 다수한 문헌을 가져갔다 하며 금후도 계속하여 연구를 거듭할 모양이라 한다." [『조선중앙일보』 1936년 4월 7일, 「도유호씨=철학박사논문 통과」]

"끝으로 한마디 하고자 하는 것은 1년 전 비엔나대학에서 철학박사의
학위를 받은 우리 조선의 청년학도 도유호 씨의 학술學術에 많은
감동을 받은 것입니다." [『동아일보』 1936년 8월 9일, 안익태, 「구주 음악여행기
(하) 빈에서」]

박사학위를 받고 나서

박사학위를 취득한 다음, 도유호는 자신의 미래에 대하여 또 다른
선택을 결정해야 할 갈림길에 서있었다. 고국으로 돌아가야 하느냐,
아니면 그곳에 머물면서 자신이 뜻한 바를 지속해야 할 것인지를
선택해야만 했다. 고민 끝에 그는 귀국 여비 600불을 밑천으로 삼으며
오스트리아 비엔나에 남기로 결심한다. 그렇지만 고학의 힘든 길을
작심한 그에게 인생 삼십은 오르기에 쉽지 않은 험한 고갯길이었고,
고학으로 한동안 돈 고생에 싫증이 났던 비엔나 생활은 그에게 또
다른 추억거리를 안겨주었다.

"그때 내가 학위를 얻을 때도 나는 그것을 그리 원하여 얻은 것은
아니다. 나는 오직 공부가 재미있기에 하고 있었을 따름이나 내게
학자學資를 내는 편에서 그것을 요구하였기에 나는 하나 얻어 두었을
따름이다. 얻어 두고 보니 해롭지는 않다. 밥벌이하려면 그게 문제가
되기도 하는 듯하다. 그런데 나는 학위를 얻은 후 불원不遠에 귀국하라
는 명령을 받았다." [『조선일보』 1940년 4월 24일, 도유호, 「감상 (상) 감사와
정정」]

"여비를 받은 채로 학자學資의 출처도 끊어졌었다. 그러나 그때 나는 선사학에 무한한 흥미를 갖게 된 바이었다. 가위可謂「역사」를 운운하는 기간은 너무나 짧아서 그것으로는 인류의 역사를 알기에는 너무나 국부적임을 절실히 느끼고 있을 때이었다. 그리하여 나는 고학苦學을 할 작정으로 받은 여비 600불을 자본으로 하고 유대維大에 더 남아 있기를 결심하였었다. 그리하여 나는 선사고고학과 민속학(종족학)에 다시 손을 벌렸었다. 내가 스승으로 삼은「멩긴」「쉬미트」「콥퍼쓰」「하이네껠데언」제諸 선생들은 참말 모두 사계斯界의 거성巨星들이다. 나는 이런 유명한 학자들에게서 배운 것만은 지금도 가장 다행으로 생각하는 바이다. 이렇게 선사학에 투족投足한 후 과연 나의 인류역사에 관한 시야는 가장 넓어져온 듯하다."[『조선일보』1940년 4월 25일, 도유호,「감상 (중) 감사와 정정」]

위 글에서 읽을 수 있는 것처럼, 오스트리아에 남아 학업을 계속하려고 했던 가장 중요한 목적은 선사학과 민속학[48] 분야에 대한 자신의 지식과 시야를 확대하는 것이었다. 그는 좀 더 폭넓은 기반 위에서 인류 역사 전반에 대한 이해의 폭과 수준을 높이려는 의지를 지니고 있었다. 이러한 뜻을 실천에 옮기는데 학문적인 스승으로 삼은 학자들은 비엔나학파의 학맥을 형성하고 있었던 슈미트, 코퍼스, 하이네껠데른, 멩긴 등이었다.

---

48) 'Ethnology'는 현재 일반적으로 민족학이라고 번역된다. 그러나 도유호는 그것을 민속학으로 번역하여 사용하였기에 이 글에서도 그에 따르기로 한다. 이 용어의 기본적인 개념에 관해서는 다음의 글을 참조 바람. 앨런 바너드(김우영 옮김), 2003, 『인류학의 역사와 이론』, 20~21쪽.

문화권설과 비엔나학파

비엔나학파와 문화사 고고학

문화권설이라는 학문적 배경과 경향을 지니며, 비엔나대학을 중심으로 민속학 또는 고고학 분야에서 활동한 학자들을 가리켜 비엔나학파[49]라고 지칭할 수 있다. 이 학파는 당대의 독일-오스트리아 민속학과 긴밀한 연관을 맺고 있었다. 19세기 말부터 20세기 초반에 걸쳐 독일-오스트리아의 민속학 분야에서는 문화권을 규정하는 작업이 중점적으로 이루어졌고[50] 그것은 라첼, 프로베니우스, 그레브너, 슈미트, 코퍼스, 하이네겔데른, 멩긴 등으로 이어지는 학맥을 형성하고 있었다. 민속학과 밀접하게 결합된 고고학적 방법과 이론의 측면에서 비엔나학파는 문화사 고고학(culture-historical archaeology)[51] 분야에서 일정한 자리를 차지한다.[52]

---

49) 비엔나학파의 학문적 성격과 동향에 관해서는 다음의 글에서 언급한 바 있다. 한창균, 2013, 「도유호와 한흥수 : 그들의 행정과 학술 논쟁(1948~1950)」, 『한국 고고학보』 87, 91~95쪽 참조.

50) 앨런 바너드(김우영 옮김), 2003, 99~104쪽 참조.

51) 이 용어는 '문화역사적 고고학'으로 번역되기도 한다. 문화역사(culture history)라는 용어는 문화권설을 주창한 독일-오스트리아의 학자들에 의하여 자주 사용되기 시작하였다. 문화역사적 고고학에서는 "고고학적 잔재들을 발전적 시퀀스상에 상대 편년하는 일반적 편년 도식들을 개발하는 문제에 중점을 둔 고고학 연구의 방법론적 접근"을 중요하게 다룬다. Molly Raymond Mignon(김경택 번역), 2006, 『고고학의 이론과 방법론』, 199~204쪽 참조.

52) 초기의 문화사 고고학은 문화진화론이 도전을 받고 있을 무렵, 고고학적 기록이 지리적으로 다양성을 지녔다는 인식이 성장하는 가운데 자리를 잡기 시작하였다. 그리고 그 형성 과정에 있어서는 당시 사회에서 증대되었던 민족주의와 인종주의가 수반되었으며, 종족성이 인류 역사를 형성하는 중요한 요인으로 간주되었다. 문화사 고고학은 독일 및 유럽의 민족주의자들에 의하여, 자신들 조상의 발전된 문화와 생물학적 우월성을 표현하는 것으로 이용되기도 하였다. ① 브루스 트리거(성춘택 옮김), 2010, 『브루스 트리거의 고고학사(개정신판)』, 222~238쪽, ② 시안 존스(이준정·한건수 옮김), 『민족주의와 고고학』, 1~31쪽

라첼Friedrich Ratzel(1844~1904)은 문화의 지리적 분포 영역을 토대로 이주 및 전파에 대하여 연구를 하였다. 그는 "문화적 유사성의 원인이 되는 문화 접촉의 증거를 찾으려고 노력했다. 〈중략〉 문화의 단일 항목은 전파되는 반면, 전체적인 '문화 복합'(관련된 문화 특질들의 집합)은 이주에 의해 전달된다. 〈중략〉 대규모의 이주를 통해 강하고 문화적으로 앞선 민족이 약한 민족을 정복함으로써 문화가 발달한다고 주장했다."[53] 그리고 라첼은 "장기간의 특질 전파로 문화 영역, 곧 서로 이웃하면서 비슷한 문화를 가진 지대가 형성된다고 하였다."[54]

라첼의 관점은 프로베니우스Leo Frobenius(1873~1938)에 의하여 더욱 확대되었다. 프로베니우스는 민속학 자료의 비교 연구에 근거하여, 문화권(*Kulturkreise*, culture circle)[55]의 개념을 제창하였다. 그는 개별적인 문화 요소의 유사성과 더불어 문화권 내지 문화 복합체(culture complex) 전체의 유사성을 밝히는 작업을 하였다.[56] 프로베니우스는 "문화권은 거대한 문화 영역으로 어떤 경우에는 전 세계적으로 퍼져 나가며, 이전에 존재했던 문화권과 겹치기도 한다. 예를 들면 활과 화살의 문화는 창의 문화 위에 중첩된다"고 주장하였다.[57] 다시 말해서 그는 하나의 문화권 안에 서로 다른 문화 복합체가 중첩될 수 있다고 보았다.

프로베니우스의 방법과 이론은 가톨릭 신부神父였던 그레브너와

참조.
53) 앨런 바너드(김우영 옮김), 2003, 100쪽.
54) 브루스 트리거(성춘택 옮김), 2010, 218쪽.
55) 독일-오스트리아 민속학에서 등장한 문화권의 개념은 현재 통용되고 있는 '문화 영역(culture area)'의 이론과 개념을 확립하는데 이바지하였다. Molly Raymond Mignon(김경택 번역), 2006, 193~198쪽 참조.
56) 오바야시 다료(가모우 마사오 편저, 구본인 옮김), 1995, 「프로베니우스의 이론」, 『문화인류학 이론의 역사와 전개』, 98~116쪽.
57) 앨런 바너드(김우영 옮김), 2003, 101쪽.

슈미트에게 영향을 주었다. 민속학에 있어 문화사적 방법(culture-historical method)의 이론적 초석을 마련하였던 학자로 평가되고 있는 그레브너는 민속학 자료를 통하여 문화의 유사성을 탐구하는 방법론적 기준을 다음과 같이 제시하였다.

"문화의 동질적인 요소들이 수량적으로 많고(criterion of quantity), 그 요소들의 형태상 친근성이 광범위하며(criterion of form), 이러한 요소들의 대부분이(또는 전체가) 경제·사회·종교·예술 등과 같은 문화의 범주에 속해 있다면, 그것들은 하나의 문화권 또는 하나의 문화 복합체를 구성한다. 이 복합체의 부분들은 지리적으로 광범위하게 격리될 수 있지만 그것들 사이에 문화적인 연결고리(cultural bridge)에 의하여 이어질 수 있는 연속성이 있으며(criterion of continuity), 서로 이웃할수록 유사한 관련성을 지닌다(criterion of degree of relatedness)." [Baumann, H., 1974, Graebner, Fritz, International Encyclopedia of the Social Sciences, vol. 6, pp. 240~241.]

그레브너Fritz Graebner(1877~1934)는 문화권의 개념을 방법론적으로 정립하였으며, 문화권에 내재하는 문화 특성의 복합체들을 배열하여, 권역(Kreise, cultural circle)의 전파에 따른 편년적인 선후 관계를 오스트레일리아를 포함하는 오세아니아 지역 등에서 찾으려고 하였다. 예를 들어, 그는 이 지역에서 태즈메이니아 문화로부터 근대의 문화 이동(culture movement)에 이르기까지 축적된 각기 다른 양상의 중층적인 문화적 특성을 파악하고자 시도하였다. 이러한 작업은 공간적으로 오세아니아 지역이 하나의 문화권을 형성하며, 거기에서 시간적으로 서로 다른 문화층(culture layers)이 중첩되어 있음을 의미하는 것으로 귀결되었다.

그는 비교 신화학 등의 연구에 의하여 고대의 진보한 문화(archaic

advanced culture)가 구세계를 통하여 신세계로 확산되었음을 밝히고자 하였다.58) 이러한 그레브너의 이론은 전파론의 배경 속에서 전개되었지만, 영국의 스미스Grafton Elliot Smith(1871~1937)와 페리William James Perry(1887~1949) 등이 주장했던 전파주의와는 성격이 완전히 다른 것이었다.59) 그레브너는 원문화原文化(또는 원시문화, *Urkultur*)의 다음 단계를 모권적 문화와 부권적 문화로 구분하였다. 모권적 문화를 대변하는 것은 재배문화이며, 부권문화父權文化의 이른 단계를 토템적 수렵문화로 규정하며, 여기에서 새로운 목축문화가 파생된 것으로 보았다.60)

슈미트Wilhelm Schmidt(1868~1954)는 1895년부터 오스트리아에서 활동하였고, 1921년 비엔나대학에서 강의를 시작하였으며, 1931년에는 비엔나 근처의 묄딩Mölding에 인류학연구소(Anthropos Institute)를 설립하여 소장 직을 맡았다.61) 그는 그레브너의 문화권 개념을 받아들여 오세아니아 지역의 언어 영역과 문화권 사이에 유사성이 있음을 설명하였다. 또한 그레브너의 문화권설을 가다듬어, 식량 경작인(food planter)은 모권적 사회, 그리고 유목인은 부권적 사회로 구별시켰다.62)

슈미트는 인류 역사에서 문화권의 시간적인 발전 단계를 네 가지로 배열하였는데, 그것은 원시 문화권(primitive culture circle : 수렵채집인), 1차 문화권(primary circle : 원시 농경인), 2차 문화권(secondary circle : 집약적 농경, 신성한 왕권, 다신교 탄생), 3차 문화권(tertiary circle : 아시아,

---

58) Baumann, H., 1974, Graebner, Fritz, *International Encyclopedia of the Social Sciences*, vol. 6, pp. 240~241.

59) 스미스 등은 고대 세계 문명의 중심은 이집트였으며, 고도로 발달된 이집트 문명이 다른 지역으로 확산되면서 기술이 퇴보한 것으로 보았다. 브루스 트리거(성춘택 옮김), 2010, 219~220쪽 참조.

60) 도유호, 1940, 166쪽.

61) "Wilhelm Schmidt SVD" <http://www.anthropos.eu/anthropos/heritage/schmidt.php>

62) Henninger, J., 1974, Schmidt, Wilhelm, *International Encyclopedia of the Social Sciences*, vol. 14, pp. 56~58.

유럽, 아메리카의 고대 문명)이다.[63] 각 문화권의 선후 관계를 규정하는 기준의 "첫째는 접촉·혼합에 의하여 생겨나는 문화는 접촉·혼합된 문화보다 새롭다는 것, 둘째는 개개의 문화 영역은 각각 규모를 달리하지만, 좀 더 대규모의 문화 영역 내에서 이루어지는 접촉 혼합에 의한 문화 변용은 소규모 문화 영역에 있어서보다 장기간에 걸쳐 행해진다는 것이다."[64]

그레브너가 가장 오래된 문화로 '태즈메이니아 문화'를 설정하였던 반면, 슈미트는 '피그미 문화'가 가장 이른 시기에 해당하는 것으로 간주하였다. 그리고 슈미트는 부권적 유목 민족의 목축문화가 문화 발전과 국가 통일을 지향하는데 있어 중요한 원동력이 되었음을 밝히려고 하였다.[65] 다시 말해서 그는 "목축문화가 역사적 공간에서, 원문화의 채집·수렵 문화와 인접하여 있었지만, 농경문화와 연결됨으로써 고도로 발달된 문화의 출현과 관련을 맺게 되었다"고 언급하였다.[66]

그레브너는 민속학이 인류의 역사를 이해하는데 필수적이라고 생각하였고, 현존하는 원천 자료에 대한 사료적인 비판과 함께 민속학적 자료를 해석하는 방식에 대하여 언급하기도 하였다.[67] 슈미트는 그레브너의 시각 속에서 각 문화권 사이에 존재하는 유사성의 양적 기준과 형태적 기준의 상대적 관련성을 검증하였다. 그들은 그것에 의거하여 각 문화권에 들어 있는 문화 요소들의 권역과 시간적인 역사적 관계를 입증하고자 하였다.[68]

---

63) 앨런 바너드(김우영 옮김), 2003, 103쪽.

64) 오까 지꾸마(가모우 마사오 편저, 구본인 옮김), 1995, 「슈미트의 이론」, 『문화인류학 이론의 역사와 전개』, 84~97쪽.

65) 아야베 츠네오 편저(김인호 옮김), 1999, 「민족과 문화. 빌헬름 슈미트」, 『문화인류학의 명저 50』, 134~143쪽.

66) 아야베 츠네오 편저(김인호 옮김), 1999, 137~138쪽 참조.

67) Baumann, H., 1974, pp. 240~241.

라첼과 프로베니우스의 뒤를 이어, 그레브너, 슈미트 등으로 이어지는 학문적인 맥락을 통하여 전파주의가 밑바탕에 깔려 있는 문화권설의 이론적 근거가 마련되었다. 그와 같은 방법론적인 관점은 코퍼스와 하이네겔데른 및 멩긴 등의 학자들에게 큰 영향을 끼쳤는데, 그들 모두가 그레브너와 슈미트에 의한 문화권설의 논리와 방법론을 그대로 채용한 것은 아니었다.

코퍼스Wilhelm Koppers(1886~1961)는 1928년 비엔나대학의 민속학 교수로 임명되었고, 1929년에는 민속학연구소(Institute für Völkerkunde, Institute of Ethnology)의 소장 직을 맡았다. 그는 슈미트의 지도 아래 문화권설을 학문 연구의 논리적 근거로 삼았으며, 슈미트와 함께 『민족과 문화』(Völker und Kulturen, 1924)라는 공동 저서를 집필하였다. 이 책에서 그들은 그레브너의 형태 기준과 수량 기준을 응용하여, "본질적인 관련성을 갖지 않은 문화 요소가 항상 독특한 형태로 하나의 군群을 이루어 존재하면 이를 문화권이라 부를 수 있다. 〈중략〉 넓은 공간에 걸쳐서 이 같은 문화 복합체가 여러 개 발견된다면, 그것은 동일한 문화권에 속한다"고 보았다.[69]

그렇지만, 코퍼스는 1931년부터 문화권설과 거리가 멀어지기 시작하여, 문화권설을 검증이 필요한 하나의 작업가설(working hypothesis)로 간주하였다. 그는 문화권설의 방법론으로는 문화 현상을 만족스럽게 설명할 수 없다고 생각하였다. 따라서 코퍼스는 문화권을 설정하는 데 그레브너와 슈미트가 세웠던 과거의 기준에 상관하지 않았다. 그들과 달리, 하나의 문화 영역에서 발견되는 모든 요소들을 먼저 세밀하게 분석한 다음, 비교 연구에 의하여 그 요소들의 유사성을 탐구하였다. 그는 인접 학문(특히 역사학, 선사학, 고고학)과의 협력이 중요하다고 판단하였다. 그리고 원시사회에 있어 개인, 가족, 지역

---

68) 아야베 츠네오 편저(김인호 옮김), 1999, 134~143쪽.
69) 아야베 츠네오 편저(김인호 옮김), 1999, 139쪽.

집단의 역할 등에 주목하였고, 문화 현상에 대한 포괄적인 지식을 얻는데 기능주의와 구조주의가 중요하다는 점을 인식하였다.[70]

동남아시아 지역의 역사 민속학(historical ethnology) 분야에서 선구적인 활동을 하였던 하이네겔데른Robert von Heine-Geldern(1885~1968)은 슈미트에게서 미술사, 고고학, 민속학을 수학하였다. 1927년에 비엔나대학에서 강의를 시작하였으며, 1931년에 교수로 임명되었다. 당시 그는 문화권설을 대표하는 슈미트 및 코퍼스와 가까운 친분 관계를 유지하면서도, 그레브너에 의하여 제안된 이후, 비엔나 학파의 방법론적인 체계를 이루었던 '형태 기준'(criterium of form)의 원리를 적용하는 데 있어 매우 신중하게 접근하였다. 그는 문화의 접촉에 대하여 많은 관심을 기울여, 예술의 양식(art styles)은 특수한 세계관의 산물이며, 격리된 문화 요소로서 전달되는 것이 아니라고 판단하였다.[71]

멩긴Oswald Menghin(1888~1973)은 1918년 비엔나대학의 선사고고학 교수로 임명을 받았다. 1931년에 간행된 『석기시대의 세계사』에서 그는 비엔나대학의 민속학자들이 내세운 문화권설의 개념을 기반으로 하여 석기시대에 관한 보편적인 세계사를 서술하려는 작업을 시도하였다. 멩긴은 모든 인류가 동일한 보편적인 세계사의 진행 과정에 관여하였다고 주장하면서, 구석기시대의 시작 단계에 돌날 전통(blade tradition), 뼈연모 전통(bone tradition), 주먹도끼(handaxe tradition) 계통이 존재했고[72] 그것들은 각각 백인종, 황인종, 흑인종과 같은 기본적

70) Hohenwart-Gerlachstein, A., 1974, Koppers, Wilhelm, *International Encyclopedia of the Social Sciences*, vol. 8, pp. 444~446.

71) ① Grottanelli, V., 1969, Robert Heine-Geldern's Contribution to Historical Ethnology, *Current Anthropology*, vol. 10, no. 4, pp. 374~376, ② Kaneko, E., 1970, Robert von Heine-Geldern : 1885~1968, *Asian Perspectives*, XIII, pp. 1~10.

72) 『石器時代の世界史(上卷)』(岡 正雄 譯, 1943, 150쪽)에서 돌날 전통의 문화는 인기문화(刃器文化, Klingenkultur), 뼈연모 전통의 문화는 골기문화(骨器文化, Knochenkultur), 주먹도끼 전통의 문화는 악부문화(握斧文化, Faustkeikultur)로

인 3가지 인종에 상응하는 것으로 보았다. 그는 석기시대로 거슬러 올라갈수록 인종과 언어 및 문화 사이에 더욱 큰 유사성이 있지만, 그 뒤에 이루어진 지속적인 혼합과 이종 교배(hybridization)로 인하여 순수한 인종과 언어 등을 오늘날 분명하게 가려내는 것이 불가능하다고 하였다. 그럼에도 불구하고 그는 석기시대의 유산이 현재에도 끈질기게 전해져 수천 년 동안 상당히 안정된 문화적이고 체질인류학적 양상을 지니는 것으로 믿고 있었다.[73]

"선사고고학만으로는 인류문화의 전상全相을 파악할 수가 없다. 여기서 고고학자들은 가장 불만을 느끼게 되는 바이다. 그리하여 이것을 현재 아직 남아 있는 원시종족들의 문화를 연구대상으로 하는 민속학과 종합하려 한 것은 여러 학자들의 노력이었다. 그 중에도 규모적으로 시험한 분은 모릿츠·희르네쓰 교수Moritz Hoernes였다. 그러나 희르네쓰 교수의 노력은 당시 아직 민속학이 그리 발전되지 못하였든 만큼 결국 성공치 못하였다고 생각된다. 그러나 그의 노력은 그의 사후, 그의 제자요 후계자인 멩긴O. Menghin 교수가 계승한 바, 그는 여기서, 문화유동文化流動, 문화권文化圈에 제일第一 주의注意하는, 그렙너, 콥퍼쓰파의 소위『문화사학파文化史學派』계통의 민속학을 채용하고, 이것과 선사고고학과의 종합을 시험하였다. 그리하여 된 것이 그의 명저『석

번역되었다. 여기서 인기는 주로 한 면이 가공된 격지(돌날 포함) 석기 종류를 가리키며, 악부는 두 면이 잔손질된 몸돌 석기 종류를 지칭한다. 한편, 도유호는 악부를 'coup de poing' 그리고 인기를 'lame'라는 프랑스어 용어로 번역한 바 있다(도유호, 1950, 「선사학의 유물사관적 고찰을 위한 몇개의 기본문제(상)」, 『력사제문제』 15, 97쪽 참조). coup de poing과 lame는 각각 영어의 handaxe 및 blade에 해당하는데, 오늘날 blade라는 개념은 일반적으로 몸체의 길이가 너비의 두 배를 넘는 길쭉한 형태의 돌날을 가리키는 것으로 흔히 사용된다. 따라서 멩긴이 설정했던 인기(刃器)의 개념은 현재 우리가 통용하고 있는 개념과 서로 차이가 있다.

73) Kohl, P. L. and Pérez Gollán, J.A., 2002, Religion, Politics, and Prehistory. Reassessing the Lingering Legacy of Oswald Menghin, *Current Anthropology*, vol. 43, no. 4, pp. 561~586.

기시대 세계사』(Weltgeschichte der Steinzeit, 1931)이다. 그러나 이 멩긴 교수의 노력도 그리 성공한 것은 아니다. 비록 그 노력이 채 성공은 못하였으나 그러나 여기에는 비약적 발전이 있으니, 이것으로 석기시대 연구에 신방향新方向이 개척된 것을, 나는 인정하지 않을 수 없다."
[도유호, 1940, 「중국도시문화의 기원(1)」, 165~166쪽]

위 글에서 살필 수 있는 것처럼 멩긴은 그레브너, 슈미트, 코퍼스 등이 내세운 문화권설을 고고학 분야에 채용하여 선사고고학에 대한 보편적인 해석을 시도하였다. 이른바 문화권을 토대로 출발한 멩긴의 논리와 접근 방법에 대하여 차일드Gordon Childe(1892~1957)는 그 잠재적인 가능성을 인정하여, 방법론적인 장치로서 문화권의 개념은 고고학자들이 중요하게 고려해야 할 대상으로 가치가 있음을 받아들였다.[74] 이와 아울러 멩긴의 작업은 검증되어야 할 과제를 안고 있으며, 그가 선사고고학에 적용했던 민족지학적 개념에 관해서 차일드는 다음과 같은 비판적인 관점을 지니고 있었다.

"첫째, 그의 문화권은 문화의 개념처럼 고고학자들이 현장 경험을 통해 얻게 된 개념이 아니다. 그것은 고고학 자료에 적합하게 사용될 수 있는 민족지학에서 차용한 개념이다. 둘째, 민족지학에서조차 어떠한 문화권도 원래 모습대로 오늘날까지 기능하고 있다는 사실은 관찰되지 않는다. 그 문화권들은 몇몇 민족과 지역에 공통적인 특성들로부터 얻어진 일반적으로 인정된 추상 개념이다. 셋째, 그 개념과 방법의 가치는 결코 민족지학자에게 일반적으로 받아들여지는 것은 아니다. 넷째, 마지막으로 그의 방법을 따르는 민족지학과 고고학 연구자들은 양자 모두 문화가 적응했던 환경으로부터 문화를 분리하려 하고, 그래

---

74) 고든 차일드(토마스 패터슨·찰스 오일 엮음, 김권구 옮김), 2009, 『고든 차일드의 사회고고학』, 68~69쪽.

서 기능을 무시한다." [고든 차일드(토마스 패터슨·찰스 오일 엮음, 김권구 옮김), 2009, 『고든 차일드의 사회고고학』, 68쪽]

도유호와 비엔나학파

도유호가 유럽에서 생활하였던 1930년대는 유럽 사회와 유럽을 둘러싸고 있는 국제 관계에 급격한 정세 변화가 소용돌이처럼 휘몰아 쳤던 시기였다. 그는 히틀러 정권의 등장으로 나치스 정당이 강력한 정치적 권력을 구축하였던 격동의 시대적 분위기를 경험하였다. 이와 같은 현실적 여건에서 그는 독일-오스트리아 민속학 분야, 특히 비엔 나학파의 문화권설과 문화사 고고학의 영향을 깊게 받으며, 자신의 학문 세계를 넓혀 나갔다.

박사학위를 받고 약 1년쯤 지난 1936년 4월에 작성하여, 이병도에게 보낸 사신私信의 일부가 『진단학보』 5권(1936년 7월)에 게재되었다. 이 글이 특별히 게재된 이유에 대하여 이병도는 "당시 빈(維也納) 학파學派의 민속학 및 원시사학原始史學에 관한 학설의 소개와 거기에 대한 씨의 평설評說"이 들어 있기 때문이었다고 밝혔다.[75] 서신에서 도유호 는 비엔나학파에 대한 평가를 다음과 같이 내렸다.

"이 선생님

(전략) 이번 기회에 유야납 학파維也納學派의 민속학 및 원시사학에 관하 여 선생님께 여쭈옵겠습니다. 유야납 학파의 소위 문화사설文化史說 또는 문화권설文化圈說이란, 재래의 「발전학파發展學派」에 반대하는 학파

---

75) ① 도유호, 1936, 「휘보 : 도유호씨의 서신」, 『진단학보』 5, 202~205쪽, ② 이병도, 1984, 「진단학회 50년회고. 창립에서 광복까지」, 『진단학보』 57, 222쪽 참조.

입니다. 그들은 그것으로 역사의 발전, 인류문화의 「발전」을 부인하려고 하나, 그것은 그들의 얼토당토 않는 유치한 논법에 불과하니 그것이 불가不可한 주장임은 생生이 역亦 잘 압니다. 그러나 그들이 문화이동의 사실에 주의함에는 가장 그럴듯한 점이 있습니다. 이 문화유동설文化流動說을 문화권설의 견지에서 가장 잘 전개한 학자가 독일의 Gräbner 교수로, 이것을 유야납의 신부神父 W. Schmidt와 W. Koppers의 두 분이 계승하여 발전했었고, 또 원시학 편에서는 현 대학총장 Oswald Menghin 교수가 그것을 채용하여 원시사학상原始史學上의 새 체계를 수립하였는바, 1931년에 발행된 씨의 역작力作 'Weltgeschichte der Steinzeit'(석기시대의 세계사)는 참말 학계의 경이였습니다." [1936, 「휘보 : 도유호씨의 서신(유야납로부터)」, 『진단학보』 5, 386쪽]

위 글에서 도유호는 원시문화의 분화와 성격에 대한 그레브너, 슈미트, 코퍼스, 멩긴 등의 주장을 검토하면서 자신의 견해를 간단하게 피력하였다. 그 내용의 큰 줄거리를 살펴보면 다음과 같이 요약된다. "원시문화는 토템적 수렵문화와 재배문화(원시적 농업문화)로 분화되었다. 그리고 생산 경제적인 토템적 수렵문화가 분기, 발전하여 유목문화를 형성되었다. 재배문화와 유목문화는 농경 발생의 토대가 되었고, 농경문화를 경험하면서 국가의 발생, 곧 계급의 발생이 이루어졌다. 또한 단일적單一的 천신사상天神思想도 이 유목문화 계열에서 나온 것이다. 코퍼스가 주장한 것처럼 토템적 수렵문화와 재배문화는 남부 아세아에서 발생하였지만, 그 가운데 수렵문화는 유럽-아시아의 중간 지대에 이르러 유목문화로 옮겨갔다는 점에 주목할 필요가 있다." 끝으로 그는 조선의 역사도 이와 같은 일련의 과정을 통하여 논의할 수 있다고 보았다.

1936년 8월 중순, 도유호는 폴란드의 수도 바르샤바(Warszawa)를 경유하여 비엔나에 도착한 한흥수를 만난다. 한흥수韓興洙는 도유호와의 만남을 서신(1936년 9월 10일 작성)에 담아, "이곳 도都 형兄과 저는 잘 있사오며 재미를 많이 봅니다"라고 전하였다.76) 그런 그들이 해방 이후 북녘으로 넘어간 다음, 각자의 학문을 걸고 심각한 논쟁의 주역을 담당했다는 사실은 단순한 흥미를 넘어, 아이러니한 역사의 한 단면을 떠오르게 한다.

1937년 4월 독일어로 작성된 「支那社會史上으로 본 孔子와 老子」라는 논문이 그해 11월에 간행된 『진단학보』 8권에 발표되었다. 이 논문은 도유호가 오스트리아에서 귀국하기 이전, 국내 학술지에 실렸던 마지막 글이라고 생각된다.

독일과 오스트리아에서 체류하면서 도유호가 유적의 발굴에 참여했던 기록은 별로 알려진 바가 없다. 이와 관련하여 오직 다음과 같은 신문 기사 내용만이 있다.

"그리하여 그는 그 대학에 머무르면서 사학 강사로서 후진을 훈육하는 동시에 칼○○「필깃즈」 등의 발굴에 참가하여 소위 고전古典 고고학의 연구에 머리를 쓰고 있었다." [『조선일보』 1940년 1월 14일, 「"윈"대학 강사 도유호 박사 귀국, 소란한 구주의 학계로부터 십년만에 금의환향」]

"연전年前 「윈나」대학에서 계획 실행하야 세계적 사학계의 주목을 받은 윈나대학 고고학연구소考古學研究所의 「칼눈톰」77)과 「삐루깃즈」 양 지방의 발굴단에 참가하여 활약하기까지 하였다고 한다." [『동아일보』 1940년 1월 20일(朝B), 「윈대학에 조선인 강사, 도유호 박사가 십년만에 귀국」]

위 기사가 보도된 시점을 기준으로 할 때, '연전年前'이라는 것은 1939년에 해당하는 것으로 보이지만, 1938년 초봄에 독일 히틀러

---

76) 한흥수, 1936, 「휘보 : 한흥수씨의 서신」, 『진단학보』 6, 158쪽.
77) 동아일보 기사에는 '「칼눈툼과」'로 표기되었음.

군대가 비엔나로 진입한 상황에서 발굴 조사가 이루어졌다고 믿기는 어렵다. 위 기사에 따르면, 도유호는 비엔나대학에서 주관한「칼○○ (또는 칼눈톰)」유적, 그리고「필깃즈(또는 삐루깃쯔)」유적의 발굴 작업에 참여했다.

그 중에「칼○○」또는「칼눈톰」으로 표기된 것은 카르눈툼 Carnuntum 지역에 있는 유적을 가리킨다. 카르눈툼은 비엔나에서 동쪽으로 45킬로미터쯤 떨어져 있다. 카르눈툼 지역은 고대 로마의 변방 도시로 군사 기지가 설치되어 있었던 곳으로 알려져 있으며, 1870년대부터 발굴되기 시작하였다. 이곳에서 로마시대의 '검투사 학교'가 발굴되어 국내에 소개된 바 있다.[78] 한편, 위 신문 기사에서 「필깃즈(또는 삐루깃쯔)」라고 기재된 지명의 정확한 명칭과 위치에 대해서는 아직까지 확인하지 못하였음을 밝혀둔다.

> "Dr. Chung Ho-Do : 사회학적 문제로 본 조선사로 학위 취득, 일본어 교사 재직, 좌경적左傾的 및 반일적反日的 언동, 재유납在維納, 소화 13년 1월 7일(昭13.1.7), 유수댁留守宅."「소화·전전편 : K문 내외인외국재류, 여행급보호, 취체」,『일본 외무성 외교사료관 소장 한국관계사료목록』. [국사편찬위원회 한국사데이터베이스, 해외사료총서]

도유호가 유럽에 머무르는 동안, 그는 일제 관헌의 감시 대상 인물 중 한 사람이었다. 도유호와 마찬가지로 당시 비엔나에 체류하였던 한흥수도 정찰 대상에 포함되어 있었는데, 1938년(소화 13년)에 보고된 기록이 이를 잘 입증해준다.[79] 도유호의 언행이 '좌경적 및 반일적'

---

78) ① "Unique Roman gladiator school ruins unveiled in Austria", AP Worldstream. George Jahn, Sept. 5, 2011, ②「영화 '글래디에이터' 무대... 로마 '검투사 학교' 오스트리아 (카르눈톰)서 발굴」,『중앙일보』2011년 9월 7일.
79) 한흥수에 대해서는 "개성고려정(開城高麗町) 446 김정환방(金貞煥方)"으로 기재되었다.

으로 표기되어 있는 점으로 가늠할 때, 그는 일제 관헌에게 달갑잖은 감시의 대상이었음을 충분히 짐작할 수 있다. 정찰 기록에 도유호의 이름은 'Dr. Chung Ho-Do'라고 잘못 표기되었고. 박사학위 논문 제목도 정확하게 옮겨지지 않았다.

2부

귀국과 해방 공간

만록총중일점홍滿綠叢中一點紅

비엔나維也納에서 경성京城으로

1939년 9월 1일 독일의 폴란드 침공으로 시작된 제2차 세계대전으로 말미암아 도유호는 귀국의 길에 오른다. 그렇지만, 그가 정든 땅 오스트리아를 떠날 수밖에 없는 이유는 단지 전쟁 때문만이 아니었을 것이다. 나치스가 정치적 영향력을 그 주변국으로 더욱 강력하게 확대하는 과정에서, 비엔나학파의 학풍을 일구어내는데 중요한 역할을 하였던 인물들이 오스트리아에서 더 이상 학문 활동을 지속할 수 없도록 상황이 급변하였다. 도유호가 박사학위를 받은 이후, 학문적 스승으로 삼았던 학자들이 그 주변에서 하나둘 떨어져나갔다. 이와 같은 악조건에서 오스트리아에서의 학업은 포기될 수밖에 없었다. 프랑크푸르트대학에서 경험하였던 쓰라린 경험이 비엔나대학에서도 또다시 되풀이되었다.

1938년 봄 독일 히틀러 정권에 의하여 병합된 오스트리아는 나치스의 철저한 감시와 통제 아래에 놓인다. 그러한 정치적 분위기에서 슈미트와 코퍼스는 나치스의 비밀경찰 조직인 게슈타포Gestapo의 해코지를 벗어나기 위하여 스위스의 프리부르Fribourg로 함께 피신하였는데, 슈미트는 그곳 프리부르대학(Université de Fribourg)에서 1939년 가을 학기부터 민속학 강의를 시작하였다.[1] 유대계였던 하이네겔데른은 미국으로 망명하여 뉴욕의 미국자연사박물관(American Museum of Natural History)에서 근무하게 되었다.[2] 멩긴은 병합 내각에서 문화교육부 장관(Minister of culture and education)으로 임명을 받았다.[3] 비엔나학파의 근간이 되었던 그레브너는 이미 1934년 베를린에서 사망하였다.

오스트리아가 강제로 병합된 이후에도 얼마동안 도유호는 계속하여 비엔나에 머물렀다. 도유호가 비엔나를 떠난 때는 제2차 세계대전이 발발한 직후인 1939년 10월 초순이었다. 도유호는 병합 이후에도 18개월 정도 비엔나에 남아 있었다. 1939년 여름에 이르러서는 '중국도시문화의 기원'이라는 주제에 필요한 자료 정리를 마무리 짓고 원고 작성에 시간을 보냈던 것으로 추정된다.[4]

"이 글은 내가 작하昨夏 유야납維也納에서 전운戰雲이 중첩重疊한 속에 쓴 것이다. 원고가 불과 1개월 내외에 끝났던 만큼 부족한 데는 물론 많을 것이다. 더구나 지금 와서는 다시 쓰고 싶은 데가 여러 군데이다. 그러나 사정상 부득이 그대로 발표하기로 한다. 오직 선배 제위諸位의 비평과 지도를 비는 바이다. 1940년 6월 5일 밤." [도유호, 「중국도시문화의 기원(1)」, 『진단학보』 12, 160쪽]

---

1) "Wilhelm Schmidt SVD" (http://www.anthropos.eu/anthropus/heritage/schmidt.php)
2) "Robert von Heine-Gelderen" (Wikipedia)
3) 멩긴은 1938년 봄, 병합 내각(Seyss-Inquart cabinet)의 구성원(장관)으로 임명을 받아 약 2개월 정도 근무하였다. 전쟁 이후, 이와 같은 전력 등으로 인하여, 멩긴은 전범으로 기소되었다가 1947년에 풀려났다. 그는 1948년 아르헨티나로 이주하여 활동을 지속하였으며, 라틴 아메리카 고고학 연구에 중요한 영향을 끼친 인물로 평가를 받고 있다. Kohl, P.L., and Pérez Gollán, J.A., 2002, Religion, Politics, and Prehistory. Reassessing the Lingering Legacy of Oswald Menghin, *Current Anthropology*, vol. 43, no. 4, pp. 561~586 참조.
4) 한편 도유호는 1938년에 「支那國家의 起源(獨文)」이라는 논문을 진단학회에 투고하였는데, 논문의 분량이 많아 게재되지 않았다고 한다(1938, 「편집후기」, 『진단학보』 9 참조),

제2차 세계대전의 소용돌이 속을 벗어나 고국으로 돌아가는 길은 쉽지 않았다. 무엇보다 귀국에 필요한 경비를 마련하는 일 자체가 어려웠다. 돌아갈 여비를 스스로 충당할 만큼의 경제적 여유가 없었기에 그는 결국 가깝게 지냈던 학우의 우정 어린 손길에 의지할 수밖에 없었다.

"사랑하는 학우「옐루직」군君! 내가 작년 가을 유납維納을 떠나기 바로 이틀 전 그는 내가 귀조歸朝에 제際하여 금전상金錢上 곤란을 받는다는 소식을 어디서 들었는지 누구에게 돈을 꾸어가지고 나를 찾아왔다. 그날 저녁에 나는 군을 끌어안고 울지 안했던가! 나도 울었거니 군도 울었었다! 전선戰線에 나간「옐루직」군은 지금 무사히 있는지! 하늘은 그를 끝까지 보호하소서!" [『조선일보』 1940년 6월 5일, 도유호, 「"비엔나" 그리웁다!(3)」]

어렵사리 비용을 마련하여 10월 3일 밤 비엔나를 떠난 그는 이탈리아의 로마羅馬를 지나 나폴리를 향한다. 10월 9일 아침 나폴리 항에서 일본우선日本郵船의 여객선인 복견환伏見丸(Fushimi Maru)에 승선한 후 마르세유, 런던, 뉴욕[5], 파나마 운하, 로스앤젤레스, 사이공 등을 거쳐 1940년 1월 24일 요코하마橫濱(횡빈)에 도착한다.

그곳에서 도유호는 십년 세월을 두고 오직 자식의 대성大成을 바랐던 부친, 그가 오스트리아로부터 발정發程했다는 소식을 받고서 막내아들과의 상봉을 애타도록 손꼽으며 기다려 왔을 부친이 지난 연말에 별세하였다는 소식을 듣는다. 비보悲報를 가슴에 묻으며, "애수의 얼굴에 웃음을 띠우고"[6] 그가 경성역京城驛에 도착한 것은 1940년 1월

---

5) 1939년 겨울, 도유호는 뉴욕에 있는 뉴욕자연사박물관을 관람하기도 하였다(① 고고학 및 민속학 연구소, 1957, 『공산 원시 유적 발굴 보고서』, 39쪽, ② 고고학 및 민속학 연구소, 1961, 『지탑리 원시 유적 발굴 보고』, 63쪽 참조).

<그림 1> 복견환의 모습　이 배는 미군의 어뢰 공격을 받아 1943년 2월 침몰되었다.(http://homepage3.nifty.com/jpnships/)

27일 오후이다. 1939년 10월 초 오스트리아의 수도 비엔나를 떠난 뒤 약 4개월 동안의 길고 험난했던 여정을 끝내고 도유호는 마침내 조선의 땅을 무사히 밟게 된다.

도유호의 귀국 소식

스물여섯에 유학의 길을 떠났던 청년은 이제 서른여섯의 중년이 되어 10년 만에 다시 조선의 고토故土에 돌아왔다. 그의 귀국 소식에 대하여 각종 언론 기관들은 깊은 관심을 갖고 그에 대한 기사를 보도하였다. 거기에는 이러저러한 까닭이 있을 것이다.

도유호는 1930년 9월 2일 「구주행 인도양 건너서서(1)」로 시작하여 10월 5일까지 모두 23회에 걸친 여행기를 동아일보에 연재하였다. 또한 1931~32년 사이에 잡지 『동광』을 통하여 그가 독일 유학생활에서 보고 느낀 바를 여러 차례에 걸쳐 전하기도 하였다. 여기에 더하여, 당시 조선 사람으로서는 감히 이루어내기 어려웠던 다양하고 화려한 학력(함흥영생학교, 휘문고등보통학교, 경성고등상업학교, 동경 상

---

6) 『동아일보』 1940년 1월 28일(朝B), 「태서양 거친 파도에 영독군의 해전목도, "여생은 조선사연구에 바친다", 동란구주에서 도유호박사 작석 착경」.

〈그림 2〉 도유호의 귀국 소식을 알려주는 신
문 기사 『동아일보』1940년 1월 27일
(朝A)

〈그림 3〉 경성역에 내린 도유호의 모습
『동아일보』 1940년 1월 28일(朝A)

대, 연경대학 및 원대학 박사학위 취득)과 경력(원대학 사학 강사
등), 그리고 구주歐洲 동란의 험한 길을 해쳐왔던 주인공 가운데 한
사람이었다는 화제 거리는 언론의 관심을 끌기에 좋은 취재 대상이었
을 것으로 짐작된다.

　요코하마에 도착하기 이전에 이미 그의 귀국 소식은 조선일보와
동아일보 등에 보도되었다.[7] 조선일보는 그의 작은형 도관호로부터
취재한 내용을 실었다. 이 기사에는 도유호가 보냈던 소식, 곧 독일의

---

7) ①『조선일보』1940년 1월 14일,「"원"대학강사 도유호 박사 귀국, 소란한
　　구주의 학계로부터 10년만에 금의환향」, ②『동아일보』1940년 1월 20일(朝B),
　　「원대학에 조선인강사 도유호박사가 10년만에 귀국」. 한편 당시 국내 신문에는
　　도유호가 일본 동경에 체류하였던 동안에 일본 여성과 연애를 하였다는 기사가
　　보도되었는데 그 진위 여부는 확인하기 어렵다(『매일신보』1940년 1월 13일,
　　「도유호박사의 10년 연애결실」참조).

〈그림 4〉 도유호의 귀국 소식을
알려주는 신문 기사 『조선일보』
1940년 1월 26일

오스트리아 병합에 따라 비엔나대학에 불어 닥친 정치적 풍파에 관한
내용이 쌀막하게 인용뇌었다. 한편 동아일보 기사는 노용호를 찾아가,
가족의 일원으로 맏형이 막내 동생에게 소박하게 기대했던 대담 기사
를 보도하였다.

"제 아우이지만 대단히 성실한 사람이여서 종래와 같이 학구 생활을
계속할 것으로 봅니다. 다만 우리로서는 귀국 후 결혼이나 시키고
어머니를 안심케 하는 것 외는 바라는 것이 없습니다." [『동아일보』
1940년 1월 20일(朝B), 「원대학에 조선인강사, 도유호박사가 십년만에 귀국」]

1939년 독일의 폴란드 침공을 계기로 영국과 프랑스는 독일에 대한
선전 포고를 하여, 유럽은 제2차 세계대전의 깊은 수렁에 빠져들었다.
전쟁의 소용돌이에서 벗어나 복견환伏見丸의 선상에 올랐던 많은 사람
들 가운데는 도유호를 비롯하여 김상겸의 가족도 포함되어 있었다.
그해 10월 독일과 폴란드의 국경 지대에서 살았던 김상겸金相謙[8] 가족
은 전쟁의 포화 속에서 어려움을 겪으며 그곳을 떠나, 나폴리 항에서

도유호와 함께 복견환에 몸을 싣고 요코하마에 도착했다. 당시 김상겸은 부인(폴란드인)과 아들, 딸을 동반하고 있었다.[9]

"구주의 동란은 바야흐로 익어가는 이때에 전운戰雲이 어지러운 구주를 탈출한 조선 사람이 있다. 입사일卄四日 오후 2시 횡빈橫濱에 도착한 일본 우선郵船 복견환伏見丸(1만 1천톤)을 타고 돌아온 선객들은 해상 생활 4개월의 기나긴 항해에 피곤한 빛이 얼굴에 가득 찼는데 그 가운데 만록총중일점홍滿綠叢中一點紅 격으로 조선사람 둘이 있는데 한 사람은 원산元山 출신의 김상겸金相謙 씨(52)이며 또 한 사람은 윈維也納대학에서 강사로 있던 도유호都有浩 박사다. 그런데 동란의 구라파를 탈출함에 천신만고의 고초를 받아가며 탈출하는 가운데 애끓는 화제를 소유한 전기 김상겸 씨는 횡빈 해상에서 왕방한 기자를 보고 춘풍추우 30년의 이역 생활에서 꿈에 그리던 동포를 만난 순간이라 뜨거운 눈물을 뿌리었다. 따뜻한 악수를 한 후에 그의 파란만장의 30년사를 들어보니 험로와 파란 동란 구주에 구사일생九死一生의 탈출기는 애끓

---

8) ①『동아일보』1940년 1월 25일(朝B), 「포연탄우의 구주를 구사일생으로 탈출, 삽년만에 도라온 김상겸씨」, ②『동아일보』1940년 1월 25일(朝B), 「도유호박사도 작일 횡빈에 도착」, ③『조선일보』1940년 1월 26일, 「영맹한 독일잠수함 영국함격침을 목도, 독일은 물자통제로 승리를 밋고 있다, 동란의 구주에서 도라오는 도유호, 김상겸 양씨 관전담」.

9) 그는 1909년(21세)에 중국으로 가서 하얼빈외국어학교 및 러시아 육군사관학교를 거쳐 제1차 세계대전에 러시아 군인으로 참전하였다. 러시아 혁명(1917) 후, 재산을 몰수당하고 추방된 다음에는 폴란드에서 군 생활을 하였다. 군 생활을 마친 다음, 거처를 독일로 옮겨 동프러시아의 굼비넨(Gumbinnen, 독일령)에 있는 관유농장(官有農場)에서 농림기사(技師)로 있었다. 제2차 세계대전 직후, 폴란드 군이 이 지역을 습격하자 그는 가족과 함께 조선으로 돌아왔다. 귀국 후에는 광복군에 몸을 담고 있었으며, 해방 이후인 1950년(62세)에는 육군 대령으로 근무하였다. ①『동아일보』1940년 1월 27일(朝B), 「포연탄우의 구주를 구사일생으로 탈출, 삽년만에 도라온 김상겸씨」, ②『동아일보』1940년 1월 28일(朝A), 「이역풍상 삼십개년 오침불망의 고토에 작일, 김상겸씨조선향발」, ③ "김상겸 대령, 어느 노병의 이야기" (http://nestofpnix.egloos.com/3696022).

는 바 없지 아니했다." [『동아일보』 1940년 1월 25일(朝B), 「포연탄우의 구주를
구사일생으로 탈출, 삽년만에 도라온 김상겸씨」]

　동아일보 동경지사東京支社에서 특전特電으로 보내온 기사는 김상겸
의 애끓도록 파란만장한 인생살이의 사연을 소개하면서, 김상겸과
도유호를 가리켜 '滿綠叢中一點紅(만록총중일점홍)'에 비유하였다. 당
송팔대가唐宋八大家의 한 사람인 왕안석王安石(1021~1086)의 석류시石榴
詩에는 "滿綠叢中紅一點(온통 푸른 숲 가운데 핀 붉은 꽃 한 송이)"이라
는 구절이 있다. 신문 기사에서 '紅一點'(홍일점)이 '一點紅'(일점홍)으
로 바꾸어 표현되었으나, 도유호와 김상겸은 기자들 눈에 분명히
색다른 데가 있는 조선 사람으로 비쳤으리라. 이런 분위기를 타고,
도유호의 귀국 소식은 연이어 언론에 보도되었다.[10]
　한편, 일부 신문 기사에서는 그가 독일의 백림대학伯林大學을 거쳐
오스트리아 비엔나대학維也納大學으로 옮긴 것으로 보도되기도 하였다.
제2차 세계대전이 일어나기 전에 독일의 수도는 백림伯林(Berlin)이었
다. 도유호가 처음 다녔던 대학은 불랑부佛郞府(Frankfurt)라는 도시에
위치하였음에도 불구하고, 거의 마냥 백림대학으로 전해졌다. 이는
아마도 외국의 지리적 사정에 밝지 못했던 당시 사회의 의사소통
방식과 관계가 있을 것이다. 다시 말해서, 각 대학의 소재지가 정확하
게 어디이든지 간에 중국은 북경, 일본은 동경, 독일은 백림 등과
같이 대표적으로 잘 알려져 통용되고 있는 각 나라의 수도 명칭에
빗대어 말하는 것이 오히려 서로에게 쉽고 편리한 의사 전달의 한
방식이었으리라 생각된다.

10) ① 『동아일보』 1940년 1월 25일(朝B), 「도유호박사도 작일 횡빈에 도착」, ②
　　『동아일보』 1940년 1월 27일(朝A), 「도유호박사 명일, 경성착)」, ③ 『동아일보』
　　1940년 1월 28일(朝B), 「태서양 거친 파도에 영독군의 해전목도, "여생은 조선사
　　연구에 바친다", 동란구주에서 도유호박사 작석 착경」.

비엔나 그리웁다! 하담荷潭 도유호

제비 제비 날아간다

고국에 돌아온 지도 어느새 세 달 정도가 지났다. 요코하마에 도착하면서 그동안 여러 언론 기관의 조명을 받았던 그는 자신의 신상에 관한 개인적인 사항들이 잘못 보도되고 있다는 사실을 알아차렸다. 그렇기에 자신을 반갑게 맞이한 기자들의 환영에 고마움의 뜻을 전하면서, 기사 내용의 잘못된 부분을 바로 잡는 글을 조선일보에 세 차례 기고하였다.

"이번 내가 귀조歸朝함에 제際하여 신문사 기타 각 방면에서 너무나 막대한 환영을 받아서 나는 참말 황송惶悚한 바이다. 그런데 무슨 까닭에 신문지상에는 내 일신一身에 관한 기재가 그렇게 많았으며 무슨 까닭에 내 일신에 관한 이야기가 그렇게 많았었는지 나는 아직도 잘 모른다. 오직 안다면 그것은 나에 관하여 社○ 일설一設이 너무나 과평過評을 한 것 그것뿐이다. 첫째 신문지상에는 내게 관하여 과장이 너무나 컸던 것이다. <u>횡빈橫濱서 선상船上에 나를 찾아온 신문기자는</u>[11] 내게 신문 덩어리를 한 묶음 안겨주었다. 그 중에는 나의 귀조에 관한 보도가 있었다. 읽어보니 거기에는 나는 세계적 학자로 되어 있고 또 나는 유야납대학維也納大學 강사로 되어 있었다. 그리고 나는 동경상대東京商大를 졸업하였고 연경대학燕京大學도 졸업하였다고 쓰여 있었다. 나는 이것이 모두 거짓말이라고 당장에서 기자를 향하여 정정訂正하였었다. 그러나 아직도 나의 학력은 그런 줄로 믿는 분이 많음에 나는 민망하게 생각하는 바이다." [『조선일보』 1940년 4월 24일, 도유호, 「감상(상)

---

11) 조선일보 기사에는 "橫濱서 船上에저온 나를 차 新聞記者는"으로 인쇄되었음.

〈그림 5〉 도유호 자신의 학력 등을 바로잡는 기사 내용 『조선일보』 1940년 4월 24일, 도유호, 「감상(상) 감사와 정정」

감사와 정정」]

도유호는 "고베상대神戶商大의 입학시험에 응시하여 합격한 일은 있으나, 동경상대를 다닌 적이 없으며, 연경대학의 학적은 3학기로 끝났으며, 세계적 학자를 목표에 두고 있지만 아직 그 수준에 이르지 못하며, 결코 비엔나대학의 강사직을 맡은 바가 없다"는 점을 분명하게 밝혔다. 이와 아울러 자신은 도프슈 교수의 제자이며, 철학박사학위를 수여받은 경위도 간단하게 언급하였다.[12]

또한 박사학위를 받고나서 선사고고학과 민속학에 대한 지식을

───────────

12)『조선일보』 1940년 4월 24일, 도유호, 「감상 (상) 감사와 정정」.

쌓기 위하여 비엔나대학에 남기로 결정한 것, 멩긴, 슈미트, 코퍼스, 하이네겔데른 등을 학문적 스승으로 삼은 것, 어학 강사를 맡을 수 있으나 그 과목은 대학 정과正科로 인정받지 못할 뿐 아니라 수입도 적다는 것, 동양어학교에서 일본어 강좌를 맡거나 학술 강연 또는 연구 보고회 등에 참여했던 것, 교수의 전 단계인 '사교사私敎師 (Privatdozent)'가 되는 길이 얼마나 힘든 것인가 등등에 관하여 자기의 입장을 비교적 상세하게 이야기하였다.13)

도유호 자신이 가장 원하는 바는 비엔나대학의 사교사가 되는 일이었다. 그러나 조선에 돌아온 그에게 그것은 이루어낼 수 없는 꿈에 지나지 않았다. 현실적 여건에서 불가능한 것인지를 누구보다도 잘 알면서도, 그는 자신의 학문을 살리기 위하여 또 다시 비엔나 시절을 그리워하게 되었다.14)

"K군君과 같이 좋은 배경과 실력으로도 못된 유대維大 사교사私敎師를 내가 하였었다면, 그것이 정말이 될 수가 있는가? 그러나 유대 사교사! 뻔히 안될 줄을 알면서도, 나는 왜 아직도 그것을 꿈꾸게 되는가! 아니, 나는 아직도 학도생활을 ○○하고 싶건만, 귀조歸朝 이래 나의 학문은 왜 이렇게 시들어가기 시작하는가! 학문은커녕, 나는 벌써 밥벌이를 못하여 애를 쓰게 되지 안했는가! 빈곤과 싸워가며 학도생활을 하던 유야납維也納 시절이 그리워 못 견디겠다. 어떻게 하면 나의 학문을 살릴 수 있을까? 나는 적적한 감을 금할 수가 없다." [『조선일보』 1940년 4월 26일, 도유호, 「감상 (하) 감사와 정정」]

제2차 세계대전은 도유호를 오스트리아 비엔나대학에서 떠나도록 만들었다. 공부하는 재미에 흠뻑 빠져 선사학과 민속학에 대한 연구를

---

13) 『조선일보』 1940년 4월 25일, 도유호, 「감상 (중) 감사와 정정」.
14) 『조선일보』 1940년 4월 26일, 도유호, 「감상 (하) 감사와 정정」.

지속하였지만, 끝내 그곳을 벗어날 수밖에 없었다. 만약 학문적인 연구를 유럽에 체류하며 이어갈 수 있는 여건이 마련되었다면 그의 인생 진로는 어떻게 바뀌었을까?

귀국을 결심하기 이전, 도유호는 핀란드 헬싱키대학에서 동양 언어학을 연구하고 있었던 람스테트Gustav John Ramstedt(1873~1950) 교수에게 편지를 보냈던 것으로 추정된다. 람스테트를 통하여 동양어 강사자리를 얻으려고 몇 차례 편지를 보냈으나, 그 뜻은 실현되지 못하였던 것으로 생각된다.15) 이로 미루어 짐작한다면, 도유호는 조선에 돌아오기보다 유럽에 남아 학업을 계속하는 쪽을 선호했었으리라 생각된다.

이제 고국에 귀국한 지도 약 4개월이라는 시간이 흘러갔다. 도유호는 이 시간의 흐름을 아주 빠르다고 여겼던 것 같다. 그러면서 독일과 오스트리아의 유학 생활에 대한 그리움을 담은 다섯 편의 글을 조선일보에 기고하였다.16) 이 기고문의 필명은 '荷潭 都宥浩'이었고, 여기에서 우리는 '하담荷潭'이 도유호의 호라는 사실을 처음으로 읽게 된다.

燕燕于飛 差池其羽 (연연우비 차지기우)
之子于歸 遠送于野 (지자우귀 원송우야)
瞻望弗及 泣涕如雨 (첨망불급 읍체여우)

---

15) 『한겨레신문』 1990년 4월 3일, 고종석, 「도유호. 한반도 '구석기'입증 고고학 최고봉」.

16) ① 『조선일보』 1940년 6월 1일, 도유호, 「"비엔나" 그리웁다!(1)」, ② 『조선일보』 1940년 6월 4일, 도유호, 「"비엔나" 그리웁다!(2)」, ③ 『조선일보』 1940년 6월 5일, 도유호, 「"비엔나" 그리웁다!(3)」, ④ 『조선일보』 1940년 6월 7일, 도유호, 「"비엔나" 그리웁다!(4)」, ⑤ 『조선일보』 1940년 6월 8일, 도유호, 「"비엔나" 그리웁다!(종)」.

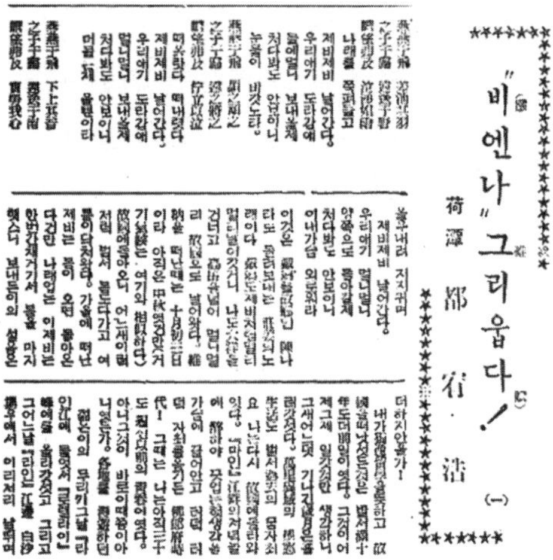

〈그림 6〉비엔나 시절의 추억을 담은 신문 기사 『조선일보』 1940년 6월 1일, 도유호, 「"비엔나" 그리웁다!(1)」

나래를 쭉펴들고
제비제비 날아간다.
우리애기 돌아감에
들에멀리 보내올제
쳐다봐도 안보이니
눈물이 비같노라.

燕燕于飛 頡之頏之 (연연우비 힐지항지)
之子于歸 遠于將之 (지자우귀 원우장지)
瞻望弗及 佇立以泣 (첨망불급 저립이읍)
떠올랐다 떠내렸다
제비제비 날아간다.
우리애기 돌아감에
멀리멀리 보내올제
쳐다봐도 안보이니
머무른채 울뿐이라.

燕燕于飛 下上其音 (연연우비 하상기음)
之子于歸 遠送于南 (지자우귀 원송우남)
瞻望弗及 實勞我心 (첨망불급 실로아심)
올우내려 지저귀며
제비제비 날아간다.
우리애기 멀리멀리
양쪽[17]으로 돌아갈제
쳐다봐도 안보이니
이내가슴 외로워라.

이것은 대규戴嬀를 고향인 진陳 나라로 돌려보내는 장강莊姜의 노래이다. 대규도 제비처럼 멀리멀리 날아갔거니 나도 대양大洋을 건너고 고악高岳을 넘어 멀리멀리 날아왔다. 유납維納을 떠난 때는 10월 초3일이라 아직은 중추中秋였건만(거기 기후는 여기와 상사相似하다) 고국에 돌아오니 어느새 이럭저럭 벌써 봄도 다가고 여름이 닥쳐왔다. 가을에 떠난 제비는 봄이 오면 돌아온다건만 나래 없는 이 제비는 한번 간 채 거기서 봄을 맞이했으니 보내든 이의 설음은 더하지 않은가!" [『조선일보』 1940년 6월 1일, 「"비엔나" 그리웁다!(1)」]

「"비엔나" 그리웁다!」는 이렇게 시작한다. 중국의 고전 『시경詩經』에 수록된 이 시는, 장강莊姜이 진陳 나라의 여인 대규戴嬀를, 그 여인의 고국인 진陳으로 보내면서 지었다고 전해 온다.[18] 애절한 사연을 간직

---

17) 원문에 따르면 '남쪽'으로 번역되어야 한다. 이것이 인쇄 과정의 오식인지, 또는 일부러 그렇게 의역한 것인지에 관해서는 알 수 없다. 다만 '양쪽'이라는 표현이 의도적이었다면, 한쪽은 진 나라 여인 대규, 그리고 다른 한쪽은 대규와 같은 상황에 놓여 있었다고 생각한 도유호 자신의 처지를 비유한다고 볼 수 있다.

18) 춘추시대 위(衛) 나라 군주 장공(衛莊公)은 장강(莊姜)을 정부인으로 두었으나

한 채 어쩔 수 없이 이별하게 된 여인을 제비에 비유하여, 자신의 곁을 떠나 다시는 돌아오지 않을 제비를 안타깝게 바라보는 심정이 이 시를 가득 채워준다. 장강이 대교를 떠나가는 제비로 표현했던 반면에, 도유호는 자신을 비엔나에서 떠나온 제비, 날개를 잃어 그곳으로 돌아가고 싶어도 되돌아갈 수 없는 제비에 비유하며, 기고문의 마지막을 다음과 같이 끝마쳤다.

> "내가 라마羅馬에서부터 이것저것 새로운 것들을 보기 시작했을 때는 한 동안 돈고생에 싫증이 났던 유납維納을 떠난 것이 총중寵中에 갇혀 있는 「카나리아」가 푸른 하늘 한 끝을 날러가는 것 같기도 했더니 고국에 돌아온 지금의 내게는 유납은 왜 이리도 그리운가!" [『조선일보』 1940년 6월 8일, 도유호, 「"비엔나" 그리웁다!(종)」]

비록 제2차 세계대전의 영향으로 오스트리아의 비엔나를 마지못하여 떠난 그였지만, 이탈리아의 라마(로마)에 도착하면서 전에 느끼지 못했던 감정이 새롭게 솟아올랐다. 싫증이 날만큼 경제적으로 힘들었던 비엔나 생활에서 멀어진 것 자체가 또 다른 느낌을 갖도록 해주었다. 갇혔던 새장을 벗어난 카나리아처럼 푸른 하늘 끝까지 마음껏 날며, 고국에서 펼칠 수 있는 새로운 꿈을 안고 있었다.

> "나는 얼마 동안을 몸을 좀 정양한 다음에 금후도 계속하여 고고학을 연구할 것은 물론 힘을 빌려줄 동지를 얻어 조선 땅에 묻혀 있는 고고학을 일층 더 밝히려고 생각한다." [『조선일보』 1940년 1월 26일, 「영맹한

자식이 없어, 진 나라 여인 대규를 아내로 맞이하여 아들 완(完)을 낳았다. 장공이 죽자 뒤를 이어 완(衛桓公)이 즉위하였으나, 그는 장공의 애첩 아들인 동생 주우(州吁)의 습격을 받아 죽음을 당하였다. 이로 인하여 완의 어머니였던 대규는 위 나라를 떠나 고국인 진 나라로 돌아갔다고 전한다(임종욱 편저, 2010, 「위장공(衛莊公)」, 「위환공(衛桓公)」, 『중국역대인명사전』).

독일잠수함 영국함격침을 목도, 독일은 극도의 물자통제로 승리를 믿고 있다, 동란의 구주에 서 도라오는 도유호, 김상겸양씨 관전담」]

"앞으로 조선에서 동양고대사를 중심으로 한 조선경제사 연구에 여생을 바치겠다는 굳은 결의를 말한 후 숙소 본정本町 호텔로 돌아갔는데 씨는 금일 밤 고향인 함흥으로 갈 터이라 한다." [『동아일보』 1940년 1월 28일(朝B), 「태서양 거친 파도에 영독군의 해전목도, "여생은 조선사연구에 바친다", 동란구주에서 도유호박사 작석 착경」]

십년 동안을 그리워했던 조선 땅, 그 고국으로 항해하는 복견환伏見丸 배 안에서 그는 무수한 상념에 젖어 있었으리라. 집안 사정은 어떻게 달라졌는지, 앞으로 어떻게 하면 학업을 지속할 수 있을까, 유학 생활에서 체득한 바를 무엇으로 실천에 옮길 수 있는지 등등. 그리고 요코하마와 경성역에 도착하여 기자들을 만나는 자리에서는 조선 고고학과 경제사 연구에 대한 자신의 포부를 말하였다. 그렇지만 그의 기대는 현실과 동떨어져만 갔다. 그럴수록 밥벌이에 매달려 있는 자신의 처지가 안쓰러웠으며, 비엔나 시절이 간절하게 머릿속에 떠올랐을 것이다.[19)]

국내 학자들과의 갈등, 그리고 잃어버린 행동의 자유

일제강점기 동안, 조선 고고학은 일제 관학자와 그 주변 인물들에 의하여 철저하게 독점되었다. 그들은 발굴 조사 과정에서 조선인을 하나같이 배제하였다. "결국 일제의 한반도에 대한 고고학적 발굴과

---

19) 『조선일보』 1940년 4월 26일, 도유호, 「감상 (하) 감사와 정정」.

조사는 그들의 한반도 식민 지배를 합리화하기 위한 '증거'를 마련하는 작업의 일환으로 전개되었고, 이를 통해 일제의 식민 지배 논리는 더욱 정당성을 부여받게 되었다."[20] 따라서 도유호에게 힘을 빌려 줄 동지를 구하는 것은 현실적으로 불가능하였다. 더욱이 발굴을 통하여 조선 땅에 묻혀 있는 고고학적 증거를 찾는데 필요한 기회를 얻기란 실현되기 힘겨운 헛된 꿈에 지나지 않았다. "일제의 지배 정책 속에서 생각의 자유마저 통제받거나 바꿀 것을 강요받는 세상"[21]에서 조선인 손으로 그리고 조선인 눈으로 조선의 역사를 바로 세우기 위하여 조선 고고학을 제대로 밝히겠다는 그의 포부는 애초부터 결코 실천에 옮겨질 수가 없는 일이었다.

"두계斗溪 선생을 성북동城北洞 자택에서 처음 뵙게 된 것은 독일에서 귀국한 지 얼마 안 되는 1940년 겨울의 일이었다. 그때 나는, 해방 후 평양에서 고고학 및 민속학연구소 소장을 지내게 되는, 지금은 타계한 도유호 씨와 함께 선생 댁을 찾았다. 도유호 씨는 비엔나대학에 유학하고 있을 때 두계 선생과 서신 왕래를 가지면서 선생의 학문에 심취하게 되었는데, 국내의 모든 국학國學 관계 학자들은 다 고루固陋한 사람들이라고 경멸하면서도 두계 선생께는 무조건 머리를 숙이고 있었다. 그때 두계 선생은 친히 《진단학보》 교정을 보고 계셨는데, 지금 생각하면 그것이 해방 전에 나온 마지막 학보가 아니었나 여겨진다.[22] 선생은 학보를 내는 것이 힘들다고 하셨고, 이렇게 젊은 학도들이 외국에서 새 지식을 얻고 귀국하였으니 서로 힘을 합쳐 잘해 보자고 하신 말씀이 기억난다." [김재원, 1987, 「하서」, 『이병도박사 구순기념 한국사학논총』, 1쪽]

---

20) 이순자, 2009, 『일제강점기 고적조사사업 연구』, 498쪽.
21) 류시헌 외, 2011, 『미래를 여는 한국의 역사 5(일제강점기)』, 252쪽.
22) 『진단학보』 14권(1941)이 해방 전에 마지막으로 간행되었고, 이 책에 도유호는 「중국도시문화의 기원(3완)」이라는 논문을 발표하였다.

여당黎堂 김재원은 1929년 독일 뮌헨대학에 입학하였고, 1934년 같은 대학 철학부에서 박사학위를 취득하였다. 그 후 벨기에 겐트대학 (Ghent University)에서 고고학을 연구하였으며, 2차 대전의 발발로 인하여 벨기에를 떠난 그는 시베리아를 거쳐, 도유호보다 약 넉 달 정도 늦은 1940년 5월 말 경성역에 도착하였다.23) 귀국 이후부터 해방 무렵까지 보성전문학교普成專門學校(현 고려대학교)의 독일어 강사를 역임하였다.24) 그는 도유호와 동향인으로 독일 유학 경험도 있고, 나이도 비슷하여 둘은 서로 친한 사이였다고 한다. 1940년 이병도가 주례를 맡았던 도유호의 결혼식25)에서 김재원은 들러리를 섰으며,26) 1941년 김재원의 결혼식에서 도유호는 독일어 축사를 낭독하였다.27) 이렇듯 두 사람은 아주 가까운 관계였기에 김재원은 누구보다도 도유호의 마음을 잘 헤아리고 있던 것으로 보인다.

도유호에 관한 김재원의 경험담은 도유호가 처했던 당시 상황을 부분적으로나마 살펴보는데 도움을 준다. 귀국 이후, 도유호가 국내의 국학 관련 학자들 가운데 누구와 상당히 불편한 관계에 놓여 있었는지에 관하여 구체적인 내용은 자세히 알려지지 않았다. 다만 안호상安浩相 (1902~1999) 및 백남운白南雲(1894~1979)의 『조선사회경제사(1933)』에게 던지는 도유호의 비난 어린 논조를 통하여 어렴풋이나마 짐작이 갈 따름이다. 이제 그 점에 대하여 잠깐 엿보기로 하자.

23) ①『조선일보』 1940년 5월 13일, 「동란의 화제 담뿍 안꼬 백이의에서 동양고고학을 연구하던 김재원씨, 소련 경유 귀국 도중」, ②『동아일보』 1940년 6월 1일(夕B), 「전란의 백이의에서 김재원박사 귀국, 켄트대학서 고고학연구」, ③『동아일보』 1940년 6월 8일(夕B), 「동란의 구라파에서 김재원박사 귀국」.
24) ① 1979, 「김재원 박사 연보 및 논저」,『진단학보』 46·47, 1쪽, ② 김재원, 2005, 「생각나는 사람들」,『동서를 넘나들며』, 153쪽.
25) 한편,『북한인명사전』(중앙일보사 부설 동서문제연구소, 1983, 150쪽)에는 도유호가 유학 중 독일 여성과 결혼하였다고 기재되어 있다.
26) 이광린, 1990, 「북한의 고고학」,『동아연구』 20, 109쪽.
27) 김재원, 2013,『박물관과 한평생(3쇄)』, 75쪽.

1930년대 초반의 프랑크푸르트대학 시절, 민족 문제에 대하여 관심을 지녔던 도유호는 헤겔에 관한 공부를 하면서, 그의 철학과 거기에서 사용되고 있는 언어 등을 이해하는데 어려운 점이 매우 많다고 이야기한 바 있다.[28] 그런데 1930년대 말「중국도시문화의 기원」을 작성할 무렵, 헤겔에 대한 도유호의 평가는 매우 부정적으로 변해 있었다. 다시 말해서 도유호는 헤겔을 가리켜, 헤르더의 역사철학적 이론을 분별없이 표절한 인물이었다고 평가절하 하였다.[29]

　　도유호는 도시문화가 유목민의 농민 정복을 통하여 이룩된 것이 아니었고, 원시 공동체의 사회적 경향이 있었던 농촌문화의 발전 과정에서 형성된 도시문화의 사회 구성은 계급적인 상하 관계로 이루어졌으며, 국가 형성은 이 계급 분화의 토대 위에서 기원한다고 파악하였다.[30] 이를 논하는 자리에서 도유호는 헤겔이 "불완전한 현실계現實界에서 유일하게 완벽한 것이 국가"[31]라고 했다가, 나중에는 "현실적 국가와 현실적 정부라고 하는 것은 계급(신분)의 구별이 나타났을 경우, 바꾸어 말하면 빈부의 차가 극심해져서 민중이 이제까지의 방식으로는 그들의 욕망을 만족시킬 수 없는 관계가 생길 경우에 비로소 나타나는 것"[32]으로 보았다며 그를 강한 어조로 비판하면서, 느닷없이 다음과 같은 말을 덧붙였다.

　　"조선의 젊은 철학자 안호상安浩相 씨의「보전학회논문집普專學會論文集」 중에 발표된 논문을 읽고, 나는 씨의 온축蘊蓄에 감탄은 하였으나, 동시에 그가 헤-겔의 철학「야바우」에 넘어갔다는 감感을 금할 수가

28) 도유호, 1932,「민족문제에 대하야」,『동광』30, 1932년 1월, 102쪽 참조.
29) 도유호, 1940a,「중국도시문화의 기원(1)」,『진단학보』12, 164쪽.
30) 도유호, 1941a,「중국도시문화의 기원(2)」,『진단학보』13, 116쪽.
31) 도유호, 1941a,「중국도시문화의 기원(2)」,『진단학보』13, 118쪽, 주 9.
32) 헤겔(김종호 역), 1990,『역사철학강의』, 150쪽.

없다." [도유호, 1941a, 「중국도시문화의 기원(2)」, 『진단학보』 13, 118쪽, 주 9]

안호상은 1929년 예나대학(Friedrich Schiller University Jena)에서 철학
박사학위를 받았는데, 이 대학은 당대 독일 철학을 이끌었던 중심지
가운데 하나였다. 1930년대 중반 보성전문학교 교수로 재직하면서,
안호상은 헤겔과 관련된 논문33)을 발표하였다. 두 편의 글 안에는
당시 도유호가 주제로 삼았던 도시문화 및 국가 형성의 기원 등에
관한 내용이 전혀 언급되지 않았다. 그럼에도 불구하고, 도유호는
안호상이 그동안 쌓아온 지적 기반을 뒤흔드는 듯한 표현을 서슴없이
내뱉었다. 그것이 만약 당사자로서 관여된 문제라면, 여기에서 누군들
모멸스러운 당혹감에 빠져들지 않을 수 있겠는가.

최남선崔南善(1890~1957)은 1920년대 말에 발표한 글에서34) 단군왕
검壇君王儉이라는 것은 '천군天君 또는 무군巫君'이라는 뜻을 내포하며,
'당굴(무당) - 텅걸(天과 巫를 의미) - 천군 - 단군'은 언어학적인 측면
에서 상호 관계를 이루고 있음을 강조하였다. 이에 대하여 백남운은
"단군 자체를 무군, 묘향산의 산신, 민족의 시조라고 하여 독자적으로
신비화하는 것은 우리들의 방법론의 입장에서는 일고의 가치도 없는"
특수사관이라고 평하였다. 또한 백남운은 '단군'에 대하여 천손天孫,
천군, 주제자主祭者 등과 같이 다양한 의미를 부여하더라도, 단군은
씨족사회 말기에 해당하는 농업공동체 추장의 특수한 호칭에 지나지
않는다고 말하였다. 그러면서 그는 "단군은 실제로 존재했던 특정한
인격자도 아니고, 묘향산의 산신도 아니며, 단목의 영령도 아니며,
민족의 아버지도 아니기 때문에 우리 조선민족의 발전사는 단군신화

---

33) ① 안호상, 1934, 「헤겔의 철학의 시초와 윤리학의 시초」, 『보전학회논집』
1, 421~450쪽, ② 안호상, 1935, 「물심에 대한 인식론적 고찰」, 『보전학회논집』
2, 395~450쪽.
34) 최남선, 1928, 「단군급기연구」, 『별건곤』 12·13, 22~37쪽.

에서 시작되어서는 아니 된다"라고 강하게 논하였다.[35] 이에 연유하여 그는 고조선사에 대한 체계적인 접근을 하지 못하였고, 이러한 점은 그의 역사 인식이 지니는 한계이기도 하였다.[36] 다시 말해서 그는 단군신화에 투영된 단군왕검과 역사적 실체로서의 단군조선을 갈라보려고 하지 않았기 때문에, 그에게 고조선은 조선 민족사의 기점으로 자리매김 될 수 없었다.

"최남선이 학계에서 「외입」을 한다는 것은 내가 여기서 새삼스럽게 논할 필요가 없다. 이 논문[37]에 있어서도 최 씨崔氏는 꽤 「외입」을 한다. 그러나 그와 동시에 그는, 풍문에 들리는 바와는 전연 달으게, 당당한 이론을 전개하고 있다. 그 중에는 참말 나를 감복感服하야 마지 않게 하는 점이 퍽 많다. 아마 조선에서 단군을 논한 분 중에는 최 씨만큼 탁견을 전개한 분은 없을 것이다(물론 그의 단군숭배론은 「에누리」하고 보아서 말이다). 백남운 씨는 그의 저 「조선사회경제사」(소화 8년) 중에서 단군을 논하던 중 최남선 씨를 비평하는 바(14항), 거기서 그는 최 씨의 약점만 지적하고, 그의 장처長處에는 전연 언급치 않는 것은, 나를 퍽 섭섭하게 하는 바이다. 백 씨白氏의 최 평崔評은 여하간 부당한 무근지설無根之說이다. 그뿐 외外라, 그 황당한 부분(그것은 사실, 기외其外의 부분에는 직접 배치背馳되는 것이다)만 제거하고 보면, 최 씨의 이론은 백 씨의 유치한 속론류俗論類는 결코 아닌 것이다. 백남운 씨는 거기서 자기의 이론은 가장 과학적 견해라고 자랑은 하나, 그것은, 그의 「아부지」 등등 어語의 「어원적」 해석(필시必是 도부의통渡部義通 씨 등의 흉내일 것이다)과 동양同樣으로, 과학적으로 하등

---

35) 백남운(하일식 옮김), 1994, 『조선사회경제사』, 30~33쪽, 373쪽.
36) 방기중, 1992, 『한국근현대사상사연구. 1930·40년대 백남운의 학문과 정치경제 사상』, 142쪽, 147쪽.
37) 최남선, 1928, 22~37쪽.

가치가 없는 속론인 것이다. 조선사를 세계사의 전적全的 과정에서 논한다는 그가, 이 단군은 하고何故로 타족他族과의 연관이 없이 국부적으로만 논하는가! 최남선 씨가 단군은 「당굴」이오 「텅걸」이라고 한 소리를 뻔히 듣고도, 그렇게 어두 당투 않은 소리를 하는 그 이유를 나는 몰라 하는 바이다.…… 여기서 나는 또 한 번 말하야 둔다. 우리는 부분적 고찰에만 한하지 말고, 부분은 전체와 관련하야 논하여야 되는 것을 잊어서는 않된다. 〈중략〉 하여간 단군은 「하나님」만 아니라, 동시에 「무당」이였든 것은 엿볼 수가 있다. 최 씨의 의견에는 참말 그럴듯한 점이 있다!" [도유호, 1941b, 「중국도시문화의 기원(3완)」, 『진단학보』 14, 183~184쪽, 주 3]

도유호는 상족商族이 원래는 알타이 목유문화계牧遊文化系에서 출발하였으며, "중앙아세아 목유문화에서 기원하는 「알타이」어 Tengori는 천天을 의미하였고, 또 천신天神을 의미하였는 바, 이것이 중국에 가서 천天이 되고 제帝가 되었으며 〈중략〉 우리 조선에 와서는 천군天君, 단군檀君이 된 것이다"라고 주장하였다. 그리고 "천신사상은 목유문화 단계에서 발전을 이룩하였으나, 고급문화(도시문화) 및 대왕조시대大王朝時代에 이르러 확연한 틀을 갖추게 되었다"고 생각하였다.[38] 그는 중국 도시문화의 기원을 상나라에서 구하고자 하였으며, 당시의 종교 문제를 천신사상과 연결시켜 파악하고자 하였다. 이러한 관점에서 접근할 때, 최남선이 제시한 '당굴-텅걸-천군-단군'의 상호 관계는 도유호 자신의 논리적 근거를 확립하는데 매우 유용하게 부합될 수 있었다. 따라서 최남선을 향한 백남운의 비판적인 논조를 도유호는 고운 시선으로 바라보지 않았다. 거기에 더하여 도유호는 백남운의 주장이 근거 없는 하찮은 이야기에 불과하다고 평하면서, 매우 못마땅

---

38) 도유호, 1941b, 168쪽, 171~172쪽.

한 자신의 감정을 숨김없이 드러냈다.

백남운은 "동서가족同婿家族은 조선의 푸날루아 가족[39]이며, 따라서 그것은 원시조선 씨족제도의 기초이기도 하였다. 그리고 동서가족에게서는 아버지를 분명히 아는 것은 불가능했지만 어머니를 확인하는 것만은 가능하였다"고 하면서, 아버지라는 호칭어는 '압씨(Apci)'의 전와어轉訛語이며, '압씨'의 원의源義는 '원종原種'이라고 지적하였다. 이와 아울러 고대 중국에서 푸날루아 가족 형태를 수립하였던 인물이 마르크스주의 학자인 곽말약郭沫若(1892~1978)이라고 언급하였다.[40]

그러나 도유호는 이에 동의하지 않았다. 예를 들어, "곽말약이 은허殷墟의 복사卜辭에 보이는 '이부二父, 삼부三父, 다부多父' 등의 글귀를 가지고 푸날루아 가족제를 증빙하려고 하지만, '부父'라는 칭호는 자기를 만든 아버지와 아울러 아버지와 같은 연장年長의 어른 일반을 포함하는 뜻을 지녔으며, 상대商代에는 이미 부권父權에 의한 가족제가 확립되어 있었다"고 반론을 제기하였다.[41]

앞에서 말한 것처럼, 도유호는 최남선에 대한 백남운의 평을 '속론류'로 몰아세웠다. 또한 상족商族 등과 같은 타족他族과의 역사적 연관성을 고려하지 않은 채, 국부적인 시각으로 단군을 논한다는 것 자체가 결코 '과학적 견해'가 될 수 없다고 도유호는 강하게 비판하였다. 그러면서 그는 "전 지구의 문화가 이리저리 엉켜 있기 때문에 역사 발전의 전적全的 고찰이 필요하며",[42] '부분과 전체'는 언제나 서로

---

39) 엥겔스에 의하면 "원시 사회에서 푸날루아 가족은 집단 결혼이 허용된 가족 형태이며, 일정한 가족권 내에서 남편과 아내를 서로 공유하고 있는 점이 주된 특징이다. 씨족 제도는 대부분 푸날루아 가족에서 직접 발생한 것 같은데, 혈통은 다만 어머니 쪽에 따라서만 확정될 수 있으며 따라서 모계만이 인정된다." 프리드리히 엥겔스(김대웅 옮김), 2012, 『가족, 사유재산, 국가의 기원』, 64~68쪽 참조.

40) 백남운(하일식 옮김), 1994, 60~62쪽, 66~68쪽.

41) 도유호, 1941b, 162~163쪽.

42) 도유호, 1941a, 138쪽.

유기적 관계 속에서 파악되어야 한다는 점을 덧붙였다.

　도유호에게 있어 종래의 낡은 관점에 젖어 새로운 것을 수용하길 거부하는 경멸의 대상이 누구였는지는 알 수 없다. 그렇지만 까닭이야 어쨌든, 안호상과 백남운에 대하여 지나치게 공격적인 비판을 가했다고 느껴지는 도유호의 말씨를 당사자들이 어찌 좋게 받아들일 수 있겠는가. 그런데 그로부터 야기되는 문제는 거기서 그치지만은 않았을 것이다. 그 두 사람과 개인적으로 유대관계를 맺고 있었던 주변 인물들도 당사자 못지않게 도유호에 대하여 언짢은 감정으로 거리를 두었으리라고 충분히 짐작될 수 있다.

　이렇듯이 서로가 담을 쌓고 있는 마당에서 취직의 기회를 마련하기란 도유호에게 매우 고된 일이었을 것이다. 이뿐만이 아니었다. 오스트리아 비엔나 유학 시절, 그의 "좌경적左傾的 및 반일적反日的 언행"[43]은 일제 관헌의 감시를 받기에 충분하여, "1940년 귀국 후, 일제 당국의 심한 감시로 행동의 자유를 완전히 잃어 취직의 길을 찾을 수 없도록 곤란하게 되었다"(도유호, 「이력서」 참조).

　『진단학보』 14권(1941년)의 회원 소식(192쪽)에는 도유호의 근황에 관하여 "도유호 씨(통상회원) 금년 6월에 만주국 신경박물관에 취직"하였다는 짤막한 내용이 언급되었다.[44] 국내 국학자들과 인간적인(?) 또는 학문적인(?) 갈등 및 일제 관헌의 감시 등으로 빚어진 일들로 말미암아, 도유호가 국내에서 자신에게 마땅한 일자리를 얻는 것이 쉽지 않았으리라 생각되지만, 그가 왜 만주국 신경박물관[45]으로 발길을 돌리려고 했는지 궁금하다. 한편 위의 취직 소식이

---

43) 「소화·전전편 : K문 내외인외국재류, 여행급보호, 취체」, 『일본 외무성 외교사료관 소장 한국관계사료목록』.

44) 신경박물관으로 가기 이전인 1941년 4월 24일, 그는 김재원 등과 함께 '독일과 독일정신'이라는 주제로 열린 독일 유학생 좌담회(주최 : 매일신보, 장소 : 경성호텔)에 참석한 바 있다. 『매일신보』 1941년 5월 7일, 「독일과 독일정신. 독일 유학생 좌담회 ⑥. 무적강군건설에 장병일치군무에 전념」 참조.

사실과 부합된다 하더라도 도유호가 일본으로 떠난 시기가 1942년 3월이기 때문에 그곳에서 실제로 근무했던 기간은 아주 짧았을 것으로 추정된다.

비엔나에서 귀국 이후의 학문 활동

도유호의 변증법적 발전사관

경성역에 도착한 1940년 1월 말부터 1945년의 8·15해방 이전까지, 약 5년 6개월 동안, 도유호가 남긴 논고는 모두 네 편으로 추정된다. 이 글들은 오직 1940년 6월부터 1941년 6월 사이에 간행된 『진단학보』 12권, 13권, 14권에서만 만날 수 있다.[46] 그 가운데 가장 우리의 눈길을 끄는 논문은 세 차례에 걸쳐 『진단학보』에 연재된 「중국도시문화의 기원」이다.

「중국도시문화의 기원」은 도유호가 비엔나를 떠나기 전인 1939년 여름, 약 한 달 정도에 걸쳐 작성되었고,[47] 1940년 6월 진단학회에 제출되었다. 그는 제출된 원고 내용에 부분적으로 문제가 있었다고

---

45) 1931년 만주를 점령한 일제는 괴뢰국가 만주국을 세웠고, 장춘(長春)을 신경특별시(新京特別市)로 바꾸어 수도로 삼았다. 하문식 교수(세종대학교)에 의하면, 신경박물관은 현 중국 정부 수립 이후 확대, 개편되면서 길림성박물관으로 명칭이 바뀌었으며, 도유호의 취직과 관련된 서류는 그곳에 남아 있지 않은 것 같다고 한다.

46) ① 도유호, 1940a, 「중국도시문화의 기원(1)」, 『진단학보』 12, ② 도유호, 1940b, 「「요세프·헥겔」씨의 「토템」주의론」, 『진단학보』 12, ③ 도유호, 1941a, 「중국도시문화의 기원(2)」, 『진단학보』 13, ④ 도유호, 1941b, 「중국도시문화의 기원(3 완)」, 『진단학보』 14.

47) 이 원고는 1937년 말 비엔나대학 선사학연구소의 연구 보고에 제출된 것을 기본으로 작성되었다고 추정된다(도유호, 1940a, 184쪽 참조).

자인하였지만48) 귀국 이후 몸과 마음이 바쁜 상황에서 수정할 여유조차 갖기 어려웠을 것이다. 그러나 어쨌든 비교적 짧은 기간에 상당한 분량의 원고가 작성되었다는 점은 그의 필력筆力이 대단함을 보여준다.

세 편으로 나누어 발표된 「중국도시문화의 기원」에서는 시간적으로 먼저 구석기시대와 신석기시대를 시작으로 은상시대殷商時代, 상의 멸망과 주周의 흥기興起에 걸치는 폭넓은 시기가 다루어졌다. 방법론적으로는 고고학, 역사학, 민속학과 더불어 언어학 분야의 연구 자료 등이 다양하게 활용되었다. 전체 분량이 132쪽에 달하는 논문은 크게 세 부분, 곧 '서론緖論', '황하문화黃河文化', '은상도시문화殷商都市文化'로 구성되었다.

'서론'에는 비엔나학파의 학맥을 형성하는 그레브너, 슈미트, 코퍼스, 멩긴, 하이네겔데른 등의 주장을 자신의 견지에서 정리하면서, 중국 도시문화의 성격과 특징을 구명하기 위한 시각과 방법론이 제시되었다.

> "나는 여기서 체질적으로나 문화적으로나 단원적單元的 기원의 원리를 주장한다. 그러나 발전의 변증법辨證法은 이 출발점상出發點上의 단원單元을 다선적多線的 운동으로, 즉 발전방향에 있어서는 다원적多元的으로 분해하는 것이다. 즉 단원은 다원으로 부정을 당하게 되는 것이다. 그러나 이 부정적 계단으로 출현한 다원은 단원 편을 향하야 다시 자기부정을 하게 되는 것이니, 바로 여기에 인류문화 발전의 변증법, 역사발전의 변증법이 있는 소이所以다." [도유호, 1940a, 「중국도시문화의 기원(1)」, 『진단학보』 12, 162쪽]

---

48) 도유호, 1940a, 160쪽. 이 학보의 집필자 소개란에서는 도유호의 이력이 다음과 같이 기재되어 있는데(214쪽), 그의 이력이 비교적 자세하게 학술지에 실린 유일한 예이다. "都宥浩氏 (本籍 咸興) 昭和五年으로부터 獨逸佛郞府大學 及 維也納大學에서 社會哲學 及 經濟史學을 硏究하고, 同十年 維也納大學에서 「똑터」學位를 받고, 以後 四年間 同大學 先史學硏究所에서 先史學을 專攻".

"문화는 처음 동일점同―點에서 출발한 것이 각기 이양異樣의 방향으로 발전하다가 전전유동轉轉流動한 결과 서로 접촉 융합하야 새 문화를 형성하였으면, 따라서 전지구상全地球上의 문화상文化相은 이리저리 교차 관련되어 있는 것이니, 그런고로 지구상의 어느 한 문화는 그것만으로는 결코 이해할 수가 없게 된다. 여기서 전문화全文化의 전적全的 관찰의 필요가 생기는 바이며, 세계사의 통일적 고찰은 필요해지는 것이다. 만일 이 상호 관련의 사실이 없이 각기 독립적으로 발전한 제문화諸文化만이 문제라면 사실 세계사의 통일적 고찰이란, 별로 의미가 없는 것이니, 그 사실은 역사철학의 대성자大成者인 선철先哲 헤르더(Herder)가 그의 역작 Ideen zur Philosophie der Geschichte der Menschheit 중에서 벌써 간파한 바이다. 헤르더의 이 역사철학론을 기저로 하야 그의 이론을 대량적으로 표절剽竊한 헤-겔(Hegel)은 헤르더의 이론을 이념주의적 투기投機로 곡해하였던 만큼, 헤-겔학을 전승한 그의 후배들도, 좌우양익을 막론하고 헤르더의 이 탁견을 몰각하였었다. 「아세아적 생산양식」을 운위하는 논객 제군諸君은 물론 이것을 알았을 리가 없다."
[도유호, 1940a, 「중국도시문화의 기원(1)」, 『진단학보』 12, 164쪽]

도유호는 비엔나 학풍과 호흡하며 그의 논지論旨를 전개하였다. 그는 여기에 그치지 않고 헤르더Johann Gottfried von Herder(1744~1803)의 역사철학적 인식을 토대로 이른바 변증법적인 발전사관發展史觀의 체계를 나름대로 확립하였는데, "헤르더는 각 민족의 개체성, 각각의 역사 시대의 개체성을 이야기하면서, 동시에 이 개체성을 개별적으로 이해한 것이 아니라 역사 전체의 흐름 속에서 총체적으로 이해하고자 했다."[49] 헤르더는 역사의 진보적 발전은 "일직선이 아니라 나선형적(계통이 서지 않은 비틀린 선)으로 나아가는 과정이고,

---

49) 강성호, 2010, 「해제 : 헤르더의 역사 사상」, 『인류의 역사철학에 대한 이념』(J.G. 헤르더, 강성호 옮김), 95쪽.

자연 법칙적 힘과 인간의 목적 지향적 실천 노력이 동시적으로 작용하며 〈중략〉 인간의 이성에 의하여 다수에서 하나를, 무질서에서 질서를, 힘과 의도의 다양성에서 조화와 미를 지닌 전체를 만들어내는 '하나의 원리'가 인류와 민족의 형성 과정에 동시적으로 작용한다"고 주장하였다.50) 이와 같은 헤르더의 관점은 도유호의 변증법적 발전사관에 촉촉하게 녹아들어 있다.

도유호가 제시한 발전사관은 한 문화에 내재하는 '내적 발전'보다는 '외적 발전', 곧 문화의 이동과 상호 연관성, 그리고 그 파급 효과에 더 큰 무게를 두고 있다. 외적 발전은 내적 발전과 상응할 때 효과가 높아지며, 원시시대로 소급할수록 외적 발전에 의존하는 바가 중요한 것으로 그는 보았다.51)

앞의 인용문에서 언급한 '아세아적 생산양식'의 내용이 구체적으로 무엇인지, 그리고 그런 견해를 발표한 논객들이 누구인지에 대해서 도유호는 자세하게 언급하지 않았다. 그러나 그는 중국사를 세계사와 독립된 일부 내지 하나의 과정으로 논하는 것 자체를 인정하지 않았고, 문화적인 상호 관련의 토대 위에서 세계사적인 통합적 기준을 적용하며 중국사가 논의되어야 한다고 역설하였다. 그러면서 중국의 선사시대는 고고학과 민속학 자료를 상호 보완하는 종합적 검토 속에서 고찰되어야 함을 주장하였다.52)

"나는 서론에서 선사고고학은, 고고학적 재료로만은 불충분하기가 그지없는 것을 지적하였다. 거기서 「멩긴」 교수가 민속학과의 종합을 대규모적으로 시험하였었고, 또 그 결과가 채 성공은 못 되나, 그것만으로도 벌써 획기적 기도企圖였던 것을 나는 또 지적하였었다. 나도

---

50) 강성호, 2010, 99~100쪽.
51) 도유호, 1940a, 164쪽.
52) 도유호, 1940a, 164~165쪽.

그의 본을 받아 지금까지 논하여 왔었다. 그런대, 선사학도에게 민속학이 이렇게 필요하면, vice versa 민속학도에게는 또 선사학이 그만큼 필요한 것이다. 그런데 민속학자로 고고학의 필요를 느꼈고 고고학을 십분 적용한 자도 바로 유야납대학維也納大學에서 처음 출현한 것이다. 「하이네, 겔데언」 교수(지금은 유대維大를 떠났다)가 바로 그분이다. 그는 현재의 원시족을 논함에도, 그 이동관계에 소급하여 그들의 과거를 논하려면, 고고학적 고찰이 절대로 필요한 것을 느꼈던 것이다. 그리하여 그는 민속학과 동시에 고고학을 배웠으니, 지금 현존한 민속학자 중에는 그만큼 고고학적 조예가 깊은 분은 없을 것이다. 그런데 그가 유야납대학에서 교편을 잡았음에도 불구하고 유야납(물론 1938년 봄 이전의) 계의 민속학자나 또는 이 영향 하에 있는 학자들이 고고학을 등한시하는 것을 나는 퍽 유감으로 생각하는 바이다. 고고학적 고찰을 안 하는 한, 그들은 사실 선사시대나 유사시대有史時代 초시初始의 과거에는 언급할 자격이 없는 것이다. 우리는 우리의 출발점이 첫째로 고고학적 재료에 있고, 이 고고학적 재료가 논단論斷을 거절하는 때에 비로소 종족학(민속학)에 그 해답을 구하여야 되는 것을 언제나 잊지 말아야 한다. 그런데 민속학적으로 논하는 한학도漢學徒 중에는 그 출발점이 그와는 정반대인 것이 일반이니, 이상에 지적한 그들의 오류는 그 원인이 바로 여기에 있다. 고고학을 등한시하고, 잘못된 출발점에서 문제를 취급할 때, 무엇보다도 먼저 범하는 것은, 즉, 연대적 순차順次인 것이다. 이 연대적 순차에 있어, 고고학 편이 민속학보다 우수한 지위에 있는 것은 그들의 선사先師 「그렙너」 씨와 「쉬밑」 씨도 고백한 바이다." [도유호, 1941b, 「중국도시문화의 기원(3완)」, 『진단학보』 14, 167~168쪽]

비엔나학파로부터 많은 영향을 받았던 도유호는 원시시대를 올바르게 연구하는데 있어 고고학과 민속학의 학문적 접목이 필요하다고 역설하였다. 그는 두 분야의 상호 보완을 통하여 고고학, 특히 선사고고학이 연구되어야 한다는 점을 강조하면서, 원시시대의 민속학적인 측면을 제대로 이해하려면 고고학적인 경험과 지식을 고루 갖추어야 한다고 언급하였다. 고고학과 민속학과의 만남은 흥미롭게도 해방 이후 북녘의 초기 고고학에서 다시 마주치게 된다. 마르크스-레닌주의에 근거하여 사회 발전의 합법칙성을 밝히려는 역사학의 보조과학으로서 고고학과 민속학의 접목을 시도하는 글들이 발표되고, 그에 따른 논쟁이 벌어졌는데, 이에 관해서는 뒤에 가서 자세하게 살펴보기로 하겠다.

1936년 도유호가 이병도에게 보낸 서신에는 비엔나학파의 문화권설을 기반으로 한 원시문화에서 국가의 발생에 관한 자신의 구상이 담겨 있다. 그 내용을 요약하면 다음과 같다. "토템적 수렵문화(부권계)와 재배문화(모권계의 원시 농업문화)는 남아시아에서 발생하였고, 수렵문화의 식물 채취에서 재배문화가 형성되었다. 토템적 수렵문화는 유럽과 아시아의 중간 지대에서 생산 경제적인 목유문화로 전환되었는데, 목유문화에는 토템적 문화 요소(혈족 및 혈통 의식, 집단 관념)가 남아 있다. 목유문화와 재배문화가 종합되어 농경이 발생하고, 이 농경문화의 토대 위에서 국가와 계급이 발생하였다." 그리고 이와 같은 자신의 구상이 고대 중국과 조선 역사에도 적용될 수 있음을 시사한 바 있다.[53]

그러면서 그는 슈미트와 코퍼스 등이 원시문화의 발전 과정에서 생산 경제적인 측면을 강조하기는 하였으나, 이것은 "관념이 아닌 물질적 생산 활동을 역사 발전의 원동력으로 보는 마르크스의 유물론적 역사적 관점"[54]과는 근본적으로 차이가 있다고 평가하였다. 도유

---

53) 도유호, 1936, 「휘보 : 도유호씨의 서신(유야납로부터)」, 『진단학보』 5, 202~205쪽.

54) 손성철, 2008, 『역사를 움직이는 힘. 헤겔 & 마르크스』, 124쪽.

호는 슈미트와 코퍼스가 강조했던 생산 경제적인 요소는 토템적 수렵문화와 목유문화 사이의 상호 연관성을 설명하기 위하여 채택된 논리에 지나지 않는다고 판단하였다. 그런데도 불구하고, 일부 사람들이 슈미트와 코퍼스를 가리켜 유물론자라고 비판하는 것에 대하여 도유호는 강한 불만을 제기하였다. 다시 말해서, 슈미트와 코퍼스의 학설이 족탈불급足脫不及, 곧 비판론자들이 따라올 수 없을 만큼 그들의 학설이 뛰어난 데 대하여, 화풀이삼아 그런 일이 벌어지고 있다고 도유호는 생각하였다.

> "「쉬밑」, 「콥퍼쓰」 양씨는 천주교 승려임에도 불구하고, 그들은 부득이, 유물사관적 방법론에서 적용한 바가 있게 된 것이다. 그것은 그들이 원시문화의 제현상諸現象을 이것에 의하여만 설명할 수 있었던 까닭이다. 그러나, 그들은 중인만큼 그들의 이론은 유물사관 그것과는 차이가 심한 것이다. 그럼에도 불구하고, 학자 중에는, 그들을 유물론자라고 책하는 자가 많다. 그것은 자기의 학설은 「쉬」「콥」 양씨의 학설에는 족탈불급足脫不及인 것에 화가 난 끝에 하는 욕설인 경우가 많은 것이다. 「에르케쓰」 씨는 그 중의 하나이다.[55] 나는 백림대학의 「투른빨뜨」 교수(Richard Thurnwald)의 저서 중에서도 읽은 일이 있다. 나는 퍽 섭섭히 생각하는 바이다." [도유호, 1941b, 「중국도시문화의 기원(3완)」, 『진단학보』 14, 166쪽, 주 14]

도유호는 그레브너의 주장을 받아들여, 원문화를 모권적인 재배문화와 부권적인 토템적 수렵문화로 구분하였고, 후자에서 목유문화가

---

[55] 예를 들어, 에르케쓰(Eduard Erkes)는 "「쉬밑」, 「콥퍼쓰」 양 신부(神父)의 모권문화에 관한 이론을 반박하며, 또 그들이 모권문화권과 부권문화권의 기원을 그 특수한 경제적 기저에 귀속(歸屬)시킴을 비난하야, 그들은 모다 「유물론자」라고 노호(怒號)했다."(도유호, 1941b, 161쪽).

파생된 것으로 이해하였다. 이들 문화권 가운데 도유호가 관심을 가진 것은 황하 유역을 중심으로 전개된 재배문화와 농촌문화의 연결 고리였다. 그는 후기 구석기시대에서 신석기시대로의 이행기 또는 신석기시대 초기에 해당하는 고고학 유물(예 : 즐목문토기)은 모두 북방 계열에 속하며, 이 시기에서는 목유문화의 영향이 적은 대신 재배분화 후기, 곧 신재배문화新栽培文化 단계를 반영하는 축돈문화畜豚文化와 모권적 재배문화가 전래되었던 것으로 보았다.56) 그리고 축돈적 재배문화가 농촌문화로 발전하기 이전에 서방에서 채도문화가 전래되었다고 설명하였다.57)

그는 농촌문화의 기원지가 서남아시아(유프라테스, 티그리스 강 유역) 지역으로 이야기되고 있으며, 여기에서 신재배문화와 목우문화牧牛文化가 종합되어 신재배문화와는 질적으로 다른 농촌문화가 기원하였고, 그로부터 인도게르만 농촌문화가 발전하여 동쪽으로 전파되었다는 멩긴의 학설을 소개하였다. 한편 그는 채도가 농촌문화와 파급과 깊은 관련이 있다고 설명하면서, 채도문화의 색채가 짙은 앙소문화仰韶文化가 중국의 신석기시대 농촌문화를 대변하게 되었다고 이해하였다. 이와 함께 우력牛力을 이용한 보습의 사용을 통하여 농촌문화는 비약적인 발전을 이룩하여, 벼농사도 이루어지게 되었다고 서술하였다.58)

다음으로 그는 성자애城子崖(산동성) 유적의 흑도문화黑陶文化(하층)와 회도문화灰陶文化(상층)의 연속적인 층위 관계와 두 층에서 출토된 유물의 성격에 대하여 주목하였다. 하층에서는 복골卜骨(점뼈), 상층에서는 청동기, 갑골문자, 복골이 발굴되었다. 두 층에서는 석문도기蓆紋陶器(돗자리무늬토기)와 원통부圓筒斧(몸통이 원통 모양의 돌도끼)의

---

56) 도유호, 1940a, 173쪽.

57) 도유호, 1940a, 180쪽.

58) 도유호, 1940a, 181~184쪽.

전통을 포함하여, 반월도半月刀(반달칼)와 유병시촉有柄矢鏃(슴베가 달린 화살촉) 등이 공통적으로 출토되었는데, 도유호는 이들 유물이 북부 아시아 계통의 영향을 받은 것으로 이해하였다. 이와 함께 안양安陽(하남성) 소둔촌小屯村 은허殷墟, 그리고 은허 근처에 위치한 후강後岡 유적의 상호 비교를 통하여 '채도→ 흑도→ 회도'와 같이 변천하는 문화층과 출토 유물의 연대적인 선후 관계를 수립하였다.

이와 아울러 도유호는 성자애 출토 청동기가 중앙 서시베리아(미누신스크, Minusinsk) 또는 유럽의 청동기문화에서 유래된 것으로 파악하였다. 그리고 그는 후강문화, 곧 흑도문화에는 중앙아시아 또는 그 이동以東에서 출발한 황원문화荒原文化(Steppenkultur)의 목유문화적인 영향이 보인다고 서술하였다. 예를 들어, 흑도문화의 복골제卜骨制는 중앙아시아 및 그 이동以東에 거주하였던 목유족牧遊族의 샤머니즘 이동 방향과 일치하는 것으로 파악되었다. 이렇듯 그는 흑도문화가 농촌문화에 바탕을 두고 형성되었지만, 중앙아시아 지역과의 문화적인 관계를 보여주는 요소가 흑도문화에 짙게 내재되어 있다고 보았다. 그리고 목유문화계의 종족은 농촌문화계의 집단과 접촉하는 과정에서 바로 농민화農民化하여 무계급의 농촌문화에 흡수되었을 가능성이 있다고 언급하였다.[59]

지금까지 앞에서 살펴본 것처럼, 도유호는 원시문화 이후에 전개된 중국의 재배문화, 농촌문화, 목유문화 등의 성격을 각기 독립된 문화권으로 설정하였다. 그리고 이들 문화권은 서방이나 북방에 기원을 둔 외래 문화권의 유입을 바탕으로 형성된 것으로 파악하였다. 여기서 문화의 전파와 영향은 바로 그 문화를 소유한 집단의 이동 및 이주와 밀접하게 관련을 맺는다. 비엔나학파의 문화권설에 근거한 문화전파론을 철저하게 적용하였던 이러한 도유호의 관점은 중국 도시문화의

---

59) 도유호, 1940a, 195~199쪽.

기원을 논하는 자리에서도 변함없이 채택되었다.

"농촌문화의 요람지가 역시 도시문화의 요람지가 되고 만다. 〈중략〉
도시문화는 고급문화高級文化 즉 문명의 출발점이다. 그런고로 civilisation
이란 자字는 「도시화」라는 의미에서 나온 추상명사인 것이다. 여기서
문자도 기원되었다. 또 금속기시대도 여기에서 출발한다. 〈중략〉 도시
문화는 농촌의 발전과정으로 일어났으며, 또 도시문화에 있어서는,
그 경제적 기초가 계급분화의 사회현상을 자연적으로 야기한 것이라
고 나는 믿는 바이다. 〈중략〉 농촌문화 후에 도시문화가 기생起生하며,
거기에는 계급분화가 단행된 바, 거기서 정당한 의미의 국가는 처음
일어났든 것이다. 그리하여 국가는 최초에 도시국가로 출현하였든
것이다." [도유호, 1941a, 「중국도시문화의 기원(2)」, 『진단학보』 13, 115~117쪽]

고고학상으로 도시문화를 논할 때, 비교적 규모가 큰 동시에 성벽城
壁을 갖춘 건축물 유적, 공업의 상업의 발달, 사회 구성원의 종적
(vertical) 구분 등이 고려될 수 있다고 도유호는 서술하였다.[60] 또한
고고학 또는 문헌 자료 등을 통하여 고찰할 때, 중국 도시문화는
은상시대殷商時代의 은허에서 그 기원을 찾을 수 있다고 보았다.[61]
그리고 그는 안양을 중심으로 하는 상商의 은민殷民과 그 이전의 은민을
구별하기 위하여 원상족原商族(Proto-Shang)이라는 용어를 사용하였는
데, 원상족은 후자를 지칭한다.[62] 원상족의 성격에 대하여 도유호는

---

60) 도유호, 1941a, 111~112쪽.
61) 상나라(기원전 약 1600~1046년)는 건국 이후 여러 차례 도읍을 옮겼으며, 마지막
   도읍지는 은(殷)이었다. 마지막 천도 이후부터 주나라에 멸망되기 이전 시기를
   은대(殷代, 기원전 약 1300~1046년)라고 한다. 이에 따라 상나라 전체 시기를
   가리켜 은상(殷商) 또는 상은(商殷)이라고도 부른다. 중국사학회(강영매 옮김),
   2008, 『중국통사 1』, 65~66쪽 참조.
62) 도유호, 1941a, 120쪽.

다음과 같이 언급하였다.

원상족은 중앙아시아의 '알타이' 목유민 계통이다. 원상족은 서방에서 전래된 문화의 영향을 받아 황하 중류 지역에 들어왔을 당시 그들은 이미 농민의 형태를 지니고 있었다.[63] 중국 문자는 독립적으로 중국 내에서 기원한 것이 아니며, 고대 수메르어 등과 간접으로 연결될 가능성이 있다. 중국의 원시 문자는 도시문화 이전 단계, 곧 원상족이 안양 은허에 들어오기 이전에 나타났으나, 안양에서 도시문화가 시작된 이후 중국 문자가 한층 발전하였다. 세습적 추장제는 원상족 사회에서 발생하였다. 원상족의 이동에 의하여 청동기 및 동기가 전래되었다. 원상족 이전 시기에도 청동기가 사용되었지만 그 사용 범위가 제한적이어서 금석병용기시대라고 할 수 있다. 이렇듯 원상족은 문자, 상하 관계의 지배 기구를 의미하는 세습적 정치제政治體, 금속문화 등을 소유했으나, 소둔촌 은허 이전에는 아직 도시제都市制를 알지 못하였다.[64]

"소둔촌 「은허」에 천도한 이후 은국殷國이 망할 때까지는 3백년도 채 못 되는 2반세기 반 내외의 기간이었건만, 기간其間의 발전은 참말 장족長足의 것이었었다. 그들은 잉종仍終에는 당당한 도시문화의 형체形體를 가졌던 것이다. 그리고 이 발전과 동시에 서방 도시문화의 영향은 가장 컸던 것이다. 은상문화가 얼마나 찬란하였던가는 벌써 그들의 청동기미술이 말하는 것이다." [도유호, 1941a, 「중국도시문화의 기원(2)」, 『진단학보』 13, 137쪽]

앞에서 이미 이야기했듯이, 도유호는 외부에서 전래된 목유문화가 중국 농촌문화에 흡수되었으며, 고고학적 유물을 통하여 그 관계를

---

63) 도유호, 1941a, 123쪽.
64) 도유호, 1941a, 131~135쪽.

살필 수 있다고 주장한 바 있다. 그는 중국 고대문화의 근간을 농촌문화에 두고 있었으며, 원상족의 사회도 재래의 농촌문화적인 사회에 동화되었던 것으로 파악하였다. 이를 두고 도유호는 "내침來侵하는 족族을 들어오는 족족 동화시켜 벌이는 중국사의 한 특징"이 예전에도 있었음이 엿보인다고 하였다.[65] 그리고 원상족의 동화 과정에서 원상족 문화가 목유문화보다 더 중요한 사회적 역할과 영향력을 동반하였던 것으로 받아들였고, 이를 기반으로 하여 외래문화의 영향을 받아 형성된 새로운 도시문화가 은허의 천도 이후에 자리를 잡았다고 이해하였다. 또한 문화의 융화融和 현상은 언어적으로 '중국화'가 되었음을 반영하는 안양安陽 시대의 갑골문자甲骨文字인 복사卜辭에서 찾을 수 있다고 언급하였다.[66]

갑골문에 남겨진 기록과 중국 고전 등을 통하여 도유호는 상대 국가의 성격과 특징을 다음과 같이 서술하였다. 상대의 도시국가에는 세습적 왕조가 확립되었고, 그 이전에 비하여 경제적으로 많은 발전이 이룩되었다. 예를 들어 벼 이외에 여러 종류의 잡곡이 경작되고, 다양한 가축이 사육되었으며, 누에치기 산업이 발달되었다. 당시 무덤에서 사람의 유골遺骨과 두골頭骨을 대량으로 매장한 것은 시기적으로 신재배문화의 축돈문화畜豚文化에서 출발한 문화 현상이며, 그것은 상대에 이르러서도 사람을 제물로 바치는 인사人祠, 그리고 두수頭狩(head hunting) 및 식인육食人肉 전통과 연결된다. 상대의 국가는 주대周代와 달리 노예제를 근저에 두지 않았다. 상대의 가족제는 부권제에 기반을 두었다.[67] 은민의 종교적인 숭배 대상에서 최고의 위치를 차지하는 것은 중앙아시아의 목유문화에서 기원한 천신사상이다. 은대의 천제天帝는 최고 지배자로서의 역할을 행하였다. 은대의 생식기 숭배는

65) 도유호, 1941b, 159쪽.
66) 도유호, 1941b, 152쪽.
67) 도유호, 1941b, 152쪽, 156쪽, 159쪽, 161쪽.

조상 숭배, 자손 번식, 농작물의 풍작 등과 관련을 맺고 있다고 볼 수 있는데, 그것은 모권적 재배문화계에서 전래된 것이다.[68] 끝으로 도유호는 중국 고대사에 있어, 정복적인 성격이 강한 대규모의 국가가 형성된 것은 상을 멸망시킨 주周의 흥기에서 비롯한다고 보았다. 또한 넓은 지역을 통일하는 과정에서 발생된 피정복민은 노예로 전락하였고, 이들 노예와 영토 확장을 토대로 농노제農奴制와 분립적인 봉건제封建制가 개시되었다고 주장하였다.[69]

요컨대, 도유호는 중국 도시문화가 서방문화의 영향을 받아 형성된 것으로 보았다. 그리고 이러한 중국의 도시문화는 다시 동쪽 및 동남쪽으로 전파되어 신세계, 곧 아메리카 중부의 도시문화(고급문화)도 중국 도시문화의 영향을 받아 형성되었다고 주장하기에 이르렀다. 또한 중국의 도시문화가 인도의 도시문화를 형성하는데 있어 어떤 역할을 했는지에 대하여 확언할 수 없지만, 두 지역의 도시문화가 서로 매우 밀접한 관련을 맺고 있는 것으로 추정하였다.[70]

한편 세 편으로 나누어 발표된 「중국도시문화의 기원」에는 한국 고고학과 관련된 부분이 다음과 같이 간단하게 언급되었다. "첫째, 조선에서 발견된 즐목문토기櫛目文土器(Kamkeramik), 곧 즐도櫛陶의 전통은 북방문화계에 속한다.[71] 둘째, 피동적으로 문화를 받아들일 때, 그 문화의 기원지와 순서가 뒤바뀌는 경우가 있는데, 김해 패총에서 출토된 철제 유물은 청동기를 사용하기 이전에 철이 먼저 유입되었음을 알려주는 예가 되는 것"으로 서술하였다.[72]

오늘날 비약적으로 발전해온 중국 고고학과 고대사 분야의 연구

---

68) 도유호, 1941b, 172~173쪽, 178~179쪽.
69) 도유호, 1941b, 190쪽.
70) 도유호, 1941a, 138쪽.
71) 도유호, 1940a, 173쪽, 177쪽.
72) 도유호, 1940a, 184쪽 참조.

성과를 참조할 때, 「중국도시문화의 기원」에서 이야기된 다양한 논점과 논리적 전개 과정, 그리고 그것들을 통하여 이끌어낸 요점은 여러 가지 점에서 많은 문제를 안고 있을 것이다. 또한 반세기가 지난 현재의 시각으로 판단할 때, 도유호의 변증법적 발전사관, 도식적 경향이 지나치게 강한 비엔나학파의 접근 방법, 그리고 이 바탕 위에서 전개된 논증 결과는 상당한 범위에 걸쳐 유효성을 상실하고 있는 것으로 인정된다. 그러나 한국 고고학의 학사적 측면을 고려한다면, 20세기 초반 독일-오스트리아의 고고학과 민속학을 대변하는 비엔나학파의 문화권설을 활용하여, 중국 고대사를 해석하고자 시도했던 점에 우리는 주목할 필요가 있을 것이다.

도유호는 1935년 6월 비엔나대학에서 박사학위를 받고나서 약 4년이 지날 무렵 「중국도시문화의 기원」이라는 논문을 비엔나에서 작성하였다. 여기서 그는 연구 대상 지역을 조선이 아닌 중국으로 설정하였다. 이렇게 중국을 먼저 연구 대상으로 삼은 데에는 아마도 조선의 고고학과 고대사를 폭넓은 시각에서 이해하려는 의도가 깔려 있었던 것으로 추정된다.

일본으로 출국, 그리고 귀국

1940년 1월에 귀국한 도유호는 2년 정도 조선에 머물렀는데, 1942년 3월 일본으로 발길을 돌려 그곳에서 약 3년 동안 체류하였다. 일본에 있는 동안, 그는 비엔나대학의 선배였던 오까(岡 正雄)가 멩긴의 저서인 『石器時代의 世界史』(Weltgeschichte der Steinzeit, 1940, 제2판)를 일본어로 번역하는데 도움을 주었다.[73] 이것 이외에 일본에서의 생활이

---

73) 『石器時代の世界史』는 1943년 상권(上卷)만 간행되었다. 이광린, 1990, 「북한의 고고학」, 『동아연구』 20, 106쪽 참조.

어떠하였는지에 관해서 알려진 바가 거의 없다고 생각된다.

"본 역서의 출판은 많은 우인과 지인의 협력과 호의에 의해 가능했다. 특히 도都 군君의 협력이 없었다면, 어쩌면 본 역서는 오늘날 세상에 나오지 못했을지도 모른다. 도 군은 빈대학에서 친히 Menghin의 지도를 받았던 선사학도인데, 본서 안에 도 군의 창의적인 역어飜譯가 존재한다는 것을 명기銘記하여 깊이 사의를 표한다." [O. Menghin 著, 岡正雄 譯, 1943, 『石器時代の世界史(上卷)』, 11쪽]

「이력서」에 의하면, 일본에 체류하는 동안 그는 인류학, 고고학, 선사학에 관한 독일어 서적을 일본어로 번역하면서 생활비를 충당한 것으로 기록되었다. 이로 보아 일본에서의 생활은 경제적으로 충족하지 않은 형편에 놓여 있었을 것으로 짐작된다. 일본으로 출국한 지 약 3년만인 1945년 2월, 다시 고국으로 돌아온 도유호는 일제 관헌의 감시를 받으며 함주군咸州郡 덕산면德山面 농촌에서 약 5개월 머물다가, 7월에 흥남용흥공장興南龍興工場의 사무원으로 취직하였다. 1941년에 준공된 용흥공장은 일제의 군수 물자를 조달하기 위하여 건설되었으며, 주로 항공 연료를 생산하였다.74) 그런데 왜 하필이면 그의 학문적 전공 분야와 전혀 관계가 없는 그런 공장의 사무원이란 말인가? 집안 살림을 책임져야 할 40대 초반의 가장으로서 호구지책糊口之策을 마련하고자 취해야 했던 어쩔 수 없는 선택이었는가?

앞에서 이야기한 바와 같이 도유호는 비엔나 유학 시절부터 일본 관헌의 정찰 대상이었다. 그의 「이력서」에 따르면, 오스트리아로부터 귀국 이후에는 취직자리를 얻기가 불가능할 정도로 일제 당국의 심한 감시를 받았다. 그리고 일본에서 고향 함흥으로 돌아온 다음에도

---

74) 『매일경제신문』 1983년 11월 4일, 임호연, 「재계산맥(718) : 근세 100년 산업과 인물」.

그들의 감시에서 벗어나기 힘든 처지에 놓여 있었다. 그는 오스트리아에서 귀국한 이후, 약 5년 6개월이 지난 뒤 흥남용흥공장에 사무원으로 취직하여 첫 출근을 하게 되었다. 그렇지만 그것도 8·15해방을 맞으며 두 달을 넘기지 못하고 마감되었다. 도유호의 경우에서 알 수 있듯이 반일적인 언행으로 낙인이 찍혔던 조선의 지식인들에게 있어, 일제의 온갖 압박이 극에 달했던 1940년대 초반의 현실적인 상황은 그들에게 헤아리기조차 어려운 고통을 안겨주었다.

1941년 12월 초, 일제는 하와이 진주만을 기습적으로 공격하였고, 이 무력 도발로 인하여 태평양전쟁이 시작되었다. 일제는 조선을 전쟁의 병참기지로 삼아 각종 군수 물자와 노동력을 더욱 강압적으로 착취하였다. 쌀을 공출당한 농가에서는 밥 대신 죽을 먹도록 강요를 받기도 하였다. 공공기관에서는 일본어만을 사용해야 했고, 조상 전래의 이름마저 일본식으로 바꾸어야 했다.

내선 일체를 내세워 조선인을 황국 신민의 주민으로 만들고자 혈안이 되었던 일제는 조선의 민족 문화를 송두리째 없애버리려고 하였다. 민족주의 색체를 띤 학술 및 언론 기관 등을 깡그리 깔아뭉갰다. 그런 한편, 당시 이름깨나 있는 조선 지식인 중 누구누구는 일제의 앞잡이가 되어, 조선 젊은이들을 전쟁의 죽음터로 내모는데 거리낌 없이 협력하였다. "최남선은 태평양전쟁은 일본이 영국과 미국 같은 백인종에 대항해서 벌인 민족의 해방 전쟁이라고, 또한 이광수는 일장기가 날리는 곳이 내 자손의 일터라고"[75] 외쳐댔다.

일제의 권력에 빌붙어 아양을 떨며, 동족의 고귀한 목숨을 담보로 삼아 자신의 생명력만을 보존시키려는 지식인들이 득세를 하는 시대가 되었다. 그들은 일제의 검은 그림자가 되어 졸개처럼 놀아나는 짓을 서슴지 않았다. 도유호의 30대 후반은 이렇게 험하고 암울한

---

75) 류시헌 외, 2011, 『미래를 여는 한국의 역사 5(일제강점기)』, 255쪽.

세상살이와 함께 지나갔다. 이광수에 대한 애정은 이미 미련 없이 식었고, 학문적으로 최남선에게 조금이나마 기대했던 바도 망설임 없이 달아났을 것이다.

1940년 8월, 일제의 탄압과 강요에 의하여 동아일보와 조선일보 등이 폐간되었다. 총독부의 별다른 압력을 받지 않고 1934년부터 간행되었던 진단학보마저도 조선어학회 사건으로 학보 발행이 어려워질 것으로 우려되어, 진단학회에서는 1942년 초여름, 14권을 마지막으로 더 이상의 학보를 간행하지 않기로 결정하였다.[76] 이렇듯이 조선말로 엮은 학문적인 연구 성과를 서로 주고받는데 필요한 활동 무대가 일제 탄압의 어두운 장막으로 드리워졌다. 깨어 있는 조선의 지식인들은 설자리조차 빼앗기는 서러움에 너나없이 분노하였으리라. 때로는 극복할 수 없는 좌절감에 빠져들어, 일제가 내민 달콤한 유혹의 손길을 뿌리치기도 쉽지 않았을 것이다. 이 모든 것들이 바로 1940년대 초반 도유호가 경험하였던 조선의 현실이었다.

해방 공간의 정치적 격동기 : 민주주의민족전선, 인민당, 남조선공산당

제3의 길을 찾아서

1945년 8월 15일, 일본의 항복 선언이 라디오를 타고 전국으로 퍼졌다. 해방의 감격으로 조선 전역이 들끓었고, 모두들 희망찬 미래를 가슴에 안고 단꿈을 꾸었으리라. 젊은 시절, 식민지의 피압박민에

---

76) ① 1947, 「속간사」(『진단학보』 15, 1947), ② 김재원, 1984, 「진단학회 50년회고 : 광복에서 오늘까지」, 『진단학보』 57, 225쪽 참조.

게 닥친 민족 문제에 대하여 깊은 관심을 갖고 있었던 도유호도 남들과 마찬가지로 벅찬 기대감으로 충만하였을 것이다. 그날 밤 그는 동지들과 함께 이 땅에 묻혀 있는 고고학을 마음껏 찾아나서는 꿈을 꾸었을지도 모르겠다. 꿈을 실현하고 학업을 지속할 수 있는 곳, 도유호가 원했던 직장 가운데 하나가 바로 그런 곳이었을 것이다. 따라서 도유호가 국립박물관장 직에 관해서 남다른 관심을 가졌으리라고 짐작하는 것은 고고학 전공자로서 어쩌면 지극히 당연할 일이라고 믿어진다. 고고학자로서 학업을 지속하려는 능력과 굳은 마음을 지닌 사람이라면, 어느 누구라도 그런 욕망을 소박하게 떨쳐버릴 수 있었겠는가! 그러나 안타깝게도 현실은 그의 기대처럼 돌아가지 않았다.

당시 여러 정황으로 미루어 짐작컨대, 국립박물관장을 선임하는 문제는 도유호보다 김재원을 선호하는 쪽으로 방향이 잡혀갔으리라 추정된다. 예를 들어, 조선학술원(1945년 8월 설립)의 위원장을 맡고 있었던 백남운은 국립박물관장의 적임자로 김재원을 마음에 두고 있었다.[77] 1945년 10월 중순 미 군정청은 김재원을 국립박물관장으로 임명하는 사령을 발표하였고[78] 이에 따라 국립박물관장 직을 둘러싼 적임자 선정 문제는 마무리되었다. 한편 1945년 12월 하순 서울대학교(경성대학) 법문학부 교수로 이병도李丙燾(조선사 교수), 손진태孫晉泰

---

77) 이에 대해서는 다음의 글을 참조하기 바람. "해방 이튿날 홍박이 내 집에 찾아왔다. 우리 집은 그와 같은 명륜동에 있었다. 홍박은 내게 앞으로 무엇을 하겠느냐면서 나더러 박물관을 맡으라고 권했다. 홍박은 일제 패망 직전까지 총독부의 기관지였던 매일신보에 몸담고 있었기 때문에 나서지 못하는 입장이었다. 그의 말이 아니더라도 나는 그런 생각을 갖고 있었고, 그전에 박물관을 둘러보기까지 했다. 해방 직후 급조된 학술원(현재의 학술원과 다름)의 중심인물격인 백모도 내게 박물관을 맡을 것을 종용했다. 그는 내게 돈까지 주면서 지방에 있는 박물관을 접수하라고 말했다"(김재원, 2005, 「생각나는 사람들」, 『동서를 넘나들며』, 149쪽). 여기에서 '홍박'은 홍종인(洪鍾仁, 1903~1998)을 지칭함.
78) 「재조선미국육군사령부군정청 임명사령 제16호」(1945년 10월 16일)에 의거, 김재원은 학무국 문화보존계 국립박물관장으로 임명되었다.

(조선사 교수), 이인영李仁榮(조선사 조교수) 등이 임명되었는데, 그 명단에 도유호 이름은 들어 있지 않았다.[79)]

돌이켜보면, 도유호는 국립박물관장을 맡기에 여러 가지로 불리한 입장에 처했을 것으로 보인다. 해방 이전에 경성에 머물렀던 기간도 적어, 국내 국학자들과 인맥을 쌓거나 또는 학문적인 교류를 충분히 나눌 수 있었던 기회를 제대로 갖지 못하였다. 특히 국내 국학자들 모두가 고루하다고 단언할수록 그들에게 도유호는 서양 물 좀 먹었다고 으스대는 건방진 고집쟁이로만 비추어졌을 가능성도 충분하다. 여기에 덧붙여, 현실적으로 해방 공간의 근거리에서 박물관과의 인연을 쌓지도 못하였다.

1945년 8월 16일 서울 인사동仁寺洞 태화정泰和亭이라는 음식점에서 개최된 진단학회의 모임에서 도유호는 학회의 상임위원으로 선출은 되었으나, 미 군정청에서 요구한 역사교과서의 편찬 작업에 실무적으로 간여할 기회는 없었다고 생각된다.[80)] 그해 8월 25일 발표된 조선건국준비위원회(위원장 : 여운형)의 초청장 명단에 도유호의 이름이 들어 있었지만, 그는 위원회의 모임에 참여한 적이 없다고 추정된다.[81)]

도유호는 불혹 마흔 무렵에 해방을 맞이하였다. 이 나이에 그는 고향땅 함흥에 머물러 있었다. 해방이 되어 함흥시립도서관장과 함흥 의과대학 강사로 임명을 받았으나, 도유호는 자신이 가야할 길은 그것이 아니라고 판단하였으리라 추정된다. 자신의 학문적인 욕구를 펼치기 힘든 곳에서, 더욱이 다른 일에 매달리며 안주하려고 10년 세월을 유럽에서 보냈던 것은 결코 아니었으리라. 귀국 후 비엔나

79) 「재조선미국육군사령부군정청 임명사령 제56호」(1945년 12월 24일) 참조.
80) ① 1947, 「휘보」, 『진단학보』 15, 151~153쪽, ② 김재원, 1984, 225쪽.
81) 『매일신보』 1945년 9월 1일, 「건준, 제1회 위원회 개최를 위한 초청장 발송(135인)」.

시절을 그리워했던 심정과 마찬가지로, 그동안 갈고닦은 학업을 실천에 옮기는데 마땅히 알맞은 무대를 찾아나서는 일이 무엇보다 절박하게 다가왔을 것이다.

민족의 해방은 이루어졌지만, 이제 도유호는 또 다른 인생 진로를 선택해야 하는 갈림길에 놓였다. 그의 인생살이에서 무엇보다 중요한 역할을 하였던 첫 번째 선택은 유럽으로 유학을 떠나는 일이었고, 두 번째는 박사학위를 받은 이후 비엔나대학에 남아 학업을 지속하기로 결정한 것이라고 생각된다. 이제 세 번째 선택의 순간이 그를 기다리고 있었다. 공자는 불혹의 나이에 이르러 세상일에 미혹迷惑되지 않았다지만, 도유호는 미혹을 멀리하는 것이 아니라, 미혹으로부터 완전히 벗어나기 위한 탈출구를 찾으려고 결단을 내려야만 했을 것이다. 여기에는 아마도 자신이 처한 현실적인 울분과 불만이 그의 마음속 한 구석에 응어리져 작용하였으리라 짐작된다. 그러나 결단은 모험이었고, 그 자신조차 미래의 결과를 분명하게 예측하기란 쉽지 않았을 것이다.

해방의 기쁨은 오래가지 못하였다. 조선에 주둔하고 있던 일본군의 무장을 해제하고, 군정을 실시하기 위하여 1945년 9월 8일 인천에 미군이 상륙하였다. 이보다 앞서, 탱크로 무장된 소련군 선발대는 해방군의 깃발 아래 8월 21일 함흥에 진주하였다. 며칠 뒤 소련군 군사령관은 함경남도의 행정권 일체를 접수한 다음, 이를 함경남도 인민위원회에 넘겼는데, 도유호의 큰형 도용호가 인민위원회 위원장 역할을 맡았다.[82]

---

82) 송남헌, 1985, 『해방 3년사 Ⅰ』, 106~107쪽.

정치 활동과 인민당 프락치

「이력서」와 「조사서」에 기재된 내용을 보면, 1946년 3월 서울에 온 도유호는 민주주의민족전선民主主義民族戰線(약칭 '민전')에서 일을 보며, 인민당 외교부장과 조선과학자동맹[83] 위원장을 겸하였던 것으로 나타난다. 그리고 1946년에 4월 이강국을 보증인으로 세워 남조선 공산당에 입당한 것으로 기록되었다.

나이 사십을 먹으면서 산전수전을 겪어 왔고, 세상살이의 쓴맛단맛을 경험했던 도유호가 갑작스럽게 인민당 및 공산당에 입당하게 된 배경은 무엇일까? 여러 가지 추측이 가능하다. 국립박물관장으로 발령을 받지 못한 데서 오는 불만 때문인가? 큰형의 정치적 손길을 등에 업고 새로운 삶과 터전을 일구려는 뜻을 세웠기 때문인가? 또는 북한에 종합대학이 설립된다는[84] 소식을 듣고, 북으로 갈 결심을 굳혔기 때문인가? 아니면 이 모든 요인들이 서로 중첩되어 도유호의 발길을 결국 북으로 돌리도록 만든 것은 아닐까?

해방이 되고나서 삼팔선을 경계로 남과 북이 갈라진 상황 속에서 새로운 국가 건설을 누가, 어떻게 하느냐라는 문제의 주도권을 장악하려고 수많은 정당과 단체가 형성되었다. 서로 자신들이 옳다고 주장하며 이합집산이 수도 없이 되풀이되었다. 좌익과 우익 및 중도 계열의 정치 활동, 그리고 미군과 소련군의 내정 간섭 등으로 해방 직후의 시간적 공간은 하루가 다르게 변화의 물결로 뒤덮였다. 종래의 한국

---

83) '조선과학자동맹'은 1945년 10월 21일 결성되었고, 초대 위원장은 박극채(朴克采)이었다. 민주주의민족전선 편저, 1946, 『조선해방연보』, 205~206쪽 참조(김남식·이정식·한홍구, 1986, 『한국현대사 자료 총서 12』, 115쪽 재수록).

84) 북조선임시인민위원회에서는 1945년 11월 종합대학설립안에 대한 기본 방향을 설정하였고, 1946년 6월에 종합대학의 명칭을 '김일성대학'으로 결정하였다. 김기석, 2006, 「김일성종합대학의 창설에 관한 연구」, 『북한의 교육과 과학기술』, 54~57쪽 참조.

역사에서 유례를 찾아볼 수 없는 정치적 격동기였다. 수많은 정치인과 지식인이 격동기의 풍랑 속에 있었으며, 도유호도 예외 없이 그 안으로 뛰어들었다.

1946년 3월, 역사학자 박시형朴時亨(1910~2001)은 경성경제전문학교京城經濟專門學校(전 서울대학교 상과대학) 교수, 그리고 김석형金錫亨(1915~1996)은 경성사범대학京城師範大學(현 서울대학교 사범대학) 교수로 취임하였다. 그 뒤 그들은 김일성대학의 교원으로 초청을 받아 8월에 월북하였다.[85] 그들과 달리, 도유호는 1946년 3월 함흥에서 서울로 와서 정치적인 활동을 하다가 10월 중순에 월북하였다. 도유호가 월남할 당시 북한에는 북조선임시인민위원회가 수립되어 있었다. 또한 조선공산당은 둘로 나뉘어 북한에 북조선공산당, 남한에 남조선공산당이 조직되어 있었다. 김일성대학에 뜻을 두고 있었다면, 함흥에 계속 머물다가 평양으로 직접 갈 수도 있으련만, 그는 그렇게 행동하지 않았다. 그렇다면 도유호가 월남한 동기와 목적은 과연 무엇이었을까?

앞에서 이야기 한 바와 같이, 「이력서」에는 고고학자로서의 학구적인 활동과 전혀 어울리지 않고 낯설게만 느껴지는 정당 관련 단어, 곧 인민당과 남조선공산당이라는 단어가 갑작스럽게 등장한다. 여기에 더하여 도유호가 남조선공산당을 가입할 때의 보증인은 이강국李康國(1906~1955)으로 되어 있고, 담임 공작이 '인민당 프락치'라고 기재되어 있다. 이에 관하여 참으로 궁금한 점이 한둘이 아니다.

경성제국대학 예과를 졸업한 이강국은 1932년부터 1935년에 걸쳐 독일 베를린대학에서 수학하였다. 귀국 이후 그는 공산주의 운동에

---

85) 박시형과 김석형의 「이력서」에 의하면, 두 사람은 1945년 10월 서중석(徐重錫, 1904~?)의 보증으로 조선공산당에 입당하였고, 조선공산당의 명령으로 1946년 8월 김일성대학 교원으로 부임하게 되었다고 기록되었다. 「이력서(박시형)」, 「이력서(김석형)」, 『김대, 교원이력서, 문학부』 참조.

전념하였다. 해방 후, 1945년 8월과 9월에는 조선건국준비위원회의 건설부와 조직부 간부로 각각 임명되었다. 9월에 창설된 조선인민공화국에서는 행정사무를 총괄하는 서기장의 직책을 받았다.[86] 당시 여운형呂運亨(1886~1947)은 조선건국준비위원회와 조선인민공화국 등에서 최고 책임자의 일원으로 활동하였고, 이강국은 조직의 간부로서 활약하였다.

1945년 하반기, 좌익 계열을 대표하는 정당이 창당되었다. 8월에는 박헌영朴憲永(1900~1955)을 비롯한 이강국 등이 조선공산당을 재건하기 시작하였다. 그리고 10월 조선공산당 중앙위원회(총비서 : 박헌영)에서는 북부조선분국(뒤에 북조선공산당으로 이름이 바뀌었음)의 설립 결정을 승인하였다.[87] 한 나라에 두개의 공산당, 곧 남조선공산당(남로당)과 북조선공산당이 공존하게 되었다. 11월에는 조선인민당이 창립되었고, 위원장은 여운형이었다. 한편 이강국은 1946년 2월에 결성된 민주주의민족전선(의장 : 여운형, 박헌영, 허헌, 김원봉, 백남운), 곧 '민전'에서 상임위원의 중앙위원 및 사무국장 등을 겸하여, '민전'을 이끌어가는 중추적인 역할을 맡았다.[88] '민전'은 남한의 좌익 계열 정당 및 사회단체가 모두 참여하여 구성된 집합체였다. 같은 달, 조선신민당(위원장 : 백남운)이 설립되었다.

위에서 간단히 살펴보았듯이, 해방 후 이강국은 여러 분야에서 매우 활발하게 정치적인 활동을 펼쳤다. 그러한 시대 분위기에서 도유호가 이강국을 보증인으로 내세운 이유는 무엇일까? 물론 그 과정에서 도유호의 선택이 가장 중요했겠지만, 둘 다 모두 독일에서 유학을 했던 경험도 있고, 나이도 비슷한 또래였다는 점과 아울러 큰형 도용호와 작은형 도관호, 그리고 육촌형 도정호都正浩의 이력도

---

86) 심지연, 2006, 『이강국연구』, 48쪽.
87) ① 송남헌, 1985, 140쪽, ② 김남식, 1984, 『남로당연구』, 46쪽.
88) 심지연, 2006, 133쪽.

고려될 수 있겠다.[89]

　도유호는 1946년 4월 초, '민전'의 제5회 상임위원회에서 중앙위원 가운데 한 명으로 보선되었다.[90] 이강국과의 관계로 인하여 그가 중앙위원으로 추대되었다고 추정된다. 한편 '민전'에서 도유호는 외교문제연구위원(3분과)에 소속되어 있었는데[91] 그 시기는 그가 중앙위원으로 보선되었을 무렵이라고 생각된다.

　4월 12일, '민전' 주최로 루스벨트 대통령 서거 1주년 추도회가 열렸고, 이날 행사는 도유호의 사회로 진행되었다. 추모식을 마친 다음, 그는 이강국 및 김오성金午星(1906~?)과 함께 중앙신문사를 방문하였다.[92] 5월 30일에는 미군 제7사단 묘지에서 거행된 미군 전몰자 추도 기념식에 '민전' 대표 가운데 한 사람으로 참석하였다.[93] 그리고 7월 4일에는 미국 독립기념식에 참석하여 미국 독립사에 관한 이야기를 청중에게 들려주었다.

　"민전民戰 주최의 미국 독립기념 축하식은 ○○과 같이 4일 오후 2시부터 시내 시천교侍天敎 강당에서 초만원의 성황으로 거행되었다. 음악동맹의 미국 국가 제창으로 개시되어 장건상張健相 씨의 개회사가 있은 후 도유호都宥浩 씨의 미국 독립사의 이야기에 이어서 인민당 여운형呂運亨 씨 공산당 박헌영朴憲永 씨 민족혁명당 김원봉金元鳳 씨 신민당 백남운白南雲 씨 부총婦總 유영준劉英俊 씨의 기념사가 있었다.

---

89) 도유호는 비엔나 시절부터 이강국과 친하게 지냈다고 한다. 김재원, 2013, 75쪽 참조.
90) 『자유신문』 1946년 4월 9일, 「민전상임위보선」.
91) 민주주의민족전선 편저, 1946, 136쪽 참조(김남식·이정식·한홍구, 1986, 81쪽 재수록).
92) 『중앙신문』 1946년 4월 13일, 「고 루씨 1주기추도회, 위대한 고인의 생애! 민주주의 기구하는 지정으로 추모」, 「인사」.
93) 『중앙신문』 1946년 5월 31일, 「미전몰장병 위한 추도기념식」.

이에 앞서서 오전 10시 반 민전을 대표하여 의장 김원봉 부의장 장건상 양씨가 반도호텔로 가 「하-지」 중장을 또 11시에는 군정청으로 「러-취」 장관대리를 방문 축하인사를 하였다." [『자유신문』 1946년 7월 5일, 「민전축하식성황」]

1946년 7월 30일, 각 정당과 사회단체 및 연합군이 공동으로 8·15해방 1주년 기념행사를 추진하기 위한 제1차 회의가 덕수궁에서 열렸다. 하지 중장의 성명으로 시작한 이 회의에는 "우익 정당 대표 원세훈元世勳, 안재홍安在鴻, 좌익 정당 대표 김광수金光洙, 도유호, 군정청 대표 조병옥趙炳玉, 정일형鄭一亨, 유억겸兪億兼, 미군 측 대표 웍크 대장代將, 플리지 중좌, 위임스 소좌, 원한경元漢慶, 경기도지사 구자옥具滋玉, 경성판윤 김형돈金炯燉" 등 13명이 참석하였다.94) 여기에서 볼 수 있듯이, 당시 도유호는 김광수(1903~?)와 함께 좌익 정당 대표 가운데 한 사람으로 참여하였다. 정치적 활동 경력이 거의 없었던 도유호가 이렇듯 갑작스럽게 부각된 것은 그의 영어 구사 능력과 함께 그가 남조선공산당, '민전', 인민당 등과 복잡하게 얽혀 있었던 당시의 정치적 상황이 크게 작용했다고 생각된다.

도유호가 가입한 정당은 인민당과 남조선공산당으로 기재되어 있으나, 인민당에서의 활동 사항만이 공개적으로 알려지고 있다. 1946년 3월 인민당에 입당한 도유호는 그 해 7월 당시 인민당 정치국장 이여성李如星(1901~?) 휘하의 외교부 책임자로 활동하였다.95) 그렇다면 지향하는 노선과 성격이 서로 다른 인민당과 남조선공산당이라는 양당에 도유호가 당적을 걸쳤던 이유는 무엇인가? 여기에는 표면에 드러낼 수 없었던 또 다른 배경이 숨어 있었는가?

---

94) 『자유신문』 1946년 8월 1일, 「8·15행사 합동기념방법토의」.
95) 민주주의민족전선 편저, 1946, 145쪽 참조(김남식·이정식·한홍구, 1986, 85쪽 재수록).

1946년 7월, 북쪽의 신민당에서는 북조선공산당에 합당을 제의하였다. 이에 영향을 받아 인민당에서는 남조선공산당과 남쪽의 신민당 3당이 합당할 것을 제안하였다. 8월 초, 인민당은 중앙집행위원회를 열어 합당을 제안하기로 가결하고, 도유호를 합당교섭위원 중 한 명으로 선출하였다.96) 3당 합당 문제는 순조롭게 풀려나가지 않았다. 각 정당은 반대파와 지지파로 분열되는 내홍을 겪었다. 박헌영과 이강국은 3당 합당이 신속하게 이루어져야 한다고 주장하였다. 인민당 내의 김오성과 도유호 등도 합당을 찬성하는 입장을 강하게 표명하였다. 당시 김오성은 인민당의 선전국장을 맡고 있었는데, 그가 8월 20일 제출한 「인민당의 합당 활동에 대한 보고서」의 기록 가운데, "이 보고는 인민당 중앙위원이자 공산당원인 김오성이 진술하였다" 라는 내용이 담겨 있다.97)

"7월 말 김(김삼룡 ?)으로부터 공산당, 인민당, 신민당 세 정당을 하나로 통합시켜야 하며, 인민당이 통합의 주도권을 잡아야 한다는 지시를 받고 우리 김세용과 김오성은 인민당 내의 열성분자들에게 이 사실을 신속히 전달하였다. 〈중략〉 8월 2일 같은 날 인민당 내의 공산당 프랙션 회의도 소집되었다. 이 회의에는 이주하가 참석하였다. 이주하는 합당의 필요성을 설명하고 강조하였다. 회의에서는 가까운 시일 내에 소집될 인민당 중앙집행위원회 회의에서 어떠한 일이 있더라도 다수가 합당을 지지하는 찬성표를 던져야 한다는 내용이 포함된 결정서가 채택되었다. 〈중략〉 8월 3일 오후 2시부터 중앙집행위원회 회의가 개최되었다. 이여성은 당수와의 회담 결과에 대해 보고하였고 신철

---

96) 『자유신문』 1946년 8월 5일, 「신민, 공산당에 합동정식제안, 인민당의결」.
97) 「인민당의 합당 활동에 대한 보고서, 김오성. 다른 정당들과의 통합을 위한 인민당의 활동에 대한 보고서(이 보고는 인민당 중앙위원이자 공산당원인 김오성이 진술하였다)」, 『러시아 국방성 중앙문서보관소 문서군 172, 목록 614631, 문서철 3』.

은 김과의 회담 결과에 대해 보고하였다. 이들은 자신의 보고에서 합당의 필요성을 설명하였지만 중앙위원 이상백과 김양하는 이전과 마찬가지로 합당에 반대하였다. 〈중략〉 그러나 신철, 김오성, 도유호, 성유경, 윤경철 같은 중앙위원들은 합당을 강력히 주장하였다. 회의에서는 합당 결정서가 채택되고 공산당과 신민당 지도부에 합당과 관련한 적절한 제안을 하기로 결정하였다. 김오성, 최[여운형(?)], 장건상, 이만규, 이여성, 김세용, 신철, 송을수, 도유호 9명이 협상 추진위원으로 선출되었다. 〈중략〉 8월 14일 공산당 프랙션 회의가 다시 소집되었고 공산당 정치국원 이승엽의 참석하에 인민당 총회에 대응하기 위한 조치들을 검토하였다. 8월 16일 총회는 긴장되고 불안한 분위기 속에서 개최되었다. 〈중략〉 이상백, 함봉석, 탁재필 등은 그들 자신은 원칙적으로 합당에 찬성하지만 공산당 내부의 갈등을 고려하여 합당을 당분간 중지시키는 것이 좋겠다고 주장하였다. 그러나 이기석, 신철, 도유호, 성유경, 신기언, 맹종호, 이정동, 김진구 같은 사람들의 연설이 회의에서 합당에 유리한 분위기를 만들어 냈다. 〈중략〉 결국 투표에서 48 대 31로 다수가 합당에 찬성하는 결정이 채택되었다. 〈중략〉 합당 준비위원회의 6~7명의 당원들은 위원회에서 다수를 점하고 일을 잘 준비해나가고 있다." [「인민당의 합당 활동에 대한 보고서, 김오성」, 국사편찬위원회 한국사데이터베이스]

1946년 8월 중순 인민당 확대위원회에서는 좌파를 중심으로 합당 추진이 결의되었으나, 이런 과정을 거치며, 당내의 좌파와 우파 사이의 대립과 갈등은 더욱 표면화되기에 이르렀다. 그런데 8월 말, 박헌영이 김오성과 김세용에게 합당을 추진하라고 비밀 서한을 보냈다는 사실이 여운형에 의하여 폭로되었다. 이로 말미암아 9월 하순, 남조선 공산당의 지령을 받으며 활동한 것으로 드러난 김오성은 면직을 당하였고, 당 활동에 미온적이라는 이유로 도유호 등도 교체되었다.[98]

이런 점으로 가늠할 때, 도유호는 김오성 등과 더불어 인민당 내부에서 활약하였던 남조선공산당의 프랙션 구성원으로서 남조선공산당을 위하여 일정한 역할을 담당하였던 점이 확연하게 드러난다. 그렇기 때문에 「이력서」에 '인민당 프락치', 곧 인민당 내에 들어가 자신의 당적을 감추고, 남조선공산당을 위하여 정치적 공작을 수행하였던 프락치였다고 명백하게 기재하였으리라.

그래도 궁금한 점은 여전히 남는다. 그의 학업과 인연이 닿지 않았던 정치적 활동에 그 스스로 몸을 담도록 만들었던 요인은 무엇이며, 그렇게 해서 그가 끝내 이루려고 했던 목표는 어디에 있었을까?

오스트리아에서 귀국한 이래 도유호는 변변한 일자리 하나 제대로 구하지 못한 채 약 6년에 이르는 세월을 허망스럽게 보냈다. 해방이 되었으나 그 처지는 지난날과 크게 다를 바가 없었다. 자신이 그토록 바랐던 학문적인 꿈을 이룩하기 위해서 그는 또 다른 길의 선택을 심각하게 고민하지 않을 수 없었을 것이다. 더욱이 한 가족의 가장으로서 경제적인 압박감을 벗어나는 일도 시급하게 해결해야 할 문제였다고 느껴진다. 이토록 어려운 현실적인 여건에서 그는 새로운 활로를 찾아야만 했으며, 거기에서 선택된 곳이 바로 북녘의 활동 무대였을 것으로 짐작된다. 그렇지만 그 목표에 충실히 도달하려면, 북녘에서 요구하는 정치적 이력을 쌓는 일이 무엇보다 필수적이었고, 도유호도 이 점을 잘 인지하였으리라. 이와 같은 상황을 고려하여 판단할 때, 그간 도유호가 해왔던 정치적 활동의 귀착점은 김일성대학의 교수 요원 채용 문제와 매우 깊은 관계가 있는 것으로 자연스럽게 연결된다.[99]

98) 심지연, 1991, 『인민당연구』, 106~107쪽, 114쪽.
99) 한창균, 2013, 「도유호와 한흥수 : 그들의 행적과 학술 논쟁(1948~1950」, 『한국 고고학보』 87, 82쪽.

3부

도유호와 북한 고고학(1)

1940년대 후반~1950년대 초반

북으로 간 도유호

1946년 10월 20일, 김일성대학 교원으로 채용 결정

1946년 9월 초순 미 군정청은 박헌영, 이강국 등에 대한 체포령을 내렸고, 그들은 결국 북으로 발길을 돌렸다. 김오성은 9월에 체포되어 3개월간 옥살이를 하였다. 1946년 9월 1일 미 군정청으로부터 체포령이 내린 도유호는 10월 16일 삼팔선을 넘어 월북하였다. 1946년 3월부터 시작된 도유호의 서울 생활은 이렇게 막을 내렸다. 도유호가 정치 현장에 직접 뛰어들어 활동하였던 것은 그의 인생살이에서 이때가 처음이자 마지막이라고 생각되는데, 그 기간은 비교적 짧다. '민전'과 인민당의 이름 아래, 도유호라는 인물이 신문지상에 오르내린 것은 대체로 4월부터 8월까지의 다섯 달 정도에 지나지 않는다.

1946년 9월 1일 김일성대학이 교문을 열었다. 당시 김일성대학에서는 개교를 전후하여 업적이 뛰어나고, 우수한 학문적 소질이 있는 학자들을 초빙하여 교수 요원으로 충당하였다. 역사학자 박시형과 김석형은 개교 이전인 8월 20일에 이미 서울에서 교원 임명 위촉장을 전달받았다. 김일성대학 교원 심사위원회에서 도유호에 대한 채용 결정이 이루어진 것은 1946년 10월 20일이었다.[1] 북으로 간지 채

---

[1] 김기석, 2006, 「김일성종합대학의 창설에 관한 연구」, 『북한의 교육과 과학기술』, 65쪽.

일주일도 안 되는 짧은 기간 안에 빠른 속도로 도유호에 대한 채용 결정이 이루어졌다, 여기에는 그의 학력과 '민전' 및 인민당 내에서 활동한 경력[2]뿐만 아니라 그가 조선공산당 당원으로 활동하였던 사실이 강하게 뒷받침되었을 것이다. 이로 미루어보아 그는 김일성대학 개교를 전후하여 이미 초청자 명단에 들어 있었을 가능성도 충분히 짐작될 수 있다.

도유호가 김일성대학의 교원으로 채용 결정이 이루어질 무렵, 도유호에 대한「조사서」를 작성하였던 박극채朴克采(1904~?)는 1945년 10월 남조선공산당에 입당하였고, 같은 달 조선과학자동맹 초대 위원장에 취임하였으며, 1946년 9월 김일성대학 문학부장으로 임명을 받았다.[3]「조사서」에서 그는 도유호의 사상 경향과 성격에 대하여 "진보적, 명랑, 비판적"이라고 기재하였으며, 고고학 전문가로서 도유호가 지닌 학문적 역량을 높이 평가하였다.「이력서」를 제출할 당시 도유호는 평양시 육로리陸路里에 현주소를 두고 있었는데, 이 지역은 현재 행정 구역상 평양직할시의 중심지인 중구역中區域에 편입되어 있다.[4]

「이력서」에서 도유호는 자신의 사상을 '공산주의자'로 기재하였다. 1946년 4월에 남조선공산당에 입당하였고, 인민당 외교부장의 직책으로 남조선공산당의 정치 공작을 수행한 인민당 프락치로서의 경력도 있었기 때문에 스스로를 그렇게 지칭하는데 별다른 문제가 없을 것으로 생각된다. 도유호는 특장特長 곧 자신의 장점을 영어와 독일어라고 썼다. 특히 영어 구사 능력으로 '민전'의 외교원外交員으로 활동하였다는 사실도 기록하였다. 월북 직후, 도유호는 처와 두 아들, 그리고 딸 하나를 거느리고 있었으며, 급료로 생계를 꾸려나갔다. 「이력서」에 동산動産이 없다고 기록된 점으로 보아 당시 그는 남의

2) 김기석, 2006, 66쪽.
3) 「이력서(박극채)」, 『김대(김일성대학) 교원이력서, 문학부』 참조.
4) 이영택 편집, 1991, 『최신 북한지도』, 66쪽.

조 사 서			
		조사책임자 문학부장 박극채 ㉕	
본인의 성명	도유호	생년월일	1905년 5월 29일생(당 세)
출 신 성 분	소시민(小市民)		
가 정 상 황	처, 2자 1녀		
생 활 상 태	급료(給料)로 생계		
소속정당 급 단체	남조선공산당	입당년월일	1946년 4월 일
사 상 경 향	진보적		
성 격	명랑, 비판적		
기 타 사 항	고고학에 희귀(稀貴)한 존재		
이상 조사에 틀림이 없음.			
1946년 월 일			

* 도유호 「조사서」 내용 정리 [『김대, 교원이력서, 문학부』]

집을 빌려 거주하였을 것으로 추정된다.

　지금까지 앞에서 살펴본 월북 이전 도유호의 행적行蹟과 「이력서」에
기재된 사항을 비교할 때, 자필로 「이력서」에 기록된 사항은 매우
정확한 내용에 근거하여 작성되었다고 생각된다. 연월일年月日 표기에
조금 틀리거나 부정확한 점이 있기는 하지만, 월북 이후부터 김일성대
학 문학부 교원으로 임명되기까지의 바쁘고 급한 여건에서 「이력서」
가 작성되었을 것이라는 상황을 고려하면, 그러한 것들은 사소한
문제에 지나지 않는다.

　한편 해방 직후부터 남북으로 갈라지기 시작한 정치적 상황에서
이북으로 넘어간 문화인文化人의 활동에 대하여 남한 언론계도 적지
않은 관심을 지녔던 것으로 생각된다. 다음과 같은 신문 기사는 그러한
예를 잘 보여주고 있으며, 거기에서는 도유호에 관한 소식도 짧게

보도되어 눈길을 끈다.

"북조선에 대한 우리들의 관심은 깊은 것으로 사실상으로 그 적확
무위的確無違한 보도에 접할 수가 없는 것은 큰 유감이라 하겠다. 더욱이
우리의 깊은 문화면의 활동상에 대해서도 구구한 유언流言에 만으로
전모를 소개키에는 재료가 박약薄弱한 점이 없지 않다. 특히 사정으로
본고 집필자의 이름을 가리거니와 여기 소개되는 이북以北 문화인의
활동상은 가장 최근(20일 정도의 간격을 두고)의 소식으로 우리들의
관심면을 충분히 해갈시킬 줄 믿는다. 편자編著
북조선 문화인들의 최근 동향은 특히 남조선에 건너가신 분들의 그
뒤 소식을 소개하면 〈중략〉 북조선김일성대학(이게 정식 명칭)에는
문학부장에 박극채朴克采 씨 이학부장에 도상록都相祿 씨 도유호都宥浩
씨는 사학을 〈중략〉 강의하시고" [『경향신문』 1947년 1월 4일, C.S.P., 「북조선
의 문화인들. 이남서 간 이들의 근황」]

위 기사를 읽으며 느끼는 게 사람마다 다르겠지만, 한 가지 이채로운
것은 사정상 이름을 가린다 하고 'C.S.P.'라고 필자 이름을 영문 약자로
명기했다는 점이다. 한 걸음 건너 물어보면 그가 누구인지 쉽게 알
수 있을 터인데, 마치 눈 가리고 야옹 소리를 내는 격이다. 굳이 집필자
의 이름을 밝히지 않았지만, 그가 누구인지 알아서 짐작하라는 뜻일
게다. 그렇지만 애교스러운 그런 표현도 그 시절에 그치고 만다. 1948
년 남과 북에서 대한민국(8월 15일)과 조선민주주의인민공화국(9월
9일)이 각각 선포되고, 쓰라린 6·25전쟁을 경험하면서 분단은 고착화
되었다. 달리고 싶은 철마는 경의선 장단역, 그리고 경원선 월정리역
에 멈추어버렸다. 갈 방향조차 잃어버리고 철로를 이탈하여 부서진
채 남아 있었던 녹슨 기차만이 시대적인 고난의 기억을 떠오르도록
한다. 모든 학문 분야가 그러했듯이, 한국 고고학의 진정한 발전을

이룩하기 위하여 쌍방 모두에게 필요했던 학술적인 정보는 철의 장막으로 철저하게 가려지고, 문화 교류도 수십 년간 단절되었다. 지금은 형편이 조금 나아져 숨통이 트이긴 했으나, 아직도 갈 길은 멀기만 하다.

고고학 강좌장 : 도유호

김일성대학의 교원으로 채용 결정이 이루어졌으나, 그는 곧바로 정식 교원으로 임명을 받지 못하였다. 당시 그를 원했던 곳은 김일성대학만이 아니었기 때문이다. 북조선임시인민위원회 외무국에서도 도유호와 같은 인물이 필요하였다. 영어와 독일어에 능통하였으며, 월북 이전 도유호의 정치적 경험도 외무국의 각종 업무를 수행하는데 여러 가지로 도움이 되었을 것이다. 도유호가 언제부터 외무국에 출근하였는지에 관해서는 정확하게 확인하지 못하였다. 당시 정황으로 짐작하건대, 채용 결정 직후 외무국에서 근무하였던 것으로 추정된다.

1947년 2월, 김일성대학총장 대리(교육부총장 박일)는 교원심사위원회의 심사를 기본으로 하여 도유호를 박물관 교원으로 임명하길 바란다고 교육국장에게 보고하였다.[5] 그리고 그해 4월, 김일성대학부총장은 교육국장에게 도유호 관련 공문을 다시 발송하였다. 그 내용은 김일성대학 고고학연구실 교원으로 도유호를 정식 임명하여 주기를 바란다는 것이었다.[6] 그렇지만 외무국에서는 도유호를 쉽게 보내지 않았다.

---

5) 「교원임명에 관한 내신」(1947년 2월 17일), 『1947년도 김일성대학발령건』.
6) 당시 역사문학부에는 조선사학 강좌가 개설되었으나, 고고학 강좌는 개설되어 있지 않았다(「김일성대학 직제에 관한 건」(1947년 4월 18일), 『1947년도 김일성대학발령건』).

북조김대(北朝金大) 제209호
1947년 4월 12일

북조선김일성대학부총장 박일(朴日)

교육국장 귀하

교원임명에 관한 건

전반(前般) 김일성대학교원심사위원회의 심사결과 본대학교원으로
채용키로 결정되었던 도유호씨는 외무국에 임시 출근하는 관계로
교원임명을 임시 중지하였던 바 금반(今般) 본대학 고고학연구실교원
으로 필요하오니 정식교원으로 임명하여 주심을 앙망하나이다.

『1947년도 김일성대학발령건』, 북조인위교육국(北朝人委敎育局)

그로부터 세 달 정도 지난 7월 중순에 이르러, 김일성대학부총장은
1947년 9월 신학년도에 필요한 교원 초빙 관련 공문을 교육국장에게
보냈다. 공문에 첨부된 일람표 명단에는 도유호의 이름도 기재되었고,
초빙 분야는 역사문학부 고고학 담당이었다.[7] 이러한 우여곡절을
겪으며, 도유호는 신학년이 시작되는 9월 1일부로 김일성대학 교원으
로 정식 임명되었으며, 임명과 동시에 그는 역사문학부 '조선사학강
좌장'으로 발령을 받았던 것으로 생각된다.

1947년 10월 3일, 김일성대학부총장은 고고학 연구 사업을 활발하
게 추진하고자 새로운 까페드라(강좌)로 고고학 분야를 신설하고,
도유호를 '고고학강좌장'으로 추천하는 내용의 공문을 교육국장에게

---

7) 「(秘)대학교원초빙의뢰의 건 : 초빙교원일람표(1947. 9. 1 所要)」(북조대 제466
호, 1947년 7월 19일),『1947년도 김일성대학발령건』. 일람표에는 당시 역사문학
부에 초빙할 교원으로 都宥浩(고고학, 외무국), 曺佐鎬(조선사, 경성남로당, 남조
선 거주자, 별도 교섭 중) 등의 간단한 인적 사항이 기재되어 있었는데, 1947년
6월 13일 체코 프라하에서 김일성의 친서를 받았던 한흥수의 이름은 그 명단에
등장하지 않는다.

북조김대(北朝金大) 제671호

1947년 10월 3일

북조선김일성대학부총장 박일(朴日)

교육국장 귀하

까페드라 신설 및 학장 임명 내신의 건

역사문학부 고고학 연구사업을 제고(提高)시키기 위하여 금반 고고
학강좌를 신설하는 동시 해(該)강좌장 임명에 관하여 다음과 같이
내신하오니 승인 발령하여 주심을 무망(務望)함.

기(記)

역사문학부 조선사학강좌장   도 유 호

면 역사문학부 조선사학강좌장
명 역사문학부 고고학강좌장

역사문학부 교원   박 시 형
명 역사문학부 조선사학강좌장

『1947년도 김일성대학발령건』, 북조인위교육국

보냈다. 그것은 그날 바로 결재를 받아 시행되었다.[8] 입북 이후 거의
1년 만에 그는 자신의 전공인 고고학에 전념할 수 있는 기회를 마침내
얻게 되었다. 오스트리아에서의 유학 생활을 마치고 1940년 정월
조선으로 귀국한 지 어느덧 7여 년이라는 세월이 흘렀다. 그때 그의
나이는 40대 초반에 접어들고 있었다.

---

8) 당시 김일성대학 직원의 봉급은 총장 3500~3000원, 부총장 3300~2800원, 학부
   장 및 강좌장 2800~2500원, 교육부원 2000~1500원이었으며, 교원의 표준 수업
   시간은 매주 12시간이었다. ① 「김일성대학직원봉급에 관한 건(북조선김대제비
   120호, 1947년 3월 26일)」, 『1947년도 김일성대학발령건』, ② 「교원봉급 세측에
   관한 건(1947년 4월 23일)」, 『1947년도 김일성대학발령건』 참조.

『1947년도 김일성대학발령건』, 북조인위교육국

'조선물질문화유물조사보존위원회'의 발족과 도유호

해방 이후 북한의 각 지방에서는 인민위원회가 결성되었다. 이를
기반으로 1946년 2월에는 각 도의 인민위원회를 정비하고, 중앙 집중
적인 행정 체계를 통일하기 위하여 '북조선 최고행정주관기관'으로
북조선임시인민위원회(위원장 : 김일성)가 수립되었다. 이듬해인
1947년 2월에는 북조선인민위원회(위원장 : 김일성)가 성립되었고,
1948년 9월 9일 조선민주주의인민공화국 창건이 선포되어 김일성을
수상으로 하는 내각이 조직되었다.[9]

북조선임시인민위원회에서는 북한에 있는 유적과 유물의 보존 및

관리 등에 대한 관계 법령을 정비하기 시작하였다. 그 첫 번째 조치로 제정된 것이 바로 1946년 4월 29일에 발포된 「보물고적명승천연기념물보존령」이다.[10] 이 '보존령'이 시행될 무렵, 서울에 머물렀던 도유호는 남조선공산당에 입당하였다.

북한의 '보존령'(전체 11조)은 조선총독부가 1933년에 공포한 「조선보물고적명승천연기념물보존령朝鮮寶物古蹟名勝天然記念物保存令(전체 24조)」[11]을 기본으로 삼아 만들어졌다. 이 '보존령'은 해방이 조금 지난 약 8개월 뒤에 제정되었기 때문에 일제 강점기의 '保存令'을 당시 북한의 현실적인 여건에 어울리도록 재정비하는 데는 시간적으로 부족한 점이 많았을 것으로 생각된다.

북조선인민위원회가 성립되어 1년 정도 지난 1948년 2월 29일에는 북조선중앙고적보존위원회가 성립되었다(북조선인민위원회 결정 제116호).[12] 이 위원회는 각 도에 조직되었던 고적보존위원회를 총괄적으로 지도 및 감독하기 위한 중앙기관의 역할을 하였다. 도유호도 북조선고적보존위원회에서 일정한 업무를 담당하였을 것으로 짐작되지만, 이 위원회의 조직 구성에 대해서는 거의 알려진 바가 없다고 생각된다.

북한 정부가 수립되어 2개월이 지날 무렵인 1948년 11월 1일에는 「조선물질문화유물조사보존위원회에 관한 결정서」(내각결정 제58

---

9) 김성보, 2011, 『북한의 역사 1』, 61~134쪽.

10) 보존령과 그 시행규칙 및 시행수속에 관한 내용은 다음의 책에 재수록되었음. 문화공보부 문화재관리국, 1985, 「부록 : 북한문화재에 관한 제법령」, 『북한문화재실태와 현황』, 304~320쪽.

11) 그 내용에 관해서는 ①『일제강점기 고적조사사업 연구』(이순자, 2009), ②『문화재보호법원론』(오세탁, 2005)을 참조하기 바람.

12) 「고적보존과 발굴사업」(『조선중앙년감 1949』, 137쪽). 1948년 봄 이래로 북조선중앙고적보존위원회에서는 각 도에 위원들을 파견하여 고적과 유물의 조사 및 대장 작성, 보물과 고적의 지정, 그리고 물질문화유물에 대한 보존과 관리 사업 등을 진행하였다(① 한길언, 1950, 「김일성종합대학력사박물관」, 『문화유물』 2, 65쪽, ② 리주현·한은숙, 2009, 『총론』, 10쪽).

호)가 제정되어 조선물질문화유물조사보존위원회(이하 '물보'로 약
칭)에 원시사 및 고고학부, 미술 및 건축부, 민속학부, 박물관지도부,
총무부와 같은 5개의 부서가 설치되었다(부록 1 참조).[13] 11월 5일에는
「조선물질문화유물조사보존위원회 임명에 관하여」(내각지시 제49
호)에 의거하여 '물보'에 6명의 상무위원과 10명의 위원이 임명되었는
데, 당시 한흥수는 위원장, 그리고 도유호는 상무위원으로 임명되었다
(부록 2 참조).

한편 「조선력사편찬위원회에 관한 결정서」(내각결정 제11호, 1948
년 10일 2일)의 뒤를 이어 공포된 「조선력사편찬위원회의 조직 및
기본과업에 관한 결정서」(내각지시 제8호, 1949년 1월 14일)에 따라
도유호와 한흥수를 포함한 28명의 전문가들이 조선력사편찬위원회
(위원장 : 백남운)의 위원으로 임명되었다(부록 3 참조). 이 위원회에
는 4개의 분과(원시사, 고대사, 봉건사, 최근세사)가 설치되었는데,
도유호는 한흥수와 함께 원시사분과위원회 위원으로 각각 임명되었
다. 이 위원회의 과업으로 제시된 편찬의 기본 방침 가운데 하나는
"일본식 사학 및 그 영향의 잔재殘滓를 일소—掃하는 동시에 서구학자들
의 동양사에 관한 부르죠아적 견해와 편견적인 방법의 영향을 절대로
배제排除"하는 것이었다.[14]

이렇듯 북한은 정부 수립 이후, 고고학 또는 역사학과 관련된 조직을
구성하고 운영하는데 큰 관심을 지니고 있었다. 그런 분위기에서
도유호는 '물보'의 상무위원 및 고고학부장[15] 그리고 조선력사편찬위

13) 「물질 문화 유물 보존 위원회」(『조선중앙년감 1956』, 134쪽)에 따르면, 이 위원회
　　에는 "건축 분과, 명승 천연 기념물 분과, 유물 감정 분과"의 3개 부문별 위원회가
　　있었다. '물보'의 지방 조직으로 도, 시, 군에 각각 위원회가 설치되었고, 유적
　　명승 천연 기념물이 소재하는 곳에는 이를 관리하는 위원회가 별도로 조직되었다.
14) 1949, 「조선력사편찬위원회의 조직 및 기본과업에 관하여」(내각지시 제8호,
　　1949년 1월 14일). 이 기본과업의 전체적인 내용에 대해서는 다음의 글을 참조하
　　기 바람. 이광린, 1988, 「북한의 역사학」, 『동아연구』 16, 39쪽.
15) 조선물질문화유물조사보존위원회, 1950, 「농악에 관하여」, 『문화유물』 2,

원회의 원시사 분과위원회 위원으로 활동하며, 고고학계 및 역사학계에서 비중 있는 역할을 담당하여 나갔다.

1948년 11월에 '물보'가 설치되고 약 9개월이 지날 무렵, 북한에서는 각종 물질문화유물의 보존관리에 대한 관련된 획기적인 법적 조치를 취하였다. 그것이 바로 1949년 8월 2일에 제정된 「물질문화유물 보존에 관한 규정」(내각결정 제110호)이다.

"이 규정은 전기한 북조선림시인민위원회에서 공포실시하여 오든 「보물고적명승천연기념물보존령」 중에서 보물고적에 관한 조항을 폐지하고 새로히 개정한 것으로써 종내 이 사업을 실시하여 오든 과정에서 나타난 불충분한 점 미비한 점 등을 시정하고 보충하게 된 것이다. 따라서 본 규정에 의하여 금후 이 사업은 더욱 빛나는 성과와 발전을 가져올 것이다." [리태진, 1949, 「문화유물보존사업에 대하여」, 『문화유물』 1, 74쪽]

1946년 4월 말 북조선림시인민위원회에서 공포된 '보존령'은 「물질문화유물 보존에 관한 규정」(부록 4 참조)이 제정된 1949년 8월 초까지 약 3년 3개월 동안 법적인 효력을 유지하였다. 그런데 새로운 법령 제정을 계기로 보물 고적과 같은 물질문화유물과 명승천연기념물은 서로 다른 법적 규정의 테두리 안에 놓이게 되었다. 그리고 6·25전쟁 이후인 1955년 12월에 「명승지 및 천연기념물의 보존관리에 관한 규정」(내각결정 제93호)이 제정되어16) 물질문화유물과 명승천연기

41~51쪽. 이 글은 '물보'의 민속학부 주최로 열린 민간예술 좌담회(1950년 2월 13일)에 관한 내용을 담고 있다. 이 좌담회에 참석한 사람들 가운데 '물보'에 소속된 인물은 위원장 한흥수(韓興洙), 서기장 리태진(李泰鎭), 고고학부장 도유호(都宥浩), 미술사부장 리여성(李如星), 건축사부장 박황식(朴滉植), 민속학부장 김남천(金南天), 총무부장 신태은(申泰殷) 등이다.

16) 리성대·리금철, 1994, 『천연기념물편람』, 1쪽.

념물에 대한 법적 조치가 서로 분리 독립된 체계 속에서 시행되며 오늘에 이르고 있다.

『문화유물』 간행과 북한 학계의 동향

1948년 11월에 설치된 '물보'에서는 1년 정도 지난 다음, 기관지로서 『문화유물』 창간호(1949년 12월)를 발행하였다. 이 기관지의 명칭은 '물질문화유물'의 약칭에서 유래되었다고 짐작되는데, 물질문화유물이라는 용어는 인공물(artifact)과 사회관계 사이의 연관성을 이해하는 데 대상이 되는 유물, 곧 과거 인류와 사회의 물질적 잔존물을 가리키는 것으로 풀이될 수 있다.[17] 이런 뜻에서 물질문화유물은 단순하게 물품物品, 곧 석기나 토기 및 금속유물 등과 같이 개별적인 물건만을 가리키는 것이 아니라, 먼 과거로부터 현재까지 전하여 남겨진 물질적, 정신적 문화유산(cultural heritage) 또는 문화재(cultural property)라는 의미를 폭넓게 포괄하고 있다고 볼 수 있다.

북한 정부에서는 『문화유물』의 창간에 큰 관심을 지니고 있었다. 그것은 창간호에 실린 홍명희洪命憙(조선민주주의공화국 내각부수상), 한설야韓雪野(북조선문학예술총동맹 위원장), 이기영李箕永(조쏘문화협회중앙본부 위원장), 남일南日(교육성 부상), 김오성金午星(문화선전성 부상), 김승화金承化(김일성종합대학 부총장) 등 당시 북한의 정치 및 문화계에서 비중 있는 역할을 하고 있었던 인물들의 축사를 통해서 입증된다.

창간호는 무려 1만부나 간행되었다. 이렇게 많은 부수를 간행한 목적은 "민족경제와 민족문화를 발전시키며 조선인민들 속에서 문맹

---

17) ① 콜린 렌프류·폴 반(이희준 옮김), 2006, 『현대 고고학의 이해』, 12쪽,
② "Material culture" (Wikipedia).

을 퇴치하며 지식을 널리 보급시키기 위하여 노력하며 일본제국주의의 사상잔재와 기타 온갖 반민주주의적 사상을 반대하여 투쟁한다"[18]는 강령에 부합되는 것이었다. 따라서 『문화유물』은 해당 분야의 전문가들만을 위한 공간으로 출발하지 않았고, 비전문가들도 적극적으로 참여할 있는 기회를 주었다.[19]

당시 북한에서는 물질문화유물을 체계적으로 연구하기 위한 방법론과 이론적 근거를 확립하는데 있어 '러시아물질문화사아카데미(Russian Academy for the History of Material Culture)'[20]의 설립에 관한 법령 제2조를 모범으로 삼았다고 보인다. 그리고 그와 같은 관점을 널리 전파하려는 의도에서 「물질문화사연구원30년」이라는 번역문을 『문화유물』 2집에 수록하였다고 판단된다.

"제2조에는 「아까데미는 고고학, 민속학 및 예술사 부문에 관련되는 제문제諸問題의 이론적 연구와 또한 그 연구의 대상들과 사회생활의 제형태諸形態와의 호상관계互相關係를 진화발전의 과정에서 구명究明하는 방법의 연구에 종사한다」고 씌여 있다. 이 초기의 규칙에서 벌써 물질문화의 역사를 사적유물론史的唯物論에 입각하여, 맑쓰·레닌주의의 이론에 입각하여 연구할 필요성이 확언되어 있다." [아·드·우달쪼브(이

---

18) 1949, 「조국통일민주주의전선강령발췌」, 『문화유물』 1. '조국통일민주주의전선'은 '민주주의민족전선'(남한)과 '민주주의민족통일전선'(북한)이 1949년 6월에 통합된 북한의 정치 단체임.

19) 1949, 「원고(原稿) 모집」, 『문화유물』 1.

20) '러시아물질문화사아카데미'는 1919년 4월 18일 레닌이 서명한 인민위원회의 법령으로 발족되었다(아·드 우달쪼브(이효준 역), 1950, 「물질문화사연구원30년」, 『문화유물』 2, 87쪽). 1917년 러시아혁명(시월혁명)으로 정권을 잡은 "새로운 나라의 혁명지도자들은 과학 지식으로 러시아의 경제를 근대화하고 사회 및 경제적 진보의 방해가 되는 낡은 러시아의 종교적 신비주의를 몰아낼 수 있다고 보았다. 이에 따라 고고학을 포함한 사회과학은 연이은 이데올로기적 투쟁에서 중대한 역할을 하였다"(브루스 트리거(성춘택 옮김), 2010, 『브루스 트리거의 고고학사(개정신판)』, 314쪽).

효준 역), 1950, 「물질문화사연구원30년」, 『문화유물』 2, 87쪽]

제2조에 규정된 내용과 그것을 실천에 옮기기 위한 이론적 체계를
확립하는 것은 도유호를 비롯한 당시 북한 학자들이 추구해야 할
가장 중요한 임무와 직접 연관되어 있었다고 생각된다. 그것은 "민족
문화 건설에 필요한 지적 량식은 항상 맑쓰=레-닌주의에서 섭취하기
를 게을리 하지 않을 것"이라는 『문화유물』의 「창간사」에 잘 반영되
어 있으며(부록 5 참조), 한흥수는 '물질문화사연구원'이 걸어온 자취
가 우리 민속학 연구에 좋은 교훈이 될 것이라는 점을 역설하기도
하였다.[21] 이러한 분위기 속에서 역사학의 보조 과학으로서 북한
고고학이 해야 할 임무는 '러시아물질문화사아카데미'가 제시했던
사회 발전의 합법칙적 과정을 연구해야 하는 것이었다.

"고고학은 자기의 이데올로기-적 투쟁에서 형식적-유형적 물품物品
연구로부터 고고학적 사료史料의 연구에 입각하여 사회 발전의 합법칙
적 과정을 연구하는 역사과학으로 전변轉變하였다. 연구자들은 종족과
민족들의 발전에 대한 부르죠아적 인도=구라파적 공식의 전횡專橫으
로부터 점차로 해방되었으니 이것은 맑쓰-레닌주의 특히 쓰딸린 동지
의 탁월한 노작勞作 「맑쓰주의와 민족문제」와 또한 느·야·마르[22)]의

---

21) 한흥수, 1950, 「조선민속학의 수립을 위하여」, 『문화유물』 2, 4쪽.
22) 코카서스 고고학(Caucasian archaeology) 연구에 이바지했던 마르(Nikolai
   Yakovlevich Marr, 1865~1934)는 1920년대부터 1950년까지 소련의 언어학 분야를
   주도적으로 이끌었던 인물 가운데 한 사람이다. 그는 언어를 민족성보다는
   사회계급의 현상으로 간주하였다. 그는 언어의 변천이 그 언어 사용자의 사회경
   제적 구조 변화와 어울리며 발생하고, 언어들 사이의 상호 관계는 그 언어가
   도달했던 역사적 변화의 단계를 지시한다고 논증하였다. 마르는 공통된 언어
   사용에 근거하여 민족의 개념을 정의하는 것은 '부르주아 민족주의'가 낳은
   산물이라고 파악하였다. 다시 말해서 마르는 사회 경제의 발전 과정에서 역사적
   으로 종합된 현상으로서 언어를 파악하고 있었기 때문에, 일정한 민족에게
   영원히 예속된 언어는 존재하지 않는다고 규정하였다. 또한 언어의 창조와

언어학적 노작들에 의거하는 바는 크다. 맑쓰주의는, 쓰딸린 동지가 쓴 바와 같이 현재의 민족들이 「상이한 여러 종족들과 인종들로써」 조성된 것임을 가르치어 연구자들을 인종론으로부터 해방시키었다. 사회발전에 관한 연구에 있어서도 모든 문화의 교체를 오로지 외부로 부터의 이식移植으로서 설명하려는 순수한 이전론移轉論을 대신하여 그 발전은 생산제력生産諸力과 생산제관계生産諸關係에 입각한 것이며, 사회=경제제기구經濟諸機構에 관한 학설의 기초에 설정되어 있는 구체적인 여러 단계를 거쳐 오고 있는 합법칙적인 것이라는 이론이 확립되었다." [아·드·우달쪼브(이효준 역), 1950, 「물질문화사연구원30년」, 『문화유물』 2, 89~90쪽]

이에 따라 당시 북한 학계에서는 사적 유물론史的唯物論의 얼개 속에서 우리의 고고학이나 민속학 부문을 체계화하는데 큰 관심을 지니고 있었다. 그러나 당시 고고학 또는 민속한 부문 등에 축적된 성과가 상당히 미약했기 때문에, 우리의 물질문화사를 마르크스-레닌주의에 입각한 사적 유물론의 구조 속에서 새롭게 정립하는 데는 현실적으로 많은 한계를 지니고 있었다. 예를 들어, 『문화유물』 1집과 2집에는 도유호가 쓴 고고학 관련 글23)이 각각 한편씩만 실려 있는데, 거기에서

발전 과정에서 인민 대중의 창조적 역할을 강조하였으며, 역사적 변화 과정뿐 아니라 혁명에 의해서도 언어가 발전하는 것으로 확언하였다. 이와 같은 마르의 언어학적인 관점은 마르크스주의의 단선적인 사회 정치적 진화의 틀과 표피적으로 유사하였다는 점에서 소련 공산당으로부터 열렬한 지지를 받았다. 참조 : ① "Nikolai Marr and his excavation at Ani" (http://www.virtualani.org/marr/index.htm), ② H. 베르니노브, B. 브라긴쓰끼(김영철 역), 1949, 「선진적 쏘베트 언어학을 위하여」, 『조선어 연구』 1권 5호, 72~80쪽, ③ 브루스 트리거(성춘택 옮김), 2010, 『브루스 트리거의 고고학사(개정신판)』, 323~324쪽. 한편 마르의 언어학은 1950년 스탈린으로부터 공개적인 비판을 받으며, 그 영향력이 소멸되었다. 참조 : 요제프 스탈린(정선균 옮김), 1986, 『사적 유물론과 변증법적 유물론. 마르크스의 언어학』, 85~150쪽.

23) ① 도유호, 1949a, 「안악에서 발견된 고구려고분들」, 『문화유물』 1, 87~95쪽,

는 사적 유물론의 입장에서 고고학 자료를 해석하려는 시도 또는 내용을 전혀 찾아볼 수 없다. 『문화유물』은 2집(1950년 4월)까지만 나왔고, 6·25전쟁으로 인하여 그 뒤 속간되지 못하였다.[24] 『문화유물』이라는 학술지는 해방 이후, 남한을 포함하여 우리나라에서 최초로 출간된 고고학 관련 정기간행물이라는 점에서 학사적인 의의를 지닌다.

한국전쟁 이전의 유적 조사와 발굴

해방 이후, 북한에서 처음으로 이루어진 유적의 시굴 및 발굴 조사는 1947년부터 시작되었다고 볼 수 있다. 1947년 6월에는 김일성대학 역사학부와 중앙역사박물관의 협동으로 평양 낙랑리(현재 : 낙랑구역 정백동)의 나무곽무덤(木槨墳)을 발굴하여, '居攝三年銘'(거섭3년명)의 칠그릇을 비롯해서 각종 청동기와 마구 및 장식품이 발견되었다.[25] 당시 도유호는 외무국에 근무하였기 때문에 이와 같은 유적 발굴에 직접 참여할 수 있는 기회를 얻기란 쉽지 않았을 것으로 보인다.

앞에서 말한 것처럼, 1947년 10월 초, 도유호는 김일성대학 고고학 강좌장으로 임명을 받았다. 그리고 그가 첫 번째 발굴 작업에 참여하였던 것은 일제강점기부터 평양에서 알려진 고분들이었다고 짐작된다.

---

② 도유호, 1950c, 「봉선사지고」, 『문화유물』 2, 39~40쪽. 한편 도유호는 압록강 건너 집안현(輯安縣)의 장군총(將軍塚)과 같은 적석총(積石塚)은 거석문화 계통의 요소를 지니고 있으며, 그러한 적석총의 기원 및 돌멘과의 관련 문제는 앞으로 해결되어야 할 과제라고 언급하였다(도유호, 1949b, 「안악의 고구려 벽화분」, 『자연과학』 5, 29~37쪽).

24) 『문화유물』에 실린 글의 목차와 내용에 대해서는 다음의 글을 참조하기 바람. 한창균, 1992, 「초기(1945~1950)의 북한 고고학」, 『중재 장충식박사 화갑기념논총(역사학 편)』, 701~719쪽.

25) ①『조선중앙년감 1949』(137쪽), ② 황욱, 1957, 「거섭 3년명 칠반(居攝三年銘漆槃)」, 『문화유산』 1957(6), 81~84쪽. 거섭 3년은 왕망(王莽)이 전한(前漢)을 멸망시키고 신(新)나라를 세운 서기(AD) 8년에 해당한다.

새로운 유적을 찾아 발굴조사를 진행하기에는 시간적인 여유가 충분하지 않았으리라.

"1947년도에는 북조선김일성종합대학에서 도유호 교수들에 의한 대동강 강안江岸 석암리石巖里[26) 등지의 고분발굴이 있어 성과를 걷우었으며 청진력사박물관에서의 석기유적의 발굴 수집도 진행되었다." [한길언, 1950, 「김일성종합대학력사박물관」, 『문화유물』 2, 65쪽]

북조선중앙고적보존위원회가 발족된 1948년에는 평양 평천동(현재 : 평천구역)에서 고대 절터 등이 발굴되었다.[27) 그런데 1947~48년 사이에 조사된 유적들의 경우, 시·발굴과 관련된 보고서가 정식으로 발표된 바 없다고 추정된다. 이러한 점은 당시의 시굴 및 발굴 작업이 체계적으로 이루어지지 못하고, 탐색 단계의 수준에 머물러 있었음을 간접으로 보여준다고 하겠다.

1948년 11월 '물보'가 조직된 이후 북한의 고고학 유적 발굴 조사는 그 이전에 비할 수 없을 정도의 빠른 속도로 학술적 역량이 진전된 모습을 보여준다. 첫 번째는 '물보'에서 직접 주관하여 조사한 황해남도 안악군에 있는 안악 제1호, 제2호(함박뫼), 제3호(하무덤) 무덤이다. 1949년 3월 도로 수리용 잡석을 채집하는 과정에 보고된 제1호 무덤(황해남도 안악군 대추리)은 4월에 도유호와 리여성 등이 현지로 출장하여 확인한 다음, 그달 13일부터 15일까지 3일간 조사가 진행되었다. 제1호 무덤 부근에서 발견된 제2호 무덤은 5월 중순에 조사되었다.[28)

---

26) 이 지역의 고분은 1909년 관야정(關野貞)에 의하여 처음으로 발굴되었다. 정인성, 2006, 「關野貞의 낙랑유적 조사·연구 재검토」, 『호남고고학보』 24, 141쪽 참조.

27) 정백운, 1958, 「해방후 우리 나라 고고학의 발전」, 『문화유산』 1958(4), 8쪽. 평천동에서는 금동미륵좌상이 발견되었다(력사연구소, 1977, 『조선문화사』, 145쪽.).

28) ① 도유호, 1949a, 87쪽, ② 고고학 및 민속학 연구소, 1960a, 『안악 제1호분

당시 '물보'에서는 안악 고구려 무덤의 발굴에 큰 관심을 지니고 있었다. 제2호 무덤은 '물보'의 위원장 한흥수를 비롯하여 간부(리태진, 도유호, 리여성 등)와 부원이 모두 출동하는 가운데 발굴되었다. 이번 발굴을 마무리 짓고 차량으로 평양에 돌아가던 한흥수는 부상을 입어 병원 신세를 지고 말았다. 제3호 무덤(황해남도 안악군 류설리)은 6월 하순부터 7월에 걸쳐 조사되었는데, 차량 사고로 인하여 한흥수는 참가하지 못하였다.[29)]

"그런데 이번 발굴은 중앙력사박물관 사업으로 하게 되어 황욱 관장이 그 선두에 나서게 되었다. 함박뫼 발굴 당시 한 위원장 동무는 발바리차로 평양 가는 도중에서 피곤한 나머지 부상을 하게 되어 병원에 드러누워 있게 되었다. 그리하여 제2차 발굴에는 참가치 못하게 된 것이 퍽 유감이었다." [도유호, 1949a, 「안악에서 발견된 고구려고분들」, 『문화유물』 1, 91쪽]

6월 20일을 전후하여 도유호는 박물관 관계자 강습원의 실습대와 함께 평양에서 안악으로 다시 내려갔다. 안악 제3호 무덤 발굴은 중앙역사박물관 사업으로 진행되었는데, 각 역사박물관장 및 학술부장, 동 부원, 그리고 '물보' 관계자 등이 실습을 겸하며 참가하였다.[30)] 이렇듯 안악 제3호 무덤을 비롯한 고구려 벽화 무덤의 발굴 현장은 '물보'의 활동과 사업성과를 널리 알리는 동시에, 평양뿐만 아니라 다른 지역에서 활동하는 고고학 전문 인력을 교육시키기 위한 장소로도 활용되었다. 안악 고구려 무덤의 발굴을 마친 다음, 도유호는 1949년 말에 두 편의 글을 발표하였다.[31)] 이와 같은 점들은 당시의 발굴

및 제2호분 발굴 보고』, 2쪽, 13쪽.
29) 도유호, 1949a, 88쪽, 91쪽.
30) 도유호, 1949a, 91쪽.

작업에서 도유호가 주도적인 역할을 하였다는 사실을 잘 보여주는 사례라고 판단된다.[32]

> "발굴에는 도 유호, 황 욱 동지들의 지도하에 문화 유물 보존 위원회 학술 일'군들과 중앙 력사 박물관, 청진 력사 박물관 그리고 신의주 력사 박물관 학술원들이 참가하였다." [도유호, 1958a, 「머리'말」, 『안악 제3호 분 발굴 보고』]

두 번째 발굴은 초도 유적(1949년 9월 1일~10월 18일)에서 이루어졌다. 1940년에 알려진 이 유적의 발굴은 '물보'의 지도 아래, 청진역사박물관이 주축이 되어 1949년에 실시되었다.[33] 세 번째는 궁산 유적(1950년 4월 13일~5월 30일)이다. 1949년의 간단한 시굴조사로 확인된 이 유적은 1950년, '물보'의 고고학부에 의하여 진행되었다.[34] 도유호는 이 두 유적의 발굴에는 직접 참여하지 않았고, 현장을 잠시 다녀가기만 하였다.[35]

위에서 말한 궁산 유적과 초도 유적은 각각 북한의 신석기시대와 청동기시대를 언급할 때, 중요한 유적으로 다루어지고 있다. 특히 안악 제3호 무덤에서는 전연前燕에서 고구려로 귀화했던 '冬壽'(동수,

---

31) ① 도유호, 1949b, 「安岳의 高句麗 壁畵墳」, 『자연과학』 5(11월 발행), ② 도유호, 1949a, 「安岳에서 發見된 高句麗古墳들」, 『문화유물』 1(12월 발행).

32) 따라서 "'물보'의 고고학 부장이었던 도유호가 한흥수 밑에서 허수아비 역할을 하였다"라는 전경수의 주장은 근거 없는 이야기에 지나지 않는다고 생각된다. 전경수, 2015, 「평양정권이 숙청한 인류학자 한흥수(韓興洙, 1909~?) : 굴절과 파행의 '고려인류학(高麗人類學)'」, 『근대서지』 11, 48쪽 참조.

33) 고고학 및 민속학 연구소, 1956, 『라진 초도 원시 유적 발굴 보고서』, 6쪽, 유적 발굴 보고 1.

34) 고고학 및 민속학 연구소, 1957, 『궁산 원시 유적 발굴 보고서』, 1쪽, 유적 발굴 보고 2.

35) 도유호, 1955, 「조선 석기 시대 사상(史上)에서 새로 판명된 몇 가지 사실에 대하여」, 『력사과학』 1955(1), 41쪽.

289~357)라는 인물에 관한 명문이 발견되어, 무덤의 주인공이 누구인가를 둘러싸고 다양한 견해들이 발표되었다.36) 궁산 유적은 6·25전쟁이 일어나기 약 한달 전에 발굴 조사가 마무리되었는데, 전쟁으로 인하여 궁산 유적 이후부터 1953년까지 더 이상의 학술 발굴은 수행되지 못하였다.37) 한편 전쟁 중, 위 유적들에서 조사된 유물 자료와 기록물이 분실 또는 훼손 및 파괴 등을 당하였는데, 이에 대한 구체적인 내용은 뒤에 가서 다시 살펴보기로 하겠다.

한흥수에 대하여

유럽 유학 이전 : 유물사관 그리고 조선적 특수성론

초창기의 북한 고고학을 말할 때 한흥수韓興洙(1909~?)38)와 도유호의 이름이 자주 거론된다. 그러나 도유호와 달리 한흥수의 경우, 그의 가족 관계에 대해서는 자세하게 알려진 거의 바가 없었다. 그의 개인적 행적에 관한 내용이 조금씩 자세하게 풀리기 시작한 것은 최근의 일이다.39)

---

36) 북한에서 안악 제1·2·3호 무덤은 국가지정문화재로 각각 지정되었으며(1호 무덤 : 국보급 제73호, 2호 무덤 : 국보급 제74호, 3호 무덤 : 국보급 제67호), 이들 세 무덤은 2004년 유네스코 세계유산(World Heritage)으로 선정되었다.

37) 예외로 '료동성총'이 긴급 구제 발굴의 성격으로 조사되었을 따름이다(고고학 및 민속학 연구소, 1958a, 「평안남도 순천군 룡봉리 료동성총 조사 보고」, 『대동강 류역 고분 발굴 보고』, 고고학 자료집 1).

38) 한흥수의 생년월일은 1909년 9월 29일이다. 재오스트리아 한인연합회 기획, 2012, 『오스트리아 속의 한국인』, 64쪽, 408쪽 참조.

39) ①『구주신문(The Kuju Shjnmun)』 1986년 11월 29일, 고송무, 「체코슬로바키아 한국학의 아버지 : 한흥수(韓興洙)의 자취를 더듬어 보며」, ② 유동주(증언), 고송무(정리), 1989, 「蘇滿국경에서 바르샤바까지. 폴란드 교포의 體驗記」, 『월간

1930년에 개성 송도고등보통학교를 졸업한[40] 한흥수는 일본으로 유학을 떠나, 1935년 3월 상지대학上智大學을 졸업하였다. 1935년 그곳에서 추방되어 다시 조선으로 돌아왔고, 이 해에 그는 진단학회 신입회원이 되었다.[41] 그런 뒤 1936년 봄 유럽으로 유학을 갔다.[42]

해방 이전 그가 남긴 글은 『진단학보』에 세 편, 『비판』에 여섯 편, 『인문평론』에 한 편이 각각 실려 있다.[43] 이밖에 「북구종단기北歐縱斷記 : 유야납維也納에서」라는 제목의 여행기가 1937년 3월 2일부터

중앙』1989년 5월호, ③ 이선복, 1992, 「북한 고고학사 시론」, 『동방학지』 74, ④ 야로슬라브 올샤, jr., 2011, 「한국을 여행한 7명의 체코인 이야기」, 『1901년 체코인 브라즈의 서울 방문』, ⑤ 재오스트리아 한인연합회 기획, 2012, ⑥ 한창균, 2013, 「도유호와 한흥수 : 그들의 행적과 학술 논쟁(1948~1950」, 『한국고고학보』 87, ⑦ Jaroslav Olša, jr., 2014, 「Korean Historian and His Central European Muse. Han Hŭng-su and Huberta Kimova - their work and life in Prague (1942/3-48)」, 『한국학 세계화의 선구자들을 찾아서(Pioneers of Korean : A Global Perspective)』, ⑧ 전경수, 2015, 「평양정권이 숙청한 인류학자 한흥수(韓興洙, 1909~?) : 굴절과 파행의 '고려인류학(高麗人類學)'」, 『근대서지』 11 참조. 특히 전경수는 한흥수의 가족 관계, 일본 및 유럽 시절의 수학 과정과 근황 및 입북 이후의 활동 등에 관하여 매우 흥미로운 글을 발표하여 주목된다.

40) 송도학원, 송도중·고등학교총동창회, 2006, 『송도학원100년사. 부록 : 회원명부』. 한편, 그는 1929년 7월 하순 일본의 장기(長崎)에서 열린 국제소년 야영대회에 조선 대표 가운데 한 사람으로 참가한 바 있다(『매일신보』 1929년 7월 30일, 「장기에서 개최된 제4회 국제소년 야영대회」).

41) 1935, 「신입회원」, 『진단학보』 3, 203쪽.

42) 『독립』1946년 12월 26일, 「구라파에서 조국문화선전을 위하야 활동하는 한흥수 박사」.

43) 게재된 시기에 따라 순서대로 정리하면 다음과 같다. ① 1935a, 「조선의 거석문화 연구」, 『진단학보』 3(1935년 9월), ② 1935b, 「원시사회연구의 중대성과 그 다음에 오는 제문제」, 『비판』 3권 5호(1935년 11월), ③ 1935c, 「조선원시사회론. 백남운씨저 「조선사회경제사」에 대한 비판을 겸하야」, 『비판』 3권 6호(1935년 12월), ④ 1936a, 「조선석기문화개설」, 『진단학보』 4(1936년 4월), ⑤ 1936b, 「조선문화연구의 특수성」, 『비판』 4권 5호(1936년 7월), ⑥ 1936c, 「휘보 : 한흥수씨의 서신」, 『진단학보』 6(1936년 11월), ⑦ 1937a, 「해외단신」, 『비판』 5권 3호(1937년 3월), ⑧ 1937b, 「유야납일지. 황파의 고주 같은 오지리의 근정」, 『비판』 5권 8·9호(1937년 7월), ⑨ 1938, 「유야납통신」, 『비판』 6권 7호(1938년 7월), ⑩ 1941, 「서서통신 : 프리부륵에서」, 『인문평론』 3권 2호(1941년 2월).

7일까지 조선일보에 여섯 차례 연재되었다.[44]

한흥수가 쓴 논문으로서 가장 먼저 국내에 발표된 것은『진단학보』3권(1935년 7월)에 실린「조선의 거석문화연구」이다. 스물일곱 살에 작성한 이 글에서 그는 조선의 거석유물을 농경에 기반을 두었던 석기시대, 곧 신석기시대의 산물로 이해하였다. 그는 거석문화가 선사학 연구에 있어 주요한 문제의 하나임에도 불구하고, "일반 선사고고학 연구의 대상이 일부 관념론자들의 무지와 편견 때문에 항상 악용되고, 그 가치가 곡해"되고[45] 있는 점에 불만을 느끼고 있었다. 특히 최남선이 그의 저서『아시조선兒時朝鮮』(1927a)에서 "고조선인古朝鮮人의 활동은 모든 것이 종교 중심이었다"고 서술한 것에 대하여 강한 거부감을 지녔다. 그러면서 "나는 고대 조선인이 태양 숭배 사상을 가졌던 사실은 시인하는 자이나, 무조건하고 거석유물을 전부 무슨 종교적 의전儀典에 사용하던 유물과 같이 보는 것은 적당하지 못한 견해라고 생각한다"고 강하게 비판하였다.[46] 반면에 한흥수는 손진태孫晋泰(1900~?)가『개벽開闢』 신간호(1934년)에 발표한「조선돌멘(Dolmen)고」에 대해서는 학술적으로 유익한 논문이라고 평가하였다. 한흥수는 조선 거석문화의 유물로 선돌, 고인돌, 칠성바위, 돌무덤을 예로 들었다. 그리고 고인돌의 경우, 구조상의 특징과 분포[47] 등을 비롯한 '고인돌의 전설, 고인돌에 대한 신앙, 건조建造 유래' 등을

---

44) 이 여행기의 대부분은 모스크바에 도착하여 여러 곳을 방문하며 보고 느낀 내용을 담고 있다. 한흥수는 이 여행기가 기행문 형식의 잡문(雜文)이어서『비판』에 게재하기 어렵지만, 그가 여행한 지방의 사정을 조선 사람에게 보고하고 싶은 마음에서 인정식(印貞植)의 소개를 받아 신문사에 보내게 되었다고 하였다. 한흥수, 1937a, 105쪽 참조.

45) 한흥수, 1935a, 132쪽.

46) 한흥수, 1935a, 136쪽.

47) 당시 한흥수는 도리이 류조(鳥居龍藏)가 남조선의 고인돌을 '기반형(碁盤形)'(바둑판식), 북조선의 고인돌을 '사형(祠形)'(탁자식)으로 나누는 것을 받아들였다 (한흥수, 1935a, 140~141쪽 참조).

통하여, 거석문화를 종교적인 산물로만 연결시키려고 했던 최남선의 단편적인 관점을 벗어나고자 하였다.

그러한 시도는 몇몇 평자로부터 호의적인 평을 이끌어냈다. 김태준 金台俊(1905~1950)은 "나는 한韓 씨의 연구에 일층—層의 속망屬望을 갖게 된다."[48] 그리고 이청원李淸源(?~?)은 "대관절 근래에 드문 신연구新研 究의 성과라 하겠다"는 호평을 보냈다.[49] 한편 해방 이후인 1948년에 한흥수의 글이 호이트James Hoyt에 의하여 미국 학술지에 소개된 바 있어 흥미롭다. 호이트는 당시 미국이 한국에서 군정을 실시하고 있었던 정치적 상황을 고려하여, 한국에 관한 것을 미국에 알리는데 관심을 지녔고, 이의 일환으로 역사적으로 오래는 되었으나, 잘 알려지지 않았던 한국 거석문화에 대한 내용을 소개하였다.[50]

「조선의 거석문화연구」에서 한흥수는 조선의 선사학을 연구하는데 있어 거석문화의 성격을 종교적 측면에 국한시켜 보려는 시각을 벗어나, 다양한 방면에서 밝히려는 노력이 중요하다는 점을 강조하였다. 그리고 「원시사회연구의 중대성과 그 다음에 오는 제문제」라는 글에서, 그는 우리가 처한 현실을 제대로 진단하기 위해서 과거를 알아야 하며, 과거에 대한 이해가 충분해야 앞으로 가야 할 미래의 방향을 정확하게 세울 수 있다고 역설하였다. 그는 "선사학의 사명은 원시사회를 연구하는데 있으며, 선사학에서 주요하게 다루어야 할 문제는 원시사회의 물질문화 및 생산력 발달의 기초적 형태와 원시인 사회조직의 발생적 의의 등에 관한 연구"라고 규정하였다.[51] 원시사회의 인종, 경제, 언어, 종교, 예술 등과 관련된 선사학적인 문제를

---

48) 김태준, 1936, 「진단학보 제3권을 읽고(중앙일보)」, 『진단학보』 4, 153~154쪽.

49) 이청원, 1936a, 「진단학보 제3권을 읽고(동아일보)」, 『진단학보』 4, 157~158쪽.

50) Hoyt, J., 1948(July-September), Some points of interest from Han Hung Su's "Studies on megalithic culture of Korea, *American Anthropologist* 50(3), pp. 573~574.

51) 한흥수, 1935b, 57쪽, 62쪽.

해결하려면, 인류학, 고고학, 토속학土俗學, 언어학 등의 보조과학이 폭넓게 종합적으로 활용되어야 한다는 점도 강조하였다.52) 그는 인류 사회의 발전에 있어 경제적 조건이 결정적 요인이었음을 인정하였다. 그러면서 한흥수는 역사 과학으로서 당파성黨派性을 뚜렷하게 견지하고 있는 유물사관의 방법론에 입각하여 선사학이 연구되어야 하며, 역사적 자료와 사실에 대한 서술은 합법칙성에 근거하여 구체적으로 설명될 때 그 효과가 있다고 주장하였다.53)

"그래서 우리의 연구는 비속卑俗된 호고가好古家의 호기적好奇的 흥미와 회고적懷古的 취미를 만족시키기 위한 것이 아니라 사적변증법史的辨證法에 의한 인식 하에 자기 민족의 역사적 변천을 구체적으로 증명함으로써 우리 생활의 명일明日의 진로를 정확히 지시할 수 있는 합법칙성을 추출함이 우리 연구에 부여된 근본적으로 중요한 과제일 것이다. 우리의 연구는 오로지 유물사관唯物史觀에 의해서만 가능할 것이다. 〈중략〉 원시사회 연구에서 특히 「방법론」의 중대성을 역설하는 이유는 선사학 연구 대상 그 자체의 개념이 관념론적으로 전와轉訛되기 쉬운 성질이기 때문이다. 단상적斷想的이고 극히 통속적인 이 단문短文은 인류 문화 발전의 진상眞相 연구의 중요함과 종래의 부정확한 사관史觀에 개혁의 필요를 제시하고자 하는 바이다." [한흥수, 1935b, 「원시사회연구의 중대성과 그 다음에 오는 제문제」, 『비판』 3권 5호, 57쪽, 62쪽]

원시사회사 연구의 중요성을 강조하였던 한흥수는 백남운이 『조선 사회경제사朝鮮社會經濟史』(1933)에서 서술했던 조선 원시민족 사회의 형성과 성격 문제에 대하여 깊은 관심을 지니고 있었다. 그는 백남운의 저서가 이 분야에서 선구자적인 공헌을 하고 있다고 긍정적으로 평가

---

52) 한흥수, 1935b, 58~60쪽.
53) 한흥수, 1935b, 61~62쪽.

하면서, "그러나 그 자신은 인류사적=세계사적 과정에 조선 역사를 부합시키기에 충실했을 뿐이고 그것이 (생산발달 과정이) 조선 역사에서 구체화한 그 특수성에 대해서는 고려한 바 적다고 볼 수 있으니 조선 역사에 관한 지식이 없는 이가 동저同著를 본다면 조선족은 조선반도에서 인류로 진화―원류猿類로부터―되어서 씨족사회를 형성한 듯이 되었고 〈중략〉 이와 같은 관념론적 견해에 의한 모순은 공식주의公式主義에 흐르는 결과가 아닌가 하는 의심을 갖게 한다"고 지적하였다.[54] 다시 말해서 한흥수는 조선의 원시사회사 연구에 있어 조선적 특수성이라는 역사적 특성을 반드시 고려할 때, 비로소 그 성격과 변천 과정이 제대로 구명될 수 있다고 주장하였다. 그렇다면 한흥수가 주장하는 조선적 특수성이란 무엇을 의미하는가? 그 내용을 정리하면 다음과 같이 요약될 수 있다.

① 백남운의 주장과 달리, 조선에서는 고석기시대古石器時代(구석기시대)로 확증할 수 있는 유물이 발견되지 않았다. ② 반도라는 지리적 특성에 의하여 조선 민족의 선조는 신석기시대(1만 년에서 2천 년 전)에 대륙에서 왔고, 또 혼혈로써 구성된 종족이다. ③ 철기鐵器 사용 이전, 청동류靑銅類의 금속기와 마제석기가 병용되었다. ④ 한사군의 설치로 유입된 한족漢族의 철기를 통하여 야만 조선은 문명 조선으로 비약하였다. 지배자적 이데올로기인 유교사상과 한문자漢文字도 이때부터 수입되었을 것이다. ⑤ 당시 문명인文明人 한족漢族은 최근 조선의 병인양요丙寅洋擾 때와도 같이 자발적으로 찾아 왔고, 그들은 완전한 철기와 발달된 생산기술과 개량된 각종 농작물을 소유하고 있었다. ⑥ 이와 같이 새로운 생산기술로써 무장된 새로운 조직, 다시 말해서 절대적인 통솔자의 지휘를 받는 계급조직을 갖춘 이종족異種族이 대량

---

54) 한흥수, 1935c, 6쪽.

적으로 방문한 것은 원시 조선의 씨족제사회 붕괴에 강대强大한 진통이었고, 생산력 발달과정에 위대한 비약의 동기가 되었다. ⑦ 낙랑이 멸망되기 이전, 낙랑의 식민시대는 반도에 찬란한 문화를 남겨 두었다.55)

1930년대의 전반과 중엽, 마르크스주의 계열은 '내재적 발전론 입장의 조선 인식'과 '정체성론 입장의 조선 인식'이라는 두 경향으로 분화되었다.56) 한흥수는 후자의 입장에서 자신의 '조선적 특수성'을 논하였다. 그는 한국의 고대 문명이 "'외부적 모티브'에 의하여 성립되었고, 그 '외부적 모티브'의 실체는 '야만의 한족韓族'에 문명을 열어준 '문명의 한족漢族'"이라고 단언하였다.57) 따라서 그는 백남운이 주장했던, "그 사회적 생산력의 자기 운동에 의하여 씨족공산제와 원시부족국가를 거치며 노예제시대로 변해 갔다"는 견해에 동의하지 않았다.58) 또한 한漢 나라의 고조선 침략을 한족漢族의 '방문'이란 용어로 미화시켰고, 프랑스 함대의 강화도 침범으로 야기된 병인양요(1866, 고종 3)조차도 그들의 자발적인 행동으로 언급하였다. 한흥수는 원시 조선이 문명사회로 비약적인 발전하는데 무엇보다 중요한 계기가 된 것을 한족漢族에 의한 낙랑 시대로 간주하였다. 따라서 그에게 있어 역사적으로 중요한 의미를 지니는 것은 '문명화된 대륙의 한족漢族'이 세운 낙랑이었고, 여기에서 고조선이나 고구려 등은 제외될 수밖에 없었다.59)

---

55) 한흥수, 1935c, 5~17쪽.
56) 방기중, 1992, 『한국근현대사상사연구』, 124~125쪽.
57) 방기중, 1992, 163쪽.
58) 한흥수, 1935c, 15쪽. 김재찬(金在燦)은 한흥수에 대하여 "백남운의 글을 잘못 이해하고 해석한 부분이 적지 않고, 조선의 역사를 조선반도에 국한시킨 것은 옳지 않으며, 문명인 한족이 자발적으로 찾아 왔다는 주장은 믿을 만한 근거가 없다"고 평하였다. 김재찬, 1936, 「『조선사회경제사』의 재검토. 한흥수씨의 비판에 대한 비판」, 『비판』 4권 4호, 2~12쪽 참조.

이러한 그의 시각에서 조선에 대한 또 다른 이종족異種族의 지배, 곧 일제의 식민 통치는 정체된 조선 사회를 비약적으로 발전시키는데 필요한 또 다른 출발점으로 간주될 수밖에 없었다. 한흥수는 일제의 식민지로서 지배를 받고 있던 조선의 불행을 "인류의 역사적 발전과 정이란 도도한 흐름 속에서 생성"된 역사의 산물로서 이해하였다.[60] 그리고 각 민족의 원시사회에서 발견할 수 없었던 특수성이 조선의 경우에는 이미 원시사회 단계에서 발생하였으며, 여기서 야기된 여러 모순이 제거되고 "모든 인류가 공통된 조건으로 통일되는 날 조선적 특수성이란 것도 해소될 운명"의 싹이 움트기 시작한다고 보았다.[61]

위에서 살펴본 바와 같이 한흥수는 조선의 원시사회사 연구가 이른 바 조선적 특수성이란 전제 속에서 그 변천 과정이 해명되어야 한다고 주장하였다. 이러한 관점을 바탕에 깔면서 그는 「조선석기문화개설」 이라는 제목의 글을 작성하였다.[62] 이 글에서 한흥수는 유물사관의 관점을 통하여 조선의 석기 문화를 조명하고 그에 대한 큰 줄기를 세우려고 시도하였다. 그러한 의도는 글 제목에 '개설'이라는 단어가 등장하고 있는 점에서도 여실히 드러난다. 그는 "나열식羅列式인 시대 구분에 의한 순공예학적純工藝學的 연구에만 몰두할 것이 아니라, 석기

---

59) 한창균, 1992, 712쪽.
60) 한흥수, 1936b, 2쪽. 한편 한흥수는 오스트리아 비엔나에 도착 후 쓴 서신(1936년 8월 16일 작성)에서 『비판』에 이 글이 실리게 된 일화를 다음과 같이 전하였다. "야성(夜聲) 형(兄) <중략> 그리고 또 한 가지 부탁이 있습니다. 『新朝鮮』이라는 잡지가 있지 않습니까. 박승극(朴勝極) 씨의 청으로 「조선문화연구의 특수성에 관한 이야기」라는 원고를 써 주었습니다. 박 씨의 본의는 아닌 줄 압니다마는 그것이 뽀이콧트를 당한 모양이올시다. 그러니 그것을 찾아서 『批判』에 내어 주십시요. 왜 그러냐 하면 이곳에 와서 다니며 견학하는 중 그때 내 주장이 너무도 정확하다는 것을 스스로 놀랍니다. 아주 가치 있는 것이 될 줄 믿습니다. 나는 기어코 그 소론(小論)을 발표하고자 하오니 꼭 찾아서 『批判』에 내어 주소서."(한흥수, 1937a, 105쪽).
61) 한흥수, 1936b, 4쪽.
62) 한흥수, 1936a, 127~145쪽.

문화의 발전 과정을 구명함으로 조선 원시사회(가족) 발전의 일단—端을 살펴보기에 노력할 것이다"라는 점을 분명히 밝히며[63] "공예학적 분류법에 의존하며 나열적인 시대 분류에만 얽매여 있는 종래의 연구 자들을 구식舊式 학자"라고 강하게 비판하였다.[64] 그러면서 유물사관에 의하여 무장된 새로운 후진 연구자들이 널리 활용하기를 기대하는 믿음에서 유적 및 유물 일람표를 덧붙이게 되었다고 언급하였다.

"그러니까 미술고고학의 거인 고故 관야정關野貞 박사는 황해도 지방에서 발견된 「돌멘」(支石塚)을 고구려 시대의 석관이라고 (조선고적도보 제2책 참조) 속단하는 등 학자로서 불근신不謹愼한 태도를 취했던 것이다. 그러나 지양止揚된 처지에선 우리 후진後進 학도들은 역시 그들에게서 자료를 공급받지 않으면 안된다. 단지 우리들의 사명은 이들 자료를 충분히 활용하고 적당히 요리함으로 이것을 산 자료로 만들 것이고 그럼으로써 선진先進(구식舊式) 학자들의 왜곡된 이론을 철저히 비판하지 않아서는 안될 것이다. 여기에 나는 느낀 바 있어 참고로 조선 석기문화의 유적 급及 유물 요람要覽을 적는다." [한흥수, 1936a, 「조선석기문화개설」, 『진단학보』 4, 144~145쪽]

한흥수는 1910년대 초반 무렵부터 1930년대 전반에 걸쳐 조사된 조개더미(패총), 고인돌, 무덤, 집자리, 유물(석기, 토기, 뼈연모) 등을 언급하며, 그때까지 조선에는 구석기시대[65]의 유물(석기 또는 인골

---

63) 한흥수, 1936a, 129쪽.
64) 한흥수, 1936a, 127쪽, 144~145쪽.
65) 일제강점기 동안, 구석기시대(Palaeolithic 또는 Old Stone Age)라는 용어 대신에 '고석기시대(古石器時代)'라는 용어가 사용되기도 하였다(한창균, 2014, 「일제강점기에 있어 한국 구석기시대의 인식」, 『한국구석기학보』 29, 3~20쪽). 한편 1936년에는 구석기시대에 처음 사용된 석기를 '拳石'(권석), 곧 주먹도끼로 소개한 글이 발표되었다(이청원, 1936, 「조선원시사회연구」, 『비판』 4권 1·2호, 29~39쪽 참조).

등)로 인정할 수 있는 고고학 자료가 발견되지 않았다고 말하였다. 따라서 한흥수에게 있어서 석기시대는 신석기시대에 해당한다고 볼 수 있다. 그는 "조선에서 석기문화는 한족漢族의 침래侵來에 의하여 금속문화로 이행된다"고 보았는데[66] 요컨대 이러한 시각은 한족漢族 문화의 유입 시기를 이른바 금석병용기金石倂用期의 출발점으로 삼으려 했던 당시 일제 관학자의 식민지사관[67]에 그가 크게 영향을 받았다는 사실을 보여준다.

한흥수는 형태 또는 제작 기법 등과 같이 공예적인 측면에 의하여 석기시대의 유물이 연구되었던 종래의 경향에 대하여 강한 불만을 제기하였다. 그래서 그는 개별 유물(석기, 토기, 뼈연모)의 쓰임새뿐만 아니라 개개의 유물이 지니는 사회적인 기능, 집단적 생활 공동체의 특성이 깃들어 있는 유적(조개더미, 집자리), 씨족 구성원의 사회 심리와 개인적인 신념 등을 반영하는 거석문화의 유물, 곧 지석支石(돌 멘)과 입석立石(멘히르) 등에 대하여 깊은 관심을 지니고 있었다.[68] 또한 그는 농업의 중요 생산도구로 반달돌칼과 돌괭이류의 복원도를 제시하였고, 조선의 석기시대에는 남녀노소에 따른 수공업의 분업이 초래되었다고 언급하였다.[69] 그리고 이를 통하여 한흥수는 인류의 역사적 발전 과정에서 볼 때, "조선 석기(신석기)문화 시대도, 조선 원시씨족 농업공산사회農業共産社會와 완전히 일치하는 〈중략〉 정상적 인 인류 사회발전의 제단계諸段階에서 생활하였다"는 결론에 도달하였 다.[70]

---

66) 한흥수, 1936a, 130쪽.
67) 이기성, 2010, 「일제강점기 '금석병용기'에 대한 일고찰」, 『한국상고사학보』 68, 25~44쪽 참조. 일제강점기에 대두된 '금석병용기'라는 개념은 식민지사관의 '타율성론'을 구체화하는데 이용된 논리적 도구 가운데 하나였으며, 한사군 설치 이후 이루어진 한국 고대사의 중요한 변천 과정을 중국사에 종속시켜, 일제의 조선 지배라는 식민지정책을 합리화시키는데 악용되었다.
68) 한흥수, 1936a, 135~136쪽.
69) 한흥수, 1936a, 134~135쪽.

일제강점기 동안에는 석기시대의 석기와 토기 등을 신석기시대와 청동기시대의 것으로 갈라볼 수 있을 만큼의 고고학적 수준에 이르지 못하였다. 따라서 현재의 관점에서 파악할 때, 한흥수가 간돌검(마제석검)이나 반달돌칼 등을 신석기시대의 대표 유물로 간주한 것은 인정받을 수 없다. 더욱이 고인돌을 가리켜, 신석기시대를 반영하는 거석유물로 이해하고 있는 점[71]은 오늘날의 고고학적 성과와 전혀 일치하지 않는다. 이러한 문제에도 불구하고 유적, 유물의 성격을 다양한 측면에서 이해하려고 했던 그의 접근 방법은 우리에게 시사하는 바가 적지 않다고 생각된다.

앞에서 말한 바와 같이 한흥수는 당시까지 조선에서 알려진 유물 자료만으로 구석기시대의 존재를 확언할 수 없다고 하였다. 그러면서 그는 조선에서 구석기문화의 존재를 확인하기 위해서는 화석학, 지질학, 암석학적 고찰이 필요하다고 말하면서[72] 구석기유적을 찾는데 관심이 있었다. 실제로 황해도(금천군金川郡 호현면好賢面 회동廻洞)에 있는 석회암 동굴인 천앙굴天仰窟을 시험 삼아 약간 파보기도 하였다.[73] 매우 초보적인 조사에 지나지 않았을 것으로 짐작되지만, 일제강점기 동안 조선 연구자가 구석기유적을 찾으려는 의도에서 발굴을 시도하려 했다는 사실은 아마도 그것이 유일한 기록일 것으로 생각된다.

한편 한흥수는 유럽의 구석기시대와 그 문화에 대한 일정한 지식을 나름대로 습득하였으리라고 추정된다. 특히 그는 유럽에서 출토하는 구석기가 조선에서도 그대로 나온다고 볼 수 없으며, 석기 제작이 쓰인 돌감도 유럽과 조선이 서로 달라, 유럽식 석기 분류 방법에

---

70) 한흥수, 1936a, 138쪽.
71) 한편 최남선은 "신석기시대 초기의 석총(石塚)에서 출발한 거석문화는 그 중엽부터 널리 유행하였고, 이 유풍(遺風)은 청동기시대까지 존속하였다"고 언급하였다 (최남선, 1927b, 「암석숭배로서 거석문화에까지」, 『동광』 9, 10~11쪽).
72) 한흥수, 1936a, 131쪽.
73) 한흥수, 1936a, 141쪽.

의하여 유물을 대조하기 어렵다는 견해를 제시하여 관심을 끈다.74)

> "구주歐洲의 「무스테리안」이나 「오리나시안」형型 석기가 전지구면全地球面에 편재遍在한 것도 아니고, 구주에 그것이 있었다고 조선에도 반드시 석기시대의 분류를 구주식歐洲式 그대로 할 수는 없는 것이다. 〈중략〉 또 석기 재료에 대한 암석학적 고찰에 의해 본다면 구주에서 발견되는 구석기는 주로 소위 플린트(flint, 수석燧石?)라는 석재로 된 것이 많은데, 조선서는 구주의 그것과 같은 미려美麗한 플린트는 산출되지 않는 고로 구주의 구석기와는 대조하기도 곤란하다. 〈중략〉 조선 타제석기로, 구주의 쎌리안(Chellian) 아슈리안(Acheulian) 무스테리안(Mousterian) 오리나시안(Aurignacian) 등에 근사한 특징을 가진 타제석기는 아직 없다." [한흥수, 1936a, 「朝鮮石器文化槪說」, 『진단학보』 4, 128쪽, 131쪽, 132쪽]

그렇지만 위에서 언급한 한흥수의 견해는 논리적으로 성립하기 어려운 문제를 안고 있다. 무엇보다도 그 문제는 유럽의 구석기시대 석기와 당시 조선에서 알려진 원시시대 타제석기가 시기적으로 서로 이질적인 시대적 성격을 지녔다는 사실과 관련된다. 당시까지만 하여도 조선에서는 구석기시대로 공인된 타제석기가 드러나지 않았다. 따라서 타제석기라 할지라도 그것은 구석기시대 이후(예를 들어, 신석기시대)에 해당하는 유적에서 발견되었다. 그렇기 때문에, 비록 타제석기라는 기본적인 속성을 지녔지만, 유럽의 구석기와 조선의 타제석기를 동일한 시대적 산물로 간주할 수는 없다.

이러한 한계를 지니고 있지만, 일제강점기 동안 조선인으로 조선에서 드러난 석기시대의 유적과 유물을 대상으로 석기 문화에 대한 성격과 특징을 일관된 시각에서 다루었던 예는 지금까지 위에서 말한

---

74) 한흥수, 1936a, 128쪽, 131~132쪽.

한흥수의 경우가 유일하다고 판단된다. 문헌 자료에 근거하여 연구를 진행할 수 있었던 역사학 분야와는 달리, 고고학적 자료는 일제 관학자에 의하여 거의 독점적으로 활용되었다. 이와 같은 시대적 여건을 고려할 때, 유물사관의 방법론에 근거하여 조선의 선사학과 석기문화를 해석하고자 하였던 한흥수의 연구 성과는 학사적으로 중요한 의미를 지니는 것으로 평가되어야 할 필요가 있다.

프라이부르크대학(스위스)에서 박사학위를 받다

1930년대 후반 조선인으로서 유럽에서 고고학에 관한 학업을 닦고 있던 세 사람이 있었다. 한 사람은 비엔나대학의 도유호이고, 다른 한 사람은 뮌헨대학에서 박사학위를 받은 다음 벨기에 겐트대학(Ghent University)에서 고고학을 전공하였던 김재원이다. 여기에 한흥수라는 또 다른 인물이 동참하게 된다. 도유호와 김재원은 제2차 세계대전으로 말미암아 1940년 1월 말과 5월 말에 각각 귀국하였으나, 한흥수는 해방 이후까지도 유럽에 그대로 남아 활동을 지속하였다.

1936년 봄, 한흥수는 스물여덟의 나이로 유럽 유학의 길에 올랐다.[75] 한흥수가 중국 하얼빈哈爾濱 역에서 국제 열차에 몸을 싣고 소련의 드로그나, 이르쿠츠크, 모스크바, 그리고 폴란드의 수도 바르샤바를 경유하여, 오스트리아의 비엔나에 도착한 때는 8월 10일이었다.[76] 그는

---

75) "본회회원 한흥수씨는 금춘(今春) 구주유학의 길에 올라 파란(波蘭)을 경유하야 현금(現今) 오지리(墺地利) 유야납(維也納)에 재학중인데"(한흥수, 1936c)라는 글, 그리고 한흥수(1937a)가 소련의 드로그나에서 비판사에 보낸 서신 일자(4월 16일), "내가 고향을 떠난 때는 우리 집 동산에 진달래꽃이 시들 때였는데"(한흥수, 1937b) 등의 내용을 참고할 때, 그가 유럽으로 떠난 시기는 1936년 5월로 추정된다. 한흥수는 유럽으로 떠나기 전에 여러 편의 글을 잡지 『비판』에 남기며 다양한 활동을 하였다. 그런데도 그의 출국 소식이 동아일보나 조선일보 등에 실리지 않은 점이 무엇인지 궁금하다.

바르샤바와 비엔나에 체류하면서 이병도에게 두 통의 서신을 보냈는데, 그 내용 일부가 『진단학보』 5권(1936년 11월)에 게재되었다. 그리고 도유호와의 만남에 대해서 다음과 같이 언급하였다.

"이병도 선생님,
〈전략〉 이곳 학계의 근황을 보고하려 합니다. 그러나 특기할만한 것은 없고 저 역시 광범위로 조사해보지도 못하였습니다. 유명한 와르싸와대학 박물관은 연전에 화재로 오유烏有에 돌아가고 지금 시내에는 소규모의 고고학박물관이 둘이나 있으나 모스크바역사박물관에 비하면 말이 못되고 하얼빈박물관에도 따르지 못할 것입니다. 〈중략〉 크라쿠가 와르싸와보다는 적은 도시이나 모든 문화사업은 그곳이 더 성왕盛旺하답니다. 대학도 와르싸와보다 크라쿠대학을 더 칩니다. 기타 학술단체들도 다 거기 있고 학보도 모두 거기서 발행되고, 와르싸와에는 없습니다. 와르싸와대학에는 인류학과가 없어도 크라쿠에는 있습니다. 그곳에 가서 재미있는 소식을 얻으면 전하기로 하고 이만 적겠습니다. 〈하략〉 1936년 7월 31일, 와르싸와에서, 한흥수" [한흥수, 1936c, 「휘보 : 한흥수씨의 서신」, 『진단학보』 6, 157~158쪽]

"이 선생님
존체안강尊體安康하시며 사업에 더욱 정진하시나이까. 이곳 도都 형兄과 저는 잘 있사오며 재미를 많이 봅니다. 제가 유야납維也納에 오기는 8월 중순이었는데 지금에야 편지를 쓰게 되어 죄송합니다. 〈중략〉 그동안 제가 구경한 바를 말씀하오면 전번 편지에 「연전에 화재로 오유烏有되었다」고 말씀한 와르싸와대학 부속박물관의 잔품殘品이 후에 많이 회복된 것을 폐관 중임에도 불구하고 야오르스키 씨의 안내로

---

76) 한흥수, 1937a, 104~105쪽.

견학하였는데 매우 훌륭한 수집이었습니다. 조선에도 이만한 기관만 있으면 이만한 수집은 가능할 것으로 믿습니다. 〈중략〉 저는 크라쿠를 한 번 더 방문할 계획입니다. 박물관에서 배운 것이 많은데, 이번에는 충분한 견학을 못했습니다. 〈하략〉 1936년 9월 10일, 유야납에서, 한흥수" [한흥수, 1936c, 「휘보 : 한흥수씨의 서신」, 『진단학보』 6, 158~160쪽]

오스트리아에 도착한 다음 한흥수는 1936년 가을 학기부터 비엔나 대학에 다녔다.[77] 당시 그는 그곳에서 나치스의 억압으로 직장에서 내쫓김을 당하는 유태인들과 가톨릭 신자들이 겪는 고통을 지켜보았 다. 그는 조선을 떠나기 전, 일본을 통하여 비엔나학파의 학문적인 경향과 성격에 대해서 어느 정도 이해하고 있었으며, 이런 까닭으로 선사학과 민속학을 연구하기 위해서 비엔나대학을 선택하였다.[78] 그러나 자신의 지도 교수였으며 학자로서의 최고 영예를 누렸던 멩긴 교수가 오스트리아 병합 내각의 구성원으로 참여한 것에 대하여 매우 불만족스럽게 생각하였다.

"대학에서 내밀리는 인간들은 유태인 외에도 순純카톨릭 주의자들이 있습니다. 그 예로는 세계적 대학자 민속학자 슈미트 박사 콜퍼쓰 박사 양兩 교수가 있는데 이들은 소위 원 민속학파의 창설자로서 노령 임에도 불구하고 반反맑쓰 투쟁에 맹장이올시다. 어쨌든 그들의 노련 한 오랜 기술상技術上(방법론도 진실한 학술도 아닌) 연구며 수집 등 가석可惜한 바 없지 않습니다. 이들의 학파적 영향은 더 직접으로 일본 학계에 거대한 시사示唆와 교시를 주고 있습니다. 슈미트의 직접 제자 인 강 정웅岡 正雄 씨는 지금 이곳서 일본연구소를 삼정三井의 투자로

---

77) 한흥수, 1937b, 24쪽.
78) 일본 유학 시절, 한흥수의 수학 과정에 대해서는 다음을 참조하기 바람. 전경수, 2015, 395~401쪽.

설립하려고 최근 이곳에까지 왔습니다. 강岡씨의 소개로 또 이곳에 공부 온 이도 있습니다. 도유호都宥浩라는 조선인도 이곳서 문화사를 배우고 민속학에 재미를 붙여서 공부하는 이도 있습니다. 물론 저는 이 유야납維也納 시市에 온 것이 그들의 우수 기술(民俗學)과 최고의 수준에 있다는 이곳 원시사학原始史學을 배워볼 예정으로 있었는데 이번에 나의 직접 지도교수요 원시사학과장原始史學科長인 「멩긴」 교수 가 문부대신文部大臣으로 취임을 하고 말아서 제게는 적이 섭섭한 중에 있나이다. 이 「멩긴」 박사는 희유稀有의 천재로 십 수 개 국어를 통하고 29세 시時에 정교수 및 자연사박물관장에 취임했으며 또 동 대학총장까지 지낸 터이니 학자로 최고 영예를 골고루 누린 셈인데 지금 뭐에[79] 부족해서 대신大臣! 〈중략〉 3월 26일 원 시市에서" [한흥수, 1938, 「유야납통신」, 『비판』 6권 7호, 47~48쪽]

오스트리아가 독일 히틀러 정권에 의하여 강압적으로 병합된 이후, 한흥수는 학적을 스위스 베른대학(University of Bern)으로 옮겼으며, 그곳에서 1938년 11월부터 1939년 10월까지 두 학기를 수학하였다.[80] 그리고 그 이후에는 슈미트, 코퍼스, 오버마이어Hugo Obermaier (1877~1946) 등이 재직하고 있었던 프리부르(Fribourg)의 프라이부르 크대학으로 전학하였다.[81] 한흥수가 비엔나에서 도유호를 만난 것은 1936년 8월 중순이다. 이때부터 한흥수가 오스트리아를 떠나기 전까 지의 약 1년 동안, 한흥수와 도유호는 비엔나에 함께 체류하였던

---

79) 본문에는 '무에'라고 표기되었음.

80) Jaroslav Olša, jr., 2014, 43쪽.

81) 프리부르(Fribourg) 시는 스위스 서부에 있는 Fribourg 주의 주도(州都)이다. 이 주의 주민은 프랑스어(63.6%)와 독일어(21.2%)를 주로 사용하여, 스위스에서는 유일하게 프랑스와 독일어가 공용어로 되어 있다. 프리부르(Fribourg)는 프랑스 어 표기 방식이며, 독일어로는 프라이부르크(Freiburg)라고 표기된다. 현재 통용 되고 있는 프리부르대학의 프랑스어 명칭은 'Université de Fribourg', 독일어 명칭은 'Universität Freiburg', 영어 명칭은 'University of Fribourg'이다.

것으로 추정된다. 이 기간 중 한흥수는 비엔나대学에서 박사학위를 준비하고 있었으며, 1935년에 박사학위를 받았던 도유호는 그곳에 머물며 학업을 이어갔다.

해방 이전 한흥수의 글이 국내에 마지막으로 소개된 것은 1941년 초였는데, 이것은 「유야납통신」(『비판』, 1938년 7월) 이후 3년 정도 지나서였다. 이 사이에 그가 국내의 누구와 서신을 교환했는지에 관해서는 현재 자세히 알 길이 전혀 없다. 그가 남긴 글 속에는 한흥수와 친분이 두터웠던 것으로 생각되는 인물로 인정식印貞植(1907~?), 한효韓曉(1912~?), 이병각李秉珏(1910~1941), 박승극朴勝極(1909~?), 안동수安東洙(?~?), 야성夜聲(?~?) 등이 등장한다.[82] 그 중에서 인정식에게 보냈던 서신의 내용 일부를 보면 다음과 같다.

"제가 있는 서서瑞西(제가 이곳에 온 것은 독오합방獨墺合邦 즉시卽時)는 〈중략〉 학계에도 전부터 각처에서 피신해온 학자들이 많아서 볼만합니다. 제가 있는 「프리부룩대학」만해도 민족학의 슈미트 교수, 콤퍼-쓰 교수, 원시사原始史의 오버마이어 씨 같은 최고급의 노장老將들이 몰려 있습니다. 순자연과학자로도 X광선 발명가 데싸우어 교수 등 이름난 자가 매우 많습니다. 슈미트 씨와 콤퍼-쓰 씨는 제가 유야납대학維也納大學 때부터의 선생들입니다. 합방 후 파면罷免[83]되니까 서서로 망명을 했는데 올 때에 거대한 도서관과 수집을 떠가지고 와서 제 공부엔 더할 나위 없이 편리합니다. 이 두 분은 지나支那와 일본에도 제자가 있어 알려져 있고 이 연줄로 삼정가三井家의 투자를 받아 뷘 시市에 「일본학연구소」라는 게 설치되고 그의 제자인 강岡 씨가 소장이 되어 있습니다. 귀국한 도유호 씨도 그들의 강의를 들은 일이 있습니다.

---

82) ① 한흥수, 1937a, ② 한흥수, 1938 참조. 그들 중 한효, 박승극, 안동수 등은 해방 후 월북하였다.

83) 본문에는 '羅免'(라면)으로 표기되었음.

그래서 슈미트 씨는 반독反獨이라도 일본에는 큰 호감을 갖고 있는 소위 「사계斯界의 대가」입니다. 사실로 「뷔-너 민족학파」 창시자인 만치 배울 것이 많습니다. 오버마이어 씨는 20여 년간 서반아西班牙에서 피레네-반도半島의 구석기시대를 Breuil 교수와 조사한 이로써 유명한 「알타미라의 벽화」며 기타 일본 학자들 저서 중에서 흔히 보는 구석기 유물舊石器遺物[84]들은 모두 이들의 손으로 발굴된 것입니다. 이 분은 프랑크 대장大將에게 몰려서 이곳으로 왔지요. 이상의 세 분은 원체 학설상으로 공동 연구를 하더랬는데 지금 한곳에 모여서 원시사原始史와 민족학民族學의 합작이니깐 그들의 이상대로 된 폭입니다. 오버마이어 씨의 자료와 그의 수많은 발굴 경험이며 저술은 제게 있어 일생에 얻기 어려운 귀중한 기회와 기술적技術的 자료를 줍니다. 연전年前에는 이상 세 선생의 권유도 있고 해서 그들의 지도하에서 학위를 얻었습니다. Summa cum laude[85]라는 최고 성적이었으니 모두 그들의 후의厚意입니다." [한흥수, 1941, 「서서통신 : 프리부륵에서」, 『인문평론』 3권 2호, 67~68쪽]

비엔나대학 재학 중, 한흥수는 슈미트와 코퍼스 등으로부터 민속학 분야에 대한 이해를 넓혀 갔으며, 석기시대에 관한 지식은 지도 교수였던 멩긴에게서 습득하였을 것이다. 그런데 병합 이후 그와 같은 학문적 유대 관계에 변화가 일어났다. 지도 교수였던 멩긴이 오스트리아에 그대로 남아 한흥수의 안타까움을 더 하게 만들었지만, 그런 그에게 오버마이어[86]와의 만남은 또 다른 소중한 기회를 안겨주었다. 스페인

---

84) 본문에는 '舊石遺物'로 표기되었음.
85) 본문에는 'Summa cum londe'로 표기되었음. Summa cum laude(라틴어)는 최우수 등급(with highest honor)을 가리킴.
86) 독일 태생의 오버마이어는 1908년 빌렌도르프 여인상(Venus of Willendorf)이 발견된 오스트리아의 구석기유적 발굴에 참여한 바 있으며, 1909년 비엔나에서 사강사(privatdozent) 자격을 취득하였다. 1911년부터 제1차 세계대전(1914) 이전 까지 프랑스 파리에 있는 고인류연구원(Institut de Paléontologie Humaine)의 교수로 재직하였다. 제1차 세계대전이 발발한 당시 그는 스페인에 체류하고 있었는

Auteur (필자)	Han, Hung-Soo
Titre (제목)	Die Stellung der Megalithkultur in der koreanischen Urgeschichte / Hung-Soo Han
Lieu / Dates (장소 / 일자)	[Freiburg/Schw.] : [s.n.], [1940]
Thèse (학위 논문)	Diss. Phil. Freiburg/Schw., 1940
Contient (분량)	Bd. 1 : Text, Bd 2 : Anhang (Bildermaterial) (1권 : 본문, 2권 : 부록)
No RERO	R003330527

〈표 1〉 스위스 프리부르대학(University of Fribourg) 도서관에 소장된 한흥수 박사학위 논문 관련 기록
RERO Catalogue collectif, Library Network of Western Switzerland" (http://www.unifr.ch/home/fr.htm)

내전이 발발된 이후, 오버마이어가 교수직을 구하려고 프리부르 (Fribourg)에 온 것은 1939년이었다. 한흥수는 슈미트 또는 코퍼스 등의 민속학자들로부터 전수받기 어려운 발굴 경험을 그에게서 간접적으로 체득할 기회를 갖게 되었고, 그의 저술을 통하여 구석기시대에 대한 지식의 폭을 확대하였을 것으로 짐작된다.

1940년 4월의 구술시험을 통과한 한흥수는 스위스에 있는 프라이부르크대학에서 30대 초반인 서른두 살에 박사학위를 받았다. 그의 박사학위 논문 속표지에는 학위를 받을 당시의 교명이 'Universität Freiburg(Schweiz)'와 같이 독일어로 표기되었는데, 괄호 안에 굳이 스위스(Schweiz)라고 국명을 명기한 것은 독일 남부의 프라이부르크 시에

데, 그가 독일인이었기 때문에 프랑스로 돌아갈 수 없었다. 그 뒤 스페인에 오랜 기간 머물며 고고학자로서 활동하였다. 스페인 내전(1936)이 일어날 무렵, 그는 노르웨이의 오슬로에 있었는데 당시의 정치적 분위기로 인하여 스페인으로 되돌아가지 않고, 스위스의 프리부르로 발길을 돌렸다. 오버마이어는 1910년대 초반 브뢰이(Henri Breuil, 1877~1961)와 함께 스페인 칸타브리아(Cantabria) 지방의 동굴을 조사하였고, 1924~25년에는 알타미라 동굴을 발굴하였으며, 1935년에는 브뢰이와 함께 알타미라 동굴 발굴 보고서를 간행하였다. 한편 1925년에는 프로베니우스(Leo Frobenius)와 공동으로 알제리아의 오란(South Oran)에 있는 바위그림 조사 보고서를 출간하였다. ① "Hugo Obermaier" (Wikipedia), ② http://www.obermaier-gesellschaft.de 참조.

Author (필자)	Title (제목)	Year (연도)	Stock (소장)	Union-Cat.-ID-No. (분류 번호)
Han, Hung-su	The neolithic culture of Corea : with special regard to megalithic culture	약 1940년 (?)(Wien)	East Asian Studies Library	AC03360488
Hung, Soo Han	Zwölf Monatsgeschichten und andere Volkserzählungen aus Korea	1947년 (Wien, Amandus-Ed.)	East Asian Studies Library, Main Library	AC04992300
Hoyt, James	Some points of interest from Han Hung Su's "Studies on megalithic culture of Korea"	약 1940년 (?)(Wien)	East Asian Studies Library	AC03360411

〈표 2〉 오스트리아 비엔나대학 도서관에 소장된 한흥수 관련 자료. "Library services" (http://www.univie.ac.at)

있는 프라이부르크대학과 혼동을 피하기 위함이라고 생각된다.[87] 현재 스위스의 프리부르(프라이부르크)대학과 비엔나대학에는 한흥수와 관련하여 몇몇 자료가 소장되어 있다.

한흥수가 프라이부르크대학 철학부에 제출하여 철학박사학위를 받았던 논문 제목은 『Die Stellung der Megalithkultur in der koreanischen Urgeschichte(조선 상고사에 있어 거석문화의 자리매김)』이다.[88] 지도교수는 오버마이어가 맡고 있었는데, 한흥수는 자신의 논문을 작성하는 동안 도움을 받았던 인물들에 대하여, 학위 논문의 서론 부분을 마무리하면서 다음과 같은 기록을 남겼다.

"나는 적극적인 후원과 친절한 조언을 베풀어준 스위스 프라이부르크에 있는 후고 오버마이어 교수(Herren Professoren Dr. Hugo Obermaier)와

---

87) 스위스와 인접하여 있는 남서부 독일의 바덴-뷔르템베르크(Baden-Württemberg) 주의 프라이부르크(Freiburg) 시에 'Albert-Ludwigs-Universität Freiburg'가 소재하고 있다. 이 대학의 영어 명칭은 'University of Freiburg(Albert Ludwig University of Freiburg)'이다.

88) "Bibliothèques" (http://www.unifr.ch/home/fr.htm)

Eifuhrung. 〈서론〉

Kapitel Ⅰ. Allgemenier Ueberblick uber die Urgeschichte Koreas. 〈Ⅰ장. 조선 상고사 개관〉
1. Das Problem des Palaolithikums. 〈구석기시대의 문제〉
2. Mesolithische Funde. 〈중석기시대 유물〉
3. Neolithische Kultur. 〈신석기문화〉
4. Stein-bronze-zeitliche Kultur und ihre Eigentumlichkeiten. 〈금석병용기 문화와 그 특징〉
5. Der Mensch der praihistorischen Zeit Koreas. 〈조선의 선사시대 인류〉

Kapitel Ⅱ. Die Megalithkultur. 〈Ⅱ장. 거석문화〉
1. Die Forschungsgeschichte. 〈연구사〉
2. Die Art der Megalithmonumente. 〈거석기념물의 종류〉
   A. Menhir. 〈선돌〉
   B. Dolmen. 〈고인돌〉
   C. Steinkistengrab. 〈석관묘〉
3. Die geographische Verbreitung der Megalithen. 〈거석기념물의 지리적 분포〉
4. Fundgegenstände der Megalithkultur. 〈거석문화의 출토 유물〉
   A. Steinartefakte. 〈석기〉
   B. Metallartefakte. 〈금속기〉
   C. Keramik. 〈토기〉
   D. Bergkristallperlen. 〈관옥〉
   E. Zummen zwischen Pithos und Muschel-haufen. 〈옹관과 패총의 상호 관계〉
5. Herkunft und Chronologie der koreanischen Megalithkultur. 〈조선 거석문화의 기원과 편년〉
6. Reisbau in der Megalithperiode. 〈거석문화시대의 벼농사〉

Kapitel Ⅲ. Die geistige Kultur. 〈Ⅲ장. 정신문화〉

Zusammenfassendes Schlusswort. 〈종합 결론〉

빌헬름 슈미트 박사(Dr. Wilhelm Schmidt), 그리고 베른(Bern)에 있는 추미 박사(Dr. Tschumi)에게 각별한 감사를 드린다." [Han, 1940. p. 4]

한흥수의 박사학위 논문이 스위스 프리부르대학 도서관에 소장되

CONTENTS. ＜목차＞

INTRODUCTION. 〈서론〉
Chapter I. 〈I장〉
    General *survey* ~~view~~ of Corea's earliest history. 〈조선 상고사 개관〉
    1. Mesolithic findings. 〈중석기시대 유물〉
    2. Neolithic *culture* ~~findings~~. 〈신석기문화〉
    3. Culture of the *Stone*(~~Sone~~)-Metal Age. 〈금석병용기 문화〉
    4. The Corean Man in prehistoric times. 〈조선의 선사시대 인류〉
Chapter II. 〈II장〉
    Megalithic Culture. 〈거석문화〉
    1. History of *Research* ~~Discovery~~. 〈연구사〉
    2. Monuments of Megalithic culture. 〈거석문화의 기념물〉
        A. Menhir. 〈선돌〉
        B. Dolmen. 〈고인돌〉
        C. Stonecase-Sepulchres. 〈석관묘〉
    3. Geographic Distribution of Megalithic Monuments. 〈거석기념물의 지리적 분포〉
    4. Objects found of Megalithic culture. 〈거석문화의 출토 유물〉
        A. Stone-Implements. 〈석기〉
        B. Ceramic. 〈토기〉
        C. Metal *Tools* ~~Implements~~ and Weapons. 〈금속기와 무기〉
        D. *Beads of Rock-crystal* ~~Rock-crystal Beads~~. 〈관옥〉
        E. Relation between Pithos-sepulchre(clay-coffin),
          Shell-pile and Stonecase-sepulchre. 〈옹관, 패총, 석관묘의 상호 관계〉
    5. Origin and Chronology of Corean Megalithic culture. 〈조선 거석문화의 기원과
      편년〉
    6. Rice-cultivation during the Megalithic Period. 〈거석문화시대의 벼농사〉
Concluding Summary. 〈종합 결론〉

어 있는 반면에, 그가 1940년 무렵에 작성한 것으로 보이는 『The neolithic culture of Corea : with special regard to megalithic culture(거석문화를 중심으로 본 조선의 신석기문화)』이라는 글은 오스트리아 비엔나 대학 도서관에 소장되어 있다.[89] 비엔나대학 도서관 목록에는 필자

---

89) "Library services" (http://www.univie.ac.at)

이름이 'Han, Hung-su'로 기재되어 있는데[90] 그 논문이 비엔나대학 도서관에 소장된 경위에 관해서 공개적으로 알려진 바가 없다. 이밖에 조선의 민속에 관한 내용을 담고 있는『Zwölf Monatsgeschichten und andere Volkserzählungen aus Korea(조선에 전해오는 열두 달 이야기와 그 밖의 민간설화)』라는 제목의 단행본과 함께, 한흥수의 글에 대하여 논평을 하였던 호이트James Hoyt의 글도 비엔나대학 도서관에 소장되어 있어 관심을 끈다.

한흥수는 한국 고고학에 관한 주제를 가지고 유럽에서 처음으로 박사학위를 받은 인물로 평가될 수 있다. 그의 박사학위 논문은 두 권으로 이루어졌다. 첫째 권은 본문(전체 99쪽)이며, 둘째 권은 부록(전체 53쪽)이다. 부록에 들어 있는 지도, 사진, 그림 등은 매우 깔끔하고 정성스럽게 꾸며졌다고 생각된다. 그리고 그와 같이 짜임새 있는 편집 체제는 그의 박사학위 논문이 좋은 평가를 받는데 도움이 되었으리라 짐작된다.

한흥수의 박사학위 논문은 「조선의 거석문화연구」(『진단학보』 3, 1935)와 「조선석기문화개설」(『잔단학보』 4, 1936)이라는 두 편의 글을 근간으로 하여 작성되었다고 생각된다. 그의 학위 논문에서는 한국에 있어 구석기시대와 중석기시대의 존재 여부에 대한 문제뿐만 아니라, 신석기시대의 생업 기반, 신석기시대와 거석문화의 상호 관계, 거석문화의 발생 시기와 단군시대와의 연관성, 석기시대 인간의 정신생활과 사회관계 등에 걸친 다양한 주제가 논의되었다. 이제 그 내용을 잠깐 들여다보면, 다음과 같이 요약될 수 있다.

구석기시대 유물이 발견된 곳으로 공인할 수 있는 유적은 조선에서 발견되지 않았다. 중석기문화의 존재는 확증되지 않았지만, 석기 가운

---

90) 반면에『The neolithic culture of Corea』의 첫째 쪽에 해당하는 목차 윗부분에는 한흥수의 이름이 'Hung-Soo-Han'이라고 필기체로 기록되어 있다.

데, 떼어서 형태를 잡은 다음, 반쯤 갈아 만든 돌도끼 등의 유물은 중석기시대에 속하는 것으로 간주될 수 있다. 반면에 신석기시대 석기의 대부분은 갈아서 만들어졌다. 신석기시대 유물은 농경용 도구(곰배괭이, 반달칼, 돌낫), 물고기잡이 도구(그물추, 뼈낚시바늘), 연모(뼈 또는 뿔로 만든 송곳, 돌도끼, 가락바퀴 등), 무기(간돌검, 창끝, 돌 또는 뼈로 만든 화살촉 등), 토기(무늬토기, 민무늬토기, 채색토기 등), 옹관(독무덤) 등으로 구성된다. 이 시대에는 거석기념물(선돌, 고인돌, 석관묘)이 축조되었다. 출토 유물의 상호 관계를 검토할 때, 조선의 거석문화는 초기의 고인돌 단계, 중기의 고인돌-석관묘 단계, 후기의 석관묘 단계로 구분된다. 단군시대는 원예농경문화(horticulture)가 본격적인 농경문화(agriculture)로 전환된 과도기였다. 농경문화를 기반으로 하는 단군시대는 후기 석기시대의 중반에 해당하며, 이 시기에 거석문화가 성립하기 시작한 것은 기원전 2천년 무렵이다. 신석기시대 농경용 도구의 쓰임새를 고려할 때, 거석문화 시대에 벼농사가 이루어졌을 것으로 판단된다. 선돌과 고인돌은 집단적인 농경민의 노동력을 동원하여 축조되었으며, 거석문화 단계에는 모계씨족 중심의 사회 조직이 성숙하였다. 선돌의 기능은 민간신앙을 비롯하여 다양한 요소를 내포하고 있으며, 죽음에 대한 기념비로서의 고인돌은 농경 씨족사회의 조상 숭배와 연결된다. 당시의 농경문화는 중국의 농경문화를 수용하거나 또는 그것과 부분적으로 융화하면서 하나의 전형적인 혼합문화로 발전하였다.

한편 현재 비엔나대학 도서관에 소장되어 있는 『The neolithic culture of Corea』(전체 89쪽)라는 제목의 글은 정식 단행본의 형태로 발행된 것이 아니다. 겉표지도 없는 상태였으며, 영문 타자로 찍혀 있었다. 그리고 각 낱장의 경우, 영문 원고의 내용을 영어식 표현에 알맞도록 교열을 보았던 흔적이 기재되어 있었다.[91] 또한 한흥수의 박사학위 논문과 『The neolithic culture of Corea』의 내용을 비교한 결과, 후자가 전자에 의거하여 영문으로 작성되었다는 사실을 확인할 수 있었다. 다시 말해서 독일어로 작성된 그의 학위 논문은 거의 완역에 가깝도록 영문으로 번역되어 있었다.[92] 이러한 점을 통하여 자신의 학위 논문을 영문으로 펴내려고 했던 한흥수의 의도를 엿볼 수 있지만, 안타깝게도 그의 독일어 학위 논문은 영문판으로 간행되지 못하였다.

해방 공간과 입북

1941년 2월 『인문평론』에 게재된 서신(「서서통신 : 프리부륵에서」)을 마지막으로 잡지 등에 게재된 한흥수의 글은 더 이상 남한에서 찾아 볼 수 없다고 믿어진다. 앞에서 이야기한 것처럼, 이 서신은 그가 1940년 프리부르대학에서 박사학위를 받은 다음에 작성된 것이다. 1941년 봄 스위스에서 강제 추방된 이후부터 1943년 프라하에서 자리를 잡기까지 그는 한 곳에 오래 눌러앉지 못하는 불안정한 생활을 하였던 것으로 생각된다. 그런 분위기 속에서 고국에 전하고 싶은 소식을 짧게라도 쓸 수 있는 여유를 갖기란 불가능하였으리라. 설혹 쓴다 하더라도 그것을 실어줄 마땅한 곳을 찾기도 대단히 어려웠으리라고 짐작된다. 그가 애착을 갖고 여러 차례 글을 발표했던 잡지 『비판』[93]은 1940년 1월호를 끝으로 문을 닫았는데, 이때의 『비판』은

---

91) 『The neolithic culture of Corea』의 영문 교열을 본 사람이 누구인지에 대해서는 구체적으로 명기되어 있지 않다.

92) 다만 차이가 있다면, 박사학위 논문의 1장 1절(Das Problem des Palaolithikums <구석기시대의 문제>)과 3장(Kapitel III. Die geistige Kultur <정신문화>) 전체, 그리고 '사진과 그림' 부분 등이 『The neolithic culture of Corea』에서는 빠져 있다는 점이다.

친일적인 색체가 짙은 글을 게재하기도 하였다.[93] 그해 8월에는 일제의 강압을 견디지 못하고 동아일보와 조선일보 등도 폐간되었다.

박사학위를 받은 이후, 한흥수의 유럽 생활은 순탄하지 못하였다.[95] 1941년 봄 일제 관헌은 그를 스위스에서 독일 베를린으로 추방하도록 만들었다. 6개월 뒤 다시 오스트리아로 돌아온 그는 친구들의 도움을 받아 생활하다가 1943년 체코슬로바키아 수도 프라하(Praha)로 가서 직장을 얻었다. 『독립(Korean Independence)』이라는 신문(캘리포니아 로스앤젤레스에서 간행)에서는 그 후 한흥수가 비엔나대학의 조교수[96]로 일을 했다는 소식을 다음과 같이 전한다.

"중앙 유럽 체코슬로바키아에 있는 동포로부터 날러온 반가운 소식! 지난 12월 11일부 발행 본보지상에 발표된 「조선을 외국 제국주의의 굴레에 집어넣으려는 자는 전 인류의 적이다」라고 제목한 글의 필자 한흥수 박사로부터 본사에 최근 서한이 내도하였다. 박사는 현재 체코슬로바키아 공화국 수도 프라하에 머물러서 빈 대학에서 조교수로 시무하며 조선 문화를 소개하기에 전력을 다한다고 한다. 본보는 한 박사로부터 받은 서한을 통하여 여러분 독자에게 동 박사를 소개하고자 한다.

---

93) 한흥수, 1937a, 105쪽 참조.
94) 최덕교 편저, 2004, 「통권 114호, 사회주의 종합지 '비판'」, 『한국잡지백년』 2, 358~363쪽.
95) 한흥수의 오스트리아와 체코 생활의 자세한 내용에 대해서는 다음을 참조하기 바람. 전경수, 2015, 400~416쪽.
96) 박사학위 이후 한흥수는 비엔나대학에서 교수 자격을 얻으려고 1946년 6월 '동아시아 문화의 사회 경제적 기초(Die sozial-wirtschaftlichen Grundlagen der Kulturen Ostasiens)'라는 제목의 하빌리타치온(Habilitation) 논문을 제출했다. 그 뒤 시험과 심사를 거쳐, 한흥수는 1947년 6월 정식으로 강의 자격을 부여받았다 (전경수, 2015, 411~412쪽 참조). 독일과 미국은 대학 교수 임용제도가 다르기 때문에, 정식 교수로 발령을 받지 않았던 한흥수는 하빌리타치온 취득의 지위를 조교수라고 표현했으리라 짐작된다.

제一신에서

「나 사인의 입장은 우리 민족의 참된 독립과 이익을 위한 과학적 민주주의 운동에는 선뜻 참가할 준비가 있습니다. 그러나 자기 나라에서 실업 문제, 경제 공황, 사회 문제를 해결할 능력이 없는 미국인의 조력으로 또 무력으로 일인 정치적 폭행을 계속하는 인사들과는 행동을 같이 하기 어렵겠지요. 원컨대 재미 동포 가운데도 진정한 애국자가 많기를 바랍니다.

나는 경기도 송도에서 1909년에 출생하야 중학을 필한 후 일본서 역사 철학 전공. 1935년 고향으로 축출되었다가 1936년 구주로 가서 1938년까지 오스트리아 빈에서 사회사 연구. 오스트리아가 침략되자 스위스로 피신, 1941년까지 연구 계속(대학 조수로). 1941년 봄에 일본 관헌의 요구로 그곳서 백림으로 추방되어 약 반개 년 간 강제 체재를 당하다가 오스트리아로 이전 허가를 받고 그곳 옛 친구들의 호의로 생활난을 면하고 국립 민족 대학 박물관에서[97] 극동부 담임 집무하다가 1943년에 체코슬로바키아 동지들의 주선으로 프라하 동양 학원에 교직에 취임해서 양국에서 ○○중 체코와 오스트리아는 우리와 동병상린 격이라 ○○대한 이해가 크고 지금은 빈 대학 조교수로 임명되어 역사학을 교수함. 체코 민중의 조선 민족에 대한 동정과 관심은 대단히

---

97) '국립 민족 대학 박물관'은 '국립민족학박물관'의 오식이다(전경수, 2015, 407쪽). 야로슬라브 올샤(jr.)는 한흥수가 프라하에 정착하기까지의 과정을 다음과 같이 서술하였다. "1940년대 초 한국에 관심이 있는 체코 전문가들이 한국의 초기 고고학자인 한흥수(1909~?)와 직접 연락하게 된다. 한흥수는 일본 유학 (1930~1935) 후 유럽으로 떠나와 프라이부르크대학(스위스, 1938~1941)을 다녔다. 오스트리아가 병합된 이전과 이후에는 비엔나의 민족학박물관(Museum für Völkerkunde, 1936~1938 그리고 1941~1942)에서 일을 했으며, 1942년 말에서 1943년 초 무렵 사이에 프라하에 정착하였다"(야로슬라브 올샤, jr., 2011, 「한국을 여행한 7명의 체코인 이야기」, 『1901년 체코인 브라즈의 서울 방문』, 197~198쪽). 한흥수는 박물관 큐레이터로 근무하면서 한국관을 만들어 한국 전통 악기를 수집하여 진열했으며, 지금도 진열되어 있다고 한다(재오스트리아 한인연협회 기획, 2012, 『오스트리아 속의 한국인』, 65쪽).

큽니다.」

제二신

「내가 이곳 구주에서 체험한 바로는 우리나라 사정이 너무도 외지에 알려져 있지 않은 고로 선전에 대단히 힘이 듭니다. 그래서 나는 지금 조선 역사를 편집해서 독, 불어, 체코어로 출판 중입니다. 영어로 번역 되었으면 좋겠습니다. 물론 재미 동포 중에 이 사람보다 더 큰 노력을 하시는 학자가 계실 줄 믿습니다. 그러나 아직 그런 출판물이 없을 때는 고려해 보십시오. 종래로 나는 순 과학 논문만 쓰던 중 이곳 동지들 권유로 조선 소설(김남천 저 대하)도 번역했고 이곳 잡지 신문 도 투고하며 라디오도 이용합니다.」" [『독립』 1946년 12월 26일, 「구라파에서 조국문화선전을 위하야 활동하는 한흥수박사」]

서른일곱 살에 해방을 맞이한 한흥수는 곧바로 귀국하지 않았다. 1945년 5월 이후 독일의 점령군으로부터 독립을 되찾은 체코슬로바키 아에 남아 있으면서, 그는 새로운 조국에 대한 지지를 끌어내기 위하여 열심히 글을 써서 체코의 잡지와 일간지에 많은 글을 게재하였다.[98] 그리고 비록 몸은 프라하에 머물고 있었지만, 한흥수는 당시 조국에서 일어나고 있는 여러 가지 일들에 대하여 비교적 소상하게 알고 있었다 고 생각된다. 그는 해방된 조선이 앞으로 나아가야 할 방향과 거기서 제기되는 문제의 해결 방안을 모색하는데 적지 않은 시간을 보냈으리 라 짐작된다. 예를 들어, 1946년 12월부터 1948년 2월까지 약 15개월 동안, 조선민족혁명당 미국 총지부의 기관지라 할 수 있는 『독립 (Korean Independence)』[99]에 실린 무려 약 49편에 이르는 그의 글을

---

98) ① 야로슬라브 올샤, jr., 2011, 198쪽, ② Jaroslav Olša, jr., 2014.
99) 강만길, 1994, 「중국관내 민족해방운동전선의 통일전선론」, 『민족해방운동의 전개(2)』(한국사 16), 226쪽. 1943년 10월 6일에 창간된 『독립』 신문은 "제2차

〈그림 1〉한흥수의 모습(체코슬로바키아)
왼쪽_ Jaroslav Olša, jr., 2014, 39쪽, 47쪽
오른쪽_『歐洲新聞(The Kuju Shinmun)』1986
년 11월 29일 : 1947년 봄 체코슬로바키아
와 폴란드 국경 근처 스네스카(Śnieżka) 산
정에서 찍은 한흥수의 모습

통해서 엿볼 수 있다.[100] 일부 기사는 신문사의 요청으로 작성되기도
하였으나, 대부분은 새롭게 건설되는 조국의 미래에 대한 자신의
구상을 담고 있다.

1947년은 한흥수 개인에게 있어 매우 의미 있는 한 해였다. 비엔나의
아만두스 출판사(Amandus-Ed.)에서 『Zwölf Monatsgeschichten und
andere Volkserzählungen aus Korea(조선에 전해오는 열두 달 이야기와

세계대전에서 연합국의 승리와 조선독립에 대한 구체적인 전망을 가지고 '민족
본위'의 입장에서 공평하고 자유로운 언론 보도를 통한 조선독립과 신국가
건설에 기여를 표방하였다"(강만길, 2003, 『증보 조선민족혁명당과 통일전선』,
307~308쪽).

100) ①「조선을 외국제국주의의 굴네에 집어너으려는 자는 전인류의 적이다」(1946
년 12월 11일), ②「전후 오스츠리아 급 체코 량국의 실정을 통하야 본 조선의
건국사업」(2회 연재, 1947년 1월 1일~8일), ③「민주주의 신조선 건설과 식자의
길」(2회 연재, 1947년 1월 13일~22일), ④「애국심의 본질」(16회 연재, 1947년
1월 29일~7월 9일), ⑤「우리 전평대표는 세계근노대중 압혜 민족의 슯흠을
호소」(1947년 7월 2일), ⑥「우리나라의 압길을 바라보며」(1947년 7월 16일),
⑦「개인주의와 집단주의」(5회 연재, 1947년 7월 23일~8월 20일), ⑧「세계민청
축전 관방긔」(9회 연재, 1947년 10월 12일~12월 17일), ⑨ "Koreans at Youth
Festival"(1947년 11월 19일), ⑩「우리나라의 압길을 바라보며」(1947년 7월 16일),
⑪「미국에 계신 동무께」(1947년 12월 31일), ⑫「우리 민족의 명예를 위하야」(6
회 연재, 1948년 1월 14일~2월 18일) 등.

그 밖의 민간설화)』라는 독일어 저서를 발행하였다. 또한 체코의 한국학 연구 창시자라 불리는 풀트르Alois Pultr(1906~1992)와 공동으로 김남천金南天(1911~1953)의 소설『大河(대하)』를 체코어로 번역하여 프라하에서 출간하였다.[101] 1949년에는 체코어로 쓴『Korea včera a dnes(조선의 어제와 오늘)』이라는 저서가 프라하에서 간행되었는데[102] 이 책은 한국의 역사를 유럽에 최초로 알린 개설서에 해당한다고 생각된다.[103]

한편 1947년 프라하에서 개최된 여러 국제행사는 한흥수와 북조선을 연결해주는 중요한 고리 역할이 되었을 것으로 추정된다. 그는 김일성의 측근으로서 북조선인민위원회 상임위원이며, 북조선민주여성동맹 중앙위원회 위원장으로 활약하고 있었던 박정애朴正愛(1907~?)를 국제민주여성연맹(WIDF, Women's International Democratic Federation) 대표 대회(2월 22일~26일 개최)에서[104] 가까이 지낼 수 있었다. 국제직업연맹(WFTU, World Federation of Trade Unions) 총회(6월 13일~17일 참가)에는 북조선과 남조선의 대표가 각각 초청을 받았다.[105] 북조선 대표로 최경덕(북조선노동조합 위원장 겸 북조선

---

101) 한편 당시 국내 신문에서는 소설『대하』가 독일어로 번역되었다고 잘못 전해지기도 하였다(『자유신문』 1947년 6월 7일, 「김남천씨 「대하」 「체코」서 독어출판」 참조).

102) 야로슬라브 올샤, jr., 2011, 「한국을 여행한 7명의 체코인 이야기」, 『1901년 체코인 브라즈의 서울 방문』, 198쪽, 206쪽 주 83 참조. 이 책의 독일어 본으로 추정되는 단행본(제목 : Korea - Seine Vergangenheit und Gegenwart. Geschichtlicher Ueberblick von der Praehistorie bis Anfang des 20. Jh.)이 마이크로필름 형태로 국사편찬위원회에 소장되어 있다(청구기호 : 문서925 독69 v.128).

103) 이 책의 목차에 대해서는 Jaroslav Olša, jr.(2014, 53쪽) 및 전경수(2015, 414쪽, 주 10)를 참조 바람. 한흥수는 이 책의 원고를 독일어로 작성되었는데, 후베르타 알게르미센에 의하여 체코어로 번역되어 1949년에 초판(1952년 재판)이 출판되었다(전경수, 2015, 26~27쪽).

104) 박정애의 대회 참가와 관련된 사항에 대해서는 다음을 참조 바람. 1947, 「북조선 민주女性同盟중앙위원회위원장 박정애여사에게」, 『국제민주여성연맹 대회 문헌집』.

인민위원회 상임위원)과 원동근(북조선노동조합중앙위원회 간부)이 참석하였다. 그리고 세계민주청년연맹(WFDY, World Federation of Democratic Youth)이 주도한 국제청년축전(7월 20일~8월 17일 참가)에 왔던 북한 참가자과 함께 어울리며 즐거운 시간을 보내는 기회를 얻기도 하였다.106)

"나는 밤늦도록 우리 동포들과 호텔에서 피곤한 우리 대표들 생각은 하지 않고, 염치없이 고향 소식을 듣고 있었다. 김일성 위원장께서 필자에게 보내는 친절하고도 인정미 있는 친서에는 각골명심한 말씀들이 들어 있었다. 나는 외지에서 우리나라를 위해서 한 일이 없음을 새삼스럽게 느꼈다." [『독립』 1947년 7월 2일, 한흥수, 「우리 전평대표는 세계근노대중 압헤 민족의 슬흠을 호소」]

국제직업연맹 총회에 참석한 북조선 대표는 6월 13일 프라하에 도착하였고, 그날 한흥수는 북조선인민위원장 김일성이 보내온 친서를 받았다. 이 과정에서 김일성의 가까운 측근으로서 국제민주여성연맹 대회에 참석하였던 박정애가 관여되었을 것으로 보이지만, 개인적으로 받은 친서인 만큼 그 내용은 구체적으로 알려지지 않았다. 아마도 거기에는 한흥수에게 보내는 격려의 말과 함께 그를 평양으로 초청하려 한다는 뜻이 들어 있었다고 짐작된다. 그리고 이를 계기로 한흥수는 북조선을 위하여 자신이 해야 할 역할이 무엇인지에 대하여 분명한

---

105) 남조선 대표는 이인동(남조선노동조합 전국평의회 부위원장)과 한철(남조선노동조합 전국평의회 감찰위원장)이었고, 박동호(역사가)와 장진광(미술가)을 동반하였다. 『독립』 1947년 10월 12일, 한흥수, 「세계민청축전 관방긔」.

106) ① 『독립』 1947년 3월 19일, 한흥수, 「전세계 여성 대표 앞에 조선여성의 기백을 보인 박정애 이한라 양대표」, ② 『독립』 1947년 7월 2일, 한흥수, 「우리 전평대표는 세계근노대중 압헤 민족의 슬흠을 호소」, ③ 『독립』 1947년 10월 12일, 한흥수, 「세계민청축전 관방긔」 참조.

결정을 내렸으리라.

"전번 직업동맹위원들이 올 때와 달리 민청 대표들이 꼭 올 것을 알고 기다리는지라 그리 안타깝지 않았으나 기다리는 필자에게는 하루 가는 것이 지루하기 짝이 없었다. 이번에는 국제청년대축전 준비위원회와 연락도 제대로 되어 있어 우리 대표 일행이 7월 20일 오후 6시에 왈소에서 오는 특급열차로 도착된다는 것까지 미리 알 수 있었다. 〈중략〉 체코 청년들이 불러주는 환영 노래에 우리 대표들은 「김일성 장군의 노래」를 열심히 불러 대답하였다. 이 노래는 내 난생 처음으로 듣는 노래였지만 웬 일인지 귀에 익은 듯하고 가슴에 사무치는 데가 있는 노래였다. 이와 같이 감격과 흥분의 첫 순간이 지난 뒤에야 우리 일행은 필자와 사담을 시작하게 되었다. 그 중에는 요인들의 편지를 전달하는 이도 있고 동문수학한 친구의 동생도 나서고 친지들의 소식을 전해주는 이도 있었다." [『독립』1947년 10월 12일, 한흥수, 「세계민청축전관방긔」]

김일성의 친서를 받은 이후, 약 한 달이 지날 무렵 한흥수는 국제민청축전에 참가하는 북조선 참가자들을 만났다. 그 사이 한 달 정도의 기간 동안, 한흥수는 북조선으로부터 좋은 소식을 듣고 싶은 그날만을 간절히 기다렸다. '요인들의 편지'를 전달받은 대상이 구체적으로 누구였는지 확인할 길은 없지만, 한흥수가 바로 그 가운데 한 사람이었을 가능성은 매우 높다.

1936년 봄 유럽 유학의 길을 떠났던 한흥수는 1947년경까지 약 12년 동안 그곳에 체류하면서 독일 히틀러 정권의 오스트리아 병합과 제2차 세계대전의 역사적 현장을 직접 체험하였다. 정치적 상황이 변할 때마다 그의 거주지도 4개국을 넘나들며 비엔나(오스트리아), 베른(스위스), 프리부르(스위스), 베를린(독일), 프라하(체코슬로바키

아) 등으로 변경되었다. 그리고 조국의 민족 해방을 유럽에서 지켜보았던 그 인생의 마지막 정거장은 북조선 평양으로 귀착된다. 한흥수의 입북과 관련하여, 송도고등보통학교 시절, 그와 절친하게 지냈던 유동주劉東周(1907~1988)는 다음과 같은 증언을 남겼다.

"(1947년) 그해 가을 흥수군이 바르샤바 우리집을 방문했다. 흥수군은 몸이 퍽 약해져서 우리집에서 얼마간 요양한 후 흥수군은 프라하로 돌아가 평양으로 갈 준비를 했다. 흥수군은 겨울에 시베리아 급행열차를 타고 모스크바를 경유해 평양에 도착했다. 평양역에는 개성에 있던 두 아들이 나와서 그를 맞이했다고 한다. 나는 그 이후에 텔레비전 뉴스를 통해 외국대표단을 접대하는 흥수군을 몇번 보았다. 흥수군이 인편에 소식을 보내왔는데 『몸이 바스러질 때까지 조국을 위하여 일하겠다』는 내용이었다." [유동주(증언), 고송무(정리), 1989, 「소만국경에서 바르샤바까지. 폴란드 교포의 체험기」, 『월간중앙』 1989년 5월호, 450쪽]

한흥수가 『독립』에 마지막으로 투고한 글은 1947년 11월 7일에 작성되었다.[107] 지난 6월 13일에 김일성의 친서를 받은 다음, 그의 정확한 입북 일자는 자세하게 알려진 바가 없다. 북조선에 들어온 이후, 그는 '북조선로동당'으로부터 번역권을 위임받아 『교형수의 수기』라는 책을 1949년에 간행하였다.[108] 이 책에 실린 '역자의 말'이 1948년 8월 31일에 작성된 점, 그리고 번역에 소요된 기간으로 가늠할 때, 그는 1947년 말 또는 1948년 초 무렵에는 이미 입국한 상태였음을

---

107) 『독립』 1948년 2월 18일, 한흥수, 「우리 민족의 명예를 위하야(제6)」.
108) 책의 저자인 유리우쓰·푸칙은 체코슬로바키아의 언론인이자 나치스에 저항했던 애국지사였다. 제2차 세계대전이 끝난 뒤, 그의 아내(구스-타·푸칙고바)는 유리우쓰·푸칙이 프라하 교외의 감옥에 수감 중 쓴 그의 글들을 정리하여 책을 간행하였다. 유리우쓰·푸칙은 1943년 베를린 나치재판소에서 사형선고를 받고 처형당하였다. 유리우쓰·푸칙(한흥수 역), 1949, 『교형수의 수기』 참조.

알 수 있다.

1948년 11월 초, 한흥수는 '물보'의 위원장으로 임명되었다.[109] 이듬해 1월에는 조선력사편찬위원회의 위원 및 원시사 분과위원회의 위원으로 임명을 받았다.[110] 여기서 한 가지 흥미로운 점은 '물보'라는 조직 내에서 한흥수가 도유호보다 상위에 있는 직책을 맡게 되었다는 점이다. 도유호는 한흥수보다 5년 정도 빨리 박사학위를 받았고, 해방 이후에는 공산당에 입당하여 활동한 경력도 있으며, 1947년 10월에는 김일성대학 역사문학부의 고고학 강좌장으로 임명을 받았다. 이런 점으로 가늠한다면, 도유호도 '물보'의 위원장직을 맡을만한 이력을 충분히 지녔다고 볼 수 있겠지만, 김일성 내각은 한흥수를 '물보' 위원장으로 임명하였다.

해방 이후 2년이 넘도록 유럽에 체류하였던 한흥수는 그곳에서 다양한 활동을 펼쳤다. 비엔나대학의 조교수를 역임하였고(『독립』 1946년 12월 26일), 민속설화에 관한 단행본『Zwölf Monatsgeschichten und andere Volkserzählungen aus Korea(한국에 전해오는 열두 달 이야기와 그 밖의 민간설화)』를 비엔나에서 간행하였다. 체코어로 번역한 소설『大河(대하)』는 프라하에서 출판되어 주목을 받았다. 미국에서 발행되고 있었던 신문『독립』에는 약 1년 3개월에 걸쳐 수십 편에 달하는 그의 글이 게재되었다. 당시『독립』은 남한의 이승만과 미군정美軍政에 대하여 매우 비판적인 내용이 담긴 글을 자주 게재하였다. 반면에 거기에는 북조선을 옹호하는 우호적인 논지가 강하게 표명되

---

109) 「조선물질문화유물조사보존위원회 임명에 관하여」(내각지시 제49호, 1948년 11월 5일). 한편 도유호는 한흥수의 글을 비판하면서 '韓 敎授' 또는 '韓興洙 敎授'라고 지칭하였는데, 한흥수가 언제 김일성대학 교수로 임명되었는지에 대해서는 아직까지 확인하지 못하였다. 도유호, 1950a, 「선사학의 유물사관적 고찰을 위한 몇개의 기본문제(상)」, 『력사제문제』 15, 66쪽 참조.
110) 「조선역사편찬위원회의 조직 및 기본과업에 관한 결정서」(내각지시 제8호, 1949년 1월 14일).

고 있었다. 따라서 그런 신문에 글이 실렸다는 사실 자체는 당시 북조선의 입장에서 그를 평가할 때 유리하게 작용되었다고 볼 수 있다.

제2차 세계대전 이후, 공산주의자들이 체코슬로바키아를 장악하고 있었던 분위기 속에서 1947년에는 여러 차례의 국제 행사가 프라하에서 열렸고, 북조선은 세 차례에 걸쳐 대표단을 파견하였다.[111] 외국 문물을 직접 대하기 어려웠던 당시 여건을 고려한다면, 머나먼 유럽 땅 프라하에서 한흥수를 만났던 북조선 대표단은 그의 남다르게 보이는 능력과 활약에 대하여 좋은 인상을 갖게 되었을 것이다. 그리고 이와 같은 여러 가지 점들은 한흥수가 '물보'의 위원장으로 선택되는 논의 과정에서 상당히 긍정적으로 이바지하였으리라 생각된다.

도유호와 한흥수의 학술 논쟁

한흥수의 논문, 논쟁의 빌미가 되다

1936년 8월 중순 도유호와 한흥수는 비엔나에서 처음 만났다. 1938년 봄 독일의 오스트리아 병합을 계기를 그 둘은 서로 떨어져 지내게 되었으며, 두 사람이 다시 만난 것은 1947년 말(또는 1948년 초) 무렵의 평양이었다. 비엔나에서 처음 만남이 이루어진 때부터 어느덧 12년 정도의 시간이 지나갔다. 세월의 흐름과 더불어 조국의 정치적인

---

111) 이런 점 등을 고려하여, 정병준은 당시 한흥수가 재미 한인의 진보 진영 인사들이 북한으로 귀국하는데 통로 역할을 하였다고 언급한 바 있다(정병준, 2012, 「현엘리스 이야기 : 어느 진보주의자의 삶과 파국적 종말」, 『역사비평』 99 참조). 그러나 한흥수의 개인적인 입장에서는 자신의 입북 문제 해결이 현실적으로 더 중요했으며, 통로 역할을 할 만큼의 인맥이나 여력을 제대로 갖추지 못했던 것으로 생각된다.

상황에도 큰 변화가 일어났다. 남녘에는 대한민국, 북녘에는 조선민주주의인민공화국 정부가 각각 들어섰다. 그리고 평양에서 한흥수는 '몰보' 위원장으로서, 도유호는 '물보'의 고고학 부장으로서, 둘은 서로 자신들의 학문적 성향을 명확하게 드러내며 한 치도 양보할 수 없는 논문을 발표하였다.[112]

　　논쟁의 빌미를 먼저 제공한 것은 한흥수의 논문이었다. 체코에서 북으로 돌아온 한흥수는 1948년 8월 「원시사회사 연구에 관한 각서」(『력사제문제』 2)라는 제목의 논문을 발표하였다. 여기에서 한흥수는 1930년대 중반 무렵 『비판』에 게재한 몇몇 논문에서와 마찬가지로, 원시사회사가 인류 역사의 연구에서 중요한 위치를 차지함으로 원시사회사를 체계적으로 연구하려면, 고고학을 포함해서 인류학, 민속학, 언어학 등이 서로 긴밀한 관계를 맺어야 한다고 서술하였다. 반면에 유학을 떠나기 이전에 자신이 강하게 거론하였던 '조선적 특수성'에 연연하지 않고, "조선의 원시사회라고 해서 거기서 조선적 특수를 찾아내려고 애써서는 헛수고일 것이다"라고 이야기하였다.[113] 다시 말해서 조선 원시사회에 있어 씨족제 붕괴의 가장 중요한 요인을 이민족인 한족漢族의 도래로 보았던 과거의 관점에서 벗어나, 원시사회의 내적 모순 곧 생산력의 발전과 생산 및 소유 관계의 대립 등으로 원시적 공산사회가 무너졌던 것으로 보았다.

---

112) 두 사람의 논쟁과 관련하여 발표된 글을 발표 연월에 따라 순서대로 정리하면 다음과 같다. ① 한흥수, 1948, 「원시사회사 연구에 관한 각서」, 『력사제문제』 2(1948년 8월), ② 한흥수, 1949, 「민족문화유산의 계승에 관한 제문제」, 『문화유물』 1(1949년 12월), ③ 한흥수, 1950a, 「조선원시사연구에 관한 고고학상제문제」, 『력사제문제』 15(1950년 2월), ④ 도유호, 1950a, 「선사학의 유물사관적 고찰을 위한 몇개의 기본문제(상)」, 『력사제문제』 15(1950년 2월), ⑤ 도유호, 1950b, 「선사학의 유물사관적 고찰을 위한 몇개의 기본문제(하)」, 『력사제문제』 16(1950년 3월), ⑥ 한흥수, 1950b, 「조선민속학의 수립을 위하여」, 『문화유물』 2(1950년 4월).

113) 한흥수, 1948, 130쪽.

"「인류사회의 특성은 노동뿐이다」라는 직관적 유물론자의 주장에도 우리는 찬성할 수 없다(120쪽) 〈중략〉 그리고 원시사회에서 되는 집단 노동이란 예는 고대 급及 최초의 봉건주의 사회에서보다 더 희유稀有한 현상이며, 사회화된 생산은 태무殆無했던 것이다(121쪽) 〈중략〉 그런데 생산과 소유의 관계가 원시적인 무계급사회에서는 계급사회의 그것 과 정반대로 되어 있었다. 다시 말하자면 원시사회에서는 소유는 공동 적이요 생산은 개별적으로 되어 있었다(122쪽) 〈중략〉 인간은 최초에 자기 개체의 힘이 미약했으므로 집단생활을 하지 않을 수 없었다. 그런데 이 사실은 벌써 본래의 상태를 전도시킬 내적 모순의 근원이었 다. 이것이야말로 인간생활을 저급한 계단으로부터 고급한 데로 인도 하는 기동력이다. 그러면 무엇이 원시적 인간으로 하여금 그들의 원시 적 집단노동을 그만두게 하였던가. 그것은 그들의 씨족과 집단적 노동 생활 간에 대립을 일으키는 산아(번식)의 비사회적 본성이었다. 〈중 략〉 산아의 불균등은 씨족과 집단생활의 이해관계를 부조화하게 만들 어 놓았다. 〈중략〉 이 대립은 결국 인류사회 초기의 집단생활에 절대로 필요했던 집단노동을 영속되지 못하도록 했던 것이다. 〈중략〉 이러한 비사회적 경향에도 불구하고 원시사회가 더 향상된 사회형태로 발전 을 가능하게 하는 원인은 첫째로 산아율이 자연법칙에 의해서 제한되 어 있기 때문이며 둘째로 본래 개인 간의 성별과 연령과 재능의 차이 등에서 분업이 점점 사회화되었기 때문이다. 〈중략〉 혈족 자체만으로 는 아직 경제적 조직체라고 볼 수 없다. 그러나 혈족은 원시인들의 생산관계를 성립시키는 데는 유일한 기본단위였다. 〈중략〉 원시사회 에서는 혈연관계야말로 사회적 생산의 제일위적第一位的 전제조건이었 던 것이다. (그러니까 혈족을 상층구조체로 보는 것은 옳지 않다.) 이러한 관계에서 원시사회에 생산수단의 집단적 소유가 발생되었다 (125~126쪽). 〈중략〉 따라서 혈족을 기본으로 하는 노동의 생산력도 자라났다. 그러니까 원시사회의 그 본래의 저급한 발전 계단은 향상되고 있는 생산제력生産諸力의 발전에 장애가 되고 결국에는 새로운 사회 제도가 필요ㅎ게 되었던 것이다. 이러한 경우에 혈족이란 인간집단을 생산제력의 발전에 화해할 수 없는 대립관계를 가지게 마련이다. 그리고 이것은 원시사회의 생산과 소유의 관계를 더한층 격화된 알력으로 인도하고 원시적 공산사회를 전도시키는 원인으로 되었던 것이다(127쪽)." [한흥수, 1948, 「원시사회사 연구에 관한 각서」, 『력사제문제』 2, 120~127쪽]

한흥수는 원시적 무계급사회에서 사회 구성원들은 자연의 위력 앞에 미약한 존재였기 때문에, 그들은 반동물적半動物的 본능으로 집단 생활을 할 수밖에 없었고, 이로 인하여 사회화된 생산 관계가 이루어지지 않았던 것으로 파악하였다. 따라서 집단적 생활을 하였던 원시적 무계급사회의 생산 관계에서는 "개개인의 연령과 성별과 기술에서 생기는 생산과 소유 간의 모순을 배제시킬 조직의 힘이 없었고"[114] 그에 따라 소유는 공동적이고, 생산은 개별적이라고 설명하였다. 이와 아울러 그는 원시사회의 사회적 생산 관계에서 가장 중요한 전제 조건이 되었던 것은 혈족관계였으며, 혈족관계라는 기본단위를 기반으로 노동의 생산력이 성장했다고 주장하였다. 따라서 혈족의 개념을 상층구조체上層構造體, 곧 사회 구조와 제도 등을 포괄하는 상부구조 (superstructure)의 범주[115]에 속하는 것이 아니라, 물질적 생산 활동의 토대가 되는 것으로 규정하였다. 또한 원시사회에 있어 분업이 사회화 되었던 요인은 비사회적 본성인 원시집단의 산아율과 밀접한 관계가 있었던 것으로 이해하였다. 그는 원시사회의 발전 과정에서 이와 같은 대목들이 매우 중요한 역할을 하였던 것으로 판단하였다. 그런데 도유호는 바로 이들 문제에 관련된 반론을 집요하게 제기하였는데, 이에 대해서는 뒤에 가서 좀 더 자세히 살펴보기로 하겠다.

---

114) 한흥수, 1948, 123쪽.
115) 손성철, 2008, 『헤겔 & 마르크스. 역사를 움직이는 힘』, 151~168쪽.

한편, 한흥수는 고고학적 출토품을 가지고 인종형人種型을 구분하여
문화의 우열을 따지려는 인종주의자들을 가리켜, "범죄적 학설을
전파하는 역사 위조자들"이라고 강하게 비판하였다. 인종 우월론에
근거한 코시나[116]학파의 학설을 비롯하여, 출토품의 형상形狀에 따라
서 문화형文化型 또는 문화권文化圈을 내세우는 것 등은 모든 제국주의적
침략 정책에 역사적 근거와 이론적 원조를 제공하기 때문에, 원시사회
사 연구를 제대로 하려면 그와 같은 것들을 모두 경계해야 한다고
비판하였다.[117] 그러면서 문화형이나 문화권, 또는 문화가치[118]의
개념으로 인류 사회의 발전 과정을 나열하는 관념론자들의 꼬임에
말려들지 않아야 한다고 언급하였다.

"이러한 범죄적 학설을 전파시킨 학자들은 으레이 원시사회의 진상을
위조하는데 연구목적을 가지고 있었다. 역사 위조자들은 먼저 원시사
회사의 연대보年代譜와 문화 분류를 위조하는 데서부터 그들은 연대와
문화를 분류할 때에 인류사회 발전과정의 척도가 되는 인류사회의
경제적 형태를 표준으로 하지 않고, 학술적으로 규정하기 어려운 인종
형 (아리어니 게르만이니 하는) 혹은 문화형 심지어 출토품의 형상에

---

116) 코시나(Gustaf Kossinna, 1858~1936)는 물질문화에서 보이는 유사성과 차이는
인종적인 종족성을 반영한다고 주장하였다. 또한 발전된 문화는 생물학적으로
우월한 집단의 이동에 의해서만 퍼질 수 있다고 보았으며, 고대 독일인은 인종적
순수성을 유지하여 인도유럽어족 가운데 가장 재능이 뛰어나고 창의적인 민족
이 되었다고 언급하였다. 코시나의 학설은 1933년 나치가 정권을 잡으면서
나치 조직의 이데올로기적인 정책을 고취시키는 데 이용되었다. 브루스 트리거
(성춘택 옮김), 2010, 232~238쪽 참조.

117) 한흥수, 1948, 127~130쪽.

118) 리케르트(Heinrich Rickert, 1863~1936)에 따르면, "문화가치는 보편적으로 인정
되고 있는 사회적 가치로서, 특정한 (역사적) 공동체에서 모든 사람들이 공통적으
로 인정하는 가치이다. 교회, 종교, 민족, 법률, 국가, 경제, 과학, 예술 등의
가치가 공동체에서 공통적으로 인정하는 가치다." 이상엽, 2007, 「해제 : 리케르
트의 문화과학론과 철학의 과제」, 『문화과학과 자연과학』(하인리히 리케르트/
이상엽 옮김), 258쪽 참조.

따라서 문화와 문화기文化期의 명칭을 설정해가지고 임의의 종족과 결부해서 문화의 우열을 따지려 했다. 〈중략〉 더구나 "목마牧馬"니 "석부石斧"니 "토기" 같은 것은 몇 대씩 변함이 없이 〈중략〉 따라다니는 인간생활의 속성적 존재는 될 수 없는 것이다. 〈중략〉 요ㅎ건데 「문화형」이니 「문화권」이니 하는 따위의 범규範規는 문화에다 발전성 대신에 「문화가치文化價値」라는 "틀"(櫃 추)을 들씌워 가지고 인류역사 발전 과정 중에 보이는 모든 현상을 그저 나열 분류하는 데만 만족하는 이들이 사회발전의 발생학적 법칙을 무시하려는 수단으로 만들어 놓은 현학적衒學的 유희遊戲이다. 관념론자들이 제 아무리 노련하다 하더라도 이 같은 전술戰術은 승승장구하는 유물사관 앞에서 행하는 최후의 유치작전誘致作戰에 불과한 것이다." [한흥수, 1948, 「원시사회사 연구에 관한 각서」,『력사제문제』2, 128쪽, 130쪽]

1948년 11월 '물보'의 위원장으로 임명된 한흥수는 「민족문화유산의 계승에 관한 제문제」라는 글을『문화유물』창간호(1949년 12월)에 게재하였다. 그 글에서 한흥수는 스탈린이 규정한 민족의 개념에 의거하여, 민족은 역사적 산물로 형성되며, 개별 민족의 특징적인 요소는 언어, 지역, 경제생활, 문화의 심리적 공통성으로 이루어진다고 설명하였다. 그리고 민족 문제에 대한 이러한 과학적 인식을 바탕으로 마르크스-레닌주의에 입각한 선진적인 소비에트의 경험과 문화 및 과학과 기술 등을 배워가며, 조선의 민족문화119)가 애국적이고 건설적인 방향에서 보존, 계승, 발전되어야 한다고 언급하였다.

---

119) 「민족문화유산의 계승에 관한 제문제」(1949, 32쪽)라는 글에 "우리 민족문화는 우리의 인민의 건전한 취미와 감정과 도덕적 욕구에 합치되어야 한다"는 표현이 있는데, 이와 똑같은 구절이『문화유물』「창간사」에도 들어 있다. 이러한 점으로 추론할 때, 「창간사」의 작성에 '물보'의 위원장이었던 한흥수가 깊이 관여하였을 것으로 짐작된다.

"문화의 「순수성」을 믿는 사람들은 소위 「문화의 계통」만을 찾으려고 신경과민이 되어 있다. 그들은 문화현상에서 인류사회 발전의 법칙을 무시하고 모든 문화들은 서로 다른 「계통」에서 출발해서 발달되었다고 생각한다. 그리고 그들은 문화현상을 연구하는 데는 계통을 밝히는 것이 가장 필요하다고 믿고 또 「계통」만 밝히고 보면 「문화의 순수성」은 드러나는 자禔이므로 역시 존재한다고 주장한다. 그러나 우리는 전장前章에서 모-든 문화는 언제든지 그 전대前代에 있던 문화들의 종합체에서 발전된 것이니까, 소위 문화의 「순수성」이라는 것은 있을 수 없다고 것을 보았다." [한흥수, 1949, 「민족문화유산의 계승에 관한 제문제」, 『문화유물』 1, 25쪽]

한흥수는 개별 민족의 문화적 순수성이란 것은 결코 존재하지 않는다고 이해하였다. 그는 한 민족이 역사적으로 형성되는 과정에서 다른 민족과의 문화적 교류와 접촉을 경험하기 때문에 순수 문화론을 주장하는 민족주의자들의 환상에서 벗어나야 한다고 보았다. 따라서 문화의 계통을 추적하여 자기 민족 문화의 순수성만을 찾으려는 것 자체가 허황된 논리에 지나지 않는다고 언급하였다. 그러면서 "한 종족이 자기 것보다 더 높은 수준의 문화에서 영향 받았다는 사실이 괴이할 이유가 무엇이며, 부끄러울 것이 무엇인가! 민족 간의 이와 같은 문화적 교류는 오히려 당연한 일이며 필연必然한 일이다"라고 말하였다.120)

앞에서 살펴본 것처럼, 한흥수는 1948년 8월에 「원시사회사 연구에 관한 각서」(『력사제문제』 2)를 발표하였고, 1949년 12월에 「민족문화유산의 계승에 관한 제문제」(『문화유물』 1)라는 글을 또 다시 발표하였다. 두 글에는 모두 문화권설을 정면으로 비판하는 내용이 공통적으

---

120) 한흥수, 1949, 27쪽.

로 실려 있지만, 거기에서 한흥수는 문화권설을 대변했던 그레브너, 슈미트, 코퍼스 등의 인명을 비롯하여 비엔나학파를 구체적으로 지칭하며 공격의 대상으로 삼지는 않았다. 고고학자로는 오직 코시나학파 정도만이 제국주의 침략에 이론적 근거를 주었던 인종주의자로 낙인이 찍혔을 따름이었다.[121]

도유호의 반론 : 변증법적 발전사관, 문화권설, 유물사관

1930년대 중반 한흥수는 몇 편의 글을 통하여, 조선 원시사회사와 석기시대 및 거석문화의 역사적인 성격을 제대로 이해하는데 있어 무엇보다 중요한 것은 유물사관에 입각한 방법론의 적용이라는 점을 여러 차례 강조한 바 있다. 그러나 도유호의 학문적 성향은 그의 그러한 관점과 상당히 달랐다. 예를 들어, 1940년대 초 「중국도시문화의 기원」을 발표하면서, 도유호는 슈미트와 코퍼스 등이 유물사관을 추종하는 유물론자로서 취급당하는 것 자체에 대하여 강한 불만을 드러내기도 하였다.

김일성대학에 제출한 「이력서」에서 도유호는 자신을 '공산주의자'로 기재하였으나, 문학부장의 「조사서」에서 그의 사상 경향은 '진보적'이라고 평가를 받았다. 당시 「조사서」를 작성한 박극채는 조사대상자(문학부 교원)의 사상 경향을 "맑스주의자(또는 맑스레닌주의자), 맑스주의적 방향, 진보적, 진보적 방향" 등과 같이 크게 네 가지 유형으로 구분하여 기재했는데, 여기서 도유호는 '맑스주의자'로서 평가를 받지 못하였다. 도유호는 1946년 4월 조선공산당에 입당하여 인민당 프락치로 몇 달 동안 활동한 경력은 있지만, 그 정도의 이력만

---

121) 한흥수, 1948, 128쪽.

을 가지고 박시형이나 김석형의 경우처럼[122] '맑스주의자'라고 평가를 받기란 쉽지 않은 일이었을 것이다.

조선민주주의인민공화국이 선포된 이후, 북한 학계에는 선진적인 마르크스-레닌주의적 방법론에 근거하여 민족의 역사와 문화를 조사 연구하고 전승시켜야 한다는 바람이 거세게 불어 닥치고 있었다. 소비에트 학계의 동향과 연구 성과를 비교적 자주 수록하였던 『력사제문제』나 『문화유물』 등을 통하여 그러한 분위기를 잘 엿볼 수 있다. 따라서 해방 이전 유물사관과 동떨어진 학문 세계를 견지했던 도유호[123]는 앞으로 자신이 나가야 할 방향과 입장을 정리하는데 있어 여러 가지로 많은 생각을 하였으리라 짐작된다.

이러한 현실적인 상황에서 한흥수는 문화권설을 내세웠던 이들을 부르주아 고고학을 대변하는 학자로 지목하며, 그런 관념론자들의 이론과 주장은 상승일로에 있는 유물사관 앞에서 조만간 수명이 다하여질 것이라고 단언하였다. 문화권설의 부당성을 지적한 한흥수의 두 글(「원시사회사 연구에 관한 각서」 및 「민족문화유산의 계승에 관한 제문제」)에서 도유호의 이름은 직접 거명되지 않았다. 그렇지만, 도유호는 한흥수가 제기한 발언의 목적지가 분명히 자신을 겨냥하거나 또는 자신의 장래 신상 문제와 밀접하게 관련되어 있다는 점을 마음 깊이 느끼고 있었으리라. 그런 한편 「중국도시문화의 기원」에서 조선어에 오스트로아시아어계의 어휘가 많다고 언급한 것[124]을 가지고, 도유호를 가리켜 비非마르크스적이라고 논박을 하는 이도 있었다.[125] 따라서 마르크스-레닌주의 이론을 기반으로 조선 원시사회사

---

122) 『김대, 교원이력서, 문학부』 참조.

123) 예를 들어, 슈미트와 코퍼스가 경제적인 측면에서 원시문화의 여러 현상을 고찰하였다고 해서, 그들을 가리켜 유물론자라고 비판하는 시각에 대하여 도유호는 강한 불만을 제기한 바 있다(도유호, 1941, 「중국도시문화의 기원(3완)」, 『진단학보』 14, 166쪽.

124) 도유호, 1940, 「중국도시문화의 기원(1)」, 『진단학보』 12, 178쪽 주 8.

가 새로운 시각에서 연구되어야 함을 힘주어 다짐했던 한흥수의 글, 곧 「원시사회사 연구에 관한 각서」는 도유호에게 적지 않은 충격을 던져주었던 것으로 생각된다. 도유호는 그 글을 읽으며, 한흥수의 각서에 함축된 의미가 도유호 자신에게 상당히 좋지 않은 악재惡材가 되리라는 사실을 직감하였을 것이다.

1950년 2월, 도유호는 「선사학의 유물사관적 고찰을 위한 몇개의 기본문제」라는 제목의 논문을 『력사제문제』 15집(1950년 1집)에 발표 하였는데, 글의 분량이 많아 일부는 그 다음호에 게재되었다. 도유호 는 이 논문에서 「원시사회사 연구에 관한 각서」에 수록된 내용을 대상으로 비판의 초점을 맞추며 자신의 입장을 전개하였다. 한흥수의 각서보다 약 1년 6개월 뒤에 발표되었고, 본문의 서술 분량(전체 71쪽) 도 각서의 경우(전체 16쪽)보다 훨씬 많은 점으로 보아 도유호는 이 논문을 작성하는데 적지 않은 준비와 노력을 기울였다고 생각된다.

"선사학이란 문자로 기록된 사료를 적용할 수 없는 시대의 인간의 역사를 연구 대상으로 하는 학문의 칭稱이다. 좀 더 적당하게 표현된 용어를 쓴다면 「원사학原史學」이라고 하는 것이 좋을 것이다. 최근 「원시사」라는 용어도 사용되고 있다. 그러나 선사학이니 선사시대니 하는 재래의 용어에 그렇게 큰 결함이 없는 만큼 여기서도 재래의 용어를 그냥 사용하기로 한다." [도유호, 1950a, 「선사학의 유물사관적 고찰을 위한 몇개의 기본문제(상)」, 『력사제문제』 15, 57쪽]

위와 같이 시작되는 글에서 도유호는 '원시사'라는 용어 대신에

---

125) 도유호, 1950a, 「선사학의 유물사관적 고찰을 위한 몇개의 기본문제(상)」, 『력사 제문제』 15, 86쪽. 예를 들어, 조선어에 남아시아의 오스트로아시아어계 (Austroasiatic languages) 요소가 많다는 도유호의 시각은 당시 마르크스주의의 언어학을 주도하였던 마르(N.Y. Marr)의 관점에 배치(背馳)된다. 이에 대해서는 이 책(3부)의 주 22) 참조 바람.

'선사학 또는 선사시대'라는 용어를 그대로 사용하겠다고 뜻을 밝혔다. 또한 그는 과학적인 유물사관의 입장에서 선사학을 연구하는 것이 마땅하지만, 선사학을 유물사관적 견지에서만 고찰한다는 것은 쉬운 일이 아니기에, "어떻게 하면 변증법적이며 유물론적인 고찰을 할 수 있으며 어떻게 하면 올바른 견해를 가질 수 있는가에 대한 나의 노력의 일부를 감히 내놓는 바이다"라고 말하였다.[126] 이를 통해서 우리는 그의 학문적 성향에 변화가 일어나고 있음을 충분히 짐작하게 된다. 그 변화의 범주에는 문화권설, 변증법적 발전사관, 그리고 유물사관 사이의 상호 접목이 수반되었다.[127]

"나는 소위 「문화권설」의 소굴이라고 칭하는 원나대학에서 배운 자이다. 따라서 내가 문화계통을 운운하면 곧 나를 원나학파에 속하는 자라고 보는 것도 무리는 아니다. 그런데 민주진영에서 선사학을 논하는 분은 일칭一稱으로 원나학파라면 가장 반동적인 것으로 보며 따라서 「문화권설」이라고 하면 손을 내여 흔드는 것은 어느 정도까지 하나의 전통이 되여버렸다. 그러나 그것은 무리가 아니다. 원나학파는 틀림없는 반동학파이다. 그들이 부르짖는 문화권설이며 그들이 자칭하는 「문화사학파文化史學派」 운운은 모두 반동적인 것이다. 그들에게서 직접 배워본 나 역시 그것은 잘 엿본 바이다. 그러나 그 자들이 한 소리 중에는 때로는 취할 것도 있다는 것을 나는 부정할 수가 없는 바이다. 맑스-레닌주의적 견지에 서려면 누구나 당연히 원나학파의 민속학이나 선사고고학과는 절연하여야 할 것이다. 그들의 반동학설이나 그들의 속된 경제사관적 기만欺瞞과는 단연斷然 손을 끊어야 한다. 그러나 그랬다고 덮어놓고 그들이 한 소리와는 모두 반대의 소리를 하여야만 된다는 것은 결코 아니다. 그런고로 나는 소위 「문화권설」이 반동자의

126) 도유호, 1950a, 57쪽.
127) 한창균, 2013, 91쪽.

198

학설이라고 하여서 문화계통의 동류同類 및 차이를 운운하는 것까지도 덮어놓고 꺼려하는 것은 잘못이라고 생각한다. 문화에 서로 계통이 같거나 다른 것이 있다는 것을 인식하는 것은 원시시대의 인류사를 연구하는 데에 가장 중요한 것 중의 하나이다. 그럼에도 불구하고 이 문제를 도외시하고서 우리는 과연 옳은 이론을 전개할 수 있을까? 그런데 사실상 알고 보면 이 문제는 원시시대의 발전사를 고찰하는데 있어서 생산양식에서 출발하는가 그렇지 않으면 혈연관계에서 출발하는가의 문제와 불가분적不可分的으로 관련되어 있는 것이다. 내가 보기에는 생산양식에서 출발한다면 문화에도 서로 계통이 다른 것이 있다는 것을 인정하지 않을 수 없는 바이다." [도유호, 1950a, 「선사학의 유물사관적 고찰을 위한 몇개의 기본문제(상)」, 『력사제문제』 15, 57쪽]

위 글에는 한흥수의 글을 비판하는 도유호의 관점과 논지가 잘 축약되어 있다. 도유호는 먼저 자신이 비엔나학파의 산실産室이었던 비엔나대학 출신이라는 점을 밝혔다. 그리고 마르크스-레닌주의적 입장에서 접근할 때, 문화권설이 비록 반동 학설이기는 하지만, 선사 문화의 서로 다른 계통을 제대로 이해하려면 거기에서 취할 것과 버릴 것을 올바르게 가려내는 일이 무엇보다 중요하다고 역설하였다. 또한 그는 그의 논문에서 '한 교수 또는 한흥수 교수'라고 한흥수의 이름을 마흔 번 정도 직접 거명하며, 강한 어조로 한흥수에 대한 비판의 날을 세웠다. 이제 그 맥점을 좀 더 가까이 들여다보며 핵심적인 비판의 내용을 하나하나 살펴보기로 하자.

"문화가 인간의 자연에 대한 투쟁을 의미하는 데서 출발한 개념이며 자연에 대한 투쟁은 또 먼저 생산에 있었다고 하여서 문화가 곧 생산이고 생산이 곧 문화인 것은 결코 아니다. 출발은 그러하였으나 문화는 차차 다른 면도 가지게 되었다. 어떠한 자연환경 속에서 무엇을 생산하였는가에 따라서 거기에 상응한 혈연관계 거기에 상응한 가족형태가 생겨났고 거기에 상응한 사회구조 및 습속이 생겨났다. 거기에 상응한 생활양식이 생겨났다. 거기에 상응한 세계관이 생겨났다. 그런데 이 모든 면은 다 문화에 포함되는 것이다." [도유호, 1950a, 「선사학의 유물사관적 고찰을 위한 몇개의 기본문제(상)」, 『력사제문제』 15, 60쪽]

도유호는 문화 현상이 자연환경과 밀접한 연관을 맺고 있는 것으로 보았다. 이에 대한 논리적 근거로 엥겔스Friedrich Engels(1820~1895)가 『가족, 사유재산, 국가의 기원』에서 언급하였던, "그러나 미개기未開期가 도래하면서 우리는 양 대륙의 불균등한 자연천품自然天稟이 작용하기 시작하는 계단에 도달한다"는 말을 인용하였다.[128] 다시 말해서 그는 엥겔스의 관점에 의거하여, 야만 상태(savagery)에서 미개 상태(barbarism)로 넘어가는 시기에 구대륙과 아메리카 대륙의 자연 조건이 서로 다르게 변하였으며, 이로 인하여 두 대륙에 살던 주민들도 서로 독자적인 길을 따라 상이한 발전을 이룩하였던[129] 것으로 이해하였다. 또한 문화는 서로 계통을 달리하며 분화分化되는 속성을 지니고 있기 때문에, 비록 재래在來의 문화권설이 반동적 학설이라 할지라도 "문화권설을 부르짖는 자들이 문화의 계통을 찾는 것 그 자체에는 잘못이 없는 것이다"라고 도유호는 항변하였다.[130]

"도대체 민속학 상에서 맨 처음 문화권설을 제창한 자는 그렙너 Graebner였다. 「그렙너」는 그런데 「채취경제」에서 「생산경제」(생산 이란 협의의 생산)로 넘어감을 따라 한쪽에서는 모권문화가 생겨나고

---

128) 도유호, 1950a, 62쪽.
129) 이에 대해서는 다음의 글을 참조하기 바람. 프리드리히 엥겔스(김대웅 옮김), 2012, 『가족, 사유재산, 국가의 기원』, 37쪽.
130) 도유호, 1950a, 60쪽, 62쪽.

한쪽에서는 부권문화가 생겨났다는 것을 주장하며, 동시에 또 두 개의 커다란 문화권을 인정하였던 것이다. 그 후 쉬밑과 콥퍼쓰 즉 소위 윈나학파의 거두라는 천주교승天主敎僧 두 사람이 그렙너의 뒤를 따라 와서는 소위 문화권을 자꾸 제조하여 내기 시작하였다. 그야말로 문화 권을 카톨릭적으로 남발하였다. 그러나 그것은 그렙너의 잘못은 아니 다. 〈중략〉 그가 거기서 「모권」과 「부권」의 기원을 경제적 원인에 찾은 것만은 부정할 수 없는 그의 공로功勞이다. 또 그가 거기서 양자의 계통이 서로 다르다고 본 것을 나는 도저히 잘못이라고 생각할 수 없는 바이다." [도유호, 1950a, 「선사학의 유물사관적 고찰을 위한 몇개의 기본문제 (상)」, 『력사제문제』 15, 62~63쪽]

위 인용문에서 읽을 수 있듯이, 도유호는 그레브너의 주장에 대하여 비교적 우호적인 입장을 취했던 반면, 그레브너의 문화권설에 근거하 여 여러 가지 유형의 문화권을 설정하였던 슈미트나 코퍼스에 대해서 는 매우 비판적인 평가를 내렸다. 특히 도유호는 모권과 부권의 기원을 경제적 원인에서 찾으려고 했던 그레브너의 주장에 대하여 긍정적인 평가를 내렸다. 그러면서 "한韓 교수가 원시사회의 생산관계를 생산과 정의 사회성에서 출발하여 논하지 않고 혈연관계에서 출발하여 논함 으로써 오류를 범하였으며, 이렇게 기본적인 오류를 범한 까닭에 문화에도 서로 계통이 다른 것이 있다는 사실을 망각하고 천편일률적 발전만을 논하였다"고 비판하였다.[131]

도유호는 채취 경제가 생산 경제로 전환되는 과정에서 재배와 목축 이라는 생산 형태가 지역적으로 분화되기 시작하였던 것으로 파악하 였다. 그는 남아시아 지역을 모권문화의 발상지로 간주하였으며, 그곳 에서 식물 재배의 주역을 담당하였던 여성의 사회적 지위가 차츰

---

131) 도유호, 1950a, 67쪽.

증대된 결과로서 모가장제母家長制가 확립되었던 것으로 이해하였다. 반면에 그는 목축의 발상지를 유라시아 대륙의 북부에 두었다. 그리고 채취 경제 단계의 수렵이 조직적으로 발전하는 과정에서 남성이 여성보다 경제적으로 우월한 지위를 갖게 되었고, 씨족의 역할이 강화된 부가장제父家長制가 확립되었던 것으로 보았다. 요컨대 도유호는 생산형태의 변화로 인하여 모권 또는 부권과 같은 혈연관계가 자연스럽게 유발되었다는 논리를 전개하면서, "혈족은 원시인들의 생산관계를 성립시키는데 유일한 기본단위였고, 원시사회에서는 혈연관계가 사회적 생산에서 가장 중요한 전제조건이었다"고 내세웠던 한흥수의 주장을 강한 어조로 비판하였다.132)

"한흥수 교수는 여기서 완전히 관념론자의 견지에 떨어지고 말았다. 엥겔쓰도 아직 원시인의 생산관계를 혈연관계의 기저基底 위에는 놓지 않았다. 엥겔쓰는 양자를 병립시켰음에 불과하다. 그런데 한 교수는 한걸음 더 나아가서 혈연관계의 지반地盤 위에 원시인의 생산관계를 실어 놓는다. 이것은 완전히 투른발트(Thurnwald) 프로이쓰(Preuss) 말리노브쓰키(Malinowski) 등등의 허다한 부르죠아 학자들과 같은 견지에 선 것을 의미하는 것이다. 투른발트나 프로이쓰가 쉬밑이나 콥퍼쓰를 「유물론자」라고 비난하는 이유는 무엇보다도 이 두 천주교승이 소위 「경제형태」를 혈연관계의 기저 위에 세우지 않는 데에 있다. 소위 「직능설職能說」의 제창자 말리노브쓰키는 원시인의 사회구조 그들의 경제적 정치적 모든 관계는 그들의 혈연관계(Kinship)에서 출발하지 않고는 이해할 수가 없다고 한다. 한 교수의 견해가 기본적으로 그들의 견해와 다른 점은 나변那邊에 있는가?" [도유호, 1950a, 「선사학의 유물사관적 고찰을 위한 몇개의 기본문제(상)」, 『력사제문제』 15, 66~67쪽]

---

132) 도유호, 1950a, 68~77쪽.

도유호는 원시사회의 생산관계를 혈연관계의 기반 위에서 설명하려고 하였던 투른발트Richard Thurnwald(1869~1954), 프로이스Konrad Theodor Preuss(1869~1938), 말리노프스키Bronislaw Malinowski(1884~1942) 등의 학설에 동조하지 않았다. 이러한 잣대를 적용할 때, 한흥수의 주장은 결국 부르주아 학자들의 학설을 대변하는 것에 지나지 않게 된다. 다시 말해서 도유호는 원시사회의 발전 단계를 고찰하는데 기본적으로 가장 중요한 것은 한흥수가 주장하듯이 혈연관계에서 출발하는 것이 아니라, 생산양식의 변화라는 시각에서 접근해야 한다고 강조하였다. 이와 아울러 "그레브너, 슈미트, 코퍼스, 맹긴 등이 유물사관적 방법론의 적용을 통하여 모권과 부권의 기원이 경제적 원인에서 출발한다는 결론에 이르렀음에도 불구하고 유물론자가 되지 못하고, 오히려 유심론唯心論을 앞세워 자본주의 사회의 영구성을 부르짖고 있는 점"[133]은 유물론의 입장에서 배격해야 할 대상이라고 지적하였다.

그러면 지리적으로 서로 다른 곳에 기원을 두었던 '재배와 모권', 그리고 '목축과 부권'이라는 '경제의 결정적 부문'[134]이 인류 역사의 전개에서 다양한 특성을 지니며 발전하게 되었던 요인은 어디에서 비롯하는가? 여기에서 도유호는 문화 현상에 있어 교류라는 요소가 인류의 발전 과정에서 매우 중요한 역할을 담당하였던 것으로 설명하였다.

"문화의 교류라면 적어도 원시인에 관하여 논함에 있어서는 그것은 먼저 어느 일정한 인간군人間群의 생산양식의 교류 생산요구生産要具의 교류부터 의미하게 되는 것임은 기술旣述한 바에 의하여 잘 알 것이다. 그런데 인류사 발전 과정에 있어서의 이 교류의 역할을 우리는 너무

---

133) 도유호, 1950a, 63~64쪽.
134) 도유호, 1950a, 78~79쪽.

과소평가하여 왔다. 또그마 논자論者들 중에는 이것을 전혀 무시하는 경향이 많아 왔다. 그러나 우리는 이것을 바로 보아야 한다. 이 교류의 역할을 강조하는 것은 외래의 힘을 강조하는 것이니 유물사관의 변증적 고찰과는 배치된다고 생각하는 분도 있으나 그들은 한 사회가 자라나가는데 기본 동력이 되는 생산력의 성장이 이 교류에 의하여 촉진되어 온 사실을 억지로 간과하려고 하는 것 같다." [도유호, 1950a, 「선사학의 유물사관적 고찰을 위한 몇개의 기본문제(상)」, 『력사제문제』 15, 81쪽]

"사세事勢가 이러함에도 불구하고 유물사관적 고찰에서 이 교류의 변증적 의의를 제외하는 것이 과연 맑스주의적일까? 일찍이 스웨덴의 모某 생물학자는 동물군을 일정한 체계로 분류하여 놓았는데 그 후 그는 자기의 분류체계에 들어맞지 않는 유충幼虫 하나를 보았다고 한다. 그때 그는 그 유충을 한참 내려다보다가 그만 그것을 짓밟아 버렸다고 한다. 우리도 우리의 변증적 고찰에 있어서 이 「교류」라는 유충을 발로 꽉 밟아 죽여야 할 것인가? 반동적인 코씨나 전염병의 방지를 위하여 「반인종설反人種說」이라는 소독제를 쓰는 것이 좋기는 하나 소독제를 함부로 뿌려서 도살의 폐해를 일으키는 것은 결코 옳은 짓이 아니다. 코씨나 학설의 반동성을 배격한다고 하여서 이 「교류」라는 유충을 짓밟아버리는 자는 그야말로 맑스 레닌주의적 이론에 대한 커다란 착오를 범하는 자인 것이다." [도유호, 1950a, 「선사학의 유물사관적 고찰을 위한 몇개의 기본문제(상)」, 『력사제문제』 15, 92쪽]

이렇듯 도유호는 "교류의 사실을 특히 선사학도는 인제 와서는 유물사관적으로 취급할 줄 알아야 한다"고 강조하였다.[135] 교류에 의하여 문화의 필연적인 질적 변화와 생산력의 성장이 촉진되었던

---

135) 도유호, 1950a, 87쪽.

204

것으로 이해하였던 도유호는 '내적 발전'136) 이외의 요인, 곧 교류의 사실을 부정하는 것은 문화의 계통을 올바르게 고찰하는데 있어 비과학적인 접근 방법이라고 단언하였다.137) 따라서 "나는 발전론자發展論者이니, 또는 너는 교류론자交流論者이니" 하는 식의 단정적인 사고방식138)은 세계사와 인류 문화의 전체적인 발전 과정을 종합적으로 연구하는데 전혀 도움이 되지 않는 허튼소리에 지나지 않는다고 비판하였다.

또한 코시나의 학설은 분명히 반동적이지만, "과연 석부형石斧形 토기형土器形 사양동물飼養動物의 유골 등이 그 문화 주인공이 어떠한 종족이었는가를 찾아내는 문제에서 규준이 될 수 없는 것인가?"라고 한흥수에게 되물었다. 유럽의 경우, 구석기시대와 신석기시대 단계에서의 고종족적古種族的 복원은 매우 힘든 일이지만, 철기시대에 이르러서는 종족에 차이에 따라 사용된 기구器具들도 차이를 보인다고 도유호는 서술하였다. 그런 한편, 낙랑 토기는 한대漢代의 중국인, 고구려 토기는 고구려인이 사용했던 것이기 때문에, "여기서 그 토기를 가지고 시대적 및 종족적 차이를 논함은 충분한 과학적 근거를 가진 것이다"라고 지적하였다.139)

"변증법이란 사물의 본질 자체에 있는 모순의 연구이며, 발전이란 대립성의 투쟁이다"140)라는 레닌의 말을 인용하며141) 도유호는 교류

---

136) 도유호는 "중국의 채문토기가 내적 발전에 의하여 흑색토기가 되었고 나중에는 회색토기가 되었다고 주장하는 것은 중국 문화의 순수성, 중국인의 순혈성(純血性)을 부르짖는 것과 다를 바가 없으며, 이러한 주장은 독일 민족의 '아리아 순혈성'을 부르짖던 히틀러의 광상(狂想)과 조금도 다를 바가 없다"고 말하였다. 당시 도유호는 중국 신석기시대 말기의 채문토기와 청동기의 기원이 유럽의 신석기시대 및 청동기시대 말기와 각각 관련이 있었던 것으로 파악하고 있었기 때문에 이 경우에 있어, 내적 발전이라는 개념 자체가 성립될 수 없다고 판단하였다(도유호, 1950a, 83~84쪽).

137) 도유호, 1950a, 92~94쪽.

138) 도유호, 1950a, 91쪽.

139) 도유호, 1950a, 93~94쪽.

에 의한 생산 형태 간의 대립과 문화 간의 대립도 인류사 발전 과정 자체의 본질에 내재하는 모순으로 설명하였다. 그리고 교류에 의한 대립이 많은 사회일수록 교류의 대립이 적은 사회보다 발전의 속도가 빠르게 진전되었던 것으로 보았다.[142] 그는 인간이 자연과 투쟁하는 과정에서 인간 사회 발전의 밑바탕이 되는 생산력이 발전되었고, 자연의 제약을 많이 받았던 먼 과거로 올라갈수록 더 좋은 환경과 더 유리한 자연 조건을 찾으려는 인간의 이동은 필연적 현상이라고 서술하였다.[143]

"인간은 이전하여 간 새 환경에 본래의 전통을 그냥 가지고 갔다. 거기서 그들은 다른 환경에서 달리 제약받은 인간군人間群과 부딪쳤다. 거기서 생산양식과 생산양식 간의 대립 생산요구와 생산요구 간의 대립 다시 말하면 문화 간의 대립이 생겼다. 그 대립은 그러나 한걸음 더 나아가는 방향으로 통일이 되며 양지揚止가 되었다. 그 양지는 그런 데 생산에 의하여 단행斷行되는 것이었다. 이 대립 및 이 대립의 양지가 발전을 위하여 가지는 의의는 원시시대도 소급하면 소급할수록 더 컸던 것이다. 그런데 이렇게 새로 통일된 새 문화 새 인간군 새 생산요 구형生産要求形 새 생산형태는 그것 자신이 또 유동流動하였으며 그것은 또 다양多樣으로 다른 그루빠와 서로 부딪치게 되었다. 다시 말하면 발전은 분화를 초래하였으며 분화는 발전 과정에서 다시 「합合」으로 통일되어 왔다. 그런데 이 「합」으로의 통일은 사실인즉 분화의 사태를 더 복잡하게 하였으며 그 복잡화는 동시에 또 인류 문화 발전의 일면一面을 의미하는 것이었다. 이렇게 여럿이 모아서 하나가 되였으면 그

140) 이·쓰딸린(1945년 판), 1948,『변증법적 유물론과 사적 유물론에 대하여』, 14쪽.
141) 도유호, 1950a, 89쪽, 91쪽.
142) 도유호, 1950a, 91쪽.
143) 도유호, 1950a, 103쪽.

「하나」는 또다시 분화를 초래하였던 것이다. 그런데 이러한 문화의 교류가 반드시 인종의 교차交叉 혈통의 교류를 의미하거나 종족의 이동을 의미하는 것은 아니였다. 전래와 전파는 문화만에 끝이는 수도 적지 않았다." [도유호, 1950a, 「선사학의 유물사관적 고찰을 위한 몇개의 기본문제 (상)」, 『력사제문제』 15, 103쪽]

1940년 『진단학보(12)』에 「중국도시문화의 기원(1)」을 발표한 도유호는 헤르더의 역사 인식을 적용하며 인류 문화와 역사의 발전 법칙을 해명하고자 시도한 바 있었다. 그로부터 10년이 지난 뒤에도 그의 변증법적인 발전사관에는 큰 변화가 일어나지 않았던 것으로 보인다. 곧 그에게 있어 인류 역사의 진행은 "단원單元에서 다원多元으로의 분화, 다원에서 단원으로의 통일, 그리고 또 다른 분화와 통일" 등이 되풀이되는 양상을 거치며 앞으로 나아간다는 점이었다. 그러나 이제 그는 여기에만 그치지 않고, 문화 교류로 인하여 일어나는 두 문화 사이의 모순과 대립이라는 필연적인 현상에 생산양식과 생산요구라는 경제적, 물질적 요소를 포함시켰다. 그리고 거기에서 "어떻게 하면 변증법적이며 유물론적인 고찰을 할 수 있으며 어떻게 하면 올바른 견해를 가질 수 있는가"에 대한 스스로의 물음에 자기 나름대로의 해법을 찾고자 하였다. 한 문화가 고차원적인 다른 문화로 진보하는 과정에서 중요하게 작용하였던 요인을 문화 교류에서 구하려고 했던 도유호의 해법은 역사의 진보에서 내적 투쟁과 발전을 중시하는 변증법적 유물사관의 관점과는 여러 가지 점에서 배치된다고 볼 수 있다. 이런 문제를 도유호도 충분히 간파하고 있었다고 짐작된다.[144] 그러나 그는 문화권설에 대하여 통렬한 비판을 가했던 한흥수의 각서에 결코 백기를 들지 않았다. 오히려 그는 교류의 사실을 부정해서는

---

144) 도유호, 1950a, 82~83쪽.

곤란하며, 그 사실을 유물사관적으로 다루어야 한다는 의견을 강하게 피력하면서 돌파구를 마련하고자 하였던 것으로 생각된다.

"인제 선사고고학의 영역에서 계통 및 교류의 문제를 좀 더 논하여 보기로 하자. 재래의 학설 중 여기서 문제 되는 것은 멩긴의 문화권설이다. 그런데 우리는 여기서 멩긴이라는 자의 학설에 관하여 냉정한 고찰을 할 필요가 있다. 그 자는 후에 「나치」가 되여서 반동을 극도로 한 자이다. 그러나 그랬다고 그 자가 한 소리 중에서 바른 소리까지도 배격하는 것은 옳지 않은 것이다. 멩긴이 「석기시대의 세계사」를 쓰던 당시에는 아직도 그 자에게는 학자적 양심이 있었다. 〈중략〉 그의 「석기시대의 세계사」는 나치 독일에서 금지와 압수를 당하게 되였다. 학계에 널리 알려진 이 저작에서 그는 유물사관적 방법론을 다량적으로 도적질하여 썼으며 그가 겉으로는 유물사관을 욕하고 사유재산제의 영구성을 부르짖으면서도 결국은 인류사의 변천 발전성을 논하지 않을 수 없었으며 원시공산사회의 존재의 승인을 고백하지 않을 수 없었던 것이다. 모든 문화현상을 경제적 기저에서 출발하지 않을 수 없었던 것이다. 〈중략〉 독일 민족의 혈통에도 몽고 인종소人種素가 섞인 것을 지적하지 않을 수 없었던 것이다. 그러니까 「석기시대의 세계사」가 나치 독일에서 금지를 당하였으며 그러니까 나치화한 후의 멩긴은 전에 제가 한 소리를 제 자신이 전적으로 부정하게 되였던 것이다." [도유호, 1950a, 「선사학의 유물사관적 고찰을 위한 몇개의 기본문제(상)」, 『력사제문제』 15, 95쪽]

비엔나 시절, 도유호가 학문적 스승으로 삼았던 중요한 인물 가운데 한 사람이 멩긴이었다. 그렇지만 이제 와서 멩긴의 정치적인 성향과 학문적인 업적을 바라보는 도유호의 시각은 예전과 같지 않았다. 1938년 봄, 멩긴이 병합 내각에 입각한 시기를 기준으로 멩긴의 행적과 학설을 구분해 검토할 필요가 있다고 도유호는 생각하였다. 『석기시대의 세계사』(1931)가 독일의 나치 정권에서 금서禁書가 되었던 이유를 들면서, 이 책을 저술했던 당시까지만 하여도 멩긴에게서 학자적인 양심, 다시 말해서 원시사회의 문화 현상을 유물사관적 방법론으로 해명하려고 시도하였던 점을 엿볼 수 있다고 도유호는 판단하였다. 또한 후기 구석기시대 미술의 기원을 "생산을 도모하기 위하여 행해진 생산 행위"로 연결시켰던 멩긴의 주장에 대하여, 미술의 기원을 생산에서 찾으려고 했던 가장 과학적이고, 유물론적인 견해라고 높이 평가하였다.[145]

"멩긴은 민속학에 있어서의 쉬밑 콥퍼쓰의 문화권 삼분설三分說에서 출발하여 구석기시대 전기에서부터 벌써 골기문화骨器文化 인기문화刃器文化 악부문화握斧文化의 3대 문화권을 설정하였다. 그러나 그는 여기서 커다란 착오를 범하였다. 골기문화권이라는 것은 그가 암만 무어라고 설명하였대야 결국 허구적인 망상에 불과한 것이다.[146] 그러나 멩긴이 악부(Coup de Poing)와 인기(Lame)의 두 가지 기본적인 형태가 계통이 다르다고 본 것은 정당한 견해였다고 나는 생각하지 않을 수 없다. 〈중략〉 악부握斧! 그것은 더운 밀림지대에서 인간이 자연과 싸우는 데서 생겨난 인간의 대자연對自然 무기형武器形이였다고 보는 것은 그럴 듯한 견해이다. 그 발상지는 아세아 남부의 어느 구석이였을 것이다. 〈중략〉 인기刃器! 그것은 역시 아세아대륙의 황원지대荒原地帶에서 생겨난 인간의 대자연 무기형이였다고 보는 것이 타당한 견해일 것이다. 〈중략〉 구라파에 있어서 보면 이 두 가지의 기본 형태의 생산요구를 가진 인간 그루빠들은 본래 외부에서 이주한 것이라고 보는 것이

---

145) 도유호, 1950a, 96쪽.
146) 골기문화권의 존재에 대한 도유호의 부정적인 평가는 다음의 글에서도 잘 나타난다. 도유호, 1940, 166쪽.

타당할 것이다. 이 두 가지 형形의 생산요구는 그 후 상호의 접촉에 의하여 다양多樣으로 발전하였으나 결국 그것이 소위 무스띠에문화(무스떼리앙)147)에 이르러 인기적인 문화로 통일되었으니 여기서 인기형刀器形이 결정적인 형태로 나타난 것은 결국 자연환경의 작용과 관련이 컸을 것이다. 구라파에서 보면 무스띠에문화 다음에도 오린냑문화(오린냐시앙)가 왔다. 그런데 전기와 후기 사이에는 어느 점으로 보던지 너무나 큰 간극間隙이 있다. 석기형石器形에 있어서도 그러하고 그 석기들과 반출伴出하는 인간의 두개골에 있어서도 그러하다. 무스띠에문화의 주인공의 두개형頭蓋形을 우리는 잘 안다. 그 인간을 네안더탈인(*Homo neanderthalensis*)이라고 칭한다. 오린냑문화의 주인공도 우리는 잘 안다. 소위 오린냑인이 그것이다. 〈중략〉 어느 점으로 보던지 구석기시대 후기의 문화가 또 다시 아세아대륙 편에서 구라파로 들이밀었다고 보는 것이 타당할 것이다. 특히 그 후 쏘련에 있어서의 발굴 사업이 적극 추진됨에 따라서 오린냑문화의 발상지가 아세아 편이라는 추정은 점점 더 논거점論據点을 얻게 되었다고 보인다. 여기서 오린냑문화의 인간 그루빠가 구라파에 들어가서 그 이전의 더 유치한 문화를 해소하여 버렸다고 보는 것이 누가 주장하듯이 과연 팟쇼적이며 반동적인 견해일까?" [도유호, 1950a, 「선사학의 유물사관적 고찰을 위한 몇개의 기본문제 (상)」, 『력사제문제』 15, 97~98쪽]

"여하간 문화라는 개념은 인간의 자연에 대한 투쟁을 의미하는 데서 출발한 것이다"라고148) 언급하면서, 도유호는 전기 구석기시대

---

147) 무스띠에문화는 무스띠에(Moustier, 프랑스) 유적, 그리고 오린냑문화는 오리냑 (Aurignac, 프랑스) 유적에서 유래되었다. 프랑스어의 경우, 무스띠에문화는 무스 떼리앙(Moustérien), 오린냑문화는 오리냐시앙(Aurignacien)으로 표기된다. 영어 의 경우, 무스띠에문화는 무스테리안(Mousterian), 오린냑문화는 오리냐시안 (Aurignacian)으로 표기된다.
148) 도유호, 1950a, 59쪽.

에 발상지와 계통이 서로 다른 악부문화握斧文化와 인기문화刀器文化가 존재하였던 것으로 보았다. 아시아에 기원을 두었던 이 두 계통의 인간 집단이 유럽으로 이주 및 상호 접촉을 통하여 여러 양상으로 발전하였으며, 그것은 자연환경의 결정적 작용에 의하여 무스떼리앙의 인기적인 문화로 통일되었다고 서술하였다. 크로마뇽인을 네안데르탈인의 발전형發展形으로 간주하였던 그는 후기 구석기시대의 오리냐시앙 문화도 아시아 지역에서 출발하여 유럽으로 전해졌으며, 이 문화 집단의 전래로 인하여 새로운 문화적 도약의 발판이 마련되었던 것으로 이해하였다.[149] 이를 통하여 우리는 유럽의 구석기시대 발전 단계를 문화 교류에 중점을 두면서 그것을 변증법적 발전사관으로 설명하고자 했던 도유호의 의도를 충분히 짐작하게 된다.

"나는 여기서 쓰딸린을 결코 선사고고학자나 민속학자로 보는 바가 아니다. 그러나 민속학이나 선사고고학상의 전문가는 아니라고 할지라도 확고한 변증법적 유물론의 세계관을 가졌고 유물사관의 견지에서 인류사 발전의 전과정全過程을 정확히 고찰한 위대한 쓰딸린은 여기서도 진리의 요점을 명확히 파악하였던 것이다. 그것은 일찌기 아무도 대답하지 못하였던 문제이다." [도유호, 1950b, 「선사학의 유물사관적 고찰을 위한 몇개의 기본문제(하)」, 『력사제문제』 16, 23쪽]

도유호는 "생산의 사회성이 생산수단 공유의 생산관계 즉 사회적 생산관계를 초래하게 되었다"는 스탈린의 견해가 유물사관의 견지에서 인류사 발전의 과정을 가장 정확하게 고찰하는데 매우 명확한 요점이 되는 것으로 받아들였다. 그리고 이러한 관점에 근거하여, "원시사회에서는 소유는 공동적이요 생산은 개별적으로 되어 있다"

---

149) 도유호, 1950a, 98쪽.

는 한흥수의 견해를 반박하였다. 또한 "엥겔스는 원시 무계급사회가 붕괴되었던 원인을 무엇보다도 먼저 공동노동에 따른 분업의 발생에서 찾았음에도 불구하고, 한 교수는 그와 정반대로 그 붕괴의 원인을 분업이 없는 데에서 찾고 있다"고 비판하면서, "생산의 사회성이 사회적인 생산관계를 초래하였다는 사실을 전혀 고려하지 않은" 한흥수의 주장을 이해하기 어렵다고 말하였다. 그리고 한흥수가 그와 같이 논리적인 오류를 범하게 된 근본 요인은 혈연관계를 기저에 두며 원시인의 사회적 생산을 개별적인 생산으로 국한시켰던 그릇된 관점에서 비롯한다고 도유호는 지적하였다.150)

앞에서 이야기한 것처럼, 한흥수는 원시사회의 혈연관계가 물질적 생산 활동의 기저를 이루었던 까닭에 혈족을 상부구조의 범주에 속하는 것으로 볼 수 없다고 서술한 바 있다. 그렇지만 도유호의 생각은 그와 같지 않았다. 도유호는 한흥수가 말하는 혈족의 의미를 씨족이라고 이해하면서, 씨족(또는 씨족 조직)은 생산의 사회성, 다시 말해서 일정한 경제적 원인에 의하여 초래되는 것인 만큼 그것은 상층건축上層建築, 곧 상부구조에 속하는 요소를 지니고 있다고 판단하였다.151)

"문제의 「원시사회사 연구에 관한 각서」 중에 전개된 한흥수 교수의 이론에는 난해한 구절이 한두 곳에만 있는 것이 아니다. 한 교수는 그 글에 출판상出版上 오식이 많다는 말을 하였다. 그 오식의 더러는 그 글의 독자 자신도 발견할 수가 있다. 따라서 한 교수의 글이 이해하기 어려운 이유는 물론 「오식」에도 있을 것이다. 그러나 단순히 오식에만 돌리기는 좀 어려운 난해점難解点도 적지 않음은 사실이다. 나는

---

150) 도유호, 1950b, 「선사학의 유물사관적 고찰을 위한 몇개의 기본문제(하)」, 『력사제문제』 16, 23~25쪽.
151) 도유호, 1950b, 28~29쪽.

212

여기서 「오식」에 돌릴 것이 아닌 몇 개의 착오만을 들어서 논박하려고 한다. 한 교수가 영국의 말더쓰를 비난한 것은 가장 맑스주의적이다. 우리는 「자본론」 중의 맑스의 정확명료한 비판에 의하여 말더쓰의 인구론이 허무맹랑한 것임을 잘 알게 되었다. 그런데 한 교수는 말더쓰를 비난은 하면서도 사실에 있어서는 말더쓰의 인구론과 근본적으로 하등의 차이가 없는 그야말로 인구론적인 이론을 전개하고 있다."

[도유호, 1950b, 「선사학의 유물사관적 고찰을 위한 몇개의 기본문제(하)」, 『력사제문제』 16, 26~26쪽]

도유호는 "자연법칙에 의하여 제한을 받았던 산아(번식) 관계의 불균등, 곧 산아라는 비사회적 본성으로 인하여 원시사회의 집단노동이 영속화되지 못하였을 뿐만 아니라 씨족의 번식과 군집생활이 서로 대립하게 되었고, 이 대립의 통일을 거쳐 원시사회가 더 향상된 사회형태로 발전하였다"고 언급한 한흥수의 견해가 논리적으로 성립되기 어려운 문제를 안고 있다고 서술하였다. 예를 들어, 인구 문제를 자연법칙의 입장에서 파악하였던 맬서스Thomas Robert Malthus(1766~1834)를 비난하면서도, 인구의 역할과 요인이 "인류생활을 저급한 단계로부터 고급한 데로 인도하는 기동력이다"라고 보는 한흥수의 주장은 서로 모순된다고 논하였다. 여기에 더하여 도유호는 원시사회에 작용하였던 산아율의 자연법칙을 강조하였던 한흥수가 왜 맬서스를 비난하는 논조로 글을 썼는지조차 이해할 수 없다고 하였다. 요컨대 한흥수가 이러한 오류를 범한 원인도 결국은 원시시대의 생산 관계를 혈연관계의 기저 위에 놓았던 문제와 밀접한 관계가 있는 것으로 도유호는 표현하였다.[152]

도유호는 채집 경제 이후에 모권문화와 부권문화가 생겨났고, 두

---

152) 도유호, 1950b, 26~28쪽.

문화가 합솜의 단계를 거쳐 농경문화가 발생한 것으로 생각하였다. 당시까지 알려진 고고학 증거에 의하여 농경의 기원지를 오리엔트 지역의 유프라테스 강과 티그리스 강 및 이집트의 나일 강으로 설정하였고, "신석기시대 농경의 출현으로 인류의 생산력은 비약적으로 발전하였으며, 여기서도 생산의 사회성은 그 생산을 역시 사회적인 것으로 만들었다"고 설명하였다.[153] 이 시기에 이르러 씨족 중심의 공동체는 촌락 중심의 공동체로 전환되기 시작하였으며, 농촌공동체도 여전히 무계급 사회였다고 묘사하였다. 그런데 이 농촌공동체에는 재배문화 시대의 '대갈사냥', 곧 다른 종족의 머리뼈를 사냥하는 유풍遺風이 남아 있었고, 이로 인하여 유발된 종족적 대립의 결과로 노예가 출현하였던 것으로 서술하였다.[154] 다시 말해서 농경 단계의 원시인들은 전쟁 포로들을 죽이는 대신 그들을 차츰 사유화된 생산력으로 활용하였다. 이 과정에서 노예와 노예 소유자라는 최초의 사회 계급이 분화되었고, 이 계급 분화의 발생으로 노예소유자국가라는 국가가 초래되었다. 곧 "이렇게 종족적 대립이 계급 대립으로 전환하는 과정은 원시 무계급사회가 붕괴하는 과정이었다." 그리고 국가의 기원은 도시문화의 출현과 밀접한 관계가 있으며, 노예 발생을 계기로 수공업이 분업화되었던 것으로 도유호는 이해하였다.[155]

지금까지 한흥수의 각서에 담긴 내용을 조목조목 비판하며, 선사학의 유물사관적 고찰을 위하여 도유호가 제기하였던 여러 문제에 대하여 살펴보았다. 논문의 분량도 적은 편이 아니고, 다양한 주제를 넘나드는 여러 내용이 거기에서 논의되었던 까닭에, 도유호가 말하고자 했던 본래의 취지에 걸맞도록 전체적인 줄거리를 일목요연하게 정리하는 일도 간단하지 않은 듯하다.

---

153) 도유호, 1950b, 34쪽.
154) 도유호, 1950b, 37~38쪽.
155) 도유호, 1950b, 39쪽, 40쪽, 42쪽.

한흥수는 문화권설을 주창했던 학자들을 매섭게 비판하였다. 그러나 도유호는 그 칼바람의 예봉을 피하려는 방어적인 자세만을 취하는데 급급하지 않았다. 거꾸로 도유호는 한흥수가 유물사관의 본뜻을 제대로 이해하지 못하고 있다고 여러 차례에 걸쳐 논박하였다. 그러면서 한흥수 주장에 내재되어 있는 허점과 논리적 모순을 들추어내며 변증법적이고 유물사관적인 논리 체계를 구축하고자 시도하였다.

도유호는 문화권설에서 핵심적 요소를 이루는 문화 계통과 교류의 문화사적, 고고학적 의의를 결코 도외시하지 하지 않았다. 그는 그레브너를 통해서 생산 형태의 분화라는 경제적 요인이 원시사회의 발전 과정에 이바지하였던 점을 재해석하였다. 비판적 시각에서 멩긴의 학설을 수용하며, 구석기시대에 이미 서로 다른 계통의 문화가 존재하였고, 문화 교류라는 외적 영향이 문화의 진보에서 중요한 역할을 하였던 것으로 파악하였다. 이를 기반으로 유물론적인 방법론과 변증법적인 발전사관의 관점을 적절하게 상호 보완하면서 자신의 논리 체계를 마련하였기 때문에, 도유호의 논문은 그만큼 복잡한 내용으로 구성될 수밖에 없었다고 생각된다.

논쟁의 핵심 줄거리

1950년 2월, 한흥수(「조선원시사연구에 관한 고고학상제문제」)와 도유호(「선사학의 유물사관적 고찰을 위한 몇개의 기본문제(상)」)는 공교롭게도 『력사제문제』 15집(1950년 1집)에 서로 다른 주제를 가지고 작성된 논문을 동시에 게재하였다. 그것이 편집부의 의도인지, 또는 우연의 일치인지는 모르겠으나, 이를 빌미로 둘 사이의 논쟁은 수면 위로 높이 떠오르며, 더욱 치열하게 전개되기 시작하였다.

「조선원시사연구에 관한 고고학상제문제」의 기본 줄거리는 "구석기 사용 시기의 유무에 관한 문제, 문화유물의 형태와 연대를 연구하는 문제, 원시공동체의 분해와 국가형성에 관한 문제"와 같은 목차로 구성되었다. 이 글에서는 구석기시대의 존재 여부에 대한 판단 기준과 그러한 유적이 발견될 가능성이 있는 지역의 입지 조건에 관한 것부터 고조선과 삼한 및 삼국과 관련된 국가 형성 문제 등에 이르기까지 폭넓은 내용이 다루어졌다. 한흥수는 이 글에서 반타半打 반마제半磨製 석기가 중석기시대와 관련이 있으며, 신석기시대는 패층貝層과 패총貝塚, 마제석기, 농경 경제 등과 밀접한 관련이 있는 것으로 서술하였다.156) 이와 같은 관점은 한흥수의 박사학위 논문에서도 엿볼 수 있다. 그런데 한 가지 특이한 사항은 한흥수가 1930년대 중반에 발표한 글과 그의 학위 논문에서 비중 있게 다루어진 거석문화에 대해서는 일체 언급되지 않았다는 점이다. 한편 한흥수는 '문화유물의 형태와 연대를 연구하는 문제'라는 부분에서 문화권설이 지니고 있는 문제점을 다음과 같이 거듭 비판하였다.

"가령 생산기구生産器具의 유사성에서 우연적인 원인을 완전히 부인하고「문화교류」에 의한 필요성만을 믿을 때는 관념적 나열분류방법을 원칙으로 삼고 발전과 진화의 법칙을 무시하며 인류 기원의 단원론과 문화의 이동론에 근거를 둔 코쓰모폴리탄적 문화권설文化圈說에 접근하게 될 것이다. 그리고 문화권설 학파의「공적功績」이 인류사회의 발전은 문화의 교류에 의하게 된다는 주장을 설교한데 있다면 맑쓰주의와 진화론과 인류사회 발전의 법칙을 비방하고 무고誣告한 그의 죄악이 그의「공적」보다 몇 배나 더 크다는 것을 우리는 잘 알고 있다. 그러니까 우리는 문화권설이 내세우는 형식주의적 형태학形態學도 신용하지 않는다." [한흥수, 1950a,「조선원시사연구에 관한 고고학상제문제」,『력사제문제』15,

---

156) 한흥수, 1950a, 13쪽, 17~18쪽, 19쪽.

한흥수는 인류 기원에 대한 단원론적 입장과 문화이동론을 비판하며, 필연적 원인과 우연적 원인에 의하여 생산 기구 등의 형태적 유사성이 초래될 수 있다고 파악하였다. 다시 말해서 필연적 원인은 계통이 서로 다른 종족들이 주고받는 문화적 융합에서 생겨나는 현상이다. 반면에 우연적 원인은 지역적으로 분리된 이질적인 종족들이 생산제력生產諸力의 발달 정도가 서로 동일한 단계에 이르렀을 때, 각기 독자적인 발전에 의하여 형태와 양식의 유사성이 생겨나는 현상이다. 한흥수는 이러한 요인을 모두 고려하면서 문화 유물이 지니는 형태의 변천과 유사성을 발생학적으로 연구해야 한다고 언급하였다. 또한 고고학은 역사학의 보조 과학이기 때문에 인류 사회의 발전 법칙을 밝히는데 이바지하는 직접적 생산 기구의 형태학적 연구에 중점을 두어야 하며, 장식품이나 토우土偶 등은 경제사적으로 주요한 연구거리가 아니라고 서술하였다.[157] 위 글에 인용된 바와 같이, 한흥수는 과거 약 10년 전 도유호가 주장했던 인류 기원의 단원론[158] 등을 들추고 있는데, 이것은 도유호에 대한 비판의 범위와 수위가 좀 더 확대되고 있었음을 짐작하도록 해준다.

이제 한흥수의 논문(「원시사회사 연구에 관한 각서」, 「민족문화유산의 계승에 관한 제문제」, 「조선원시사연구에 관한 고고학상제문제」)과 도유호의 논문(「선사학의 유물사관적 고찰을 위한 몇개의 기본문제」)에서 드러난 논쟁의 핵심 줄거리를 질의(한흥수)과 응답(도유호) 형식으로 요약하면 다음과 같이 정리될 수 있겠다.[159]

---

157) 한흥수, 1950a, 23~24쪽.

158) 도유호, 1940, 162쪽.

159) 여기에서 질문 ①~⑥은 「원시사회사 연구에 관한 각서」, 질문 ⑦은 「민족문화유산의 계승에 관한 제문제」, 질문 ⑧~⑩은 「조선원시사연구에 관한 고고학상제문제」와 관계가 있다.

(1) 원시사회의 생산 관계 : 【질의】"인류 사회의 특성은 노동뿐이다"라는 직관적 유물론자의 주장에 찬성할 수 없으며, 원시사회에서 사회화된 생산은 거의 없었다. 【응답】 채취 경제가 생산 경제로 전환되는 원시사회에 이미 재배와 목축이라는 생산 형태가 지역적으로 분화되기 시작하였으며, 상호 교류에 의하여 문화의 필연적인 질적 변화와 생산력이 성장되었다. 따라서 원시사회에도 사회화된 생산 형태는 분명히 존재하였다.

(2) 원시사회의 생산과 소유 : 【질의】 원시사회에서의 소유는 공동적이며, 생산은 개별적으로 되어 있었다. 【응답】 생산의 사회성은 생산수단을 공유하는 생산 관계, 곧 사회적인 생산 관계를 초래하였기 때문에 원시인의 사회적 생산을 개별적인 생산이라고 단정할 수 없다.

(3) 원시사회의 산아율과 분업 : 【질의】 자연법칙적인 산아율의 제약으로 집단 노동이 마무리되었고, 이를 계기로 개인적인 분업이 점점 사회화되었다. 산아라는 비사회적 본성으로 야기된 씨족과 집단생활 사이의 대립과 통일을 거쳐 인간 생활은 더 향상된 사회 형태로 발전할 수 있었다. 【응답】 원시사회가 붕괴된 원인은 집단 사이에 균등하지 않았던 산아율에 있는 것이 아니다. 공동 노동에 따른 분업의 발생에서 그 원인을 찾아야 한다. 맬서스와 같은 부르주아 학자의 학설에 의지하여 원시사회의 인구 문제를 자연법칙으로 논하는 것은 출발부터가 잘못된 것이다.

(4) 혈족과 생산 관계 : 【질의】 혈족은 원시사회의 생산 관계를 성립시키는 유일한 기본단위였고, 생산에서 가장 중요한 전제조건이었다. 【응답】 생산 형태의 변화로 인하여 모권 또는 부권과 같은 혈연관계가 자연스럽게 유발되었다.

(5) 혈족과 상부구조 : 【질의】 혈연관계는 원시사회의 물질적 생산의 기본단위이자 전제조건이었기 때문에 혈연은 상부구조의 범주에 속하는 않는다. 【응변】 모권 또는 부권과 같은 혈연관계는 생산 형태의

변화에서 비롯하는 것이기 때문에 상부구조의 범주에 속한다. 원시사회의 생산 관계를 혈연관계의 기반 위에서 설명하려는 논리는 부르주아 학자들의 입장을 대변하는 것과 다를 바가 없다.

(6) 문화권설 : 【질의】 우리가 가장 경계해야 하는 것은 모든 제국주의적 침략 정책에 역사적 근거와 이론적 원조를 제공하는 부르주아 고고학자 혹은 민족학자들의 기존 학설이다. 인류 역사의 발전 과정 중에 나타난 현상을 나열 분류하는데 만족하고 있는 '문화형' 또는 '문화권'이라는 규범은 사회 발전의 발생학적 법칙을 무시하고 있다. 【응답】 문화권설이 반동적 학설이라는 점을 인정하지만, 문화권설을 유물사관적 관점에서 이해할 필요가 있다. 예를 들어, 그레브너는 발상지가 서로 다른 지역의 문화권에 형성된 모권문화와 부권문화의 기원을 경제적 원인에서 찾으려고 했다.

(7) 문화 계통과 교류 : 【질의】 민족과 문화는 역사적 과정을 통하여 형성된 산물이기 때문에, 어느 한 민족에 본래부터 고유한 문화의 순수성이 변함없이 그대로 남아 있다고 볼 수 없다. 그런데 문화의 순수성을 부르짖는 사람들은 소위 문화의 계통만을 찾으려고 한다. 그들은 인류사회의 발전 법칙을 무시하고, 모든 문화가 처음부터 서로 다른 계통에서 출발하여 발달했다고 주장한다. 【응답】 인류의 발달사를 유물사관적 방법론으로 해석한다 할지라도, 전기 구석기시대부터 서로 다른 계통의 문화가 존재했으며, 문화 교류에 의한 외적 영향이 인류의 사회 발전에 긍정적인 역할을 하였던 점을 인정해야 한다. 문화 계통의 차이와 그것의 필연적 분화 과정을 제대로 이해하지 못하며, 천편일률적으로 발전만을 논하는 것은 올바른 접근 방법이 아니다. 선사학도는 교류의 사실을 유물사관적으로 취급해야 한다.

(8) 유물 형태와 종족 문제 : 【질의】 특정 유물의 형태적 특성을 임의의 종족과 결부시켜 나열하고 분류하는 방법은 사회의 발전과 진화의 법칙을 무시하는 것이다. 【응답】 충분한 과학적 근거에 입각하여 유물

의 시대적 및 종족적 차이를 논할 수 있고, 그것을 통해서 그 사회의 속성을 파악할 수 있다.

(9) 예술품 : 【질의】 고고학은 인류 사회의 발전 법칙을 이해하는데 직접 이바지했던 생산 기구의 형태학적 연구에 중점을 두어야 하며, 장식품이나 토우 등은 경제사적으로 중요한 연구거리가 아니다. 【응답】 후기 구석기시대 미술 작품이 마법魔法을 행하는 과정에서 제작되었고, 이 마법을 생산 행위로 간주하면서 미술의 기원을 생산에서 찾으려 했던 멩긴의 설명은 과학적인 견해이다.

(10) 원시 공동체 사회의 분해 : 【질의】 국가의 형성 과정을 고찰하는데 있어, 전쟁을 노예소유사회의 특징으로 인정할 수 없으며, 노예가 있다고 해서 노예소유제사회인 것은 아니다(예 : 미국). 【응답】 종족적 대립이 계급 대립으로 전환하는 과정에서 노예와 노예소유자라는 최초의 사회 계급이 분화되었고, 이 계급 분화의 발생으로 노예소유자 국가라는 정치 형태가 출현하였다.

한흥수의 재반론 : 민속학 연구의 당파성 문제

도유호의 「선사학의 유물사관적 고찰을 위한 몇개의 기본문제(하)」라는 논문이 실린 『력사제문제(16)』는 1950년 3월 10일에 발행되었다. 그보다 약 한달 보름쯤 지나, 「조선민속학의 수립을 위하여」라는 제목의 한흥수 논문이 그 해 4월 30일 간행된 『문화유물』 2집에 수록되었다.[160] 한흥수의 논문(전체 18쪽)에서는 "민속학[161]의 의의

---

160) 당시 『문화유물』 2집은 민속학을 특집으로 하여 인쇄되었으나, 제본 이후 권말(卷末)에 게재된 해당 본문 전체가 절단되어 간행되었다. 이에 관해서는 다음의 글을 참조하기 바람. ① 1950, 「독자에게 드리는 말씀」, 『문화유물』 2, ② 1950, 「편집후기」, 『문화유물』 2. 한편 『문화유물』 3집은 고고학 특집호로 발행될 예정이었으나, 6·25전쟁으로 인하여 발행되지 못하였다.

와 그 필요성, 민속학의 당파성, 민속학의 활용에 관한 문제들"과 관련된 내용이 주로 다루어졌다. 그 가운데 '민속학의 당파성'이라는 부분이 가장 많은 분량(12쪽)을 차지한다. 이 소제목에서 한흥수는 민속학이 발달하였던 정치적, 종교적 배경을 검토하면서, 부르주아 민속학의 발달 경위와 현황 등을 비판적인 관점에서 평가하고자 하였다.

'민속학의 의의와 그 필요성'이라는 장에서, 한흥수는 기록이 남아 있지 않은 시대, 또는 기록이 불충분한 역사 시대를 제대로 연구하기 위해서는 고고학과 민속학이 반드시 필요하다고 서술하였다. 그는 고고학이 물질문화유물의 기술적, 형식적 속성에 의하여 과거 사회의 생산력 발달 과정과 그에 동반되는 사회적 관계를 연구하는 학문으로 규정하였다. 반면에 민속학은 과거와 현재의 모든 사회제도, 생산 수단과 생산력 및 생산 관계, 이데올로기 등의 연구를 두루 포함하고 있어, 민속학 분야가 고고학보다 더 넓은 연구 범위와 대상을 지니고 있다고 역설하였다. 요컨대, 한흥수가 고고학을 민속학의 분과로 다루려고 했던 소비에트 고고학계의 동향162)에 대하여 일정한 이해를 지니고 있었다는 사실을 다음의 글에서 엿볼 수 있다.

"그러면 조선 민속학이 있어야 할 필요는 어데 있는가? 결론 먼저 말한다면, 조선 고고학이 있어야 된다는 것과 거진 같은 이유에서

---

161) 한흥수는 외래어인 에트노그라피야(ЭТНОГРАФИЯ, Ethnographie)가 "민속학, 토속학, 인종지(人種誌), 향토지학(鄕土之學)" 등으로 번역되고 있는데, 그 가운데 민속학이라는 번역어가 가장 적절하다고 말하였다. 이 경우, '민(民)'자는 봉건시대의 관민(官民)이나 민간 등을 연상시키지만, 현재적 의미에서 인민, 민중, 민주라는 의미와 결부될 수 있다고 보았다. 이와 함께 Folklore가 민속학, 그리고 Ethnologie가 민속학, 인종학 또는 민족학이라 번역되고 있다는 점도 말하였다. 한흥수, 1950b, 2~3쪽 참조.

162) 브루스 트리거(성춘택 옮김), 2010, 『브루스 트리거의 고고학사(개정신판)』, 315쪽.

필요하다. 우리나라 역사는 오래고 찬란하지만 기록으로 남아 있는 부분이 극히 적다. 그런고로 우리의 과거를 연구하고 서술하려 할 때에 기록에 남아 있지 않은 자료들에 특별한 관심을 가질 필요가 있다. 기록에 남지 않은 역사 자료를 조사 연구하는 데는 물질적 자료를 주요 대상으로 삼는 고고학이 있고, 생산과 사회제도와 이데올로기 등을 연구하는 민속학이 있다. 바꾸어 말하면, 고고학은 주로 생산기구와 같은 물질문화유물들의 기술적 상태와 형태와 종류 등을 통해서 먼 과거 사회의 생산제력의 발달 과정과 사회 제관계諸關係를 연구하는 사업에 봉사하고, 민속학은 유형무형有形無形하게 남아 있는 과거의 모-든 제도, 즉 생산과정, 노동의 조직, 생산물의 교환, 소비, 분배 등의 생산 제관계와, 결혼 및 가족의 형태를 통해서, 언어와 예술과 신앙 등 이데올로기적 유산 일반을 통해서, 그리고 생산수단에 관한 모-든 유물과 관습과 유풍遺風 등을 통해서, 과거 사회의 생산제력의 발달 정도와 사회 제관계를 연구할 수 있는 것이다. 민속학과 고고학은 이와 같이 밀접한 관계를 가졌고, 그 연구 행정行程에서 양자를 비교해 볼 때에 유물을 연구 대상으로 하는 고고학보다 민속학은 더 넓은 범위에 연구 대상을 가지고 있으니, 민속학의 대상은 현존해 있는 모-든 제도와 생산제력과 생활 풍습 등에만 국한되어 있지 않고 과거의 제도와 관습과 유물 등까지도 포함된다. 그렇기 때문에 고민속학(ΠΑΛ ΕΟЭΤΗΟΓΡΑΦИЯ)이라는 학문이 생기게 되었다. 그뿐만 아니라, 민속학은 어느 한 종족이나 혹은 민족만을 대상으로 하는 것이 아니라, 그 종족 혹은 그 민족을 연구하기 위해서 다른 원근遠近 종족들의 가지고 있는 과거 및 현재의 모-든 제도와 생산제력과 이데올로기적 유산 등과도 비교 연구해야 한다. 특히 계급사회 이전 단계는 물론이고 계급사회 시대의 모-든 발전 단계에 처해 있는 종족들의 사회=경제제 도와 생산제력과 이데올로기 일반을 비교 연구할 필요가 있다." [한흥수, 1950b, 「조선민속학의 수립을 위하여」, 『문화유물』 2, 3쪽]

한흥수는 '민속학의 당파성'에서 민속학이 역사학의 보조 과학으로 체계화하는 데는 뿌리 깊은 종교적이고 정치적인 역사 배경이 깔려 있다고 서술하였다. 그 내용을 요약하면 다음과 같다.

13세기 중반 로마 교황청(바티칸)은 성직자를 동방 아시아에 파견하여 이종족異種族과 이방異邦의 제도와 풍습에 관한 기록들을 남겼고, 이와 같은 자료들은 다른 종족과 지역에 대한 유럽인들의 호기심을 자극하여, 유럽의 여러 나라가 신대륙과 대양주大洋州의 새로운 영역을 개척하는데 촉매제가 되었다. 당시 탐험가들이 남긴 기록은 새로운 개척지, 곧 식민지의 발견 사업을 완성하는데 이용되었을 뿐만 아니라 부르주아 민속학의 기본적 자료가 되었으며, "그러니까 식민지 소유 국가 영국에서 민속학에 있어서의 반동 이론이 먼저 발달하게 된 것은 결코 우연한 현상이 아니었다."[163] 대영제국大英帝國의 민속학은 식민지 정책에 적극적으로 이바지했던 타일러Edward Burnett Tylor (1832~1917)에 의하여 달성되었고, 이런 영국의 학설은 식민지를 소유했던 다른 나라의 민속학에도 영향을 주었다. 예를 들어, 프랑스의 뒤르켐Emile Durkheim(1858~1917)은 인류의 사회 발전 과정에서 계급 간의 투쟁을 완전히 망각하며, 개인과 사회의 관계를 분업의 발달로 인한 사회적 연대성의 변천 관계로 생각하였다.[164] 인류 사회의 현상을 자연법칙에 의하여 설명하려는 학설은 영국이나 프랑스보다 다민족 국가이었던 오스트리아 제국이나 식민지 쟁탈에 뒤늦게 합류하였던 독일에서 더 파렴치 하게 이루어졌다. 독일의 팽창주의와 민족주의 사조思潮에 호응하여 독일의 분트Wilhelm Maximilian Wundt (1832~1920)는 철저한 관념론자로서 민족 심리학을 주창하며 언어, 신화, 풍습 등의 민족정신을 연구하는 전문 과학이 민속학이라고 단언하였다. 헤르더의 지리적 유물론에 영향을 받은 라첼은 인류사

---

163) 한흥수, 1950b, 5~6쪽.
164) 한흥수, 1950b, 7쪽.

회의 제현상諸現像을 지리적 환경에 의하여 설명하려고 시도하였다. 그는 인류 문화 발전의 다양성이 지리적 환경과 결부된 전파와 이전에 의하여 촉진되며, 그 결과로서 인종권人種圈이 형성된다고 주장하였다. 이런 부르주아 민속학은 19세기 말 식민지 획득을 위한 독일의 팽창 정책과 어울리며 각 지역별 전문가를 배출하게 되었다.165)

"독일제국獨逸帝國이 대양주와 아프리카에 식민지를 소유하게 된 다음 대양주 전문 민속학자로는 그레브너(Fr. GRAEBNER)가 있었고, 아프리카 전문가로는 앙커만(B. ANKERMANN)이 있었다. 그들은 1887년에 각각 「대양주에 있어서의 문화권과 문화층」이라는 제목과 「아프리카에 있어서의 문화권과 문화층」이라는 연구 제목을 가지고 등장했었다. 그들 학설의 학술적 근거는 물론 지리환경설과 이동설에 있었다. 지리환경설에서는 「인간의 역사는 종국終局 장소와 시간의 제조건諸條件의 영향을 입고 있는 인간의 재능, 행동 및 지향志向의 자연적 역사」라는 헤르더의 주장에 일치하였으니, 장소와 시간에다 「문화권」과 「문화층」이라는 술어를 적용했었다. 그리고 앙커만과 그레브너는 자기네의 학설을 합리화시키기 위해서, 즉 인류 문화가 저급한 단계로부터 향상 발전된다는 사실을 인정하는 대신에 인류의 문화에는 여러 가지의 「권圈」이 있는데, 이 문화권을 교류 이동에 의해서 새로운 문화가 발생한다고 주장함으로 랏첼의 문화이동설과 완전히 결부되었었다. 랏첼과 그레브너의 학설에는 온갖 「특징」을 다 섭취해 가지고 그들의 정통 후계자라고 자처하고 나선 사람은 현대 부르죠아 민속학의 대권위大權威인 쉬미트(W. SCHMIDT, 생존)다. 쉬미트는 일개(一介) 학자가 아니다. 그는 반동 이론을 만들어내는 방대한 조직체 즉 법왕청法王廳의

---

165) 한흥수, 1950b, 8~9쪽.

선발된 사자使者다. 쉬미트는 본래 독일 서부 라인 지방 출신의 독일인이나 교회적으로 또 국적상으로는 오지리墺地利에 배치되었고, 법왕 피우쓰 11세의 막역지우이며, 세계적으로 유명한 법왕청 라테란 박물관의 책임자의 경력을 가진 인물이다. 그는 승려로서 온갖 훈련과 흉계성凶計性을 구비한 외에 어학의 탁월한 재능을 가졌으며, 적으로써 적을 치는 전략과 관념론을 유물론적 술어로써 서술할 줄 아는 기술도 있는 학자이다. 그는 진화론과 맑쓰주의 즉 변천과 발전의 법칙에 관한 온갖 이론에 적극적 투쟁을 자기 종생終生의 과업으로 삼고 지낸다. 그러기 위해서 그는 자신에게 유리한 이론은 모조리 자기 학설과 결부시켜서 생각하고, 이 이론들 중에서 과거에 속하는 자는 자기의 학설에 채용되었다고 선전하고, 현재에 속하는 이론들은 다 자기의 학설에 영향 받을 것이라고 광고하며, 자기 주장에 합당치 않은 온갖 이론은 위태로운 「진화론적 유물론(Evolutionistisch=Materialismus)」이라는 한 개의 카테고리에 몰아 넣는다." [한흥수, 1950b, 「조선민속학의 수립을 위하여」, 『문화유물』 2, 9~10쪽]

현대 민속학이 성립하는 과정에서 가톨릭의 교세 확장과 서구 열강의 제국주의적인 팽창 정책이 긴밀하게 연관되어 있었던 것으로 한흥수는 이야기하였다. 그러면서 그는 독일-오스트리아의 민속학과 밀접하게 관련을 맺고 있는 인물로 헤르더, 라첼, 그레브너, 슈미트 등을 거론하였다. 그 가운데 특히 슈미트를 대상으로 혹독한 비판을 하였다. 한흥수는 슈미트 자신이 철저한 반마르크스주의자라는 사실을 확실하게 밝히기 위하여 "모권제와 같은 원시 단계의 경제적 기초를 내가 종래의 것보다 더 분명하게 탐구했고, 토템 문화권의 경제적 근원과 그것의 계속 발전을 규정하는 요인들을 내가 최초로 확인하였으며, 대가족제를 경제적 전제조건으로 하는 유목=목축 문화권을 내가 비로소 민속학에 소개했다"고 언급한 주장에 대하여 비판의 수위를 강력하게 높였다. 그는 "역사 과학에서 중요한 모든 요인을 제 홀로 발견했다"는 슈미트의 주장은 과대망상에 지나지 않으며, 슈미트가 "현대적 유물론을 비판할 줄 안다는 능력을 과시하고, 경제 관계가 사회 발전의 한 요인이 아니다"라는 점을 강조하려는 의도에서 경제적 술어를 많이 사용했다고 비판하였다.[166]

한흥수는 진화주의 학설과 문화권설이 현대 부르주아 민속학의 대표적 주류를 형성하고 있는 것으로 파악하였다. 그는 인간 역사의 진보가 자연법칙에 순응하여 변천되는 것이 아니라 생산력과 생산관계의 측면에서 고찰되어야 한다고 주장하였다. 문화권설 학파가 문화 발전의 외재적外在的 요인을 강조한 나머지, 인간 대對 인간의 관계를 외재적 요인, 예를 들어, 종족 간의 정복에 의하여 노예라는 계급이 발생하였다고 고집하는 것은 이치에 맞지 않는다고 평하였다. 자연법칙에 의거한 진화론자들의 학설과 외재적 요인을 지나치게 강조하는 문화권설 학파를 입장을 배격하는 데는 당파성이 명확한 마르크스-레닌주의의 과학적인 새로운 방법론만이 유일하다고 서술하였다. 그리고 소비에트 백과사전에 실린 다음과 같은 내용을 인용하며, 라첼 및 슈미트 등의 부르주아 민속학이 지니고 있는 근본적인 문제점을 지적하였다.[167]

"부르죠아 민속학이 진화주의적 민속학에 의해서 성취된 제명제諸命題로부터 후퇴하려는 운동은 인류 발전의 전세계적-역사적 제법칙諸法則을 설정함이 불가능하다는 거부, 진화론과의 투쟁 및 자본주의의 카테고리를 이전부터 존재했다는 것에 대한 선전에서 표명되었다. 이 후퇴운동은 자본주의가 붕괴와 조락凋落의 단계에 들어섰다는 사실과, 프로레타리야 이론과의 이데올로기적 투쟁을 강화하는 것이 필요하게

---

166) 한흥수, 1950b, 11쪽.
167) 한흥수, 1950b, 11~12쪽.

되었다는 사실과, 극히 밀접하게 연관되어 있다. 이러한 반동적 부르죠아 민속학의 첫 발표자는 독일 학자 랏첼이었다. 랏첼은 원시인들을 연구하는데 두 개의 견해 즉 지리적 견해(외적 조건의 관점에서)와 역사적 견해(발전의 관점에서)를 통일할 것에 찬성하였으며, 또한 그의 의견에 의하면 「민속학적 상태」의 발전에 관해서는 그 지리적 유포流布를 해명한 다음에야만 판단할 수 있다고 한다. 역사를 지리학적으로 보충하려는 뜻은 인간 사회 발전 노정路程의 다양성을 지리적 지대地帶들의 다양성과 결부시키려는 의도에 있는 것이다. 그렇기 때문에 랏첼은 문화의 가장 결정적인 추동자推動者의 하나를 전파와 이동이라고 생각했으며, 종족학(ЭТНОЛОГИЯ)의 가장 중요한 과업은 소위 「인종권」을 해명하는데 있다고 보았다. 그는 이것으로써, 오늘날 부르죠아 민속학에서 우이牛耳를 쥐고 있는 「문화권학파」의 토대를 닦아 놓았다. 이 「문화권학파」는 바로 맑쓰주의와는 이데올로기적 투쟁을 목적으로 원시사회를 연구하고 있는 부르죠아적 경향을 가장 노골적으로 반영한 자로서 발전론과의 투쟁을 자기의 기본 과업으로 내세우고 있다. 바로 그 때문에, 독일에서 그레브너와 포이(Foy)와 앙커만에 의하여 조작된 이 유파流波는, 「카톨릭 교회 민속학」의 주창자들인 승려 쉬미트와 콥퍼쓰에게 완전히 환영되었던 것이다. 이들 이론에 의하면 원시사회의 일정한 발전 단계들과 결부되어 있는 모든 현상들(가령, 모권제, 결혼 계층 체계, 토템이즘, 동족간의 혼인 금지 등등)은 다만 부분적 「문화권」에 존재하였던 에피소드에 불과한 것이며, 그와 반대로 현대 부르죠아 사회의 여러 가지 범주들, 즉 사유재산, 일부일처체, 유일신 신앙 등은, 인류 역사의 최고最古 즉 까마득한 「원시문화」의 특성인 것이다. 독일의 「문화권설학파」는 민속학 부문에서 현대 부르죠아 반동의 가장 철저한 표명자表明者이다." [한흥수, 1950b, 「조선민속학의 수립을 위하여」, 『문화유물』 2, 12~13쪽]

위 글에 서술된 바와 같이 한흥수는 라첼, 그레브너, 슈미트, 코퍼스 등으로 연결되는 부르주아 민속학의 논리와 접근 방법에 대하여 매우 부정적인 평가를 내렸다. 그러면서 마르크스-레닌주의에 입각하여 "현재의 민족은 서로 다른 여러 종족들과 인종들로 구성되었다"는 스탈린의 저술(『맑스주의와 민족 문제』), 그리고 언어의 변화를 그 언어가 속한 사회경제의 발달 과정에서 일어난 역사적인 산물로 규정 했던 마르(N.Y. Marr)의 언어학적 노작勞作들이 소비에트 민속학이 형성, 발전하는데 크게 이바지하였다고 강조하였다.168) 특히 그는 『문화유물』 2집에 게재된 우달쪼브의 글(「물질문화사연구원30년」) 을 주목하였다. 거기에서 우달쪼브는 "청동기시대의 주요 특징들(주 거 형태, 청동 공예품, 새로운 토기 무늬, 목축의 발달, 말의 출현, 족장제로의 이행)이 문화 이동이 아니라, 동일한 종족들의 계승 발전, 그들의 생산력과 생산 관계의 발전에 의거하였다"고 서술하였다. 이와 같은 관점, 곧 내재적 발전과 그 계승 관계를 밝히려는 노력이 바로 앞으로 조선 민속학이 가야 할 길과 직결된다는 점이라고 한흥수 는 강조하였다.169)

한흥수는 민속학이 추구하는 목표가 역사학의 보조 과학으로써 그치는 것이 아니라 민속학의 실용적 가치를 확립하는데 있다는 점에 관해서도 주목하였다. 그는 당시 북한의 여건에서 민족의 문화유산을 체계적으로 건설하기 위해서는 두 가지 점이 기본적으로 선행되어야 한다고 언급하였다. 첫째는 30여 년 동안 축적된 소비에트 민속학의 연구 방법과 성과에 대한 깊은 고찰이 필요하다. 둘째는 소비에트 민속학을 학습하여, 전문적인 특수 주제에 대한 연구보다는 조선 민속학의 체계를 올바르게 설정하는데 필요한 기본 문제의 제기와 그에 따른 방법론의 정립이다.170) 그러면서 「조선민속학의 수립을

---

168) 한흥수, 1950b, 13쪽.
169) 한흥수, 1950b, 13~14쪽.

위하여」라는 글은 다음과 같이 끝을 맺는다.

"민속학의 실용화 문제에서는 우리 인민의 건전한 취미와 감정과
도덕적 욕구에 합치되는 모든 민족 문화유산들을 실제적 문화생활에
계승되도록 연구하며 체계화하고 이것을 보급시키기에 노력할 것이
다." [한흥수, 1950b, 「조선민속학의 수립을 위하여」, 『문화유물』 2, 18쪽]

논쟁 이후의 한흥수

1936년 한흥수는 원시사학原始史學을 배우기 위하여 오스트리아의
비엔나로 갔다. 비엔나대학에 입학할 당시 그의 지도 교수는 멩긴이었
고, 슈미트와 코퍼스를 선생으로 섬겼다. 그 뒤 독일의 오스트리아
병합으로 인하여 그는 비엔나대학을 떠나 스위스의 베른대학을 거쳐
프리부르대학(프라이부르크대학)으로 학적을 옮겼다. 그곳에서 한흥
수는 오버마이어, 슈미트, 코퍼스의 권유를 받아 박사학위 논문을
작성하였다. 학위 논문에서 그는 슈미트의 도움에 감사를 표하는
글을 남기도 하였다. 그리고 그와 동문수학을 하였던 피티오니R.
Pittioni(1906~1985)는 "한흥수는 슈미트의 애제자였으며, 주위의 만
류에도 불구하고 북경대학 방문 후 고향에 계신 부모님을 만나러
북한에 갈 것이라는 말을 남겼다"고 전한다.[171]
한흥수는 십여 년 만에 유럽을 벗어나 평양으로 돌아왔다. 해방
이후 북녘에는 많은 변화가 일어났다. 조선민주주의인민공화국이
들어섰고, 이곳저곳에서 조선의 역사와 문화를 마르크스-레닌주의적
방법론과 유물사관의 입장에 입각하여 새롭게 연구해야 한다는 열풍

---

170) 한흥수, 1950b, 18쪽.
171) 재오스트리아 한인연합회 기획, 2012, 65쪽.

이 불어 닥쳤다. 이런 분위기를 타고 한흥수는 소비에트 민속학의 방법론과 학문적 동향 및 연구 성과를 자연스럽게 접할 수 있었으리라 짐작된다.

10월 혁명 이후, 소비에트 민속학에서 이루어낸 학술적인 업적은 한흥수가 오스트리아와 스위스에서 마주쳤던 학문적 조류와는 근본적으로 다른 성격을 지니고 있었다. 「조선민속학의 수립을 위하여」에서 읽을 수 있듯이, 그는 소비에트 학계의 관점을 기반으로 부르주아 민속학이 지니고 있는 문제점을 좀 더 구체적으로 파악하게 되었다. 유학 시절, 그가 가르침을 받았던 슈미트와 코퍼스의 학설은 배격되어야 할 대상으로 뒤바뀌었다. 다시 말해서, 소비에트 민속학으로부터 깊은 영향을 받은 한흥수의 시각에서 가늠할 때, 이제 그들의 주장은 부르주아 민속학의 정당성만을 부르짖은 그릇된 논리에 지나지 않았다. 설혹 슈미트가 원시사회의 경제 관계를 언급하였다 할지라도, 그 본바탕에는 유물사관에 대항하려는 의도가 깔려 있었던 것으로 보였기에 한흥수는 그의 주장을 강하게 비판하였다. 슈미트에 대한 비판의 강도를 더욱 높여, "맑스(『정치경제학 비판』, 1858 ; 『자본론』, 1867), 바흐호펜(『모권』, 1861), 엥겔스(『가족과 사유재산과 국가의 기원』, 1884) 등의 저술이 발표될 당시, 이 슈미트 선생의 머리에는 아직 피도 마르지 않았을 터인데"[172]라고, 듣기에 따라 경박스럽게 여길 수 있는 표현도 서슴지 않았다. 코퍼스의 경우도 예외는 아니었다. 코퍼스 또한 배척되어야 할 반동적인 부르주아 민속학을 대변하는 학자에 지나지 않게 되었다. 오스트리아와 스위스에서 학업을 닦는 동안, 학연으로 맺어진 그들과의 인적 관계는 이런 식으로 끝을 맺는다.

그런데 여기서 관심을 끄는 점이 한 가지 있다. 그것은 다름이

---

172) 한흥수, 1950b, 11쪽.

아니라, 『력사제문제』와 『문화유물』에 실린 글에서 한흥수는 문화권 설과 변증법적 발전사관에 근거하여 작성된 도유호의 글(「중국도시 문화의 기원」 또는 「선사학의 유물사관적 고찰을 위한 몇개의 기본문제」)에 서술된 내용을 직접 거론하며 비판을 가하지 않았다는 점이다. 한흥수는 주로 독일-오스트리아 학파의 민속학이 형성되는데 이바지 했던 인물들, 곧 라첼, 그레브너, 앙커만, 슈미트, 코퍼스 등만을 대상으로 비판의 날을 세웠다. 도유호가 한흥수의 각서에 대하여 반론을 제기하면서 했듯이, 만약 한흥수가 도유호라는 인명을 지목하며 「중국도시문화의 기원」이나 「선사학의 유물사관적 고찰을 위한 몇개의 기본문제」에 담긴 문제점을 구체적인 예로 삼으며 시시비비를 가려냈다면, 그로부터 예상되는 파괴력은 더 한층 돋보일 수 있었다고 생각된다. 그 이유는 무엇보다도, 문화권설을 비판하는데 있어, 당시 북한 학계에서 매우 낯설게 여길 수 있는 유럽 학자들의 여러 인명을 거명하는 것보다 오히려 도유호가 발표하였던 글을 직접적으로 인용하면서 실제 비판의 대상으로 삼는 것이 더욱 효율적이었다고 생각되기 때문이다. 그렇지만 한흥수는 그렇게 하지 않았다. 그 까닭은 어디에서 연유할까? 비엔나학파라는 큰 뿌리를 베어내면 거기서 솟아난 줄기는 저절로 메말라 무너질 것이라고 판단하였기 때문일까? 아니면 좀 더 시간적인 여유를 갖고, 도유호의 글에 대한 반론을 준비하고자 마음을 먹었던 것이었을까? 의문의 답은 영원히 풀리지 않을 듯하다.

북으로 돌아온 한흥수는 먼저 그가 1930년대 중반부터 관심을 지녔던 주제, 곧 조선 원시사회에 올바르게 적용할 수 있는 연구 방법의 기초를 닦고자 하였다. 그리고 그것을 기반으로 조선 원시사회사 연구에서 해명되어야 할 고고학상으로 중요한 여러 문제를 논하였다. 소비에트 민속학의 학문적 성과는 한흥수로 하여금 조선 민속학에서 추구해야 할 방향을 새로운 시각에서 접근할 수 있도록 해주었다. 민속학에 대한 이해의 폭을 넓히면서 한흥수는 민속학의 실용적 가치에 주목하였고, 민족 문화의 계승 발전에 관해서도 깊은 관심을 갖게 되었다. 그는 민속학의 연구 대상에 "종족의 기원, 제도, 언어, 이데올로기 등은 물론이고, 인민의 문화생활과 연관된 미술 공예, 무용, 가요, 군중 오락 등"을 포함시켜야 한다고 말하였다.[173] 이렇듯 북으로 간 한흥수는 그곳에서 조선의 원시사회에 대한 연구 방법론의 구축, 그것을 통하여 해결되어야 할 과제, 그리고 민족 문화 유산의 계승 발전과 조선 민속학의 체계를 수립하는 것과 관련된 네 편의 논문을 남겼다. 그런데 그의 논문 집필은 여기서 그치고 만다.

1950년 4월 30일『문화유물』2집에 실린「조선민속학의 수립을 위하여」라는 글을 끝으로 더 이상 북한에서 발표된 한흥수의 글을 찾아볼 수 없다. 그래서 도유호의 반론이 제기된 다음, 한흥수가 북한에서 숙청되었을 가능성이 매우 높았던 것으로 추측되기도 하였다.[174] 또는 1951년 북한에 파견된 국제민주여성연맹의 네덜란드 대표 여성과 평양 모란봉에서 단 둘이 밤길을 산책하였다는 이유로 인하여 정치보위부의 사찰을 받은 뒤 국제간첩으로 몰려 그가 행방불명이 되었다고 전하기도 한다.[175] 그러나 그것들은 사실과 전혀 다른 억측에 지나지 않는다.

1950년 9월 15일 유엔군의 인천상륙작전이 감행되었다. 10월 19일

---

173) 한흥수, 1950b, 15쪽.

174) "한흥수에 대한 도유호의 비판이 나온 뒤 한흥수는 숙청되었다 한다. 김재원 박사는 이 사실을 한국동란 전 평양박물관 직원으로 있었던 채병서로부터 들었다 한다."(이광린, 1990,「북한의 고고학」,『동아연구』20, 119쪽 주 13). 이에 근거하여 필자(한창균, 1992, 716쪽)도 도유호와의 논쟁 직후 한흥수가 숙청되었다고 추정한 바 있으나, 그것은 잘못된 추정이었음을 밝힌다.

175) 박갑동, 1991,『통곡의 언덕에서』, 390~391쪽. 당시 국제민주여성연맹 조사단 (활동 기간 : 1951년 5월 16일~27일)은 평양을 비롯하여 신의주, 남포, 원산, 해주를 비롯한 도시와 농촌을 탐방하였다.「국제 민주녀성 련맹」,『조선중앙년 감. 국내편, 1951~1952』, 296쪽 참조.

평양을 함락한 국군과 유엔군은 10월 말과 11월 하순 사이에 각각 압록강과 두만강 일대까지 진출하였다. 그 후 중공군의 대규모 개입으로 평양은 12월 초순 공산군 측의 수중에 들어갔으며, 자강도 강계를 임시 수도로 삼았던 북한 정부가 평양으로 다시 되돌아왔다.176) 이러한 급박한 분위기 속에서 한흥수의 활동이 어떠했는지는 모르겠으나, 1952년에 접어들어 등장하는 그의 이름을 다음과 같은 글에서 엿볼 수 있다.

"1952년 초 한국전쟁이 정점에 이를 즈음, 그라츠대학교의 법학 교수 하인리히 브란트바이너가 평양을 방문했을 때, 예기치 않게 그곳에서 한흥수를 만났다. 브란트바이너는 다음과 같이 기록하였다. "한국 최고의 고고학자 한흥수 박사는 드물게 뛰어난 정신력과 열정을 갖춘 애국자이자 유럽에 대해 해박한 지식을 가진 인물이다. 그는 12년간을 독일과 오스트리아에 머물면서 빈 대학에서 교수 자격(habilitation)을 취득했고, 빈 사투리를 구사하였다. 빈 사람을 평양에서 만난 행운은 위원회의 연구에 많은 도움이 되었다. 그와 논의할 수 있을 뿐만 아니라 그의 통역까지 받다니 〈중략〉 상세하고 정확한 논의는 아마도 이 '친구' 없이는 불가능했을 것이다." 브란트바이너는 '친구' 덕분에 잘 알려지지 않은 지역을 탐사할 수 있었다." [재오스트리아 한인연합회 기획, 2012, 『오스트리아 속의 한국인』, 65쪽]

국제민주법률가협회(IADL, International Association of Democratic Lawyers)에서는 세균전과 화학 무기 사용의 진상과 아울러 전쟁으로 인한 피해 현황을 파악하기 위한 조사단을 1952년 3월(4일부터 19일까지 체류) 북한에 파견하였다.177) 이 조사단의 단장은 그라츠대학

---

176) 백학순, 2010, 『북한 권력의 역사』, 100~104쪽.
177) 당시 북한에서는 이 조사단에 대한 평양시 환영 대회를 3월 15일에 개최하였다.

(University of Graz, 오스트리아)의 국제법 교수로 있던 브란트바이너 Heinrich Brandweiner(1910~1997)가 맡고 있었다. 당시 조사단은 중앙 역사박물관장 황욱과 '물보' 위원장 한흥수로부터 문화재의 피해 상황에 관해서도 청취하였다.[178] 한흥수는 유럽을 떠난 지 약 4년 뒤에 오스트리아 태생의 브란트바이너라는 인물을 평양에서 만나게 되었다. 한흥수에게는 그 만남이 더할 나위 없이 반갑고 소중했었으리라. 브란트바이너는 한흥수 덕분에 북한에 관한 자세한 소식을 듣게 되었고, 평양 주변의 여러 지역을 돌아보는 기회를 가질 수 있었다.

1952년 10월에는 중국을 중심으로 미국의 군사적 팽창과 개입을 저지하기 위한 '아세아 및 태평양 지역 평화 옹호대회'가 북경에서 열렸다. 중국의 군사적 지원에 크게 의존하였던 북한의 입장에서 볼 때, 이 대회는 한국전쟁의 실상을 대외적으로 유리하게 알릴 수 좋은 기회였다.[179] 따라서 북한에서는 이 대회를 지지하는 '평화 옹호 전국 민족 위원회'를 조직하였고, 준비회의 및 대회 개최에 이르기까지 주요 경과 소식을 5월부터 10월에 걸쳐 『로동신문』과 같은 언론 매체에 신속하게 보도하였다.

대회 개최에 따른 준비회의(6월 초)의 북한 위원으로 한흥수도 포함되어 있었는데[180] 북한의 참가자 명단 구성은 이미 4월에 중국에 통지되었다.[181] 한편 『로동신문』에는 '고고학자 한흥수 동지'가 "아

「국내외일지」, 『조선중앙년감 1953』, 896쪽.

178) 「국제 민주 법률가 협회 조사단이 발표한 조선에서의 미국 범죄에 관한 보고서」, 『조선중앙년감 1953』, 197~214쪽.

179) 『아세아 및 태평양 지역 평화 옹호대회 문헌집』(1953).

180) 『로동신문』 1952년 5월 18일, 「평화 옹호 전국 민족 위원회에서 아세아 및 태평양 지역 평화 옹호 대회의 소집을 지지하여 공동 발기 및 준비에 대한 제반 조치를 결정」.

181) 『大公報』에는 "'아세아 및 태평양 지역 화평회의(亞洲及太平洋區域和平會議)'에 즈음하여 북한은 북경에서 열리는 준비회의에 대표를 파견하기로 4월에 이미 결정했다"는 소식이 보도되었다. 당시 명단에 조선옹호화평전국민족위원회

세아 및 태평양 지역 평화 옹호 대회를 소집하자는 중국 평화 투사들의 호소를 우리는 흡족한 마음으로 환영한다"라고 말을 했던 것으로 전하기도 하였다.[182] 1952년 9월 8일에는 평양에서 열린 '제2차 평화 옹호 전국 민족 대회'에서 평화 옹호 대회의 위원으로 한흥수 등이 비준을 받았다.[183]

이를 마지막으로 한흥수의 이름을 북한의 공식 기록에서 더 이상 찾아보기 어렵다. 다시 말해서 그 뒤 한흥수에게 어떤 일이 닥쳤는지에 관해서 제대로 알려진 게 전혀 없다. 한흥수의 모습이 사라진 것을 두고, '숙청'이라는 그럴듯한 단어를 들먹이는 여러 가지 이야기가 사람들의 입에 자주 오르내린다. 그런데 그것을 사실로서 입증할 수 있는 근거는 하나도 밝혀지지 않았다. 현재로서 가장 명백한 사실은 그 이후 한흥수의 행적을 명확하게 추적할 있는 결정적인 단서가 드러나지 않았다는 점이다.

숙청 문제를 이야기하기에 앞서, 정치적 또는 이념적 대립이 아닌, 학문적 또는 개인적 갈등을 빌미삼아 상대방을 숙청이라는 막다른 길목으로 내몬 사례가 한국전쟁 당시 북한의 학문 사회에서 과연 얼마나 있었는지를 먼저 따져 보아야 한다. 예를 들어, 1951년 국제민주여성연맹의 북한 방문과 관련시켜 한흥수의 숙청 문제를 언급한 경우도 있다. 그렇지만 숙청의 올가미에 결코 얽매이지 않으면서 1952년에도 국제법률가협회 파견 조사단의 북한 방문이나 '아세아 및 태평양 지역 평화 옹호대회'와 관련하여 한흥수는 여전히 눈에

위원장으로는 작가 한설야(韓雪野, 조선문학예술총동맹위원장), 부위원장으로는 전국민주부녀동맹위원장 박정애(朴正愛), 작가 이기영(李箕永, 조소문화협회 위원장), 작가 리태준(李泰俊, 조선문학예술총동맹부위원장)이 수록되었다. 한흥수는 '김일성대학 교수·고고학자'로 소개되었다(『大公報』 1952년 5월 18일, 「熱烈擁護在北京召開和平會議」 참조).

182) 『로동신문』 1952년 5월 23일, 「아세아 및 태평양 지역 평화 옹호 대회의 소집을 조선 인민들 열렬히 지지 환영」.

183) 『로동신문』 1952년 9월 10일, 「제2차 평화 옹호 전국 민족 대회 개최」.

띄는 사회적 활동을 지속하였다.

스물여덟 살에 유럽으로 떠난 한흥수는 힘든 여건에서 학업을 쌓아 나갔다. 그는 10년 이상의 세월을 그곳에서 보내는 동안 갖은 풍파를 겪으면서도 조선의 역사와 문화, 조선의 현실을 낯선 이국의 땅에 제대로 알리기 위하여 많은 노력을 기울였다. 입북 이후에는 마흔 살에 내각 직속으로 북조선의 물질문화유물을 총괄하는 '물보'의 위원장직을 맡았다. 학문적으로는 조선 원시사회 연구의 체계를 세우고 조선 민속학의 수립을 위한 글들을 남겼다. 그러나 한흥수는 자신의 학문적인 소망을 제대로 펴보지 못한 채, 마흔네 살 무렵 그의 이름과 함께 북한 학계에서 끝내 사라지게 된다.

1946년 7월 20일, 프라하 국제청년축전에 참가한 북한 대표들이 체코의 청년들 앞에서 '김일성 장군의 노래'를 불렀을 때, 한흥수의 마음은 감격과 흥분으로 들떠있었다. 그리고 북으로 가서는 "몸이 바스러질 때까지 조국을 위하여 일을 하겠다"고 굳게 다짐하기도 하였다. 그렇지만 북녘 땅에서 한흥수의 학문적인 활동은 40대 중반을 넘기지 못하는 나이로 마감되었다.

한흥수의 모습이 감추어진 1952년 10월에 즈음하여 묘하게도 도유호의 학문적인 앞길에 서광이 비추고 있었다. 그렇지만 그 빛은 오래도록 그와 함께하지 못하였다. 15년 쯤 지나서 북한 사회에 불어 닥친 정치적 변화의 거센 물결 속에서 도유호라는 이름 석 자도 그의 학문적 성과와 더불어 급격하게 영향력을 잃기 시작하였다. 평양에서 회갑을 맞이할 무렵, 도유호는 또 다른 운명의 갈림길에 놓이게 된다.

한국전쟁과 도유호

통역 장교, 인민군 소좌 도유호

전쟁 개시 나흘 만인 1950년 6월 28일 서울은 북한군에 의하여 점령되었다. 이때 북한에서는 사람을 파견하여 국립박물관을 접수하고, 소장 유물을 북으로 옮길 계획을 추진하였다. 여기에는 북한 정부의 내각 직속으로 설립되었던 '물보'가 주도면밀하게 깊이 개입되었던 것으로 보인다. 그러나 그해 9월 15일 인천상륙작전의 성공으로 국립박물관에 소장된 유물을 북으로 옮기려는 계획은 실패로 끝나게 되었다.[184]

그 이듬해, 한국전쟁은 도유호로 하여금 색다른 임무를 부여받도록 만들었다. 1951년 6월 하순 유엔 주재 소련 대표는 정전을 제의했고, 7월 10일부터 개성에서 휴전회담이 시작되었다. 도유호는 1951년 8월 20일부터 1953년 3월 17일까지 개성 및 판문점 휴전회담에 북측의 통역 장교로 활동하며, 약 19개월 동안 45회에 걸쳐 참석한 것으로 기록되어 있다.[185] 영문으로 작성된 회의록에는 통역 장교 가운데 한 사람의 이름이 'To Yu Ho'로 표기되었는데, 그가 바로 '도유호都宥浩'이다.[186] 당시 그는 인민군 '소좌'(Major), 곧 우리의 소령쯤에 해당하는 계급장을 달고 있었다. 도유호의 영어 실력은 유엔군 측을 상대로 할 정도로 상당한 수준에 있었던 것으로 인정을 받았으며, 동시에

---

184) ① 김재원, 1975,『여당수필집』, 271쪽, ② 김원용, 1987,「한국 고고학, 미술사학과 함께. 자전적 회고」,『삼불김원용교수 정년퇴임기념논총 I 』, 18쪽.

185)『휴전회담회의록』(국사편찬위원회 한국사데이터베이스).

186) 국방부 전사편찬위원회, 1989,『한국전쟁 휴전사』, 399쪽 참조. 국방부 군사편찬연구소의 남정옥 박사(책임연구원)에 의하면, 당시 선발된 통역장교의 계급은 그 인물의 지명도에 따라 결정되었고, 임무를 마친 다음에는 본래의 직장으로 복귀하여 본업을 수행하는 것이 통례였다고 한다.

GENERAL HEADQUARTERS
UNITED NATIONS COMMAND
ADVANCE

20 August 1951

Subj :   SUMMARY OF PROCEEDINGS, Fourth Session, Sub-Delegation
              on Agenda Item 2, Kaesong Armistice Conference.

              Representatives present :

              United Nations - MGEN H.I. Hodes, USA, and RADM A.A. Burke,
                               USN, delegates; LTCOL H.H. Levy, USA,
                               staff assistant; LT H.G. Underwood, USNR,
                               Interpreter.

              Communists - - - MGEN Lee Sang Jo, NKPA, and MGEN Hsieh
                               Fang, CCF, delegates; Chiu Ko An, CCF,
                               staff assistant; MAJ To Yu Ho, NKPA,
                               Interpreter.

              (Note : Stenographers not allowed to be present by either
              side. This summary based on recollections of UNC officers
              attending, and brief notes kept by UNC interpreter.)

GENERAL HEADQUATERS UNITED NATIONS COMMAND ADVANCE	**【번역】** 총 사 령 관 유 엔 군 사 령 부 전 진
20 August 1951	1951년 8월 20일
Subj : SUMMARY OF PROCEEDINGS, Fourth Session, Sub-Delegation on Agenda Item 2, Kaesong Armistice Conference	제목 : 제2의제에 관한 분과위원회 제4차회의록, 개성휴전회담
Representatives present :	대표자 :
United Nations - MGEH H.I. Hodes, USA, and RADM A.A. Burke, USN, delegates, LTCOL H.H. Leby, USA, staff assistant; Lt H.G. Underwood, USNR, Interpreter	유엔군측 - 하디스(미 육군 소장, 유엔군 대표), 버크(미 해군 소장, 유엔군 대표), 레비(미 육군 중령, 참모) ; 언더우드(미 해군 대위, 통역)
Communists - MGEN Lee Sang Jo, NKPA, and MGEN Hsieh Fang, CCF, delegates, Chiu Ko An, CCF, staff assistant; MAJ To Yu Ho, NKPA, Interpreter	공산군측 - 이상조(인민군 소장, 공산군 대표), 셰팡(중공군 소장, 공산군 대표), 주고웬(중공군, 참모) ; 도유호(인민군 소좌, 통역)

1951년 8월 20일 개성 휴전회담 참가자 명단 「휴전회담회의록」, 국사편찬위원회 한국사데이터베이스

북경연경대학에서 수학하며 중국어를 익힐 기회도 가졌기 때문에, 북한 측에서는 통역 장교의 적임자로 도유호를 지명했다고 가늠된다.

"혹시 도유호라고 들어보셨어요? 〈중략〉 아, 도유호요? 고고학자 도유호말인가요? 그를 어떻게 아세요? 〈중략〉 김일성대학에 다닐 때, 영어가 좋아서 영문학을 전공했었는데, 도유호 선생님한테서 영어 회화를 배웠어요. 다른 영어 회화 교수를 찜 쪄 먹을 만큼 영어를 유창하게 잘했던 그분의 기억이 나는군요. 영어 발음이 좋아 당시 학생들 사이에서는 선생님이 영국 유학을 했다는 소문이 나돌기도 하였지요." [2012년 9월 28일, 이창호 선생님과의 전화 통화]

도유호와 관련된 크고 작은 자료를 얻으려고 이리저리 수소문하던 중, 뜻밖에도 6·25전쟁 이전 김일성대학을 다니면서 그의 강의를 들었다는 분이 계시다는 소식을 듣게 되었다.[187] 반갑고 설레는 마음으로 전화 통화를 했던 이창호李昌浩 선생님(1929년생, 한국외국어대학교 영어학과 교수 역임)은 김일성대학 2학년 시절 도유호 교수의 영어 회화 수업을 받았다. 약 60년이 지난 지금, 여든 살이 넘어 고령이 된 예전 수강생의 기억에 또렷하게 남아 있을 정도로 그의 영어 회화 구사 능력은 매우 뛰어났던 것으로 생각된다.

휴전회담의 본회담은 1951년 7월 개성에서 처음 열렸고, 10월부터는 판문점으로 회담 장소를 옮겨 진행되었다. 2년 동안의 우여곡절을 겪으며, 1953년 7월 27일 휴전협정이 조인되었다. 이 기간 동안 많은 시간에 걸쳐 도유호는 통역 장교로 맡은 바의 임무를 수행하였다. 1951년 11월의 한 달 동안에는 무려 19차례에 이르도록 공산군 측의 통역을 맡으며 휴전회담에 참가하였다.

---

187) 이 소식을 전해준 한남대학교 역사교육과 김세호 교수님께 감사를 드린다.

당시 유엔군 측의 통역 장교는 연희대학 설립의 초석을 일구어냈던 언더우드 가문의 호레이스 그랜트 언더우드 II세Horace Grant Underwood II, 곧 원일한元一漢(1917~2004)이었다. 그는 태평양전쟁이 일어난 다음해(1942년 12월) 미 해군에 입대하여 훈련을 받고 장교로서의 실무적 경험을 쌓았다.[188] 그렇기 때문에 그는 군사적인 지식을 활용하는데 있어, 군대 경험이 전혀 없었던 도유호보다 훨씬 유리한 입장에 있었을 것이다. 그런 그에게도 휴전 회담장 안에서의 동시통역은 매우 까다로운 일이었다.

"동시통역을 제대로 하기란 지극히 어려운 일이다. 특히 두 언어의 강조하는 순서가 근본적으로 다를 경우 문제는 복잡하게 된다. 한 언어를 들으면서 다른 언어로 말하는 것도 어렵거니와 두 언어의 어순이 다르고 문장의 구조가 다른 점을 감안해야 한다. 한국말의 문장은 그냥 계속하여 나간다. 수식어와 부사구가 장황하게 나가다가 마지막에 가서야 동사가 나온다. 영어는 한국어의 어순과 정반대라고 볼 수 있다. 따라서 통역을 시작하기 전에 문장 전체를 다 들어야 한다. 이렇게 되면 다음 문장의 서두를 듣지 못하는 경우가 생긴다. 이런 의미에서 Joy 제독이 통역들을 간부 회의에 참석하도록 배려한 것을 고맙게 생각한다. 따라서 통역할 사람은 누구나 사전에 이야기할 내용을 알려주어야 한다고 본다." [Underwood, H.G.(Devine, M.J. 편집, 주장돈 번역), 2002, 『한국전쟁, 혁명 그리고 평화』, 217~218쪽]

만약 도유호가 이 글을 읽는다면, 그도 원일한과 동감을 느낀다고 고개를 끄덕였을 것이다. 통역의 역할이 중요했던 만큼, 도유호도 공산군 측의 사전 회의에 배석하였을 가능성이 높았으리라 생각된다.

---

188) Underwood, H.G.(Devine, M.J. 편집, 주장돈 번역), 2002, 『한국전쟁, 혁명 그리고 평화』, 116~124쪽.

도유호는 1년 6개월 이상의 대부분을 개성 또는 판문점 인근의 전선에서 지냈다고 짐작된다. 당시 회담에서는 쌍방 합의에 의하여 속기사速記士의 기록이 허용되지 않았기 때문에 회담을 마친 다음, 그 내용을 정리하여 문서로 만드는 일도 상당히 바쁘고 고된 작업이었을 것이다.

"전쟁의 가혹한 시련을 이겨낸 조선 인민은 전쟁의 어려운 환경속에서도 자기의 연구 사업을 계속하였다. 대학에서는 강의와 연구 사업이 계속되었으며, 1952년 말에 과학원이 창설되었다. 과학원의 창설은 우리 나라 과학 문화의 전면적 앙양과, 특수적으로는 민족 문화 유산 계승 발전을 위한 사업에서도 획기적인 단계를 열어 놓았다. 과학원내에 창설된 고고학 및 민속학 연구소(처음에 물질 문화사 연구소로 칭하던 것을 1956년에 개칭함)189)는 과학원 개원식에 보낸 김 일성 동지의 축하문의 정신을 받들고 1953년에 자기 사업에 착수하였다."
[고고학 및 민속학 연구소, 1959, 「민족 문화 유산 계승 발전을 위한 우리 당 정책의 빛나는 승리. 문화 유물 보존 사업과 그 연구를 중심으로」, 『문화유산』 1959(4), 5쪽]

1952년 10월, 북한의 최고 과학 기관으로 과학원(원장 : 홍명희)이 창설되었다. 이와 동시에 국가의 발전과 학문적 공로를 인정받았던 인물들이 원사院士 또는 후보원사로 임명을 받았다. 사회 과학 부문의 역사학 및 고고학 분야에서는 박시형(역사학)이 원사, 그리고 도유호(고고학)와 리청원(역사학)이 각각 후보원사로 임명되었다.190) 그 해

---

189) 본문에는 '1957년에 개칭함'으로 되어 있음. '물질문화사연구소'는 1956년 3월 2일, '고고학 및 민속학 연구소'로 개편되었다(리주현·한은숙, 2009, 『총론』, 39쪽).

190) ① 「조선 민주주의 인민 공화국 과학원 조직에 관하여」(내각결정 제183호, 1952년 10월 9일), 『로동신문(1952년 10월 22일)』, ② 「조선 민주주의 인민 공화국 과학원 조직에 관하여」(내각결정 제183호, 1952년 10월 9일), 『조선중앙년감 1953』, 108~109쪽.

11월 5일에 개최된 제1차 총회[191])에서는 과학원 상무위원을 비롯하여 산하 기구(력사학연구소, 물질문화사연구소 등)의 부분별 연구소 소장이 선출되었으며, 12월 1일에 과학원 개원식이 거행되었다.[192])

도유호는 휴전회담의 통역 장교로 근무하면서 과학원의 후보원사로서 임명되었고, 과학원 산하 기구로 설치된 '물질문화사연구소'[193]의 소장[194]으로 발령을 받는 영광을 동시에 차지하게 되었다. 특히 고고학 전문가로서 후보원사[195]가 되었다는 사실과 함께 '물질문화사연구소'의 소장이 되었다는 점은 앞으로 새롭게 개척해 나가야 하는 북한 고고학 분야에서, 도유호가 담당해야 할 현실적인 역할에 큰 힘을 실어 주었던 것으로 생각된다.

전쟁으로 훼손된 고고학 자료

휴전회담은 한 치의 양보도 없이 치열하게 전개되었고, 전쟁 초기부

---

191) 당시 과학원의 지도기관은 총회, 부문 회의, 상무위원회로 구성되었다. 원사는 총회에 참석하여 의결권을 행사할 수 있었으나, 후보원사에게는 발언권만 주어졌다. 반면에 부문 회의에서는 후보원사가 의결권을 가지고 참석할 수 있었다(「과학원」, 『조선중앙년감 1954~55』, 454~455쪽).

192) 「과학원」, 『조선중앙년감 1953』, 571~572쪽. 물질문화사연구소에는 미술사, 민속학, 고고학 등의 3개 연구실이 설치되어 있었다(「과학원」, 『조선중앙년감 1956』, 131쪽).

193) 당시 북한의 '물질문화사연구소'는 1922년 이후 발족된 소련과학아카데미 (Academy of Sciences of the USSR) 소속의 물질문화사연구원(Institute for the History of Material Culture)을 본으로 삼아 설립되었다고 생각된다. 아·드·우달쪼브(이효준 역), 1950, 「物質文化史研究院三十年」, 『문화유물』 2, 87~94쪽 참조.

194) ① 이광린, 1990, 110쪽, ② 강성윤, 2006, 「북한의 학문분류체계: 인문사회과학 분야를 중심으로」, 『북한의 교육과 과학기술』, 180쪽 참조.

195) 정전협정 이전, 북한에서 발표하였던 고고학 관계 논문이 별로 많지 않았음에도 도유호는 후보원사로 추대되었다. 이에는 통역 장교와 같은 정치적 임무를 성실하게 수행하였던 것에 대한 일종의 학술적 대가가 곁들여 있었을 것으로 짐작된다.

터 제공권을 장악한 미군은 북한의 도시 지역, 산업 시설 및 농업 시설을 초토화시키기 위한 공습을 끊임없이 감행하였다.196) 전쟁 기간 중, 평안남도 순천군에서는 1953년 3월 19일부터 23일까지, 약 5일간에 걸쳐 고구려 벽화 무덤 1기가 발굴되는 일이 벌어졌다. '遼東 城'(요동성)이라는 묵서墨書가 남아 있어 '遼東城塚'(요동성총)이라고 부르는 이 무덤은 1934년에 발견된 것으로 전해진다. 발견 당시 표식을 해두었으나, 세월이 흐르면서 표식마저도 사라지게 되었다. 요동성 무덤에 대한 발굴 조사는 "부락 인민들은 지난날의 석곽 고분을 회상 하고 그것을 방공호로 리용하려고 표토를 헤치고 묘실을 들어 낸 데서부터 시작되었다."197)

다른 나라의 경우에서도 마찬가지이겠지만, 전쟁을 겪는 과정에서 문화재가 파괴되는 일이 자주 벌어진다. 한국전쟁이 끝난 지 어느덧 반세기가 훨씬 지났건만, 우리는 아직도 전쟁으로 피해를 입었던 문화재에 대한 기초적인 통계 자료조차 제대로 된 기록으로 만들어내 지 못하고 있다.

고고학자는 과거를 알기 위하여 유적을 발굴한다. 발굴 행위 자체는 유적의 파괴를 전제로 이루어지기 때문에 한 번 발굴된 땅을 원래의 상태로 똑같이 되돌리는 일은 누구도 할 수 없다. 그래서 고고학자는 발굴 당시의 모습을 담은 현장 기록과 함께, 출토 유물을 제대로 보존하고 관리하는데 많은 노력을 기울인다. 그렇지만 발굴된 유물과 기록 자료가 분실되거나 훼손된다면, 이것은 제대로 된 발굴 보고서

---

196) "평양에는 43만 발의 폭탄이 투하되었고, 북한 전역에 1평방킬로미터당 평균 18개의 폭탄이 퍼부어졌다. 태평양전쟁 중에 미군이 사용한 양보다 더 많은 폭탄이 한국전쟁 기간에 한반도, 특히 북한에 투하되었다. <중략> 주택과 학교, 병원, 극장, 도서관 등도 파괴를 피할 수 없었다."(김성보, 2011,『북한의 역사 1. 건국과 인민민주주의의 경험 1945~1960』, 158쪽).

197) 고고학 및 민속학 연구소, 1958a,「평안남도 순천군 룡봉리 료동성총 조사 보고」,『대동강 류역 고분 발굴 보고』, 4쪽.

작성을 매우 힘들게 만든다. 전쟁으로 말미암아 훼손된 유물 및 기록 자료에 관한 내용은 다음에 제시된 것처럼, 도유호 등이 남긴 글을 통하여 살필 수 있다.

① "이 고분을 발굴할 당시의 자료는 〈중략〉 전쟁 기간에 발굴 당시의 사진, 도판의 대부분과 실측도가 손실 당하였으므로 발굴 후 오랜 시일이 경과하도록 이에 대한 보고를 내지 못하였었다. 그러나 과학원 고고학 및 민속학 연구소 편찬실에서는 그 동안 흩어진 자료를 정리하여 불완전하나마 본 보고를 내놓는 바이다." [도유호, 1958a, 「머리' 말」, 『안악 제3호분 발굴 보고』]

② "당시의 고분에 대한 발굴 자료들은 〈중략〉 전쟁 기간에 폭격에 의하여 대부분이 산일되었기 때문에 그간 발굴 보고를 내지 못하였다." [도유호, 1958b, 「머리' 말」, 『안악 제1호 및 제2호분 발굴 보고』]

③ "당초에 제 2호분에 대한 발굴 보고도 제 1호분과 같이 준비되었던 것이 〈중략〉 전쟁 기간에 맹폭에 의하여 도판 자료들이 거의 산일되고 보고서 초고 일부만이 남았다. 고분에 대하여는 전쟁중에 내부 파괴를 방지하기 위하여 입구를 막아 출입을 금지하여 잘 보존하였다." [고고학 및 민속학 연구소, 1958d, 「안악 제2호분 발굴 보고」, 『안악 제1호 및 제2호분 발굴 보고』, 13쪽]

④ "본 감정 재료는 〈중략〉 함경북도 청진 력사 박물관에 보관하였다가 〈중략〉 전쟁 기간중에 이를 여러번 이동 관리하였으므로 부분적으로 파손 분실이 있었다." [최명학, 1956, 「라진 초도 원시 유적 출토 인골 감정 보고」, 『라진 초도 원시 유적 발굴 보고서』, 7쪽]

⑤ "전쟁중에 〈중략〉 발굴 기록과 출토품의 많은 부분이 없어졌다. 그러나 남은 것을 가지고라도 보고서를 작성하여 출판하는 것은 필요한 일이다. 이는 특히 궁산 유적이 가지는 의의가 크다는 것을 알게 되었기 때문이다." [도유호, 1957, 「머리 말」, 『궁산 원시 유적 발굴 보고』]

⑥ "(제3호 구덩이) 이 구덩이에 관한 도면 전부와 야책野冊의 일부는 〈중략〉 전쟁 당시에 분실되어 버렸다. 따라서 그 유물 층위와 출토 유물 정형에 관하여 이 이상 더 상세히 밝힐 수 없게 된 것은 대단히 유감스러운 일이다." [고고학 및 민속학 연구소, 1957, 『궁산 원시 유적 발굴 보고』, 6쪽]

⑦ "발굴에서 점수로 제일 많은 것은 토기와 그 파편이였는데 압도적 다수는 유문 토기편이다. 그러나 현재 남은 것은 발굴 당시의 30% 미만이다." [고고학 및 민속학 연구소, 1957, 『궁산 원시 유적 발굴 보고』, 27쪽]

전쟁으로 인하여 가장 심한 피해를 당한 것은 평양 지역에 보관 중이었던 발굴 유물 및 조사 관련 기록물이었다. 초도 유적의 경우는 평양에서 멀리 떨어진 청진역사박물관에 보관되어 있었기에 상대적으로 그만큼 피해를 덜 받았던 것으로 생각된다. 그런데 피해 정도의 차이와 상관없이, 위에 언급된 모든 유적은 북한 고고학 연구에 있어 매우 중요한 자리를 차지한다. ①, ②, ③은 황해남도 안악의 고구려의 벽화 무덤[198], ④는 나선시 초도의 청동기유적, ⑤, ⑥, ⑦은 평안남도 온천군의 신석기시대 궁산 유적과 관련된 내용을 담고 있다.

한편 이들 유적에 대한 발굴 보고서는 전쟁이 끝난 약 4년 뒤부터 연차적으로 모두 간행되었다. 때로는 발굴 기록이 훼손되고, 때로는 출토 유물이 분실된 여건에도 불구하고 각 유적의 발굴 보고서가 발간되었다는 사실은 당시 북한 고고학계의 학문적인 능력과 열정, 그리고 국가의 정책적인 배려가 충분하게 뒷받침되었음을 보여준다. 특히 각 발굴 보고서의 발행 부수가 이삼천 권에 이르렀다는 점은 매우 놀라운 일이다.

---

198) 안악 1호분과 2호분은 1957년 5월, 고고학 및 민속학 연구소의 자료편찬실에 의하여 재조사되었다(고고학 및 민속학 연구소, 1958d).

4부

도유호와 북한 고고학(2)

1950년대 중반~1960년대 중반

고고학 및 민속학 연구소장, 도유호

회령 오동 유적의 발굴 참가

1953년 3월 17일 판문점에서 열린 연락장교회의(Liaison Officer's Meeting)를 끝으로 도유호의 이름은 휴전회담 회의록에 더 이상 등장하지 않는다. 1951년 8월부터 전선에 머물며 통역 장교로 근무하였던 도유호는 마침내 평양으로 복귀하는 기회를 얻었고, 정전협정 체결(1953년 7월 27일)로 3여 년에 걸친 한국전쟁도 일단락되었다. 그로부터 약 1년 사이에 걸쳐 '물보'에서는 전쟁 피해를 복구하는 동시에 물질문화를 수집 및 보존하는 사업을 펼쳤다.[1] 그리고 1954년 4월부터 본격적인 발굴 조사가 북한 지역에서 이루어지기 시작하였다.

그해 4월부터 7월에 걸쳐 운성리 무덤(황해남도), 평양 역전 벽화 무덤(평양시), 대청리 1호 무덤(황해북도), 남옥리 무덤(평안남도), 순천리 무덤(황해북도) 등지에서 고대 및 고구려 시기의 유적이 발굴되었다. 이들 유적은 구제 발굴 또는 학술 자료를 수집할 목적으로 비교적 간단한 규모로 조사되었는데, 발굴 기간도 짧아 대부분 10일을 넘지 않았다. 이와는 달리, 오동 유적(함경북도 회령시)에서는 정전 이후 가장 체계적으로 조직된 발굴 작업이 진행되었다. 그것은 전쟁

---

1) 「고적 유물 및 박물관」, 『조선중앙년감 1954~1955』, 457~458쪽.

이전에 이루어진 초도 유적(1949년 발굴)과 궁산 유적 (1950년 발굴)의 뒤를 잇는 중요한 원시 유적 발굴 사업 가운데 하나였다.

"우리 공화국 북반부에는 해방 후 우리 손으로 원시 시대 유적을 세번 조직적으로 발굴한 일이 있다. 《물보(物保)》에서 라진 초도羅津 草島의 유적과 온정 궁산리溫井 弓山里의 얇은 패층貝層 유적을 발굴하였고 이번 과학원 물질 문화사 연구소가 추진하여 회령 오동會寧 五洞 유적을 발굴한 것이 그것이다. 초도와 궁산리 발굴을 저자는 잠시 구경하였을 뿐이며 거기에 참가한 일은 없었다. 그러나 이번 오동 발굴은 저자가 2주일에 걸쳐 참가하여 직접 지도하였다." [도유호, 1955, 「조선 석기 시대 사상(史上)에서 새로 판명된 몇가지 사실에 관하여」, 『력사과학』 1955(1), 41쪽]

1949년 동해안의 초도 유적을 발굴한 다음, 해안 지방과 대비되는 지역의 유적을 연구하기 위하여 북한 고고학계에서는 두만강 유역의 여러 유적을 발굴 후보지로 선정하였다. 1950년 봄에 진행한 두만강 연안 유적의 탐사 결과에 따라, 오동 유적은 1950년 가을에 발굴될 예정으로 계획이 잡혀 있었다. 그러나 한국전쟁으로 말미암아 그 발굴은 정전 이후로 미루어졌다. 발굴은 두 차례(1차 발굴 : 1954년 9월 중순~10월 27일, 2차 발굴 : 1955년 8월 25일~9월 27일)에 걸쳐 진행되었다(그림 1 참조). 70여 일에 이르는 조사 작업에는 연 500여 명의 학술 인원과 1,200여 명의 발굴 노력勞力이 참가하였다.[2] 전체 조사 기간, 동원된 인력, 발굴 범위(약 400제곱미터) 등으로 볼 때, 이 유적 발굴은 정전 이후 첫 작업으로 이루어진 대규모 학술 사업에 속한다.

오동 유적의 발굴에는 학술 일군으로 물질문화사연구소 소속 구성

---

2) 고고학 및 민속학 연구소, 1960a, 『회령 오동 원시 유적 발굴 보고』, 7쪽.

〈그림 1〉 오동 유적의 발굴 초기 모습(1954년)　고고학 및 민속학 연구소, 1960, 『회령 오동 원시
유적 발굴 보고』, 도판 Ⅲ

원과 함께 각 역사박물관 및 일부 대학 요원들이 참가하였다. 이와
같은 움직임은 '물보'의 학술 요원을 비롯하여 중앙역사박물관, 청진
역사박물관, 신의주역사박물관의 학술원들이 참가했던 안악 제3호
무덤의 발굴(1949) 등에서 이미 엿보인다. 이들 유적의 발굴은 학술
조사를 목적으로 추진되었던 동시에 고고학 관련 기관의 구성원들을
위한 교육장이자 실습장으로도 활용되었다. 이렇듯 북한에서는 고고
학 사업을 원활하게 추진하고, 연구 역량을 강화할 목적으로 전문
인력을 양성하는데 일찍부터 큰 관심을 갖고 있었다. 이러한 노력의
결과는 정전 이후 북한 전역에서 유적 발굴 조사가 체계적으로 이루어
지는데 있어 중요한 학문적, 기술적 토대[3]가 되었다.

　문화층을 덮고 있는 표토(부식토층)의 두께가 얇은 지점에서는
비교적 간단한 탐색 구덩이의 시굴을 통하여, 그 아래에 놓인 문화층의
전체적인 분포 상황과 성격을 일차적으로 확인하는 작업이 그만큼

---

3) 리주현·한은숙, 2009, 『총론』, 38쪽.

손쉽게 이루어질 수 있다. 그러나 오동 유적은 궁산유적이나 초도 유적의 경우와 같지 않았다. 유적의 조사 대상 범위가 넓었을 뿐만 아니라, 표토의 두께도 두 유적에 비하여 상대적으로 훨씬 두터운 것으로 추정되었다. 그렇기 때문에 땅속에 묻혀 있는 문화층의 존재를 예측하는데 도움이 되는 탐색 구덩이를 정확하게 설정하는 일 자체가 매우 까다로운 문제였다. 도유호가 오동 유적에서 발굴 조사를 지도했던 구체적인 내용은 알려지지 않았지만, 그것은 문화층의 존재와 범위를 짜임새 있게 찾으려는 해결 방안을 모색하는 일 등과 관계가 있었으리라 짐작된다.[4]

조선의 원시시대도 전 세계사적 범위에서 연구하여야 한다

1952년 말 과학원 산하 기구로 설립된 '력사학연구소'(뒤에 '력사연구소'로 개칭)에서는 1955년부터 『력사과학』이라는 기관지를 발행하기 시작하였다. 편집위원(책임편집위원 : 리청원)은 7명으로 구성되었는데, 그 중에는 도유호도 포함되어 있었다.

『력사과학』 창간호에는 해방 이후 북한 고고학에서 새롭게 판명된 내용을 담은 도유호의 논문이 게재되었다.[5] 이 논문에서 그는 함경북도 지방에서 발견되는 흑요석 타제석기가 석기시대, 곧 신석기문화를 대변하는 것으로 이해하였고, 이에 따라 우리나라에서 발견된 구석기 유적은 존재하지 않는다고 말하였다. 그리고 궁산 유적, 초도 유적, 오동 유적 등지에서 알려진 고고학적 증거를 새로운 시각에서 조명하

---

4) 오동 유적 조사에서는 시굴 지점을 선정하는데 있어, 당시 쏘련에서 적용하고 있는 발굴 방법에 대한 검토가 이루어지기도 하였다(고고학 및 민속학 연구소, 1960a, 9쪽).

5) 도유호, 1955, 「조선 석기 시대 사상(史上)에서 새로 판명된 몇가지 사실에 관하여」, 『력사과학』 1955(1), 41~54쪽.

고자 하였다. 도유호가 이 논문을 작성할 당시, 북한 고고학에서는 신석기시대 또는 청동기시대 등에 속하는 유물 종류를 시대적으로 가려낼 수 있는 학술적 역량을 충분히 갖추지 못하였다. 다시 말해서 원시 고고학 유물의 시대적 선후 관계를 구분하는데 필요한 판단 기준이 제대로 세워져 있지 않았다.

"무문 토기와 유문 토기는 본래 갈래가 다른 것으로 유문 토기는 무문 토기보다 후에 전래한 것일런지도 모른다. 물론 발굴에 의하여 이렇게 확연할 자료를 얻은 것은 아니다. 〈중략〉 우리는 무문 토기 편이 유문 토기보다 우리 땅에는 좀 더 일찍이 알려진 것이라고 감히 추측하는 바이다. 그러나 이런 추측은 금후의 발굴의 결과로 근본적으로 뒤집힐 수도 있다." [도유호, 1955, 「조선 석기 시대 사상(史上)에서 새로 판명된 몇가지 사실에 관하여」, 『력사과학』 1955(1), 48~49쪽]

현재 우리는 빗살무늬 계열의 토기가 신석기시대, 그리고 무늬가 새겨지지 않은 민그릇 종류가 청동기시대를 각각 대표한다는 것을 일반적인 상식처럼 알고 있다. 그러나 지금으로부터 약 60년 전만 해도 그 둘 사이의 시대적인 선후 관계를 구분하기란 매우 힘든 일이었다. 절대연대측정법을 활용할 수 없는 여건에서, 이 문제를 해결하기 위해서는 무엇보다도 발굴을 통하여 두 시기 문화층의 층서적인 선후 관계를 입증하는 방법이 필요하였다. 여기에 해결의 답을 안겨준 곳이 바로 지탑리 유적인데, 이에 관해서는 뒤에 가서 다시 살펴보기로 하자.

"그런데 조선의 원시 시대를 연구하는 데서 우리 고고학도가 잊어서 안 될 것은 조선의 원시 시대도 전 세계사적 범위에서 연구하여야 한다는 것이다. 고립한 조선만을 운운하여서는 조선의 원시 시대도 전혀 리해할 수가 없다. 그러나 엔 야 마르 식의 사고 방식의 영향을 받은 아류 논객들은 사실 이러한 고립한 것을 론하여 왔다." [도유호, 1955, 「조선 석기 시대 사상(史上)에서 새로 판명된 몇가지 사실에 관하여」, 『력사과학』 1955(1), 54쪽]

도유호는 궁산 유적에서 풍부하게 나온 골각기가 유라시아 대륙의 북쪽에 퍼져 있던 후기 구석기 말의 문화와 계통상 연관되어 있으며, 이 유적의 즐문토기櫛文土器(빗살무늬토기)도 그 출발점이 유라시아 대륙 북쪽에 있다고 주장하였다. 그리고 오동 유적을 비롯하여 함경북도 지방에서 출토한 구석기형의 석기는 유라시아 대륙 북쪽보다는 시베리아나 몽골 등과 관계가 있는 것으로 서술하였다. 그는 양록민養鹿民 문화와 관계가 있는 골각기의 존재와 반월도半月刀(반달칼) 등을 북방 계통으로 보았다. 반면에 원통부圓筒斧(몸통이 원통 모양의 돌도끼)의 원류는 남쪽에 있으며, 거석문화도 남쪽을 경유하여 북상한 것으로 말하였다. 또한 그는 한국 원시 시대의 농경과 동물 사육 문제를 포함하여, 원시 문화를 담당했던 종족적인 문제에 관해서도 자신의 구상을 언급하였다. 예를 들어 그는 이병도가 언급한 고마족 [예맥족濊貊族 또는 개마족蓋馬族]6)의 조선 내주來住 경로가 궁산문화의 남하와 비슷하게 한반도의 서북쪽을 거쳤다고 주장하였다.

요컨대 도유호는 각종 출토 유물과 유구의 양상을 문화 전파론적 관점에 초점을 맞추며 설명하였고, 그와 같은 각각의 요소들이 다른 외부 지역과 계통상 어떠한 친연 관계를 이루었는지에 대하여 고찰하였다. 그러면서 그는 문화의 형성 과정에서 외래문화의 영향력은 내적 발전의 요인보다 더 강하게 작용하였기 때문에 조선의 원시시대를 올바르게 연구하기 위해서는 세계사라는 공간적, 시간적 범주에서

---

6) 이에 관해서는 다음을 참조하기 바람. 이병도·김재원, 1959, 「총설」, 『한국사(고대편)』, 7~11쪽.

그 시대의 문화적 특성이 비교, 검토되어야 한다는 점을 강조하였다.[7]

다시 말해서 도유호는 언어의 변천이 내재적인 사회경제의 구조적 변화에 기인한다는 마르(N.Y. Marr)의 관점에 동의하지 않았으며, 조선의 원시시대를 제대로 이해하기 위해서는 내재적 발전론에 입각한 고립적인 사고방식에서 벗어나야 한다고 강조하였다. 「중국도시문화의 기원」이라는 제목의 논문이 1940년에 처음 발표된 이래, 약 15년 정도가 지났지만 내적 발전보다는 외래문화의 영향력을 더 중요시하는 도유호의 그와 같은 기본 시각에 큰 변함이 없었다.

고고학 및 민속학 연구소 설립(1956년 3월 2일)

정전 직후부터 북한에서는 전후 경제 복구 사업에 총력을 기울였다. 1953년 8월에 시작된 전후 복구 준비 단계 사업이 6개월 만에 마무리되었고, 뒤이어 1954년부터는 인민 경제 복구 발전 3개년 계획(1954~56)이 실천으로 옮겨졌다.[8] 이런 사회적 분위기에서 《각종 건설 공사 과정에서 발견되는 유적 유물을 보존 관리할 데 대하여》라는 내각 지시 제92호가 1954년(8월 2일)에 채택, 하달되었다. 이것은 북한 전역에서 이루어지고 있던 "각종 건설 공사 과정에서 발견되는 유적유물의 파괴, 분실을 미연에 방지하고 발굴이 계획적으로 진행되도록" 하기 위한 조치였다.[9] 이에 따라 공사 현장에서 발견되는 유적과 유물은 내각 직속이었던 물질문화유물보존위원회[10]의 위원장에게

---

7) 도유호, 1955, 41~54쪽 참조.
8) 김성보, 2011, 『북한의 역사 1. 건국과 인민민주주의의 경험 1945~60』, 178쪽.
9) 리주현·한은숙, 2009, 33쪽.
10) 내각에서는 1953년 2월 18일, '조선물질문화유물조사보존위원회'를 '물질문화유물보존위원회'로 개칭하고, 그의 규정과 기구 정원을 승인하였다(「국내외일지」, 『조선중앙년감 1953』, 908쪽).

보고되었고, 그에 대한 처리는 위원장과 과학원 원장의 협의를 통하여 이루어졌다.[11] 따라서 물질문화유물보존위원회의 위원장은 유적의 발굴 여부를 결정하는데 중요한 역할을 담당하였던 것으로 볼 수 있다. 도유호는 1954년 11월 그 위원회의 위원장으로 임명되었다.[12]

정전 이전의 경우와 비교가 되지 않을 만큼, 1954년부터 전국 각지에 분포한 유적의 발굴 조사가 확대되어 나갔다. 1954~55년 사이의 2년 동안에 발굴 조사된 유적만 하더라도 12개 지점에 이르렀다(표 1 참조). 그 가운데는 발굴 규모가 비교적 컸던 오동 유적, 금탄리 유적, 공귀리 유적 등이 포함되었다. 더욱이 전후 복구 사업이 활발하게 추진됨에 따라 조사해야 할 대상 유적의 수량도 그만큼 많아질 것임을 어렵지 않게 예측할 수 있다. 따라서 발굴 사업을 더욱 체계적으로 꾸려나가기 위한 조치를 취하는 일이 필요했을 것이며, 이에 북한에서는 종래의 '물질문화사연구소'를 확대, 개편하여 '고고학 및 민속학 연구소'(1956년 3월 2일)를 설립[13]하였을 것으로 생각된다.

고고학 및 민속학 연구소의 발족은 북한 고고학에서 학사적으로 상당히 중요한 의의를 지닌다고 말할 수 있다. 첫째, 내각 결정 제83호 (1956년 9월 3일)에 따라, 그동안 내각 직속이었던 물질문화유물보존 위원회가 문화선전성의 '문화유물보존국'에 편입되어[14] 고고학 및 민속학 연구소는 유적 발굴 사업을 주도적으로 이끌어가는 책임 기관으로 위상을 굳게 다져나갔다. 둘째, 연구소 기관지로 『문화유산』 (1957년 2월 창간호 발행)을 정기적으로 간행하여[15] 유적과 유물의 조사 내용이 신속하게 발표될 수 있었으며, 주제별 연구 논문의 게재를

---

11) 고고학 및 민속학 연구소, 1958e, 「관개 공사장에서 발견되는 유물 보존 사업을 전 인민적 운동으로 강력히 전개하자」, 『문화유산』 1958(5), 7~10쪽.
12) 중앙일보사 동서문제연구소, 1983, 「도유호」, 『북한인명사전』, 150쪽 참조.
13) 리주현·한은숙, 2009, 39쪽.
14) 「고적 유물 및 박물관」, 『조선중앙년감 1957』, 109쪽.
15) 1957년부터 1962년까지 매년 6권이 발행되었다.

256

〈표 1〉 1954~55년 사이에 발굴된 유적 [리주현·한은숙, 2009, 160쪽에 의함]

발굴 연도	유적명	위치	시대	참고문헌
1954 ~55	오동 유적	함경북도 회령시	고대	유적발굴보고 7(1960)
1954	순천리 유적	황해북도 황주군	고대, 고구려	『고고학자료집』 2(1959)
	운성리 무덤	황해남도 은률군	고대	『고고학자료집』 1(1958)
	남옥리 무덤	평안남도 은산군	고구려	『고고학자료집』 2(1959)
	대청리 1호 무덤	황해북도 은파군	고구려	『고고학자료집』 1(1958)
	평양 역전 벽화무덤	평양시 중구역	고구려	『고고학자료집』 1(1958)
1955	금탄리 유적	평양시 사동구역	원시, 고대	유적발굴보고 10(1964)
	공귀리 유적	자강도 강계시	고대	유적발굴보고 6(1959)
	원암동유적	평양시 락랑구역	고대	『문화유산』 1958(1)
	천주리 유적	황해북도 황주군	고대	『고고학자료집』 2(1959)
	대안리 1호 무덤	평안남도 강서군	고구려	『고고학자료집』 2(1959)
	선봉리 1호 무덤	황해북도 황주군	고구려	『고고학자료집』 2(1959)

통하여 고고학 전문가 상호간의 학술적 역량을 향상시키는 데 이바지
하였다. 셋째, '유적발굴보고' 또는 '고고학자료집'과 같은 형식으로
발굴 보고서를 간행하여, 고고학 관련 자료를 축적하는 동시에 널리
활용될 수 있는 기반이 마련되었다.[16] '유적발굴보고'는 발굴 규모가
크고, 출토 유구와 유물이 풍부한 단일 유적을 대상으로 출판되었으
며, 『고고학자료집』에는 각지에서 발굴된 여러 유적의 조사 내용이
수록되었다.

　후보원사 도유호는 물질문화사연구소에 연이어 고고학 및 민속학
연구소의 초대 소장으로 임명되었다.[17] 그는 소장이라는 중책을 맡으
며, 『문화유산』 창간호에 기고한 글[18]에서 고고학 및 민속학 연구소가

---

16) 『라진 초도 원시 유적 발굴 보고서』(고고학 및 민속학 연구소, 1956)는 3,000부,
　　『대동강 류역 고분 발굴 보고』(고고학 및 민속학 연구소, 1958i)는 2,000부가
　　발행되었다.
17) 이 연구소는 고고학, 민속학, 미술사 연구실 및 출토품 편찬실 등으로 구성되었다
　　(「과학원」, 『조선중앙년감 1957』, 108쪽).

〈그림 2〉 『문화유산』 1961년 4호 표지 고고학 및
민속학 연구소, 1961, 『문화유산』 1961(4)

앞으로 중점적으로 추진해야 할
당면 과제를 제시하였다.

그 가운데 고고학 연구실에서
수행해야 할 주요 과제로 "해방
후 이루어진 발굴 결과, 원시 시대
에 관한 새롭게 알려진 지식이 풍
부해졌지만, 이 방면에 대한 과거
일제 어용학자들의 연구 성과를
참고할 필요가 있다. 고고학 연구
사업은 원시 시대에만 그치지 말
고, 고대 및 중세 연구에도 큰 관
심을 지녀야 한다. 한사군의 영역
이 조선의 서북방에 미쳤다 하더
라도 그것은 우리 민족의 수치가 아니기 때문에, 한사군 위치 문제는
객관적으로 정확하게 파악되어야 한다. 고고학 연구를 강화하기 위해
서는 전문 인력의 양성이 필요하다"고 언급하였다. 그리고 자연과학
분야와의 협조를 통하며 고고학 연구는 더욱 만족할 만한 성과를
이룩할 수 있다고 역설하였다.

"고고학은 끝까지 력사 과학의 한 분야이면서도 실제로 이 학문을
진행하는 데에는 자연 과학의 방조가 절대로 필요하다. 첫째로, 여기서
는 지질학이 필요하며 인류학이 필요하다. 고생물학도 필요하다. 동물
학 특히 동물 유골을 감정하기 위한 비교 해부학이 필요하다. 식물학이
또 필요하다. 화학이 필요하다. 현재 선진 국가들에서는 화분 분석花粉分
析에 의한 년대 측정 방법을 광범히 진행하고 있으며, 또 스펙트로分光

---

18) 도유호, 1957, 「민족 문화 유산의 계승 발전과 고고학 및 민속학 연구소의
    당면 과업」, 『문화유산』 1957(1), 1~10쪽.

분석에 의한 용도用途 검사 방법을 광범히 적용하고 있다. 뿐만 아니라 최근에 와서는 동위원소同位元素《이소토프》를 리용하여 방사 성능放射性能이 있는 탄소炭素를 분해시킴으로써 그 년대를 측정하는 방법까지 적용되고 있다. 이는 원자력의 연구에 따라 파생한 방법으로서 아직 극히 초보적인 계단에 밖에 처하여 있지 않으나 앞으로 이는 고고학계에 커다란 전변을 가져 올 전망을 보여 주는 것이다." [도유호, 1957, 「민족 문화 유산의 계승 발전과 고고학 및 민속학 연구소의 당면 과업」, 『문화유산』 1957(1), 3쪽]

또한 도유호는 조선의 고대 및 중세 역사를 바르게 이해하고, 원시 고고학을 제대로 연구하는 데는 민속학의 도움이 절대적으로 필요하다고 지적하였다. 그는 고고학, 미술사, 언어학 등과 마찬가지로 민속학의 올바른 방법론은 "물론 맑스-레닌주의적 방법론이며 변증적 유물론적 방법론이며 역사적 유물론적 방법론"이라고 설명하였다. 그런 한편, 그는 "소위 문화권설에서 제창한 문화 비교의 방법론을 덮어 놓고 '반동'으로 낙인을 찍는 것은 명백한 부당 행위"라고 단정하였다.[19]

"이 방법론 문제에 이르러서도 우리는 교조주의를 버려야 할 것이다. 그리고 그 옳은 수립을 위하여 우리는 자유롭고 진지한 토론을 전개하여야 할 것이다. 그리고 상대방에 덮어 놓고 《반동 학설》이라는 바가지를 씌우는 일은 삼가야 할 것이다. 가령 례하면 종족 이동론이 암만 《반동 리론》이며 문화 교류론이 암만 《반동 리론》이라고 하더라도 결국 이동과 교류의 사실을 무시하고는 민속학 분야에서 문제의 해결을 초보적으로 볼 수 없는 것이다. 결국은 그러한 이동과 교류의 사실을

---

19) 도유호, 1957, 5~6쪽.

념두에 두고 분석하며 비교하여 종합하는 방법을 취하는데서 그냥 덮어 놓고 《발전 발전》만 부르짖는 것보다는 좀 더 구체적으로 효과 있게 해답을 얻게 되는 것이다." [도유호, 1957, 「민족 문화 유산의 계승 발전과 고고학 및 민속학 연구소의 당면 과업」, 『문화유산』 1957(1), 6쪽]

위 글을 읽다 보면, 한국전쟁 이전, 한흥수와 도유호 사이에 벌어졌던 논쟁이 다시 머릿속에 떠오른다. 그로부터 약 7년이라는 시간이 흘러갔건만, 도유호는 여전히 문화권설에 찬동하며, 문화 교류와 이동이라는 전파론적 방법론을 굳건하게 견지하고 있었다. 이런 생각은 1956년 5월 레닌그라드에서 열린 쏘련 민속학회 대회20)를 참관하며 더욱 굳어졌다. 거기에서 도유호는 "쏘련의 민속학이 맑스-레닌주의적 세계관에 입각한 변증적 유물론적 방법에서 출발하고 있지만, 구체적 방법론에서는 학자마다 서로 다른 입장의 차이가 있음을 목격하였다."21)

한편 도유호는 고고학적 역량이 약한 현실적인 여건을 고려할 때, 지방 박물관의 자질 향상과 우수한 인력을 양성하는 과업이 필요하다는 점을 강조하였다. 아울러 그는 조선 고고학을 세계적 수준으로 올리기 위해서는 경험과 지식이 풍부한 소련 및 중국으로부터 배워야 할 바가 많으며, 우리 문화의 과거를 알려면 일본 및 동남아시아 등지에 대한 지식이 필요하기 때문에 자본주의 국가와 연계를 지녀야 한다고 주장하였다. 또한 그는 앞으로 추진될 발굴 사업과 관련하여 그 성과를 지속적으로 발표하는 일이 중요함을 다음과 같이 역설하였다.

---

20) 에쓰. 뻬. 똘쓰또브(김신숙 역), 1957, 「쏘련에서의 민속학 발전의 총화와 전망 - 1956년 5월 레닌그라드에서 진행된 민속학회에서의 보고」, 『문화유산』 1957(2), 80~86쪽.

21) 도유호, 1957, 6쪽.

"우리의 연구 성과는 반드시 발표하여야 한다. 발굴 보고서 기타의 출판물을 통하여 우리 사업의 성과를 발표하지 않는다면 그것은 조금도 학문의 발전에 기여할 수 없는 것이다. 이제부터 우리는 출판 사업을 활발히 전개해야 할 것이다. 우리는 발굴 보고서의 출판에 이미 착수하였다. 또 1957년도부터는 세 연구실의 종합 잡지도 출판한다. 또 고고학, 민속학, 미술사에 관한 자료집도 나올 것이다. 이 출판 사업에서도 우리에게는 난관이 적지 않다. 그러나 우리는 그 난관을 돌파할 것이다." [도유호, 1957, 「민족 문화 유산의 계승 발전과 고고학 및 민속학 연구소의 당면 과업」, 『문화유산』 1957(1), 5쪽]

원시 유적과 유물의 연구

나선 초도 유적(1949년 발굴)

고고학 및 민속학 연구소가 설립된 이후, 이 연구소에서는 1956년 12월 말에 초도 유적(현 행정 지명 : 함경북도 라선시 안주동)의 발굴 보고서(유적발굴보고 1)를 가장 먼저 펴냈다.[22] 이 보고서의 대부분은 정백운에 의하여 작성되었고, 도유호가 내용 일부를 보완하였다.

"초도 발굴 및 발굴후의 정리는 청진 력사 박물관 일'군들의 꾸준한 노력으로 이루어진 것이다. 경험이 적고 청소한 그들로서는 정말 엄청나게 큰 업적이라고 아니 할 수 없다. 당시 동 박물관의 학술부장으로서

---

22) 고고학 및 민속학 연구소, 1956.

직접 그 발굴에 참가하였고 그 후 출토품 정리에서도 가장 큰 역할을 놀아 온 정 백운 동무는 현재 본 연구소 고고학 연구실에서 연구사로 일하고 있다. 이번 이 보고서를 작성하는 데 제일 큰 일을 담당한 것도 역시 정 백운 동무였다. 보고문은 본래 그가 꾸몄던 것을 이번 그가 다시 정리하였고 거기에 또 내가 좀 손을 대게 되었다. 유물 실측도 기타의 제도에 이르러서는 본래 청진 력사 박물관 일'군들이 하여 두었던 것을 다시 정리하는 한편 거기에 적지 않게 더 보충하게 되었다. 여기에서 본 연구소 미술사 연구실 조수 장 주원 동무는 적지 않은 노력을 하였다. 사진의 대부분은 본래 동 박물관 일'군들이 마련하여 두었던 것 그대로이며 거기에 조금 더 손을 대였을 뿐이다. 2체의 인골(人骨)은 의학 박사 최 명학 원사가 처리하였는바 본신 사업에 여가가 없음에도 불구하고 최 원사는 이번 우리를 위하여 막대한 시간을 희생하면서 헌신적으로 노력하였다. 특히 최 원사에게 사의를 표하는 바이다." [고고학 및 민속학 연구소, 1956, 『라진 초도 원시 유적 발굴 보고서』, 4쪽]

바닷가와 인접한 곳에 위치하고 있는 초도[대초도大草島] 유적에서는 두 군데 지점이 발굴되었다(1949년 9월 1일~10월 18일, 48일간). 문화층은 해안 단구로 추정되는 퇴적층 위에 놓여 있다. 이곳에서는 집자리, 화덕, 무덤 등의 유구와 함께 흑요석 석기, 간석기, 뼈연모, 토기(그림 3)[23], 청동기, 사람 뼈, 짐승 뼈, 물고기와 조개 등의 어류가 발굴되었다. 청동 유물(그림 4)에는 원반형기圓盤形器, 방울, 치레거리, 가락지 등이 있다.

그런데 1956년 당시 북한 고고학계에서는 신석기시대와 청동기시

---

23) 토기는 형태와 종류에 따라 "항아리, 단지, 배떠리, 대접, 보시기, 굽접시, 접시, 잔" 등으로 구분되었는데, 이러한 분류 기준이 적용되기 시작한 것은 초도 유적의 경우가 처음이라 생각된다.

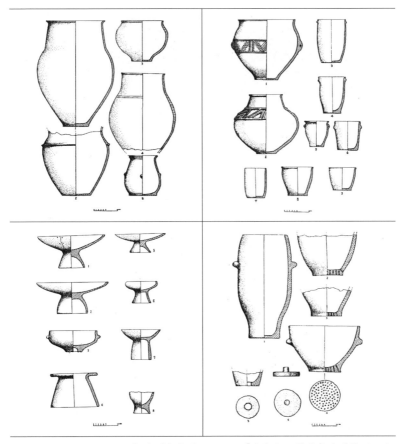

〈그림 3〉 **초도 유적 토기** 고고학 및 민속학 연구소, 1956, 『라진 초도 원시 유적 발굴 보고서』, 도판 CXIX, CXX, CXXVⅢ, CXXX.

대와 같이 각기 다른 시대적 속성을 지닌 유구와 유물을 제대로 판별해 내지 못하였다. 이에 따라 청동기시대에 속하는 회령 오동 유적과 강계 공귀리 유적의 집자리 등도 신석기시대에 해당하는 것으로 취급 되기도 하였다.[24] 그 결과, 초도 유적에서 청동기가 나왔음에도 이 유적의 연대는 청동기문화의 영향이 미치기 시작하였던 신석기시대

---

24) 도유호, 1956a, 「서문」, 『라진 초도 원시 유적 발굴 보고서』, 4쪽.

원판형기(왼쪽 : 앞면, 오른쪽 : 뒷면, 지름 6.5cm)

방울(왼쪽 : 앞면, 오른쪽 : 옆면, 높이 7cm)

| 가락지(지름 1.8cm) | 치레거리(길이 5cm) |

〈그림 4〉 초도 유적 청동 유물 조선유적유물도감 편찬위원회, 1988, 『조선유적유물도감 1(원시편)』, 205~206쪽

의 최말기로 추정되었다.25) 이러한 연대 추정은 김용간26)이 지적한 것처럼 "소위 후수 무문토기가 먼저이고 유문토기가 그 다음의 것"이라는 도유호의 견해27)가 반영된 결과이다. 그러나 1957년 궁산 유적과

---

25) 고고학 및 민속학 연구소, 1956, 51쪽.
26) 김용간, 1959, 「강계시 공귀리 원시 유적의 편년에 대하여」, 『강계시 공귀리 원시 유적 발굴 보고』, 66쪽.

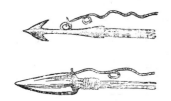

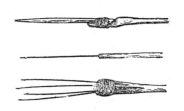

외쉬
위 : 현재 쓰는 외쉬
아래 : 구멍 난 돌 창끝의 사용 복원도

찔개
위 : 찔개의 사용 복원도
가운데·아래 : 고기잡이에 쓰이는 찔개

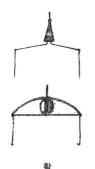

활
위 : 현재 쓰는 활
아래 : 재래의 활

조립식 낚시 사용 복원도

소왜
왼쪽 : 소왜의 사용 복원도
오른쪽 : 현재 쓰는 소왜

〈그림 5〉 물고기잡이 도구의 복원 모습 '외쉬'는 날 부분에 나래가 있고, 자루 부분의 둥근 고리에 가늘고 긴 밧줄을 동여맨 다음, 창처럼 던져 큰 고기를 잡는 연장이다. '활'은 나무를 활처럼 후리고, 그 양끝을 줄로 이은 다음, 그 사이의 중간 부분에 밧돌을 끼워 줄로 고정시킨 뒤, 양쪽 끝에 각각 낚싯줄을 내려 물고기를 잡는데 쓴다. '소왜'는 문어 등을 잡는데 쓰는 도구이다. 고고학 및 민속학 연구소, 1956, 「라진 초도 원시 유적 발굴 보고서」, 17~20쪽

지탑리 유적에서 신석기시대의 유구와 유물이 확인됨에 따라[28] 도유 호는 초도 유적에 대한 자신의 편년이 잘못되었다는 사실을 인지하였 고, 이 문제에 대하여 적지 않은 부담감을 지니고 있었던 것으로 생각된다. 그것은 초도 유적의 편년에 문제가 있었음을 표명한 여러

---

27) 도유호, 1955, 48~49쪽.
28) 도유호·황기덕, 1957b, 「지탑리 유적 발굴 중간 보고(2)」, 『문화유산』 1957(6), 12~35쪽.

차례의 글에 잘 나타난다.29)

"해방후 조직적인 발굴을 처음 시험한 곳은 바로 동북 지방인 라진
초도(草島)였다. 이 발굴에 관하여는 이미 보고서도 나왔다. 오직 그
동물 유골에 관한 보고만은 추후로 출판할 예정이다. 그런데 그 보고서
에서 우리는 그것을 신석기 시대 최말기로 처리하였다. 뿐만 아니라
그 서문에서 필자는 금탄리, 원암리, 공귀리 등지의 유적들을 모조리
신석기 시대의 것이라고 하였으나 이것은 모두 잘못이였다. 삼가 그
그릇된 론단을 취소하는 바이다. 그 책임은 전적으로 필자에게 있다."
[도유호, 1958a, 「조선 원시 문화의 년대 추정을 위한 시도」, 『문화유산』 1958(3), 23쪽]

출토 유물의 편년 설정에서 시대적 한계를 지녔지만, 초도 유적의
각종 발굴 자료와 연구 성과는 북한 고고학사에서 의미 있는 자리를
차지한다고 볼 수 있다.30) 특히 발굴 보고서의 체제와 내용 구성은
앞으로 이루어질 북한 원시 유적의 연구 방향을 다양한 관점에서
정립하는데 있어 선도적인 역할을 하였던 것으로 생각된다. 거기에는
첫째, 비록 발굴 보고서의 본문 내용은 소략한 편이지만, 그것을 보완
할 수 있는 수많은 종류의 사진과 그림이 첨부되어 이 유적에서 출토한
유물의 성격을 이해하는데 크게 이바지한다. 둘째, 동해안 일대에서
사용되는 물고기잡이 도구 등을 통하여 출토 유물의 쓰임새, 곧 그
기능을 밝히고자 하였다(그림 5 참조). 셋째, 생태유물(ecofact)에 관한
전문가들을 조사에 참여시켜 이 분야에 대한 선구적인 역할이 이루어

---

29) ① 도유호, 1958a, 「조선 원시 문화의 년대 추정을 위한 시도」, 『문화유산』
1958(3), 23쪽, ② 도유호, 1959a, 「머리'말」, 『강계시 공귀리 원시 유적 발굴
보고』, 1쪽, ③ 도유호, 1960c, 「초도 유적의 주인공에 관하여」, 『문화유산』
1960(1), 6쪽.

30) 북한에서는 초도 유적을 준국보급에 해당하는 '국가지정문화재 보존급 제1495
호'로 지정하였다(「초도유적」, 『조선향토대백과』).

졌다. 요컨대 도유호는 이와 같은 접근 방법을 통하여 과거 일제 어용학자들이 잘못 세운 조선 원시사의 체계를 바로잡고자 하였다.

생태유물과 관련하여, 뭍짐승 종류에 대한 초보적인 판별(청진 교원대학 최여구 부교수)과 아울러 물고기류와 조개류(지방 어민 및 국립 수산시험장 청진)의 동정同定, 사람 뼈의 체질인류적인 분석(조사 및 정리 : 청진 의과대학 려창범, 평양 의과대학 리동성, 보고문 작성 : 과학원 원사 최명학 박사) 등이 실시되었다. 짐승, 물고기류, 조개류의 종류를 동정하는 작업은 과거의 생업 경제, 자원 확보와 활용 방식, 인간의 활동 범위 등을 살피는데 도움을 준다. 그 가운데 특히 소와 돼지 등의 뼈를 정확하게 가려내는 것은 농경 및 짐승 사육에 관한 문제를 해결하는데 좋은 정보를 제공해준다.[31] 그렇지만 초도 유적의 발굴 보고서를 작성할 무렵만 하더라도 짐승 뼈를 종류별로 정확하게 판별할 수 있는 전문 인력을 갖추지 못하였다.

"이번 이 보고서를 내놓으면서 우리는 한 가지 유감스러운 형편에 언급하지 않을 수 없다. 원시 문화의 모습을 보는 데서 짐승 뼈獸骨의 검사는 커다란 자리를 차지하는 것이다. 그러나 현재 우리는 여기서 적지 않은 난관에 봉착하고 있다. 그러나 이 난관을 우리는 앞으로 반드시 극복하고야 말 것이다. 이번의 이 발굴 보고서에서 우리는 짐승 뼈에 관한 서술을 세밀히 하지 못하였다. 따라서 문제가 해결되는 대로 짐승 뼈에 관한 보고는 추가적으로 발표할 작정이다." [도유호, 1956a, 「서문」, 『라진 초도 원시 유적 발굴 보고서』, 4쪽]

고동물학에 관한 연구 기반이 마련되지 않은 여건에서 그 분야 전문가를 빠른 기간 안에 키워내는 일은 쉽지 않다. 그래서 궁산

---

31) 도유호, 1955, 46쪽.

유적에서 출토한 짐승 뼈의 감정은 1956년 10월 말, 중국 과학원 고척추동물연구실의 배문중裵文中(1904~1982)의 도움을 받아 이루어 졌다.[32] 오동 유적의 경우, 레닌그라드에 있는 김신규의 노력으로 짐승 뼈 감정이 가능할 수 있었는데, 그 시기는 대체로 1959년 하반기 무렵[33]으로 추정된다. 한편, 초도 유적에서 발굴된 짐승 뼈는 북경에 있는 배문중에게 넘겨져 있었으나, 1960년 초까지 감정 결과를 통보받지 못한 상태였다.[34] 레닌그라드대학에서 수학하였던 김신규[35]가 귀국한 이후, 곧 1961년 말에 이르러, 북한 고고학에서는 비로소 유적에서 출토한 전체 짐승 뼈의 동정과 종적種的 구성에 대한 내용을 체계적으로 검토한 연구 성과를 발표하게 되었다. 그 대상 유적은 미송리 동굴유적(평안북도 의주군, 1959년 발굴)이었다.[36] 이 논문에서 김신규는 미송리 유적의 위층과 초도 유적에서 집돼지 뼈를 찾아내, 우리나라 청동기시대에 집돼지가 가축화되었음을 처음으로 확인하였다. 그때는 『라진 초도 원시 유적 발굴 보고서』(1956년 12월)가 발행된 지 어느덧 약 5년이라는 시간이 흐른 뒤였다.[37] 이와 같이 얻은 연구 성과에 대하여 당시 북한 고고학 분야에서는 다음과 같은 평가를 내렸다.

"모든 과학이 그러하듯이 우리 고고학도 린접 과학과의 긴밀한 련계

32) 고고학 및 민속학 연구소, 1957a, 『궁산 원시 유적 발굴 보고』, 37쪽.
33) 도유호, 1960b, 「머리 말」, 『회령 오동 원시 유적 발굴 보고』.
34) 도유호, 1960c, 15쪽.
35) 이선복, 1992, 「북한 고고학사 시론」, 『동방학지』 74, 14쪽.
36) 김신규, 1961, 「미송리 동굴의 동물 유골에 대하여」, 『문화유산』 1961(6), 1~12쪽. 이 논문에 실린 내용은 다음의 글에서 수정 및 보완되었다. 김신규, 1963, 「미송리 동굴의 동물 유골에 대하여」, 『각지 유적 정리 보고』, 20~34쪽.
37) 그 뒤 김신규는 우리나라 원시 유적의 동물상(動物相, fauna)을 종합적으로 고찰한 글(김신규, 1966, 「우리 나라 원시 시대의 메'짐승에 대하여」, 『고고민속』 1966(2), 4~7쪽) 등을 발표하며, 북한을 대표하는 고동물학자로서 활발한 활동을 하였다.

없이는 원만하게 발전할 수 없다. 우리는 인류학, 고생물학, 지질학 및 기타 일련의 린접 과학과의 련계를 더욱 강화하여야 한다. 이미 고고 동물학을 비롯한 몇몇 부분에서는 초보적인 연구를 진행하고 있는바 우리 과학 발전에 도움을 받게 될 것이다. 이 밖에도 동위 원소의 리용을 비롯한 각종 자연 과학적 방법을 고고학 연구에 대담하게 도입하여 이 부문을 선진 국가들의 수준에 올려 세우기 위하여 노력하여야 할 것이다." [고고학 및 민속학 연구소, 1961e, 「제 4 차 당 대회에서 우리 앞에 제시한 과업을 성과적으로 수행하기 위하여」, 『문화유산』 1961(5), 3쪽]

초도 유적에서는 10여 개체분의 사람 뼈가 발굴되었으나, 한국전쟁 중 유실되거나 또는 다른 유물과 뒤섞여 두 개체(1호, 10호)에 관한 분석 결과만이 보고되었다.[38] 최명학[39]에 의하여 작성된 이 글은 해방 후 체질인류학 분야에서 처음으로 이루어진 연구 성과이다. 보고문에는 머리뼈의 계측 방법이 그림으로 제시되었고, 머리뼈를 포함하여 그 밖의 뼈대에 대한 계측 및 감정 결과가 자세하게 수록되었

---

38) 최명학, 1956, 「라진 초도 원시 유적 출토 인골 감정 보고」, 『라진 초도 원시 유적 발굴 보고서』, 1~61쪽.

39) 최명학(崔明學, 1898~?)은 함흥 출생으로 함흥영신보통학교(1913년 졸업), 함흥 영생학교(1917년 졸업, 제7회), 세브란스연합의학전문학교(1926년 졸업), 경도 제국대학(1932년 해부학 박사학위 취득)을 거쳐 세브란스 교수(1931~36년), 함흥의학전문학교 해부학 교수(1940년대 전반), 함흥의과대학장(1948년), 의학 박사 취득(1949년), 과학원 원사(의과학), 농학 및 의학 부문 위원회 위원장(1952년), 과학원 위원(1953년), 과학원 상무위원회 위원(1956년), 과학원 의약학연구소 소장(1956년) 등을 역임하였다. ① 「金日成大學을 비롯한 各大學의 創設」, 『조선중앙년감 1949』, 128~129쪽, ② 「國家學位授與委員會」, 『조선중앙년감 1950년판』, 350~351쪽, ③ 「내각결정 제183호, 1952년 10월 9일, 조선 민주주의 인민 공화국 과학원 조직에 관하여」, 『조선중앙년감 1953』, 108~109쪽, ④ 「과학원」, 『조선중앙년감 1957』, 107~108쪽, ⑤ 박형우·여인석, 1992, 「解剖學者 崔明學」, 『의사학』 1-1, 88~91쪽, ⑥ 김미경, 1992, 「의학과정에 해부학이 등장하다 : 최명학」, 『발굴 한국현대사 인물 2』, 243~249쪽, 한겨레신문사 (『한겨레신문』 1991년 12월 13일 게재) 참조.

다. 초도 유적에 이어서 1958년에는 안악3호 무덤에서 출토한 사람 뼈가 리동성에 의하여 감정되었다.[40] 그리고 1963년에 와서는 등골을 비롯하여, 등골과 연결된 각 부분 뼈에 대한 계측 방법이 백기하[41]에 의하여 소개되었다. 이와 같은 일련의 작업은 조선 사람의 기원 문제를 밝히려는 당시의 연구 분위기와 관련을 맺고 있다.[42]

온천 궁산 유적(1950년 발굴)

궁산 유적(평안남도 온천군 운하리, 옛 행정 지명 : 평안남도 용강군 해운면 궁산리)은 해안가에서 내륙으로 약 2㎞ 떨어진 곳에 위치한다. 궁산 마을에 있는 두 개의 작은 구릉 가운데 하나가 소궁산小弓山이며, 그 아랫자락에 조개더미층이 형성되었다(그림 6). 도유호는 유적 발굴(1950년 4월 13일~5월 30일, 48일간)에 직접 참가하지는 않았지만, 황기덕과 더불어 보고서 작성에 깊이 관여하였다.

궁산 유적의 발굴 보고서가 간행된 1957년은 북한의 원시 고고학 연구에서 큰 획을 긋는 두 가지의 매우 의미 있는 사업이 진행되었다. 첫째는 궁산 유적을 통하여, 북한에 신석기시대 유적이 존재한다는 사실이 처음으로 분명하게 밝혀지게 되었다.[43] 둘째는 지탑리 유적의 발굴을 통하여 신석기시대와 청동기시대의 층서 관계가 확인되었으며, 이에 따라 두 시대를 특징짓는 유구와 유물의 속성이 체계적으로 구분될 수 있었다.[44] 이렇듯 두 유적에서 얻은 고고학 성과는 우리나라

---

40) 리동성, 1958, 「출토 인골에 대한 감정」, 『안악 제3호분 발굴 보고』, 25~32쪽.

41) ① 백기하, 1963a, 「사람의 뼈를 감정하는 방법(Ⅰ)」, 『고고민속』 1963(2), 58~61쪽, ② 백기하, 1963b, 「사람의 뼈를 감정하는 방법(Ⅱ)」, 『고고민속』 1963(3), 72~75쪽.

42) 리주현·한은숙, 2009, 62쪽.

43) 고고학 및 민속학 연구소, 1957a.

〈그림 6〉 궁산 유적의 모습 조선유적유물도감 편찬위원회, 1988, 『조선유적유물도감 1(원시편)』, 81쪽

의 원시문화를 새로운 관점과 접근 방법에 의하여 연구할 수 있도록 해주는 중요한 발판이 되었다.

〈표 2〉 궁산 유적의 발굴 구덩이 및 집자리의 바닥면과 평면 윤곽

구덩이 번호	집자리			비고
	번호	바닥면	평면 윤곽	
1호				
2호				
3호	1호	화강암 풍화면	불규칙한 원형	실측 도면 분실
4호				
5호	2호	B층 바닥		실측 도면 분실
	3호	A층 바닥(화강암 풍화면)		실측 도면 분실
	4호	화강암 풍화면	불규칙한 원형	
6호	5호	굳은 적색 점토면	방형	

---

44) 도유호·황기덕, 1957b, 12~35쪽.

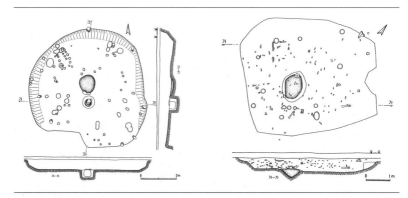

<그림 7> 궁산 유적의 4호(왼쪽), 5호(오른쪽) 집자리 조선유적유물도감 편찬위원회, 1988, 『조선유적유물
도감 1(원시편)』, 82쪽

　　궁산 유적에서는 6군데의 구덩이가 발굴되었다. 그 가운데 1호,
2호, 4호 구덩이에서는 화덕 시설 또는 기둥구멍으로 볼 수 있는
유구가 드러나지 않았고, 바닥도 평탄하지 않아 집자리로 인정을
받지 못하였다. 조사 당시 모두 다섯 기의 집자리가 확인되었다(표
2 참조). 그런데 4호 및 5호 집자리를 제외한 1·2·3호 집자리의 실측
도면은 전쟁 중 분실되었다. 그런 까닭에 현재는 4호 집자리(위쪽
지름 : 약 620㎝, 바닥 지름 : 520~550㎝, 깊이 : 55~95㎝)와 5호 집자
리(길이 : 520㎝, 너비 : 440㎝, 깊이 : 70㎝)의 도면(그림 7)만이 전해
지고 있다.
　　5호 구덩이의 경우, 유구와 유물은 B층과 A층에서 조사되었다(그림
8). 당시에 B층의 2호 집자리가 A층의 3호 집자리를 부분적으로 파괴
하여 조성되었음이 관찰되었으나, 발굴 보고서에는 두 집자리의 중첩
에 따른 사항과 함께 B층과 A층의 층위적인 선후 관계에 대하여
특별히 주목하였던 내용은 서술되지 않았다.[45] 다만 5호 집자리의

---

45) 이와 같은 선후 관계는 1970년대 중반에 재정리되어 1·3·4호 집자리는 궁산문화
　　1기층, 그리고 2·5호 집자리는 궁산문화 2기층에 각각 속하는 것으로 분류되었다
　　(김용남·김용간·황기덕, 1975, 『우리 나라 원시집자리에 관한 연구』).

둘레 일부가 곡선을 이루고 있다
는 점을 말하면서, "원형 수혈에
서 방형 수혈로 넘어가는 과도적
특징"이었을 가능성만이 언급되
었다.46)

"궁산의 유적은 지금까지 알려
진 것 중에서는 독특한 지위를
차지하고 있는 만큼, 여기서 우
리는 이를 《궁산 문화》라고 명
명하는 것이 타당하다고 인정하
는 바이다. 〈중략〉 궁산 문화는
금속기 문화의 영향이 별로 보
이지 않는 점으로 보아, 지금까

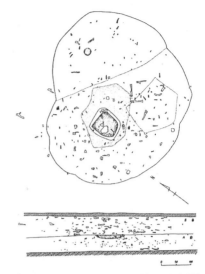

〈그림 8〉 궁산 유적 5호 구덩이 모습(가운데 사각형
화덕자리가 그려진 부분이 2호 집자리에 해당) 고고
학 및 민속학 연구소, 1957a, 『궁산 원시 유적
발굴 보고』, 도판 5

지 조직적인 발굴을 거쳐서 알려진 조선 신석기 시대의 문화 종태47)중

---

46) 고고학 및 민속학 연구소, 1957a, 15쪽.

47) 도유호는 문화 종태(文化綜態)의 개념에 대하여 다음과 같이 설명한다. "여기서
《문화 종태》라고 하는 것은 대체로 어느 한 문화의 여러 가지 요소를 종합하여서
본 전반적인 모습을 이르는 것이다. 그러나 그것은 어느 한 문화가 가진 요소
전체의 총계(總計)와는 다르다. 어느 2개 유적의 출토품 사이에는 같은 것이
대부분이나 부분적으로는 서로 있고 없는 것이 있으며 또 다소 모양을 달리
하는 것도 있는 경우, 비록 그 출토품의 류형(類型)의 총계에는 차이가 있으나
그 문화 종태는 같다고 말할 수 있다. 그러한 의미에서 서해안의 궁산 유적과
지탑 유적의 빗살무늬그릇 층은 그 문화 종태가 같으며 라진 초도의 문화와
쏘련 연해주 지방의 조개무지 문화와는 종태가 같다고 말하게 되는 것이다.
사태가 이와는 반대인 경우에는 다소 같은 유물이 어느 두 개 유적에서 모두
보인다고 할지라도 두 개 유적의 문화 종태상 차이를 론하게 되는 것이다.
그러한 의미에서 라진 초도 유적에 거석 문화적인 《달도끼》나 《돌돈(석화)》이
보임에도 불구하고 그 유적과 거석 문화의 집자리 유적인 원암리 유적과는
서로 문화 종태를 달리 하는 것이라고 말하게 되는 것이다. 바로 그러한 의미에서
서북 조선과 동북 조선과의 사이의 문화 종태상 차이를 론하게 되는 것이다."(도
유호, 1960a, 『조선 원시 고고학』, 12~13쪽)

에서는 가장 오랜 것이라고 말할 수 있을 것이다." [고고학 및 민속학
연구소a, 1957, 『궁산 원시 유적 발굴 보고』, 39쪽]

"궁산 유적 발굴을 통하여 우리는 서해안 일대에 분포되어 있는 빗살
무늬 그릇 계통의 유적의 성격을 밝힐 수 있는 단서를 잡았다. 초도
유적에서 본 장방형의 집자리와는 달리 이곳의 집자리는 원추형 몽고
포(蒙古包)형 내지는 방형으로 넘어 가는 중간형의 움'집 자리였다. 이곳
발굴을 통하여 서해안 일대의 빗살 무늬 그릇의 기본적인 형태를
알 수 있게 되었고 빗살 무늬 그릇과 반출하는 석기의 형태를 파악할
수 있게 되었다. 굉장히 많은 수량의 사슴뿔과 짐승 뼈들은 이곳 원시
시대 주민의 생산 활동을 비롯한 많은 문제 해명을 위한 자료를 제공하
는 것이었다. 이와 같이 초도나 궁산의 원시 유적을 발굴 조사함으로써
우리는 종래에 모르던 새로운 자료들을 얻게 되었으며 그 결과 우리
나라의 원시 시대를 연구하는 데서 새로운 출발점을 가지게 되었다."
[고고학 및 민속학 연구소, 1960d, 「해방후 조선 고고학이 걸어 온 길」, 『문화유산』 1960(4),
2~3쪽]

  궁산 유적에서 조사된 유구와 유물의 성격은 '궁산문화'[48]로 명명
될 만큼 북한의 원시 고고학 연구에서 중요한 자리를 차지한다. 그와
같이 드러난 새로운 고고학적 자료는 신석기시대 물질문화의 편년적
인 위치를 가늠하는데 크게 이바지하였다. 그 중 이 유적에서 발굴된
유물은 크게 여섯 가지 유형으로 구분되었다(표 3).

---

48) 고고학적인 문화의 개념에 대해서는 다음을 참조하기 바람. 엠. 게. 레빈, 엔.
   엔. 체복싸로브(리연식 역), 1957, 「경제 문화 류형과 력사 민속적 지역」, 『문화유
   산』 1957(3), 65~72쪽.

<表 3> 궁산 유적 출토 유물

구분		유물
석기		활촉, 창끝, 찔개살, 어망추, 갈돌, 괭이, 도끼, 대패날, 끌, 숫돌, 찰절구(擦切具) 등.
골기		송곳, 예쇄, 뿔괭이, 뒤지개, 낫, 칼날, 바늘(베실이 감긴 바늘도 출토), 삿바늘, 토기 시문구(施文具) 등.
토기	태토 비짐	활석, 석면, 모래, 운모 등.
	바닥	뾰족한 첨저(尖底), 둥근 환저(丸底), 넓적한 평저(平底).
	아가리	대부분 곧은 형태.
	무늬	빗살무늬, 보조개(점)무늬 등으로 구성.
토제품		가락추, 흙 알, 가공한 토기 조각 등.
장식품		관옥, 뼈구슬, 옥도끼.
동물 유골		사슴, 노루, 물소, 영양, 멧돼지, 개, 삵, 새 뼈, 물고기 뼈, 조개류 등.

궁산 유적의 문화 성격에 관한 도유호의 기본 구상은 이미 1955년에 발표된 논문[49]에 잘 나타나 있다. 그 후 『궁산 원시 유적 발굴 보고』에 서는 내용을 좀 더 깊이 있게 보완하여 궁산문화에서 관찰되는 생업 관계를 더욱 구체적으로 서술하였다. 예를 들어, 석기(돌괭이, 갈돌 등)와 골기(사슴뿔을 이용하여 만든 괭이와 뒤지개, 멧돼지 이빨로 만든 낫 등)의 출토 유물(그림 9)을 통하여 도유호는 괭이농사[누작耨 作]라는 초보적인 농경 형태가 궁산 유적에서 관찰되는 것으로 이해하 였다.

"궁산 문화의 인간들은 북쪽 계통의 문화 전통을 많이 가지고 있었으 나, 그러나 그들은 단순한 수렵족 내지는 양록족만은 아니였다. 그들은 '바다'가에서 고기잡이도 하였지만, 동시에 농사도 지었었다. 그들의 물소가 가축 또는 야생이였는지는 잘 모르나, 가축이였다고 하더라도

---

49) 도유호, 1955.

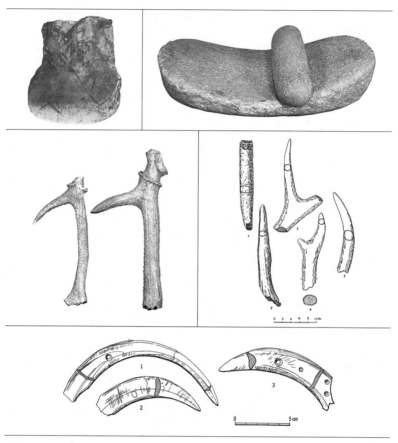

〈그림 9〉 궁산 유적 출토 돌괭이(위 왼쪽, 길이 13.2cm), 갈돌(위 오른쪽, 길이 39.5cm), 뿔괭이(가운데 왼쪽, 큰 것 길이 37.5cm), 뒤지개(가운데 오른쪽), 낫(아래) ① 돌괭이·갈돌·뿔괭이·낫 : 조선유적유물도 감편찬위원회, 1988,『조선유적유물도감 1(원시편)』, 83~85쪽, ② 뒤지개 : 고고학 및 민속학 연구소, 1957a,「궁산 원시 유적 발굴 보고」, 도판 29

그것을 밭갈이하는 데에 썼던 흔적은 별로 보이지 않는다. 만약 그랬다면 보습도 남았을 것이다. 그러나 보습은 보이지 않는다, 패층의 석회질은 뼈나 나무 같은 유기질을 잘 보존하여 주는 법이다. 그 석회질 덕택으로 우리는 궁산에서 베실이 그대로 달린 뼈 바늘까지 건저내였다. 그런데 돌이나 유기질로 만든 보습은 단 한 점도 발견하지 못하였다는 것은 그들의 농사가 아직 경작기耕作期에는 도달하지 못하

였던 그 사이의 소식을 전하여 주는 것이라고 본다. 〈중략〉 궁산
문화의 인간들이 괭이 농사를 하였다는 것을 증명하는 것은 무수히
나온 두 가달 사슴 뿔의 괭이와, 외가달 사슴 뿔의 뒤지개[50] 및 산'돼지
이로 만든 낫(鎌 겸)이다. 그 외에 갈돌도 있다." [고고학 및 민속학 연구소,
1957a, 『궁산 원시 유적 발굴 보고』, 41쪽]

　농경의 분명한 증거가 되는 탄화 곡물의 존재가 궁산 유적에서
확인되지 않았으나, 도유호는 궁산 유적에서 드러난 유물의 상호
관계를 검토하며, 우리나라의 신석기시대에 괭이농사라는 원시적인
농경 단계가 존재하였다는 점을 처음으로 자세하게 논증하고자 시도
하였다. 이와 같은 도유호의 관점은 북한의 신석기시대 연구에서
'괭이농사'를 원시 농업 발전의 첫 단계로서 자리매김하는데[51] 중요
한 영향을 주었다고 판단된다.
　궁산 유적에서는 많은 양의 빗살문토기[52]가 출토하였다. 그렇지만
안타깝게도 전쟁 기간 중 심한 피해를 받아 원래의 형태를 제대로
복원하는데 도움이 될 만한 유물은 거의 남아 있지 않았다. 그렇기
때문에 발굴 보고서에 제시된 토기 실측 그림은 밑 부분 또는 아가리
부분의 일부(그림 10 참조)에 국한되었다. 몸통 부분이라 할지라도
대부분 조각에 지나지 않았다. 1980년대 중반까지 북한에서 발굴된

---

50) 『조선 원시 고고학』(도유호, 1960a, 39쪽)에서는 '뒤지개' 대신에 '뚜지개'라는
　　용어가 사용되었다.
51) 력사연구소, 1979, 『조선전사 1(원시편)』, 81~87쪽.
52) 현재 북한에서는 '빗살문토기 또는 빗살무늬그릇'이라는 용어 대신에 '새김무늬
　　그릇'이란 용어를 사용하는데 그 이유는 다음과 같다. 첫째, 우리나라 신석기시대
　　의 특징적인 무늬그릇을 지난날 빗살무늬그릇이라 불렀으나, 그것은 서유럽에
　　서 통용되는 말을 그대로 번역한 것에 지나지 않는다. 둘째, 우리나라의 빗살무늬
　　그릇이 담고 있는 내용은 서유럽의 경우와 다르다. 셋째, 그렇기 때문에 우리나라
　　신석기시대 토기의 특징을 포괄적으로 표현하기 위하여 빗살무늬그릇 대신에
　　새김무늬그릇이라는 용어를 쓰도록 한다(력사연구소, 1979, 151쪽).

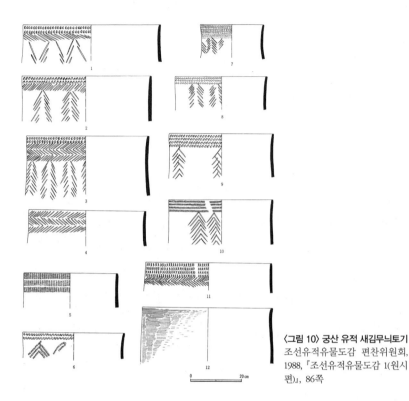

<그림 10> 궁산 유적 새김무늬토기
조선유적유물도감 편찬위원회,
1988, 『조선유적유물도감 1(원시
편)』, 86쪽

주요 유물을 집대성한 『조선유적유물도감 1(원시편)』(조선유적유물
도감 편찬위원회, 1988)에도 궁산 유적의 토기에 대한 사항이 다른
유적에 비하여 상대적으로 빈약한 점은 그와 사실에서 비롯한다고
볼 수 있다.

  이러한 한계를 지니고 있음에도, 궁산 유적에서 출토한 토기는
물소의 뼈 및 뿔(그림 11) 등의 유물과 함께 이 유적의 연대를 정하는
데 매우 의미 있는 역할을 하였다. 빗살문토기의 원류를 구아 대륙歐亞
大陸의 북쪽에 두었던 도유호는 그 가운데 특히 석면토기에 대하여
주목하였다. 출토된 석면토기는 네 점이었는데, 그 가운데 한 점(그림
11)은 빗살무늬가 새겨진 아가리 부분의 조각이었다.53)

278

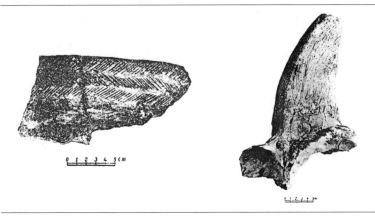

〈그림 11〉 궁산 유적의 석면토기 구연부(왼쪽)와 물소 뿔(오른쪽) 고고학 및 민속학 연구소, 1957a,
『궁산 원시 유적 발굴 보고』, 도판 38-6, 도판 55

"이 카렐로·핀 공화국에 보이는《석면 토기》는 빗살 무늬의 대선을
드물게 느려 놓은 것이라고 하는데, 도면을 보아도 순 빗살문 계통의
《이깔 잎》 무늬만 가진 것이다. 동에서나 서에서 그것이 모두 빗살문
토기로서 나타나는 것이 우연한 일 같지는 않다. 그러나 량자를 서로
련결하는 소위《련결 규준(聯結規準)》이 전혀 보이지 않는다." [고고학
및 민속학 연구소, 1957a, 『궁산 원시 유적 발굴 보고』, 44~45쪽]

소련연방의 카렐로·핀 공화국(Karelo-Finnish Soviet Socialist Republic)은
핀란드와의 접경지대에 위치하며, 이곳의 쑤나Suna 유적에서 석면토
기가 발굴되었다.[54] 당시 도유호는 쑤나 유적과 궁산 유적에서 등장하
는 석면토기가 문화적으로 서로 연결 관계에 놓여 있지 않은 것으로

---

53) 고고학 및 민속학 연구소, 1957a, 29쪽, 31쪽.
54) 이에 관해서는 다음의 글을 참조하기 바람. ① 고고학 및 민속학 연구소, 1957,
『궁산 원시 유적 발굴 보고』, 44~45쪽, ② 아. 야. 브류쏘브(김용간 역), 1960a,
「신석기 시대 년대론에 관한 약간의 리론적 기초」, 『문화유산』 1960(1), 77~91쪽,
③ 아. 야. 브류쏘브(김용간 역), 1960b, 「신석기 시대 년대론에 관한 약간의
리론적 기초」, 『문화유산』 1960(5), 58~76쪽.

파악하였다. 반면에 쑤나 유적과 마찬가지로 궁산 유적에서 석면토기와 빗살문토기가 공통적으로 출토하였다는 점에 착안하여, 궁산문화의 연대 상한上限이 기원전 1,500년 이전으로 올라갈 가능성을 추정하였다.

한편 도유호는 빗살문의 석면토기보다 물소의 유골과 그에 따른 기후 관계가 궁산문화의 연대 문제를 살피는데 좀 더 유용한 자료가 된다고 보았다. 상대商代의 안양安陽 은허殷墟와 궁산 유적에서 나온 물소 뼈는 아열대 기후를 반영해주며, 중국의 황하 중류 지역과 우리나라의 서해안 지대에서 기후적으로 상통하는 양상을 통하여 궁산문화의 상한이 기원전 1,500년 이전, 다시 말해서 기원전 2천년기 이전으로 편년될 가능성이 충분하다고 그는 생각하였다.

석면토기와 물소 뼈에 근거하여 도유호는 궁산문화를 가장 이른 시기의 신석기시대에 해당하는 것으로 추론하면서, 우리나라에 빗살문토기가 가장 먼저 유입된 곳은 서해안 일대라고 판단하였다. 그는 빗살문토기의 바닥 형태가 평저인 것은 환저 또는 첨저보다 시기상 늦은 단계에 속하기 때문에, 평저만 나타나는 함경북도 동해안 지역보다 서해안 일대의 연대가 더 빠르다고 주장하였다.

궁산 유적의 발굴 성과는 우리나라에 신석기시대가 존재하였다는 점을 확증하는데 결정적으로 이바지하였다. 그렇지만 토기나 석기 등과 같은 개별적 유물의 속성을 신석기시대 또는 청동기시대로 구분하는데 필요한 고고학적 정보는 매우 미약하였다. 이러한 한계는 지탑리 유적의 발굴과 연구를 통하여 차츰 풀려나갔다.

봉산 지탑리 유적(1957년 발굴)

정전 이후부터 1956년에 이르는 기간 중 북한에서는 신석기시대

또는 청동기시대에 속하는 여러 유적이 발굴되었다. 1954~55년에는
오동 유적, 1955년에는 금탄리 유적(평양 사동구역), 공귀리 유적(자강
도 강계), 원암리 유적(현 지명 : 원암동, 평양 락랑구역), 1956년에는
농포리 유적(함경북도 청진) 등에서 원시 및 고대의 집자리 또는
유물 등이 발굴되었다.[55] 그런데 1957년 전반기까지만 하여도 당시
북한 고고학에서는 이들 유적에서 드러난 원시시대의 유구와 유물이
모두 신석기시대에 해당하는 것으로 다루었고, 거기에 오동 유적
등에서 출토한 무문토기도 포함시켰다.[56] 다시 말해서 유문토기와
무문토기의 시대적 선후 관계를 뚜렷하게 보여주는 고고학 자료를
확보하지 못한 상태에 머물러 있었다.

이와 같은 분위기에서 궁산 유적의 발굴 보고서 간행(1957년 12월)
을 계기로 북한에 신석기시대 유적이 존재한다는 사실이 입증되었다.
그렇지만 궁산 유적에서 발굴된 여러 채의 집자리와 출토 유물이
모두 동일한 시기에 형성된 것인지, 또는 동일한 시기가 아니라면
그 가능성을 뒷받침하는데 유용한 고고학 증거가 무엇인지에 관해서
는 아직까지 분명한 판단 기준이 세워지지 못하였다. 유물의 예를
들자면, 신석기시대의 궁산 유적과 농포 유적에서 반월도가 출토하지
않은 이유에 관하여 명확한 답변을 제시하기 어려웠다.[57] 원시 유적과
유물의 연구에서 제기되었던 여러 가지 의문은 1957년 후반기로 접어
들어, 지탑리 유적의 발굴 소식[58]이 알려지며 빠른 속도로 해결되기

---

55) 이들 유적 가운데, 농포 유적에서만 유일하게 집자리 또는 무덤 등이 발견되지
    않았다(고고학 연구실, 1957, 「청진 농포리 원시 유적 발굴」,『문화유산』 1957(4),
    45~50쪽).
56) ① 도유호, 1956a, 3~5쪽, ② 황기덕, 1957b,「함경북도 지방 석기 시대의 유적과
    유물((2)」,『문화유산』 1957(2), 64쪽.
57) ① 고고학 및 민속학 연구소, 1957a, 42쪽, ② 고고학 연구실, 1957, 46쪽.
58) ① 고고학 및 민속학 연구소, 1957d,「지탑리 유적 발굴 사업 진행」,『문화유산』
    1957(4), 74~75쪽, ② 도유호·황기덕, 1957a,「지탑리 유적 발굴 중간보고(1)」,
    『문화유산』 1957(5), 20~37쪽, ③ 도유호·황기덕, 1957b, 12~35쪽.

시작하였다.

"고고학 및 민속학 연구소에서는 도 유호 소장의 지도하에 고고학 연구실 정 백운, 김 용간 연구사와 황 기덕, 최 사규 등을 비롯한 16명의 학술원들이 참가하여 4월 초부터 5월 하순에 이르는 45일 간에 걸쳐 황해북도 봉산군 지탑리에 있는 유적 발굴 사업을 진행하였다. 〈중략〉 이 지탑리 유적의 문화층을 총체적으로 볼 때, 원시 문화층 우에 고대 문화층이 있었고, 그 우에 또한 중세 문화층이 놓여 있었는데 그것은 현대에까지 계속한 것이다. 뿐만 아니라 그것은 막대한 면적을 포괄하고 있다는 것이다." [고고학 및 민속학 연구소, 1957d, 「지탑리 유적 발굴 사업 진행」, 『문화유산』 1957(4), 74~75쪽]

"지탑리 유적 조사는 우리 나라의 원시 시대에 관한 연구에서 하나의 획기적인 국면을 이룬다고 보아야 할 것이다. 궁산 유적에서 해명하기 어렵던 문제들의 적지 않은 부분을 우리는 지탑리를 알게 됨으로써 비로소 해명할 수 있게 되었다." [도유호, 1961a, 「머리'말」, 『지탑리 원시 유적 발굴 보고』, 과학원출판사]

대동강 하류로 흘러드는 재령강의 지류인 서흥천瑞興川 일대에는 넓은 충적 대지가 발달하여 있다. 1954년 봄 정백운과 김재효가 이 일대를 조사하던 중 지탑리 유적을 발견하였다. 유적은 사리원에서 동남쪽으로 6~7㎞ 정도 떨어진 곳에 위치하며, 이곳에는 『동국여지승람東國興地勝覽』에서 고당성古唐城으로 표기된 지탑리 토성이 있다. 발굴 조사(1957년 4월 초~5월 하순, 45일간)는 토성 안쪽 지점의 Ⅰ지구 및 서흥천에 가까운 Ⅱ지구에서 이루어졌다.

Ⅰ지구의 퇴적은 밑에서부터 신석기시대(두께 약 40㎝), 청동기시대, 고대(두께 50~60㎝), 표토(두께 약 60㎝)로 구성된 층위 관계를

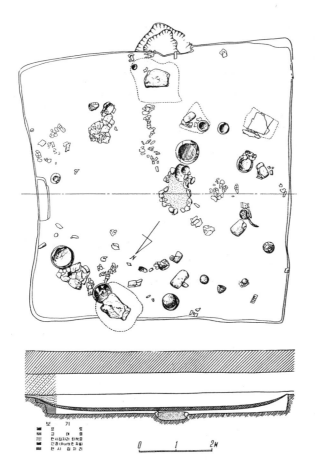

〈그림 12〉 지탑리 Ⅰ지구 1호 집자리와 층위 관계 고고학 및 민속학 연구소, 1961a,
『지탑리 원시 유적 발굴 보고』, 도판 Ⅷ

보여준다(그림 12 참조). 청동기시대 유물은 신석기시대 상부의 퇴적
과 고대 하부 사이에 해당하는 지점에서 확인되었다. 신석기시대의
1호 집자리(G1, 길이 665~735cm, 너비 670~700cm)의 바닥 층에서
환저의 빗살문토기(그림 13의 1~4, 7)가 많이 나왔고, 여러 종류의
석기(활촉, 창끝, 갈돌, 도끼, 마치, 숫돌, 어망추 등)가 출토하였다.
한편 Ⅰ지구의 3구획에서는 손잡이가 달린 빗살문토기 조각(그림

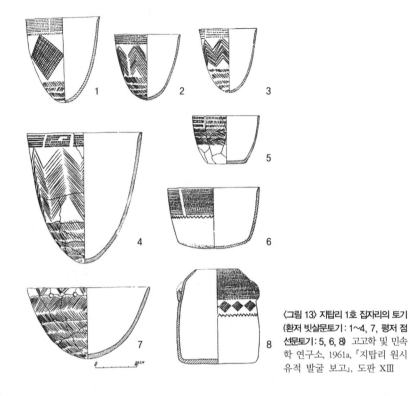

〈그림 13〉 지탑리 1호 집자리의 토기
(환저 빗살문토기: 1~4, 7, 평저 점
선문토기: 5, 6, 8) 고고학 및 민속
학 연구소, 1961a, 『지탑리 원시
유적 발굴 보고』, 도판 XⅢ

14)이 발견되었는데, 이 유물은 대상帶狀의 손잡이가 달렸다는 점에서
빗살문토기의 범주에서 벗어난 특징을 지닌 것으로 보고되었다.59)
청동기시대 유물로는 아주 좁은 굽이 달린 각형토기角形土器[팽이그
릇], 어깨가 있는 변형 각형토기(그림 15), 석기(활촉, 단검, 반월도,
갈돌 등)가 발굴되었다. 고대 층에서는 한식漢式 벽돌, 주춧돌, 청동
및 철제 유물, 멍석 무늬의 회색 그릇 등이 나왔다. 표토 층에서는
중세 고려 시대의 청자와 상감청자 조각 등이 출토하였다. 이렇듯
Ⅰ지구의 발굴 성과는 신석기시대와 청동기시대에 각기 속하는 유물
속성을 살피는 데 도움을 주었으며, 그러한 관계는 Ⅱ지구에서 얻은

59) 도유호·황기덕, 1957a, 31~32쪽.

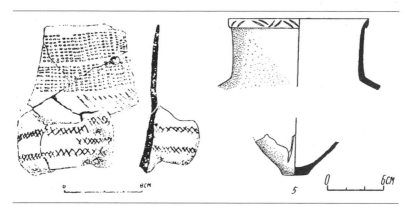

〈그림 14〉 지탑리 I 지구의 손잡이 빗살문토기 도유
호·황기덕, 1957a, 「지탑리 유적 발굴 중간보고
(1)」, 『문화유산』 1957(5), 31쪽, 삽도 19

〈그림 15〉 지탑리 I 지구의 변형 각형토기(팽이그릇)
고고학 및 민속학 연구소, 1961a, 「지탑리 원시
유적 발굴 보고」, 도판 LVIII

〈표 4〉 지탑리 II지구 2구획의 층위 구분과 지층 성격

번호	시대	두께	흙과 빛깔	비고
V층	현대	20~30cm		경작층
IV층	중세기	20~30cm	모래가 많이 섞인 진흙, 회색.	주로 고려 자기 및 조선 자기 출토.
III층	고대	50~60cm	찰흙이 많이 섞인 양토, 검은 색.	질그릇 조각, 청동기 및 철기 조각, 오수전(五銖錢) 조각, 기와, 벽돌 등.
II층	간층	20~30cm	부드러운 모래층.	유물 출토하지 않음.
I 층	신석기시대	70~80cm	진흙이 섞인 양토, 붉은 색.	파상점선문토기 층, 이 층 바닥에서 2호 집자리(G2) 확인.
생흙			누런 점토가 섞인 부드러운 모래 땅.	2호 집자리는 생흙을 50~60cm 깊이로 파서 만들어졌음.

조사 결과를 통하여 더욱 명확하게 밝혀지게 되었다.

II지구는 I지구에서 동남쪽으로 약 750m 떨어진 곳에 자리하며,
2구획과 4구획에서 지층 단면이 조사되었다(그림 16). 그 가운데 2구획
에서 조사된 C-D단면과 D-E단면의 층위 관계(표 4)가 자세하게 보고되
었고, 4구획과의 층서 대비를 통하여 II지구의 발굴 지점에서 확인된
문화층이 아래로부터 크게 "신석기시대→청동기시대→고대→중세"

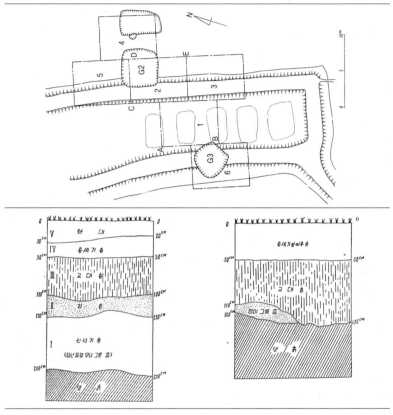

〈그림 16〉 지탑리 II 지구의 구획 배치도(위), CD 및 DE 선에서 본 단면(2구획, 아래 왼쪽), 팽이그릇층의 위치(4구획, 아래 오른쪽) 고고학 및 민속학 연구소, 1961a, 『지탑리 원시 유적 발굴 보고』, 도판 LXII, 25쪽, 26쪽

와 같은 시대적인 선후 관계를 거치며 형성되었다는 사실이 분명하게 밝혀질 수 있었다. 또한 I 지구의 1호 집자리 경우와 마찬가지로 II 지구의 신석기시대 2호 집자리(G2, 어깨선 길이 440~420cm, 너비 420~400cm) 안에 쌓인 토층이 퇴적 순서(그림 17)에 따라 자세하게 기술되어 관심을 끈다. 당시 지탑리 유적의 층위적 관찰은 브류쏘브60)

---

60) 아. 야. 브류쏘브(김용간 역), 1960a.

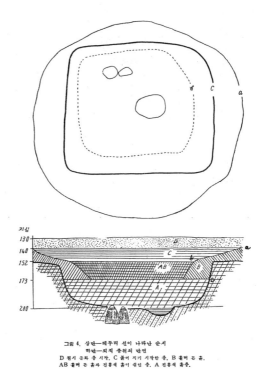

지심
130
140
152
173
200

그림 4. 상반—에두리 선이 나타난 순서
하반—퇴적 층위의 단면
D 원시 문화 층 시작. C 붉어 지기 시작한 층. B 흙버 든 흙.
AB 흙버 든 흙과 진흙에 흙이 쉬인 층. A 진흙색 흙층.

〈그림 17〉 지탑리 Ⅱ지구의 2호 집자
리 안에서 조사된 지층의 퇴적 순서
고고학 및 민속학 연구소, 1961a,
『지탑리 원시 유적 발굴 보고』,
28쪽

가 제시한 움집 퇴적의 지층 형성 과정을 적용하며 이루어졌다. 여기에
서 알 수 있듯이 소비에트에서 이룩된 원시 유적의 발굴 방법론은
북한 고고학의 발굴 역량을 향상시키는데 크게 이바지하였다. Ⅱ지구
의 신석기시대 문화층에서도 여러 종류의 토기가 발굴되었는데, Ⅰ지
구와는 다르게 파상점선문토기波狀點線文土器(그림 18)가 출토하여 주목
을 받았다.

지탑리 유적의 발굴은 1957년 봄에 실시되었고, 그에 따른 발굴
중간보고는 그 해 하반기에 두 편으로 나누어 발표되었다. 이렇게
비교적 빠른 기간에 중간보고가 발표되었다는 점은 지탑리 유적의
발굴 성과가 북한의 원시 고고학 연구에서 차지하는 의의가 그만큼
중요했다는 사실을 반영한다고 볼 수 있다. 중간보고의 내용은 「1.

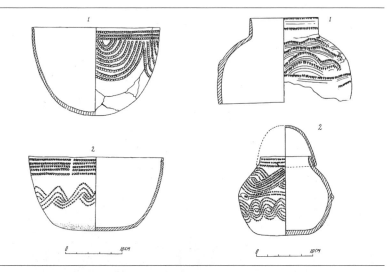

〈그림 18〉 지탑리 Ⅱ지구의 파상점선문토기 고고학 및 민속학 연구소, 1961a, 「지탑리 원시 유적 발굴
보고」, 도판 LXXX, LXXXI

발굴과 출토 정형」[61], 그리고 「2. 지탑리 원시 유적의 개괄적 고찰」[62]
로 구성되었다. 전자는 황기덕, 후자는 도유호에 의하여 주로 작성되
었다. 후자의 글에서 도유호는 시베리아, 연해주, 중국 동북지방, 내몽
골 등지에서 알려진 각종 연구 자료를 활용하며, 지탑리 유적을 중심으
로 당시까지 우리나라에서 알려진 각종 원시 유적과 유물의 성격
및 연대 문제를 새로운 시각에서 접근하고자 시도하였다. 더욱이
그것은 신석기시대뿐만 아니라 청동기시대의 편년 문제와도 깊은
관련을 맺고 있었다. 다시 말해서 해방 이후 처음으로 우리나라의
원시시대에 청동기시대(또는 청동기문화)가 편년적인 자리를 차지한
다는 사실이 확연하게 입증되기에 이르렀던 것이다. 그리고 그에
관한 내용은 1958년에 발표된 글[63]을 통하여 좀 더 체계적으로 정리되

61) 도유호·황기덕, 1957a.
62) 도유호·황기덕, 1957b.
63) 도유호, 1958a.

었다.

"조선 원시 문화의 편년 즉 그 시대 구분에 관한 우리의 시험은 아직
극히 초보적인 단계에 처하였다. 필자는 궁산 원시 유적 발굴에 관한
보고문의 결론 부분에서 《궁산 문화》의 절대 년대를 상정想定하여
본 일이 있다. 그 후 《궁산 문화》와 깊은 관계를 보여주는 지탑리智塔里
의 원시 유적을 발굴함에 따라 우리는 편년을 위한 사료를 좀 더
얻게 되였다. 지탑리 유적의 발굴은 실로 조선 고고학사상에서 의의
깊은 한 장을 이루지 않을 수 없는 것이다. 거기서 우리는 원시 시대에
서 고대에 이르는 여러 시대의 문화층들을 층위별로 구분할 수 있었으
며, 문제'거리던 거석 문화의 편년상 위치를 좀 더 명확하게 알 수
있었다." [도유호, 1958a, 「조선 원시 문화의 년대 추정을 위한 시도」, 『문화유산』
1958(3), 17쪽]

이제 도유호가 고찰했던 내용을 좀 더 자세하게 살펴보면 다음과
같다.[64] "① 궁산의 주거지 유적의 연대 상한上限은 기원전 2,000년에
가깝고, 지탑리 Ⅰ지구(1호 주거지)는 기원전 1,500년 이전, 지탑리
Ⅱ지구(2호, 3호 주거지)의 하한은 기원전 2천년기 말엽에 해당한다.
② 서북 조선의 빗살무늬토기는 예니세이·바이칼 지대, 동북 조선의
것은 원동遠東의 동부 시베리아 쪽과 긴밀히 연결되었다. ③ 지탑리
Ⅱ지구에서 나온 돌보습(그림 19)은 괭이농사보다 늦은 단계에 갈이
농사가 이루어졌음을 보여준다.[65] ④ 청동기시대는 거석문화시대와
대체로 부합되며, 시기는 기원전 7~3세기에 속한다. ⑤ 각형토기

---

64) ① 도유호·황기덕, 1957b, ② 도유호, 1958a.
65) 지탑리 유적 발굴 중간 보고에는 Ⅱ지구(2호 주거지)의 신석기시대 토기 안에서
   나온 탄화 곡물(조 또는 피)에 대한 구체적인 내용이 소개되지 않았다. 그러나
   『지탑리 원시 유적 발굴 보고』(52쪽, 75쪽)에서는 그와 같은 곡물이 경작에
   의하여 재배된 것으로 다루었다.

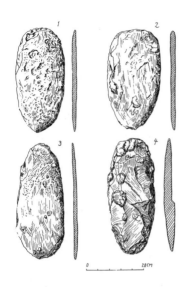

〈그림 19〉 **지탑리 Ⅱ지구의 돌보습** 고고학 및 민속학 연구소, 1961a,『지탑리 원시 유적 발굴 보고』, 도판 ⅩCⅧ

층에서 출토한 유물은 거석문화 시대에 해당한다. ⑥ 석검石劍, 원통부圓筒斧, 별도끼, 달도끼[환상석부環狀石斧], 반월도半月刀, 돌자귀[유단석분有段石錛], 석화石貨 등과 같은 종류의 석기는 청동기시대에 속한다. ⑦ 남방식 지석묘가 경기도 지방까지만 미쳤다고 언급한 과거 일본 학자들의 주장은 잘못된 것이며, 실제로는 평안남도(예, 기양지구 관개 공사장)와 황해북도(예, 서흥천 일대) 등지에서도 발견된다. ⑧ 조선 석검의 원형으로 인정되는 금속제의 단검短劍은 중국이나 조선에서는 찾아보기 어렵다. 오히려 그것은 장성지대長城地帶 및 남부 시베리아의 청동검과 관련을 지닌다. ⑨ 반면에 조선의 철기시대는 북중국 계통의 인간의 내주와 관계가 있으며, 기원전 3세기에 시작한다."

이렇듯 지탑리 유적 등에서 얻은 고고학 연구 성과는 우리나라의 원시문화가 "신석기시대→청동기시대→철기시대"를 거치며 형성되었다는 편년 체계를 확립하는데[66] 매우 의미 있는 자리를 차지한다. 1955년 도유호가 발표하였던 글[67]에서 제기되었던 다양한 문제점들이 지탑리 유적 등의 발굴 성과에 힘입어 불과 2~3년 만에 해결되기에 이르렀다. 당시 북한 고고학에서는 원시문화의 계기적 발전 과정을 밝히는데 많은 노력을 기울였고, 그 중심에서 도유호는 어느 누구보다

---

66) 도유호, 1958a.
67) 도유호, 1955.

도 중요한 역할을 담당하였다고 볼 수 있다.

회령 오동 유적(1954~55년 발굴)

오동 유적의 초기 단계 발굴을 지도하려고 2주일 정도 참가한 바 있는 도유호는 이 유적의 발굴 보고서 작성을 마지막으로 완성하는데 참여하였다. 『회령 오동 원시 유적 발굴 보고』(1960)가 발행되기 이전에 이미 초도, 지탑리, 공귀리 유적 등을 통하여 청동기시대 유물의 성격과 특징을 구별해내는 것이 가능했기 때문에 오동 유적에서 출토한 유물의 편년은 상대적으로 손쉽게 이루어지게 되었다고 생각된다.

"정전후 본 연구소에서 진행한 최초의 발굴인 오동 원시 유적 발굴에 관한 보고를 지금에 와서야 비로소 내놓게 되었다. 그 후에 발굴한 공귀리 원시 유적[68]이나 태성리 고대 유적[69] 기타에 관한 보고는 발표하면서 오동 유적에 관한 보고를 이렇게 늦게야 출판하게 된 데에는 여러 가지 리유가 있으나 그 주되는 리유는 그 출토 유물의 량이 방대하여 그 유적의 층위 관계 정리가 복잡하였던 데에 있다."
[도유호, 1960b, 「머리」말」, 『회령 오동 원시 유적 발굴 보고』]

1950년대에 발굴된 북한의 원시 유적 가운데 비교적 많은 수량의 집자리가 발굴된 곳은 오동 유적이다, 이 오동 유적에서는 8기의 집자리가 발굴되었는데, 6호 집자리(초기 철기시대, 기원전 4세기 말 또는 3세기 초)를 제외한 나머지 모두는 청동기시대(기원전 6~4세기)에 속하는 것으로 보고되었다. 3구획에서 조사된 퇴적은 8개가

---

68) 고고학 및 민속학 연구소, 1959b, 『강계시 공귀리 원시 유적 발굴 보고』.
69) 고고학 및 민속학 연구소, 1959a.

넘는 지층으로 구성되었고, 8호 집자리의 경우는 그 바닥 지점이 기준 수준에서 2.37m 아래에 놓여 있었다. 오동 유적에서는 청동기시대 문화층에서는 집자리 이외에 토기, 석기, 장식품을 비롯하여 사람 뼈, 짐승 뼈, 물고기 뼈, 나무껍질, 탄화된 숯과 곡물(콩, 팥, 기장 낟알로 추정) 등이 다양하게 출토되었다.

〈표 5〉 오동 유적 출토 유물의 기능별 분류

종류	유물
무기와 사냥하는 연장	돌활촉, 돌창, 뼈단검, 돌도끼, 돌자귀(또는 대패날), 돌칼.
농사하는 연장	곰배팽이, 반월도, 갈돌.
물고기 잡는 연장	가늘고 긴 송곳(돌 또는 뼈), 밧돌.
연장 만드는 연장 및 그밖에 살림살이에 쓰던 연장	돌끌, 흑요석 송곳[尖頭器, 첨두기], 뼈 송곳, 뼈 예쇄, 돌마치, 돌정, 자갈돌 매부리, 긁개, 격지, 세석기, 측결기, 핵석, 돌공이, 닦음돌, 삿바늘, 뼈바늘, 가락바퀴, 활비비 송곳추, 숫돌.

오동 유적의 발굴 보고서에서는 출토 유물의 재질과 제작 기술 및 연장의 종류를 기능별로 구분하여 주목된다. 연장의 종류는 크게 네 가지 유형으로 나누었는데(표 5), 그러한 경향은 종래 북한의 원시 유적 연구에서 찾아볼 수 없었던 참신한 발상이었다고 생각된다. 그렇지만 그와 같은 분류 방식을 바탕으로 각 집자리에서 이루어진 기능별 특성이 통계 수치로 검토되지 못한 점이 아쉬움으로 남는다. 지탑리 유적의 청동기시대를 대표하는 각형토기와 달리, 오동 유적 에서는 갈색그릇(그림 20~21), 겉면에 광택이 나는 마연토기, 채색토기 丹塗磨硏土器[단도마연토기], 흑색토기, 젖꼭지 모양의 손잡이가 달린 화분형 토기(그림 22) 등이 출토하였다. 이 가운데 갈색그릇이 가장 많은 양으로 나왔다. 갈색토기를 비롯하여 오동 유적에서 출토한 토기 종류는 조선의 서북 지방에서는 잘 보이지 않는 유형으로 설명되었다.

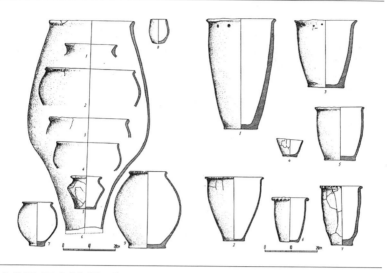

<〈그림 20〉 오동 유적의 갈색토기(4호 집자리) 고고
학 및 민속학 연구소, 1960a,『회령 오동 원시
유적 발굴 보고』, 도판 XCVII

〈그림 21〉 오동 유적의 갈색토기(4호 집자리) 고고
학 및 민속학 연구소, 1960a,『회령 오동 원시
유적 발굴 보고』, 도판 XCVIII

또한 오동 유적의 토기 종태는 전
체적으로 볼 때, 청동기시대에 속
하지만, 거기에는 스키타이
Skythian의 철기시대적인 문화 영
향을 암시하는 요소가 깃들어 있
는 것으로 해석되었다.

오동 유적의 출토 유물 가운데
토기 못지않게 주목해야 할 점은
바로 흑요석 석기에 관한 부분이
다. 이 유적에서 흑요석 석기는
300점이 훨씬 넘게 출토하였으
며, 종류도 매우 다양한 편이었다
(그림 23~25 참조). 2호 집자리의

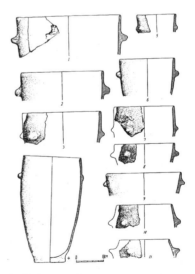

〈그림 22〉 오동 유적의 화분형 젖꼭지토기 고고학
및 민속학 연구소, 1960a,『회령 오동 원시 유적
발굴 보고』, 도판 CXVI

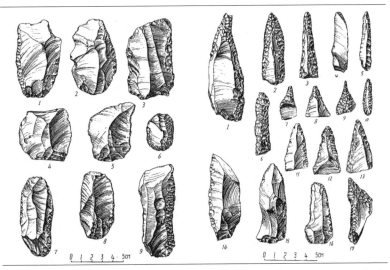

〈그림 23〉 오동 유적의 흑요석 굵개 고고학 및 민속학 연구소, 1960a, 『회령 오동 원시 유적 발굴 보고』, 도판 LXXVII

〈그림 24〉 오동 유적의 흑요석 송곳 고고학 및 민속학 연구소, 1960a, 『회령 오동 원시 유적 발굴 보고』, 도판 LXVIII

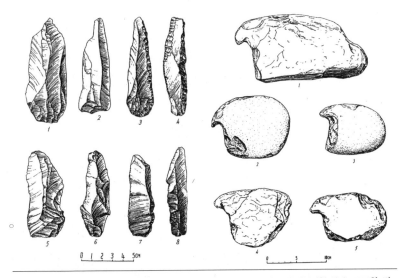

〈그림 25〉 오동 유적의 석엽石葉 고고학 및 민속학 연구소, 1960a, 『회령 오동 원시 유적 발굴 보고』, 도판 LXXVIII

〈그림 26〉 오동 유적의 매부리형 석기 고고학 및 민속학 연구소, 1960a, 『회령 오동 원시 유적 발굴 보고』, 도판 LXXII

경우, 흑요석 석기와 파편은 채색토기나 매부리형 석기(그림 26 참조)보다 많은 양으로 나왔다.[70] 도유호는 함경북도 일대의 원시 유적에서 발견되는 구석기 형태의 흑요석 대석기大石器가 세석기細石器를 동반하는데, 이는 시베리아와 몽골 등지에서 보이는 구석기문화의 전통이 신석기시대에도 남아 있음을 반영한다고 이야기한 바 있다.[71] 청동기시대의 초도 유적(26점)을 뒤이어, 공귀리 유적(280여 점)과 신석기시대의 농포리 유적에서 흑요석 타제석기가 마제석기보다 많은 양으로 출토하였다.[72] 이렇듯 원시 유적에서 흑요석 석기가 출토하는 사례가 늘어나면서, 1950년대 후반에 이르러서는 석기의 제작 기법이나 석기의 명칭 등에 관계된 용어가 유적 조사 보고에 수록되기 시작하여 관심을 끈다. 거기에는 우리에게 익숙한 긁개[소기搔器] 또는 격지와 같이 한글화된 용어도 등장한다(표 6 참조).

"흑요석, 수석(부시'돌), 규화목으로 만든 연장의 형태는 씨비리 일대에 널리 퍼진 종류와 같은 것으로서 구라파 구석기 시대 후기 형의 석기에 류사하다. 그 중에는 또 세석기細石器도 상당히 있으나 그러나 씨비리, 몽고, 등지의 세석기와 마찬가지로 우리의 세석기에도 소위 기하형幾何形은 없다. 다시 말하면 몽고 료동 등지에서 보이는 소위 《세석기 문화》의 제품에 류사한 것으로서 오린냐 문화, 쏠뤼뜨레 문화, 마들렌 문화에 보이는 형태에 방불한 것이 많을 뿐 아니라 아질 문화, 따르되노아 문화 같은 중석기中石器 시대의 세석기 문화에 보이는 꼬마 형의 석기도 많이 보인다. 오직 아질 문화나 따르도노아 문화에 특징적인 기하형(제형梯形, 삼각형, 원결형圓缺形)이 보이지 않을 뿐이다.

70) 고고학 및 민속학 연구소, 1960a, 19쪽, 27~38쪽.

71) 도유호, 1955, 45쪽.

72) ① 고고학 및 민속학 연구소, 1956, 17~18쪽, ② 고고학 및 민속학 연구소, 1959b, 31~33쪽, ③ 고고학 연구실, 1957, 46~47쪽.

<표 6> 1950년대 후반 함경북도 일대의 원시 유적에서 보고된 흑요석 석기 관계 용어

유적	석기 관계 용어
나진 초도 유적 (고고학 및 민속학 연구소, 1956)	첨두기(尖頭器), 긁기[搔器], 타렬편(打裂片), 돌을 뜯어내는 가공 등.
함경북도 일대 (황기덕, 1957a)	석인(石刃) 또는 인기(刃器), 세석기, 대형석기, 첨두기, 괄삭기, 측결 또는 양면 가공 인기, 양면에 날이 있는 석엽(石葉), 석편, 다각추형 석핵 등.
청진 농포리 유적 (고고학 연구실, 1957)	인편(刃片), 타압수정(打壓修正), 긁개, 찔개, 송곳, 조도(彫刀), 첨두기, 타렬편 등.
강계시 공귀리 유적 (김용간, 1959)	격지, 타압수정, 삽입도구(揷入道具), 타출기술(打出技術), 타흔(打痕), 타면(打面), 뿔부스, 측결형(側抉形) 석기, 파편 등.
회령 오동 유적 (고고학 및 민속학 연구소, 1960a)	세석기, 첨두기, 흑요석 송곳, 찔개, 압출수정, 눌러뜯개, 긁개, 격지, 인기(lame), 측결기(側抉器, lame étranglée), 핵석(核石, nucleus), 꼬깔형, 부정형 등.

〈중략〉 흑요 석기를 만드느라고 격지를 뜯어 내고 남은 핵석核石 (nucleus)은 적지 않다. 그러나 몽고나 씨비리 일대의 유적에 흔한 모난 연필형이나 구석기 시대 후기 유적에 흔한 꼬깔형은 1개도 없고 부정형의 덩어리뿐이다." [고고학 및 민속학 연구소, 1960a, 『회령 오동 원시 유적 발굴 보고』, 28~29쪽, 38쪽]

위 글에서 보이듯이 오동 유적에서 드러난 흑요석 석기는 시베리아와 몽골 등지에서 알려진 유물뿐만 아니라, 후기 구석기시대의 오리냐시안Aurignacian, 솔류트리안Solutrean, 막달레니안Magdalenian 및 중석기시대의 아질리안Azilian 또는 타르데누아시안Tardenoisian 등의 석기와 비교되었다. 그렇지만 구석기 분야의 전문가가 없었던 까닭에 그에 따른 문제도 제기된다. 예를 들어, 오동 유적에서 세석기로 보고된 것들은 잔손질이 이루어지지 않은 작은 격지 종류에 해당한다고 판단된다. 또한 매부리형 석기[73]를 "압출 수정壓出修正에 썼던 눌러뜯개", 다시 말해서 눌러떼기 수법에 사용된 것으로 말하였지만74) 오동 유적의 흑요석 석기에서는 눌러떼기로 떼어낸 얇고 길쭉한 생김새의 격지[좀돌날]를 비롯하여, 돌날식 잔손질이 가해진 격지 종류는 전혀 관찰되지 않는다. 이러한 한계를 지니고 있지만, 도유호를 비롯한 북한 고고학자들은 원시 유적에서 발굴된 흑요석 석기에 대하여 지속적인 관심을 표명하였다.

이제 조선 고고학은 새로운 자신의 길을 개척했다

1958년, 북한 정부 수립 10주년 기념에 즈음하여 고고학 부문에서는 다양한 학술 활동이 이루어졌다. 해방 이후 북한 지역에서 얻은 발굴 자료와 연구 성과를 중심으로 제1차 전국 고고학 토론회(3월 29~31일)와 보고회(9월 6일)가 고고학 및 민속학 연구소 주최로 진행되었다.75) 또한 그간 고고학, 민속학, 미술사 부문에서 거둔 성과를 종합적으로 다루었던 글들이 『문화유산』 특집호(1958년 4호)에 발표되었다.76)

고고학 및 민속학 연구소에서 열린 '제1차 전국 고고학 토론회'에는 평양의 중앙역사박물관, 각 지방의 역사박물관, 각 대학 관계자, 연구소의 성원들을 비롯하여 역사학계, 당 및 정권기관의 인사들이 참가하

---

73) 그 뒤 이런 형태의 유물은 돼지 형상을 나타낸 조각품으로 연구되고 있다(조선유적유물도감 편찬위원회, 1988, 『조선유적유물도감 1(원시편)』, 194쪽 참조).

74) 고고학 및 민속학 연구소, 1960a, 37쪽.

75) ① 고고학 및 민속학 연구소, 1958d, 「제 1차 전국 고고학 토론회」, 『문화유산』 1958(3), 84~86쪽, ② 고고학 및 민속학 연구소, 1958g, 「조선 민주주의 인민공화국 창건 10 주년 기념 학술 보고회 진행」, 『문화유산』 1958(5), 76~78쪽.

76) ① 정백운, 1958, 「해방후 우리나라 고고학의 발전」, 『문화유산』 1958(4), 7~16쪽, ② 김일출, 1958, 「조선 민속학의 발전을 위하여」, 『문화유산』 1958(4), 17~27쪽, ③ 미술사 연구실, 1958, 「조선 미술사 부문에서 거둔 성과」, 『문화유산』 1958(4), 28~31쪽.

였다. 전체 참가인원의 수는 알 수 없으나, 당시로서는 매우 규모가 컸던 학술 토론회이었을 것으로 짐작된다. 이것은 그동안 고고학 부문에서 거둔 성과가 우리나라 역사의 체계를 바로잡는 데 크게 이바지할 바가 많았음을 잘 반영한다고 말할 수 있다.

토론회는 도유호(후보원사)의 《해방후 조선 고고학 부문 사업에 대한 정형과 과학적 성과》라는 제목의 보고로 시작하였다. 이 자리에서 도유호는 "민족 문화 유산의 올바른 계승 발전에 대한 당과 정부의 시책과 두터운 배려에 힘입어 많은 유적이 발굴될 수 있었다. 해방 후 우리나라의 고고학 연구는 과거 일제 어용학자들이 끼친 해독성을 완전히 청산하고 맑스·레닌주의 세계관에 입각하여 새로운 자기의 길을 개척하였다. 조선의 원시문화는 신석기시대, 청동기시대, 철기 시대를 단계적으로 거치며 형성되었다"고 언급하였다. 이와 아울러 "원시 고고학 분야에서는 신석기시대의 편년 설정, 청동기시대의 존재 확인 등에 따른 과학적 성과가 있었다. 안악 3호분과 요동성총 등에서 발견된 자료는 문헌사와의 비교 연구에 많은 도움을 준다"고 강조하였다.[77] 도유호의 보고에 뒤이어 분야별 학술 토론이 진행되었다(표 7).

도유호는 《조선 원시 문화의 년대 추정을 위한 시도》라는 제목의 글[78]을 발표하며, "신석기시대의 편년을 제대로 상정하려면 발굴에 따른 층위 관계를 분명하게 밝히는 것이 중요하다. 지탑리 유적의 상한 연대는 지금으로부터 3,600~3,700년 전으로 추정되며, 이 유적에서는 청동기시대에 속하는 거석문화의 유물이 보인다. 거석문화의 상한은 서기전 7~6세기에 해당한다. 청동기시대는 거석문화와 대체로 부합되며 그 시기는 서기전 7~3세기"라고 말하였다.[79]

---

77) 고고학 및 민속학 연구소, 1958d.

78) 이 글은 『문화유산』 1958년 3호에 게재되었다.

79) 고고학 및 민속학 연구소, 1958d.

<표 7> 제1차 조선 고고학 토론회 학술 발표 분야와 제목

분야	발표 제목	발표자
조선 원시 사회의 시대 구분	조선 원시 문화의 년대 추정을 위한 시도	도유호(후보원사, 연구소장)
	우리 나라의 고고학적 시대 구분에서 과거 일본의 학자들의 견해에 대한 재검토	최사규
원시 고고학 분야	강계 공귀리 유적	김용간(연구사)
	서북 조선 원시 토기에 대하여	황기덕
	조선 초기 금속 유물에 대하여	황욱(평양중앙역사박물관장)
	우리 나라에서 철기 사용의 개시	정백운(연구사)
	토광묘에 대하여	전주농
	군사 민주주의와 청동기 시대	전창석
고대 분묘	독로강 지구 적석총에 대하여	정찬영(연구사)
	박천 덕성리 전곽분 발굴 보고	김례환(신의주역사박물관 학술부장)
	홍원 부상리 고분 발굴 보고	한석정(함흥역사박물관장)
	안변 룡성리 고분 발굴 보고	량익룡(원산역사박물관 학술부장)
지방 자료	순릉 발굴 보고와 고려 왕릉에 대한 몇 가지 문제	리우식(개성역사박물관 학술부장)
	황해북도내 몇 개 성지의 장축 시기에 대하여	리태(사리원역사박물관 학술부장)
	자강도내 원시 유적과 청동 유물 조사 보고	유정준(강계역사박물관 학술부장)
금석 문제	호태왕비에 대한 연구	김무삼(연구사)

제1차 고고학 전국 토론회가 개최될 무렵은 정전협정이 체결된 지 어느덧 5년이라는 시간의 흐름에 가까워지고 있었다. 그 사이 적지 않은 원시 유적과 고대 분묘 등이 발굴되었다. 한국전쟁 이전에 발굴되었던 주요 유적에 대한 발굴보고서가 연이어 출판되었으며, 물질문화연구소는 고고학 및 민속학 연구소로 확대 개편되었고, 이 연구소의 기관지로 『문화유산』이 간행되었다. 국가의 정책적인 배려 속에서 유적, 유물의 발굴조사는 활발하게 이루어졌고, 이러한 사회

적, 학술적 분위기 속에서 새로운 고고학 전문 인력(김용간, 황기덕, 정백운, 전주농, 정찬영 등)이 양성되어 다양한 연구 활동을 전개하였다. 여기서 얻은 학술 자료와 연구 성과는 일제 고고학의 식민지적 독소를 청산하는데 뿐만 아니라, 우리나라 원시시대의 체계를 바로 세우는데 중요한 역할을 하였다. 연구소장으로 토론회에 참가했던 도유호가 "이제 조선 고고학은 새로운 자신의 길을 개척했다"라고 분명하게 말할 정도로 북한 고고학은 연구 역량과 수준에서 이전 시기에 비교할 수 없을 만큼, 비약적인 발전의 발판을 마련하여 나갔다. 그리고 이 문제는 조선 고고학의 시대 구분에 어울리는 구성 요소를 새롭게 찾아 논증하는 작업과 직결되어 있었다.

"이상과 같이 련 3일에 걸쳐 진행한 고고학 부문 학술 토론회는 해방후 공화국 북반부에서 청소한 우리 고고학도들이 이룩한 연구 성과를 총화하였다. 토론회에서 발표된 17 개 제목들은 그간에 진행한 9 개의 원시 유적과 200 여기에 달하는 고분 발굴에서 해명된 제 사실들을 소개하였으며 중요하게는 우리 나라 문화 종태의 절대 년대를 확정할 수 있는 일련의 론증들을 제시함으로써 조선 고고학의 시대 구분을 편년할 수 있는 기본 징표들을 설정하여 놓았다는 데 커다란 의의를 부여하였다." [고고학 및 민속학 연구소, 1958d, 「제 1차 전국 고고학 토론회」, 『문화유산』 1958(3), 86쪽]

조선 거석문화에 대하여

전쟁 직후인 1953년, 연탄읍(황해남도 연탄군)에서 사람 뼈가 일부 남아 있는 석상분石箱墳[돌상자무덤]이 조사되었다.[80] 또한 1954년에는 순천리 상동 유적(황해북도 황주군)의 석상분[81]에서 석촉과 무문

토기, 1956년에는 상매리 유적(황해북도 사리원시)의 석상분[82])에서 청동촉과 석촉이 발굴되었으나 당시 북한에서는 이들 유적과 유물을 청동기시대의 것으로 판별할 수 있는 근거를 제대로 마련하지 못하였다고 생각된다. 예를 들어 도유호는 1950년대 중반까지만 하여도 돌멘으로 대표되는 우리나라의 거석문화가 석기시대의 최말기에 해당하는 것으로 이해하였다.[83])

"조선 거석 문화에 관한 우리의 지식은 최근 수년간에 훨씬 뽈었다. 1957년 봄에 진행한 사리원 부근의 지탑리 유적 발굴에서 각형 토기층을 정리하며 부근 일대의 흐터진 허다한 돌멘을 답사하는 과정에서 거석 문화의 정체는 우리의 머리 속에 조금 뚜렷한 륜곽을 가지고 나타나기 시작하였다. 강남 원암리와 승호 금탄리에서 각형 토기 관계 집자리 유적을 발굴하였으며 아울러 우리가 중앙 력사 박물관 서고에 있는 기록에서 《동명왕 릉》으로 전하여 오던 무덤 부근의 원시 유적에 관한 것을 보게 됨에 따라 각형 토기가 청동기 시대의 유물임을 알게 되었다. 뿐만 아니라 각형 토기 관계 유적이 석상분이나 돌멘과 어느 정도 관계가 있다는 것까지도 우리는 다소 느끼게 되였던 것이다. 그러나 각형 토기 관계 집자리 유적이 바로 거석 문화 시대의 것이라는 사실을 좀 구체적으로 엿보기 시작한 것은 지탑리 발굴 이후이다. 그 후 대규모로 버러지는 관개 공사와 관련하여 허다한 유적을 정리하게 됨을 따라 우리 나라 거석 문화의 면모를 엿볼 기회가 우리에게는 더 많이 생겼던 것이다. 특히 1958년 중에 우리는 우리 나라 거석

80) 도유호, 1960, 10쪽, 129쪽.
81) 고고학 및 민속학 연구소, 1959c, 「황해북도 황주군 순천리 상동 유적 조사 정리 보고」, 『대동강 및 재령강 류역 고분 발굴 보고』, 17~25쪽.
82) 고고학 및 민속학 연구소, 1959d, 「황해북도 사리원시 상매리 석상묘 조사 보고」, 『대동강 및 재령강 류역 고분 발굴 보고』, 41~42쪽.
83) 도유호, 1955, 50쪽.

문화의 정체를 해명하는데 도움이 될 중요한 자료를 적지 않게 얻게 되었다. 따라서 바로 수년전까지도 하나의 수수께끼로 보이던 우리 나라의 거석 문화가 이제 와서는 어느 정도 리해할 수 있는 것으로 되었다." [도유호, 1959b, 「조선 거석 문화 연구」, 『문화유산』 1959(2), 1쪽]

우리나라 거석문화 연구에서 지탑리 유적의 발굴 성과와 그 인근 지역에서 이루어진 지석묘 조사는 두 가지 점에서 중요한 의미를 지닌다. 첫째는 앞서 말한 것처럼 각형토기가 청동기시대를 대표하는 유물로 시대적 성격이 밝혀진 점이었다. 둘째는 지탑리 유적 주변의 서흥천 일대에서 종래 일본인 학자들이 말했던 남방식 지석묘가 황해 북도 일대에서 발견되어, 지석묘의 형태에 따른 지리적 분포 범위를 재설정해야 하는 문제점이 제기되었다. 당시 도유호는 "본격적인 돌멘은 탁자식 지석묘이며, 이른바 남방식 지석묘(또는 영남식 지석 묘)는 그와 같은 북방식 지석묘가 적석총 및 석상분과 결합한 형태이 며, 적석총은 대륙 북쪽에서 내려온 것"이라고 이야기했던 우메하라梅 原末治 등의 주장을 받아들였고, 남방식 지석묘에도 개석蓋石이 있기 때문에 거석문화의 범주에 속하는 것으로 보았다.[84]

1957년 11월, 기양 관개 공사의 일환으로 이루어진 태성리(평안남도 강서군) 저수지 건설장 유적에서 지석묘가 발굴되었는데[85] 이는 해방 후 처음으로 북한에서 지석묘가 정식 발굴된 사례의 하나라고 생각된 다. 조사 결과, 두 기의 지석묘는 탁자식 지석묘와 달리 남방식 지석묘 를 연상시키는 구조 형식(그림 27)을 지니고 있다는 새로운 사실이 입증되었다. 1958년에 들어와서는 독로강 유역의 풍청리豊淸里(자강도 시중군) 유적[86]과 어지돈 관개 공사 구역인 침촌리沈村里(황해북도

---

84) 도유호·황기덕, 1957b, 32~33쪽.
85) ① 전주농, 1958a, 「태성리 저수지 건설장에서 발견된 유적 정리에 대한 개보(1)」, 『문화유산』 1958(2), 37~57쪽, ② 고고학 및 민속학 연구소, 1959a.

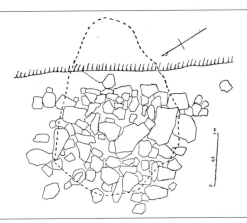

〈그림 27〉 태성리 유적 27호 지석묘의 적석 상태 전주농, 1958a, 「태성리 저수지 건설장에서 발견된 유적 정리에 대한 개보(1)」, 『문화유산』 1958(2), 43쪽

〈그림 28〉 침촌리 극성동(왼쪽)과 천진동(오른쪽)의 변형 고인돌 도유호, 1959b, 「조선 거석 문화 연구」, 『문화유산』 1959(2), 2877쪽

황주군)의 극성동棘城洞과 천진동天眞洞 유적 등에서 남방식 지석묘와 구조 형태가 유사한 지석묘(그림 28)가 조사, 발굴되었다.[87] 또한 1958년 말에는 석천산石泉山(평안남도 룡강군) 일대에서 "책상형과 굄돌을 인정할 수 없는 것, 다시 말해서 큰 뚜껑돌만이 지표에 남아 있는 지석묘와 뚜껑돌 밑이 적석으로 되어 있는 지석묘"가 발굴되었다.[88]

---

86) 도유호, 1959b, 29쪽.

87) ① 정백운, 1958, 「해방후 우리 나라 고고학의 발전」, 『문화유산』 1958(4), 7~16쪽,
② 황기덕, 1959, 「1958년 춘하기 어지돈 관개 공사 구역 유적 정리 간략 보고(Ⅱ)」, 『문화유산』 1959(2), 67~78쪽.

88) 전주농, 1963, 「평안 남도 룡강군 석천산(石泉山) 동록의 고인돌」, 『각지 유적

이렇듯 평안남도와 황해북도를 비롯하여 자강도에 이르기까지 이른 바 '남방식 지석묘'의 존재가 분포하는 것으로 확인됨에 따라 이런 유형의 지석묘가 지니는 고고학적 성격이 전면적으로 재검토되어야 하는 필요성이 제기되었다.

도유호는 "돌멘[dolmen, 고인돌, 지석), 멘히르[menhir, 선돌, 입석], 알리뉴망[alignement, 열석列石], 크롬렉[cromlech, 환석環石]"이 서구 유럽의 거석문화를 대표하는 반면에, 조선의 거석문화는 "돌멘, 멘히르, 적석총, 석상분, 변형 돌멘"으로 구성되는 특수성이 있는 것으로 이해하였다.[89] 특히 그는 그동안 이루어진 지석묘의 조사 성과를 바탕으로 북방식 또는 남방식으로 구분하였던 종래 일본 학자들의 분류 근거 자체가 잘못되었음을 강하게 비판하였다. 그것을 대신하여 지석묘의 구조 형식과 특징을 기반으로 '변형 돌멘'이라는 새로운 용어를 사용하기 시작하였는데, 이 용어는 1960년대 전반에 걸쳐 북한 고고학에서 널리 쓰였다.[90]

"우리 나라 거석 문화에서는 적석총積石塚과 석상분石箱墳도 커다란 자리를 차지하며 또 이런 것과 돌멘이 혼합하여 《변형 돌멘》도 생겨 나게 되었다. 그러나 적석총과 석상분은 본래는 거석 문화와는 관계 없는 것이며 또 그것이 조선에 들어 온 방향도 거석 문화가 조선에 들어 온 방향과 매우 달랐다고 보인다. 〈중략〉 여기서 《변형 돌멘》이라고

<hr>

정리 보고』, 51~55쪽.

89) 도유호, 1959b, 2~3쪽. 이 글에서 alignement(프랑스어)은 '알린니망', 그리고 cromlech(영어)은 '크로믈레흐'로 표기되었다.

90) 그 후 황기덕은 탁상식 또는 전형적 고인돌을 제1유형으로 설정하고, 변형 고인돌을 제2유형과 제3유형으로 세분하였다. "제2유형은 한 개의 판석 밑에 석관 또는 석곽이 지하에 묻힌 것(예, 묵방리 고인돌), 그리고 제3유형은 한 개의 묘역 내에 여러 개의 석관 또는 석곽이 떼를 이룬 것(예, 침촌리 천진동과 긴동 고인돌)"을 가리킨다(황기덕, 1965, 「무덤을 통하여 본 우리 나라 청동기 시대 사회 관계」, 『고고민속』 1965(1), 8~23쪽).

하는 것은 소위 《령남식 지석묘》니 《남방식 지석묘》니 하던 것을 두고 하는 말이다. 지난날 어용학자들은 그 북쪽 한계선이 대략 연안, 배천 지방에 있는 줄로 알았던 모양이다. 그러나 최근 우리는 이러한 변형 돌멘을 평안남도나 황해북도 지방에서도 발견하였고 훨씬 더 이북으로 독로강 류역에서도 발견하였다. 따라서 그것이 어느 한 지방에 국한한 것이 아님을 잘 알게 되었다. 변형 돌멘에도 가지가지가 있다. 밑에는 석관이나 강돌로서 무덤을 만들고, 그 우에 큰 바위'돌을 하나 올려 놓은 것이 기본형이다. 〈중략〉 변형 돌멘을 적석총, 석상분과 돌멘과의 혼합형으로 보는 견해는 정당하다. 그러나 그것이 시기적으로 확연히 후기의 것이며, 또 중부 조선 이남에만 있는 것이라고 보는 견해는 옳지 못하다. 우리가 보기에는 적석총, 석상분과 돌멘이 부딪치자 거기에 불원에 그러한 것이 생겨났으며, 그것은 또 돌멘이나 석상분을 몰아 던진 것이 아니라, 그런 것과 동시에 있었던 것 같다. 〈중략〉 (본격적인 돌멘과 변형 돌멘은) 물론 한 동안은 두 가지 형태가 병존하다가 그 말기에 가서는 변형 돌멘만이 남았을 가능성은 충분히 있다."

[도유호, 1959b, 「조선 거석 문화 연구」, 『문화유산』 1959(2), 2쪽, 27쪽, 29~30쪽]

도유호는 우리나라에 특수한 거석문화의 형성 과정을 다원적으로 파악하였다. 그는 그 주류를 동남아시아 계통의 돌멘에 두면서, 북방적인 적석총과 석상분이 돌멘과 혼합되어 변형 돌멘이 출현하는 것으로 판단하였다. 그는 지탑리 유적 등에서 알려진 '손잡이 빗살문토기'의 등장 시기를 청동기시대로 추정하였고, 빗살문토기의 주인공들이 종족상의 변화를 받지 않으며 청동기시대에 들어선 것으로 이해하였다. 그리고 이러한 문화적 기반에 "서로 갈래가 다른 거석문화의 파도가 미쳐, 조선의 거석문화에서는 하나의 통일적인 문화 종태를 이루었으나, 그렇다고 거석문화의 주인공이 하나의 통일적인 종족은 아니었다"라고 주장하였으며, 이는 "종족상의 차이에도 불구하고

문화상으로 통일성을 보여주는 예"를 반영한다고 설명하였다. 또한 그는 당시 거석문화는 무계급사회였으며, 규모가 큰 돌멘에는 원시공동체의 지도자가 묻혔을 것으로 생각하였다.[91]

고고학 유적, 유물에 관한 새로운 용어 정리

1949년 초에 '학술용어사정위원회學術用語査定委員會'가 설치되었다.[92] 이 위원회는 일상생활에 필요한 최소한의 한자를 사정하고, 일제강점기에 사용된 학술 용어를 바로 잡아 합리적인 과학 기술 발전의 기초를 확립하려는 목적으로 운영되었다. 여기에는 고고학을 포함한 '역사학 분과위원회'도 포함되었는데, 그 취지는 다음의 글에서 잘 드러난다.

"조선의 력사 물질문화사 고고학에서 사용된 용어에는 일본인들이 일본의 출토품을 표준으로 잡아서 쓰던 순純일본식 용어가 적지 않게 존재하니, 우리들은 세계의 선진국가에서 사용하는 학술용어와 조선 어로의 새 용어를 개용改用하는데 검토와 용감勇敢이 있어야 되겠다. 용어가 상용적 평이성平易性을 가져야만이 노동자 농민 및 일반 인민들 이 물질문화유물을 보아서 곧 이해할 수가 있으며, 현단계의 민족문화 유산건설에 기여할 수가 있을 것이다." [한길언, 1950, 「金日成綜合大學歷史博 物館」, 『문화유물』 2, 70쪽]

---

91) 도유호, 1959b, 33~35쪽.
92) 「학술용어 및 실용한자 사정에 관한 결정」(내각결정 제7호, 1949년 2월 5일). 이에 관해서는 ① 「學術用語査定委員會」(『조선중앙년감 1950년판』, 351쪽), ② 「학술 용어 사정 위원회」(『조선중앙년감 1954~1955』, 456쪽) 참조.

그러나 아무리 취지가 좋다고 하더라도 종래에 쓰던 용어를 대신하여 새로운 용어를 찾아 바꾸어 사용하기란 쉬운 일이 아니다. 더욱이 짧은 기간 안에 이루어질 수 있는 일도 아니다. 그렇게 하려면 무엇보다 그와 관련된 고고학적인 학술 연구의 성과가 뒷받침되어야 한다. 도유호는 해방 이후 북한에서 얻은 고고학 성과를 바탕으로 과거 일본 학자들의 여러 견해에 문제가 있었음을 지적한 바 있다.[93] 그런데 검토 대상이 주로 일제강점기에 이루어진 일본 학자들의 주장이었기 때문에 그들이 사용했던 일본식 고고학 용어를 그대로 차용했던 한계를 지니고 있었다. 토기의 경우에서는 "즐문토기櫛文土器, 융기문隆起文, 단도토기丹塗土器, 흑도黑陶, 원저圓低, 평저平底 등", 석기에서는 "원통부圓筒斧, 사릉부四菱斧, 반월도半月刀, 성형부星形斧, 환상석부環狀石斧, 망추網錘, 추석錘石, 석시石匙 등"과 같은 용어 사용을 예로 들 수 있다.

그 이듬해 발행된 『라진 초도 원시 유적 발굴 보고서』(1956)는 북한 고고학 연구에서 우리말 용어가 본격적으로 사용하기 시작되었다는 점에서 특별한 의미를 지닌다. 거기에서는 "주거지住居址→집자리, 패층貝層→조개층, 주혈柱穴→기둥 구멍, 석부石斧→돌도끼, 어망추漁網錘→밧돌, 섬銛→작살, 석도石刀→돌칼, 석추石錐→송곳, 석착石鑿→끌, 마곡석磨穀石→갈돌, 석퇴石槌→마치, 석간石杆→공이, 지석砥石→숫돌, 석봉石棒→방맹이, 방추차紡錘車→가락추, 침통針筒→바늘통, 관옥管玉→구슬, 동탁銅鐸→청동 방울, 지환指環→가락지"를 비롯하여 "분묘墳墓→무덤, 수골獸骨→짐승 뼈, 인골人骨→사람 뼈, 치아齒牙→이, 구치臼齒→어금이" 등으로 정리된 용어가 등장한다. 아울러 오동 유적에서 출토된 토기는 형태와 종류에 따라 "대접, 보시기, 단지, 항아리, 배떠리, 굽접시, 접시, 잔, 시루, 그릇 뚜껑" 등으로 구분되었다. 그 뒤 이러한 경향은 궁산 유적, 오동 유적, 농포리 유적, 공귀리 유적 등의

---

93) 도유호, 1955a.

발굴 보고 및 개별 연구 논문을 통하여 수정, 보완되었다. 대체로 당시 고고학 용어의 순화 작업은 발굴 성과가 비교적 빠르게 축적된 원시 유적의 석기 또는 토기를 대상으로 이루어졌고, 그보다 연구 속도가 상대적으로 더뎠던 금속 유물 분야[94]에서는 그만큼 늦어지게 진행되었던 것으로 생각된다.

"언어 정화 문제는 지금 새삼스럽게 제기된 것은 아니다. 고고학계에 서도 이 문제를 좀 심각하게 생각할 때는 왔다. 지금까지 우리는 일제 시대에 쓰던 용어를 적지 않게 그대로 써 왔으며 또 새로 용어를 만드는 경우에도 한문식으로 하는 일이 대부분이었다. 그러나 한문을 잘 모르는 젊은 세대는 그러한 용어를 원하지 않는다. 학술 용어를 되도록 순 우리 말로 만들어 내는 것이 좋다고 생각한다. 그리하여 고고학 연구실에서는 지난날 쓰던 용어의 많은 부분을 고치기로 결정 하였다." [도유호, 1960d, 「고고학에 관한 새 용어의 해설」, 『문화유산』 1960(3), 79쪽]

1950년대 후반기에 들어와 새로운 고고학 용어가 차츰 널리 사용되 었지만, 연구자마다 부르는 명칭에 차이가 있었고, 종래 용어를 뒤섞 어 쓰는 경우도 적지 않았다. 그렇기 때문에 각기 다른 용어 사용의 혼란을 막는 일은 고고학계 자체에서 빠른 기간에 이루어내야 할 과제가 되었다. 한문식 용어를 버리고 우리말로 정리, 통일된 용어(표 8~10)는 주로 토기와 석기 및 무덤과 관계된 것들이었다. 이들 용어는 『조선 원시 고고학』을 서술하는데 적극적으로 활용되었는데, 그 책에 서 도유호는 다음의 점을 또다시 강조하였다.

---

94) 다음을 참조하기 바람. ① 정백운, 1959, 『조선 금속 문화 기원에 대한 고고학적 자료』, ② 고고학 및 민속학 연구소, 1958c, 「조선에서의 금속 문화 기원에 대한 토론」, 『문화유산』 1958(2), 72~78쪽.

"이 번 이 책에서는 지난날 써 오던 용어를 전폭적으로 순 우리 말로 고치는 방향에서 노력하였다. 용어 중에는 국제적으로 공통하게 쓰는 것이 더러 있는바 그런 것은 우리 말과 함께 그냥 남겨 두기로 하였다. 용어를 이렇게 통털어 고치는 데는 반대하는 분도 적지 않으리라고 생각한다. 그러나 우리는 늙은 세대를 표준으로 하지 않고 젊은 세대를 표준으로 하여야 할 것이다. 젊은 세대에게는 어려운 한문식 용어보다 순 우리 말로 풀어 놓은 용어가 역시 더 쉬운 것이다." [도유호, 1960a, 「머리'말」, 『조선 원시 고고학』, 2쪽]

〈표 8〉 토기 관계 용어

종래 용어	새로운 용어
토기(土器)	질그릇
빗살문토기	빗살무늬토기
각형토기(角形土器)	팽이그릇
파상점선문(派狀點線文)	점선물'결무늬
안목형(雁木形) 또는 지그자그 무늬	꼬불무늬
세파문(細波文)	잔물'결무늬
라선문(螺線文)	타래무늬
룽기문(隆起文)	덧무늬
압인문(押印文)	찍은무늬
승석문(繩蓆文)	멍석무늬
마연토기(磨研土器)	간그릇
흑도(黑陶)	검정간그릇
홍도(紅陶), 단도마연토기(丹塗磨研土器)	채색간그릇
첨저(尖底)	뾰족밑
환저(丸底)	둥근밑
평저(平底)	납작밑
태토(胎土)	바탕흙
반조법(盤條法)	서리기
륜적법(輪積法)	테쌓기
수날법(手捏法) 또는 수연법(手延法)	빚기
요지(窯址)	가마터

* 무늬 용어 가운데 "손톱무늬(또는 반달무늬), 번데기무늬, 그물무늬"는 그대로 사용.

〈표 9〉 석기 관계 용어

종래 용어	새로운 용어
마제석기(磨製石器)	간석기
사릉부(四菱斧)	네모도끼
원통부(圓筒斧)	통도끼
견부(肩斧) 또는 유견석부(有肩石斧)	어깨도끼
합인(合刃)	조개날
직인(直刃)	곧은날
변인(邊刃)	짝날
사인(斜刃)	빗둔날
반월도(半月刀)	반달칼
직선합인(直線合刃)	곧은 조개날
호선편인(弧線片刃)	휘인 짝날
정자형석부(丁字形石斧)	곰배괭이
곤봉두(棍棒頭)	곤봉대가리
석검(石劍)	돌단검
검(劍)	쌍날칼
도구(道具)	잡은 거

* 곤봉대가리 가운데 "달도끼, 별도끼"는 그대로 사용.
* '잡은 거'는 평안도, 함경도 방언.

〈표 10〉 무덤 관계 용어

종래 용어	새로운 용어
분묘(墳墓)	무덤
석상분(石箱墳)	돌상자무덤
적석총(積石塚)	돌각담무덤
석묘(石墓)	돌무덤
위석장(圍石葬)	돌돌림무덤
토광묘(土壙墓)	토광무덤
옹관장(甕棺葬), 옹관묘(甕棺墓)	독무덤
목곽분(木槨墳)	귀틀무덤
전곽분(磚槨墳)	벽돌무덤
부장품(副葬品)	껴묻거리
장식품(裝飾品)	치레'거리

『조선 원시 고고학』 간행

앞에서 이야기한 것처럼, 정전 직후 시행된 전후 복구 사업(1953)과
인민 경제 복구 3개년 계획(1954~1956), 내각 지시 제92호(1954,《각종
건설 공사 과정에서 발견되는 유적 유물을 보존 관리할 데 대하여》)
등을 통하여 북한 전역에서 유적과 유물의 발굴조사가 활발하게 진행되
었다. 『총론』[95]에 따르면, 전쟁 이전에 5개 지점, 전쟁 중에 1개 지점,
그리고 전쟁이 끝난 1954~1957년 동안에는 무려 22개 지점(1954년 6개
지점, 1955년 7개 지점, 1956년 6개 지점, 1957년 3개 지점)에 이르는
곳에서 발굴조사가 이루어졌다(표 1, 표 11 참조). 해방 이후부터 1957년
까지 발굴된 유적은 28개 지점에 달하였다. 발굴 작업에는 물질문화사
연구소, 고고학 및 민속학 연구소를 비롯하여 중앙 및 각 지방 역사박물
관 등의 학술 성원이 참여하였다. 특히 도유호가 소장으로 재직하였던
물질문화사연구소와 고고학 및 민속학 연구소가 조사 및 연구를 주도적
으로 이끌었다. 이러한 성과에 힘입어, 고고학 및 민속학 연구소에서는
유적 지명표를 작성하고, '조선 고고학 개론'을 출판할 사업계획을
갖고 있었다.

"1958년도의 고고학 연구실의 전야 공작은 이 건설 공사와 관련된 사업[96]
에 총집결될 것이다. 이와 함께 우리는 현재 유적 지명표를 작성중에
있으며 또 조선 고고학 개론을 엮을 것을 계획하고 있다. 동시에 금년에는
발굴 보고서들을 준비 및 완성하는 사업이 더 한층 계획적으로 또 활발히
진행될 것이다." [고고학 및 민속학 연구소, 1958b,「1957년도 고고학 및 민속학
연구소 사업 총화와 1958년도의 사업 전망」,『문화유산』1958(1), 2쪽, 4쪽]

---

95) 리주현·한은숙, 2009.
96) 내각 지시 제92호(1954)에 따른 사업을 가리킨다.

<표 11> 1956~58년 사이에 발굴된 유적

발굴 연도	유적명	위치	시대	참고문헌
1956	농포 유적	청진시	신석기	『문화유산』 1957(4)
	상매리 유적	황해북도 사리원시	고대	『고고학자료집』 2(1959)
	갈현리 무덤	황해북도 은파군	고대	『고고학자료집』 2(1959)
	화성리 무덤	평양시 룡성구역	고구려	『고고학자료집』 1(1958)
	가장리 무덤	평양시 증산군	고구려	『문화유산』 1959(2)
	공민왕 현릉	개성시	고려	『고고학자료집』 3(1963)
1957	지탑리 유적	황해북도 봉산군	원시, 고대	유적발굴보고 8(1961)
	태성리 유적	평안남도 강서군	고대, 고구려	유적발굴보고 5(1959)
	룡상리 석각문	평안남도 태천군	고구려	『문화유산』 1957(6)
1958	부조예군 무덤	평양시 락랑구역	락랑국	『고고학자료집』 4(1974)
	심귀리 집자리 유적	자강도 시중군	청동기	『문화유산』 1961(2)
	석천산 동록 고인돌	평안남도 룡강군	청동기	『고고학자료집』 3(1963)
	신흥동 집자리	황해북도 봉산군	청동기	『고고민속』 1964(3)
	송산리 돌돌림무덤	황해북도 봉산군	고조선	『고고학자료집』 3(1963)
	당촌 나무곽무덤	황해북도 봉산군	고조선	『문화유산』 1959(1)
	하세동리 유적	함경남도 북청군	고조선	『고고민속』 1963(1)
	좁은놋단검 관계 유적	함경남도 흥남, 홍원, 금야 일대	고조선	『문화유산』 1961(1)
	약수리 벽화무덤	평안남도 강서군	고구려	『고고학자료집』 3(1963)
	태성리 저수지 무덤	평안남도 강서군	고대, 고구려	『고고학자료집』 3(1963)
	고구려 유적	평양시 대성구역	고구려	유적발굴보고 9(1964)
	침촌리 집자리, 고인 돌 (긴동, 천진동, 극 성동)	황해북도 황주군	청동기	『고고학자료집』 3(1963) 『문화유산』 1961(3)

* 리주현·한은숙, 2009, 161~162쪽에 의함

　　그 가운데 북한의 정권 수립 10주년을 기념하여 『조선 원시 유적
지명표』(고고학 및 민속학 연구소, 1958)가 먼저 발행되었다. '각
도별 원시 유적 분포도'가 부록으로 첨부된 지명표에는 일제강점기
를 비롯하여 해방 후 북한 지역에서 새롭게 찾은 원시 유적의 소재지,

유적 종류, 출토 유물 등에 대한 정보가 수록되었다. 이 책은 해방 후 우리나라에서 작성된 최초의 유적 지명표라는 단순한 의미를 넘어서, 거기에는 그와 같은 유적 목록이 작성될 수 있기까지 각계, 각층이 노력하여 일구어낸 북한 고고학계의 자부심이 담겨 있다.[97] 또한 이 책에는 북한뿐만 아니라 남한 지역의 원시 유적 지명표도 포함되었는데, 여기에서 우리는 "조국의 남반부 지역을 떼여 놓고는 조선 고고학이 성립할 수 없다"[98]는 북한 고고학계의 시대적 인식을 엿볼 수 있다.

"고고학 부문에서 해방 후 무려 20 여 개소의 원시 유적과 200 여 개의 고분을 발굴하였음에도 불구하고 그 학술적 처리를 게을리한 결과 단 한두 권의 발굴 보고서[99]가 출판되였을 뿐 귀중한 자료의 대부분이 아직 인민의 과학적 재보로 활용되지 못하고 있다. 〈중략〉 오늘 교육 기관과 과학 지식 보급을 위한 인민들의 요구로부터 응당 출판되여야 할《조선 고고학 개요》가 아직 집필되지 않은 것도 비정상적이다. 〈중략〉 빨리 나아가자! 이것은 조선 혁명의 요구이며 당의 요구이다. 우리 과학자들만이 어찌 이 요구에서 뒤떨어질 수 있겠는가. 우리들은 우리가 빨리 나아가자는 기세를 무엇이 가로막고 있는가를 알았다. 당이 아끼고 인민의 사랑을 받고 있는 우리 과학 일'군들이 자기들의 잘못과 그 원인을 깨닫고서야 어찌 주춤거리고 있겠는가! 자기의 잘못을 깨닫고 나아갈 길이 명백해진 이상 열정을 다하여 그 길로 달리는 것이 또한 인테리의 기상이 아닌가! 당의 신뢰에 보답할 때는 바로 왔다. 낡은 사고 방식과 사업 방법을 송두리째 없애

---

97) 고고학 및 민속학 연구소, 1958a, 「서문」, 『조선 원시 유적 지명표』.

98) 정백운, 1958, 16쪽.

99) 1956년에는 『라진 초도 원시 유적 발굴 보고』(유적발굴보고 1), 그리고 1957년에는 『궁산 원시 유적 발굴 보고』(유적발굴보고 2)가 출판되었다.

버리고《상아탑》속에서 뛰여 나오며 힘을 합하여 같이 달려야 한다. 우리는 금년 과제를 반드시 초과 완수하겠다는 결의를 다졌다. 인민 대중은 우리가 발굴하고 조사한 자료들을 시급히 정리하여 출판할 것을 희망하고 있다. 년내로 우리는 3편의《보고서》를 세상에 내놓아야 하며 4편의《발굴 보고서》및《론문집》과《조선 고고학 개요》를 출판에 회부하여야 한다. 〈중략〉 이러한 사업은 그리 쉬운 일이 아니다. 그러나 우리의 사업 성과가 직접 인민 경제에 도입되며 과학 발전에 기여하는 구체적 척도는 이 사업에서 평가된다. 그러므로 우리는 모든 예비와 지혜를 발동하여 어떠한 난관에 부딪치더라도 반드시 이것을 완수하여야 한다." [고고학 및 민속학 연구소, 1958f, 「보수주의와 소극성을 반대하여」, 『문화유산』 1958(5), 3쪽, 5쪽]

사회주의 건설에서 전진 속도를 높이려는 노동당의 정책에 적극적으로 부응해야 하는 현실적인 요구에 따라 북한 고고학계에서는 '조선 고고학 개요'를 출판에 넘길 수 있도록 마무리를 짓는 사업을 수행해야만 했다. 그렇게 하려면 무엇보다도 연구소라는 '상아탑' 속에 묻혀 사업 성격의 특수성을 운운하거나, 또는 '과학의 신비성'을 내세우며 사업을 완수하는데 일정한 기간과 조건이 필요하다는 구실을 대거나, 또는 근로 대중의 생산 대열에 보조를 맞추지 못하는 등, 보수적이고 소극적인 태도가 고고학 분야에서도 극복 및 청산되어야 할 과제였다. 당에서 요구하는 과학 생산에 적극 참여하기 위해서는 발굴조사에만 그치는 것이 아니라, 그 성과를 과학적으로 생산하여 사회, 경제, 교육, 문화 등 여러 분야의 발전에 직접 활용될 수 있는 성과를 이룩해야만 했다. 그와 같은 사업 가운데 하나가 바로 '조선 고고학 개요'를 출판하는 일이었다.[100]

---

100) 고고학 및 민속학 연구소, 1958f.

그러나 그것은 결코 손쉬운 작업이 아니었다. 발굴된 유적과 유물을 짜임새 있게 정리하려면 그에 따른 인력과 시간이 필요하다. 일정한 시대 구분의 체계 속에서 고고학 자료가 시간적으로 배열될 수 있는 학문적 토대도 마련되어 있어야 한다. 그와 같은 여건에서 문화 유물이 지니는 고고학적인 설명과 해석이 동반되어야 한다. 때에 따라서는 과학 분야의 방법론을 적용한 분석 성과도 뒷받침되어야 한다. 아무리 많은 발굴조사가 이루어졌더라도 이런 점들이 전제되지 않는다면, 단일 유적에 대한 보고서를 충실한 내용으로 꾸미는 일 자체가 힘들어진다. 그렇기 때문에 한 유적에서 발굴조사가 마무리되었다 할지라도 그에 따른 보고서는 대개 2~3년 정도 또는 그 이성의 시차를 두고 발행된다. 이러한 점은 1950년대 중반 이후 북한에서 이루어진 유적의 발굴 사례에서도 잘 드러난다(표 11~12 참조).

〈표 12〉 1959~60년 사이에 발굴된 유적

발굴 연도	유적명	위치	시대	참고문헌
1959	고구려 유적	평양시 대동구역	고구려	유적발굴보고 9(1964)
	미송리 동굴 유적	평안북도 의주군	신석기, 고대	『고고학자료집』 3(1963)
	석교리 유적	황해남도 룡연군	청동기	『고고학자료집』 3(1963)
	상단리 건축지	평안북도 의주군	고려	『고고민속』 1966(1)
	대안리 무덤	평안북도 대관군	고구려	『고고민속』 1965(4)
	남서리 유적	평안북도 천마군	고려	자료실 자료
	미림쉴바위 유적	평양시 사동구역	고대	『문화유산』 1960(3)
	범의구석 유적	함경북도 무산군읍	신석기, 청동기, 초기 철기	『고고민속론문집』 6(1975)
	은률, 은천, 송화 유적	황해남도 일대	신석기, 고대	『문화유산』 1961(6)
	침촌리 집자리, 고인돌 (긴동, 천진동, 극성동)	황해북도 황주군	청동기	『고고학자료집』 3(1963) 『문화유산』 1961(3)
	벽동군, 룡천군 유적	평안북도 일대	청동기	『문화유산』 1962(1)

	공포리 유적	황해북도 연산군	청동기, 고구려	『문화유산』 1962(1)
	부덕리 무덤	황해북도 재령군	고조선	『고고학자료집』 3(1963)
	복사리 벽화무덤	황해남도 안악군	고구려	『고고학자료집』 3(1963)
	조아리, 서해리, 법동리, 송암리 유적	자강도 자성군	고구려	『고고학자료집』 3(1963)
	복사리 독무덤, 돌칸흙무덤	황해남도 안악군	고대, 고구려	자료실 자료
	룡산리(무진리) 동명왕릉 부근 벽화무덤	평양시 력포구역	고구려	『고고학자료집』 3(1963)
	불일사지	개성시 선죽동	고려	『고고학자료집』 3(1963)
	봉암리(봉천군), 운동리(옹진군) 자기가마터	황해남도	고려	『고고학자료집』 3(1963)
1960	고구려 유적	평양시 대성구역	고구려	유적발굴보고 9(1964)
	범의구석 유적	함경북도 무산군읍	신석기, 청동기, 초기 철기	『고고민속론문집』 6(1975)
	조아리, 서해리, 법동리, 송암리 유적	자강도 자성군	고구려	『고고학자료집』 3(1963)
	굴포리 서포항 유적	라선시	구석기, 신석기, 청동기	『문화유산』 1961(3) 『고고민속론문집』 4(1972)
	토성리 유적	자강도 중강군	신석기, 고구려	『문화유산』 1961(5)
	룡당포 유적	황해남도 해주시	신석기	『고고민속』 1963(1)
	장성리 유적	자강도 중강군	신석기, 청동기	『문화유산』 1961(6)
	묵방리 고인돌	평안남도 개천시	고대	『고고학자료집』 3(1963) 『문화유산』 1961(2)
	팔청리 벽화무덤	평안남도 대동군	고구려	『고고학자료집』 3(1963)

* 리주현·한은숙, 2009, 162~164쪽에 의함

1958년 노동당 중앙위원회 9월 전원회의에서는 농촌의 밭 및 논 관개 면적을 확대하여 농업 생산을 급속하게 증대하는 사업이 결정되었다.[101] 내각 지시 제92호와 관개 공사장의 확대로 인하여 여러 곳에서 유적과 유물이 발견될 가능성은 한층 높아졌다. 1958년 한

해 동안 발견된 유적의 수는 적어도 12개 지점에 이른다(표 11 참조). 당시 고고학 및 연구소의 전문 인력의 수를 감안할 때, 각 유적의 발굴조사에 적극 참여하여 바람직한 성과를 내는 작업도 쉽지만은 않았을 것으로 짐작된다. 아무리 당과 정부에서 요구한다 하더라도 이런 여건에서 '조선 고고학 개요'를 발행하려는 목표를 빠른 기간 안에 완수하는 데는 한계가 있었다고 생각된다.

'조선 고고학 개론(개요)'의 출판을 계획한 지 약 3년이 흘렀다. 그리고 마침내 도유호가 집필한 『조선 원시 고고학』이라는 제목의 책이 1960년 10월 10일 세상에 모습을 드러냈다. 그 사이에 해당하는 기간 동안 여러 지역에서 유적과 유물의 발굴조사가 쉴 틈 없이 바쁘게 진행되었다. 1959년만 하더라도 20여 군데가 넘는 곳에서 발굴조사가 이루어지기도 하였다(표 12 참조). 새로운 유적의 발굴 소식이 연이어 알려졌던 만큼, 그것들을 충분히 소화하는데 필요한 공력功力을 들이지 않는다면, 해방 이후 얻은 발굴 자료와 연구 성과를 고고학적인 얼개 안에서 체계적으로 엮어내는 일 자체가 불가능하였을 것이다. 1960년 8월로 예정되었던 『조선 원시 고고학』의 발행이 두 달 정도 늦은 점은 그간의 사정을 잘 대변해준다.

"우리의 고고학은 현재 비약적으로 발전하여 나아가는 과정에 있다. 따라서 불과 몇 주일 사이에 우리의 견해에는 적지 않은 변화가 생기는 수가 가끔 있게 된다. 이 책을 엮은 데서도 처음 붓을 잡았을 당시와 원고를 출판에 넘길 당시와의 사이에는 우리의 지식에 적지 않은 변화가 있었던 것이다. 일단 초고를 끝마치고 한동안 두었다가 다시 정리하려고 하니 그 동안에 새로 나타난 자료가 너무 많아서 원고를 처음부터 고쳐 쓰지 않으면 안 되게 되었었다. 원고를 다시 쓰는 과정에

<hr>

101) 고고학 및 민속학 연구소, 1958e.

서적 안내 : 조선 원시 고고학 『문화유산』1960(2), 1960년 4월 13일 발행

전야 공작에 나간 동무들에게서 또다시 새로운 소식이 들려 왔으며 거기에 따라 이미 쓴 부분에 다시 손을 대게 되었었다. 〈중략〉 이상 말한 새로운 사실들을 이 책에 더 실을 수는 없다. 이 새로운 자료를 바로 처리하려면 본문의 서술 전체를 다시 하여야 할 것이다. 물론 그랬다고 이 책에서 론한 것이 기본적으로 달라지지는 않을 것이며 필자의 론단에 큰 변동이 생기지는 않을 것이다. 따라서 그러한 새로운 사실에 설명을 가하지 못 하는 것을 유감스럽게 생각하면서도 감히 이 책을 내 놓은 바이다." [도유호, 1960a, 「머리'말」, 『조선 원시 고고학』, 1~2쪽]

『조선 원시 고고학』의 체제는 크게 〈서론〉, 〈신석기 시대〉, 〈청동기 시대〉로 구성되었는데(표 13), 본문 끝부분에 '더 씀'을 추가하여 심귀리 유적(자강도 시중군)에서 출토한 유물의 시대적 성격을 검토한 내용이 보완되었다. 먼저 〈서론〉에 관하여 살펴보기로 하겠는데,

<표 13> 『조선 원시 고고학』의 체제 구성

구분	내용	
I. 서론	1. 조선사 연구와 고고학	
	2. 조선 고고학의 발전	
	3. 시대 구분	
II. 신석기 시대	1. 머리'말	
	2. 서북 조선의 빗살무늬그릇 관계 유적	(ㄱ) 궁산 유적, (ㄴ) 지탑리 유적, (ㄷ) 당산 유적, (ㄹ) 압록강 류역의 유적
	3. 동북 조선의 빗살무늬그릇 관계 유적	(ㄱ) 유적과 그 질그릇, (ㄴ) 질그릇 이외의 유물
	4. 해명되지 않은 나머지 유적	(ㄱ) 절영도의 민그릇 층, (ㄴ) 니탄 유적
	5. 신석기 문화의 개괄적 고찰	(ㄱ) 빗살무늬그릇의 유래, (ㄴ) 민그릇 전통의 영향, (ㄷ) 점선물'결무늬그릇의 유래, (ㄹ) 낫과 보습, (ㅁ) 청동기 문화의 파급, (ㅂ) 동북 조선의 원시 농업, (ㅅ) 신석기 문화 연대의 추정
III. 청동기 시대	1. 머리'말	
	2. 거석 문화 관계 유적	(ㄱ) 팽이그릇 관계 유적, (ㄴ) 돌각담무덤과 돌상자무덤, (ㄷ) 돌멘과 멘히르, (ㄹ) 유물 출토 정형의 차이
	3. 평북 지방의 나머지 유적	(ㄱ) 당산 부근의 유적, (ㄴ) 압록강 류역의 유적
	4. 동해안 및 중북부 유적	(ㄱ) 초도 유적, (ㄴ) 오동 유적, (ㄷ) 공귀리 유적, (ㄹ) 무산 유적
	5. 소속 관계가 애매한 유적	(ㄱ) 세모 고리 손잡이 그릇, (ㄴ) 오목자귀, (ㄷ) 재령 및 단천 지방의 몇 개 유물
	6. 청동기 문화의 개괄적 고찰	(ㄱ) 거석 문화의 유래, (ㄴ) 주민 구성의 다양성, (ㄷ) 청동기 문화 연대의 추정, (ㄹ) 당시의 사회 구조
	7. 철기 시대로 넘어 가기	

이 부분은 조선 고고학에 대한 도유호의 인식을 이해하는데 좋은 길잡이가 된다.[102]

---

102) 이에 관해서는 다음의 글을 함께 참고하기 바람. ① 도유호, 1957, ② 도유호, 1962b, 「고고학이란 어떠한 과학이며 력사 연구에는 왜 고고학이 필요한가」.

도유호는 "조선 고고학은 시대적으로 적어도 중세기까지는 포함하여 조선에서 나는 문화 유물을 기본 사료로 하고 조선 역사의 발전 과정과 그 합법칙성을 해명하는 일을 목적으로 하는 과학"이라고 정의하며, 문화 유물을 제대로 연구하려면 조선 이외의 지역에서 알려진 고고학 자료도 활용될 가치가 있음을 언급하였다. 그리고 "원시시대는 글을 쓰지 않던 시대로서 그 최말기를 제외하고는 계급이 없던 시절"이라고 설명하였다.103) 또한 그는 고고학 연구에서 민속학과 언어학 자료 및 체질인류학, 고동물학, 고식물학(예를 들어, 화분 분석), 물리학(예를 들어, 금속 유물 분석), 연대측정학(예를 들어, 방사성탄소 동위원소 분석) 등이 뒷받침되어야 한다고 말하였다. 그러면서 그는 조선 역사의 흐름을 올바르게 세우는 데에 원시 고고학 연구가 지니는 의미에 대해서 다음과 같이 강조하였다.

"여하간 고고학은 그 자체가 사회 과학 및 자연 과학의 여러 령역에 걸쳐서 다른 과학 분야의 방조를 요하는 것이면서 동시에 력사 과학에서 극히 중요한 자리를 차지하는 분야다. 조선의 력사를 좀 더 깊이 연구하는 데서 고고학이 노는 역할은 크다. 조선 원시 시대의 력사를 연구하기 위하여는 무엇보다도 먼저 고고학에서 출발하지 않을 수 없다. 그런데 이 책에서는 바로 그 원시 시대를 론하려고 한다." [도유호, 1960a, 『조선 원시 고고학』, 6쪽]

도유호는 "조선에서 고고학이 하나의 과학으로 싹을 텄던 시기는 조선 후기로 거슬러 올라가며, 조선 고고학의 선구자로서 추사秋史 김정희金正喜(1786~1856)의 학문적 성과"를 높이 평가하였다.104) 반면

『문화유산』 1962(3), 61~65쪽.
103) 도유호, 1960a, 2~3쪽.
104) 도유호에 앞서 김재효는 "조선 고고학의 창시자로서 추사의 학문 업적"을

에 "일제강점기에 조선 고고학이 어느 정도 체계를 갖추며 연구되기 시작하였으나, 일제 어용학자들은 조선 침략을 합리화하려는 정치적 목적에 따라 조선 고고학을 연구하였다"고 비판의 날을 세웠다.[105] 도유호를 포함하여 당시 북한 학자들의 관점에서 이해할 때, 해방 이후 조선 고고학은 민족 문화 유산의 계승 발전에 대한 당의 결정과 정책 수행, 거기에 보조를 맞춘 고고학 전문가들의 노력, 새로운 과학 지식의 보급을 통한 인민의 교육[106]과 같은 요소들이 두루 서로 어울리며 진정한 발전의 기틀을 마련하였던 것으로 볼 수 있다.

『조선 원시 고고학』을 집필하면서 도유호는 내용을 구성하는데 몇 가지 어려움이 있었음을 피력하였다. 예를 들어, 원시 고고학을 서술하려면 마땅히 구석기유적부터 다루어야 하나, 조사가 부족한 탓에 구석기시대를 논할 수 없다는 점에 안타까움을 표명하였다. 1930년대 중반, 동관진(현 지명 : 강안리) 유적에서 갱신세의 동물화석과 흑요석 석기가 출토된 바 있었는데, 당시 북한에서는 이 유적을 구석기시대의 유적으로 인정하지 않았다.[107] 또한 신석기시대도 이른 시기에 해당하는 유적이 없으며, 청동기시대에서 철기시대로 넘어가는 과정이 명확하게 드러나지 않는다고 설명하였다.[108]

소개하였다. 그 뒤 전주농은 "실학 사상과 고고학의 발흥, 추사의 고고학적 활동" 등을 자세하게 고찰한 글을 발표하였다. 한편 전장석은 연암 박지원이 민속학 분야에서 남긴 자료를 검토하며, "그는 민속학자로서 갖추어야 할 소양과 견해를 지녔다"고 평가하였다. 이렇듯 북한 학자들은 조선 고고학과 민속학의 토대가 조선 후기 실학자들에게서 비롯한다는 관점을 제시하였다(① 김재효, 1957, 「추사 김 정희의 생애와 그의 학술 사상」, 『문화유산』 1957(1) 105~117쪽, ② 전주농, 1961, 「조선 고고학의 창시자 추사 김 정희」, 『문화유산』 1961(4), 59~81쪽, ③ 전장석, 1961, 「연암 박 지원이 남긴 조선 민속학의 고귀한 자산」, 『문화유산』 1961(5), 6~24쪽).

105) 도유호, 1960a, 7쪽.
106) 이와 같은 점은 『조선 원시 고고학』의 발행 부수(1,000부)를 통해서 이해할 수 있다.
107) 황기덕, 1957c.

〈신석기 시대〉와 〈청동기 시대〉에서는 해방 이후 북한에서 발굴 및 조사된 유적과 유물을 중심으로 도유호의 논지가 전개되었다. 〈신석기 시대〉에서 다루어진 유적을 알아보면, 서북 지방은 궁산(평남 온천군), 지탑리(황북 봉산군), 당산 조개무지(평북 정주군), 압록강 유역은 쌍학리 니탄 유적(평북 룡천군), 미송리 동굴유적(평북 의주군)[109], 동북 지방은 농포리(함북 청진) 등에서 출토한 유물 등이 주로 검토되었다. 〈신석기 시대〉의 '신석기 문화의 개괄적 고찰'[110]에서 언급된 내용을 간략하게 정리하면 다음과 같다.

(1) 빗살무늬그릇의 유래 : 이 유형의 토기는 우리나라 신석기시대를 대표하며, 그릇의 형태로 보아 서북 지방(둥근밑 또는 뾰족밑)이 동북 지방보다 시기가 오래되었음. 우리의 빗살무늬그릇은 시베리아 지역의 캄케라미크(보조개·빗살무늬그릇)에서 유래되었음. 궁산의 경우 예니쎄이·바이칼·싸얀 지대에서 알타이 계통의 양록민이 내주한 흔적이 엿보임. 궁산 문화의 주인공은 단순히 사슴만을 기른 것이 아니라 원시적인 농경, 곧 괭이농사를 지었음.

(2) 민그릇 전통의 영향 : 궁산과 지탑리에서 민그릇 갈래의 요소가 있지만, 이는 서로 다른 문화의 영향을 받았던 것으로 생각됨. 궁산의 원추형 움집터는 북쪽 방향에서 온 것인데, 지탑리 제1호 집자리의

---

108) 도유호, 1960a, 20쪽.
109) 한창균은 "『조선 원시 고고학』이 간행될 무렵 북한 고고학에서는 요서지방에서 알려진 고고학 자료에 대하여 별다른 관심이 없었던 것으로 보인다"라고 했다(한창균, 2015, 「북한 고고학에서 보는 요서지역의 신석기문화」, 『요하문명과 고조선』, 47쪽). 이는 잘못된 내용이기에 바로 잡는다. 도유호(1960, 59쪽)는 "미송리에서 얻은 토기 쪼각 중에서 홍산과의 관계를 특히 강하게 암시하는 것은《적봉 홍산후》의 저자가 호선문(弧線文)이라고 한 무늬를 띤 것(홍도층)이다, 이는 폭이 넓고 사이가 배게 찍은 지그자그 즉 꼬불무늬를 두고 하는 말이다"라고 서술하였다.
110) 도유호, 1960a, 77~95쪽.

형태(방형)는 그와 좀 다른 방향에서 들어왔을 가능성이 있음.

(3) 점선물'결무늬그릇의 유래 : 이런 종류의 그릇이 출토하는 층에서는 동남아세아적인 영향을 지닌 석기(어깨도끼를 연상시키는 괭이)와 몽고 쪽에서 자주 보이는 석기(네모도끼 형태)가 들어 있는데, 이것은 남쪽의 요소가 북쪽을 거쳐서 우리 땅에 이른 것임을 알려줌. 동북 조선에 비하여 서북 조선에는 중국 문화의 영향이 별로 없는데, 이는 북쪽에서 내려 미는 강한 문화 조류와 종족 이동이 계속되었기 때문인 것으로 추정됨.

(4) 낫과 보습 : 낫의 기원은 이른 시절로 올라가며, 돌보습은 그보다 뒤에 생긴 것으로 보임. 지탑리의 돌낫은 돌보습과 함께 대륙의 북쪽에서 왔으며, 지탑리 제2지구의 점선물'결무늬그릇 유적에 살던 사람들은 원시적인 농사 단계를 벗어나 갈이농사를 하였음. 갈이농사의 기본적인 방법은 소갈이[우경牛耕]였고, 소갈이에 의한 생산력의 비약적인 발전을 기반으로 촌락공동체가 형성되었을 가능성이 있음.

(5) 청동기문화의 파급 : 궁산, 지탑리, 당산, 농포리 유적의 석기 및 토기 등에서 청동기문화적인 요소가 있는 것으로 생각됨. 그러한 문화적인 영향이 보인다고 해서 그들 문화의 신석기시대적인 성격이 없어지는 것은 아님.

(6) 동북 조선의 원시농업 : 갈이농사 이전, 곧 씨족공동체사회의 괭이 농사 단계로 생각됨.

(7) 신석기문화 연대의 추정 : 궁산과 지탑리 제1호 집자리는 지금으로부터 3,600~3,700년 전에서 4,000년 전 사이에 이르는데, 지탑리 집자리는 둘레 형태(방형, 네모 집자리)로 보아 궁산보다 조금 늦은 것 같음. 지탑리 2지구의 제2호와 제3호 집자리는 서기전 2천년기 말엽으로 추정됨. 동북 조선의 빗살무늬·번개무늬그릇의 연대는 서북 조선의 점선물'결무늬그릇 시대에 해당함.

〈청동기 시대〉 부분은 일제강점기에 사용된 '금석병용기'라는 용어의 개념과 적용이 매우 잘못되었다는 비판으로부터 시작한다. 도유호는 '금석병용기'라는 용어가 지니고 있는 문제점을 하나하나 들추고 따져가며 정연한 논리를 이끌어 나갔다.

　"일제 어용학자들은 대체로 조선에는 청동기 시대가 없는 것이라고 떠들어 대였다. 그 대신 그들은《금석 병용기》를 론하였으며 또 이 소위《금석 병용기》의 금속기 중에서 철기를 제외하지 않았다. 뿐만 아니라, 이 소위《금석 병용기》를 국제적인 용어로 표시할 적에는《에네올리트》라는 말까지 썼다. 이는 이중 삼중의 혼란이다. 《에네올리트》란, 〈중략〉 이를 한문투로 번역하면《동석기 시대》,《동석기 문화》로 된다. 〈중략〉 그러나 동석기 시대에 압도적인 것은 석기였다. 그 다음 청동기 시대가 등장한다. 그러나 청동기 시대에도 대부분의 경우에는 지배적인 것이 놋붙이(청동기)가 아니라 석기였다. 그런 까닭에《가족 사유 재산 및 국가의 기원》중에서 엥겔스는 철기 시대에 이르러서 비로소 석기가 구축 당하였던 사실을 지적하였다. 〈중략〉 우리 나라에서도 초기 철기 유적에서는 돌도끼 그 밖의 석기가 나온다. 그러나 철기 시대의 석기는 결국 초기적인 잔재물에 불과한 것이다. 세계 고고학계에서《동석기 시대》라고 하는 것을《동석 병용 시대》라고 한다면 거기에는 별로 잘못이 없을 것이다, 그러나 청동기 시대에 석기가 많은 것으로 보고《금석 병용기》니《금석 병용 시대》니 하는 말을 쓴다면 이는 대단한 잘못이다. 왜냐 하면 그 말이 옳자면 세계사 전체에서 어느 나라의 경우를 막론하고 청동기 시대라는 것을 송두리째 빼여 버려야 하겠기 때문이다. 그럼에도 불구하고 일제 어용학자들은 우리 나라에서 그러한 괴이하기 짝이 없는 시기를 함부로 만들어 내였다. 일제 어용학자들은 그런데 그 괴이한《금석 병용기》를 조선의 경우에는 사용하면서도 그래도 중국의 은상 시대에는 그것을 감히

324

적용하려고 하지 못하였다. 은상 시대는 세상에서 너무나 잘 아는 청동기 시대다. 그러나 은(상) 나라가 망할 때까지 석기가 상당한 비중을 차지하였던 사실을 일제 어용학자들은 모르지 않았다. 이는 그들이 그러한 용어를 조선의 경우에 적용한 의도가 불순한 동기에 있었다는 것을 잘 이야기하여 준다. 그들은 제국주의자들의 앞잡이로 서 조선의 옛날을 될 수 있는 데까지 《야만적》인 것으로 묘사하려고 애를 썼다. 그러던 나머지 그들이 창안하여 낸 것이 바로 조선의 원주민이 아직 석기 시대에 사는 판에 한 무제의 조선 침공을 전후하여 철기 시대의 문명한 한족(漢族)이 처음 정복자로서 그 《야만》들 속에 들어 왔으며 그 덕택으로 야만적인 원주민이 비로소 금속기를 사용하였다는 《신화》다. 그들이 말하는 《금석 병용》은 단순히 석기와 청동기의 병용을 의미하는 것이 아니라 석기와 청동기 및 철기의 병용을 의미하는 것이다." [도유호, 1960a, 『조선 원시 고고학』, 96~97쪽]

1950년대 후반까지 북한에서는 신석기유적보다 청동기유적이 자주 발굴되었다. 그래서 〈청동기 문화〉에서 언급된 청동기유적의 수는 신석기유적에 비하여 많은 편이다. 도유호는 거석문화와 관련을 맺고 있는 유적을 언급하면서 거기에 "팽이그릇[111] 관계 유적, 돌각담무덤[적석묘積石墓]과 돌상자무덤[석상분石箱墳], 돌멘[고인돌, 지석]과 멘

---

111) '각형토기' 대신 '팽이그릇'이라는 용어를 선택한 경위에 대하여 도유호(1960a, 99~100쪽)는 다음과 같이 설명하였다. "팽이그릇이란 팽이 비슷하게 생긴 질그릇이라는 의미에서 지은 이름이다. 이 질그릇에 관하여는 적당한 이름을 찾기가 어려워서 한동안 각형토기(角形土器)라는 재래의 이름을 적당치 못한 줄을 알면서도 그대로 써 왔다. 그 모습이 뿔 같이 생긴 것이 아니라, 사실인즉 유방(乳房) 같이 생겼다. 이 종류의 질그릇 중에는 복숭아 같이 생긴 것도 있다. 중국의 력(鬲)의 한 가닥에 가까운 모습을 띠였다고 하여 《력족형 토기》라고 부른 사람도 있다. 그러나 그것도 시원한 이름은 아니다. 뿔의 모습에 비하여 지은 이름을 고치기 위하여 서로 토의한 끝에 얻은 이름이 《팽이그릇》이다. 《팽이형 그릇》이라고 불러도 무방할 것이다."

히르[선돌, 입석]" 등을 포함시켰다. '팽이그릇 관계 집자리'로는 태성리(평남 강서군), 금탄리(평양 사동구역), 미림리(평양 사동구역), 원암리(평양 낙랑구역), 심촌리(현 지명 : 침촌리, 황북 황주군), 지탑리(황북 봉산군), 신흥동(황북 봉산군) 유적 등을 사례로 들었다. 그리고 팽이그릇 관계 유물로는 돌돈[석화石貨], 돌도끼, 턱자귀, 대패날, 돌단검, 활촉과 찔개살, 반달칼(반월도), 달도끼[환상석부環狀石斧], 별도끼[다두석부多頭石斧], 놋붙이[청동 제품] 등에 관한 내용이 다루어졌다.

또한 팽이그릇 조각, 석기, 청동 유물 등이 출토한 돌상자무덤과 돌멘 및 변형 돌멘에 대한 내용도 검토되었다. 거석문화와 일정한 관계를 맺고 있는 돌각담무덤과 돌상자무덤[공귀리(자강도 강계시), 상매리(황북 사리원시) 등], 거석문화를 대표하는 돌멘[오덕리(황북 연탄군)]과 변형 돌멘[묵방리(평안남도 개천군), 심촌리(황북 황주군) 등] 및 멘히르[동서리(평북 피현군), 오덕리(황북 연탄군) 등] 유적과 그곳들에서 출토한 유물의 성격도 아울러 논의되었다.

평안북도의 압록강 유역에 분포한 유적으로는 쌍학리 니탄 유적(룡천군), 신암리 립암(룡천군), 미송리 동굴유적(의주군), 그리고 동북 지역의 유적으로는 초도(함북 나진), 오동(함북 회령), 범의구석(함북 무산), 공귀리(자강도 강계시) 등을 통하여, 각종 유적과 유물이 의미하는 고고학적 맥락을 추론하고자 하였다.[112]

다음으로 〈청동기 시대〉 부분의 '청동기 문화의 개괄적 고찰'[113]에서 언급된 내용을 간략하게 살펴보면 다음과 같다.

(1) 거석문화의 유래 : 거석문화는 청동기시대를 대표함. 이집트 석조 건조물의 영향을 받아 생겨난 동남아세아의 거석문화는 중국의 산동을 거쳐 황해도와 평안남도 일대에 가장 먼저 영향을 주었고, 산동의

---

112) 도유호, 1960a, 99~201쪽.
113) 도유호, 1960a, 201~223쪽.

것은 요동으로 넘어갔다가 다시 압록강 줄기를 따라 퍼졌음. 조선의 거석문화는 동남아세아 지역과 관련되었으나, 거기에는 북방적인 요소도 들어 있음. 돌각담무덤과 돌상자무덤은 북쪽에서 내려왔으며, 돌멘과 결합하여 변형 돌멘이 되었음. 고조선의 등장은 서기전 7~6세기로 올라가지 못하며, 고조선 무덤의 기본 형태는 돌멘이 아니라 '토광무덤[토광묘土壙墓]'임. 고조선 원주민의 무덤을 돌멘이라고 보았던 일본 학자들의 주장은 잘못된 것임.

(2) 주민 구성의 다양성 : 청동기시대 주민 구성은 대단히 복잡하였음. 다시 말해서 문화적으로는 거석문화의 강한 영향력 아래에 놓여 있었지만 종족적으로는 다양했음. 지역에 따라 문화 발전의 정도는 차이가 있었으나 전반적으로 기본 생업은 농사였을 것으로 생각됨.

(3) 청동기문화 연대의 추정 : 조선의 청동기문화는 빗살무늬, 점선물' 결무늬 갈래의 문화가 발전하는 과정에서 생겨났음. 그리고 신석기시대 말엽에는 대륙 쪽에서 내려온 청동기문화의 영향을 적지 않게 받았음. 우리나라 청동기문화의 상한上限은 서기전 1천년기 초엽, 또는 2천년기 말로 올라갈 가능성이 있음. 거석문화는 청동기문화가 나타난 다음에 들어 왔는데, 거석문화의 처음은 서기전 7세기보다 조금 이전으로 올라 갈 것으로 보임. 조선 전반에 걸쳐 청동기시대의 하한下限은 서기전 3세기이며, 북부 조선에서 철기가 쓰이기 시작한 것은 서기전 4세기로 추정됨.

(4) 당시의 사회 구조 : 과거의 사회 구조를 논하는 데서 가장 중요한 것은 그 사회의 생산력을 재는 척도로 볼 수 있는 노동 도구의 종류임. 그러나 역사 발전의 과정은 복잡하기 때문에 물질문화의 자료에 근거하여 당시의 사회 성격을 규정하는 데는 신중한 접근이 필요함. "청동기시대는 노예 소유자적 국가 시대, 철기시대는 봉건 시대라는 것"은 지나치게 단순한 논리에 지나지 않음. 중국의 은상殷商 시대는 노예 소유자 국가였지만, 희랍과 로마 및 동구라파의 노예 소유자 국가

시대는 오히려 철기시대에 해당함. 조선의 청동기시대는 계급이 형성되지 않은 원시사회의 테두리 안에 있었음. 팽이그릇 관계 유적에서 압도적으로 많은 수를 차지하는 불에 탄 집자리, 그리고 거석문화 관계 집자리와 무덤에서 무기가 많은 것 등은 종족과 종족 사이에 있었던 심한 대립의 결과임. 조선의 청동기시대는 군사민주제軍事民主制[114] 사회였고, 군사민주제는 청동기시대에서 철기시대 초기에 있었음. 원시공동체의 기풍을 반영하는 거석문화의 고인돌 일부에는 중요한 업무를 담당하며 지도적 지위에 있었던 사람(예를 들어, 추장)이 묻혔을 것임. 조선에서 국가의 시초는 서기전 3세기 중으로 올라감.

도유호는 조선의 청동기시대는 원시사회에 속하며, 철기시대에 들어와 비로소 국가가 형성되었던 것으로 이해하였다. 그러면서 서기전 2세기 초, 곧 위만(衛滿) 시절에 들어와 비로소 일정한 체계를 갖춘 국가가 등장하였다고 주장했다. 이와 아울러 거석문화 시대에 "그렇게도 심했던 종족들 사이의 싸움은 포로를 노예로 하는 버릇을 빚어낼 수 있었을 것"[115] 같지만, 당시 노예의 사회적인 역할은 매우 미약하였기 때문에 그들의 노동력이 경제적 토대를 주도할만한 상태에 도달하지 못한 것으로 파악하였다. 요컨대, 그는 조선의 청동기시대에는 아직까지 노예 소유자적인 국가가 형성되지 않았다고 보았다. 따라서 그에게 있어, 조선의 원시공동체사회는 신석기시대와 청동기시대를 포괄하는 시대적 성격을 지닌다.

『조선 원시 고고학』에서 '철기시대'라는 주제가 독립된 하나의 장(章)으로 설정되지 않았지만, 앞에서 이야기했듯이 그 시대는 원시사

---

114) 이에 대하여 도유호는 엥겔스의 말을 인용하며 다음과 같이 정의하였다. "군사령관, 평의회, 민회는 군사 민주제로까지 발전한 씨족 사회의 기관들을 형성한다. 군사적이다. 왜냐 하면 전쟁과 전쟁을 위한 조직이 이제 와서는 인민(민족) 생활의 정상적인 기능으로 보였기 때문이다"(도유호, 1960a, 222쪽).

115) 도유호, 1960a, 223쪽.

회가 붕괴되고 새로운 사회구조의 등장, 곧 국가의 출현이라는 점과 밀접한 관련을 맺고 있는 것으로 도유호는 판단하였다. 그런 관점을 기본으로 하면서 도유호는 청동기시대에서 철기시대로 넘어가는 과도기적인 고고학적 현상에 대하여 주목하였다. 이제부터는 그 내용을 살펴보기로 하겠다.116)

도유호는 물자애(돌림판)의 사용은 "토기 제작의 분업화, 나아가서 계급사회의 출현을 암시한다"117)는 차일드V. Gordon Childe (1892~1957)의 견해를 인용하면서, 청동기시대의 가장 끝 무렵에 등장하는 검정간그릇에서는 물자애를 사용한 흔적이 없으며, 검정간그릇의 출현이 철기시대의 도래를 의미하는 것이 아니라고 설명하였다. 그는 회령 오동과 무

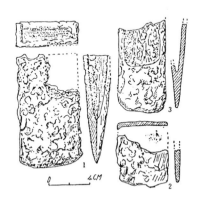

〈그림 29〉 회령 오동과 무산 범의구석 출토 쇠도끼
도유호, 1960a, 『조선 원시 고고학』, 226쪽, 그림 98

산 범의구석에서 나오는 주머니 자루 모양의 쇠도끼[철공鐵銎](그림 29)는 철기시대, 독로강 유역의 노남리(자강도 시중군) 유적에서 발굴된 질그릇과 나진 초도 유적의 유물은 초기 철기시대에 각각 해당하는 것으로 추론하였다.

미송리 동굴유적의 윗문화층에서는 조롱박처럼 생긴 토기와 놋도끼(그림 30)가 출토하였다. 비록 미송리 유적에서는 철기가 발견되지 않았으나, 도유호는 그와 같은 형태의 토기가 초기 철기시대에 해당하는 것으로 다루었다.118) 그리고 그런 유형의 토기가 요동 노철산老鐵山

---

116) 도유호, 1960a, 223~242쪽.
117) 도유호, 1960a, 224쪽.
118) 반면에 김용간은 "미송리 형태의 단지가 서단산자의 돌무덤, 묵방리의 변형

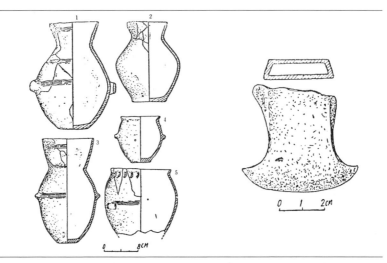

〈그림 30〉 미송리 유적의 질그릇과 놋도끼 도유호, 1960a, 「조선 원시 고고학」, 230쪽, 232쪽

목양성牧羊城과 길림 서단산자西團山子의 돌무덤, 그리고 개천군 묵방리
의 변형 돌멘 등에서 나온 사실에 주목하며, 미송리 유적에 토기와
청동 도끼를 남긴 종족은 "옛날 중국 사람 즉 한족漢族과는 다른 갈래의
종족"119)이라고 주장하였다.

조선의 철기시대와 관련하여 도유호가 자세하게 검토하였던 유적
가운데 하나는 송산리松山里(황북 봉산군) 솔뫼골 유적의 돌돌림무덤
[위석장圍石葬]이다. 무덤칸(길이 약 230㎝, 너비 약 100㎝, 높이 약
20㎝)의 벽은 강돌을 2~3단으로 쌓아 만들었고, 무덤칸과 잇댄 감실龕
室이 마련되어 있었다(그림 31). 청동 유물의 대부분은 감실 안과 그
주변에서 발굴되었다.120) 무덤의 구조가 특이했을 뿐 아니라, 출토한

돌멘 등에서 나왔지만, 이들 유적에서는 공통적으로 철제 유물이 발견되지
않기 때문에 미송리 유적의 윗문화층을 철기시대로 단정할 근거가 없으며,
그 문화층은 철기시대에 속하는 것이 아니라 청동기시대 말기의 주민이 남긴
유적"이라고 주장하였다. 김용간, 1961, 「미송리 동굴 유적 발굴 중간 보고(Ⅱ)」,
「문화유산」 1961(2), 23~33쪽 참조.

119) 도유호, 1960a, 236쪽.

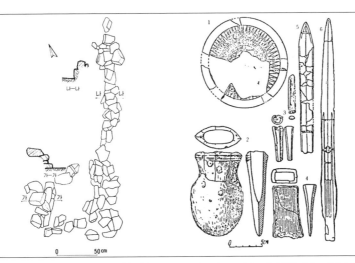

〈그림 31〉 솔뫼골 돌돌림무덤 조선유적유
물도감 편찬위원회, 1989, 『조선유적유물
도감 2(고조선, 부여, 진국 편)』, 83쪽

〈그림 32〉 솔뫼골 돌돌림무덤의 청동 유물. 1(잔줄무늬거
울), 2(주머니 도끼), 3(끌), 4(자귀), 5(비수), 6(좁은놋단
검) 도유호, 1960a, 『조선 원시 고고학』, 233쪽

청동 유물의 종류는 다양한 편이었고 수량도 적지 않았다. 청동 유물에
는 잔줄무늬거울[세문경細文鏡], 주머니 도끼, 끌, 자귀[동착銅鑿], 비수
[동비銅匕], 좁은놋단검[세형동검細形銅劍]이 있었고(그림 32), 철제 주머
니 도끼도 한 점 나왔다.

도유호는 솔뫼골 유적의 돌돌림무덤과 같은 유형의 돌무덤이 운대
리(전남 고흥), 둔포리(충남 아산), 오야리(평양) 및 석암리(평양)에서
일제시대에 알려졌으며, 이들 무덤은 모두 중국의 전국시대(BC
403~221)에 해당한다고 판단하였다. 그는 "전국 시대 토광무덤 갈래
의 문화와 돌무덤 갈래의 문화 및 본래부터 오던 문화, 그 밖의 문화가
모여, 고조선 문화를 이루었고, 솔뫼골 돌돌림무덤은 원시 시대의
테두리를 벗어난 고조선 시대의 것일 가능성이 높다"[121]고 언급하였

---

120) 황기덕, 1963b, 「황해 북도 봉산군 송산리 솔뫼'골 돌 돌림 무덤」, 『각지 유적
정리 보고』, 77~81쪽.
121) 도유호, 1960a, 228~229쪽. 그런데 『조선 원시 고고학』의 제2판 서문에서는

다.

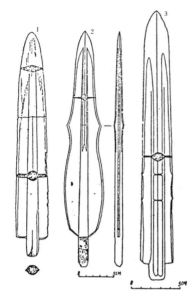

그는 솔뫼골 무덤에서 특징적으로 나온 좁은놋단검과 잔줄무늬거울에 주의를 돌렸다. 그리고 이른바 '만주식동검'[비파형동검](그림 33)과 잔줄무늬거울 등이 함께 나온 대릉하 유역의 십이대영자十二臺營子(요령성 조양현) 돌무덤에 주목하여, 이 무덤의 주인공은 중국 사람이 아닌 동호東胡 민족이며, 유적의 연대는 춘추시대(BC 770~403)에 속한다고 서술하였다. 그는 좁은놋단검을 '고조선식 좁은놋단검'으로 부르며, 이보다 이른 시기에 해당하는 만주식동검은 고조선과 직접 관련이

〈그림 33〉 놋단검 형태 비교. 1(전국시대형의 좁은놋단검), 2(만주식동검, 십이대영자), 3(고조선식 좁은놋단검, 태성리 10호 무덤) 도유호, 1960a, 『조선 원시 고고학』, 243쪽

없는 유물로 생각하였다. 이와 아울러 "초기 철기시대 유적들은 우리나라 원주민의 것으로서 소위 만주식 동검을 내는 돌무덤이나 미송리 동굴의 예를 제외하면 철기시대의 출현을 일정한 종족 그루빠와 결부시킬 필요를 느끼지 않는다"[122]고 말하였다. 이제 우리나라 철기문화의 기원과 연대 문제, 그리고 중국과의 관계 등에 대한 도유호의 관점을 살피면 다음과 같다.

솔뫼골 돌돌림유적을 고조선 시절의 것으로 확실하게 인정하였다. 황기덕, 1963a, 「두만강 류역 철기 시대의 개시에 대하여」, 『고고민속』 1963(4), 1쪽 참조.
122) 도유호, 1960a,

"우리 나라에서 철기를 쓰기 시작한 것은 대개 중국에서 그것을 쓰기 시작한 것과 비슷한 시기였다고 보인다. 필자는 우리 나라 철기 문화 기원을 중국 사람들의 래주와 관련시켜서 론한 일이 있다.[123) 중국 사람과의 접촉이 우리 나라 철기 문화의 발전에 자극을 주었음은 사실일 것이다. 그러나 우리 나라 철기 문화의 기원이 바로 중국 사람들과의 접촉에 있었다고 볼 근거가 없음을 최근 필자는 알게 되였다. 따라서 여기에 관한 이전의 견해를 필자는 포기하는 바이다. 두만강 류역의 최근의 사태가 필자로 하여금 그렇게 하게 한다. 서북 조선에서는 최초의 철기시대에 뒤'이어 소위 토광 무덤土壙墓 시절로 넘어 갔는데 여기서부터는 벌써 원시 시대의 테두리를 벗어난다. 필자는 우리 나라 철기 시대의 처음 즉 그 상한上限을 서기전 4세기 말엽 내지는 3세기 초로 보아 왔다. 그런데 최근에 와서 필자는 그 처음이 서기전 4세기의 좀 더 이른 시기로 올라 간다는 것을 느끼게 되였다. 서기전 3세기 중에는 우리 나라 남녘 땅에서도 철기 시대에 들어 섰다고 보이는바, 남녘에서도 그 처음이 벌써 서기전 4세기로 올라 갈 수 있는 가능성이 없는 것은 아니다."

[도유호, 1960a, 『조선 원시 고고학』, 240~241쪽]

『조선 원시 고고학』은 도유호에 의하여 집필되었지만, 그것은 단순히 도유호의 개인적인 저서로서 그치는 작업만은 아니었다. 그것은 해방 이후 북한 고고학에서 이루어진 온갖 노력이 집약된 결과물이었다. 다시 말해서 "조선의 원시시대에 대하여 이른바 금석병용기설을 내세웠던 일제 어용학자들의 그릇된 논리를 바로 잡는 동시에, 민족 문화 유산의 올바른 계승과 발전을 실천에 옮기고자 했던 당의

___

123) 예를 들면 다음과 같다. "필자는 우리 나라 청동기 문화의 전래는 구태여 한문화(漢文化)의 영향에 돌릴 것이 아니나, 그러나 철기 문화는 한문화의 전래와 직접 관련된 것임을 루차 말한 바 있다. 지금도 필자는 같은 견해를 가지고 있다. 조선에서 철기를 맨처음 사용한 것은 암만 보아야 중국쪽에서 온 이주민이였던 것 같다"(도유호, 1958a, 32쪽).

정책과 주도 아래, 맑스-레닌주의의 방법론에 근거하여 독자적인 자기 체계를 세우는데 이바지한 성과물"[124) 가운데 하나로 평가를 받았다. '8.15해방 15주년 기념호'로 간행된『문화유산』에서는 해방 이후 조선 고고학이 지나온 동안에 이룩했던 주요 성과를 언급하며,『조선 원시 고고학』의 발행이 지니는 의의에 대해 다음과 같이 서술하였다.[125)

"특히 그것은 해방후 15 년 간에 집적한 새 자료에 근거하여 우리 나라 원시 시대 유적들을 개괄 서술한《조선 원시 고고학》에서 단적 으로 찾아볼 수 있다. 이 책에서는 일본인 학자들은 전혀 모르던 새로운 사실들에 근거하여 그들의 외곡된 리론을 전복하고 완전히 새로운 원시 고고학 체계를 수립하였다. 이것은 지금 작성중에 있는 조선 고고학 지도[126)와 더불어 해방후 우리 고고학계가 급진적으로 발전한 모습 즉 인제는 튼튼한 과학적 기초를 가지게 되었다는 것을 잘 말하여 준다." [고고학 및 민속학 연구소, 1960d, 「해방후 조선 고고학이 걸어 온 길」, 『문화유산』 1960(4), 10쪽]

---

124) 고고학 및 민속학 연구소, 1960d, 「해방후 조선 고고학이 걸어 온 길」, 『문화유산』 1960(4), 1~15쪽.

125) 한편 당시 남한 고고학에 대해서는 다음과 같이 비판하였다. "해방후 15 년간 남반부 출판물중에서 고고학에 관한 것은 이렇다 할 것을 찾아 볼 수 없는 것은 우연한 일이 아니다. <중략> 해방후 남반부에서의 고고학적 자료는 단 하나도 없다"(고고학 및 민속학 연구소, 1960d, 13쪽). 그런데 남한에서는 1946년 5월 경주 호우총(壺杅塚)의 발굴을 시작으로 1960년까지 25건의 유적 조사(수습조사 포함)가 이루어졌다. 국립문화재연구소, 2001, 『전국문화유적발 굴조사연표(증보판Ⅱ)』, 7~9쪽 참조.

126) 1960년 8월에 발행된 『문화유산』(1960(4))의 '근간 안내'에는 해방 이후 북한 고고학이 거둔 성과를 중심으로 우리나라 전국 각지에서 알려진 유적과 유물의 분포 정형을 체계적으로 수록한 『조선 고고학 지도』가 발행될 예정이라는 글이 게재되었는데, 이 책의 출간 여부에 대해서는 아직까지 확인하지 못하였다.

도유호 동지에게 국가박사학위 수여(1961년 4월)

1961년 4월은 도유호에게 매우 뜻 깊은 한 해였다. 4월 19일, 그는 '국가 학위 학적 수여 위원회'로부터 박사학위(역사학)를 수여받았다.[127] 그 때는 1946년에 입북한 지 약 15년이 지날 무렵이었다. 1935년 비엔나대학에서 철학박사학위를 받은 이후 어느덧 약 26년이라는 세월이 흘러가고 있었다. 쉰일곱이라는 나이에 도유호는 고고학 전공자로서 처음으로 국가박사학위(역사학)를 받는 영광을 누리며, 북한 고고학을 이끌어가는 선도적인 학자로서 자신의 입지를 더욱 굳혀 나갔다.

도유호가 국가박사학위를 받기 위하여 제출한 논문은 『궁산 원시 유적 발굴 보고』(1957), 『지탑리 원시 유적 발굴 보고』(1961), 『조선 원시 고고학』(1960)이다. 당시 그는 『라진 초도 원시 유적 발굴 보고서』(1956)와 『회령 오동 원시 유적 발굴 보고』(1960) 등의 보고서 작성에도 참여했으나, 이들 세 편만 제출하였다. 그 이유는 아마도 세 편의 논문이 새로운 시각에서 조선 원시 고고학의 체계를 세우는 데 무엇보다 큰 역할을 하는 것으로 판단되었기 때문이라고 생각된다. '학계 소식'란[128]에 소개된 이들 논문에 대한 평을 정리하면 다음과 같다.

  (1) 『궁산 원시 유적 발굴 보고』와 『지탑리 원시 유적 발굴 보고』[129] :

---

127) 김석형도 1961년 4월에 국가박사학위를 수여받았다. 력사연구소, 1961, 「김석형 저 《조선 봉건 시대 농민의 계급 구성》과 《량반론》에 대하여」, 『력사과학』 1961(3), 86~88쪽.

128) 고고학 및 민속학 연구소, 1961c, 「도 유호 동지에게 박사 학위 수여」, 『문화유산』 1961(3), 76~77쪽.

129) 이 발굴 보고서의 서평에 관해서는 다음의 글도 참고가 된다. 김용간, 1962, 「서평 : 《지탑리 원시 유적 발굴 보고》에 대하여」, 『문화유산』 1962(3), 73~75쪽.

서해안 일대의 신석기시대 빗살무늬그릇 관계의 문화 종태를 뚜렷하게 밝혔음. 궁산 발굴 보고에서는 우리나라 원시 유적의 절대 연대를 처음으로 추정하였음. 지탑리 발굴 보고에서는 이른바 '궁산 문화'를 남긴 주민의 기원과 그 역사를 해명하고자 했음. 즉 서해안 일대에 조사된 빗살무늬그릇 관계 유적을 '궁산 문화'로 설정하고, 이 문화를 전기와 후기로 구분하여 역사적 발전 모습을 뚜렷하게 구분했으며, 이것은 우리나라 신석기시대 연구에서 중요한 기준이 될 것임. 또한 지탑리 발굴 보고는 신석기시대 연구에 크게 공헌하였을 뿐만 아니라 석기시대에서 청동기시대로의 이행 문제, 거석문화 시기의 복잡한 주민 구성에 대한 문제 등과 같은 복잡한 문제를 해명하려고 시도하였음.

(2) 『조선 원시 고고학』: 우리나라의 원시시대를 단일한 석기시대의 범주로 다루며 우리 민족의 유구한 역사를 왜곡하려 했던 일제 관변 학자들의 그릇된 논리를 극복하였음. 해방 이후 새롭게 밝혀진 고고학 자료를 맑스-레닌주의적 방법론에 입각하여 연구함으로써 우리나라 원시 유적들을 체계적으로 시대 구분하였음. 빗살무늬그릇 관계 유적을 신석기시대, 그리고 거석문화 관계 유적을 비롯한 일련의 유적을 청동기시대로 정당하게 규정하였음. 또한 압록강 및 두만강 유역의 유적 중에서 초기 철기시대 유적을 가려냈음. 우리나라 원시유적과 유물의 특성을 신석기시대, 청동기시대, 철기시대로 분명하게 구분하여, 유적의 시대적 성격과 함께 유적을 남긴 주민의 역사적 발전과 그 계기성을 옳게 밝히는데 이바지하였음. 원시 유적의 절대 연대를 과학적 자료와 논증을 토대로 규정하였으며, 여기서 얻은 연구 성과를 일반화하였음. 예를 들어, 궁산 유적에서는 짐승 뼈의 감정 결과와 여러 유물의 형태 비교에 의하여 유적의 연대를 지금부터 4천 년 전으로 규정하였고, 지탑리 유적의 발굴 자료를 통하여 그 논증을 더욱 풍부하게 하였으며, 거석문화 관계 유적을 비롯한 청동기시대

유적과 철기시대의 유적도 가능한 자료를 이용하여 절대 연대를 추정하였음. 팽이그릇 관계 집자리를 거석문화 주민이 남긴 것으로 해명한 것은 이 저서의 공적 가운데 하나임. 고인돌 등 거석문화 유물을 남긴 주민의 생활 모습과 그 사회 제도까지 밝히려고 시도하였음. 우리나라에서 알려진 원시 유적들 상호 간의 문화 종태 상 공통점과 차이점을 밝혔으며, 이에 기초하여 그 유적을 남긴 주민의 기원 문제 및 종족 구성에 관련한 문제를 해명하려고 시도하였음. 이 저서에서 제기하고 해결한 문제도 많지만, 앞으로 해결해야 할 문제도 적지 않음.

앞서 여러 차례 이야기한 것처럼, 도유호는 1955년에 「조선 석기시대 사상(史上)에서 새로 판명된 몇가지 사실에 관하여」[『력사과학』 1955(1)]라는 글을 발표하였다. 그런데 그 제목이 뜻하는 바와 같이, 당시에는 '조선의 원시시대=석기시대' 시각에서 해방 이후 북한에서 발굴된 궁산 유적, 초도 유적, 오동 유적 등에 관한 내용이 논의되었다. 그렇기 때문에 무문토기와 유문토기에 대한 시대적 선후 관계를 비롯하여 거석문화의 연대를 제대로 설정하지 못하는 결과를 낳았다. "원통부圓筒斧, 사릉부四菱斧, 갈돌, 반월도半月刀, 성형부星形斧, 환상석부環狀石斧" 등의 개별 유물에 대한 시대적인 이해도 부족하였으며, 전파론적인 관점에서 이들 유물에 대한 고고학적인 성격이 주로 언급되었다. 이와 아울러 원시시대의 생업 관계, 곧 농경 문제에 관한 접근 방법도 매우 초보적이고 단편적인 수준을 벗어나기 어려웠다.

이러한 한계와 문제점은 『궁산 원시 유적 발굴 보고』를 발행하고, 「지탑리 유적 발굴 중간 보고」[『문화유산』 1957(5), 1957(6)]가 연이어 발표되면서 더욱 빠른 속도로 풀려나가기 시작하였다. 또한 「조선 원시 문화의 년대 추정을 위한 시도」[『문화유산』 1958(3)]와 「조선 거석 문화 연구」[『문화유산』 1959(2)] 등의 논문을 통하여, 조선의 원시시대가 신석기시대와 청동기시대 및 철기시대와 같은 계기적인 발전 과정을 거치며 형성되었다는 관점이 확립되었다. 그리고 이에 따른 시대 구분의 기본적인 얼개가 『조선 원시 고고학』에 그대로 반영되며 일반화되기에 이르렀다.

1955년 이후, 불과 5~6년 남짓한 기간 동안, 북한에서 이룩한 원시 고고학의 체계는 그 이전에 비교할 수 없을 만큼 비약적으로 성장하였다. 다시 말해서, 이 짧은 기간 사이에 북한 고고학은 우리나라 전체 고고학의 발달사에서 그 사례를 찾아보기 어려울 정도로 획기적인 발전에 발전을 거듭하였다. 그것은 당시 도유호를 중심으로 북한 고고학이 일구어낸 저력이었던 동시에 거기에는 북한 고고학계가 당면했던 새로운 과제가 수반되었다.

"즉 례를 들어 유적과 유물의 성격을 해명하면서 그 사회 경제적 측면을 론하는 데 힘을 덜 돌린 점, 일부 유적 유물의 유래를 해명하는 데 론거가 미약한 점들이 있다." [고고학 및 민속학 연구소, 1961c, 「도 유호 동지에게 박사 학위 수여」, 『문화유산』 1961(3), 77쪽]

장덕리 털코끼리 유적의 발굴 : 고고학, 지질학, 고생물학의 합작

도유호는 1954년 가을에 진행된 회령 오동 유적의 1차 발굴조사에 2주일 동안 참가하였다. 그는 유적의 현지 발굴 작업을 지도하면서 일제강점기에 구석기시대의 동물화석과 흑요석 석기가 발견된 곳으로 알려진 종성군 동관진(현 행정지명 : 함경북도 온성군 강안리) 등을 직접 답사하였다. 그는 오동 유적에서 후기 구석기시대의 유물 형태를 갖춘 흑요석제 석기가 많은 양으로 출토하고 있으며, 청진 농포리 유적에서도 그와 같은 종류의 타제 석기가 채집되었다는 사실에 주목하였다. 다시 말해서 서해안의 궁산 유적에서 볼 수 없는 흑요석제 석기가 일제시대 이래 함경북도 일대에서 자주 발견된다는 점에 깊은 관심을 두었다. 그러나 그는 구석기시대로 확증할 수 있는 유적을 찾는 데는 성공을 거두지 못하며, 우리나라의 구석기시대 존재 여부에 대하여 다음과 같은 결론에 이르렀다.

"함경북도 일대에 보이는 구석기 시대 형태의 석기는 그것으로써 조선에 구석기 시대가 존재하였다는 증명이 되는 것은 결코 아니다. 어느 문화기의 존재 여부는 형태론만으로는 단정할 수 없다. 여기에는 국면론局面論이 필요하다. 암만 구석기 형의 석기가 나타난다고 하더라도 그것이 마제磨製 석기 및 토기와 함께 출토될 때에는 그 문화는 벌써 구석기 시대 문화는 아니다. 조선에 구석기 시대가 있었다는 물적 증거는 아직 알려지지 않았다. 따라서 조선의 구석기 시대를 운운할 수도 없다." [도유호, 1955, 「조선 석기 시대 사상(史上)에서 새로 판명된 몇가지 사실에 관하여」, 『력사과학』 1955(1), 45쪽]

한편 황기덕은 1948년부터 1956년까지 함경북도 지방에서 지표 채집 또는 발굴된 유적과 유물을 소개하는 글[130]을 발표하였으나, "구석기시대 및 중석기시대 유적이 현 단계에서는 나타나지 않았다"[131]는 견해를 밝혔다. 1954~56년 동안 나진 초도, 회령 오동, 청진 농포리(조개더미) 등지에서 주요 유적이 거듭 발굴됨에 따라, 고고학 및 민속학 연구소에서는 1956년 10월과 1957년 6월, 각각 두 차례에 걸쳐 두만강 유역과 함경북도 및 함경남도 동해안 지역을 집중적으로 조사하였다. 여기에는 동관진 원시 유적도 포함되어 있었다. 황기덕은 1948년과 1952년에 동관진 유적을 조사하여 홍적층洪積層 위의 구릉

---

130) ① 황기덕, 1957a, 「함경북도 지방 석기 시대의 유적과 유물(1)」, 『문화유산』 1957(1), 72~101쪽, ② 황기덕, 1957b.
131) 황기덕, 1957b, 63쪽.

상에서 토기 조각, 갈돌, 흑요석 석기 등이 출토하는 문화층을 발견하였다. 그렇지만 그 문화층 아래에 놓여 있는 홍적층 퇴적 안에서는 유물을 찾지 못하였다. 이에 따라 그는 1930년대 중반 이곳에서 구석기 시대에 해당하는 것으로 보고된 흑요석 석기에 대하여 부정적인 입장을 표명하였다.

> "동관 홍적층과 관련하여 구석기의 존재를 운운한 것은 홍적층 우의 신석기 시대 문화층과의 관계를 혼돈한 것으로 학계에서 전연 인정을 받고 있지 않는다." [황기덕, 1957c, 「두만강 류역과 동해안 일대의 유적 조사」, 『문화유산』 1957(6), 53쪽, 각주 1]

대체로 1957년까지는 우리나라에 구석기유적이 존재한다는 점에 관하여 부정적인 시각이 일반적인 경향이었다. 그러나 1958년으로 접어들며, 이런 분위기에 의미 있는 변화가 일어난다.[132] 다시 말해서 언젠가 우리나라에서도 구석기유적이 발견될 가능성에 무게를 두었던 기대감이 커지기 시작하였다. 먼저 동관진에서 출토한 동물화석의 시대적인 자리매김을 조심스럽게 재평가하려는 분위기가 엿보인다. 1959년 7월 28일, 중국 과학원 고척추동물연구소의 배문중이 고고학 및 민속학 연구소를 방문하여 행한 강연은 북한 학자들의 그와 같은 기대를 북돋우는데 큰 힘이 되었을 것으로 짐작된다. 그렇지만 동관진 유적의 동물화석을 둘러싸고 그동안 있었던 논란을 잠재우고, 구석기 시대 유적으로 널리 인정을 받으려면, 그것을 충족시키는데 필요했던 새로운 고고학 증거가 뒷받침되어야만 했다. 도유호의 입장도 그와 다르지 않았다.

---

132) 북한에서는 '동관리 홍적기 동물 화석층'이 지질 연구에 귀중한 자료가 됨을 인정하여 1958년 당시 주요 명승·천연기념물 제29호로 지정하였다. 「주요 명승·천연기념물 일람」, 『조선중앙년감 1958』, 223쪽 참조.

"함경북도 종성군 동관진에서는 포유 동물의 화석이 발견되였으므로 우리 나라에 구석기 시대가 있는가 없는가 하는 문제가 제기된 바 있다. 〈중략〉 조선을 중심으로 한 아세아의 린근 지역들에는 이미 많은 구석기 시대의 유적들이 알려진만큼 우리 나라에도 구석기 시대의 유적이 존재할 가능성이 풍부한 것이다." [고고학 및 민속학 연구소, 1958h, 「용어 해설 : 구석기 시대」, 『문화유산』 1958(5), 75쪽]

"나는 조선 고고학자들이 앞으로 구석기 시대에 각별한 주의를 돌릴 것을 충심으로 기대합니다. 지리적 조건으로 인하여 조선에 구석기 시대의 인류는 적거나 보존되기 힘들었을 것입니다. 그러나 조선은 기타 대륙 국가와 마찬가지로 구석기 시대의 인류가 꼭 있었으리라고 나는 믿고 있습니다. 문제는 우리가 주의를 돌려서 발견하는 데 있습니다. 만일 구석기 시대의 유적과 유물이 발견된다면 더 멀리 수만년 수십만년전의 조선의 력사를 추측해 낼 수 있을 것입니다." [배문중, 1959, 「조선 고고학자들에게서 허심히 배우련다」, 『문화유산』 1959(4), 83쪽.]

"조선 고고학 상의 시대 구분도 고고학에서 일반적으로 쓰는 데에 따라서 하여야 할 것임은 물론이다. 그러나 그것은 어디까지나 조선의 실정에 맞은 방향에서 하여야 할 것이다. 다른 나라에서 쓰는 구분법을 그대로 사용할 수는 없다. 다른 나라의 례에 따른다면 우리도 구석기 시대에서 출발하여야 할 것이다. 그러나 구석기 시대 유물을 발견한 일은 아직 없다. 이웃인 중국 땅이나 몽고 또는 쏘련의 아무르(흑룡강) 류역 및 연해주 지방에서 구석기 시대 유물이 드러난 례를 고려하건대 우리 땅에서 구석기 시대 유물을 찾지 못한 것은 물론 조사가 부족한 탓이라고 생각하지 않을 수 없다. 그러나 여하간 당분간은 조선 고고학에서 구석기 시대를 론할 수는 없게 되였다." [도유호, 1960a, 『조선 원시 고고학』, 20쪽]

<그림 34> 장덕리 유적의 전경과 위치 김신규, 1962, 「함경북도 화대군에서 털코끼리(《맘모스》)의 유골을 발견」, 『문화유산』 1962(2), 81~82쪽

고고학 및 민속한 연구소는 함경북도 화대군 정덕리(그림 34)에서 "1961년 12월 하순에 협동 조합원들이 이탄을 채굴하다가 심상치 않은 짐승 뼈를 발견하였다"는 소식을 1962년 1월 20일에 통보받았다. 연구소에서는 학술 인원을 곧바로 파견하여 그 뼈가 맘모스라고 흔히 부르는 털코끼리 화석(*Mammuthus primigenius* Blumenbach)이라는 사실을 알게 되었다.[133] 해방 이후부터 그렇게도 찾기를 원했던 구석기시대 유물의 존재가 마침내 처음으로 확인되는 순간이었다. 비록 석기는 발견되지 않았지만 유적이 지니는 과학적 의의가 중요했던 만큼 연구소에서는 빠른 속도로 발굴대를 조직하여 현지 조사를 2주일 동안 진행하였다. 이 조사에는 고고학, 지질학, 고생물학 분야의 전문가들이 공동으로 참여하였다.

"이 발굴에는 김 일성 종합 대학 층서 고생물학 강좌, 김 책 공업 대학 지질학 강좌 및 중공업 위원회 지질 탐사 관리국 지질 연구소 성원들도 참가하여 지질학적 조사를 동시에 진행하였다. 발굴은 1월 25일부터 2월 7일까지 계속하였는데 그 동안에 상당한 량의 유물을 발굴하였다. 현재 유골의 형태학적 연구 및 이 유적에 대한 지질학적

133) 김신규, 1962, 「함경북도 화대군에서 털코끼리(《맘모스》)의 유골을 발견」, 『문화유산』 1962(2), 81~ 84쪽.

연구는 진행 중인바 앞으로 상세한 연구 결과가 발표될 것이다." [김신규, 1962, 「함경북도 화대군에서 털코끼리(《맘모스》)의 유골을 발견」, 『문화유산』 1962(2), 81쪽]

이탄층이 형성된 장덕리 뻘늪골[134]은 길주-명천 지구대의 현무암 위에 놓여 있다. 이탄층은 지표에서 2.8m의 아래 지점부터 나타나며, 두께는 3.86m에 이른다. 이 퇴적층에서는 털코끼리의 상아, 이빨(그림 35), 팔다리뼈, 척추, 갈비뼈를 비롯하여 크고 작은 나무줄기, 솔방울, 나뭇잎, 풀잎 등이 발굴되었다. 털코끼리 화석은 이탄층의 중간 지점에서 발굴되었고, 상아 및 이빨의 크기를 비교한 결과에 따라 그 개체 수는 두 마리가 넘는 것으로 보고되었다.

〈그림 35〉 장덕리 유적에서 나온 털코끼리 화석. 1(오른쪽 어금니 윗면), 2(앞니의 옆모습) Institute of Geology(State Academy of Sciences, DPR of Korea), 1996, *Geology of Korea*, p. 591, APPENDIX II, PLATE XV

장덕리에서 털코끼리 화석이 발견되었다는 김신규의 첫 보고가 학계에 공식적으로 알려진 이후, 지질학자와 고생물학자의 연구 성과는 4개월 뒤 두 편의 논문으로 발표되었다. 한 편은 이탄층의 꽃가루 분석 결과[135]이며, 다른 하나는 유적의 층서와 고지리적 환경[136]에

---

134) 전설에 따르면, 옛날 이곳에는 늪이 있었는데, 늪을 빼갔기 때문에 '뻘늪골'이라고 부른다(김신규, 1962, 82쪽).

135) 로영대, 1962, 「함북 화대군 털코끼리 발굴지에 발달한 니탄층의 포자 화분 조합(胞子 花粉 組合)」, 『문화유산』 1962(4), 49~54쪽.

136) 리준석·최현모, 1962, 「털코끼리가 발견된 함북 화대군 장덕리 4기층의 층서와

관한 것이었다.

(1) 꽃가루 분석 : 포자는 23.5%, 꽃가루는 76.5%(바늘잎나무 28.5%, 넓은잎나무 22%, 풀 26%).[137] 바늘잎나무(28.5%)는 소나무과(Pinaceae, 23%)와 편백과(Cupressaceae, 5.5%)로 구성되었음. 소나무과로는 전나무속(*Abies*, 1%), 가문비나무속(*Picea*, 4%), 이깔나무속(*Larix*, 5%), 소나무속(*Pinus*, 10.5%) 등이 있으며, 현재 우리나라에는 생존하지 않으나 소련, 중국, 몽고 등에서 생존하는 씨리비 소나무(*Pinus sibirica*)와 유사한 꽃가루가 있음. 편백과로는 향나무속(*Juniperus*, 4%), 눈측백나무속(*Thuja*, 1.5%) 등이 있음. 넓은잎나무로는 버들속(*Salix*, 2.5%), 자작나무과(Betulaceae, 3%), 참나무속(*Quercus*, 5%) 등이 있음. 풀 종류로는 범의귀과(Saxifragaceae 7.5%), 사초과(Cyperaceae, 5%), 벼과(Gramineae, 3.5%) 등이 우세함. 분석 결과는 불연속적인 초원에 소택지가 발달하였고, 가까운 주변 지역에 나무가 무성하지 않았던 '반半수림'의 자연경관을 보여줌. 이 일대의 기후는 대체로 현재 우리나라 북부 고원지대의 기후, 또는 북위 50도 정도의 위도상에 있는 아세아 지역, 특히 흑룡강 유역의 기후와 유사하였으며, 현재보다 한랭하고 다소 습했던 것으로 생각됨. 연대는 상부 제4기 말기로 추정됨.

(2) 층서와 고지리적 환경 : 장덕리 이탄층은 능덕 현무암(중부 제4기, Q2)[138] 위에 부정합으로 놓여 있음. 호성 퇴적층의 분포 범위(남북 75m, 동서 45m)로 보아 이곳에는 비교적 작은 규모의 소택지沼澤地가 형성되었을 것임. 자갈과 모래가 많은 퇴적물의 구성으로 보아 소택지는 깊지 않았을 것임. 꽃가루 분석 결과, 이탄층은 상부 제4기(Q3)에

　　고지리적 환경에 대한 고찰」, 『문화유산』 1962(4), 55~57쪽.

137) 이에 관해서는 다음을 참조하기 바람. 김홍걸·김세찬, 2009, 「화대군 장덕리 : 털코끼리화석이 드러난 장덕리 니탄층」, 『포자-화분』, 173~178쪽.

138) 제4기(Quaternary)는 "하부(Q1), 중부(Q2), 상부(Q3), 현세(Q4)"로 구분되었다(로영대, 1962).

속하는 것으로 추정되었음.

털코끼리 화석이 발굴된 장덕리 유적의 연구 성과는 당시 북한 고고학계에 매우 중요한 영향을 주었다고 생각된다. 첫째, 구석기유적에 대한 고고학과 자연과학의 공동 연구가 처음으로 이루어졌고, 이러한 접근 방법은 북한의 구석기유적 연구에서 모범적인 사례로 평가될 수 있다. 둘째, 꽃가루 분석 자료는 당시의 자연경관을 재구성하고, 기후 조건과 연대를 체계적으로 밝히는데 크게 이바지하였다. 셋째, 장덕리 털코끼리 화석이 구석기시대에 속하는 것으로 판명됨에 따라, 그동안 동관진 동물화석의 시대적 성격에 대하여 부정적이었던 주장을 말끔히 털어내는데 결정적으로 작용하였다. 넷째, 우리나라에도 구석기시대의 동물과 인류가 함께 살 수 있었던 환경 조건이 형성되었음을 구체적으로 논증하는 계기가 되었다. 그와 같은 관점은 1962년에 발행된 『조선통사(2판)』에 그대로 반영되었다.

"아직까지 조선 반도 내에서 구석기 시대 유적과 유물은 발견되지 않았다. 그러나 이것은 구석기 시대에 여기에 사람이 살지 않았다는 것을 말하는 것은 결코 아니다. 함경북도 길주, 명천 일대에서 지질학적 제 3기 층의 포유 동물 화석, 종성군 동관(潼關)의 지질학적 제 4기 홍적층 속에서 나타난 포유 동물 화석, 특히 최근 함경북도 화대군 장덕리 니탄층에서 나온 털코끼리(맘모스) 뼈 등은 구석기 시대 당시 우리 반도의 자연 조건이 인류의 생존에도 적당하였을 것을 추측하게 한다. 더구나 연해주 및 흑룡강 류역 일대에서 구석기 시대 유적이 발견되는 사실은 그렇게 추측할 수 있는 더욱 유리한 근거가 된다. 특히 쏘련 연해주 오시노브까 유적(대체로 1만~1만 5천 년 전의 것임)의 일부 석기 형태에 보이는 중국, 동남 아세아의 석기 형태와의 류사성은 그 두 지역 중간에 해당하는 조선 반도 일대에도 당시에 인류가

생활하였다는 것을 거의 확증적으로 립증하여 준다." [력사연구소, 1962a, 『조선통사(2판)』, 5쪽]

장덕리 유적에서 이루어진 발굴 성과는 굴포리 구석기유적 못지않게 북한의 구석기 고고학사를 이해하는데 큰 의의를 차지한다고 볼 수 있다. 도유호가 지적한 바와 같이, 이 유적은 "유물에 대한 인민대중의 관심과 협조, 그리고 지질학자, 고생물학자, 고동물학자 및 고고학자로 구성된 과학적 발굴대의 조직을 통하여 많은 성과"를 낼 수 있었다.[139] 또한 여기서 얻은 연구 결과는 앞에서 언급했듯이, 우리나라의 구석기시대 존재 여부에 대한 새로운 인식의 변화를 이끌어내는데 매우 의미 있는 역할을 하였다. 1930년대 중반에 발굴된 동관진 유적의 동물화석은 발견된 지 약 30년이 지날 무렵에 비로소 구석기시대의 것으로 올바른 인정을 받게 되었다. 그리고 오늘날에는 동관진 유적, 곧 강안리 유적의 동물화석은 우리나라 동북부의 후기 구석기시대를 대표하는 '털코끼리-털코뿔소 동물상'으로 연구되고 있다.[140] 현재 북한에서는 털코끼리 화석이 나온 장덕리 유적(제309호)과 강안리 유적(제334호)을 천연기념물로 지정[141]하였는데, 이것은 두 유적이 지니는 학술적인 가치가 그만큼 크다는 사실을 잘 보여준다. 일제강점기에 발굴된 유적이 북한에서 천연기념물로 지정된 것은 매우 드문 일이다.

---

139) 도유호, 1962b.
140) 김신규, 1986, 「우리 나라 구석기시대의 포유동물상」, 『조선고고연구』 1986(2), 2~5쪽.
141) 리성대·리금철, 1994, 『천연기념물편람』, 134~135쪽.

강좌 : 빙하기, 인류의 기원, 구석기란 무엇인가

비록 간략하기는 하지만, 북한 학계에 구석기시대의 시기 구분 체계와 함께 그에 따른 시기별 도구의 특징과 문화 양상이 처음 소개된 것은 1958년 하반기 무렵이다.[142] 그런데 털코끼리 화석이 나온 장덕리 유적을 계기로 우리나라에서 구석기유적이 발견될 가능성이 높아짐에 따라, 도유호는 '강좌'의 형식을 빌려 "빙하기, 인류의 기원, 구석기"에 관하여 개괄적인 내용을 담고 있는 글을 발표하였다.[143] 이와 같은 글들을 발표하기에 앞서 도유호는 「고고학이란 어떠한 과학이며, 력사 연구에는 왜 고고학이 필요한가?」[144]라는 논문을 통하여 구석기시대를 체계적으로 연구하기 위해서 고고학, 인류학, 지질학, 고생물학 분야의 합작이 필요하다고 말하였다.

북한 고고학계에 제4기와 구석기시대의 시기 구분, 절대 연대, 고인류 화석 및 동물군(포유류)의 상호 관계는 '제4기 시대 구분 및 대비표'[145]에서 제시된 바 있지만, 개별적인 사항의 특징과 그것들 사이의 유기적인 관계를 종합적으로 설명하려는 시도는 도유호에 의하여 처음으로 시도되었다.

---

142) 고고학 및 민속학 연구소, 1958h, 「용어 해석 : 구석기 시대」, 『문화유산』 1958(5), 73~75쪽.

143) ① 도유호, 1962d, 「빙하기란 무엇인가」, 『문화유산』 1962(4), 62~65쪽, ② 도유호, 1962e, 「인류의 기원」, 『문화유산』 1962(5), 49~54쪽, ③ 도유호, 1962i, 「구석기란 무엇인가?」, 『문화유산』 1962(6), 48~55쪽. 이 글(③)의 필자는 명기되지 않았지만, 도유호에 의하여 작성된 것이 틀림없다(①의 65쪽에는 "앞으로 인류의 기원 및 구석기 시대를 론하는 데서 빙하기 문제는 자주 언급하게 될 것이므로 이로써 그치려고 한다"와 같이 서술되었다). 한편 ③의 뒤를 이어, 구석기문화 전체에 관한 내용을 좀 더 자세하게 다룰 예정이었으나 발표되지 않았다.

144) 『문화유산』 1962(3), 61~65쪽.

145) 로영대, 1962, 50~51쪽.

"고고학을 배우려면 먼저 구석기 시대를 배워야 한다. 그런데 구석기 시대가 무엇인가를 알려면 빙하기가 무엇인가를 알아야 한다. 물론 구석기 시대를 리해하는 데서 가장 기본적인 것이 빙하기를 아는 것은 아니다. 그러나 빙하기가 무엇인가를 모르고는 구석기 시대도 바로 리해할 수가 없다." [도유호, 1962d, 「빙하기란 무엇인가」, 『문화유산』 1962(4), 62쪽]

「빙하기란 무엇인가」에서 도유호는 제4기(약 100만 년 전에서 현재까지)와 빙하기의 구분 체계, 기후 변화에 의한 동물계와 식물계의 변화, 빙퇴석氷堆石, 빙하 작용과 황토 지대, 인류의 출현과 빙하기와의 관계, 빙하기의 원인에 대한 여러 학설 등에 관하여 두루 설명하였다. 그는 구석기시대 하단(전기)의 마지막 단계에 속하는 무스띠에 문화가 구석기시대 상단(후기)의 오린냑 문화로 발전하게 된 것은 리쓰 빙하기(Riss)의 후퇴, 리쓰·위름 빙간기(또는 간빙기), 위름 빙하기(Würm)의 도래와 같은 급격한 기후 변화와 밀접한 관계가 있다고 생각하면서 "자연과의 투쟁을 치열하게 하는 과정에 네안더탈형의 인류는 결국 현대 인류형으로 발전하였다"고 추정하였다. 아울러 그는 우리나라의 빙하기 존재 여부에 대해서는 확실하게 밝혀진 바가 없다고 이야기하였다.

도유호는 「인류의 기원」에서 "현재 지구상에는 허다한 인종이 있으나 그 온갖 의견 상의 차이에도 불구하고 해부학적으로는 모두 같은 종자에 속하며 호상의 차이가 별로 없다. 이는 역시 인류 기원에 관한 단원론의 정당성을 증명하는 것이다"라고 언급하였다. 또한 "노동이 인간 자체를 창조하였다. 노동은 도구의 제작과 함께 시작된다. 손은 노동의 기관일 뿐만 아니라 그것은 또 노동의 산물이기도 하다"는 엥겔스의 주장을 전제로 하여, 빙하기의 도래는 인류의 기원 및 발생과 밀접한 관련이 있다는 견해를 지지하였다. 다시 말해서 자연환경이 추워짐에 따라 유원인類猿人은 나무 위에서 땅으로 내려와 살게 되었고, 곧게 서서 다니는 과정에서 손의 기능 및 형태 변화와 함께 두뇌가 발전하게 되었다고 이야기하였다.

그는 "유인원類人猿(사람에 가까운 원숭이)과 유원인類猿人(최초의 인간으로 원숭이에 가까운 사람)"을 구별하여 전자는 제3기, 후자는 제4기에 등장하는 것으로 구분하였다. 그는 제3기의 드리오피테쿠쓰 *Dryopithecus*와 라마피테쿠쓰*Ramapithecus*는 유인원에 속하며, 직립 자세의 아우스트랄로피테쿠쓰*Australopithecus*도 제4기 갱신세에 유원인과 공존하였던 유인원으로 분류하였다. 그리고 피테칸트로푸쓰 *Pithecantropus*와 씬안트로푸스*Sinanthropus*(中國 猿人)와 같은 고인류 화석이 유원인을 대표한다고 언급하였다. 여기에서 인간과 동물을 구분하는데 가장 결정적인 기준은 도구(잡은거)의 제작 여부에 달려 있으며, 인간이란 도구를 만들어 사용하는 존재(Man the Tool-Maker)로 도유호는 인식하였다.

"엥겔스에 의하면 진정한 의미의 로동은 동물계에는 없고 인간에게만 고유한 것인데 로동의 시초는 잡은거를 만드는 데 있었다. 다시 말하면 잡은거를 만들어서 쓰는 것은 인간에게만 고유한 것이며 또 바로 이것이 인간과 동물을 가르는 가장 명확한 징표 중의 하나이다. 그런데 그러한 인간이 지구 상에 나타난 것은 제 4 기 중의 일이다. 뿐만 아니라 뚜렷하게 인간이 손질한 가공품은 최초의 빙하기에까지 올려 밀기가 곤난하다. 어느 모로 보던지 원숭이가 인간으로 진화한 것이 빙하기 도래 이전의 일이라고는 말할 수는 없다." [도유호, 1962e, 「인류의 기원」, 『문화유산』 1962(5), 53쪽]

도유호는 유원인(원고 인류)의 뒤를 이어 등장하는 고인류를 중고 인류라고 설정하였고, 무스띠에 문화의 주인공인 네안더탈 사람(*Homo neanderthalensis*)은 중고 인류를 대표한다고 보았다. 그는 "중고 인류는 가장 추웠던 리쓰 빙하기 말엽에 살았으며, 그 후 더워졌던 리쓰·위름 빙간기, 그리고 다시 추워지기 시작했던 위름 빙하기를 겪었다. 이처럼 급격한 환경 변화 조건에서 새로운 기술로 자연계와 강력하게 투쟁하면서 그들의 일부는 현대 인류형(*Homo sapiens*)으로 발전하였다. 외족에 대하여 잔인하였던 새로운 인류의 등장과 함께 중고 인류는 3~4만 년 전에 사라졌다."고 설명하였다. 이렇듯 그는 중고 인류가 현대 인류형으로 교체된 요인은 무엇보다 빙하기의 자연환경 조건 변화와 긴밀한 관계를 맺는다고 이해하였다.

"인류가 구석기 시대를 벗어나서 신석기 시대에 들어 선 것은 지질학적 현대에 이르러서 비로소 있는 일이다. 인류 문화의 발전은 과거로 올라 가면 갈 수록 그 속도가 더디였던 것이다. 몇 만년 동안 아무 발전도 보지 못 하고 한 자리에서 답보하는 일이 적지 않았다. 그러나 장구한 기간을 함께 묶어 놓고 드려다 보면 서서히나마 거기에 결국은 발전이 있었던 것이다. 고고학자들은 그 서서한 발전을 몇 개의 단계로 구분하였다. 그러나 구석기 시대에 벌써 문화에 서로 갈래가 다른 것이 있어서 호상 간의 차이를 발전 상 차이로 볼 수 없고, 계통 상 차이로 보아야 할 경우에 부닥치게 되었던 것이다. 구석기 시대에 관한 연구를 맨 처음 시작한 곳은 구라파였는데 그 중에서도 그것을 가장 성히 한 나라는 불란서다. 구석기 시대의 발전 과정을 각 문화의 선후 관계를 따져 가면서 구분하여 발전사적인 체계를 세우는 데서 가장 성공한 나라도 따라서 불란서다. 현재 국제적으로 쓰는 그러한 구분 체계는 불란서에서 된 것이다. 이하 론하려는 것이 바로 그것인데 거기의 각 문화의 명칭은 그 문화가 처음 알려진 지명에 따라 지은 것이며 그것은 또 모두 불란서의 지명이다." [도유호, 1962i, 「구석기란 무엇인가?」, 『문화유산』 1962(6), 50쪽]

「구석기란 무엇인가?」에서 도유호는 인류 문화의 고고학적인 시기 구분 체계를 기반으로 구석기시대에서 중석기시대에 이르는 문화 단계를 아홉 가지 유형으로 나누었다(표 14~15 참조). 그는 각 유형을 특징짓는 구석기시대의 석기 가공 기술을 크게 다음과 같은 두 가지로 구분하였다.

(1) 양면 가공 기술 : 원칙적으로 돌 한 개를 가지고 석기 한 개를 만들며, 돌의 한쪽 끝 또는 전체에 걸쳐 양쪽 면을 모두 가공하는 것이며, 여기에는 주먹도끼와 버들잎 모양 석기가 포함됨.
(2) 일면 가공 기술 : 돌 하나에서 뜯어낸 여러 개의 격지를 가지고 석기를 만드는데 한쪽 면에만 가공이 이루어짐.

이와 같은 가공 방법의 차이에 따라 그는 "셸 이전 문화는 쉘문화 및 아쉘문화와 서로 갈래가 다르다. 셸 이전 문화는 '일면 가공 기술', 그리고 셸 및 아쉘문화는 '양면 가공 기술'에 의하면 구별된다. 양면 가공 석기를 대표하는 것은 불어로 꾸·되·뽀앙(coup de poing)이라 하는데, 우리말로는 주먹도끼라 부를 수 있다. 반면에 클락톤문화 (Clacton, Clactonien) 또는 뢰발로아문화(Levallois, Levalloisien)에서는 일면 가공 석기가 특징적"이라고 말하였다.

일면 가공 석기의 경우, 격지의 생산 방법(직접떼기, 간접떼기, 눌러떼기 등)에 대한 설명은 서술되지 않았지만, 인공적인 가공에서 나타나는 특징과 관련된 여러 용어를 소개하였다. 예를 들어, "누클레우쓰 nucleus, 핵석核石 또는 석핵石核 ; 타격면(또는 때린자리), 혹(또는 불부쓰), 혹 부분에 생긴 타흔(또는 때린 흠점), 물결진 면" 등.

도유호는 쉘문화의 가장 이른 시기 유적에서는 격지 식의 석기가 잘 보이지 않지만, 클락톤문화가 격지 식의 석기를 위주로 했기에 쉘문화 및 아쉘문화와 차이가 있다고 보았다. 그러면서 그는 양면

〈표 14〉 인류 문화의 고고학적인 시기 구분

구분		문화 (불어)	지명
철기시대			
청동기시대			
(동기시대)			
신석기시대			
중석기시대		(9) 따르되노아문화 (따르되노아지앙)	Le Tardenois (Tardenoisien)
		(8) 아질문화 (아질리앙)	Le Mas d'Azil (Azilien)
구석기시대	상단 (후기)	(7) 마들렌문화 (막달레늬앙)	La Madeleine (Magdelénien)
		(6) 쇨뤼뜨레문화 (쏠뤼뜨레앙)	Solutré (Solutréen)
		(5) 오린냐크문화 (오린냐시앙)	Aurignac (Aurignacien)
	하단 (전기)	(4) 무스띠에문화 (무스떼리앙)	Le Moustier (Moustérien)
		(3) 아쇨문화 (아쇨레앙)	Saint-Acheul (Acheuléen)
		(2) 쉘문화 (쉘레앙)	Chelles (Chelléen)
		(1) 쉘 이전 문화 (쁘레쉘레앙)	(Préchelléen)

〈표 15〉 구석기시대와 중석기시대 석기의 특징

구분		문화	특징
중석기시대		따르되노아문화	세석기(細石器), 활과 화살.
		아질문화	
구석기시대	상단 (후기)	마들렌문화	일면 가공 석기가 우세함.
		쇨뤼뜨레문화	양면 가공 석기가 우세함. 버들잎 모양 석기 등장.
		오린냐크문화	일면 가공의 인기(刃器, 격지)가 우세함.
	하단 (전기)	무스띠에문화	양면 가공 기술과 일면 가공 기술의 석기가 섞여 있음.
		아쇨문화	양면 가공 기술의 석기(주먹도끼)
		쉘문화	양면 가공 기술의 석기(주먹도끼)
		쉘 이전 문화	일면 가공 기술의 석기(격지 석기), 클락톤문화와 뢰발로아문화.

가공 석기(주먹도끼)와 일면 가공 석기(격지 석기)는 서로 다른 문화의 갈래에서 비롯한 것으로 이야기하였다.

"여하간 주먹 도끼와 격지는 그 기원에서 갈래가 다르다고 보는 것이 옳은 것 같다. 그러나 장구한 기간에 걸친 이동 관계, 교류 관계로 하여 두 가지가 서로 섞이게 되었음은 물론이다. 이는 무스띠에 문화에 서는 뚜렷하게 볼 수 있는 바다." [도유호, 1962, 「구석기란 무엇인가?」, 『문화유 산』 1962(6), 54쪽]

도유호는 압도적으로 우세한 자리를 차지하는 인기刀器(lame)의 등 장을 오린냐크문화의 특징으로 말하였다. 그리고 솔뤼뜨레문화와 마들렌문화를 거치며, 양면 가공 기술(버들잎 모양 석기)과 일면 가공 기술이 번갈아 변화되는 것으로 이해하였다. 또한 그는 세석기는 마들렌문화에서 나타나지만, 그것이 광범위하게 사용된 것은 중석기 시대이며, 세석기의 주요 형태는 대체로 삼각형, 제형梯形(사다리꼴), 원결형圓缺形(반달모양)이라고 설명하였다.

이상에서 살펴본 것처럼, 도유호는 "빙하기, 인류의 기원, 구석기" 에 관한 강좌를 1962년 하반기에 발간된 『문화유산』에 집중적으로 게재하였고, 각 주제의 상호 연관성을 염두에 두면서 강좌를 이끌어 갔다. 당시 남북한을 통틀어서 그와 같은 주제에 체계적으로 접근할 수 있는 학문적 역량을 지녔던 인물로는 도유호가 유일하였다고 생각 된다. 구석기문화 전반에 대한 종합적인 내용을 담을 예정이었던 그의 글이 발표되지 않아 못내 아쉽지만, 세 차례에 걸쳐 발표된 도유호의 강좌는 우리나라에서 구석기시대의 유적을 찾으려고 힘썼 던 북한 학계의 열망이 얼마나 컸는지를 새삼 짐작하게 해준다.

굴포리 구석기유적과 도유호 : 뜻이 있는 곳에 길이 있다

유물사관의 관점에서 우리나라 역사의 합법성을 연구하기 위하여 1960년대 초기 북한 고고학계가 당면한 중심 과제 가운데 하나는 신석기시대 이른 시기의 유적과 함께 구석기유적을 찾아내 연구하는

일이었다.146)

한국전쟁 이전, 한흥수는 동굴의 경우에 구석기가 발견되는 전례前
例가 많기 때문에 우리나라 각지에 분포한 천연 동굴을 조사할 필요가
있다고 언급한 바 있다.147) 황기덕은 동관진 유적 일대를 조사했으나
구석기의 존재는 확인하지 못하였다.148) 전쟁이 끝난 1954년 후반기
에 도유호는 함경북도 두만강 연안 일대에서 구석기를 찾으려고 현지
답사를 하였으나 만족스러운 성과를 올리지 못하였다.149) 그런 가운
데 동굴이 구석기시대의 주거로 이용된 일이 많기 때문에 이 점에
특별한 관심을 돌려야 한다는 필요가 제기되었고150) 이와 같은 경향은
1960년대 초까지 지속되었다고 생각된다.

"우선 우리는 시급한 시일 내에 우리 나라에서 구 석기 시대 유적을
찾아 내야 하며 거기에 관한 연구를 추진시켜야 한다. 린근 지역에서
구 석기 시대 유적들이 발견되는 것으로 보아 구 석기 시대의 유적이
있음을 짐작할 수 있다. 그러나 조사가 부족한 탓으로 그런 것이 알려
지지 않았다. 구 석기 시대의 유물을 찾아 내려면 동굴 조사를 세심히
하여야 할 것인데 우리는 아직 동굴 조사에 착수하지 못 하였다. 우리는
금후 이 사업에 각별한 주의를 돌려야 하겠다."[고고학 및 민속학 연구소,
1961e,「제 4차 당 대회에서 우리 앞에 제시한 과업을 성과적으로 수행하기 위하여」,
『문화유산』1961(5), 2쪽]

---

146) 고고학 및 민속학 연구소, 1961e,「제 4차 당 대회에서 우리 앞에 제시한 과업을
성과적으로 수행하기 위하여」,『문화유산』1961(5), 1~5쪽.
147) 한흥수, 1950,「朝鮮原始史硏究에 關한 考古學上諸問題」,『력사제문제』15(1950-1),
4~55쪽.
148) 황기덕, 1957c.
149) 도유호, 1955.
150) 고고학 및 민속학 연구소, 1958h.

함경북도 웅기군 굴포리 서포항[151] 유적은 1948년 청진역사박물관에서 실시한 함경북도 지방의 학술 조사를 통하여 알려지게 되었다.[152] 이곳의 조개무지 채취 과정에서 원시 유물이 나온다는 사실이 확인되어[153] 1960년부터 1964년까지 발굴되었다. 구석기시대 문화층을 포함하여 신석기시대 및 청동기시대의 문화층이 조사되었는데, 단일 지점에서 세 시기에 걸친 유적이 형성되어 있는 사례는 매우 드문 일이다.

굴포리 유적은 서포항동 마을의 동북쪽 산기슭에 자리를 잡고 있다. 유적의 뒤쪽은 언덕마루로 이루어졌고, 앞쪽으로는 동해안의 바닷가에 인접하여 있다(그림 36).

"굴포리 서포항 유적은 그렇게 높지 않은 봉우리 비탈에 있다. 유적 옆 서쪽 및 동북쪽에는 조수가 드나드는 번포라고 하는 호수가 있다. 유적 앞에서 해안까지는 300~400 m의 평지이나 본래 거기는 바다였고 유적은 바로 해안선에 위치하였던 것임을 알 수 있다. 동해안 일대의 다른 곳과 마찬가지로 구석기 시대 이후에도 거기의 땅이 상당히 륭기하였다고 보이니 번포는 바로 그러한 륭기의 결과로 생긴 《라군》 (lagoon, лагуна)[154]일 것이다. 륭기의 결과 서포항 일대에는 몇 개의 단구가 생겼는바 유적지는 산봉우리 비탈 제 2 단구에 놓였다." [도유호·김용남, 1964, 「우리 나라 구석기 시대와 이른 신석기 시대의 년대론에 대하여」, 『력사과학』 1964(4), 57쪽]

---

151) 이 유적의 행정명은 그 후 "함경북도 선봉군 굴포리, 라선시 굴포리"로 바뀌었다.

152) 황기덕, 1957a, 74쪽.

153) 김용남, 1961, 「서포항 조개무지 발굴 중간 보고」, 『문화유산』 1961(3), 17쪽.

154) 석호(潟湖, lagoon)는 융기 현상으로 형성된 것이 아니라, "연안류의 작용으로 인해 형성되는 사주(沙州, bar), 사취(砂嘴, sand spit) 등이 만의 입구를 막아 바다와 분리되어 형성된 호수"를 가리킨다(자연지리학사전편찬위원회 엮음, 1996, 『자연지리학사전』, 281쪽).

〈그림 36〉 굴포리 구석기유적의 발굴 지점(○)과 주변 경관, 조선유적유물도감 편찬위원회, 1988,
『조선유적유물도감』 1(원시편), 42쪽

  1962년 가을, 신석기시대의 조개무지층 발굴이 마무리되었다. 그러
나 발굴 작업은 그것으로 그치지 않았다. 발굴 조사단은 그 층 아래로
퇴적 지층이 존재하고 있는가의 여부를 확인하려고 계속 파내려 갔다.
그리고 마침내 조개무지층 아래에 놓인 붉은 갈색층에서 차돌(석영석)
로 만든 타제 석기 1점(그림 37)을 발견하게 되었다. 그런데 만약
조개무지층을 마지막으로 더 이상의 발굴조사가 진행되지 않았다면,
당시 굴포리 유적에서 구석기시대의 문화층이 발견될 수 있는 기회를
얻기란 쉽지 않았을 것으로 생각된다. 오늘날에도 마찬가지지만 눈에
드러난 유적을 포함하여 그 아래에 놓인 퇴적 지층의 성격을 체계적으
로 조사하는 작업은 그래서 중요한 의미를 지닌다.
  1962년 가을에 처음으로 모습을 드러낸 타제석기 1점은 연해주

〈그림 37〉 굴포리 구석기유적에서 최초로 발견된 석기 조선유적유물도감 편찬위원회, 1988, 『조선유적유물도감』 1(원시편), 51쪽

오씨노브까 유적의 구석기 유물과 유사한 것으로 가늠되어 주목을 끌었다. 이에 타제석기가 출토된 지점을 중심으로 이듬해인 1963년 4월 10일부터 26일까지 약 보름에 걸쳐 구석기유적을 찾기 위한 시굴 성격의 발굴조사(1차 발굴)가 이루어졌다. 이를 통하여 신석기시대 문화층 밑에 구석기시대의 유물층이 포함되었다는 사실이 분명하게 드러났다.

해방 이후 약 15년 동안 찾으려고 애썼던 구석기의 존재가 마침내 굴포리 유적에서 확증되었다. 굴포리 유적에서 찾은 구석기 유물군은 '굴포문화'라고 명명되었고, 이와 같은 소식은 「함경 북도 웅기군 굴포리 서포항동에서 구석기 시대 유적 발견」이라는 제목으로 『고고민속』[155](1963년 2호)에 게재되었다. 또한 제목(「우리 나라에서 구석기 시대 유적 발견」)만 바꾼 동일한 내용의 글이 『력사과학』(1963년 4호)에 실리기도 하였다. 굴포리 구석기유적의 발견은 우리나라 고고학 연구에서 획기적인 의의를 지녔기 때문에[156] 당시 북한의 고고학계

---

155) 『문화유산』은 1957년부터 1962년까지 매년 여섯 차례, 그 뒤를 이어 『고고민속』이 1963년부터 1967년까지 매년 네 차례 발행되었다.

156) 도유호, 1963, 「1963년 중 고고학에서 거둔 성과」, 『고고민속』 1963(4), 51쪽.

함경 북도 웅기군 굴포리 서포항동에서 구석기 시대 유적 발견

우리 나라 령역 내에 구석기 시대의 인류가 살았으리라는 것은 오늘까지 추측일 따름이었고 미해결 문제로 남아 있었다. 지금까지 지질학적 제 4 기층에서 털코끼리와 서우 등 화석 동물의 유골은 함경 북도 화대군 장덕리를 비롯한 여러 곳에서 발견한 일은 있으나 구석기 시대 인간이 쓰던 유물은 발견한 일이 없었다. 그러나 우리 나라의 유구한 력사를 밝히고 고귀한 문화 유산을 계승 발전시킬 데에 대한 수상 동지의 교시를 높이 받들고 과학원 고고학 및 민속학 연구소 고고학 연구실 연구 집단은 구석기 시대 유적을 발견하여 우리 나라 력사의 유구성을 증명하기 위해 부단히 연구 사업을 진행하여 왔다. 그 결과 함경 북도 웅기군 굴포리 서포항동에서 구석기 시대의 유물을 발견하였다.

웅기군 서포항동에는 신석기 시대에서 청동기 시대에 이르는 여러 시기의 집자리가 층층으로 겹 놓인 조개무지 유적이 있으며 그것을 대상으로 하여 1960년부터 이 곳에서 해마다 발굴을 진행하여 왔다. 1962년에는 이미 설정한 구획 내의 조개무지층 발굴을 일단 결속 짓고 그 밑에 놓인 지층 정형을 조사하게 되었은바 조개무지 밑에 놓인 붉은 진흙층에서 차돌(석영석)로 만든 타제 석기 한 점을 발굴 하였다. 그 후 고고학 연구실에서는 이 유물을 여러 가지 측면으로 대비 연구한 결과 구석기 시대 유물이라는 것을 확인하였으며 이것을 단서로 구석기 시대 유물을 목적한 조사 사업을 다시 조직하고 금년 4월 10일~26일 간에 현지를 조사하였다. 그리 하여 지표 하 220cm에 달하는 신석기 시대 문화층 밑에서 두께 약 75cm의 사질 양토층이 있고 그 아래에 두께 100cm 정도의 붉은 갈색의 진흙층이 있는데 이 두 지층 경계 부분에서 타제 석기 3 점을 발견하였고 붉은 갈색의 진흙층에서 역시 타제 석기 2 점을 발견하였다. 지난 해에 발견한 타제 석기도 이 붉은 갈색의 진흙층에서 나왔다.

> 석기의 자료로는 차돌石英, 혈암頁岩 등을 썼으며 석기 제작에는 주로
> 양면 가공 기술을 썼다. 석기의 형태로 보아 수만 년 또는 그 이전
> 시기의 구석기 시대라고 인정된다. 발견된 석기는 구라파 구석기
> 시대의 것과 매우 다른 것이다.
> 우리 나라의 고고학자들은 독특한 모습을 보여 주는 이 유물군을
> 《굴포 문화》라고 명명하고 그 연구 사업에 력량을 집중하고 있다.
> 여기서 나온 유물과 류사한 것은 쏘련 연해주에서 나온 일이 있는바
> 그 곳 지층 조건도 류사하다.

고고학 및 민속학 연구소, 1963, 「함경 북도 웅기군 굴포리 서포항동에서 구석기 시대 유적
발견」, 『고고민속』 1963(2), 54쪽

와 역사학계에서는 이 유적에 대한 관심과 기대를 강하게 표명하였다.

그 뒤 굴포리 구석기유적은 1963년 7~8월(2차 발굴), 1964년 6~7월
(3차 발굴) 사이에 두 차례 더 발굴되었다. 지난 1차 발굴을 통해서
구석기시대의 유물층이 둘로 나뉠 수 있다는 가능성은 짐작되었지만,
2차 발굴에서는 유적의 전반적인 양상과 함께 지층의 구성(그림 38,
표 16), 출토 유물의 특징과 굴포문화의 연대 문제 등에 관하여 좀
더 구체적인 내용을 담고 있는 글이 발표되었다.[157] 3차 발굴에서는
2차 발굴에서 일부 드러난 돌 시설물이 집중적으로 조사되었으며,
굴포리 유적의 서북쪽(서반포 호수 건너 편)에 있는 부포리鮒浦里 덕산德
山에서 구석기를 채집하였다. 두 유적은 직선거리로 5㎞ 정도 떨어져
있다.[158]

구석기시대 유물이 출토한 지점의 전체 퇴적 두께는 표토층을 포함
하여 약 3.3m에 이른다. 퇴적층은 7개의 지층으로 구성된 것으로

---

157) ① 도유호, 1963, ②도유호, 1964, 「조선의 구석기 시대 문화인 굴포 문화에
관하여」, 『고고민속』 1964(2), 3~7쪽, ③ 도유호·김용남, 1964, 「우리 나라
구석기 시대와 이른 신석기 시대의 년대론에 대하여」.
158) 도유호·김용남, 1965, 「굴포 문화에 관한 그 후 소식」, 『고고민속』 1965(1),
54~56쪽.

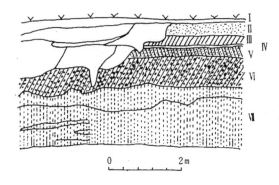

<그림 38> 굴포리 구석기유적의 지층(왼쪽 부분은 신석기시대 문화층에 의하여 파괴되었음) 도유호, 1964, 「조선의 구석기 시대 문화인 굴포 문화에 관하여」, 『고고민속』 1964(2), 5쪽

<표 16> 굴포리 구석기유적의 지층과 문화층

지층	두께	퇴적	문화층	비고
I	약 15cm	표토층		ㄷ-I층
II	약 40cm	암갈색 잔 모래층		ㄷ-II층
III	약 25cm	좀 푸르며 암갈색을 띤 사질 점토층		ㄷ-III층
IV	약 6cm	진한 황색~갈색의 점토층(산화철을 많이 포함하고 있음)		ㄷ-IV층
V	약 40cm	잔자갈이 섞인 암황색 점토층	굴포문화 2기	ㄷ-V층
VI	약 90cm	모난 자갈과 둥근 자갈이 섞인 굳은 점토층(모난 자갈과 둥근 자갈은 중간 중간에서 일정한 층을 이루고 있음)	굴포문화 1기	ㄷ-VI층
VII	약 110cm	점토와 모난 자갈이 서로 섞인 층(청백색 니회질 점토에 분암 자갈이 섞인 매우 굳은 층)		ㄷ-VII층

* 도유호, 1964; 도유호·김용남 1965에 의함
* 비고 : 여기서 'ㄷ'은 구역별로 조사된 제5구의 동쪽 부분을 가리킴(김용간·서국태, 1972 참조).

보고되었다. 그 가운데 VI층과 V층은 굴포문화 1기층과 2기층에 각각 해당한다.

(1) 굴포문화 1기층 : 석영암 핵석, 거정화강암巨晶花崗巖 찍개[chopper, 감작기砍斫器], 일면 가공의 첨두기와 긁개, 가공 흔적이 없는 석영암 조각 등 출토(그림 39). 돌덩이와 돌무지 시설물은 처음에 '작업장'으로 설명되었으나 뒤에 가서는 막집터로 해석되었음.

(2) 굴포문화 2기층 : 밀개(대리
석), 양면 가공 및 일면 가공 석기
(각혈암) 출토(그림 40).

대략 2년 동안에 걸친 노력 끝
에 갱신세의 퇴적층에서 구석기
의 존재가 확인되었지만, 굴포리
구석기유적에서 풀어야 할 중요
한 과제는 구석기의 계통과 아울
러 그에 대한 연대를 설정하는 문
제였다. 그렇지만 그 대답의 실마
리를 찾는 일은 쉽지 않았다. 도유
호가 지적한 것처럼 "굴포리 유적
의 석기는 구라파의 표준에 잘 들
어맞지 않았을 뿐만 아니라, 굴포
문화의 가공품은 아세아 지역에
서 적지 않게 보이는 자갈돌 석기
와 매우 다른 성격을 지녔기 때문
이었다."[159] 굴포문화 구석기의
계통 문제를 해결하는 과정에서
도유호가 직면했던 문제는 다음
의 인용문에서 읽을 수 있다.

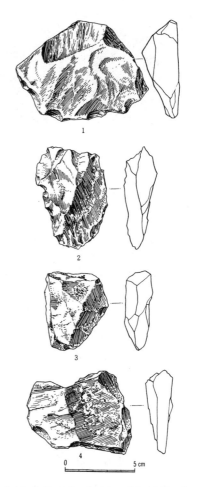

〈그림 39〉 굴포문화 1기 석기 조선유적유물도감
편찬위원회, 1988, 『조선유적유물도감』 1(원시
편), 44쪽

"중국의 주구점, 암하, 정촌, 산정동 등지에서 출토한 석기의 주류는
역시 일면 가공의 격지 갈래의 석기다. 이 유적들 사이에는 대단한

159) 도유호, 1964, 7쪽.

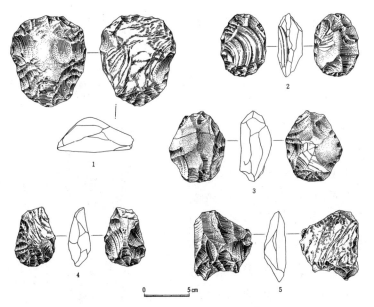

〈그림 40〉 굴포문화 2기 석기 조선유적유물도감 편찬위원회, 1988, 『조선유적유물도감』 1(원시편), 52쪽

발전 계단 상, 따라서 시기 상 차이가 있음에도 불구하고 일관하여
거기에 일정한 제작 기술 상의 공통한 전통이 보이는 데에는 역시
금후의 연구를 위하여 주목할 점이 있다. 정촌 문화에는 량면 가공의
주먹 도끼 비슷한 것이 오직 1 개만 례외적으로 보였다고 하는데
사실인즉 그것이 과연 주먹 도끼의 형태에 속하는 것인가에는 의문이
없지 않다. 구라파 학자 중에는 그것 하나를 보고 정촌 문화를 뢰발루아
·아쉴 시기에 해당한 것으로 처리한 사람도 있었으나 문제가 그렇게
간단히 해결될 성질의 것은 아니다. 정촌 문화도 역시 쉘·아쉴 갈래의
전통은 모르는 문화다. 그런데 비슷한 것을 우리는 굴포 문화에 관하여
도 말할 수 있을 것 같다. 물론 굴포 문화 제 Ⅱ 기에 보이는 주먹
도끼 적인 전통은 본래의 것은 아닌 것 같다. 그러나 물론 이 문제에
대하여도 더 연구하여 보아야 하겠다." [도유호, 1964, 「조선의 구석기 시대

문화인 굴포 문화에 관하여」, 『고고민속』 1964(2), 7쪽]

도유호는 "굴포문화 1기(VI지층)는 일면 가공의 격지 갈래이고, 굴포문화 2기(V 지층)에서는 일면 가공과 양면 가공의 제작 기법이 보인다. 비록 일면 가공의 특징이 두 문화층에서 공통적으로 보이고 있으나, VI지층과 그 위에 놓인 V 지층은 굳은 정도의 차이로 인하여 구분된다. 요컨대 두 지층의 형성 시기는 달랐고, 두 문화층에서 출토한 석기의 제작 기법은 발전 단계에 따른 차이를 반영한다"고 이해하였다.160) 그는 굴포리 유적의 석기를 중국 등지에서 알려진 유물과 비교하며, 잠정적으로 굴포문화 1기를 구석기시대 전기 말, 굴포문화 2기를 구석기시대 만기晩期(2만 년 전 전후)로 인정하며 다음과 같은 결론에 이르렀다.

"이와 같이 굴포 문화는 구석기 시대 전기 말과 후기(만기)의 것으로 그 상한上限은 중국의 정촌 문화와 대등하며 그 하한下限은 중국의 산정동, 씨비리 및 쏘련 연해주의 구석기와 동 시기의 것이라고 보게 된다." [도유호·김용남, 1964, 「우리 나라 구석기 시대와 이른 신석기 시대의 년대론에 대하여」, 『력사과학』 1964(4), 58쪽]

굴포리 유적에서 구석기가 발견되었다는 소식에 주변 나라들도 큰 관심을 지니고 있었다. 일본에서는 「조선의 구석기 시대 문화인 굴포 문화에 관하여」(도유호, 1964)와 「학계 소식 : 굴포 문화에 관한 그 후 소식」(도유호·김용남, 1965)이라는 제목의 글이 일어로 번역되어 『考古學雜誌』에 1965년과 1967년에 게재되었다.161) 1969년에는

---

160) 도유호·김용남, 1964.
161) ① 都宥浩(鄭漢德 譯), 1965, 「朝鮮の舊石器文化, 屈浦文化について」, 『考古學雜誌』 50~3, 207~213쪽, ② 都宥浩·金勇男(鄭漢德 譯), 1967, 「屈浦文化に關るその後の消息

영문 학술지인 『Arctic Anthropology』에도 소개되었다.[162] 한편 남한에서 굴포리 유적은 1964년에 간략하게 소개된 바 있는데, 그 조사 성과가 비교적 널리 인용되기 시작한 것은 대체로 1970년대 초반 무렵부터라고 생각된다.[163]

앞에서 이야기한 것처럼, 도유호는 불모지와 다름없었던 우리나라 구석기고고학 연구의 첫 장을 열어주는 역할을 당시의 누구보다도 앞서 실천에 옮겨갔다. 그런데 필자의 개인적인 관점에서 접근할 때, 굴포리 유적에 대하여 도유호가 언급했던 내용은 크게 두 가지 점에서 다시 검토되어야 할 문제를 안고 있다고 생각된다. 하나는 문화층의 연대 문제이고, 다른 하나는 밀개의 형식 분류와 관련된 문제이다.

굴포리 유적을 조사할 당시만 하여도 도유호는 구석기시대를 전기(하단)와 후기(상단)로 구분하는 시기 구분의 체계를 받아들이며 굴포문화 1기를 전기 말, 굴포문화 2기를 후기로 간주하였다. 그 후 상원 검은모루 동굴 유적의 발굴(1966~1970)을 계기로 북한에서는 구석기시대를 전기, 중기, 후기로 구분하는 체계를 적용해 나갔다.[164] 이에 따라 굴포문화 1기는 중기(약 10만 년 전), 굴포문화 2기는 후기(약 3~4만 년 전)로 편년되었다.[165]

굴포리 구석기유적의 단면에서 Ⅱ층과 Ⅴ층은 토양 빛깔에서 매우 특징적인 모습을 띤다. Ⅱ층은 암갈색(잔 모래층)이고, Ⅴ층은 붉은

について - 鮒浦里德山遺蹟の槪報 - 」,『考古學雜誌』 53-1, 47~52쪽.

162) Larichev, V.E. and Grigorenko, B.G., 1969, The Discovery of the Paleolithic in Korea (The Couplo Culture), *Arctic Anthropology* 6-1. pp. 128~133.

163) ① 김원용, 1964, 「韓國文化의 考古學的 研究」,『韓國文化史大系』 1, 234~313쪽, ② 김원용, 1973,『韓國考古學槪說』, ③ 손보기, 1973, 「舊石器文化」,『한국사』 1, 11~46쪽.

164) 고고학연구소, 1969, 「상원 검은모루유적 발굴중간보고」,『고고민속론문집』 1, 1~30쪽, 사회과학출판사.

165) 고고학연구소, 1971.『조선원시고고학개요』, 15~26쪽.

갈색 계열(암황색)의 점토층이다. 그런데 이와 같은 퇴적 상황은 남한의 여러 한데유적(야외유적)에 형성된 고토양에서도 흔히 관찰된다. 남한 지역에 분포한 암갈색 토양과 붉은 갈색 토양은 각기 쐐기 모양 토양구조를 포함하고 있는데, 굴포리 유적에서는 그러한 양상이 보고되지 않았다. 이러한 제약이 있지만, 굴포리 V층과 남한의 붉은 갈색 토양층이 동일한 시기의 환경 조건에서 형성되었을 가능성을 염두에 둔다면, 그 시기는 6.5만 년 전에서 7만 년 전 이전[166]으로 올라갈 수 있다. 이와 같은 연대 추정은 굴포문화 2기가 후기 구석기시대보다는 오히려 중기 구석기시대에 속할 개연성을 암시해준다. 굴포리 유적의 새로운 발굴조사를 통하여 퇴적 구성과 성격을 비롯하여 굴포문화의 시간적인 범위가 다시 한 번 깊이 있게 연구되는 기회가 오기를 기대한다.

우리의 관심을 끄는 유물은 굴포리 유적에서 가장 처음으로 찾은 타제석기 1점이다(길이 10㎝, 너비 8㎝, 두께 3.8㎝). 이 유물은 1963년에 차돌(석영석)로 만든 타제석기라고 발표되었지만, 1964년부터는 대리석제 밀개로 분류되었다. 그러나 사진으로 판독할 때(그림 37), 이 석기의 암질은 대리석이라기보다 애초 발표대로 차돌이 맞는다고 가늠된다. 가로 단면은 윗면의 가운데 부분이 약간 솟아오르고 바닥이 편평한 세모꼴이다(그림 40-1). 형태상 특징과 겉면에 남겨진 흔적으로 가늠한다면, 석기의 본래 몸체는 큰 격지에 가까웠을 것으로 추정된다. 도유호는 이 석기를 가리켜 "모서리를 돌아가며 양면으로 타격을 가하여 날을 예리하게 세워 가공한 밀개"라고 서술하였다.[167] 형식 분류에서 밀개는 대체로 격지(또는 돌날)의 한쪽 가장자리 부분에만

---

166) ① 한창균, 2003, 「한국 구석기유적의 연대 문제에 대한 고찰 : 절대연대 측정결과와 퇴적층의 형성시기에 대한 검토를 중심으로」, 『한국구석기학보』 7, 1~39쪽, ② 한창균, 2009, 「천안-아산 지역의 구석기유적 연구」, 『한국구석기학보』 20, 3~22쪽.

167) 도유호·김용남, 1964.

잔손질을 베풀어 날이 만들어진 석기를 말한다. 반면에 주먹도끼(양면석기)는 몸체의 가장자리를 따라 양면으로 타격을 가하여 날이 세워진 특징을 흔히 지닌다. 따라서 이와 같은 기준으로 분류할 때, 굴포문화 2기의 밀개는 "밀개보다 주먹도끼의 속성을 제대로 갖춘 석기"로 재평가되어야 한다고 판단된다. 그런 까닭에 도유호가 관찰한 것처럼, 굴포문화 2기의 몇몇 석기에서 보이는 주먹도끼적인 요소에 또 다른 관심이 간다.

해방 이후 약 17년이 지날 즈음, 북한의 굴포리 유적에서 처음으로 구석기의 모습이 드러났다. 그 뒤 3차에 걸친 발굴조사(1963~1964)를 통하여 구석기유적의 존재가 명확하게 입증되었다.[168] 이것은 1956년에 조직된 고고학 및 민속학 연구소가 이룩했던 가장 중요한 업적 가운데 하나로 평가될 수 있다. 그 중심에는 언제나 도유호가 자리하고 있었다. 반세기가 지난 지금에서 되돌아본다면, 구석기의 제작 기법과 형식 분류 및 문화층의 연대 결정 등에서 재검토되어야 할 사항이 남아 있지만, 우리나라 고고학의 역사에서 굴포리 구석기유적이 차지하는 학술적인 의의가 매우 크다는 사실은 누구도 부정할 수 없을 것이다.

1964년 내각 결정 제11호(1964년 2월 7일)에 의거하여 사회과학원이 창설되었고, 과학원에 소속되었던 고고학 및 민속학 연구소는 사회과학원의 부속기관으로 개편되었다.[169] 연구소의 소장은 종전과 마찬가지로 도유호가 맡고 있었다.

1964년 4월, 도유호는 과학 발전에 크게 이바지한 공로를 인정받아 원사院士로 임명되었다. 원사는 박사학위를 소지한 학자들이 받을 수 있는 가장 높은 명예로운 칭호였다. 그가 원사로 임명되는 데에는

---

168) 이뿐만 아니라 서포항 유적에서는 신석기시대 이른 시기의 상한을 기원전 5천년기로 볼 수 있는 고고학 증거도 확인되었다(도유호·김용남, 1964).
169) 「과학 연구 기관」, 『조선중앙년감 1964』, 207쪽.

굴포리 구석기유적의 발견이라는 학술적 공로가 무엇보다 강하게 작용하였다고 생각된다. 이제 도유호는 후보원사(1952년 10월)와 역사학 국가박사(1961년 4월)를 거쳐 원사에 이르렀다. 당시 고고학 부문에서 그처럼 영예로운 칭호를 받았던 인물로는 도유호가 유일하였다. 이때 그의 나이는 곧 육십을 바라보고 있었다.

토론과 논쟁의 시대

삼국 시대의 사회 경제 구조에 대한 문제

1950년대 중반부터 1960년대 초기는 북한의 역사학과 고고학 부문에서 가장 활발하고 치열한 토론이 전개되었던 토론과 논쟁의 시대라고 부를 수 있다. 각종 문헌 자료를 활용했던 당시 학자들의 연구 경향을 종합적으로 다룬 글[170]은 이미 발표된 바 있기 때문에, 다음에서는 거기에서 제외된 고고학 분야의 관련 내용을 중심으로 이 주제에 대하여 살펴보기로 하겠다.

김광진과 도유호는 1950년대 중반, 조선 역사에서 노예제의 유무에 대하여 논쟁을 벌였던 당대의 대표적인 논객이었다. 먼저 김광진[171]은 조선 역사 연구에서 '노예시대 또는 국가의 성립'을 논하려면

---

170) 이에 대해서는 다음의 논문을 참조하기 바람. ① 송호정, 1990, 「전근대사의 시대구분」, 『북한의 한국사 인식[Ⅰ]』(안병우·도진순 편), 13~45쪽, ② 박경철, 1994, 「북한에서의 '고·중세 사회경제구성' 인식에 대한 일고찰 – '시대구분' 논의와 '중세 초기' 정치사 인식과 관련하여 – 」, 『북한의 고대사 연구와 성과』(김정배 엮음)」, 209~245쪽.

171) 김광진, 1955a, 「조선에 있어서의 봉건제도의 발생(상)」, 『력사과학』, 1955(8), 11~39쪽.

"일반적 합법칙성에 근거한 공식주의에만 맹목적으로 기댈 것이 아니라, 우리나라에서 구체적으로 발현한 역사적 환경의 특수성을 찾으려는 노력이 필요하다고 말하였다." 예를 들어, 그는 조선에서 원시사회 붕괴의 특수성은 '철기 사용의 보급'과 역사적으로 밀접한 관계를 지닌다고 이해하였다.

"조선에 금속기 문화가 광범히 들어 올 수 있는 길을 열어 놓은 것도 대체로 기원전 108년의 한 무제의 위만 정복과 《한4군》의 설치 이후라고 볼 수 있다. 〈중략〉 조선에서의 금석 병용金石倂用 시대는 청동기 시대가 일정한 기간을 경과한 것이 아니라, 철기의 수입으로 압도되여 청동기는 한 개의 시대를 형성하지 못하고 종말되였다. 그와 동시에 철기가 대두하기 시작하였다. 〈중략〉 오랜 동안 중국에서 발전한 철의 용해 기술과 철기 제작 기술의 발전한 성과를 도입할 수 있었던 것은, 그 이전의 석기 시대의 낮은 단계에 있던 조선 사회가 급속히 전혀 새로운 성격을 가진 생산력을 발전시킬 수 있는 계기를 열어 놓았던 것이다. 〈중략〉 생산력은 생산의 가동적可動的이며 혁명적 요소이므로 생산력의 비약적 발전이 생산 관계의 일정한 변화를 요구하게 됨에 따라 조선의 원시 공동체 사회는 그 다음 단계인 노예 소유자적 구성을 거치지 않코도 능히 봉건 사회로 비약할 수 있는 급격한 변혁 과정을 밟을 수 있는 가능성을 지어 놓았다." [김광진, 1955a, 「조선에 있어서의 봉건제도의 발생(상)」, 『력사과학』, 1955(8), 35~37쪽]

김광진은 "중국의 전한前漢 시대부터 조선반도에 급격히 전파된 새로운 철기문화의 외부적 영향은 조선 사회 자체 내부의 사회 경제적 조건들을 통하여 조선 역사 발전의 특수한 길을 열어 놓았다"고 이야기하며, "모든 사회 경제적 변혁 과정을 고려할 때, 고구려와 백제가 중국 세력을 쫓아냈던 3세기 말경부터 조선 역사는 봉건적인 국가의

성립 단계에 접어들었다"고 간주하였다.[172]

조선 역사에서 노예제사회의 존재를 논할 근거가 전혀 없다는 김광진의 주장에 대하여 도유호는 강한 반론을 제기하였다.[173] "노예제도는 발전에 있어 고대 공동체보다 앞선 인민(민족)들에게 있어서의 지배적인 생산 형태로 되었다"는 엥겔스의 '말씀'과 "예외 없이 온갖 나라들에서의 수천 년간의 온갖 인류 사회들의 발전은 우리에게 이 발전의 일반적 법칙성, 그 정확성, 그 순서를 이렇게 보여준다. 즉 처음에는 계급이 없는 사회, 귀족들이 없는 최초의 부권적인 원시사회가 있다. 그 다음에는 노예제에 기초를 둔 사회, 노예소유자사회가 있다. 현대의 문명한 구라파 전체가 이를 경과하였다"는 레닌의 '말씀'에 따르면, 김광진이 내세운 주장은 마르크스-레닌주의의 입장에 부합하지 않는다고 도유호는 평가하였다. 이를 전제로 하며 그는 회령 오동, 나진 초도, 평양 금탄리 유적 등지에서 발굴된 고고학 유물을 통하여 조선의 청동기시대와 철기시대에 관한 자신의 여러 가지 견해를 다음과 같이 밝혔다.

(1) 오동 유적에서 출토한 주머니 자루 모양 쇠도끼는 초기 철기시대로 보아야 함.

(2) 초도 유적에서 석기시대 말기에 청동기문화의 영향이 엿보이는데, 이 청동기는 중국을 거치지 않고, 시베리아 대륙 쪽에서 직접 들어왔을 가능성이 있음.

(3) 금탄리 유적에서 나온 청동제 끌은 철기시대 이전에 청동기시대가 다소라도 있었음을 말해 줌.

---

172) 김광진, 1955b, 「조선에 있어서의 봉건제도의 발생(하)」, 『력사과학』, 1955(9), 37~68쪽.
173) 도유호, 1956b, 「조선 력사상에는 과연 노예 사회가 없었는가 - 김광진 동지의 부정론과 관련하여 - 」, 『력사과학』 1956(3), 15~77쪽.

(4) 조선의 거석문화는 신석기시대 최말기에서 청동기시대로 넘어가는 이행기의 것으로 추정됨.

(5) 조선에서 청동기시대가 전 지역에 걸쳐 나타나는지는 아직까지 결정되지 않았음.

(6) 서북 지방에 등장하는 최초의 청동기시대가 중국 문화의 전래와 결부될 수 있다는 근거를 찾기 곤란함.

(7) 위원渭原 용연동龍淵洞에서 명도전과 함께 철기가 나온 예는 전국시대 말엽(서기전 3세기)에 중국에서 조선으로 철기가 전래되었음을 알려줌.

이렇듯, 도유호는 조선 역사에서 "청동기시대가 없었다 하더라도 노예제시대가 없었다고 말하는 것은 증명되지 않았으며, 더욱이 청동기시대가 존재하지 않는다는 주장은 아무런 근거가 없고, 조선 철기문화의 기원을 중국의 영향으로 돌린다 하더라도 그로써 조선의 노예제시대를 부정하는 것은 절대로 될 수 없다"라고 강하게 서술하였다.[174] 그러면서 그는 삼국의 국가 본질은 틀림없이 노예 소유자적 사회구성을 보여준다고 주장했다.

조선 원시사회의 발생과 생산력의 발전에 따른 붕괴 과정, 고대국가의 성립 시기 및 그 사회 구조의 전반적인 성격을 과학적 기초에 근거하여 해명하는 일은 조선 역사의 내재적 본질을 올바르게 이해하는 문제와 직결되었다. 그렇기에 이 주요 당면 과제를 해결하고자 김광진과 도유호는 서로 대립된 관점에서 출발하며 조선의 원시시대와 고대의 사회 구조를 해명하려고 각자의 논지를 펼쳤다.

김광진은 도유호가 자신에게 던진 비판적인 주장을 조목조목 반박하는 글을 발표하였다. 여기에서 김광진은 철기 사용에 관한 문제를 취급하면서 중국의 영향을 과대평가한 자신의 견해를 시정하면서

---

174) 도유호, 1956b, 46~47쪽.

"위원 명도전은 철기 사용에 대한 조선의 독자성을 반영하며, 기원전 2~3세기경에 이르러, 우리나라의 철기 생산 기술은 중국의 그것과 비교하여 동일한 수준에 도달하였을 것이다"[175]라는 견해를 밝혔다. 또한 그는 2~3세기 이후의 조선 사회는 중국과 동일하게 봉건적 사회가 성립한 시기로 간주해야 한다고 언급하였다. 그렇지만 "조선에 노예 소유자적 구성이 성립되었다는 주장은 그 근거가 과학적으로 논증되지 않았다"는 그의 논점에는 전혀 변함이 없었다. 한편 김석형은 노비제도가 고조선 때부터 있었으나, "노비 신분인 농민의 계급적 구성으로 보아 신라, 고구려, 백제 사회도 기본적으로 고려, 이조와 같은 봉건사회"라고 규정하였다.[176]

정전 직후인 1953년 9월 '사회과학자대회'에서 삼국의 사회 경제 구성에 관한 토론회가 있었지만, 이 주제는 1956년 10월 31일부터 11월 2일까지 과학원 력사연구소 주최로 열린 토론회에서 본격적으로 거론되었다. 3일간 모두 19명의 발표가 있었다. 당시로는 상당한 규모의 학술 토론회였다.

토론회 첫날, 김광진 후보원사(과학원 경제법학연구소 실장), 도유호 후보원사(과학원 고고학 민속학 연구소 소장), 림건상(중앙당학교 조선사 강좌장겸 과학원 력사연구소 겸임 연구사)이 차례로 발표하였다. 토론회가 진행되는 동안, 가장 열띤 논쟁의 주제가 되었던 것은 조선 역사에서 노예제사회의 존재 유무에 관한 주제였다. 토론회에서는 삼국 시기의 노예제사회를 부정하는 입장(김광진, 전석담, 로정환, 김세익, 리청원, 채희국, 정찬영 등), 그리고 노예제사회를 긍정하는 입장(도유호, 림건상, 리능식, 백남운, 한길언, 강병도 등)에서 열띤

---

175) 김광진, 1956, 「삼국 시대의 사회 - 경제 구성에 관한 몇 가지 문제에 대하여(상)」, 『력사과학』 1956(5), 14쪽.

176) 김석형, 1956, 「조선의 노비 - 주로 농민인 노비에 대하여」, 『력사과학』 1956(4), 10~67쪽.

발표와 토론이 있었다. 또한 조선 상대上代의 사회 구성을 논함에 있어 고조선 및 삼한 등에 관심을 돌려야 한다는 문제 제기(정구경, 정세호 등) 등을 비롯하여 다양한 관점의 논의도 이루어졌다.[177) 비록 토론회에서 노예제사회의 유무에 대한 문제는 확정되지 못한 상태로 마감되었지만, 이번 기회를 통하여 "삼국 시기의 사회 구성을 해명하려면 이미 알려진 자료 이외에도 더욱 광범위한 문헌 자료들과 함께 고고학, 민속학, 언어학, 문학사적 자료들을 더욱 많이 탐구해야 하는 절실한 필요성이 제기되었다."[178)

1956년 하반기에 이루어진 학술 토론회의 성과는 1958년에『삼국 시기의 사회 경제 구성에 관한 토론회』(과학원출판사)라는 제목으로 간행되었다. 이 단행본에서 제기된 주요 문제에 대하여 력사연구소의 고대 및 중세사 연구실에서는 관계자들을 중심으로 10여 차례의 토론회를 가졌다. 그렇지만 노예제 사회의 존재 유무 문제를 해명하는데 직접 도움이 되는 구체적인 방안은 여전히 제시되지 못한 상태로 머물러 있었다.

"지금까지 토론된 것으로 보아 앞으로도 당분간은 명백한 자료를 가지고 삼국 시기가 노예제 사회였다, 혹은 봉건제 사회였다고 확증할 근거는 매우 미약하다는 것을 인정하게 된다. 그러나 미해결로 말미암아 조국 력사를 특히 후대들에게 교육 교양하는데 있어서 혼란을 일으키고 있는 것은 부정할 수 없으며, 이에 대하여 이 부분에 종사하는 력사 학도들이 심심한 자기 비판이 있어야 할 것이다." [림건상, 1959,

---

177) 이상의 내용에 대해서는 다음을 참조하기 바람. ① 력사과학 편집부, 1957. 「삼국 시기의 사회 경제 구성에 관한 토론회」,『력사과학』, 1957(1), 87~90쪽. ② 력사연구소 고대 및 중세사 연구실, 1957, 「서문」,『삼국 시기의 사회 경제 구성에 관한 토론회』.

178) 김석형, 1957, 「조선 력사 연구의 기초 축성을 위하여」,『력사과학』 1957(3), 9쪽.

「삼국 시기 사회 경제 구성에 대하여」, 『력사과학』1959(2), 60쪽]

1959년 11월(9~10일) 고대 및 중세사 연구실에서는 "삼국 시기를 봉건 사회로 규정하고, 삼국 이전 시기(예를 들어, 고조선과 마한)는 노예 소유자적 국가이었을 것"이라는 김석형의 논문[179]에 대한 토론회가 진행되었다. 당시 림건상은 삼국 시대를 봉건 사회로 보았던 김석형의 주장에 반대하였다. 이 자리에서 정찬영은 "이 문제는 반드시 문헌 자료와 고고학 자료를 서로 유기적으로 연관시키며 연구되어야 한다"고 강조하였다. 12월(15~16일)에도 김석형의 논문을 중심으로 토론회가 개최되었는데, 이때에 와서는 삼국 이전의 사회 성격을 연구해야 할 필요성에 일치된 합의를 보았다. 곧이어 1960년 1월(13일, 20일)에는 조선 역사에서 원시공동체와 그 붕괴 과정 및 노예제의 성격 등에 관한 문제가 계속하여 토론되었다.[180] 그런데 당시에도 림건상[181]과 김석형[182]은 삼국의 사회 경제 구조에 대하여 상반된 입장에 견지하고 있었다. 이런 가운데 1960년 7월(11~12일)의 토론회에서는 "삼국 이전이 노예제사회였다"는 데에 기본적인 합의를 보게 되었다.[183] 이것은 지난 약 5년 동안 지속된 토론회를 거치며 이끌어낸 결과이었다. 이와 관련하여 정찬영·김세익의 글[184]은 그동안 노예소

---

179) 김석형, 1959, 「3국의 계급 제 관계 – 3국의 사회 경제 구성의 해명을 위하여 – 」, 『력사과학』 1959(4), 13~51쪽.

180) 력사연구소, 1959, 「삼국 시기 사회 경제 구성의 성격에 관한 과학 토론회」, 『력사과학』 1959(6), 68~69쪽.

181) 림건상, 1960, 「김 석형 동지의 론문 《3국의 계급 제 관계》에서 제기된 몇 가지 리론상 문제에 대한 의견」, 『력사과학』 1960(1), 107~119쪽.

182) 김석형, 1960, 「조선 고대사 연구에서 제기되는 몇 가지 리론상 문제」, 『력사과학』 1960(3), 82~85쪽.

183) 력사연구소, 1960, 「우리 나라에 존재한 노예 소유자 사회 시기 문제에 관한 과학 토론회」, 『력사과학』 1960(5), 63쪽.

184) 정찬영·김세익, 1961, 「조선 노예 소유자 사회의 존재 시기 문제에 대한 론쟁 개요」, 『력사과학』 1961(3), 34~66쪽.

유자사회와 관련하여 제기되었던 다양한 논점의 주요 줄기와 구체적 내용을 객관적 입장에서 이해하는데 좋은 길잡이가 된다.

삼국 시대의 사회 경제 구조를 해명하는 과정에서 그것이 본질적으로 노예제인가 또는 봉건제인가라는 주제를 두고 시작된 논쟁의 초점은 1960년대로 접어들며, 이제 삼국 이전이 노예제사회에 해당함을 본격적으로 연구하는 방향으로 시각이 전환되었다.

고조선 문제

리여성은 "조선족의 청동문화가 기원전 5세기 이전에 독자적으로 발전하였다"고 말한 바 있다.[185] 앞에서 언급한 것처럼, 도유호는 "철기시대 이전에 청동기시대가 다소라도 존재했으며, 조선의 거석 문화는 신석기시대 최말기에서 청동기시대로 넘어가는 이행기의 것으로 추정된다"고 하였다. 이를 참고하여 한길언[186]은 1956년도의 하반기 토론회에서 다음과 같이 서술하였다.

"조선에서 거석 문화를 중심으로 한 신석기 문화는 청동기 문화에 의하여 교체되었다. 조선의 신석기 시대 말기의 사회에서 사회 발전의 일반적 합법칙성이 작용할 수 있는 기초는 성립되었다. 신석기 시대로부터 청동기 시대로의 이행에 따라 원시 씨족 공동체 사회의 경제 관계는 붕괴되어 갔다. 청동기 문화의 형성으로 말미암아 조선의 제 종족에 있어서 노예 소유자적 생산 관계가 나올 수 있는 중요한 전제 조건의 하나는 확실히 형성되어 있었다." [한길언, 1958, 「조선에서의 사회-경

---

185) 리여성, 1955, 『조선 미술사 개요』, 19쪽.
186) 한길언, 1958, 「조선에서의 사회-경제 구성체에 대하여」, 『삼국 시기의 사회 경제 구성에 관한 토론회』, 145~182쪽.

그러나 한길언의 주장은 주목을 받지 못했다. 무엇보다도 신석기시대, 청동기시대, 철기시대의 존재가 확인되지 않은 여건에 놓여 있었기 때문이었다. 궁산 유적, 초도 유적, 오동 유적, 지탑리 유적, 공귀리 유적 등지의 고고학 성과를 비교, 검토하면서 1958년에 도유호는 "청동기시대(거석문화시대)는 서기전 7~3세기, 북중국 계통의 인간 내주와 관련된 철기시대는 서기전 3세기 시작한다"고 추정하였다.[187] 그 다음해 도유호는 "거석문화의 주인공은 무계급사회의 추장으로 보인다'고 언급하였다.[188] 이렇듯 1950년대 말에 이르러서는 조선의 원시사회가 신석기시대, 청동기시대, 철기시대를 분명하게 경과하였던 것으로 받아들였지만 각 시대의 사회 구조를 가늠할만한 고고학적 연구 성과는 이루어지지 못하였다.

삼국 이전의 사회 구조를 해명하는 작업은 역사학 분야와 마찬가지로 고고학에서도 중요한 과제가 되었다. 이 주제와 관련하여 고고학 및 민속학 연구소에서는 1959년 12월과 1960년 4월에 토론회를 개최하였다(표 17).

1959년 12월, 고고학 및 민속학 연구소 주최로 고대 종족과 국가 발생에 관한 토론회가 열렸다.[189] 이 날의 토론회는 도유호의 사회로 시작되었다.

"고고학 및 민속학 연구소 소장인 도 유호 후보 원사는 최근 력사 연구소에서 삼국 시기의 사회 경제 구성에 관한 토론회가 재개되면서

---

187) 도유호, 1958a, 41쪽.
188) 도유호, 1959b, 35쪽.
189) 고고학 및 민속학 연구소, 1960b,「우리 나라 고대 종족과 국가 발생에 관한 토론회」,『문화유산』 1960(1), 95~98쪽.

〈표 17〉 고고학 및 역사학 분야 등의 합작으로 이루어진 고조선 관련 토론회(1959.12~1961.9)

제목[참고문헌]	연월일	참석자(소속, 직책)
우리나라 고대 종족과 국가 발생 [『문화유산』 1960(1)]	1959년 12월 23일	도유호(사회, 과학원 후보원사), 전주농(고고학연구실 조수), 김용간(고고학연구실 연구사), 채희국(고고학연구실 겸임 연구사), 김석형(력사연구소 소장), 황욱(중앙역사박물관장), 박시형(과학원 원사), 림건상(중앙당학교) 등.
고고학상으로 본 고조선 [『문화유산』 1960(3)]	1960년 4월 1일	황철산(사회, 부교수), 도유호, 황욱, 전주농, 백연행(중앙역사박물관), 정찬영(고고학연구실 연구사), 김용간(고고학 연구실 연구사) 등.
《기자 동래설》의 허황성에 대한 과학 토론회 [『력사과학』 1961(4)]	1961년 6월 21일	홍희유(주토론자, 력사연구소 연구사), 백남운(원사), 리상호(고전연구소), 김석형(박사), 박시형(박사), 도유호(박사), 림건상(중앙당학교 조선사 강좌장), 리만규(언어문학연구소 연구사), 리응수(언어문학연구소 연구사), 리필근(의학과학연구소 연구사) 등.
고조선 연구에서 제기되는 몇 가지 문제 [『문화유산』 1961(4)] [『력사과학』 1961(5)]	1961년 7월 6일	김석형(사회, 박사), 도유호(박사), 김용간(역사학 학사), 리응수(언어문학연구소 부교수), 리상호(고전연구소 실장), 정열모(언어문학연구소 교수), 림건상(중앙당학교 조선사 강좌장), 리필근(의학과학연구소 연구사), 백남운(원사) 등.
고조선의 위치와 영역 [『력사과학』 1961(5)]	1961년 7월 18~19일	림건상, 박시형, 리상호, 리필근, 도유호, 황철산, 황욱, 김석형 등.
고조선에 관한 과학 토론회 (고조선의 종족 구성과 시기 구분) [『문화유산』 1961(5)]	1961년 8월 1일, 8일	황철산, 김석형, 림건상, 박시형, 정찬영, 도유호, 리상호 등.
고조선에 관한 과학 토론회 (고조선의 생산력과 국가 형성) [『문화유산』 1961(5)]	1961년 8월 29일, 9월 2일	리상호, 리지린, 황철산, 정찬영, 림건상, 백남운, 김석형 등.

삼국 시기 이전의 고대 종족 문제에 관한 해명이 절실하게 제기되고 있다. 이 문제 해결에 있어서는 고고학자들의 진지한 연구가 동반되지 않으면 안 된다고 지적하였다. 때문에 토론되는 토광묘에 대한 문제가 초기 철기 시대 우리 나라의 고대 종족 문제 해명에서 중요한 부분의 하나라고 하였다. 그러나 토광묘의 성격에 대한 문제는 아주 복잡하고 어려운 문제인 관계로 오늘 토론회는 문제 해명을 위한 첫 출발점에 불과하다. 때문에 오늘 토론회를 계기로 하여 앞으로 진지한 연구와 맹렬한 론쟁을 전개하여 주기를 희망한다고 하였다." [고고학 및 민속학 연구소, 1960b, 「우리 나라 고대 종족과 국가 발생에 관한 토론회」, 『문화유산』 1960(1), 95쪽]

이 토론회에서 전주농은 토광묘土壙墓를 가리켜 "최근에 진행된 고고학적 발굴 사업190)의 급속한 발전에 따라 세형동검細形銅劍, 협봉동모狹鋒銅鉾 등을 비롯한 일련의 특징적인 청동제 유물이 대표하는 분묘 형식"으로 설정하였다. 토론회의 큰 주제였던 토광묘와 관련하여 전국묘戰國墓 및 한식漢式 목곽분, 북방 문화, 지석묘와의 상호 관계, 연대, 담당 주민, 국가의 기원 등에 관한 내용의 논의되었다. 여기서 채희국은 "토광묘 출토 유물에서는 계급 분화의 과정이 명확하게 관찰되며, 철기시대의 개시가 전적으로 중국의 영향이라는 이론에 수긍할 수 없으며, 토광묘는 지석묘가 사라지면서 성행하기 시작한 기원전 3~2세기 유물"이라고 하였다.

도유호가 언급한 것처럼, 문헌적 자료와 고고학적 자료를 밀접하게 연계시킨 논의가 이 토론회를 계기로 시작되었다는 것은 앞으로 고조선과 토광묘의 연구에 중요한 지침이 되었다고 볼 수 있다. 이런 가운데 김석형은 삼국 시기 이전의 종족과 국가 형성 문제는 고조선과

---

190) ① 전주농, 1958a, ② 전주농, 1958b, 「태성리 저수지 건설장에서 발견된 유적 정리에 대한 개보(Ⅱ)」, 『문화유산』 1958(3), 59~75쪽 참조.

밀접하게 결부되어 있다고 말하였다. 다시 말해서 고조선은 원시사회가 아닌 고대사회의 얼개 속에서 이해되어야 한다는 것이다.

> "3국에 선행한 국가들과 종족에 관한 문제는 우리 력사에서 해명을 요하는 시급한 문제이다. 우리의 력사가 유구하다고 하는 것은 문명한 계급 사회의 력사가 유구하다는 의미에서 리해되며 또한 이것은 고조선을 념두에 두고 있는 것이 사실이다." [고고학 및 민속학 연구소, 1960b, 「우리 나라 고대 종족과 국가 발생에 관한 토론회」, 『문화유산』 1960(1), 97쪽]

1960년 초반, 전주농은 토광묘(토광무덤)에 관한 주목할 만한 논문을 발표하였다.[191] 그는 "① 토광무덤은 한식 무덤보다 앞선 시대의 것이다. ② 토광묘 문화는 좁은놋단검(세형동검), 좁은놋창끝(협봉동모)를 비롯하여 일련의 청동제품(수레부속, 마구로, 잔줄무늬거울 등)이 주체를 이룬다. ③ 준왕準王 집단이 남쪽으로 이동하면서 그러한 특징적인 유물이 전국적으로 분포되었다"는 전제 아래 토광묘의 연대에 관한 글을 작성하였다. 그는 종래 부르던 '동검 동모 문화'라는 용어 대신에 '검 창 문화'라는 용어 사용을 제안하였다. 그는 "토광묘는 고조선 시기의 기본 형태이며, '검 창 문화'는 준 왕조의 고조선 시대 문화이며, 이 고조선 문화는 높은 철기문화를 가지고 있었으며, 철기 사용에 따른 발전된 생산력의 기초 위에 고조선 국가가 존재했으며, 고조선 자체의 종족적 구성은 복잡하였으며, 고조선은 북중국 문화와 직접 접촉할 수 있었으며, 돌돌림무덤(황해북도 봉산군 송산리 솔뫼골)에서 나온 잔줄무늬거울은 중국과의 문화 교류 현상을 보여주는 유물"이라고 서술하였다.

1959년 12월의 토론회 이후 약 3개월이 지난 다음, 고고학 및 민속학

---

191) 전주농, 1960, 「고조선 문화에 대하여 - 토광 무덤 년대의 고찰을 중심으로」, 『문화유산』 1960(2), 39~59쪽.

연구소는 '고고학상으로 본 고조선'에 관한 토론회를 1960년 4월에 개최하였다. 도유호는 사회자(황철산 부교수)가 아닌 토론자로 참석하였다. 이 토론회에서 도유호는 "우리나라 철기시대는 청동기시대를 거친 다음 시작되었고, 철기시대는 중국 중원의 양향을 받은 것은 아니다. 철기시대를 대표하는 검정간그릇[흑색마연토기]을 기준으로 살필 때, 기원전 4세기 이전으로 올라가는 우리나라 철기문화의 시작은 스키타이 문화와 관련이 있다"고 주장하였다.[192] 1958년 당시 도유호는 우리나라의 철기시대는 중국 문화의 영향을 받아 시작된 것으로 이해하였다.[193] 그러나 『회령 오동 원시 유적 발굴 보고』 발행(1960년 5월)에 즈음하여, 그는 오동 유적의 토기는 중국 문화가 아닌 스키타이 문화의 영향을 상당히 받았던 것으로 판단하였다.

"그는 계속하여 고조선은 이미 국가였다. 그러나 그 국가 형성 시기는 기원전 3세기 이전으로 올라 갈 수 없다. 만일 3세기 이전에 국가를 설정할 수 있다면 그것은 조선 반도내에서가 아니라 중국 동북 지방에 있은 것일 것인바 이는 조선사의 취급 대상이 아니라고 하였다. 그는 고조선 국가의 령역이 오늘날의 대동강을 중심으로 한 일대이며 그 북계를 이룬 패수(浿水)는 청천강이라 하였다." [고고학 및 민속학 연구소, 1960c, 「《고고학상으로 본 고조선》에 대한 과학 토론회」, 『문화유산』 1960(3), 76쪽]

고조선의 영역 범위를 조선반도에 국한시켰던 도유호의 입장에 황욱과 정찬영 등은 찬성하지 않았다. 예를 들어, 정찬영은 고조선의 중심지가 변천하였다고 전제하면서, '검 창 문화'에 선행하는 거석문화는 고조선의 국가적 성격을 반영하지 않으며, 토광묘에서 나오는

---

192) 고고학 및 민속학 연구소, 1960c, 「《고고학상으로 본 고조선》에 대한 과학 토론회」, 『문화유산』 1960(3), 76~79쪽.
193) 도유호, 1958a.

유물이 전적으로 무기류라는 점은 노예 소유자 계급의 호전적, 약탈적 성격에 기인한다는 견해를 표명하였다.

"그는 먼저 고조선의 위치가 변천하였다는 것을 전제로 하고 기원전 4세기경 이전에는 료하 유역 또는 그 서쪽에 있었으나 기원전 3세기 이후에는 조선 서북 지방을 중심으로 하여 그 일부는 료동 지방까지 미쳤다고 하였다. 그는 고조선 국가의 성격에 언급하여 노예 소유자적 국가였으리라고 하였다. 그는 고조선이란 국가의 유물은 거석 문화 계통이 아니라 검 창 문화 즉 좁은 놋 단검, 좁은 놋 창류, 수레 부속품 등이 부장된 토광묘라 하였다." [고고학 및 민속학 연구소, 1960c, 「《고고학상으로 본 고조선》에 대한 과학 토론회」, 『문화유산』 1960(3), 78쪽]

고조선 문제에 대하여 좀 더 구체적인 내용을 담고 있는 논문이 이 토론회의 뒤를 이어 정찬영194)과 도유호195)에 의하여 발표되었다. 여기에서 정찬영은 고고학적 자료를 문헌적 자료와 결부시켜, "고조선의 종족적 구성은 다양했으나 기본 주민은 예맥이고, 패수는 압록강 그리고 열수洌水는 대동강에 비정되고, 고조선의 중심부는 평양 부근이고, 단편적인 문헌적 자료만으로는 고조선 국가의 성격이 노예 소유자적 사회였다고 볼 수 있는 직접적인 근거를 찾기 어려우며, 유물상으로 볼 때 고조선은 호전적인 지배 계급과 농촌공동체의 피착취 계급이 존재했던 노예소유자사회로 보인다"고 말하였다.

한편, 도유호는 여전히 삼국을 노예 소유자적 국가로 보는 관점을 그대로 지니고 있었다. 그 연장선에서 삼국 이전의 고조선 국가도 당연히 노예 소유자적 사회라고 언급하였으나 구체적 근거에 관해서

---

194) 정찬영, 1960, 「고조선의 위치와 그 성격에 관한 몇 가지 문제」, 『문화유산』 1960(3), 39~51쪽.
195) 도유호, 1960e, 「고조선에 관한 약간의 고찰」, 『문화유산』 1960(4), 28~57쪽.

는 답을 제시하지 않았다. 그는 "고조선의 주민 구성은 다양하였고, 고조선 관계 유물이 집중적으로 나오는 곳은 평안남도 지방(특히 평양 부근 일대)과 황해남북도 북부 지방이고, 두 지방의 고조선 관계 유물 중에서 서기전 4세기로 편년할 수 있는 것이 별로 없고, 남녘은 서기전 3세기에 철기시대로 접어들었다"고 논하였다.

1960년 중반 이후, 북한의 역사학과 고고학 분야에서는 삼국 이전의 고조선이 노예 소유자적 국가였음을 합의하였다. 특히 해방 이후 고고학 부문에서 이룩한 성과는 고조선과 관련된 문제를 좀 더 적극적으로 풀어 가는데 큰 역할을 하였다.

"고조선이 우리 력사에서 첫 계급 국가이며 노예 소유자 국가라는 점에서 우리 학계는 현재 의견의 일치를 보고 있다. 그 성립 년대, 령역, 그 사회 성격의 특성의 문제에서 앞으로 연구할 여지가 적지 않게 남아 있는 것은 사실이며 이를 위하여서는 앞으로도 고고학자들과의 더욱 긴밀한 련계가 취해져야 함은 물론이다. 최근 시기 이 련계와 합작은 아주 긴밀하여졌다. 이는 고조선 문제 해결에 해방 이후 우리 나라의 고고 학계가 달성한 성과가 반영되기 시작하였으며 우리 고고 학자들도 이 문제를 그들의 가장 주요한 연구 대상으로 삼게 된 결과였다."[력사연구소, 1961c, 「조선 로동당 제 3 차 대회 이후 우리 력사 학계가 거둔 성과」, 『력사과학』 1961(5), 7쪽]

후한後漢(BC 202~AD 220)의 반고班固(AD 32~92)가 편찬한 『한서漢書』 「지리지」에는 고조선의 8조법금八條法禁 가운데 3개조가 전한다. 조항 중 하나는 "남의 물건을 훔친 자는 도적당한 집의 노비로 만들며, 스스로 죄를 속죄하려는 자는 한 사람에 50만의 돈錢을 바쳐야 한다"는 구절이다. 현재 북한 학계에서는 이 내용이 "고조선의 지배적 소유 형태가 노예 소유자적 형태임을 입증하는 명백한 자료"라고 평가한다.196) 그러나 1950년대 후반기만 하여도 상황은 오늘날과 같지 않았다. 단편적인 문헌적 자료의 한계를 극복하는 데에는 무엇보다 고고학의 연구 자료가 뒷받침되어야 했다. 여기에 태성리 유적(평안남도 강서군)의 발굴 성과197)는 봄날의 단비처럼 고조선 문제를 해명하는데 결정적으로 작용하였다.

1957년 가을 태성리 일대에는 대규모의 관개공사가 예정되었다. 그해 여름(6월 3일~7월 23일, 50일간)에 발굴 작업이 이루어졌는데, 이 발굴은 채희국 연구사(고고학연구실)의 연구(《고구려 고분을 중심으로 한 북부 조선의 고대 분묘에 관한 연구》)를 수행하는 목적을 동시에 지니고 있었다. 채희국의 지도 아래 진행된 발굴의 현장 조사는 전주농(고고학연구실 조수)이 담당하였다.198)

채희국의 연구 제목에서 읽을 수 있듯이 이 발굴은 고구려 고분을 찾으려는 뜻에서 출발하였던 것으로 짐작된다. 그런데 발굴 결과, 이곳에서는 지석묘, 석상묘, 토광묘, 옹관묘, 목곽묘, 전실묘, 석실묘, 원시시대 집자리 등 청동기시대부터 고구려에 걸치는 다양한 유적과 유물이 드러났다. 앞에서 이야기한 것처럼 지석묘의 경우, 이른바 '남방식 지석묘'에 속하는 것이 발굴되어, 이 유형 지석묘의 분포 범위를 새로운 시각에서 연구해야 한다는 문제가 제기되었다. 또한 인접한 석천산石泉山(남포시 용강군 용강읍)에서 '탁자식 지석묘'가 조사되어 거석문화를 대표하는 지적묘의 연구가 새로운 방향에서 검토되어야 한다는 점도 알려주었다. 이와 같은 사실과 함께 태성리 유적에서 밝혀진 토광묘의 성격은 철기문화의 기원과 고조선 문제를 푸는데 매우 중요한 실마리를 제공하였다.

발굴된 토광묘(12기)는 장방형으로 파낸 묘광을 지녔으며, 그 비례

---

196) 고고학연구소, 1977, 『고조선문제연구론문집』, 43~44쪽.
197) 고고학 및 민속학 연구소, 1959a.
198) 고고학 및 민속학 연구소, 1959a, 「서문」.

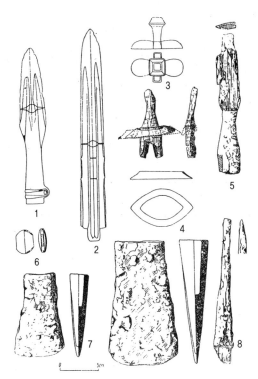

〈그림 41〉 제10호 토광묘(합장) 출토
유물(무기류). 1(협봉동모), 2(세형
동검), 3(검병두劍柄頭), 4(검코), 5
(철모鐵鉾), 6(구슬 고달이), 7(쇠토
끼, 2점), 8(쇠끌) 고고학 및 민속학
연구소, 1959a, 『태성리 고분군 발
굴 보고』, 49쪽

는 대체로 2 : 1이었다. 단장單葬과 합장合葬이 있으나, 둘 사이의 기본적
인 구조상 차이는 뚜렷하지 않았다. 토광묘에는 여러 종류의 청동기,
철기, 수레 부속품, 토기 등이 부장품으로 묻혀 있었다(그림 41~42).

　태성리 토광묘에서 모습을 드러낸 고고학 자료는 "초기 철기시대는
기원전 3~1세기에 해당하며, 이것은 한4군 이전에 조선의 철기시대
가 시작되었다는 사실을 명백하게 알려준다. 옹관묘와 토광묘는 동일
한 시기의 묘제"라는 점을 확인시켜 주었다. 또한 "유물의 종류와
수량이 많고 적음을 통해서 볼 때, 신분의 고저와 빈부의 차이가
보이는 것"[199])으로 판단되었다. '고대 종족과 국가 발생에 관한 토론

---

199) 고고학 및 민속학 연구소, 1959a, 66쪽.

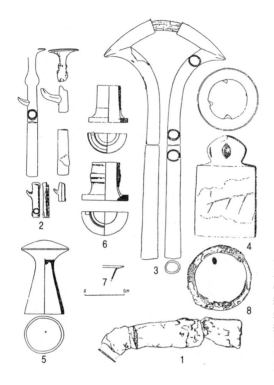

<그림 42> 제10호 토광묘(합장) 출토 유물(수레 부속류). 1(쇠낫), 2(일산살 꼭지), 3(을자형 동기乙字形銅器), 4(영두식 원통형 동기鈴頭式圓筒形銅器), 5(입두형 동기笠頭形銅器), 6(차축두車軸頭), 7(청동 접시 편), 8(고리, 環) 고고학 및 민속학 연구소, 1959a, 『태성리 고분군 발굴 보고』, 46쪽

회'(1959년 12월 23일)에서 채희국이 "토광묘의 출토 유물에서 계급 분화의 과정이 명확하게 보인다"라고 주장한 것도 위와 같은 내용에 근거하였다고 볼 수 있다. 태성리 유적의 토광묘 발굴을 계기로 전주농과 정찬영 등은 고조선 사회가 노예 소유자적 국가라는 논리의 체계를 세웠다. 두 연구자는 모두 철기문화의 물질적 기초 위에 고조선의 노예 소유자적 사회가 성립된 것으로 파악하였다.

요컨대, 『태성리 고분군 발굴 보고』(1959년 8월 발행)에서 얻은 성과는 1960년 7월의 토론회(력사연구소 고대 및 중세사 연구실 주최)에서 "삼국 이전이 노예제사회였다"는 기본적인 합의를 이끌어내는 데 중요한 영향을 주었다고 생각된다. 그런데 그와 같은 연구 경향과 달리, 도유호의 『조선 원시 고고학』(1960년 10월 발행)에서는 태성리 유적의 토광묘에서 드러난 고고학적 유물을 철기시대의 개시와 관련하여 그 성과를 제대로 반영하지 못하였다. 그것은 무엇보다도 "서북조선의 최초의 철기시대에 뒤이어 소위 토광무덤 시절로 넘어갔는데, 여기서부터는 벌써 원시시대의 테두리를 벗어난다"[200]고 보았던 그의 시각과 관계가 있었다고 생각된다.

전주농과 정찬영이 '토광묘 문화=초기 철기시대=고조선=노예 소유자적 국가'라는 등식을 성립시켰던 반면에, 도유호는 철기시대와 토광묘 문화를 시대적 선후 관계로 인식하였다. 그리고 "중국 전국 시대의 토광무덤 갈래의 문화와 돌무덤 갈래(예를 들어, 청동도끼와 잔줄무늬거울 등이 출토한 솔뫼골 돌돌림무덤)의 문화 및 본래부터 있었던 문화, 그 밖의 문화가 모여서 결국 고조선 문화가 이루어졌던 것"[201]으로 이해하였다.

그렇지만 도유호는 태성리 토광묘의 출토 유물에서 보이는 성격이 노예 소유자 사회의 특성을 반영한다는 점에 대하여 직접적으로 언급 조차 하지 않았다. 곧 그는 '삼국 시대=노예 소유자적 사회'라는 인식의 한계를 그대로 안고 있었다. 그는 태성리 토광묘 유물에 신분적인 차이가 반영되어 있음을 누구 못지않게 인지하였을 것이다. 그러나 그는 "중국의 문헌 자료(《삼국지 위서 동이전》, 《후한서 동이전》)에 기록된 예맥濊貊(회맥)족이나 동옥저東沃沮족은 국가 성립 이전의 원시 사회 단계에 속한다. 위만 조선 시기보다 앞선 서기전 3세기에 서북 조선의 한 모퉁이에 최초의 국가가 나타났으나, 서기후 3세기에도 조선의 많은 지역에서는 원시사회의 테두리를 벗어나지 못한 종족들이 많이 살았다. 부여와 고구려는 노예 소유자적 국가를 형성하였다"[202]고 판단하였다. 이와 같은 인식을 지녔기에, 앞에서 잠깐 말한

---

200) 도유호, 1960a, 241쪽.
201) 도유호, 1960a, 236쪽.
202) 도유호, 1960a, 217~218쪽.

것처럼, 결국 그는 "고조선 국가의 성격에 관하여 필자로서는 오직 삼국이 모두 노예 소유자적 국가였으니 그 이전의 국가인 고조선이 노예 소유자적 국가였음을 묻잡을 것 없는 일이라는 정도의 결론을 가지고 있을 따름이다"[203]라는 매우 궁색한 표현을 쓸 수밖에 없었다고 추론된다.

1961년 여름, 과학원 산하 사회과학부문위원회(위원장 : 김석형) 주최로 6월 21일부터 9월 21일까지 3개월간에 걸쳐, 고조선의 위치와 영역, 종족 구성과 시대 구분, 생산력과 국가 형성 등에서 제기되는 전반적인 문제를 다루었던 집중 토론회가 진행되었다. 토론회에는 고조선 연구에서 제기되는 문제를 해결하기 위하여 여러 분야의 많은 연구자들이 참석하였다. 이를 통해서 고조선 문제를 풀어가려고 적극적으로 노력했던 당시 북한 학계의 열망이 얼마나 강했는지를 짐작할 수 있게 된다. 토론회 기간 동안에 동원된 연구자들은 자신들의 의견을 거침없이 발표하였고, 그에 따른 토론도 진지하게 전개되었다.

처음 개최된 6월 21일의 토론회 주제는 '기자 동래설'에 관한 것이었다. 주발표자를 비롯하여 대부분의 참석자들은 '기자 동래설'을 부정하였으나 리응수와 리필근은 그것을 역사적 사실로 인정하였다. 7월 6일 개최된 두 번째 토론회는 도유호의 발표(《고조선 문화에 관하여》)로부터 시작되었다. 그런데 이 날부터 9월 2일까지 각 발표자의 토론 내용은 일정한 형식을 갖춘 토론집으로 발행되지 않았다. 현재로서는 『문화유산』 또는 『력사과학』에 소개된 글[204]을 바탕으로 전체적인

---

203) 도유호, 1960e, 28~29쪽.

204) ① 6월 21일 : 력사연구소, 1961b, 「소위 《기자 동래설》의 허황성에 대한 과학 토론회」, 『력사과학』 1961(4), 17쪽; 홍희유·강석준, 1961, 「소위 《기자 동래설》에 대한 비판」, 『력사과학』 1961(4), 1~19쪽, ② 7월 6일 : 고고학 및 민속학 연구소, 1961g, 「고조선 연구에서 제기되는 몇 가지 문제」, 『문화유산』 1961(4), 82~85쪽; 리병선, 1961, 「《고조선 연구에서 제기되는 몇 가지 문제》에 대한 학술 토론회」, 『력사과학』 1961(5), 65~66쪽, ③ 7월 18~19일 : 허종호, 1961, 「《고조선의 위치와 강역》에 대한 학술 토론회」, 『력사과학』 1965(5), 67~68쪽,

내용을 재구성하는 것이 가능할 뿐이다. 여기저기에 흩어진 내용을 표(표 18)에 담아 요약 및 정리하는 일은 쉽지 않았지만, 이 표는 고조선 문제에 관련하여 아주 복잡한 내용들이 토론회에서 거론되었음을 간접적으로 살피는데 도움이 된다. 참석 인원도 적지 않았고, 분야도 다양하다 보니, 토론회에서도 각양각색의 내용이 제기되었다. 고조선 문제와 관련하여 수많은 의견이 자유롭게 표출된 이런 식의 학술 토론회는 이때가 처음이자 마지막이었을 것으로 생각된다.

고조선의 위치와 영역에 관해서는 '요서설, 요동설, 평양설, 이동설' 등을 두고 다양한 입장의 토론이 전개되었다. 중심지의 경우에도 마찬가지였다. 사마천司馬遷(기원전 약 145~약 86년)의『사기史記』「조선열전朝鮮列傳」에 등장하는 패수浿水 지역은 한 무제漢武帝의 군대와 고조선이 약 1년 동안(기원전 109~108년) 팽팽하게 맞섰던 곳이다. 때문에 고조선 멸망 당시의 중심지를 고찰하는 데 매우 중요한 지명인데, 그 위치 비정에 대해서도 '대릉하설, 요동설, 압록강설, 청천강설' 등으로 나뉘었다.

고조선의 국가 형성 시기에 관해서도 다양한 입장의 서로 다른 견해가 있었다. 예를 들어 고고학 및 민속학 연구소의 대부분 학술 성원들은 "현재까지 알려진 고고학 자료로 보아 기원전 3~2세기의 고조선은 계급 국가이며 그 중심지는 우리나라의 서북부에 있었고, 중심은 평양이며, 고조선 문화를 대표하는 토광묘에서 나오는 세형동검, 협봉동모, 세문경, 수레 부속품 및 철제 도끼류"라는 점을 인정하였다.[205] 한편, 리지린은 춘추시대 제齊나라의 관중管仲(기원전 ?~645년)이 편찬한 것으로 알려진 "『관자管子』라는 책에 '조선'이라는 국가가

---

④ 8월 1일, 8일, 8월 29일, 9월 2일 : 고고학 및 민속학 연구소, 1961f,「고조선에 관한 과학 토론회」,『문화유산』1961(5), 78~80, 77쪽, ⑤ 김기웅, 1961a,「고조선 문제에 대한 토론 개요」,『력사과학』1961(5), 73~81쪽.
205) 김기웅, 1961a, 78쪽.

〈표 18〉 고조선의 위치와 영역, 종족 구성과 시기 구분, 국가 형성에 관한 토론회 주요 내용(1961.7~9)

발표자	위치와 영역	종족 구성	국가 형성 시기
도유호	○영역 : 평안남도, 황해남북도, 함경남도. ○중심지 : 평양. ○패수 : 청천강	○대부분 비중국 계열 ○동호(東胡)와 예맥조선(濊貊朝鮮)은 같지 않음.	○기원전 3세기경
연구소 성원들	○중심지 : 평양을 중심으로 한 우리나라 서북 지방		○기원전 3~2세기
김용간	○기원전 1천년기 중엽 압록강, 송화강, 두만강 유역의 청동기 말기 주민이 대륙 북쪽의 주민과 문화적으로 접촉하여 철기 사용 시작.		○기원전 3~2세기
리응수	○기자설에 근거하여 우리 조상의 역사를 기원전 2000년대의 이족(異族)에서 찾아야 함.		
정찬영	○기원전 4세기 진개의 공격 이전 : 요동 중심. ○그 이후 : 우리나라 서북 지방 중심, 요동 일부 차지함. ○패수 위치 : 압록강	○예맥족, ○동호와 예맥조선은 같지 않음.	○기원전 3~2세기(세형동검)
리지린	○영역 : 압록강 이북, 요서, 요동, ○패수 : 대릉하. ○왕검성 : 개평. ○압록강 패수설, 평양 왕검성설 비판. ○압록강 이남 : 진국(辰國)	○〈朝鮮〉 : 국명, ○〈濊〉 : 고조선 종족명, ○맥족(貊族)과 예족의 예맥족이 국가를 형성한 곳은 요서 지역, ○동호와 맥은 같은 종족의 이명(異名)	○기원전 8세기(문헌 자료) ○고조선 철기 사용 : 기원전 3세기
림건상	○영역 : 요서, 요동 지방, ○기원전 3세기 이후 중심지 : 요동, ○패수는 대릉하, ○우리나라 서북 지방의 검창(銅鋠) 문화는 진국(마한) 주민이 남긴 것.	○예맥족	○기원전 5세기
리상호	○영역 : 요동설 주장	○조선계, 맥계, 한(韓)계 ○동호와 예맥조선은 다름.	○기원전 2~1세기
정렬모	○단군신화 등을 고려하여 최초 국가 연대를 4000년 전으로 보아야 함.		
리필근	○기자동래설 인정하여 기자 1000년을 국가로 인정해야 함.		
황철산	○초기 : 난하, 대릉하 하류, 요하 하류. ○기원전 7세기경 중심지 : 요하 유역. 기원전 3세기 초 : 동쪽으로 이동, 대동강 유역으로 진출. ○동천 후 패수 : 압록강	○맥족과 다른 갈래의 조선족	
황욱	○요하에서 시작, 동천하여 평양이 중심지가 됨. ○패수 : 압록강		

박시형	○기원전 3세기 이전 : 요서, 요동. ○기원전 3세기 이후 : 평양 지방		
백남운	○처음부터 요동이며, 고조선 마지막 시기 중심지는 요양 부근. ○고조선의 국가 형성 시기는 철기의 사용 시기이며, 국가 형성의 지표는 엥겔스의 명제에 의거해야 함. 따라서 노예 제도가 발생했다고 하여 노예제 국가가 형성되었다고 보는 것은 속단임.		○고조선 말기 : 계급 국가 ○3국 : 계급 국가
김석형	○1기(기원전 5~4세기에서 기원전 4~3세기) : 요하 중심. ○2기(기원전 3세기 초에서 기원전 2세기 전후) : 우리나라 서북 지방. ○3기(위만 조선 시기)의 중심지 : 험독현(險瀆縣), 위만 조선은 후에 남천하여, 그 중심이 평양이었음.	○예맥조선, 또한 동호라 불렸음.	○기원전 5~4세기에서 기원전 4~3세기

등장하는데, 이 조선은 기원전 이미 7세기 이전(8세기)에 중국과 대외적인 관계를 가질 정도로 강력한 계급 국가였다"고 토론하였다. 그렇지만 당시 그의 주장은 넓은 공감대를 형성하지 못하였다. 당시 토론회에서는 기원전 4세기에 고조선이 국가를 형성했다는 점에만 합의가 이끌어졌다.[206]

1961년 여름의 토론회 이후, 도유호는 고조선 문화에 관한 논문을 또다시 발표하였다.[207] 여기서 그는 "중국에서는 청동기시대에 벌써 국가가 생겨났으나, 우리나라 북쪽에서는 초기 철기시대에도 아직 국가가 생겨났다고 보기 어렵다"라고 말하면서, 선행하는 철기문화의 역사적 환경 속에서 서기전 3세기 중에 우리나라 최초의 국가인 고조선이 일어섰으며, 그 시대를 대표하는 유물로 토광무덤과 좁은놋단검[세형동검] 등을 예로 들었다. 그런데 당시 김용간도 "우리나라

---

206) 고고학 및 민속학 연구소, 1961f, 「고조선에 관한 과학 토론회」, 『문화유산』 1961(5), 77쪽.
207) 도유호, 1961b, 「고조선 문화에 대하여」, 『력사과학』 1961(5), 41~49쪽.

북방의 주민은 기원전 1000년대 중엽에 철기를 사용하기 시작하였으며, 철기 사용 따른 생산력의 발전, 사회적 부의 증대, 재산의 불평등, 정복 전쟁, 촉진된 문화 교류 등에 의하여 기원전 3~2세기 무렵 계급 국가인 고조선이 성장하였다"고 주장하였다.[208] 도유호와 김용간은 '초기 철기시대=고조선'이라는 관점에 동의하지 않았으며, 철기문화가 진전되는 가운데 고조선 문화가 이룩된 것으로 보았다. 이렇듯 전주농과 정찬영, 그리고 도유호와 김용간은 초기 철기시대와 고조선의 상호 관계를 서로 다른 입장에서 접근하고 있었다.

1962년에 『조선통사(상)』이 발행되었다. 이 책에서 "우리나라의 철기문화는 기원전 1천년기 중엽에 독자적으로 발생 발전하여 기원전 5~4세기에 노예 소유자적 국가인 고조선이 확고하게 존재했던 것"으로 서술하였다.[209] 이 내용에는 초기 철기시대부터 고조선이 국가로 성립되지 않았다[210]는 도유호와 김용간 등의 주장이 일부 반영되었던 것으로 보인다. 『조선통사』 초판(1956)에서 "고조선은 원시사회의 최고 단계에 해당하며, 이 사회가 급속히 계급 국가로 이행하던 시기에 왕이 출현하였으며, 당시 고조선은 문명사회로 들어서려던 바로 직전 시기에 놓여 있었다"고 설명하였다.[211] 이것은 고조선이 원시사회의

---

208) 김용간, 1961a, 「우리 나라 금속 문화의 기원에 대하여」, 『력사과학』 1961(5), 50~56쪽.

209) 손영종, 1963, 「《조선 통사(상)》(1962년판)에 대하여」, 『력사과학』 1963(1), 66~72쪽.

210) 당시 고고학 및 민속학 연구소에서는 이와 관련하여 다음과 같은 입장을 지니고 있었다. "압록강 류역과 두만강 류역을 조사 연구한 결과, 우리 나라 철기 시대의 개시가 중국 문화의 전래와는 전연 관계 없는 것임을 알게 되었다. 우리 나라는 중국과 거의 비슷한 시기 내지는 좀더 이른 시기에 청동기 시대에서 철기 시대로 발전하였으며 독특한 문화를 가졌다. 이것은 그 후 고조선 문화의 개화를 보게 하였다"(고고학 및 민속학 연구소, 1962, 「고고학 및 민속학 연구에서 주체를 확립할 데 대한 우리 당의 방침을 철저히 관철시키자」, 『문화유산』 1962(2), 3쪽).

211) 력사연구소, 1956, 『조선통사』, 24쪽.

붕괴 과정에 놓여 있었기 때문에 아직 고대 문명사회에 전환되지 못했음을 뜻한다. 이로부터 6년 뒤, 많은 연구와 토론을 통해 고조선은 이제 노예 소유자적 국가로 확실하게 자리매김 되었다. 그러나 고조선의 국가 형성 시기에 대하여 여러 연구자들이 서로 일치된 합의를 본 것은 아니었다.

그것은 1963년 8월에 발행된『고조선에 관한 토론 론문집』212)을 통하여 잘 읽을 수 있다(표 19). 이 단행본에는 1961년 여름에 진행된 토론회의 참석자 가운데 6명(리지린, 김석형, 황철산, 정찬영, 리상호, 림건상)의 논문이 게재되었다. 6명 가운데 정찬영을 제외한 나머지 발표자들은 문헌적 자료를 중심으로 하는 연구자들이었다. 표에서 알 수 있듯이 고조선의 국가 형성 시기에 관하여 서로 다른 입장을 지니고 있었다. 예를 들어 김석형은 그 시기를 기원전 5~4세기로 보았던 반면에 정찬영은 고고학 자료에 근거하여 기원전 3~2세기의 검모 문화가 바로 고조선 문화에 해당한다고 언급하였다.

고조선의 위치와 영역 문제에 대해서도 의견이 서로 달랐으나 중심지 이동설이 대세를 이루었다. 그런데 고조선 말기의 중심지에 대해서는 크게 압록강 이북 지역(리지린, 림건상)과 그 이남 지역으로 갈렸는데, 후자는 다시 평양 지역(김석형)과 대동강 유역(황철산) 및 우리나라 서북부 지역(정찬영)으로 비정되었다. 비록 고조선 말기의 중심지 문제에 관해 해결되지 못한 점이 남아 있었지만, 이른 시기의 고조선 중심지를 만주 일대에서 찾아야 한다는 방향으로 분위기가 바뀌기 시작했다.

---

212) 이 단행본에는 6편의 논문이 실려 있다. ① 리지린, 「고조선의 위치에 대하여」, 1~94쪽, ② 김석형, 「고조선의 연혁과 그 중심지들에 대하여」, 95~115쪽, ③ 황철산, 「고조선의 위치와 종족에 대하여」, 116~136쪽, ④ 정찬영, 「고조선에 관한 문제들에 대하여」, 137~172쪽, ⑤ 리상호, 「단군고(檀君考) - 고조선 문제 연구를 위한 서론 - 」, 173~287쪽, ⑥ 림건상, 「고조선 위치에 대한 고찰」, 288~325쪽.

<표 19> 『고조선에 관한 토론 론문집』에서 언급된
고조선의 위치와 영역 및 국가 형성 시기에 관한 주요 내용

발표	고조선의 위치와 영역 및 국가 형성 시기
리지린	○ '조선'이라는 국호는 기원전 7세기 여러 '국'을 통합한 이후의 통일적인 국가 명칭임. ○ 고대 조선족은 연의 북방과 동방[현 난하(灤河) 서쪽]에 거주했음. ○ 연의 침입으로 기원전 3세기 초에 고조선 영역에 대변동이 일어남. ○ 기원전 3세기 초까지 고조선 영역은 오늘의 요동, 요서 및 그 서쪽의 영평부(永平府)를 포함하는 지역이었음. ○ 기원전 2세기 말(위만 조선 말기, 한사군 설치 시기)의 패수는 오늘의 대릉하(大陵河)임. ○ 요동군에 있던 험독(險瀆)은 왕검성(王儉城)과 동일한 의미이며, 왕검성(王儉城)은 해안지대인 오늘의 개평(蓋平)으로 비정됨. 낙랑군의 위치는 평양 지역이 될 수 없고, 요동군에 있었음. 당시 고조선은 압록강 이북에 있었음. ○ 고고학자들은 대체로 일치하여 왕검성을 평양이라고 주장하지만, 압록강 이남의 서북 지방에서는 고조선 역사와 관련된 연(燕), 진(秦), 전한(前漢)의 유물이 다량으로 출토하지 않았음.
김석형	○ '조선'이라는 국가 내지 종족 집단의 이름이 등장하는 것은 기원전 7세기경부터임. ○ 요하~대릉하 유역에 있었던 고조선의 국가 형성 시기는 기원전 5~4세기로 소급됨. ○ 고조선은 기원전 4~3세기경에 이미 노예 소유자적 국가로 존재했음. ○ 위만이 망명할 때 패수는 대릉하, 위만 조선의 우거왕(右渠王)과 한 무제가 전쟁할 때 패수는 압록강, 위만이 처음 도읍한 왕검성은 흥경(興京) 부근, 망할 때 왕검성은 평양임. ○ 토광묘와 세형 놋단검(細形短劍)은 계급 국가였던 고조선(기원전 3~2세기)의 유적과 유물임.
황철산	○ 이른 시기의 고조선의 중심지는 요동 지역임. ○ 험독은 왕험성(王險城)이 아니라 요하 이서의 서쪽에 있었음. 중심지를 동쪽으로 옮긴 후의 고조선(위만 조선) 중심은 대동강 유역임. ○ 대동강 유역을 중심으로 하는 검모(劍鉾) 유적은 고조선 문화로 비정됨. ○ 그러나 검모 문화의 상한(기원전 3세기경)을 고조선 문화의 상한으로 보아서는 아니 됨.
정찬영	○ 첫 시기 고조선의 영역은 요하 일대임. ○ 그 후 조선반도로 중심이 이동, 후기 고조선의 중심은 평양 부근임. 문헌적 및 고고학적 자료를 가지고 고조선의 국가 형성 시기가 기원전 4~3세기 이전이었다고 볼 수 있는 확실한 근거는 아직 매우 미약함. ○ 국가 및 계급 사회로의 고조선을 기원전 4세기 중엽 이전으로 볼 근거가 없음. ○ 도유호는 좁은놋단검이 청천강 이북에서 나온 일이 없다는 점에 근거하여 패수를 청천강으로 비정하였으나, 그렇다고 단언하기 어려움. ○ 검모 문화(기원전 3~2세기)는 고조선의 문화임. ○ 고조선은 늦어도 기원전 3~2세기에 조선반도 서북부를 중심으로 압록강, 두만강 일대까지를 자기 세력으로 두었음.
리상호	○ 단군 기원의 절대 연대는 기원전 1750년임. ○ 기원전 18세기는 고조선 국가의 형성 시기를 연구할 때 반드시 참고해야 할 연대임.
림건상	○ 고조선의 수도인 왕검성이 일정한 지점에 있었다고 볼 근거는 매우 미약하여

때에 따라 이동되었을 것으로 생각됨. ○ '패수=대릉하설'을 지지함. ○ 기원전 4세기경의 고조선은 분명히 난하 이동 지방에 위치했음. ○ 위만의 도읍지였던 왕검성은 험독현이고, 이때 고조선의 위치는 대릉하 이동 지역인 오늘의 요서 - 요동 지방임.

"오늘 조선 반도 내에서 기원 전 3~2세기 경의 계급 국가의 유적이 발굴되어 그것이 고조선의 것이라고 우리 고고학자들은 말한다. 서북 지방을 중심으로 많이 나오는 토광묘(土壙墓) 유적 유물이 그것이다. 이 시기에 우리 서북 지방에 계급 사회의 유적이 나온다는 것은 지극히 당연하다. 그것이 고조선 것일 수도 있다. 그러나 이것을 가지고 이보다 더 앞선 시기에 만주 일대에 국가가 있었다는 것과 그것을 우리 국가로서 인정하는 것을 부인한다면 거기에는 착오가 있었다고 생각한다." [김석형, 1963, 「고조선의 연혁과 그 중심지들에 대하여」, 『고조선에 관한 토론론문집』, 102쪽]

도유호는 1962년에 간행된 『문화유산』에 무려 8편의 글을 게재하였다. 그 가운데 4편은 고조선과 관련된 주제였다. 이러한 사실은 고조선 문제에 관한 도유호의 집념이 얼마나 강했는지를 잘 보여준다.213) 1962년은 장덕리에서 발굴된 털코끼리 화석이 학계에 정식으로 보고되었으며 굴포리 유적에서 구석기를 처음 찾았던 해이기도 하다. 당시 고고학 및 민속학 연구소에서는 두 유적을 포함하여 모두 8개 지역에서 유적 발굴을 수행하였다.214) 연구소 소장으로서 그리고 역사학 박사로서 도유호에게 이 한 해는 매우 바쁜 시절이었음을

---

213) ① 도유호, 1962a, 「신천군 명사리에서 드러난 고조선 독널에 관하여」, 『문화유산』 1962(3), 45~60쪽, ② 도유호, 1962c, 「진번과 옥저성의 위치 - 고조선 령역 문제와 관련하여 - 」, 『문화유산』 1962(4), 1~13쪽, ③ 도유호, 1962f, 「왕검성의 위치」, 『문화유산』 1962(5), 60~65쪽, ④ 도유호, 1962g, 「예맥조선에 관하여」, 『문화유산』 1962(6), 36~38쪽.

214) 리주현·한은숙, 2009, 164~165쪽.

엿볼 수 있다.

1962년에 도유호가 첫 발표한 고조선 관련 논문은 명사리(황해남도 신천군) 유적에 대한 것이다. 농업협동조합에서 저수지 공사를 하다가 발견된 이 유적의 토광무덤과 독무덤[甕棺墓]은 1962년 초에 조사되었다. 그는 이 논문에서 "고조선 시대를 대표하는 토광무덤이 중국의 영향을 받아 생겨난 지배 계급의 무덤 형태"라고 주장했던 자신의 견해[215]를 재차 수정하였다.

"생각컨대 필자는《조선 원시 고고학》을 쓰던 당시에는 아직 고조선 초기의 사태에 관한 필자의 지식은 매우 빈약하였었다. 그런 까닭에 좀 이른 시기의 유적인 봉산 솔뫼'골 유적을 론하는 데서도 그것이 고조선 유적일 가능성이 많다는 소리 밖에 할 수 없었던 것이다. 그 후《고조선에 관한 약간의 고찰》을 쓰는 데서는 사태의 구명이 좀 더 나아졌었다. 그러나 거기서도 필자는 아직 고조선 국가 형성에서 중국 갈래의 주민도 한 몫을 담당하였다고 생각하였던 것이다. 그런데 그 후 이른 시기의 고조선 유물을 좀 더 세밀히 다루는 과정에 필자는 그러한 견해가 잘못이였음을 알게 되였다. 최근에 탈고한《우리 나라 최초 국가 형성 과정에 관한 연구》중에서 필자는 고조선 국가 기원의 경위를 좀 더 상세히 론하였으며, 지난날 범한 이 관련에서의 착오를 다시 한 번 고백한 바 있다. 그 후 계속하여 드러나는 고고학적 자료가 필자로 하여금 그 과오를 좀 더 똑똑히 인식하지 않을 수 없게 하였던 것이다. 〈중략〉 문헌 사료에만 매달리는 론자 중의 다수는 고조선의 수도 왕검성의 위치를 료동 지방에서 찾는다. 그들 중에는 고조선 국가의 령역이 압록강 이남으로 내려 온 일은 전연 없었다고까지 말하는 사람도 있다. 그러나 그러한 온갖 주장은 고고학 상의 사태와는

---

215) 도유호, 1961b, 46쪽.

180 도로 어긋나는 것이다. 〈중략〉 좀 신빙성이 있는 기록은 모두 고조선이 압록강 이남 땅에 있었으며 왕검성이 지금의 평양에 있었다는 것을 증명하여 준다. 그리고 보면 대체로 문헌 사료도 고고학적 사료에 잘 들어 맞는다. 그러기에 박 시형 박사도 문헌 사료가 고고학적 자료에 잘 어울린다는 것을 인정하면서 고조선 령역이 압록강 이북으로 미친 일이 없었다고 한다."[도유호, 1962h, 「신천군 명사리에서 드러난 고조선 독널에 관하여」, 『문화유산』 1962(3), 46~47쪽, 56~57쪽]

이렇듯 도유호는 고조선과 관련하여 그동안 자신이 이야기했던 주장에 문제가 있음을 인정하였다. 그렇지만 《우리 나라 최초 국가 형성 과정에 관한 연구》가 공개적으로 발표되지 않았기 때문에 그가 고백했던 "지난날 범한 이 관련에서의 착오"가 어떤 내용인지에 대해서는 상세하게 알 길이 없다. 다만 "고조선 초기의 토광무덤도 지금에 와서 보건대 중국적인 것은 아니다. 고조선 독무덤의 경우도 마찬가지다"[216]라는 설명을 통해서 부분적인 입장의 변화를 엿보는 것만이 가능할 따름이다.

도유호는 "군사민주제 하의 종족적 대립이 계급적 대립으로 전환되고, 계급적 대립이 첨예화된 결과로 생겨난 최초의 국가가 바로 서북 지방의 고조선 국가이며, 그 중심지는 우리나라 서북부이며, 평양 일대는 그 문화의 중심이었다. 고고학적으로 좁은놋단검[細形銅劍], 좁은놋창끝[狹鋒銅鉾], 잔줄무늬거울[細文鏡] 등등은 고조선 문화를 대표하며, 이와 같은 일련의 유물은 '고조선 문화권'(또는 고조선 문화 영역)과 같은 하나의 커다란 문화권을 형성한다. 청천강 이북에서 고조선 유물은 잘 보이지 않으며, 요동 지방에서는 앞으로도 고조선 유물은 기대하기가 어려울 것 같다"고 서술하였다.[217]

---

216) 도유호, 1962a, 54쪽.
217) 도유호, 1962a, 50~51쪽.

「진번과 옥저성의 위치」[218]를 논하면서, 도유호는 '패수=청천강설'을 견지하며, 진번眞番을 함경도 지방, 현토군玄菟郡의 군 소재지였던 옥저성沃沮城을 두만강 이북 또는 함경북도 북단, 임둔臨屯을 강원도 지방에 각각 비정하였다. 그리고 고조선과 남쪽의 진국辰國 사이 경계를 대략 한강 중류 지역으로 설정하였다.

앞에서 살펴본 것처럼, 1961년 여름의 고조선 토론회에서 제기된 고조선의 위치, 영역, 중심지의 문제는 1년이 지난 뒤에도 여전히 미해결된 상태로 남아 있었다. 리지린을 중심으로 한 역사학자들의 관점에서는 요서-요동 지역과 관련된 고조선 관계 문헌 자료를 등한시하는 고고학자들의 접근 방법이 불만스러웠을 것이다. 반대로 고고학자들의 시각에서는 우리나라의 서북 지방 및 평양 일대에서 집중적으로 드러난 고조선 유적과 유물의 가치를 제대로 반영하지 않는 역사학자들의 견해를 인정하기 어려웠을 것이다.

'왕검성의 위치'에 관한 도유호의 논문은 "왕검성은 압록강 이북의 요동에 있었고, 고조선 당시 압록강 이남에는 진국이 있었다"는 리지린의 주장을 반박하며 시작된다. 도유호는 평양에서 드러난 孝文廟鍾(효문묘종)[219], '樂浪禮官(낙랑예관)'이 새겨진 기와, 동평양 토성에서 알려진 봉니封泥, 장잠현장 왕경의 무덤에서 조사된 벽돌 명문의 유물 등은 평양 일대가 바로 고조선이었음을 보여준다고 서술하였다.[220] 그 중 왕경 무덤에 관하여 자세히 살펴보기로 하자.

1962년 5월 하순, 봉황리 무덤(황해남도 신천군)에서는 명문이 새겨진 벽돌이 공사 중 알려져 조사되었다. 벽돌의 묘지명墓誌銘을 우리말로

---

218) 도유호, 1962c.

219) 효문(孝文)는 한(漢) 나라 문제(文帝)이다. 이 종에는 "원제(元帝) 영광(永光) 3년(기원전 41년)에 동종(銅鍾)을 만들었다"라는 명문이 있다. 다음의 글을 참조하기 바람. 정인보, 「五千年間 朝鮮의 얼 : 第九 漢四郡役(卄四)」, 『동아일보』 1935년 6월 7일.

220) 도유호, 1962f.

옮기면 다음과 같다.

"장잠현장(長岑顯長) 왕군(王君)은 휘(諱)가 경(卿)이고 나이가 73세였고 자는 덕언(德彦)이며 동래군(東萊郡) 황현(黃縣) 사람이다. 정시(正始) 9년 3월 20일에 벽사(壁師) 왕덕(王德 ?)이 무덤을 만들었다." [전주농, 1962, 「신천에서 대방군 장잠장 왕경(帶方郡 長岑長 王卿)의 무덤 발견」, 『문화유산』 1962(3), 77쪽]

장잠현은 낙랑군 설치 당시 25현 가운데 하나였다. 그 뒤 대방군 설치로 대방 7현 중의 하나가 되었다. 이는 낙랑군을 처음 설치할 때 황해도 지방이 포함되어 있었음을 의미한다. 동래는 중국 산동 지방에 있는 지명이다. 정시 9년은 서기 248년이다. 이와 같은 내용을 검토하여 전주농[221]은 "동평양의 토성이 낙랑군의 치지(조선현 치지)였고, 고조선의 수도인 왕검성이 평양에 있었음"을 입증할 수 있다고 말하였다. 도유호도 전주농의 견해에 동조하였다.

도유호는 문헌 사료나 고고학적 자료로 가늠할 때, 왕검성은 분명히 평양에 있었다고 줄기차게 거듭 강조하였다. 따라서 그는 리지린과 같이 문헌 중심적인 역사학자들의 주장을 선뜻 받아들이려고 하지 않았다. 그렇다 치더라도 요서-요동 지역에서 찾아낸 고조선의 역사를 우리 역사로 다룰 수 없다는 도유호의 시각이 어디에서 비롯하였는지에 대해서 궁금증이 일어난다. 왜냐하면, 한흥수와의 논쟁 이후, 상대방의 주장이 자신과 맞지 않는다 하여 그토록 강력하게 부정적인 입장을 표명하였던 도유호의 글은 찾아보기 어렵기 때문이다. 더욱이 그러한 도유호의 입장은 당시 북한 역사학계에서 대세를 이루기 시작한 전반적인 분위기와 전혀 어울리지도 않았다.

---

221) 전주농, 1962, 「신천에서 대방군 장잠장 왕경(帶方郡 長岑長 王卿)의 무덤 발견」, 『문화유산』 1962(3), 76~77쪽.

"고조선 국가는 어데서, 언제, 어떻게 하여서 생겨났는가 하는 문제에서 가장 중요한 것은 그 《어데서》다. 그 《어데서》에 대한 해답을 바로 얻지 못하면 나머지 해답은 전연 불가능한 것이다. 료서 료동 지방에서 찾아낸 소위 고조선 력사라는 것은 암만 묘한 문구로 꾸며대였대야 결국은 중국 력사의 일부에 불과하게 되지 않을 수 없다. 그러한 고조선사는 우리 나라의 력사로 될 수는 도저히 없는 것이다." [도유호, 1962i, 「왕검성의 위치」, 『문화유산』 1962(5), 65쪽]

『조선 원시 고고학』에서 도유호는 "조선 고고학이란 간단히 말하면 조선 땅에서 나는 이러한 유물을 다루어 가면서 조선의 옛날 일을 밝히는 과학이다(2쪽)"라고 말한 바 있다. 이런 까닭에 그는 요서-요동이 지니는 역사적 의미를 중국사의 부분적인 지역사로 단정하였던 것일까? 아니면 패수는 곧 청천강이라는 자신의 주장을 그대로 밀고 나가려는 굳은 의지를 갖고 요서-요동과 관련된 고조선 관계 기록을 우리 역사와 무관하다고 판단했기 때문일까? 서로 복합적인 이 두 가지 의문은 1962년 말에 그가 발표한 논문[222]에서 답을 얻을 수 있겠다. 비교적 짧은 내용으로 작성된 그 논문은 그가 고조선 문제에 관하여 남긴 마지막 글이기도 하다.

"필자가 이미 루차 론한 바와 같이, 고조선의 령역이 가장 커진 것은 위만(衛滿) 당시의 일이였다. 〈중략〉 위만 당시 고조선 국가는 정복 국가로서 진출하였는데 그때 고조선의 통치 하에 새로 들어 간 종족들은 주로 예맥(회맥)과 옥저였다. 옥저는 후에 예맥화한 종족으로서 옛날 중국 사가들은 둘을 구별하기도 하였으나 둘을 합쳐서 처리하기도 하였었다. 〈중략〉 고조선 국가의 서북 경계는 청천강을 넘지 못 하였으

---

222) 도유호, 1962g, 36~38쪽.

나, 위만 당시의 그 동쪽 경계는 두만강 이북에 있었다고 필자는 루차론한 바 있다." [도유호, 1962g, 「예맥조선에 관하여」, 『문화유산』 1962(6), 36쪽]

위 글에서 읽을 수 있듯이 도유호는 정복 국가로 진출한 위만 조선 당시의 영역은 청천강에서 두만강을 연결하는 선 이남에 국한되었다고 인식하였다. 따라서 우리나라 땅에서 드러난 고고학 자료만이 우리의 역사를 연구하는데 기본적이 대상이 되며, 요서-요동 지역의 경우는 중국사의 일부에 지나지 않는다고 언급하였다.

도유호는 1962년에 고조선 문제와 관련된 4편의 논문을 발표하였는데, 여기서 눈길을 끄는 대목이 있다. 다시 말해서 발표된 4편의 논문에서 고조선은 국가라고 표현했지만, 그 사회 구조가 노예 소유자적 국가였다는 점에 관해서는 한 차례도 언급하지 않았다. 1955년 삼국시대가 노예 소유자적 사회였다는 자신의 일관된 주장에 그는 아직도 미련을 떨쳐 버리지 못했기 때문일까? 풀리지 않는 수수께끼이다.

1963년에 들어와 고조선 문제와 관련된 북한 역사학계의 동향은 도유호의 견해와 전혀 다른 방향으로 전개되었다. 리상호는 두 편으로 발표한 논문을 통하여 고조선의 경계를 압록강 또는 청천강으로 규정한 논자들의 주장을 비판의 대상으로 먼저 삼았다.

"한의 침략 이전의 고조선이 가졌던 력사적 경계를 찾는 데는 이 《유물》들이 앞장에 나설 자리는 없다. 력사 연구에서 기산(起算) 자료가 있는 이상 추산(推算) 자료는 전자에 복종해야 한다. 소위 《악랑 유물》은 따로 이야기하자. 그러므로 나는 우에서 지적한 《압록강 경계설》 주장자와 《청천강 경계설》 주장자의 중요 론거의 실질적 기초로 되어 있는 문헌 사료에 대한 그들의 그릇된 관점과 견해를 론평하려 한다." [리상호, 1963a, 「고조선 중심을 평양으로 보는 견해들에 대한 비판(상)」, 『력사과학』 1963(2), 46쪽]

리상호는 고조선의 역사적 경계를 연구하는데 있어, 과거의 일정한 시기와 위치를 밝히는데 활용될 수 있는 문헌 자료(기산 자료)가 있다면, 그것은 그것을 추정하는데 도움이 되는 고고학 자료(추산 자료)보다 더 주요하게 다루어져야 한다고 말하였다. 따라서 그는 평양 부근에서 출토되는 한식漢式 유물이 고조선 역사의 전체 기간을 반영하는 유물이 될 수 없다는 전제 조건을 내세웠다.223) 예를 들어, 기원전 7세기경 조선의 존재를 알려주는 『관자管子』의 문헌 사료는 신빙성이 매우 높기 때문에, 고조선사를 제대로 연구하려면 무엇보다 먼저 그 기록을 위작僞作으로 처리하려는 선입견부터 버려야 한다고 그는 주장했다.

두 편의 논문에서 비판의 대상이 되었던 여러 '논자論者'의 개별적인 이름이나 글 제목은 구체적으로 소개되지 않았다. 그런데 그의 글을 자세히 들여다보면 '논자' 가운데 한 명이 도유호라고 가늠되는 내용이 있어 주목된다.

"(청천강설 주장자) 이 론자의 경우는 전자와는 달리 그것이《위략》에 실렸건《사기》에 실렸던 고조선의 서방《2천 리》또는《천여 리》문제는 애초부터 자기가 연구하는 고조선 력사와는 아무런 관계 없는 사료로 보고 있음이 특징적이다. 그는 이렇게 말한다.《기씨(箕子) 왕조 (부, 준 왕조를 이렇게 부른다-필자)가 료동에 있던 때의 일이(그는 부, 준 왕조의 고조선이 료동에 있었음을 시인하고 있다-필자) 고조선 국가와는 아무런 관계도 없다는 것은 고고학 상의 사태를 고려한다면 곧 리해될 수 있는 것이다.》이것이 바로 고조선의 위치와 년대에 대한 이 론자의 기본 립장으로 볼 수 있다. 〈중략〉론자는《위략》기사에 의하여 진 개의 침공 사실과 기씨 왕조의 동천 사실을 승인하면

223) 리상호, 1963a, 「고조선 중심을 평양으로 보는 견해들에 대한 비판(상)」, 『력사과 학』 1963(2), 45~52쪽.

서도 그것을 전기(前期) 료동 조선, 후기 평양 조선, 즉 같은 계렬, 같은 고조선으로 보는 것은 《기계적》 견해라고 반대하였다. 동시에 이 론자의 주장은 국가 형성의 모태로 되는 해당 원시 사회를 어디까지라 도 국가로부터 력사적으로 분리시키려는 것이 특징적이다. 론자의 주장을 구체적으로 표현한다면 원시 시대 고조선의 위치와 국가 시대 고조선의 위치는 《아무런 관계도 없다》는 것이요 동시에 원시 시대 고조선의 종족 간에도 《아무런 관계가 없다》는 론리다. 이 주장은 바로 그의 립장인 《기씨 왕조가 료동에 있던 때의 일이 고조선 국가와 는 아무런 관계가 없다》라고 한 그의 론단으로 종합된다. 〈중략〉 이 전대 미문의 국가 형성 리론을 안받침하는 론자가 주장하는 《고고 학적 사태》도 또한 마찬가지 론리로써 배합시키고 있다." [리상호, 1963b, 「고조선 중심을 평양으로 보는 견해들에 대한 비판(하)」, 『력사과학』, 1963(3), 58~59쪽]

글을 읽다보면, 필자마다 즐겨 사용하는 독특한 표현 방식을 만나게 된다. 도유호의 경우를 예로 든다면, 그는 위 인용문에 등장하는 '고고 학 상의 사태' 또는 '고고학적인 사태'라는 표현을 비교적 자주 애용하 였다. 그런데 위 글에는 "종래 들어 본 적이 없는 국가 형성 이론"이라 는 구절도 등장한다. 이로 미루어 짐작하건대, '전대미문의 국가 형성 이론'은 바로 도유호의 《우리 나라 최초 국가 형성 과정에 관한 연구》 에 관한 글을 지칭하는 것이 분명하다고 판단된다. 리상호가 위 글에서 가장 문제로 삼았던 것은 "전기의 고조선은 요동 지역에 있었고, 후기의 고조선은 평양을 중심으로 하는 북조선에 있었다. 우리나라 최초의 국가로서 고조선은 후기 단계의 고조선이다. 이 단계의 고조선 만이 우리나라 역사의 사회 발전 과정에서 일정한 역할을 하였다"는 논점이었다. 따라서 도유호의 《우리 나라 최초 국가 형성 과정에 관한 연구》가 『력사과학』 등에 공개적으로 게재되지 않은 이유도 거기에서 찾을 수 있겠다. 전체적인 내용 구성은 알 수 없으나, 당시 도유호가 그 논문에서 언급한 주요 사항은 당시 북한 역사학계에서 수용하기 어렵게 구성되었으리라 추정된다. 리상호의 논문이 발표될 즈음, 도유호의『조선 원시 고고학』에 대한 비판적인 서평224)이『력사 과학』에 게재되기도 하였다. 이에 관해서는 뒤에 가서 자세히 살펴보기로 하겠다.

1963년부터 도유호는 고조선에 관한 논문을 한 편도 발표하지 않았다. 그럴 의도가 없었는지 또는 쓴다한들 게재할 지면을 구하지 못했는지에 대해서는 확인할 길이 없다. 그러나 고조선 문제는 훗날 도유호의 신변 변화와 일정한 관계가 있다고 판단되기에 이 부분에 관해서 좀 더 알아보기로 하자.

리지린은 1963년에『고조선 연구』라는 저서를 펴냈다.225) 이 책은 문헌 자료와 고고학의 연구 성과를 토대로 조선 고대사에 대한 일본 역사가들의 잘못을 바로 잡고, 민족 역사의 유구성을 밝히고, 우리나라 고대 사회의 합법칙성을 탐구하고, 마르크스-엥겔스의 이론에 충실히 입각하여 우리나라 고대 사회의 경제 구성 등등을 연구하려는 목적에서 저술되었다. 그러면서 그는 철기 사용과 국가의 등장 문제에 대하여 다음과 같은 비판적인 입장을 표명하였다.

"혹자는 철기 사용을 국가 형성의 유일한 징표로 되는 것처럼 주장한다. 즉 우리 나라에서 철기 사용 시기가 기원 전 몇 세기이니 국가 형성 시기는 그 이상 올라 갈 수 없다고 주장하는 학자도 있다. 필자는 이러한 주장은 력사적 사실을 떠난 형이상학적 독단에 불과하다고

---

224) 김유방, 1963a,「도유호 저《조선 원시 고고학》에 대한 몇 가지 의견」,『력사과학』, 1963(2), 59~61쪽.

225) 리지린은 이 저서로 1963년에 학사학위를 받았다. 력사연구소, 1964,「1963 년도 력사학 학위 청구 론문 공개 심의 정형」,『력사과학』 1964(1), 68쪽.

인정한다. 왜냐 하면 생산 도구는 해당 사회의 생산력 발전 정도를 측정할 수 있는 주요한 척도로는 될 수 있으나 그것이 해당 사회의 생산 방식을 규정할 수는 있는 유일한 징표로는 될 수 없기 때문이다. 엥겔스는 《가족, 사유 재산 및 국가의 기원》에서 희랍 사회에서는 계급 국가 형성 이전에 철을 제조하였다고 썼다. 그러나 그는 어느 사회에서나 그렇다는 것을 가리킨 것은 아니다. 철기를 사용하지 않고 서도 국가를 형성할 수 있으며 실지로 그러한 나라가 많았다. 가까운 실례를 들면 고조선과 밀접한 관계를 가졌던 중국 고대 국가가 바로 그러하였다. 중국은 철기를 사용하지 않고서도 국가를 형성하였을 뿐만 아니라 철기 없이도 노예 소유자 국가를 유지할 수 있었던 것이다. 철기 사용이 결코 국가 형성의 유일한 조건으로 될 수는 없는 것이다. 그렇기 때문에 고조선 국가 형성 문제를 론함에 있어서 그 유일한 조건으로서 철기 사용 문제를 드는 리론은 성립될 수 없다." [리지린, 1963b, 『고조선 연구』, 7쪽]

"(미개 높은 단계에서) 인류는 철광석을 제련하고 문헌을 기록하는 데 문자를 이용하면서부터 문명으로 이행한다(41쪽). 〈중략〉 이 단계에서 우리가 무엇보다도 먼저 보게 되는 것은 가축이 끄는 철제보습날 이다. 이것으로 말미암아 대규모 농업, 즉 농경이 가능하게 되었으며, 또 그와 함께 당시의 사정으로는 사실상 무한하다고 할 만한 생활수단의 증대가 가능하게 되었다. 그 다음에는 삼림의 개관과 그것을 경지나 목장으로 개척하는 것을 보게 되는데, 이것도 대규모로 경작하려면 철도끼나 철삽 없이는 불가능했다(41~42쪽). 〈중략〉 (미개 중간 단계의) 산업 활동 영역에서 거둔 성과 중 특히 중요한 의미가 있는 것은 두 가지이다. 즉 첫째는 직기織機이고, 둘째는 광석의 용해와 금속의 가공이다. 구리와 주석 그리고 그것을 제련한 청동은 중요한 금속의 가공이었다. 청동은 유용한 도구와 무기를 제공했으나 석기를 대신하지 못했다. 철만이 대신할 수 있었지만, 철을 얻는 방법은 아직 모르고 있었다. 금과 은은 옷치장과 장식품에 사용되기 시작했는데, 이미 동이나 청동보다 귀하게 취급된 것 같다(280쪽)." [프리드리히 엥겔스(김대웅 옮김), 2012, 『가족, 사유재산, 국가의 기원』]

엥겔스는 미개 중간 단계의 산업 활동 영역에서 중요한 의미를 지닌 것 하나로 청동의 제련 기술을 예로 들었다. 그러나 그는 미개 높은 단계에서는 청동이 아닌 철기의 사용이 문자의 사용과 더불어 문명사회로 진입하는데 주요한 영향을 주었다고 설명하였다. 따라서 엥겔스는 미개시대의 진보를 서술하면서, 청동 유물이 지니는 의의를 지나치게 과소평가하였다.[226] 다시 말해서 그는 청동 유물의 역할을 도구로서의 기능적인 측면에서만 바라보았고, 그 유물이 내포하는 사회문화적 기능에 관해서는 언급하지 않았다. 그는 철기 사용에 따른 물질적인 변화는 사유재산의 축적과 발달, 사회적 신분 분화의 촉진, 그리고 원시사회의 붕괴와 아울러 노예제를 기반으로 한 계급국가의 등장과 상호 관계를 맺으며 진행된 것으로 파악하였다. 따라서 이러한 엥겔스의 명제를 전제로 할 때, 본격적인 철기 사용의 문제는 한 사회의 경제 구조를 이해하는데 중요한 기반으로 작용한다. 그것을 삼국시대로 보느냐, 또는 그 이전 단계로 설정하는가에 따라 다양한 견해가 도출될 수 있다. 이 문제를 두고 그동안 북한 학자들은 적지 않은 논란을 거듭하였다.

『조선 원시 고고학』(216쪽)에서 도유호도 중국의 은상시대는 청동기시대로서 노예소유자국가였다고 말한 바 있다. 그렇지만 그는 '고조선=철기 사용=국가'라는 등식을 대입하면서 위만 조선을 정복국가로 규정하며, 위만 조선을 노예소유자국가로 보는 주장에 찬동하

---

226) 요하임 헤르만(김재상 옮김), 1989, 「『가족, 사유재산, 국가의 기원』에 대하여」, 『가족, 사유재산, 국가의 기원』, 334쪽.

지 않았다. 그런데 리지린의 견해는 출발점부터 도유호와 달랐다.

리지린은 "① 고조선은 기원전 12세기에 국가를 형성하기 시작하여 늦어도 기원전 8세기에 '조선'이라는 통일 국가를 형성하였다. ② 기원전 8~5세기에서 위만 등장 이전까지는 노예제도가 지배적 지위를 차지하는 노예제사회로 전환되었고, 위만 이후에는 차츰 봉건사회로 이행되었다. ③ 고인돌은 고조선 또는 고대 조선족의 유물이다. 북방식 고인돌은 남방식 고인돌보다 선행한다. ④ 평형(비파형)단검은 요서, 요동, 조선반도에서 모두 나오며, 반도 내에서 나오는 세형동검보다 선행한다. 전자는 고조선과 맥국의 문화 유물이고, 후자는 진국의 문화 유물이다. ⑤ 고조선에서 철기는 늦어도 기원전 5세기경부터 사용되었다"라고 서술하였다. 요컨대 리지린의 저서가 "광범한 사료들을 맑스-레닌주의 역사관의 입장에서 종합, 정리하고 조선 고대사에 관한 자기의 새 체계를 수립한 것으로서 조선 고대사 발전에서의 하나의 이정표로 된다"고 호평을 받았던 사실은 1963년을 기점으로 고조선사 연구에 또 다른 분위기가 형성되었음을 잘 보여준다.[227]

초기 금속문화의 기원 문제

1955년 도유호는 "거석문화는 석기시대의 최말기로서 금속시대로 넘어가는 과도기였다"라고 서술하였다.[228] 초도 유적(1949년 발굴)에서 청동기와 철기가 출토하였으나 보고서에서는 청동기문화의 영향이 미치기 시작한 신석기시대 최말기로 처리되었다.[229] 이렇듯 그때만 하여도 북한 고고학은 초기 금속 유물에 관한 이해가 충분하지

---

227) 력사연구소, 1963, 「《고조선 연구》에 대하여」, 『력사과학』 1963(5), 102~106쪽.
228) 도유호, 1955, 50쪽.
229) 고고학 및 민속학 연구소, 1956, 51쪽.

못한 상태에 머물러 있었다.

　1954~56년에 걸쳐 금속 유물의 출토 빈도수는 차츰 높아지기 시작하였다. 지역으로는 함경북도와 평양, 특히 황해도 일대에서 적지 않은 양의 금속제 유물이 발굴되었다. 함경북도 오동 유적(1954~55년 발굴)의 집자리(6호) 퇴적층에서는 쇠도끼가 발굴되었다.[230] 평양 금탄리 유적(사동구역, 1954년 발굴)의 집자리(8호)에서는 청동제 끌이 드러났다.[231]

　황해북도의 경우, 순천리 상동 유적의 목곽묘(황주군, 1954년 발굴)에서 청동제 수레 부속품, 말 관자, 동종, 동경, 철검, 쇠도끼, 두 귀 달린 쇠단지 등, 천주리 한밭골 토광묘(황주군, 1955년 발굴)에서 세형동검, 을자형동기, 쇠도끼, 외 귀 달린 쇠단지 등, 갈현리 하석동 토광묘(은파군, 1956~57년 발굴)에서 세형동검, 협봉동모, 을자형동기, 철검, 철모, 쇠도끼 등, 선봉리 1호 무덤(토광묘)에서 금동 장식품, 오수전 등, 그리고 상매리 석상묘(사리원시, 1956년 발굴)에서 석촉과 동촉이 함께 발굴되었다. 황해남도의 운성리 토광묘(은률군, 1954년 발굴)에서는 세형동검, 협봉동모, 청동제 수레 부속품, 일산 살 꼭지, 철제 유물 등이 나왔는데 오수전五銖錢을 통하여 유적의 연대가 기원전 1세기 이전으로 추정될 수 있었다.[232]

　앞에서 언급한 것처럼, 해를 거듭할수록 금속 유물이 출토하는 유적의 수량이 늘어났다. 따라서 초기 금속문화의 기원과 발전, 유물 성격과 편년 등에 관하여 시급히 해결되어야 할 현안 과제도 그에 비례하여 증가하였다고 볼 수 있다. 1956년 12월(25일)에 고고학 및 민속학 연구소에서 주최한 '조선에서의 초기 금속 사용에 관한 토론

---

230) 고고학 및 민속학 연구소, 1960a, 60쪽.

231) 김용간, 1964b, 『금탄리 원시 유적 발굴 보고』, 36쪽.

232) 황해도 지역의 유적에 관해서는 다음을 참조하기 바람. ① 고고학 및 민속학 연구소, 1958i, ② 고고학 및 민속학 연구소, 1959e, 『대동강 및 재령강 류역 고분 발굴 보고』.

회'는 그와 관련된 문제를 검토하고자 진행되었던 것으로 생각된다.

토론회는 정백운 연구사의 주제 보고로 막을 올렸다. 도유호와 리여성을 포함하여 8명이 토론자로 참석하였다.[233] 중요한 주제였던 만큼 보고의 전문全文은 1957년『조선 금속 문화 기원에 대한 고고학적 자료』[234]라는 제목의 단행본으로 출간되었다. 위 토론회에 참석했던 토론자의 글들이 그보다 1여 년이 지난 뒤 1958년도『문화유산』[235]에 게재되었는데, 이는 초기 금속 문화와 관련된 문제가 그만큼 중요한 비중을 차지하는 사안이었음을 반영한다고 생각된다. 한편 1957년 8월 중순경에는 초기 금속의 편년 문제 등에 대한 일반인의 관심을 높이고, 이 분야 연구자들이 참고할 수 있도록, '초기 금속 유물 전시회'가 중앙역사박물관에서 개최되었다.[236]

정백운의 보고는 그 제목이 뜻하는 것처럼, 일제강점기부터 1950년 대까지 우리나라에서 발견된 초기 금속 유물을 종합적으로 정리하였으며, 초기 금속 유물의 성격에 관하여 그동안 제기되었던 다양한 견해를 빠짐없이 소개하였다. 따라서 그의 보고는 그와 같은 점을 체계적으로 이해하는데 좋은 길잡이가 된다고 생각된다.

석기시대와 청동기시대 말기(또는 초기 철기시대) 사이 시기에 '과도기'를 설정함으로써 '금석병용기설'은 인정하는 듯한 정백운의 입장에 김용간과 황기덕은 찬동하지 않았다(표 20 참조). 반면에 그들은 초기 금속(청동기 또는 철기)의 사용이 조선에서 독자적으로 발생

---

233) 고고학 및 민속학 연구소, 1957b, 「조선에서의 초기 금속 사용에 관한 토론회」, 『문화유산』 1957(1), 118쪽, 102쪽.

234) 정백운, 1957, 『조선 금속 문화 기원에 대한 고고학적 자료』.

235) ① 김용간, 1958, 「금석 병용기에 관련하여」, 『문화유산』 1958(2), 72~74쪽, ② 황기덕, 1958, 「조선 청동기 사용기의 존부에 관하여」, 『문화유산』 1958(2), 74~76쪽, ③ 김재효, 1958, 「우리 나라 초기 금속 문화의 원류에 대한 몇 가지 문제」, 『문화유산』 1958(2), 77~78쪽.

236) 고고학 및 민속학 연구소, 1957e, 「고려 도자기와 초기 금속 유물 전시회」, 『문화유산』 1957(5), 76~79쪽, 19쪽.

<표 20> '조선에서의 초기 금속 사용에 관한 토론회'에서 제기된 주요 내용

토론	초기 금속 문화의 기원 문제 및 세형동검, 협봉동모 등의 유물군 문제
정백운	○신석기시대 말기에 이르러 연동 기술이나 연철 기술이 외부와 관계없이 독자적으로 발생된 것으로 볼 수 없음. ○옹관장, 지석묘, 석상분 출토 유물(석제, 청동제, 철제)은 석기시대에서 금속 사용기로의 과도적 정형을 연구하는데 중요한 자료가 됨. ○세형동검, 협봉동모는 청동기시대 말기 또는 철기시대 초기에 속하며 조선에서 독자적으로 이런 유형이 발생했다고 보기는 어려움. ○초기 금속 유물의 기원을 연구하기 위하여 자연과학 분석(합금 배합 비율)이 필요함. ○석기시대의 종말과 금속 문화의 개화에 관한 문제는 우리나라 원시사회의 종말과 계급사회의 형성 및 발전에 관한 큰 부분이 됨.
김용간	○일본 어용학자들이 주장한 '금석병용기'는 우리나라의 석기시대 말에 외부적 요인으로 청동 및 철기를 사용하던 과도기를 가리킴. ○지석묘, 석상분, 적석총, 옹관장에서 석기가 나왔다고 해서 그 유적을 석기시대로 볼 수 없음. ○종래 신석기 말기로 본 유적에서 마제석기와 청동 유물이 나오는데 이런 유적의 연대는 재검토되어야 함. ○우리나라의 금속기 사용이 외부의 영향 없이 자체 발전한 것으로 볼 수 있는 자료는 없음. ○세형동검, 협봉동모, 쌍뉴세문경 등의 유물군은 많은 경우에 철기 내지는 철기시대의 징표를 반영. ○세형동검, 협봉동모 등의 청동기는 철기시대 문화를 소유한 주민들의 유물.
황기덕	○돌멘, 적석총, 석상분, 옹관장 등은 '금석병용기'의 일률적인 특징으로 볼 수 없음. ○지석묘나 석상분에서 출토하여 청동제 방제품으로 인정되었던 석촉이나 마제석검 유물류는 청동기 사용기를 암시함. ○전국적으로 분포하는 석촉이나 석검류는 청동기 제작을 습득한 주민이 원료의 제약으로 말미암아 그 수법을 석기에 옮겼다고 보는 것이 타당함. ○거석문화의 출현은 청동기문화와 밀접한 관련이 있음. ○조선에서 청동기가 독자적으로 발생했다는 근거는 없음. ○조선의 청동기문화는 늦어도 기원전 7세기경부터 시작함. ○철기문화는 전국 말(기원전 3~1세기)이며, 기원후 1세기경에 조선 남단으로 보급됨. ○우리나라의 청동기문화에는 석기시대의 전통이 남아 있음. ○우리나라의 청동기문화는 중국 북부의 철기문화에 선행하는데, 그것은 대륙의 서북방에서 직접 유입되었을 것임.
김재효	○초도 유적에서 나온 작은 청동거울, 동탁(銅鐸), 반지 등은 후세에 혼입된 것이 아니라, 원시시대에 뒤이은 금속 사용기의 유물임. 오동 유적의 쇠도끼는 철기시대의 징표임. ○철기문화 전래 이전의 석기시대 말기에 청동문화의 한 시기를 설정할 가능성이 있음. ○우리나라 초기 금속문화는 북방계 문화와 밀접한 관련이 있음. ○한 무제의 침략 이전인 전국 말부터 고조선 제 종족은 한족과 긴밀한 관계를 가졌으며, 황해도 등지의 토광묘에서 출토하는 세형동검, 동모 및 철제 도구는 무제 이전에 한족(漢族)의 철기문화가 고유의 청동문화와 융합되었음을 보여줌. ○청동 제품은 원료의 제약으로 생산 도구로서 주된 역할을 하지 못했으며, 철기 사용에 따른 생산력의 변혁으로 원시공동체 사회가 붕괴되었음. ○초기 청동 유물에 대한 화학 분석이 필요함.

하였다는 점에 대해서는 대체로 부정적인 견해를 지니고 있었지만, 김용간과 황기덕은 조선에 청동기시대와 철기시대가 존재하였음을 긍정적인 관점에서 평가하였다. 한편 정백운과 김재효는 금속기의 사용 문제가 원시공동체 붕괴 및 계급사회의 등장과 밀접하게 관련되었음을 지적하면서, 초기 금속 유물에 대한 성분 분석[237]은 그 기원 문제를 밝히는데 도움이 된다고 이야기하였다.

김용간, 황기덕, 김재효의 토론문이 발표된 직후, 도유호는 「조선 원시 문화의 년대 추정을 위한 시도」[『문화유산』 1958(3)]라는 논문을 발표하였다. 그가 이 논문을 발표할 당시에는 지탑리 유적의 발굴[238]을 통하여 청동기시대의 유적, 유물에 대한 이해가 상당히 진전되어 있었다. 앞에서 이야기했듯이 도유호는 당시까지 이루어진 고고학적 성과를 토대로 원시문화의 편년 체계를 좀 더 구체적으로 세우기 위한 작업을 시도하였다. 신석기시대와 청동기시대에 관해서는 이미 언급한 바가 있기 때문에 다음에서는 토광묘와 그 출토 유물에 관해서 살펴보기로 하겠다.

(1) 위원渭原[239]의 철기시대 유물은 위씨 조선(기원전 2세기 초엽) 이전에 해당하며, 시기는 늦어도 서기전 3세기인데, 평양 부근에서도 서기전 3세기의 철기가 발견되었음.

(2) 위씨 조선 시대에 해당하는 것으로 보이는 태성리 토광묘의 출토 유물[화분深鉢形土器, 세형동검, 수레 부속품, 철제 도끼와 낫, 을자형동

---

237) 북한에서 처음으로 발표된 금속 유물의 화학 분석 결과에 대해서는 다음을 참조하기 바람. 최상준, 1966, 「우리 나라 원시시대 및 고대의 쇠붙이유물분석」, 『고고민속』 1966(3), 43~46쪽.

238) 도유호·황기덕, 1957b.

239) 1927년에 조사된 자강도 위원군 용연동(龍淵洞)에서는 명도전(400여 점), 청동제 활촉, 대구, 철제 창, 괭이, 낫, 반월도, 활촉 등이 발견되었다(정백운, 1957, 9쪽).

기 등]은 중국 사람들의 내주와 관계가 있는데, 토광묘의 유물 종태는 그 이전에 벌써 나타남.

(3) 토광묘는 목관분에 선행하며, 연대는 전국 시대 이전으로 올라갈 가능성도 있음.

(4) 북쪽의 거석문화는 서기전 7~3세기며, 그 시기의 적석총은 초기 고구려의 무덤 형태로 넘어 갔음.

(5) 조선의 철기시대는 북중국 계통의 인간 내주와 관련되었고, 서기전 3세기에 시작되었음.

도유호는 조선의 거석문화를 남부 시베리아의 카라수크 문화 (Karasuk culture)와 연결을 지었으나, 철기 사용은 북중국 지역에 살았던 주민의 영향을 받아 시작된 것으로 판단하였다. 그 후『조선 원시 고고학』(225~226쪽)에서는 두만강 언저리의 여러 유적(예를 들어, 회령 오동, 무산 범의구석, 독로강 유역의 노남리 유적 등)에서 알려진 철제 유물240)을 종합적으로 검토하여, 우리나라 철기문화의 기원을 중국에 두었던 자신의 지난날 견해를 포기하였다.

『조선 원시 고고학』을 서술하면서 도유호가 고민했던 것 가운데 하나는 미송리 동굴유적(평안북도 의주군 의주읍, 1954년 발굴)에서 출토한 유물의 편년 문제였다. 미송리 유적의 문화층은 크게 두 문화층(아래층과 위층)으로 나뉜다. 그 중 위층에서 토기와 청동 도끼가 발굴되었다.

도유호는 위층에서 발굴된 토기가 길림 서단산자西團山子의 돌무덤에서 나온 것과 같은 종류이며, 동일한 유형의 토기가 묵방리(평안남도 개천군, 1960년 발굴)의 변형 돌멘에서 나온 사실을 잘 알고 있었다.

---

240) 도유호는『조선 원시 고고학』제2판 서문에서 노남리 유적의 철제 유물을 초기 고구려의 것으로 정정하였다. 황기덕, 1963a,「두만강 류역 철기 시대의 개시에 대하여」,『고고민속』1963(4), 1쪽 참조.

그러나 그는 위층에서 철기가 출토하지 않았음에도 다른 유적과의 비교를 통하여 그 토기를 초기 철기시대로 편년하였다.[241] 1961년에는 그의 주장과 다른 견해가 발표되었다. 김용간[242]은 미송리 위층의 토기를 청동기시대 말기, 그리고 김기웅[243]은 묵방리 토기를 거석문화 최말기의 유물로 인정하였다. 이들과는 다른 관점에서 미송리형 토기를 철기시대로 다루며 그와 관련된 초기 철기시대의 상한을 서기전 4세기 이전으로 올리려는 견해도 제기되었다.[244] 그러한 입장은 대체로 도유호의 주장에 바탕을 두었던 것으로 추정된다.

앞에서 언급한 것처럼, 도유호는 『조선 원시 고고학』(235~238쪽)에서 "마디 있는 좁은놋단검(세형동검)을 고조선식 좁은놋단검"으로 규정하고, 만주식동검과 고조선식 좁은놋단검의 주인공들은 서로 직접적인 관련을 맺지 않는다고 하였다. 그런데 그와 같은 견해는 1962년에 들어와 변모되었다.

"미송리와 고조선 사이에는 평형동검 시대가 끼이는데, 평형동검 시대가 결국은 미송리 위층의 연장임을 잘 알 수 있다. 우리 나라 평형동검 시절의 질그릇을 우리는 아직 구체적으로 알지는 못 한다. 그러나 고조선의 좁은 놋 단검(세형동검)에 평형동검의 전통이 강한 점으로 미루어 보거나, 또는 고조선 질그릇에 미송리 전통이 강한 점으로 미루어 보아 우리 나라 평형동검 시절에 미송리 웃층 질그릇의 전통이 강하였으리라는 것은 가히 짐작할 수가 있다." [도유호, 1962h, 「신천군

241) 도유호, 1960a, 228~232쪽.
242) 김용간, 1961b, 「미송리 동굴 유적 발굴 중간 보고(II)」, 『문화유산』 1961(2), 23~33쪽.
243) 김기웅, 1961b, 「평안남도 개천군 묵방리 고인돌 발굴 중간 보고」, 『문화유산』 1962(2), 45~54쪽.
244) 고고학 및 민속학 연구소, 1961d, 「조선 로동당 제 3 차 대회 이후 고고학계가 거둔 성과」, 『문화유산』 1961(4), 1~9쪽.

위 인용문에서 읽을 수 있듯이 도유호는 '미송리 윗문화층→ 평형동검→ 고조선식 좁은놋단검'이 계기적인 선후 관계를 이루는 것으로 파악하였다. 오늘날에는 평형동검(만주식동검, 비파형동검)하면 미송리형 토기가 쉽게 머리에 떠오르지만, 그런 그림을 그리기까지 연구자들의 노력이 직지 않게 깃들었다는 사실을 기억할 필요가 있다.

1963년 하반기로 들어와, 리병선[245]은 미송리형 토기를 가리켜, 압록강 유역의 청동기시대를 특징짓는 유물이라고 언급하며, 미송리형 토기와 토기 종태를 함께하는 유형을 '미송리형 문화'로 설정하였다. 그렇지만 미송리형 문화의 연대 문제와 청동 도끼에 대해서는 말하지 않았다.

1963년 말부터 초기 금속 문화의 개시 연대를 새로운 시각에서 접근하려는 조짐이 구체화된다. 그러한 경향은 먼저 두만강 유역의 초기 철기시대의 연대 문제를 논하는 황기덕[246]의 글에서 엿보인다.

"세형 동검은 어데서나 철기가 광범히 보급된 시절의 무덤에서 발견되는 만큼 세형 동검 시절은 대체로 본격적인 철기 시대였다고 보인다. 따라서 세형 동검보다 선행한 비파형 동검 시절은 그 만큼 철기가 덜 보급된 시절 즉 철기 시대와 그 만큼 더 가깝던 시절과 관련되었을 것이다. 이는 비파형 동검 시절에 철기가 극히 드물게 밖에 보이지 않는 사실에 비추어 보아서도 잘 알 수 있는 바다. 이와 같이 비파형 동검 시절은 세형 동검이 류행하던 철기 시대보다 얼마간 더 이른 시절로서 당시는 아직도 철기가 희귀하였던 시기였다고 보인다." [황기

---

245) 리병선, 1963, 「압록강 류역의 청동기 시대의 특징적인 토기들과 그 분포 정형」, 『고고민속』 1963(3), 25~36쪽.
246) 황기덕, 1963a, 1~10쪽.

덕, 1963, 「두만강 류역 철기 시대의 개시에 대하여」, 『고고민속』 1963(4), 9쪽]

황기덕의 주장은 앞에서 말한 도유호의 시각을 바탕에 두고 제기되었던 것으로 보인다. 차이가 있다면, 황기덕은 비파형동검이 초기 철기시대의 이른 시기와 연결될 수 있다고 이해하였다. 이에 근거하여 그는 "비파형동검의 초기나 돌상자무덤의 마지막 시기와 병행하였거나 혹은 그 보다도 얼마간 더 이를 수도 있는 두만강 류역의 철기 사용의 시작을 늦어도 기원전 7~5세기 간으로 추정할 수 있다"[247]는 결론에 도달하였다.

1964년 상반기에 김용간[248]은 청동기시대의 연대 문제를 새로운 관점에서 접근하는 논문을 발표하였다. 주요 논점은 다음과 같다.

(1) 세죽리細竹里 유적[249](평안북도 영변군, 1962~63년 발굴)의 묵방리형 토기 문화층은 기원전 4~3세기 이전임. 이 층에서는 미송리형 단지의 조각도 나왔음.

(2) 길림 부근 소달구騷達溝 유적과 남산근南山根(요령성 영성현) 유적의 돌무덤, 미송리 윗문화층 등은 춘추시대의 이른 시기에 해당하는 기원전 1천년기 전반기.

(3) 탁자식(전형적) 고인돌은 묵방리형(변형) 고인돌에 선행함.

(4) 신흥동新興洞 유적[250](황해북도 봉산군, 1958년 발굴)의 집자리(7호)에서 나온 청동 단추는 기원전 2천년기 말에 해당.

(5) 오금당烏金塘(요령성 금서현)에서 출토한 비파형단검과 청동과靑銅戈

---

247) 황기덕, 1963a, 10쪽.

248) 김용간, 1964a, 「우리 나라 청동기 시대의 년대론과 관련한 몇 가지 문제」, 『고고민속』 1964(2), 8~18쪽.

249) ① 김정문, 1964, 「세죽리 유적 발굴 중간 보고(1)」, 『고고민속』 1964(1), 44~54쪽. ② 김영우, 1964, 「세죽리 유적 발굴 중간 보고(2)」, 『고고민속』 1964(4), 40~50쪽.

250) 서국태, 1964, 「신흥동 팽이그릇 집자리」, 『고고민속』 1964(3), 35~45쪽, 55쪽.

는 서주 말 춘추 초에 유행하던 형태. 비파형단검은 늦어도 기원전 8~7세기경에 사용되었음.

(6) 고인돌 및 팽이그릇 집자리가 처음 출현하는 시기는 기원전 2천년 기 말.

(7) 우리나라 청동기시대 개시 연대는 기원전 2천년기 후반기.

1963~64년 사이에 김용간과 황기덕의 논문이 발표되면서 청동기 시대와 철기시대의 상한 연대는 도유호가『조선 원시 고고학』에서 추정했던 연대보다 수백 년 이상 올라가게 되었다. 그것은 북한의 유적뿐만 아니라 요령성 일대 등지에서 새롭게 조사된 연구 성과가 축적된 결과이기도 하다. 그런데 여기서 몇 가지 흥미로운 점을 엿볼 수 있다. 예를 들어, 황기덕은 우리나라의 철기 사용 개시 문제가 『조선 원시 고고학』에서 처음으로 제기되었다는 사실을 먼저 강조하 였다. 김용간은 청동기시대의 상한 연대를 재검토하면서 도유호가 언급하였던 기원전 '7세기설'을 직접 비판한 것이 아니라, 공귀리 유적[251]을 '기원전 7~5세기 늦어도 4세기 초 전'으로 보았던 자신의 견해가 시정되어야 한다고 우회적으로 표현하였다. 이렇듯 그들은 기존에 도유호가 주장했던 편년 문제에 대해서 매우 신중한 자세로 접근하였다. 이는 우리나라의 원시시대에 대한 도유호의 학문적 위상 이 당시까지도 강한 영향력을 지녔음을 잘 보여주는 것으로 생각된다.

1963년 8월부터 1965년 7월까지 4차에 걸쳐 중국의 동북 지방(요령 성, 길림성, 흑룡강성)에 분포한 유적이 북한과 중국의 합작으로 진행 되었다.[252] 특히 요령성 일대에서 실시된 유적의 발굴 성과는 고조선 연구에 획기적인 전환점을 마련하는데 매우 큰 영향을 주었다.

이 발굴에서 윤가촌과 정가와자 유적의 토광묘 계열 움무덤에서는

---

251) 김용간, 1959, 78쪽.
252) 조중 공동 고고학 발굴대, 1966,『중국 동북 지방의 유적 발굴 보고 : 1963~1965』.

〈표 21〉 요령성 지역의 발굴 유적과 청동 유물

유적	위치	유물
쌍타자 청동 단검 무덤	여대시 감정자구	비파형동검
강상 돌무덤	여대시 감정자구	비파형단검, 창끝, 비녀, 팔찌, 거푸집 등.
누상 돌무덤	여대시 감정자구	비파형단검, 도끼, 자귀, 활촉, 단추, 치레거리 등.
장군산 돌무덤	여대시 여순구구	돌무덤의 묘광이 대부분 파괴되었음.
윤가촌 움무덤	여대시 여순구구	좁은놋단검
와룡천	금현 동가구	비파형동검, 동검 손잡이, 도끼, 마구, 장식품, 거푸집 등.
조공가	심양시 철서구	시굴. 청동 유물 출토하지 않음.
정가와자 움무덤(제2호)	심양시 우홍구	좁은놋단검
남산근 움무덤(제102호)	영성현	칼, 끌, 도끼, 송곳, 마구 등.

좁은놋단검이 드러났다. 그리고 쌍타자, 강상, 누상, 와룡촌 유적의 돌무지무덤[돌곽돌무덤] 계열에서는 비파형단검이 출토되었다(표 21). 이들 유적 가운데 북한 고고학자들이 가장 주목하였던 유적은 강상과 누상의 돌무지무덤이었던 것으로 짐작된다. 이 두 무덤에서는 비파형단검과 화장된 사람 뼈가 출토되었다. 특히 강상 돌무지무덤에서는 기원전 8~6세기로 추정되는 비파형단검과 미송리형 단지가 발굴되었을 뿐만 아니라 23개의 묘광에서 무려 144개체분에 이르는 화장된 사람 뼈가 출토되었다. 19호 묘광에서는 18개체분, 14호 묘광에서는 13개체분에 달하는 사람 뼈가 확인되기도 하였다.[253]

중국 동북 지방의 조사 성과가 북한에 알려지고, 뒤를 이어 발굴 보고서가 발행(1966년 7월)되는 시점을 계기로 북한의 고고학자와 고대사 전공 역사학자들은 거기에서 드러난 청동기시대의 유적과 유물에 대하여 누구라고 할 것 없이 충격적인 분위기에 휩싸였을 것으로 생각된다. 발굴 소식은 먼저 그 해 말에 간행된『력사과학』에

---

253) 조중 공동 고고학 발굴대, 1966, 86쪽.

간단히 언급되었다.

김석형254)은 "기원전 8~7세기에 노예를 대규모로 순장한 노예주가 있었고, 고조선은 우리 역사에 처음으로 등장하는 노예 소유자적 국가였다"라고 말하면서, 그러한 성과는 "고대사 연구에서 외인론外因論을 배격하고, 우리 역사에서 노예소유자사회가 없었다는 교조주의적 견해와 투쟁한데서 이루어진 것"이었다고 그 의의를 평가하였다.

1967년 상반기에는 서북 조선과 요동 일대에서 알려진 고고학 자료를 종합적으로 연구한 논문이 발표되었다.255) 이 논문에서 그들은 노예소유자국가였던 고조선이 기원전 8~7세기에 서북 조선에서 요동 일대에 존재하였다고 강조하였다. 그 해 말, 두 사람은 공동으로 논문을 작성하여 우리나라의 청동기시대에 관한 개괄적인 검토를 시도하였다. 그 글에서 그들은 "기원전 2천년기 전반기에 청동기시대가 시작되었고, 기원전 2천년기 후반기에는 청동기의 보급으로 신석기시대의 전통이 거의 없어졌으며, 기원전 1천년기 초에는 발전된 청동기문화의 기반 위에서 서북 조선과 요동 일대에 걸쳐 노예소유자 국가가 나타났다"고 서술하였다.256)

『고고민속』에 이어 1969년에 발행된『고고민속론문집(1)』에는 고고학연구소와 력사연구소의 공동 이름으로「기원전 천년기전반기의 고조선문화」라는 논문이 발표되었다.257) 같은 제목의 논문이『고고민속』[김용간·황기덕, 1967(2)]에 실린 바 있었는데, 그 내용은 고고학적 성과를 기반으로 작성되었다. 전자의 논문도 고고학적 성과를

254) 김석형, 1966,「력사연구에서 당성의 원칙과 력사주의 원칙을 관철할데 대하여」,『력사과학』1966(6), 4쪽.
255) 김용간·황기덕, 1967a,「기원전 천년기전반기의 고조선문화」,『고고민속』1967(2), 1~19쪽.
256) 김용간·황기덕, 1967b,「우리 나라의 청동기시대」,『고고민속』1967(4), 1~9쪽.
257) 고고학연구소·력사연구소, 1969,「기원전 천년기전반기의 고조선문화」,『고고민속론문집』1, 33~139쪽.

중심으로 서술되었으나, 필요한 경우에 문헌 자료를 보충적으로 활용하였다. 따라서 이 논문을 작성하는데 주도적으로 참여했던 연구자들은 고고학연구소의 학술 성원들이었다고 생각된다.

김용간과 황기덕의 논문이 실린 『고고민속』은 1967년 6월 13일, 그리고 『고고민속론문집』 창간호는 1969년 12월 10일에 각각 발행되었으니, 둘 사이의 발행 시기 차이는 무려 약 2년 6개월에 해당한다. 1960년대 중반 이후의 사회적 혼란을 감안하더라도, 그 기간은 결코 짧은 편이 아니다. 이는 당시 북한 학계가 고조선 문제를 풀기 위하여 얼마나 많은 심혈을 기울였는지를 충분히 짐작하게 해준다. 『고고민속론문집』 창간호에 실린 논문의 분량은 100여 쪽이 넘는데, 최종 요점은 다음과 같이 간결하게 정리될 수 있다.

"이와 같이 최근 알려진 고고학적 자료는 기원전 8~7세기경에 고조선은 그러한 첨예한 계급적 대립관계에 있었으리라는 것을 말할수 있게 한다. 기원전 8~7세기경부터 서북조선에서 료동일대에 걸쳐 존재한 이러한 노예소유자국가는 우에서 본바와 같이 《조선》이라는 나라이름으로 이웃한 나라에 알려져 있었던 것이다. 〈중략〉 실로 고조선은 당시 아세아의 동쪽에서 강하고 문명한 나라의 하나였는바 그것은 7~8백년간에 걸쳐 흘린 인민대중의 피땀의 결과에 이루어진 것이였다." [고고학연구소·력사연구소, 1969, 「기원전 천년기전반기의 고조선문화」, 『고고민속론문집』 1, 138쪽, 139쪽]

그동안 고조선의 사회 구조 연구에서 논의되었던 다양한 사안들이 이제 단일한 통합 체계로 귀결되었다. 고조선은 청동기시대의 사회경제적 토대 위에서 노예소유자국가로 발전했던 것으로 명확히 규정되었다. 『조선사회경제사』에서 백남운이 주장했던 '삼국 시대 노예제사회론', 1950년대 중반 김광진의 '노예제사회 부재론, 삼국시대 봉건사회론'과 도유호의 '삼국 시대 노예제사회론', 그리고 1950년대 말부터 쟁점으로 떠오른 고조선의 사회 구조와 위치 및 영역 등과 관련된 논란의 무대는 마침내 대단원의 막을 내리게 된다. 북한 학계의 입장에서 접근할 때, 이것은 해방 이후 고대사 분야에서 이룩한 가장 큰 업적으로 평가될 수 있다. 고조선 연구와 관련하여 주요한 문제 제기는 역사학자 리지린 등에 의하여 주도되었지만, 그것을 마지막으로 해결하는데 결정적인 역할을 한 것은 고고학의 힘, 곧 학술적 역량의 뒷받침이었다. 그러나 안타깝게도 고고학자 도유호는 그와 같은 분위기에 동참하지 못하였다. 여기에 더하여 그의 인생살이에서 이제껏 경험하지 못한 사납고 험한 물결이 그를 에워싸며 출렁거렸다.

고구려 석실 봉토분의 기원 문제

이 주제에 관하여 쓴 도유호의 글은 매우 적은 편이다. 1957년 2월, 고고학 및 민속학 연구소 미술사실 주최로 안악 3호분의 연대와 주인공 문제에 관해서 토론회[258]가 열렸지만 도유호는 참석하지 않았다. 한편 '고구려 석실 봉토분의 기원'이라는 단독 주제로 토론회가 개최된 경우는 없었다고 생각된다. 그러나 고구려 석실 봉토분의 기원 문제에 관하여 도유호와 다른 견해를 지녔던 논문들이 발표되었고, 이는 뒤에 가서 도유호의 신변 문제와 긴밀하게 연관되었다고 생각되기 때문에 이 점에 관해서도 잠깐 살펴보기로 하겠다.

1949년에 황해도 안악의 고구려 벽화 무덤의 발굴에 참여하였던 도유호는 벽화 내용을 비교적 자세히 안내하면서 무덤에 나타나는

---

258) 고고학 및 민속학 연구소, 1957c, 「안악 3호분의 년대와 그 피장자에 대한 학술 토론회」, 『문화유산』 1957(2), 87~88쪽.

'고임 천정天井'의 기원에 관한 자신의 견해를 소략하게 남긴 글을 발표하였다. 그 글에서 도유호는 고임 천정의 형태는 돌멘 및 고구려 적석총[돌감담무덤]과 연결될 가능성이 있고, 중앙아세아 지역에서도 분포하는데 두 지역 사이의 선후 관계는 앞으로 연구되어야 할 과제라고 말하였다.259)

"한편 도 유호 동지는 토묘의 천정 가구법에서 3각 고임법에 깊이 류의하여 이러한 건축 양식은 중앙 아세아와 련계가 깊은 것이며 그 원류는 안식국安息國(빠루찌아)에 있는 것으로 인정하고 고구려의 토묘는 서역西域 문화의 영향에 의하여 발생한 것으로 보는 것이 타당하다고 인정하고 있다." [채희국, 1959, 「고구려 석실 봉토분의 기원에 대하여」, 『문화유산』 1959(3), 8쪽]

채희국260)은 고구려 석실 봉토분의 기원에 관하여 논의된 여러 학자들의 견해를 검토하는 가운데 도유호의 주장도 소개하였다. 소개된 내용을 정리하면, 고구려 토묘(석실 봉토분)는 안식국安息國(Parthia, 고대 이란 지역의 왕국)과 서역 문화의 복합적인 외적 영향을 받아 발생 및 발전된 것으로 요약될 수 있다.

채희국은 고구려 고분의 축조 양식을 석묘(돌을 재료로 축조한 무덤, 주로 장군총 형식)와 토묘(흙으로 봉분을 축조한 무덤, 석실 봉토분)로 크게 구분하였다. 그러면서 고구려 석실 봉토분의 기원 문제는 다음과 같은 점을 고려하여 연구되어야 한다고 강조하였다.

"석묘와 토묘간의 시간적 전후성을 전혀 무시하고 동시적 존재로

---

259) 도유호, 1949, 「安岳의 高句麗 壁畵墳」, 『자연과학』 5, 29~37쪽.
260) 채희국, 1959, 「고구려 석실 봉토분의 기원에 대하여」, 『문화유산』 1959(3), 5~28쪽.

설명하는 학설은 사회 발전의 관점을 완전히 무시한 견해인바 이는 초보적인 출발점에서부터 착오를 범하고 있다. 일반적으로 토묘 발생의 계기에 대해서 한 문화의 영향을 중요시하는 것은 모든 견해에서 공통적인 현상인바 이는 문화 발전에 있어서 내재적인 요인을 전혀 보지 않고 외'적인 영향으로만 설명하려는 형이상학적 방법에서 유래된 것으로 생각된다. 그러므로 우리는 우선 문화 발전에 있어서 내재적인 요인과 외'적인 영향을 변증법적인 통일 속에서 관찰하는 것이 가장 필요하며 이에 따라서 고구려에 있어서의 외래 문화의 영향 문제를 신중히 취급하여야 할 것이다." [채희국, 1959, 「고구려 석실 봉토분의 기원에 대하여」, 『문화유산』 1959(3), 8~9쪽]

위 인용문 중에는 낯설지 않은 대목이 들어 있다. 그것은 다름 아니라, 1950년대 중반, 노예제 문제를 둘러싸고 김광진과 도유호가 한참 논쟁을 벌일 당시, 역사의 변화 및 발전에서 외부적인 영향만을 강조하는 것은 교조주의적인 표현에 지나지 않는다는 글귀를 읽은 바 있다.[261] 다시 말해서 사회 변화와 발전은 외부적 요인보다 내부적 (내재적인) 요인이라는 기본 골격에 근거를 두며 고찰되어야 한다는 뜻이다.

이와 같은 취지에 걸맞게 채희국은 "① 고구려가 발생한 지역이나 고구려 영역에서 적석묘積石墓는 일정한 시기에 성행하였다. 기원전 3세기경 지석묘와 석상묘는 소멸되었던 반면에 적석묘는 자기 발전의 길을 걸었다. 적석묘가 가장 발전된 형태는 장군총 형식의 석묘이다. ② 토광묘(기원전 3~1세기)는 토축의 봉분(방대형)을 지니고 있다는 점에서 고구려의 토묘와 유사한 특징이 있다. ③ 고구려의 토묘는 늦어도 4세기 중엽 이전(평양으로 천도하기 이전, 예를 들어 안악

261) 력사학연구소, 1956, 「조선 로동당 제 3차 대회와 조선 력사 연구의 제 과업」, 『력사과학』 1956(4), 4~5쪽.

3호분)에 등장하는데, 발생 시기는 3세기 이전으로 올라갈 가능성이 있다. ④ 토묘가 발생할 시기에 한식漢式 전축묘의 천정 구조(궁륭형)를 받아들이며, 자기 발전의 길을 걸었다. ⑤ 5세기 이후 고구려의 묘제는 석실 봉토분으로 통일되었다. ⑥ 다종족多種族 국가[262]로 출발한 고구려는 이 시기에 단일한 고구려 준민족을 형성하는데 성공하였다"고 주장하였다. 여기에서 우리는 "고구려의 토묘는 선행하는 내재적인 묘제를 계승하여 발생되었고, 전통적인 석실묘 구조를 고수하는 가운데 외래문화의 영향(천정 구조)을 일부 수용하면서, 완전하게 독창적이고 통일적인 고구려 묘제가 완성되었다"는 채희국의 변증법적인 논리 체계를 읽을 수 있다.

"《문화 유산》 1959년 제 3 호에 실린 론문 《고구려 석실 봉토분의 기원에 관하여》 중에서 채 희국 동지는 고구려의 고전적인 무덤 형태인 석실봉토분의 기원을 론하면서, 서역西域과의 관계를 전연 도외시하였다. 필자가 보기에는 이는 그 론문의 기본적인 약점이다. 고구려의 무덤 형태의 어느 것이나, 고구려 문화 그 자체는 또 당시의 국제 문화 관계를 떠나서는 생각할 수 없는 것이다. 맑스-레닌주의적 견지에서 력사를 론하고 고고학을 론함에 있어서 가장 기본적인 것으로서 언제나 잊지 말아야 할 것 중의 하나는 사물의 고립적인 고찰을 피하고 어떠한 력사적 현상이나 반드시 그 상호 관련성과 계기성繼起性을 파악하고 고찰하여야 한다는 사실이다. 한동안 언어학계나 민속학, 고고학계에 막대한 해독을 준 일이 있는 마르 학파가 그러한 터무니없는 오유를 범하게 된 기본 원인은 그들이 바로 맑스, 엥겔스, 레닌이

---

262) 채희국은 "고구려가 발생 발전하였던 시기의 영역 안에 석실묘에 선행하는 9개 종류의 묘제(적석묘, 탁자식 지석묘, 석상묘, 남방식 지석묘, 토광묘, 옹관묘, 목곽묘, 전곽묘, 요동 지방의 3세기경 석실 봉토묘)가 존재하며, 이 사실은 고구려가 다종족 국가에서 출발하였음을 의미한다"고 보았다. 채희국, 1959, 23쪽 참조.

가리키신 이러한 상호 관련성, 계기성을 전폭적으로 무시하고, 고립한 발전만을 문제로 삼은 데에 있었던 것이다." [도유호, 1959c, 「고구려 석실 봉토분의 유래와 서역 문화의 영향」, 『문화유산』 1959(4), 29쪽]

진수陳壽(233~297)가 편찬한 『삼국지三國志』 「위서동이전魏書東夷傳」에는 "고구려에서 장례를 치를 때, 돌을 쌓아서 봉분을 만든다(積石爲封)"라는 기록이 있다. 도유호[263]는 이에 근거하여 "본래 고구려 사람들의 무덤 형태는 일종의 적석총이었고, 장군총將軍塚은 적석총의 발전 형태"라고 서술하면서 "① 적석총이 석실 봉토분으로 변하는 데는 파르디아(Parthia)류 건축의 특징인 '고임 천정'의 파급이 결정적으로 작용하였다. 고구려 석실분의 고임 천정은 조선이나 요동 지방에서 독자적으로 발생한 것이 아니다. ② 고구려 벽화에 등장하는 연꽃무늬, 인동무늬 등은 서역적인 요소인데, 이런 요소는 불교와 관계없이 고구려에 전래되었다. ③ 고구려와 서역 사이에는 문화 교류가 왕성하였는데, 고구려 사람들은 진보적인 서역의 외래 요소를 받아들여 고구려적인 석실 봉토분의 건축 양식을 발전시켰다. ④ 고구려는 다종적 국가로 출발하였는데, 그 다종족성은 고구려가 멸망할 때까지 없어지지 않았다"는 견해를 밝혔다. 이렇듯 도유호는 적석총이 석실 봉토분으로 변화하는데 있어, 서역문화의 영향이 본질적으로 작용한 것으로 이해하였다. 다시 말해서 그는 내재적인 요인보다는 외래문화의 결정적인 역할이 무엇보다 중요하게 영향을 끼쳤다고 판단하였다. 요컨대 도유호의 이런 시각은 채희국의 논리 체계와 성격을 전혀 달리하였다.

채희국의 시각을 반박하는 도유호의 논문이 발표된 뒤, 고구려 석실 봉토분의 기원 문제에 대한 논쟁은 한동안 잠잠하였다. 그런데

---

263) 도유호, 1959c, 「고구려 석실 봉토분의 유래와 서역 문화의 영향」, 『문화유산』 1959(4), 29~37쪽.

약 3년 뒤, 도유호의 주장에 반론을 제기하는 논문이 주영헌264)에 의하여 발표되었다.

"일제 어용학자들과 일부 론자들은 고구려 봉토 무덤 중에서 두칸 무덤 및 감 또는 곁간이 있는 무덤은 초기의 것이며 그것들은 대동강 류역의 벽돌 무덤 및 료동 지방의 돌곽石槨 무덤의 영향으로 즉 한漢의 묘제의 영향으로 이루어진 것이라고 주장하였다 〈중략〉 다음 번의 주장은 고구려의 봉토 무덤은 평행 고임이건 삼각 고임이건 할 것 없이 고임 천장을 떠나서는 생각하기 어렵다는 데로부터 출발한다. 그는 고임 천장이라는 독특한 형태의 궁륭식 천장은 발칸, 중앙 아세아, 인도, 중국의 산동 지방에 보인다는 사실을 지적하고 계속하여 《여하간 고구려 석실 봉토분에 보이는 고임 천장은 조선이나 료동 지방에서 따로 독자적으로 생겨 난 것은 아니다.》《그런데 이러한 고임 천장식 석실 봉토분은 서역 문화의 영향을 도외시하고는 리해하기가 곤난한 것이다.》라고 주장한다. 〈중략〉 상술한 견해들은 고구려 봉토 무덤(감 또는 곁간이 있는 무덤의 연원을 포함하여)을 외부적인 영향 즉 서역 혹은 한漢 문화의 영향에서 찾는 점에서 공통하다." [주영헌, 1963, 「고구려 봉토 무덤의 기원과 그 변천」, 『고고민속』 1963(3), 8쪽]

주영헌은 고구려 벽화무덤에서 보이는 묘실 구조의 변화와 벽화 내용의 상호 관계를 집중적으로 연구하는 신진 학자였다. 그는 횡혈식 무덤이라는 묘제상의 공통점을 근거로 "비록 시간적인 차이는 있으나 묵방리 변형 고인돌과 초기 봉토무덤이 서로 계승 관계를 이룬다. 벽화무덤은 봉토무덤의 일부분이다"라고 주장하였다. 그리고 고구려

---

264) 그는 1961년에 『고구려 벽화 무덤의 편년에 관한 연구』라는 논문으로 학사학위를 받았다. 은길하, 1962, 「1961년도 력사학 학사 학위 청구 론문 공개 심의 정형」, 『력사과학』 1961(2), 68~72쪽.

봉토무덤의 구조 형식 및 벽화 내용의 변천을 비교 분석하여, 봉토무덤의 변천 과정을 크게 초기, 중기, 후기로 구분하였다.265) "초기는 외간무덤[외방무덤 單室]으로 벽화가 없다. 중기는 외간무덤을 기본으로 하며, 그 전반기는 외간무덤으로 인물풍속도와 장식무늬가 나타난다. 후반기는 외간무덤과 두간무덤[두방무덤 二室]이 병존하며, 벽화의 주제는 인물풍속, 장식무늬 및 사신도로 변화되었다. 후기는 외간무덤으로 다시 귀결되며 사신도가 표현되었다"라고 말하였다. 다시 말해서 그는 고구려 봉토무덤에 내재하는 전통적으로 중요한 속성을 외간무덤에 두었고, 감 또는 곁간이나 두간무덤의 등장은 부수적인 요소로 서술하면서 다음과 같은 결론에 이르렀다.

"이상과 같이 유구하고 고유한 전통을 계승 발전시킨 결과에 생긴 봉토 무덤은 독자적인 자기의 발전 과정을 밟았다. 이와 같은 사실은 봉토 무덤의 기원을 서역西域이나 혹은 한漢 나라 문화의 영향에서 찾는 견해는 사실과 맞지 않는 것임을 증명한다." [주영헌, 1963, 「고구려 봉토 무덤의 기원과 그 변천」, 『고고민속』 1963(3), 15쪽]

노동당 제4차 대회(1961년 9월) 이후, 북한 역사학계에는 민족 문화 유산의 연구 사업에서 계승성과 상호 연관성 속에서 해당 문제를 풀어야 하는 강령적 과업이 제시되었고266), 이 과업을 수행하는 과정에서 외인론外因論이 철저하게 배척되어야 한다는 원칙이 세워졌다.267) 고구려 봉토무덤의 기원과 관련된 주영헌의 고고학 분야 논문은 시대적 요구에 잘 부응하였다. 따라서 도유호와 같이 외래문화의

---

265) 주영헌, 1963, 「고구려 봉토 무덤의 기원과 그 변천」, 『고고민속』 1963(3), 7~18쪽.
266) 력사연구소, 1961d, 「우리 당 제 4 차 대회가 제시한 과업 수행을 위한 력사학계 임무」, 『력사과학』 1961(6), 1~7쪽.
267) 력사연구소, 1962b, 「맑스-레닌주의의 기치를 높이 들고 력사 과학의 당성의 원칙을 고수하자」, 『력사과학』 1962(3), 1~6쪽.

계기적인 역할, 곧 서역문화의 본질적인 영향이 고구려 고분 연구에서 매우 주요한 의의를 지닌다는 접근 방법은 더 이상 설 자리를 찾을 수 없게 되었다. 그 뒤 전주농[268]은 고구려 벽화무덤의 시원이 돌무덤에 있었다고 이야기했지만, 그도 역시 고구려의 벽화무덤이 독자적으로 발전하였다는 점에 관해서는 이론異論이 없었다.

운명의 갈림길

1962년 이전의 상황

북한의 역사학이나 고고학 관계의 정기간행물에서 우리는 '권두언卷頭言' 형식으로 게재되는 글들을 종종 만나게 된다. 그러한 글들에는 대체로 정치적인 사건을 기념하여 그동안 이룩했던 학술적 성과가 집약되었거나, 또는 노동당이나 최고지도부가 추구하는 정책 노선 및 강령적 지침 등에 근거하여 해당 부문에서 수행해야 하는 당면 과업의 성격과 내용이 들어 있다. 따라서 권두언에서 언급된 사안들은 정치적 상황과 긴밀하게 연계되어 있는 북한 학계의 동향을 이해하는 데 좋은 참고가 된다.

『력사과학』은 조선에서의 국가 형성, 노예사회 유무, 민족 형성, 민족 문화유산, 시대 구분에 대한 문제 등을 비롯하여 근현대사 분야에 이르기까지 당시 북한 역사학에 부여된 과업을 두루 다루기 위하여 창간되었다.[269] 창간사에서는 인민들을 사상적으로 튼튼하게 무장시

---

268) 전주농, 1964, 「고구려 벽화 무덤의 시원에 대하여」, 『고고민속』 1964(3), 57~61쪽.

269) 력사학연구소, 1955a, 「조선 력사 과학 전선의 과업에 대하여」, 『력사과학』

키기 위해서는 우리 현실에 맞게 창조적으로 적용된 마르크스-레닌주의의 방법과 관점으로 우리 역사가 연구되어야 한다는 점 등이 강조되었다.270) 이와 아울러 마르크스-레닌주의로 무장하려면 선진적인 소비에트 역사학계가 달성한 성과를 적극적으로 섭취하는 일이 필요하다고 지적되었다. 고고학도 역사학의 보조 과학이었기 때문에 거기에서 예외일 수 없었다.

조선노동당 제3차 대회(1956년 4월) 이후, 역사학계에 제시된 과업은 김일성의 교시를 받들어, 조선 역사의 찬란한 문화 전통을 계승 발전시키는데 걸림돌이 되는 교조주의를 타파하고, 주체를 올바르게 세우며, 창조적인 마르크스-레닌주의의 방법론에 입각하여, 조선 역사가 연구되어야 한다는 점이었다.271)

"과거 조선 력사 연구에서의 가장 중요한 결함의 하나는 교조주의적 태도였다. 〈중략〉 교조주의는 조선의 역사적 사실들을 분석할 때에 당시 조선 자체내에서의 생산력의 발전, 계급의 호상 관계 등에 관한 상세하고 진지한 연구에 기초하여 결론을 얻으려고 하는 것이 아니라 력사적 유물론의 일반적 명제에다 조선의 력사적 사실을 얽어 매기 위하여 거기에 해당한 자료만을 끄집어 내려고 하는 데에서도 많이 표현되고 있다. 뿐만 아니라 조선 력사 발전에서의 구체적 특수성과 주체를 무시하고 력사 발전에서의 외부적 영향만을 강조하는 것도 교조주의의 다른 표현의 하나인 것이다. 〈중략〉 맑스-레닌주의는 외부

1955(1), 1~8쪽.
270) 마르크스-레닌주의의 창조적 적용에 대해서는 다음을 참고하기 바람. ① 력사학연구소, 1955b, 「력사가들은 김 일성 선집을 깊이 연구하자!」, 『력사과학』 1955(4), 1~10쪽, ② 력사학연구소, 1955c, 「계급적 교양 사업을 더욱 강화하기 위한 투쟁에 있어서 력사가들의 전투적 과업」, 『력사과학』 1955(5), 1~16쪽, ③ 김일성, 1955, 「레닌의 학설은 우리의 지침이다」, 『력사과학』 1955(6), 1~9쪽 등.
271) 력사학연구소, 1956.

적 요인은 사회의 변화와 발전의 조건이고 내부적 요인은 사회의 변화와 발전의 근거이며 또 외부적 요인은 내부적 요인을 통하여 작용한다는 것을 가르쳐 주고 있다. 그러므로 외부적 요인을 적당히 평가하면서도 내부적인 조선 자체내에서의 생산력의 발전에 대한 진지하고 구체적인 분석에 기초하여 이것과 외부적 요인과의 결합을 구체적으로 연구하여야 한다." [력사학연구소, 1956, 「조선 로동당 제 3차 대회와 조선 력사 연구의 제 과업」, 『력사과학』 1956(4), 4~5쪽]

위 글에서 읽을 수 있듯이 조선 역사의 연구에서 주체를 바로 세우는 과업은 마르크스-레닌주의에 근거하여 내재적 요인에 중심을 두고, 그에 부수적인 외부적 요인의 상호 관계를 체계적으로 밝히는 작업과 직결된다. 1950년대 중반 도유호와 김광진 사이의 논쟁점을 이와 같은 기준으로 판단할 때, 도유호의 '삼국 시대=노예제사회론'은 역사적 유물론의 일반적 명제에 조선의 역사적 사실을 관련시킨 교조주의적인 성향에 해당한다. 반면에 중국의 강한 영향으로 조선은 노예제사회를 거치지 않고, 삼국 시대의 봉건사회로 전환되었다는 김광진의 논리도 올바른 주체적 입장과 전혀 어울리지 않는다고 평가될 수 있다.

역사학자들에게 주어진 과업이 중대하였던 만큼 이 과업을 효율적으로 수행하기 위한 다양한 방안이 제시되었다. 그 가운데 하나가 건설적인 토론과 그에 따른 자기비판을 통하여 조선 역사 연구의 기반을 굳건하게 다지는 일이었다.

"우리 학계에서 창조적이며 건설적인 토론이 없이는 엄중한 결함과 병집들을 신속하게 극복할 수 없다. 그렇기 때문에 우리 당은 항상 우리에게 과학이란 자유로운 의견 교환과 토론의 방법에 의해서만 발전된다고 교시하였으며 또 교시하고 있다. 그리고 우리가 말하는 비판과 자기 비판은 어디까지나 건설적이며 동지적이고 사상적인 것이 되여야 하며 새로이 돋아 나는 싹들을 부정당하게 유린하여 버리려고 하거나 또는 공명심에서 오는 야비한 비판을 위한 비판 등 무원칙한 비판은 우리 발전에 아무 소용이 없는 것이다. 남의 론문이나 저작에 대하여 신중하고 침착한 연구가 없이 남의 글을 제 멋대로 외곡하여 해석하고 그에 대하여 반맑스주의적이니, 관념론적이니, 민족주의적이니 하는 따위의 꼬리표를 붙이는 성급한 행동은 근절되어야 한다." [력사학연구소, 1956, 「조선 로동당 제 3차 대회와 조선 력사 연구의 제 과업」, 『력사과학』 1956(4), 7쪽]

앞에서 말한 바 있듯이, 우리는 흔히 1950년대 후반부터 1960년대 초에 걸친 북한의 역사학계와 고고학계의 분위기를 가리켜 '토론과 논쟁의 시대'였다고 표현한다. 이와 같은 학문적 분위기는 노동당 제3차 대회 이후부터 본격적으로 조성되었다고 생각된다. 그러한 분위기에 힘입어 "삼국 시대의 사회 경제 구조, 고조선의 국가 성격을 비롯한 영역 및 중심지, 안악 3호무덤의 주인공, 초기 금속문화의 기원 등"과 관련된 문제를 둘러싸고, 다양한 입장의 자유로운 견해가 표명될 수 있었다. 특히 1956년 8월의 조선노동당 중앙위원회 전원회의에서 행한 "과학 일군들은 더욱 대담하게 자기의 견해와 연구 결과를 발표하며, 자유로운 공개적 토론과 진지한 논쟁을 통하여 과학 사업을 발전시켜야 한다"[272)는 김일성의 교시는 그 분위기를 활성화시키는 데에 촉매제와 같은 역할을 하였다.

그와 같은 분위기에 어우러지며, 도유호는 "교조주의는 타파되어야 하지만, '문화권설'을 무조건 반동 이론으로 낙인을 찍어서는 곤란하며, 내재적 발전보다는 오히려 문화의 교류와 이동에 무게 중심을

---

272) 도유호, 1957, 2쪽.

둔 문화 비교 방법론이 조선 민속의 본질을 파악하는데 이바지할 수 있다"는 주장을 강하게 내비쳤다.[273] 그러나 문화권설을 앞세운 도유호의 관점은 시대적 조류에 상당히 역행하고 있었다.

1956년의 '8월 종파사건'[274]은 김일성의 지도 체제에 대한 강력한 도전이었다. 반종파 투쟁에서 승리한 김일성은 반대 세력을 숙청하며 단일 지도 체계를 위한 지지 기반을 굳건하게 다져나갔다. 김석형은 역사학계를 대표하여 이른바 '반당 종파분자'의 관점, 노선, 정책 등에 대하여 강한 비판을 가하였다.[275] 그런데 논란의 대상이 되었던 주요 주제의 대부분이 근현대 부문과 관련되었기 때문에 고고학계는 그 여파로부터 멀리 벗어날 수 있었다고 생각된다.

조선노동당 제4차 대회(1961년 9월)를 전후하여, 조선의 역사 연구와 고고학 및 민속학 연구에서 주체가 확립되어야 한다는 논조가 차츰 강화되기 시작하였다. 먼저 고고학과 민속학 분야에서는 "민족적 유산을 찾아내서 그것을 계승 발전시켜야 한다"는 김일성의 교시에 입각하여 교조주의적, 형식주의적인 낡은 방법론에 의존하지 않는 새로운 과제를 관철시켜야 했다.[276] 역사학에서는 주체적 입장에서 사회 역사적 현상이 구체적으로 연구되어야 한다는 점이 재차 강조되었다. 역사학계에서 김석형과 리지린 등은 그 대열의 선두에 있었다.[277]

---

273) 도유호, 1957, 6쪽.
274) 이에 대해서는 다음을 참조하기 바람. 백학순, 2010, 『북한 권력의 역사 : 사상·정체성·구조』, 한울, 231~315쪽.
275) 예를 들어, ① 김석형, 1958a, 「위대한 강령적 문헌들을 깊이 연구하자」, 『력사과학』 1958(1), 1~7쪽, ② 김석형, 1958b, 「우리 당 과학 정책의 정당성과 력사학계의 임무 - 공화국 창건 10주년에 제하여 -」, 『력사과학』 1958(4), 1~13쪽.
276) 고고학 및 민속학 연구소, 1961b, 「1961년도 과학 연구 사업의 더 높은 앙양을 위하여」, 『문화유산』 1961(1), 1~4쪽.
277) ① 김석형, 1962, 「해방 후 조선 력사학의 발전」, 『력사과학』 1962(2), 1~12쪽, ② 력사연구소, 1962c, 「당 정책 연구에서 이룩한 또 하나의 새로운 성과」,

"(1962년) 4월 13일《조선 혁명 수행에서 김 일성 동지에 의한 맑스-레닌주의의 창조적 적용》이라는 제목으로 학술 보고 대회가 평양에서 진행되였다. 〈중략〉 리 지린 동지의 보고는 일관하여 김 일성 동지가 교신하신바 주체적 립장과 당성의 원칙과 력사주의 원칙을 고수할 때만이 력사학에서 제기되였던 문제들을 해명할 수 있었다는 점을 강조하였다. 〈중략〉 금번 우리 당 제 4차 대회에서 사회 과학 부문 앞에 제시한 강력적인 과업을 반드시 실현하고야 말 굳은 결의를 피력하였다." [력사연구소, 1962c, 「당 정책 연구에서 이룩한 또 하나의 새로운 성과」, 『력사과학』 1962(3), 82~83쪽]

1962년 5월에 발행된 『력사과학』에는 「맑스-레닌주의의 기치를 높이 들고 력사 과학의 당성의 원칙을 고수하자」라는 권두언이 실려 있다.[278] 이 글에서 "역사 연구의 근본 법칙은 계급성의 원칙이며 당성의 철저한 고수"로 규정하였다.[279] 또한 역사과학이 조선 혁명의 이익에 복무하려면, 우리나라 역사 발전의 구체적인 과정을 통하여 우리나라 역사 발전의 합법칙성이 해명되어야 한다고 제시되었다.

"우리는 이 부문에서 적지 않은 성과를 달성하였다. 례컨대 고대 국가의 형성기를 기원 전 5~4세기 이전으로 잡는 데 합의를 보았으며 고조선을 노예 소유자적 사회 경제 형태로 규정하고 3국은 그를 계승

『력사과학』 1962(3), 82~85쪽.

278) 력사연구소, 1962b.

279) 계급성의 원칙은 "원시사회를 제외한 모든 사회의 역사는 계급투쟁의 역사이며, 계급투쟁은 경제 관계의 이해(利害)를 반영한 적대적 계급집단 사이의 충돌이라는 마르크스주의 학설을 전제"로 하여 "조선 노동계급의 입장, 곧 조선 사회주의 혁명의 입장, 요컨대 주체적 입장에서 역사를 연구하는 원칙"을 가리킨다. 당성은 "노동당에 대한 무한한 충실성으로 노동계급과 인민의 이익에 복무하며 사회주의와 공산주의 위업에 복무하는 것"인데, 이는 구체적인 혁명 과업의 실천과 연결된다.

한 봉건 국가라는 데 일치한 결론을 얻었다. 그러나 우리들은 최근 일부 출판물들에 나타난 《외인론》자들의 견해에 주의를 돌릴 필요가 있다. 그들은 사물 발전의 객관적 법칙을 내'적 요인에서 찾고 있는 것이 아니라 외부적 영향에서 찾고 있다. 주지하는 바와 같이 유물 변증법은 사물 발전의 원인을 내'적 모순에 있다고 보며 외'적 계기는 오직 내'적 요인을 통해서만 작용한다고 인정한다. 그럼에도 불구하고 그들은 조선 력사 전반에 걸쳐 《외인론》을 집요하게 고집함으로써 맑스주의를 수정하고 있으며 우리의 역사를 외곡하고 있다. 〈중략〉 당성의 원칙을 위반한 온갖 견해는 필연코 《외인론》의 경우와 같은 반맑스주의적이며 비력사주의적 함정에 빠지게 된다. 때문에 우리들은 우리 나라 력사 발전의 객관적 합법칙성을 연구함에 있어서 온갖 수정주의적 견해를 반대하고 당성의 원칙을 관철하기 위하여 견결히 투쟁하여야 한다. 력사 과학의 당성의 원칙은 근로자들의 애국주의 사상 교양을 위한 애국 전통과 문화 유산의 연구 사업에도 관철되여야 한다." [력사연구소, 1962b, 「맑스-레닌주의의 기치를 높이 들고 력사 과학의 당성의 원칙을 고수하자」, 『력사과학』 1962(3), 2쪽]

위 인용문에서 비판의 대상이 되었던 것은 김광진과 도유호 등의 외인론이었다. 앞에서 말했던 것처럼, 김광진은 "조선에는 노예제사회가 존재하지 않았으며, 중국의 영향을 받아 삼국 시대에 직접 봉건사회로 이행되었다"고 주장하였다. 한편 도유호는 "위만 조선의 철기문화는 북방으로부터 유입되었으며, 위만 조선은 정복 국가였다"라고하며, 고조선을 노예소유자국가로 인정하지 않았다.

그런데 1962년에 들어와 그들 견해의 정당성을 인정하지 않으려는 사회적, 정치적 물결이 거세게 일어났다. 오히려 그들의 주장은 당성의 원칙을 위배했기 때문에 청산되어야 할 투쟁의 대상으로 떠올랐다. 그들이 주장한 외인론, 다시 말해서 조선 역사의 발생 발전에서 선진적

인 외래문화의 수용에 중점을 두었던 견해는 일제 어용사가들의 반동
사상과 다를 바가 없었고, 사회 발전의 원동력을 내재적 요인에 두었던
마르크스주의와도 정면으로 배치되는 것으로 강한 비판을 받았다.
또한 그것은 역사적 현상들의 구체적인 연구가 당과 조선 혁명 및
노동계급의 이익에 어울리도록 해야 한다는 주체적 입장의 역사주의
원칙에도 어긋나는 것이었다. 외인론에 대한 강력한 비판은 표면적으
로 김광진과 도유호를 향하고 있었지만, 당시 표적의 주요 대상으로
거론되었던 인물은 도유호였던 것으로 충분히 짐작될 수 있다. 이는
역사학계가 도유호에게 던지는 강력한 경고의 메시지였다. 한편 비슷
한 시기에『문화유산』에도 주체를 확립하기 위한 당의 방침을 철저하
게 관철시키자는 권두언280)이 발표되었지만, 외인론에 대한 언급은
전혀 없었다. 그만큼 고고학계에서 차지하는 도유호의 위상에는 아직
까지 큰 흔들림이 없었던 것으로 생각된다.

1963년 이후의 변화

1963년은 도유호에게 여러 가지로 매우 의미가 깊은 해였다. 굴포문
화로 명명된 굴포리 구석기유적의 발굴은 북한의 원시고고학 연구에
서 또 다른 도약의 발판이 되었다. 그런데 이 시기에 들어와 도유호의
학문적 관점에 대한 비판이 매우 조직적으로 전개되기 시작하였다고
생각된다. 그것은『조선 원시 고고학』, 고조선 문제 및 고구려 석실
봉토분의 기원과 관련된 것들이었다. 거기에는 도유호가 그동안 이루
어낸 고고학적 성과가 거의 모두 포함되어 있었다. 단순히 우연의
일치라고만 볼 수 없는 일들이었다.

---

280) 고고학 및 민속학 연구소, 1962.

『조선 원시 고고학』에서 유적 유물의 성격을 서술하는데 사회 경제적 측면의 해명이 부족하다는 점은 2년 전에도 지적된 바 있다.[281] 그런데 시간이 흐르며, 비판의 초점은 그것보다 조선의 원시문화 형성 과정에서 외래문화의 영향을 강조했던 문제점을 대상으로 방향이 크게 전환되었다.

『조선 원시 고고학』에 대하여 비판적인 서평을 했던 김유방[282]은 지금까지 잘 알려지지 않은 인물이다. 그는 조선의 원시문화에 대하여 단 한 편의 글도 공개적으로 발표한 적이 없다.[283] 그런 그가 왜 갑작스럽게 『조선 원시 고고학』에 대한 서평을 썼는지 알 수 없다. 『조선 원시 고고학』에 대한 서평을 쓰려면, 고고학에 관하여 일정한 수준의 학문적인 지식을 제대로 갖춘 연구자가 적격일 것이다. 그러나 그는 그럴만한 역량을 갖춘 인물이 아니었다.

『조선 원시 고고학』에 내재된 외인론에 대하여 적대적 입장에 있던 연구자라 할지도 자신의 이름을 직접 걸면서 공개적으로 그 문제를 드러내놓으며 까발리는 일은 당시 도유호가 지니고 있었던 학문적인 영향력을 감안할 때 쉽지만은 않았을 것이다. 이와 같은 현실적 여건에서 김유방이 바로 그 대리 역할을 했었다고 추정된다. 또한 김유방의 서평이 『고고민속』에 실리지 않고, 『력사과학』에 발표 되었다는 사실은 도유호의 외인론적인 관점에 대하여 역사학계가 적지 않은 반감을 지녔음을 반영한다고 볼 수 있다. 한편 김유방의 서평에는 외인론과 관련된 여러 사례들이 구체적으로 제시되었는데, 이는 서평을 작성하는 동안 일부 고고학자와 어느 정도 교감이 있었음을 추측하게 한다.

---

281) 고고학 및 민속학 연구소, 1961c.
282) 김유방, 1963a.
283) 그가 남긴 논문으로는 다음과 같은 것이 있다. 김유방, 1963b, 「우리 나라 3국 문화가 일본 문화 발전에 준 영향」, 『력사과학』 1963(6), 55~58쪽.

"멀리 떨어진 각 지역에서 동일한(또는 류사한) 문화적 발전 면모를 나타내는 것은 범애급주의에서 오는 것도 아니며 또 문화의《단원론》에서 오는 것도 아니며 그것은 사회 발전의 합법칙성으로부터 오는 것이다.〈중략〉 그러므로 문화가 한 곳에서 발생하여 세계 각처에 퍼졌다는 견해는 사회 발전의 객관적 법칙을 내'적 요인에서 찾지 아니 하고 외부의 영향에서 찾는 것이다. 즉《외인론外因論》이다.〈중략〉 조선 원시 문화의 모든 대표적 유적이 또 시대적으로는 원시 시대의 전 기간을 통한 문화를 외부 문화의 영향으로 설명하였다. 이러한 외인론外因論으로서는 문제의 원시 문화를 과학적으로 해명할 수 없다고 생각한다. 물론 외부 문화와의 관계도 원시 문화 발전의 조건이기는 하나 그러나 외'적 요인은 결정적 요인은 될 수 없다. 그러므로 조선의 원시 문화도 아무리 강한 대륙으로부터의 문화적 영향을 받았다 하더라도 결코 자체의 내'적 동인動因에 의하여 그 합법 칙적 발전을 보게 되였었다고 생각한다. 그러므로 우리 땅에서 발굴된 유적 유물에 의하여 조선 원시 문화의 고유한 내'적 합법칙적 발전을 과학적으로 해명하여야 한다." [김유방, 1963a,「도 유호 저《조선 원시 고고학》에 대한 몇 가지 의견」,『력사과학』1963(2), 60~61쪽]

김유방은 인류 문화의 발생 과정을 단원론 입장에서 설명하였던 도유호의 주장을 반박하며, "문화 발생의 단원론은 한 종족의 선천적 인 문화우위론文化優位論에 근거하여 '고등高等 인종'만이 문명에 도달할 수 있다는 것인데, 이 견해는 변증법적 유물론에 입각한 것이 아니다" 라고 지적하였다. 그리고 조선의 원시문화와 관련하여, "① 애급에서 발생한 거석문화가 동남아세아와 중국을 거쳐 우리나라에 전파되었 다. ② 궁산이나 지탑리 유적의 신석기문화는 시베리아 지역과 연관하 여 논할 수 있다. ③ 미송리 유적의 신석기시대 토기는 적봉 홍산문화 와 일정한 관련을 맺을 가능성이 있다. ④ 돌상자무덤과 돌각담무덤은 대륙의 북부에서 인류의 이동과 함께 전래되었다" 등과 같은 도유호의 견해, 곧 외적 동인을 강조하였던 접근 방법에 대하여 부정적인 입장을 나타냈다. 요컨대 그는 "우리나라 원시문화에 고유한 특수성은 외부 문화와의 관계보다 내재적인 동인에 의하여 그 합법칙성이 밝혀져야 한다"면서『조선 원시 고고학』에서 제기된 외인론의 문제점을 하나하나 열거하며 비판을 가하였다.

　도유호의『조선 원시 고고학』에 대한 김유방의 서평이 실린『력사과학』에는 평양을 고조선으로 보는 기존의 견해를 비판하는 리상호의 논문도 게재되었다.[284] 앞에서 이야기한 바 있듯이 리상호는 도유호가 주장했던 "고조선의 영역=청천강 이남, 고조선 중심지=평양"이라는 견해의 문제점과 아울러 고조선사에 적용된 국가 형성 이론의 논리적 모순점을 강력하게 비판하였다. 또 같은 해에 고구려 석실 봉토분의 기원을 내재적 요인에 의하여 해명하려는 주영헌의 논문[285]이 발표되었는데, 그런 시각의 기본 취지는 채희국과 다를 바가 없었다.[286]

　1963년 이후, 도유호는 고조선 문제 등과 관련하여 전에 비할 바 없이 운신의 폭이 줄어들었다고 생각되지만, 도유호의 신변에는 큰 변함이 없었다. 고고학 및 민속학 연구소가 1964년(2월)에 창설된 사회과학원의 산하 기관으로 편제되었으나, 그는 종전처럼 연구소 소장을 그대로 유지하였다. 그리고 약 두 달 뒤인 4월에는 과학원 원사로 임명되었다. 또한『금탄리 원시 유적 발굴 보고』(김용간, 1964)의 심사를 맡기도 하였다. 비록 당시 그의 학문적 성향이 적지 않게 학계의 주된 동향과 상당히 동떨어져 있었지만, 북한 고고학의 발전을 선도적으로 이끌었던 그의 학문적 공적은 그와 같은 한계를 훨씬

---

284) ① 리상호, 1963a, ② 리상호, 1963b, 「고조선 중심을 평양으로 보는 견해들에 대한 비판(하)」,『력사과학』1963(3), 55~60쪽.
285) 주영헌, 1963.
286) 채희국, 1959.

뛰어넘고 있었다.

'외인론' 문제는 굴포리 유적의 3차 발굴이 마무리된 1964년에 들어와 잠깐 수그러들었다. 그러나 1965년 말에 이르러 고고학과 민속학 분야에 새로운 변화의 조짐이 강하게 솟구치고 있었다.

"우리 나라에서는 구석기 시대 전기의 아득한 옛날부터 련면하게 주민이 살아 왔으며 자연과의 투쟁을 통하여 사회를 발전시켰던 것이다. 〈중략〉 우리 나라 청동기 시대 문화는 선행한 신석기 문화를 계승 발전시킨 것임이 유물을 통하여 밝혀지게 되었다. 〈중략〉 일찍부터 청동 용해술을 소유하고, 거기에 기초하여 사회 생산력을 발전시켜 나간 우리 선조는 철 제련술도 일찍부터 소유하게 되었다. 〈중략〉 우리 나라 최초의 노예 소유자 국가인 고조선에 관한 연구에서 달성한 성과는 우리 학계가 거둔 가장 중요한 성과의 하나이다. 우리는 비파형 단검과 그것을 계승한 좁은 놋단검 등 무기를 비롯한 청동기들과 미송리형 단지, 화분형 토기 등 질그릇을 내는 각종 유적이 고조선의 것임을 알게 되었다. 〈중략〉 초기 고구려의 문화가 해명되기 시작하였으며 고구려 무덤 류형의 변화 발전 특히는 벽화 무덤에 대한 연구 사업이 진척된 결과 자체 발전의 합법칙성에 근거하여 그 체계를 세울 수 있었으며 〈중략〉 이러한 고고학 분야의 연구 성과에 기초하여 우리 나라 력사는 일관하여 합법칙적으로 발전하여 왔으며 그 어떤 《변칙성》이나 《반도의 특수성》도 존재하지 않았으며 자체 발전의 길을 밟아 왔다는 것을 명확히 밝힐 수 있었다. 〈중략〉 민속학 연구에서 주체가 확립되고 맑스-레닌주의 선진적 방법론을 그 확고한 리론적 기초로 삼게 된 결과 〈중략〉 우리 민속의 기원을 외부에서 찾으며 또한 민속 연구를 미신이나 락후한 인습 연구에 국한시키려는 시도들이 모두 분쇄되었다." [고고학 및 민속학 연구소, 1965, 「조선 로동당 창건 20주년을 맞으며」, 『고고민속』 1965(4), 4~6쪽]

이 권두언에는 당시 북한 고고학이 추구해야 하는 대세의 흐름이 집약되어 있다. 원시공동체사회, 고대 노예제사회, 중세 봉건사회로 이어지는 합법칙적인 발전 과정을 통하여 조선 고고학의 체계를 세워야 하는 것이 현실적인 요구가 되었다. 그리고 그에 상응하는 고고학적인 시기별 변화의 양상은 내재적 요인에 근거한 계승 발전의 토대 위에서 해명되어야 했다. 따라서 민속의 기원, 곧 민족의 기원[287]을 외부적 요인에서 찾는 시도는 용인될 수 없었다. 구석기시대에서 신석시대로의 전이 과정은 아직 해결되지 않은 과제로 남아 있었지만, 신석기시대와 청동기시대, 청동기시대와 초기 철기시대로의 이행 문제는 외래문화의 영향이 아니라 내재적인 동인에 의거하여 해답을 찾아야 했고, 그러한 현실적인 추세는 원칙으로 굳어지게 되었다. 누구도 그런 물결의 흐름에서 벗어날 수 없었다. 불과 약 5년 전만 하더라도, 고조선 문제를 논하는 토론회에서는 자유롭게 각자의 견해를 내세울 수 있는 분위기가 보장되어 있었다. 그렇지만 현실적인 여건은 몇 년 사이에 돌변하였다. 고고학이건 또는 민속학이건 간에 주체의 확립을 위하여 시대적 요구에 부응하는 새로운 과제를 수행해야만 했다.

"우리는 이러한 문제들을 성과 있게 해결하기 위하여 맑스-레닌주의 방법론을 더욱 심오히 연구하여야 하며 이와 배치되는 온갖 반동적인 부르죠아 리론에 대한 비판 사업을 더 강화하여야 한다. 그리 하여 맑스-레닌주의 방법론에 튼튼히 기초한 조선 고고학을 체계화하여 할 것이다." [고고학 및 민속학 연구소, 1965, 「조선 로동당 창건 20주년을 맞으며」,

---

287) 북한의 민속학은 소련의 영향을 받아 인종 및 인류의 기원 문제도 연구 대상에 포함시킨다. 이에 관해서는 다음을 참조하기 바람. ① 에쓰. 뻬. 똘쓰또브(김신숙 역), 1957, 「쏘련에서의 민속학 발전의 총화와 전망 - 1956년 5월 레닌그라드에서 진행된 민속학회에서의 보고」, 『문화유산』 1957(2), 80~86쪽, ② 황철산, 1962, 「조선 민속학의 목적과 대상 범위에 관하여」, 『문화유산』 1957(5), 55~59쪽.

고고학 및 민속학 연구소의 기관지였던 『고고민속』에 "맑스-레닌
주의 방법론에 튼튼히 기초한 조선 고고학의 체계화"를 부르짖는
글이 실렸고, 여기에 어긋나는 모든 방법론은 '반동적인 부르주아
이론'이라는 꼬리표를 달게 되었다. 이제 외인론에 근거하여 조선
원시문화의 체계를 세웠던 도유호의 주장은 설 자리를 잃게 되었다.
1965년 상반기, 『고고민속』(3월 13일 발행)에 게재된 두 편의 짤막한
글288)을 마지막으로 도유호의 논저는 북한 고고학계에서 더 이상
마주칠 수 없게 된다. 그때는 위 권두언이 발표되기 약 9개월 전이었다.
추측컨대, 도유호의 신변에 직접적인 문제가 일어난 것은 1965년
중반을 전후한 무렵의 일이라고 생각된다. 그리고 1966년 말에는
다음과 같은 내용을 담고 있는 김석형의 글이 발표되기에 이르렀다.

"우리의 고대문명과 고대국가에 관한 연구성과는 우리 고고학자들과
고대사가들이 외인론을 배격한데서만 아니라 우리 력사에는 노예소
유자사회가 없었다는 교조주의적견해와도 투쟁한데서 이루어진것이
다." [김석형, 1966, 「력사연구에서 당성의 원칙과 력사주의 원칙을 관철할데 대하여」,
『력사과학』1966(6), 4쪽]

앞에서 말했듯이 1960년 중반 이후부터 "삼국 이전은 노예제사회였
으며, 고조선은 조선 역사에 등장하는 최초의 노예소유자국가였다"
라는 점에 관하여 북한 학계는 기본적인 합의를 보았고, 그와 같은
관점은 1962년에 간행된 『조선통사(상)』에도 적용되었다. 그런데도
도유호는 고조선을 노예소유자사회로 끝내 인정하려 하지 않았다.

---

288) ① 도유호, 1965, 「서평 : 금탄리 원시 유적 발굴 보고」, 『고고민속』 1965(1),
    53쪽, ② 도유호·김용남, 1965.

그러나 내재적인 동인에 근거하여 조선 고대사의 체계를 확립하려는 강렬한 분위기 속에서 역사 발전의 합법칙성을 부정하는 도유호의 학문적인 성향은 더 이상 용납될 수 없었다. 특히 1961년 여름에 개최된 고조선 관련 토론회를 주도하였던 김석형의 입장에서 본다면, 더욱 그러했을 것으로 짐작된다. 따라서 외인론과 고조선 문제를 둘러싸고 도유호가 북한 학계에서 영향력을 상실하는 데에는 도유호와 직접적으로 갈등 관계에 놓여 있던 김석형이 깊숙이 관여했을 가능성이 컸으리라고 추정된다.

이와 같은 분위기에서 도유호는 1966년 5월, 매우 뜻깊은 한 편의 글을 『로동신문』에 게재한다. 그 글에서 그는 북한에서 알려진 구석기 시대 유적(굴포리, 덕산, 동관진, 장덕리)의 성격을 개괄적으로 언급하며, 1966년 4월부터 본격적으로 조사가 시작된 상원 검은모루 동굴유적[289]의 발굴 소식을 간단히 덧붙였다. 그런데 당시 북한에서는 1964년에 발굴된 남한의 공주 석장리 유적에서 구석기가 발견되었다는 내용에 대하여 비교적 구체적으로 알고 있었다고 생각된다.

"구석기에 관한 소식은 남녘땅에서도 들려온다. 1964년에 우리는 그런 소식을 들었었는데 최근에 또 그런 소식을 들었다. 유적은 충청남도 공주군 금강 상류에서 알려졌다고 하며 서울 연세 대학의 모 교수가 그것을 연구한다고 한다. 아직 자세한 발굴 보고가 나오지 않아서 구체적인것은 잘 알 도리가 없으나 남조선에서 구석기 시대의 유물이 발견된다는 사실은 우리로서 매우 기쁜 일이라 아니할수 없다. 더우기 고고학을 연구하는 사람으로서 우리는 공주의 구석기를 현지에서 좀 더 구체적으로 보고싶은 생각이 북받쳐 오름을 금할수 없다. 그러나 조국이 남북으로 갈라져 있는 형편에서 그렇게 할수 없다. 이것은

---

289) 고고학연구소, 1969, 「상원 검은모루유적 발굴중간보고」, 『고고민속론문집』 1, 3쪽.

〈그림 43〉 고고학 성과의 남북 교류 제안 『로동신문』 1966년 5월 11일, 도유호, 「우리 나라 구석기 시대 연구를 위하여」

실로 가슴 아픈 일이다." [『로동신문』 1966년 5월 11일, 도유호, 「우리 나라 구석기 시대 연구를 위하여」]

1963년과 1964년, 한 해를 사이에 두고 북한의 굴포리 유적과 남한의 석장리 유적에서 각각 구석기시대로 확증되는 석기가 발견되었다. 거의 엇비슷한 시기에 구석기유적이 남북한 쌍방에 존재한다는 사실이 밝혀졌다. 이와 같은 고고학적 증거는 이 땅에서 이루어진 선사시대의 상한이 구석기시대로 소급될 수 있음을 알려주었고, 그에 따라 우리나라에서 이루어진 선사문화의 전개를 새로운 시각에서 재정립해야 한다는 점도 일깨워주었다.

그런 만큼 우리나라의 구석기문화를 효율적으로 연구하려면 무엇보다도 쌍방에서 조사된 구석기시대의 유적과 유물, 그리고 연구

성과를 서로 교류할 수 있는 작업이 전제되어야 한다. 이에 따라 도유호는 분단이라는 현실적인 조건에서 남북 학자들이 함께 노력하고 힘을 합칠 수 있는 몇 가지 방안을 제시하였는데, 거기에는 북한 학계가 그동안 쌓아올린 고고학적 자부심과 자신감이 반영되어 있는 것으로 판단된다.

"첫째로 남북의 고고학자들이 유적 발굴 보고와 연구 성과를 서로 교류하는것이다. 이것은 현재의 조건하에서도 서신 거래와 같은 방법을 리용한다면 십분 가능하다. 둘째로 남북의 고고학자들이 래왕하는 문제이다. 서로 래왕한다면 남북의 유적과 유물을 직접 볼수 있을것이며 한 자리에 모여 앉아 발굴 경험을 교환하며 학술 토론을 하는 등 방법으로 서로의 연구 성과를 교환할수 있을것이다. 더 나아가 남북의 학자들이 공동으로 유적 발굴과 연구 사업을 진행할수도 있을 것이다. 이것은 우리의 노력을 합치는 매우 좋은 방도라고 말할수 있다. 셋째로 연구 성과를 공동으로 출판할수 있다고 본다. 남북 학자들이 발굴 보고와 기타의 학술 보고 및 론문을 담은 이러한 출판물은 정기적 또는 비정기적으로 출판할수 있다. 출판은 평양과 서울에서 번갈아하는 방법을 취할수 있을것이다." [『로동신문』 1966년 5월 11일, 도유호, 「우리 나라 구석기 시대 연구를 위하여」]

그로부터 약 1년이라는 세월이 흐른 1967년 5월(조선노동당 중앙위원회 제4기 제15차 전원회의), 종래에 볼 수 없었던 대격변이 북한의 정치, 사회, 문화 등 각 방면에 걸쳐 두루 휘몰아쳤다. 이 격변으로 상당수의 당 고위간부가 숙청되고, 김일성 개인숭배를 전면에 내세운 유일사상 체계가 확립되었다.[290] "전체 사회구성원이 김일성의 혁명

---

290) 이에 대해서는 다음을 참조하기 바람. 이종석, 2000, 『새로 쓴 현대북한의 이해』, 427~432쪽.

사상만을 확고부동한 신념으로 가지도록 요구하는 유일사상 체계"가 그해 6월에 공식화되었다. 12월에는 "주체사상을 국가 활동의 지도 사상으로 공식 반영했고, 이 사상을 모든 부문에 훌륭하게 구현해야 한다"는 강령이 국가 활동의 중점 당면 과업의 하나로 발포되었다.291)

유일사상 체계의 확립 사업은 부르주아적, 수정주의적 사상의 청산 작업과 밀접하게 결부되어 진행되었다. 1967년의 전환기를 맞이한 이후, 고고학 연구에서도 새로운 과업을 수행해야만 했다. 주체의 원리 에 기초하여 민족 문화유산을 재평가하며, 주체적 방법론의 구현을 통하여 조선의 역사를 새롭게 체계화하고, 조선 역사의 유구성을 과학 적으로 해명해야 하는 사업을 실천에 옮겨야 했다. 이 해를 마지막으로 『고고민속』이 정간되었고, 1968년 5월에는 분위기 쇄신 차원에서 종전 의 '고고학 및 민속학 연구소'는 '고고학연구소'로 개편되었다.292)

"부르죠아, 수정주의분자들의 사상여독은 당시 고고학분야에서도 후 과를 미치고있었다. 고고학자들속에서는 반동적인 《문화이동론》에 기초하여 력사와 문화를 연구평가하는 그릇된 현상들이 발로되고있 었다. 반동적인 《문화이동론》이란 자연지리적조건이 유리한 지역들 에서 먼저 창조된 문화가 일정한 분포령역을 가진 이른바 문화권을 형성하는데 각이한 《문화권》에 속하는 개별적인 종족들이 이주하는 과정에 발전된 《문화권》의 문화가 전파되고 보급되어 새로운 문화의 발전이 이룩된다고 보는 비과학적인 지리학적류파의 한 조류이다. 《문화이동론》의 반동성과 부당성은 사회력사적운동의 고유한 합법 칙성을 보지 못하고 문화의 발생발전에서 인민대중의 창조적역할을

291) 이종석, 2011, 『북한의 역사 2 : 주체사상과 유일체제 1960~1994』, 41~50쪽.
292) 리주현·한은숙, 2009, 48쪽. 한편 '고고학연구소'라는 명칭은 『고고민속』 1967년 1호(1967년 3월 발행)의 속표지에 등장한다. 이는 행정적인 조치가 이루어지기 전에 이미 고고학연구소라는 명칭이 사용되고 있었음을 알려준다. 고고학연구 소에서는 1969년부터 부정기간행물인 『고고민속론문집』을 발행하였다.

부인한데 있다. 이《리론》에 기초하여 지난날 일부 고고학자들은 우리 나라의 고유한 원시문화의 발전을《외입설》로 설명하고 우리 민족의 원류, 원고향을 북방이나 남방 등 다른 지역에 설정하려고 시도하였다. 〈중략〉 주체57(1968)년 8월 전국의 고고학 및 력사학부문 일군들과 학자들이 참가한 가운데 반동적인《문화이동론》의 후과를 가시기 위한 전국사회과학토론회가 진행되였으며 그에 뒤이어 학계 적인 부문과학토론회, 사회과학원토론회들이 진행되였다. 〈중략〉 연구소에서는 또한 주체57(1968)년 8월부터 주체 58(1969)년 3월까지의 기간에 반동적인《문화이동론》의 해독적후과가 가장 크게 미치였던 원시고고학부문을 주체의 사회력사원리에 맞게 다시 체계화하였으며 《문화이동론》의 반동본질과 그 해독성을 비판하는 여러건의 가치있 는 론문들을 집필하고 력사주의적원칙이 구현된《조선원시고고학개 요》를 비롯한 여러건의 단행본들을 출판하였다." [리주현·한은숙, 2009, 『총론』, 48쪽, 50~51쪽]

1968년 8월부터 북한 학계에서는 문화이동론에 의거한 외인론을 반동적인 학설로 규정하고, 그 영향력과 잔재를 말끔히 털어내는데 총력을 기울였다. 그동안 역사학계로부터 외인론을 가리켜 '수정주의 적 또는 부르주아적 반동 이론'[293]이라고 단편적인 비판을 받았던 때와는 근본적으로 훨씬 다른 상황이 전개되었다. 외인론에서 야기된 모든 쟁점은 변화된 사회적인 모든 부문에서 제거되어야 할 주요 대상으로 부각되었다. 그 문제는 주체적 역사의 체계화에 가장 큰 걸림돌이 되어 사상적인 심판대에 오르게 되었고, 대격변의 험난한 물결에 휩싸이며 도유호의 이름은 북한 고고학에서 깊고 깊은 장막 속으로 파묻혀버리고 말았다. 격렬한 회오리바람 속에서 정백운 등의

---

293) ① 력사연구소, 1962b, ② 고고학 및 민속학 연구소, 1965, 「조선 로동당 창건 20 주년을 맞으며」, 『고고민속』 1965(4).

모습도 사라졌다고 추정되는 반면에 황기덕과 김용간 등은 새롭게 변신하며 그 후 한동안 북한 고고학의 주역으로 활동하였다.

1968년 8월부터 1969년 3월까지, 무려 약 9개월 동안, 고고학연구소에서는 원시 고고학 부문에 스며들었던 문화이동론의 반동적인 본질을 파헤치는 동시에 그 해독성을 강하게 들추어내는 일련의 작업을 수행하였다. 그리고 마침내 1971년에는 김일성의 주체사상에 입각하여 조선의 원시시대를 체계화하려고 했던 『조선원시고고학개요』[294] 가 발행되었다. 이 개요의 간행은 문화이동론의 완전한 청산을 널리 공표하는 이정표이자 북한 고고학의 또 다른 변화를 예고하는 출발점이었다.[295]

"조선고고학은 경애하는 수령 김일성동지의 크나큰 배려와 육친적인 보살피심속에서 태여났으며 발전하여왔다. 〈중략〉 경애하는 수령 김일성동지께서는 이와 같이 유적과 유물을 발굴정리하고 연구하는데 필요한 모든 조건을 마련하여주시였고 뜨거운 배려를 돌려주시였을뿐만아니라 연구사업에서 지침으로 되는 방법론을 밝혀주시였고 연구제목까지 직접 설정하여주시였다. 특히 어버이 수령님께서는 연구과정에 어렵고도 복잡한 문제가 제기될 때마다 몸소 현지에까지 나오시여 세심한 지도를 주시였다." [고고학연구소, 1971, 『조선원시고고학개요』, 9~10쪽]

이제 김일성 수령을 가리켜, "참으로 그이께서는 동서고금에 없는 역사학의 대가이시며 역사학자들의 스승이시였다"[296]고 떠받들어야

---

294) 고고학연구소, 1971.

295) 한창균, 2013, 「북한 고고학사의 시기 구분 체계에 대하여」, 『한국상고사학보』 79, 203쪽.

296) 리주현·한은숙, 2009, 114쪽.

하는 세상이 되었다. 수령과 모든 고고학자들은 절대적 영도력을 소유한 정치적 스승, 그리고 절대적 권위를 지닌 스승의 강령적 지침을 충실하게 따라야 하는 제자 관계로 맺어지게 되었다. 유적과 유물의 발굴 및 연구 사업을 비롯하여 연구 주제의 선정도 김일성의 교시를 수행하는 과업으로 변질되었다. 주체적 방법론에 어긋나는 일체의 고고학적 사고는 용납될 수 없는 사회적 분위기가 굳어져 갔다. 세계 고고학사에서 유례를 찾을 수 없는 '교시 고고학, 주체적 고고학'이 북한 고고학에 단단한 뿌리를 내리며 오늘에 이른다.[297] 요컨대 이른 바 '대동강문화'의 명명과 선포[298]는 그러한 입장의 최종 완결판 중 하나로 간주될 수 있다.

---

297) 한창균, 2013, 208~211쪽.
298) 『로동신문』 1998년 3월 11일, 「대동강과 더불어 빛을 뿌리는 유구한 력사와 찬란한 문화 : 조선민주주의인민공화국 력사학학회에서 평양을 중심으로 한 이 일대의 고대문화를 《대동강문화》로 명명」.

글을 마무리하며

도유호는 떠났지만 그의 학문은 우리와 함께 있다

　도유호의 고고학에 관하여 상세한 내용의 글을 발표하였던 고故
이광린 교수는 "도유호는 고조선의 중심지를 평양, 패수浿水를 청천강,
왕험성王險城을 평양으로 비정하였고, 따라서 도유호가 이병도의 학설
을 따르고 있다 해도 과언過言이 아니다"[1]라고 언급하였다. 그러나
이병도의 학설에 근거하여 도유호가 그와 같은 주장을 했다고 보는
것은 지나치게 피상적인 관점이라고 판단된다. 앞에서 여러 차례
말한 것처럼, 도유호는 그간 평양 지역을 중심으로 한국의 서북쪽에서
이루어진 고고학 성과를 반영하여 자신의 입장을 표명하였고, 그러한
고고학적 견해를 뒷받침하려는 의도에서 문헌 자료를 활용하였다.
그렇기 때문에 당시 고고학 및 민속학 연구소의 학술 성원들 사이에서
도 고고학적 증거에 기반을 두었던 도유호의 주장에 동조하는 분위기
가 대세를 이루고 있었다.

　도유호는 고조선의 사회 경제 구조와 관련하여 김석형으로 대표되
는 역사학계와 깊은 갈등 관계에 놓여 있었다. 당시 고대사 분야의
주요 연구 동향은 고조선 사회를 노예소유자국가로 인정하는데 초점
을 맞추고 있었지만, 도유호는 끝내 여기에 동참하지 않으며 자신의
견해를 고수하였다. 학문적인 관점의 차이로 인하여 그는 유물사관의
내재적 발전론에 기초하여 한국 고대사의 체계를 확립하고자 했던
시대적 여건에 제대로 부응하지 못하였다.

---

　1) 이광린, 1990, 「北韓의 考古學 : 특히 都宥浩의 研究를 中心으로」, 『동아연구』
　　20, 123쪽.

이미 앞에서 이야기했던 것처럼, 도유호는 선행하는 문화가 다음 시대의 문화로 전환되는 과정에서 내재적 요인보다 외적 요인의 영향력이 크게 작용하였던 것으로 이해하고 있었다. 그러한 접근 방법을 토대로 그는 원시시대 및 고대사회와 전개 과정을 확립하려고 시도하였다. 그래서 그는 원시문화의 형성 과정과 초기 금속문화 기원 및 고구려 석실 봉토분 기원 등등을 논하는 글에서 외적 요인에 큰 비중을 두며, 그 흐름의 전후 맥락과 본질을 파악하고자 하였다. 그렇지만 1960년대 중반 이후 김일성 개인숭배의 전면적 확립과 유일사상 체계의 구현이라는 정치적 격변 속에서 도유호가 줄기차게 내세웠던 문화 이동론은 '부르주아적, 수정주의적 반동 학설'로 낙인이 찍혀 버리고 말았다.

북녘 땅에서 그의 학술적인 역할은 그렇게 마무리되었다. 이때 도유호는 회갑을 갓 넘은 60대 초반이었다. 그 뒤 그의 행적이 어떠했는지에 대해서 우리는 확실하게 알지 못한다. "출판사 편집원을 거쳐 생을 마감하였다. 또는 백두산 근처 중학교로 내쫓김을 당하였다"는 등의 여러 이야기들이 떠돌고 있지만, 사실로서 확인된 것은 어느 하나도 없는 형편이다.

북한 원시 고고학의 체계를 세우는데 이바지한 바가 누구보다도 컸지만, 그는 당시 사회에 회오리친 정치적, 사상적 투쟁에 휘감기며 북한 고고학계에서 단절되었다. 북한 고고학의 성립 과정에서 일구어낸 그의 학술적 공로와 업적은 북한 고고학계로부터 완전하게 따돌림을 당하게 되었고, 말년 생애에 관해서 이러저런 소문만 남긴 채 그의 모습은 사라졌다.

1967년 6월에 간행된 『고고민속』에 그의 저서(『조선 원시 고고학』)가 각주로 인용된 것2)을 마지막으로 도유호라는 이름은 북한 고고학

---

2) 김용간·황기덕, 1967, 「기원전 천년기전반기의 고조선문화」, 『고고민속』 1967(2), 12쪽.

계에서 더 이상 거론되지 않는다. 『조선 원시 고고학』보다 약 반세기
가 지난 다음, '조선고고학총서'의 일환으로 발행된 『총론』에서도
"문화이동론의 반동성과 부당성은 사회 역사적 운동의 합법칙성을
보지 못하여 문화의 발생 발전에서 인민 대중의 창조적 역할을 부인한
데 있다. 이 이론에 기초하여 지난날 일부 고고학자들은 우리나라의
고유한 원시문화의 발전을 《외입설》로 설명하고 우리 민족의 원류,
원고향을 북방이나 남방 등 다른 지역에 설정하려고 시도하였다"[3]라
고 부정적인 평가를 가하고 있다.

돌이켜보건대, 비엔나학파의 문화사적 방법론에 큰 영향을 받았던
도유호의 전파론적 인식은 오늘날의 관점에서 본다면 적지 않은 시대
적 한계를 반영한다고 볼 수 있다. 다시 말해서 철저하게 전파론적인
시각에서 한국 원시문화의 형성 및 발전 과정을 해명하려 했던 그의
연구 성향은 외적 문화의 요인을 지나치게 과대평가한 측면을 지니고
있다. 그렇지만 불모지와 다름없는 고고학적 여건에서 한국 원시문화
의 체계를 확립하는데 공을 들였던 그의 학술적인 노력에 대해서
우리는 또 다른 점에서 주목할 필요가 있을 것이다.

그는 각종 유적 또는 유물을 시대 순으로 적당히 배열하면서 한국
원시문화의 전개 양상을 단순히 서술하는데 그치지 않았다. 예를
들어, 그는 청동기문화를 개괄적으로 논하는 자리[4]에서 "거석문화의
유래, 생업 관계, 주민 구성, 연대 추정, 사회 구조, 철기시대로의
이행 문제" 등을 이론적으로 설명하는데 힘을 기울였다. 현재의 시각
에서 가늠할 때, 당시 도유호의 주장과 논리 구조에 많은 허점이
보이지만, 그가 선정했던 각각의 소주제는 현재 남북한의 청동기시대
연구에서 주된 쟁점거리로 다루어지고 있다.

도유호는 '굴포문화' 또는 '궁산문화'와 같은 고고학적 문화의 개념

---

3) 리주현·한은숙, 2009, 『총론』, 48쪽, 조선고고학총서 1.

4) 도유호, 1960, 『조선 원시 고고학』.

을 창안하여 적용하였다. 그 후 이 개념은 북녘뿐만 아니라 남녘의 고고학계에서도 널리 채용되었다. 또한 그가 궁산 유적과 지탑리 유적의 발굴 보고서 등에서 언급하였던 '괭이농사' 또는 '갈이농사' 등의 농경 관계 용어는 북한 고고학에서 지금도 유효하게 쓰인다. 이와 더불어 그가 작성에 관여하였던 궁산, 지탑리, 오동, 초도 유적 등의 발굴 보고서를 비롯하여 굴포리 구석기유적 관련 논문은 남북 쌍방에서 이루어지고 있는 원시 고고학 연구에서 중요한 참고자료로써 자주 활용되고 있다.

도유호는 한국 고고학의 체계를 바로 세우는데 자연과학 분야와의 공동 연구가 필요하다는 점을 일찍부터 강조하였다. 그는 고고학 연구에 도움을 주는 절대연대측정 방법, 지질학, 고생물학, 체질인류학 등에 관한 깊은 관심을 여러 차례 표명하였다. 초도 유적의 경우에서 알 수 있듯이 그는 인공유물(artefact)과 함께 출토하는 생태유물(ecofact)의 중요성을 잘 인지하고 있었다. 그의 이러한 선도적인 역할은 고동물학 분야의 전문 인력을 양성하는데 밑거름이 되었다. 장덕리 구석기유적에서 수행된 지질학, 고동물학, 고식물학 등의 합작 사업도 고고학 및 민속학 연구소의 소장이었던 도유호의 학술적, 행정적 지원에 힘입은 바가 컸다고 추정된다.

또한 그는 전문가를 포함하여 일반인들이 고고학적인 연구 성과를 쉽게 공유할 수 있도록 순화된 고고학 관계 용어를 통일 및 정리하는데도 남다른 노력을 보였다. 고고학과 자연과학의 접목, 순화된 고고학 용어의 사용 등은 오늘에 와서 되돌아보아도 매우 의미 있는 작업으로 평가될 수 있다.

이 책의 맨 앞부분에서 말한 것처럼, 정전협정 이후 미처 10년도 되지 않은 짧은 기간 동안, 북한 고고학에서는 원시문화의 시기 구분 체계에 대한 기본 틀을 마련하였다. 그 과정에서 도유호는 당당하게 주역을 담당하며 학문적 역량을 발휘하였다.

고고학 및 민속학 연구소 소장으로 재임하는 동안, 도유호는 세 차례에 걸쳐 해외를 방문했던 것으로 생각된다. 1956년 5월에는 쏘련 레닌그라드에서 열린 '쏘련 민속학회 학술 대회'에 참가하였다. 이 학술 대회에 참가할 무렵, 도유호는 삼국시대의 사회경제적 구성체의 성격에 관하여 김광진과 논쟁을 벌이고 있었는데, 학술 대회 참가 기간 중, 도유호는 이 주제와 관련하여 인류 역사의 보편적인 발전과정에서 씨족사회 단계가 반드시 전제되어야 하는 문제를 가지고 레빈 교수 및 꼬스웬 교수로부터 의견을 들었던 것으로 보인다.[5] 1957년 12월 26일~1958년 1월 1일에는 아세아 아프리카 단결 회의(Afro-Asian Peoples' Solidarity Conference, 이집트, 카이로, 북한 대표 단장 : 한설야)에 참가하여 영어 통역을 담당하였다.[6]

한편 1960년 8월 9일~16일에는 쏘련 모스크바에서 열린 제25차 국제동방학자 대회(International Congress of Orientalists)에 참가하였다. 당시 북한에서는 도유호(고고학), 김석형(역사학), 박시형(역사학), 홍기문(어학), 최천후(어학), 양영섭(어학) 등이 참가했으나 남한 학자는 참가하지 않았다. 한국분과위원회에서 도유호는 「기원전 3~2세기에 조선 북부지역의 금속문화(The Metallic Culture of the Northern Regions of Korea in the Third and Second Centuries Before Our Era)」라는 제목의 논문을 발표하였다. 고고학과 관련하여 발표장에서는 "고조선이 역사상 존립하였던 고고학적 증거는 무엇인가?", "동검(bronze daggers)의 사용을 중국 문화 도입의 증거가 될 수 있다고 고려考慮하는가?" 등에 대한 질의가 있었고, 도유호의 발표 및 답변 내용은 해방 이후 북한에서 이루어진 고고학 성과를 해외에 널리 알리는데 크게 이바지

---

5) 도유호, 1958, 「삼국 시대는 봉건 시대가 아니다」, 『삼국 시기의 사회 경제 구성에 관한 토론집』, 71~72쪽.
6) ① 「아세아 아프리카 단결 회의의 선언」, 『조선중앙년감 1957』, 262~263쪽. ② 「아세아 아프리카 단결 회의」, 『조선중앙년감 1957』, 464~465쪽, ③ 한국문명교류연구소 정수일 소장과의 전화 통화(2016년 9월 6일).

하였던 것으로 생각된다.[7]

"이러한 질의에 대해서 번역하는 번거로움을 피하기 위해서 도유호都
有浩씨는 처음엔 유창한 영어로 그 다음엔 유창한 독일어로 답변을
하였다. 토론에 참석했던 한 논평자는 도유호都有浩씨의 논문을 평하여
이르되 도都씨의 논문은 1945년 이후 평양과학원(Pyongyang Academy
of Sciences)이 주도하여 온 고고학적考古學的 연구업적研究業績의 결과를
훌륭한 솜씨로 개설해주는 대표적인 논문論文이라고 표현하였다." [G·D
·페이지(김홍철 역), 1960(11월호), 「모스코바 會議에 다녀와서」, 『사상계』, 97쪽]

지금부터 27년 전 고종석은 고고학자 도유호를 다루었던 신문 기고
문[8]에서 그를 "한반도 '구석기' 입증 고고학 최고봉"이라고 묘사한
바 있다. 그의 학문적 업적을 가리켜 이보다 더 적절한 글귀를 찾기란
쉽지 않다. 해방 이후 이루어진 한국 고고학사의 흐름 속에서 도유호가
쌓은 학문적 업적을 되짚어볼 때, 그는 한국 고고학의 첫 세대로서
어느 누구도 비견될 수 없을 만큼 진정 '최고봉'에게 어울리는 역할을
다하였다.

---

7) G·D·페이지(김홍철 역), 1960(11월호), 「모스코바 會議에 다녀와서」, 『사상계』,
94~106쪽.
8) 『한겨레신문』 1990년 4월 13일, 고종석, 「발굴 한국현대사 인물(21) : 도유호」.

참고문헌

글을 시작하며

도유호, 1994, 『조선 원시 고고학』(재간행), 백산자료원, 서울.

한창균, 1994, 「도유호와 북한 고고학」, 『조선 원시 고고학』, 327~400쪽, 백산자료원, 서울.

한창균, 2013, 「도유호와 한흥수 : 그들의 행적과 학술 논쟁(1948~1950)」, 『한국고고학보』 87, 76~118쪽, 서울.

1부 청년 학도 도유호

「京城高等商業學校卒業生氏名」, 『朝鮮總督府官報』 제372호, 1928년 3월 29일, 京城.

『上之卽祚三十二年甲午式年司馬榜目』. [한국학중앙연구원, 한국역대인물종합정보시스템]

「昭和·戰前篇 : K門 內外人外國在留, 旅行及保護, 取締」, 『일본 외무성 외교사료관 소장 한국관계사료목록』. [국사편찬위원회 한국사데이터베이스, 해외사료총서]

「履歷書」(都宥浩), 「調査書」(朴克采 작성), 『金大(김일성대학) 교원이력서, 문학부)』. [국립중앙도서관, 해외수집기록물]

「學籍簿」(都定浩). 휘문중고등학교 소장.

〈신문〉

■ 경향신문

1965년 1월 1일, 「韓國 儼然한 3權分立, 以北 5道廳까지 總括, 北傀 勞動黨中央委가 權力구사」.

■ 독립신문

1920년 3월 23일, 「咸興獨立運動記(續)」.

■ 동아일보

1923년 5월 27일, 「當選新詩. 가을 저녁(賞乙), 咸興 都定浩」.

1930년 3월 30일, 「ML黨被告 都正浩獄死, 철창신음 삼년만에 불긔객, 卄九歲 靑春을
   一期로」.

1930년 9월 2일, 도유호, 「歐洲行 印度洋 건너서서(1)」.

1930년 9월 3일, 도유호, 「歐洲行 印度洋 건너서서(2)」.

1930년 9월 16일, 도유호, 「歐洲行 印度洋 건너서서(11)」.

1930년 10월 1일, 도유호, 「歐洲行 印度洋 건너서서(20)」.

1930년 10월 5일, 도유호, 「歐洲行 印度洋 건너서서(23)」.

1931년 1월 1일, 「物價와 朝鮮」.

1931년 1월 2일, 「米價暴落과 農村實情(2)」.

1936년 4월 7일(夕2), 「都有浩氏 墺國에서 學位 얻어」.

1936년 6월 14일(夕2), 「診察 無料로 酬應」.

1936년 8월 9일(朝2), 안익태, 「歐洲 音樂旅行記 (下) 빈에서」.

1940년 1월 20일(朝B), 「원大學에 朝鮮人講師, 都有浩博士가 十年만에 歸國」.

1940년 1월 28일(朝B), 「太西洋 거친 波濤에 英獨軍의 海戰目睹, "餘生은 朝鮮史研究에
   바친다", 動亂歐洲에서 都有浩博士 昨夕着京」.

1959년 7월 6일, 「北韓傀集의 最近機構」.

■ 조선중앙일보

1936년 4월 7일, 「都宥浩氏＝ 哲學博士論文通過」.

■ 조선일보

1940년 1월 14일, 「"윈"大學講師 都宥浩 博士 歸國, 騷亂한 歐洲의 學界로부터 十年만에
   錦衣還鄉」.

1940년 4월 24일, 도유호, 「感想 (上) 感謝와 訂正」.

1940년 4월 25일, 도유호, 「感想 (中) 感謝와 訂正」.

1940년 6월 4일, 도유호, 「"비엔나" 그리웁다!(2)」.

■ 중앙일보

2011년 9월 7일. 「영화 '글래디에이터' 무대... 로마 '검투사 학교' 오스트리아(카르눈
   툼)서 발굴」.

■ 중외일보

1930년 3월 30일, 「三次共産黨의 都正浩 獄中死亡, 보석 출감지휘 도착 전에 절명,
   未決囚로 二年間 呻吟」.

〈인터넷 웹 사이트〉

"경성고등상업학교(京城高等商業學校)" <네이버 위키백과>

"Unique Roman gladiator school ruins unveiled in Austria", AP Worldstream. George Jahn,
      Sept. 5, 2011.

"Wilhelm Schmidt SVD" <http://www.anthropos.eu/anthropus/heritage/schmidt.php>

〈논문, 단행본, 기타〉

강만길·성대경 엮음, 1996, 「도관호」, 「도용호」, 『한국사회주의운동 인명사전』, 166쪽,
      창작과 비평사, 서울.

고든 차일드(토마스 패터슨·찰스 오일 엮음, 김권구 옮김), 2009, 『고든 차일드의
      사회고고학』, 영남문화재연구원 학술총서 4. 사회평론, 서울.

국가보훈처, 2006, 『독립유공자공훈록』 16권(2004~2005년도 포상자), 서울.

김명식, 1932, 「民族問題에 對하야. 伯林에 게신 都宥浩氏씨에게 答함」, 『삼천리』 4권
      2호, 1932년 2월, 82~83쪽, 京城.

김용호 편집, 1953, 『凹凸福德房 : 一線記者手帖에서』, 동문사, 서울.

김인섭 등 편집, 1997, 『조선지도첩』, 교육도서출판사, 평양.

김재원, 2005, 『동서를 넘나들며』, 탐구당, 서울.

김재원, 1941, 「蘇聯印象記」, 『조광』 7권 9호, 168~173쪽, 1941년 9월, 京城.

도유호, 1931a, 「苦悶의 獨逸에서, 타고翁의 訪獨, 米國品의 洪水, 失業擴大」, 『동광』
      21, 1931년 5월, 50~55쪽, 京城.

도유호, 1931b, 「獨逸生活斷片, 猶太人論과 負傷日誌」, 『동광』 23, 1931년 7월, 74~79쪽,
      京城.

도유호, 1931c, 「獨逸留學日記」, 『동광』 25, 1931년 9월, 49~55쪽, 京城.

도유호, 1931d, 「詩人 「꾀테」의 舊家를 찾고(獨逸留學日記)」, 『동광』 26, 1931년 10월,
      51~53쪽, 63쪽, 京城.

도유호, 1931e, 「獨逸大學生의 生活(劍客男女 裸體生活 尖端戀愛)」, 『동광』 27호, 1931년
      11월, 77~80쪽, 京城.

도유호, 1931f, 「民族問題에 對한 나의 誤謬」, 『동광』 28, 1931년 12월, 231쪽, 京城.

도유호, 1932a, 「民族問題에 關하야」, 『동광』 30, 1932년 1월, 102쪽, 京城.

도유호, 1932b, 「緊急抗議文」, 『동광』 33, 1932년 5월, 42~43쪽, 京城.

도유호, 1932c, 「旋風부는 獨逸에서」, 『동광』 37, 1932년 9월, 41~42쪽, 京城.

도유호, 1936, 「彙報 : 都宥浩氏의 書信(維也納로부터)」, 『진단학보』 5, 202~205쪽,
      京城.

도유호, 1937, 「Konfuzius und Laotse im Lichte der Chinesischen Sozialgeschichte(支那社會史

上으로 본 孔子와 老子, 獨文)」, 『진단학보』 8, 1~25쪽, 京城.

도유호, 1940, 「中國都市文化의 起源(1)」, 『진단학보』 12, 160~201쪽, 京城.

력사연구소, 1984, 『금강산의 력사와 문화』, 과학·백과사전출판사, 평양.

Molly Raymond Mignon(김경택 번역), 2006, 『고고학의 이론과 방법론』, 주류성, 서울.

백과사전출판사, 1997, 「눈치」, 『조선대백과서전(5)』, 평양.

브루스 트리거(성춘택 옮김), 2010, 『브루스 트리거의 고고학사(개정 신판)』, 영남문화
　　재연구원 학술총서 7, 사회평론, 서울.

시안 존스(이준정·한건수 옮김), 2008, 『민족주의와 고고학. 과거의 현재와 정체성
　　만들기』, 영남문화재연구원 학술총서 2, 사회평론, 서울.

아야베 츠네오 편저(김인호 옮김), 1999, 「민족과 문화. 빌헬름 슈미트」, 『문화인류학
　　의 명저 50』, 134~143쪽, 자작나무, 서울.

앨런 바너드(김우영 옮김), 2003, 『인류학의 역사와 이론』, 한길사, 서울.

오바야시 다료(가모우 마사오 편저, 구본인 옮김), 1995, 「프로베니우스의 이론」, 『문화
　　인류학 이론의 역사와 전개』, 98~116쪽, 파란나라 C&B, 서울.

오까 지꾸마(가모우 마사오 편저, 구본인 옮김), 1995, 「슈미트의 이론」, 『문화인류학
　　이론의 역사와 전개』, 84~97쪽, 파란나라 C&B, 서울.

이광린, 1990, 「北韓의 考古學. 특히 都宥浩의 研究를 中心으로」, 『동아연구』 20,
　　105~136쪽, 서강대학교 동아연구소, 서울.

이병도, 1984, 「震檀學會 50年回顧. 創立에서 光復까지」, 『진단학보』 57, 217~225쪽,
　　서울.

이영택 편집, 1991, 『최신 북한지도』, 우진지도문화사, 서울.

이지원, 2007, 『한국 근대 문화사상사 연구』, 혜안, 서울.

주요한, 1931, 「內外大觀. 過去一個月間 朝鮮과 世界의 政治的, 經濟的 動向의 客觀的
　　記錄」, 『동광』 17, 1931년 1월, 23~29쪽, 京城.

L. A. 코우저, 1974, 「知識社會學의 先驅者 칼 만하임」, 『기독교사상』 18권 2호. 80~90쪽,
　　서울.

한창균, 2013, 「도유호와 한흥수 : 그들의 행적과 학술 논쟁(1948~1950)」, 『한국고고
　　학보』 87, 76~118쪽, 서울.

한흥수, 1936, 「彙報 : 韓興洙氏의 書信」, 『진단학보』 6, 157~160쪽, 京城.

함흥 영생중·고등학교 동창회, 2007, 『영생백년사. 영생중·고등학교 개교 100주년』,
　　신화인쇄, 서울.

휘문 100년사 편찬위원회, 2006a, 『휘문 100년사 Ⅰ(1906~2006)』, 휘문중고등학교,
　　서울.

휘문 100년사 편찬위원회, 2006b, 『휘문 100년사 Ⅱ(1906~2006)』, 휘문중고등학교,

서울.

京城高等商業學校編, 1923, 『京城高等商業學校一覽』, 京城.

Oswald Menghin(岡 正雄 譯), 1943, 『石器時代の世界史(上卷)』(Weltgeschichte der Steinzeit, 1940, 2판), 聖紀書房, 東京.

Baumann, H., 1974, Graebner, Fritz, *International Encyclopedia of the Social Sciences*, vol. 6, pp. 240~241, Macmillian Company, New York.

Grottanelli, V., 1969, Robert Heine-Geldern's Contribution to Historical Ethnology, *Current Anthropology*, vol. 10, no. 4, pp. 374~376, ② Kaneko, E., 1970, Robert von Heine-Geldern : 1885~1968, *Asian Perspectives*, XIII, pp. 1~10.

Henninger, J., 1974, Schmidt, Wilhelm, *International Encyclopedia of the Social Sciences*, vol. 14, pp. 56~58, Macmillian Company, New York.

Hohenwart-Gerlachstein, A., 1974, Koppers, Wilhelm, *International Encyclopedia of the Social Science*s, vol. 8, pp. 444~446, Macmillian Company, New York.

Kohl, P.L. and Pérez Gollán, J.A., 2002, Religion, Politics, and Prehistory. Reassessing the Lingering Legacy of Oswald Menghin, *Current Anthropology*, vol. 43, no. 4, pp. 561~586.

2부 귀국과 해방 공간

「昭和·戰前篇 : K門 內外人外國在留, 旅行及保護, 取締」, 『일본 외무성 외교사료관 소장 한국관계사료목록』. [국사편찬위원회 한국사데이터베이스, 해외사료총서]

「履歷書」(都宥浩), 『金大(김일성대학) 교원이력서, 문학부』. [국립중앙도서관, 해외수 집기록물]

「履歷書(朴時亨)」, 『金大(김일성대학) 교원이력서, 문학부』. [국립중앙도서관, 해외수 집기록물]

「履歷書(金錫亨)」, 『金大(김일성대학) 교원이력서, 문학부』. [국립중앙도서관, 해외수 집기록물]

「인민당의 합당 활동에 대한 보고서, 김오성. 다른 정당들과의 통합을 위한 인민당의 활동에 대한 보고서(이 보고는 인민당 중앙위원이자 공산당원인 김오성이 진술하였다)」, 『러시아 국방성 중앙문서보관소 문서군 172, 목록 614631, 문서철 3』. [국사편찬위원회 한국사데이터베이스, 해외사료총서]

「在朝鮮美國陸軍司令部軍政廳 任命辭令 第16號」(1945년 10월 16일).

「在朝鮮美國陸軍司令部軍政廳 任命辭令 第56號」(1945년 12월 24일).

1938, 「編輯後記」, 『진단학보』 9.

1947, 「彙報」, 『진단학보』 15, 151~153쪽.

1947, 「續刊辭」, 『진단학보』 15.

1979, 「金載元 博士 年譜 및 論著」, 『진단학보』 46·47, 1~3쪽.

〈신문〉

■ 동아일보

1940년 1월 20일(朝B), 「윈大學에 朝鮮人講師, 都宥浩博士가 十年만에 歸國」.

1940년 1월 25일(朝B), 「砲煙彈雨의 歐洲를 九死一生으로 脫出, 卅年만에 도라온 金相謙氏」.

1940년 1월 25일(朝B), 「都宥浩博士도 昨日 橫濱에 倒着」.

1940년 1월 27일(朝A), 「都宥浩博士 明日, 京城着」.

1940년 1월 28일(朝B), 「異域風霜 三十個年 寤寐不忘의 故土에 昨日, 金相謙氏朝鮮向發」.

1940년 1월 28일(朝A), 「歐洲戰亂을 避하여 昨夕 都博士 着京. "餘生은 朝鮮史研究"」.

1940년 1월 28일(朝B), 「太西洋 거친 波濤에 英獨軍의 海戰目睹, "餘生은 朝鮮史研究에 바친다", 動亂歐洲에서 都宥浩博士 昨夕 着京」.

1940년 6월 1일(夕B), 「戰亂의 白耳義에서 金載元博士歸國, 「겐트」大學서 考古學研究」.

1940년 6월 8일(夕B, 南部版), 「動亂의 歐羅巴에서 金載元博士歸國(興上)」.

■ 매일경제신문

1983년 11월 4일, 임호연, 「財界山脈(718) : 近世 100년 산업과 인물」.

■ 매일신보

1940년 1월 13일, 「都宥浩博士의 十年 戀愛結實」.

1941년 5월 7일, 「獨逸과 獨逸精神. 獨逸 留學生 座談會 ⑥. 無敵强軍建設에 將兵一致軍務에 專念」.

1945년 9월 1일, 「建準, 第1回 委員會 開催를 위한 招請狀 發送(135人)」.

■ 자유신문

1946년 4월 9일, 「民戰常任委補選」.

1946년 7월 5일, 「民戰祝賀式盛況」.

1946년 8월 1일, 「八·一五行事 合同記念方法討議」.

1946년 8월 5일, 「新民, 共産黨에 合同正式提案, 人民黨議決」.

■ 조선일보

1940년 1월 14일, 「"윈"大學講師 都宥浩博士 歸國, 騷亂한 歐洲의 學界로부터 十年만에 錦衣還鄕」.

1940년 1월 26일, 「獰猛한 獨逸潛水艦 英國艦擊沈을 目睹, 獨逸은 物資統制로 勝利를 밋고 있다, 動亂의 歐洲에서 도라오는 都宥浩, 金相謙兩氏 觀戰談」.

1940년 4월 24일, 도유호, 「感想 (上) 感謝와 訂正」.

1940년 4월 25일, 도유호, 「感想 (中) 感謝와 訂正」.

1940년 4월 26일, 도유호, 「感想 (下) 感謝와 訂正」.

1940년 5월 13일, 「動亂의 話題 담뿍 안꼬 白耳義에서 東洋考古學을 硏究하던 金載元氏, 蘇聯經由歸國途中」.

1940년 6월 1일, 도유호, 「"비엔나" 그리웁다! (1)」.

1940년 6월 4일, 도유호, 「"비엔나" 그리웁다! (2)」.

1940년 6월 5일, 도유호, 「"비엔나" 그리웁다! (3)」.

1940년 6월 7일, 도유호, 「"비엔나" 그리웁다! (4)」.

1940년 6월 8일, 도유호, 「"비엔나" 그리웁다! (終)」.

■ 중앙신문

1946년 4월 13일, 「故루氏一週忌追悼會, 偉大한 故人의 생애! 民主主義冀求하는 至情으로 追慕」, 「人事」.

1946년 5월 31일, 「美戰歿將兵 爲한 追悼記念式」.

■ 한겨레신문

1990년 4월 3일, 고종석, 「도유호. 한반도 '구석기'입증 고고학 최고봉」.

〈인터넷 웹 사이트〉

"Robert von Heine-Gelderen" (Wikipedia)

"Wilhelm Schmidt SVD" (http://www.anthropos.eu/anthropus/heritage/schmidt.php)

"伏見犬" (http://homepage3.nifty.com/jpnships/)

"김상겸 대령, 어느 노병의 이야기" (http://nestofpnix.egloos.com/3696022)

〈논문, 단행본, 기타〉

강성호, 2010, 「해제 : 헤르더의 역사 사상」, 『인류의 역사철학에 대한 이념(J.G. 헤르더, 강성호 옮김)』, 73~135쪽, 책세상, 서울.

고고학 및 민속학 연구소, 1957, 『궁산 원시 유적 발굴 보고서』, 유적발굴보고 1, 과학원출판사, 평양.

고고학 및 민속학 연구소, 1961, 『지탑리 원시 유적 발굴 보고』, 유적발굴보고 8, 과학원출판사, 평양.

김기석, 2006, 「김일성종합대학의 창설에 관한 연구」, 『북한의 교육과 과학기술』, 45~87쪽, 경인문화사, 서울.

김남식, 1984, 『남로당연구』, 돌베개, 서울.

김재원, 1984, 「震檀學會 50年回顧 : 光復에서 오늘까지」, 『진단학보』57, 225~240쪽,

서울.

김재원, 1987, 「賀書」, 『이병도박사 구순기념 한국사학논총』, I쪽, 지식산업사, 서울.

김재원, 2005, 『동서를 넘나들며』, 탐구당, 서울.

김재원, 2013, 『박물관과 한평생(3쇄)』, 탐구당, 서울.

도유호, 1932, 「民族問題에 關하야」, 『동광』 30, 1932년 1월, 102쪽, 京城.

도유호, 1936, 「彙報 : 都宥浩氏의 書信(維也納로부터)」, 『진단학보』 5, 202~205쪽,
    京城.

도유호, 1940a, 「中國都市文化의 起源(1)」, 『진단학보』 12, 160~201쪽, 京城.

도유호, 1940b, 「「요세프·헥겔」씨의 「토템」主義論」, 『진단학보』 12, 211~212쪽, 京城.

도유호, 1941a, 「中國都市文化의 起源(2)」, 『진단학보』 13, 110~145쪽, 京城.

도유호, 1941b, 「中國都市文化의 起源(3완)」, 『진단학보』 14, 149~191쪽, 京城.

류시현·문영주·박종린·허수·허영란, 2011, 『미래를 여는 한국의 역사 5(일제강점기)』,
    역사문제연구소 기획, 웅진 지식하우스, 서울.

민주주의민족전선 편저, 1946, 『朝鮮解放年報』(재수록 : 김남식·이정식·한홍구, 1986,
    『한국현대사 자료 총서 12』, 돌베개), 서울.

방기중, 1992, 『한국근현대사상사연구. 1930·40년대 백남운의 학문과 정치경제사
    상』, 역사비평사, 서울.

백남운(하일식 옮김), 1994, 『조선사회경제사』, 백남운전집 1, 이론과 실천, 서울.

손성철, 2008, 『역사를 움직이는 힘. 헤겔 & 마르크스』, 김영사, 서울.

송남헌, 1985, 『해방 3년사 I 』, 까치, 서울.

심지연, 1991, 『인민당연구』, 경남대학교 출판부, 창원시.

심지연, 2006, 『이강국연구』, 백산서당, 서울.

안호상, 1934, 「헤겔의 哲學의 始初와 倫理學의 始初」, 『보전학회논집』 1, 421~450쪽,
    보성전문학교 보전학회, 京城.

안호상, 1935, 「物心에 對한 認識論의 考察」, 『보전학회논집』 2, 395~450쪽, 보성전문학
    교 보전학회, 京城.

이광린, 1990, 「北韓의 考古學. 特히 都宥浩를 중심으로」, 『동아연구』 20, 105~136쪽,
    서강대학교 동아연구소, 서울.

이순자, 2009, 『일제강점기 고적조사사업 연구』, 경인문화사, 서울.

임종욱 편저, 2010, 「위장공(衛莊公)」, 「위환공(衛桓公)」, 『중국역대인명사전』, 이회문
    화사, 서울.

중국사학회(강영매 옮김), 2008, 『중국통사 1』, 범우, 서울.

중앙일보사 부설 동서문제연구소, 1983, 『북한인명사전』, 중앙일보사, 서울.

최남선, 1928, 「壇君及其硏究」, 『별건곤』 12·13, 22~37쪽, 京城.

프리드리히 엥겔스(김대웅 옮김), 2012, 『가족, 사유재산, 국가의 기원』, 두레, 서울.

한창균, 2013, 「도유호와 한흥수 : 그들의 행적과 학술 논쟁(1948~1950)」, 『한국고고학보』 87, 76~118쪽, 서울.

헤겔(김종호 역), 1990, 『역사철학강의』, 삼성출판사, 서울.

Oswald Menghin(岡 正雄 譯), 1943, 『石器時代の世界史(上卷)』(*Weltgeschichte der Steinzeit*, 1940, 2판), 聖紀書房, 東京.

Kohl, P. L., and Pérez Gollán, J.A., 2002, Religion, Politics, and Prehistory. Reassessing the Lingering Legacy of Oswald Menghin, *Current Anthropology*, vol. 43, no. 4, pp. 561~586.

3부 도유호와 북한 고고학(1) : 1940대 후반~1950년대 초반

「教員任命에 關한 內申」(1947년 2월 17일), 『1947年度 金日成大學發令件』, 北朝人委教育局.

「金日成大學職員俸給에 關한 件」(北朝金大 第秘120호, 1947년 3월 26일), 『1947年度 金日成大學發令件』, 北朝人委教育局.

「教員任命에 關한 件」(北朝金大 제209호, 1947년 4월 12일), 『1947年度 金日成大學發令件』, 北朝人委教育局.

「김일성대학 직제에 관한 건」(1947년 4월 18일), 『1947年度 金日成大學發令件』, 北朝人委教育局.

「교원봉급 세측에 관한 건(1947년 4월 23일)」, 『1947年度 金日成大學發令件』, 北朝人委教育局.

「(秘)大學教員招聘依賴의 件 : 招聘教員一覽表(1947. 9. 1 所要)」(北朝大 제466호, 1947년 7월 19일), 『1947年度 金日成大學發令件』, 北朝人委教育局.

「까페드라 新設 및 學長任命內申의 件(1947년 10월 3일)」, 『1947年度 金日成大學發令件』, 北朝人委教育局.

「김일성대학 까페드라 신설 및 강좌장 학장 임명의 건(1947년 10월 3일)」, 『1947年度 金日成大學發令件』, 北朝人委教育局.

「履歷書(朴克采)」, 『金大(김일성대학) 교원이력서, 문학부』. [국립중앙도서관, 해외수집기록물]

「古蹟保存과 發掘事業」, 『朝鮮中央年鑑 1949』, 조선중앙통신사, 평양.

「국제 민주녀성 련맹」, 『조선중앙년감. 국내편, 1951~1952』, 조선중앙통신사, 평양.

「국제 민주 법률가 협회 조사단이 발표한 조선에서의 미국 범죄에 관한 보고서」, 『조선중앙년감 1953』, 조선중앙통신사, 평양.

「조선 민주주의 인민 공화국 과학원 조직에 관하여」(내각결정 제183호, 1952년 10월
　　9일), 『조선중앙년감 1953』, 조선중앙통신사.

「세계 평화 옹호 대회」, 『조선중앙년감 1953』, 조선중앙통신사, 평양.

「국내외일지」, 『조선중앙년감 1953』, 조선중앙통신사. 평양.

「과학원」, 『조선중앙년감 1954~55』, 조선중앙통신사, 평양.

「과학원」, 『조선중앙년감 1956』, 국제생활사, 평양.

「물질 문화 유물 보존 위원회」, 『조선중앙년감 1956』, 국제생활사, 평양.

「주요 명승·천연기념물 일람」, 『조선중앙년감 1958』, 조선중앙통신사, 평양.

『휴전회담회의록』. [국사편찬위원회 한국사데이터베이스]

1935, 「新入會員」, 『진단학보』 3, 203쪽.

1939, 「會員消息」, 『진단학보』 10, 180쪽.

1947, 「북조선민주女性同盟중앙위원회위원장 박정애여사에게」, 『국제민주여성연맹
　　대회 문헌집』, 朝鮮女性社, 평양. [국립중앙도서관, 해외수집기록물]

1948, 「朝鮮物質文化遺物調查保存委員會에 關한 決定書」(내각결정 제48호, 1948년 11
　　월 1일). [『문화유물』 1, 조선물질문화유물조사보존위원회, 평양]

1948, 「朝鮮物質文化遺物調查保存委員會 任命에 關하여」(내각지시 제49호, 1948년 11
　　월 5일). [『문화유물』 1, 조선물질문화유물조사보존위원회, 평양]

1949, 「朝鮮歷史編纂委員會에 關한 決定書」(내각결정 제11호, 1948년 10월 2일). [『력사
　　제문제』 5, 조선력사편찬위원회, 평양]

1949, 「朝鮮歷史編纂委員會의 組織 및 基本課業에 關하여」(내각지시 제8호, 1949년
　　1월 14일). [『력사제문제』 5, 조선력사편찬위원회, 평양]

1949, 「조국통일민주주의전선강령발췌」. [『문화유물』 1, 조선물질문화유물조사보존
　　위원회, 평양]

1949, 「원고(原稿) 모집」, 『문화유물』 1, 조선물질문화유물조사보존위원회, 평양.

1950, 「독자에게 드리는 말씀」, 『문화유물』 2, 문화유물출판사, 평양.

1950, 「編輯後記」, 『문화유물』 2, 문화유물출판사, 평양.

1953, 『아세아 및 태평양 지역 평화 옹호대회 문헌집』, 국립출판사, 평양.

〈신문(국내)〉

■ 경향신문
1947년 1월 4일, C.S.P., 「北朝鮮의 文化人들. 以南서 간 이들의 近況」.

■ 매일신보
1929년 7월 30일, 「長崎에서 開催된 第4回 國際少年 野營大會」.

■ 자유신문

1947년 6월 7일, 「金南天氏 「大河」「체코」서 獨語出版」.
■ 조선일보
1937년 3월 2일~7일, 한흥수, 「北歐縱斷記 : 維也納에서」(6회 연재).

〈신문(북한)〉
■ 로동신문
1952년 5월 18일, 「평화 옹호 전국 민족 위원회에서 아세아 및 태평양 지역 평화
　　　　　　옹호 대회의 소집을 지지하여 공동 발기 및 준비에 대한 제반 조치를 결정」.
1952년 5월 23일, 「아세아 및 태평양 지역 평화 옹호 대회의 소집을 조선 인민들
　　　　　　열렬히 지지 환영」.
1952년 9월 10일, 「제2차 평화 옹호 전국 민족 대회 개최」.
1952년 10월 22일, 「조선 민주주의 인민 공화국 과학원 조직에 관하여」(내각결정
　　　　　　제183호, 1952년 10월 9일).

〈신문(국외)〉
■ 독립(*Korean Independence*, 미국 로스엔젤리스)
1946년 12월 26일, 「구라파에서 조국문화선전을 위하야 활동하는 한흥수박사」.
1947년 3월 19일, 한흥수, 「전세계 여성 대표 앞에 조선여성의 기백을 보인 박정애
　　　　　　이한라 양대표」.
1947년 7월 2일, 한흥수, 「우리 전평대표는 세계근노대중 압헤 민족의 슯흠을 호소」.
1947년 10월 12일, 한흥수, 「세계민청축전 관방긔」.
1948년 2월 18일, 한흥수, 「우리 민족의 명예를 위하야(제6)」.
■ 歐洲新聞(*The Kuju Shinmun*, 독일)
1986년 11월 29일, 고송무, 「체코슬로바키아 한국학의 아버지 : 한흥수(韓興洙)의
　　　　　　자취를 더듬어 보며」.
■ 大公報(중국 천진)
1952년 5월 18일, 「熱烈擁護在北京召開和平會議」.

〈인터넷 웹 사이트〉
"Freiburg", "Fribourg", "Hugo Obermaier", "Material culture", "University of Freiburg",
　　and "University of Fribourg" (Wikipedia)
"Nikolai Marr and his excavation at Ani" (http://www.virtualani.org/marr/index.htm)
"Bibliothèques" (http://www.unifr.ch/home/fr.htm)
"Library services" (http://www.univie.ac.at)

"RERO Catalogue collectif, Library Network of Western Switzerland" (http://www.unifr. ch/home/fr.htm)

http://www.obermaier-gesellschaft.de

〈논문, 단행본, 기타〉

강만길, 1994,「중국관내 민족해방운동전선의 통일전선론」,『민족해방운동의 전개 (2)』(한국사 16), 175~230쪽, 한길사, 서울.

강만길, 2003,『증보 조선민족혁명당과 통일전선』, 역사비평사, 서울.

강성윤, 2006,「북한의 학문분류체계. 인문사회과학 분야를 중심으로」,『북한의 교육 과 과학기술』, 173~200쪽, 경인문화사, 서울.

고고학 및 민속학 연구소, 1956,『라진 초도 원시 유적 발굴 보고서』, 유적발굴보고 1, 조선민주주의인민공화국 과학원, 평양.

고고학 및 민속학 연구소, 1957,『궁산 원시 유적 발굴 보고』, 유적발굴보고 2, 과학원출 판사, 평양.

고고학 및 민속학 연구소, 1958a,「평안남도 순천군 룡봉리 료동성총 조사 보고」, 『대동강 류역 고분 발굴 보고』, 고고학자료집 1, 과학원출판사, 평양.

고고학 및 민속학 연구소, 1958b,『안악 제3호분 발굴 보고』, 유적발굴보고 3, 과학원출 판사, 평양.

고고학 및 민속학 연구소, 1958c,『안악 제1호분 및 제2호분 발굴 보고』, 유적발굴보고 4, 과학원출판사, 평양.

고고학 및 민속학 연구소, 1958d,「안악 제2호분 발굴 보고」,『안악 제1호 및 제2호분 발굴 보고』, 13~21쪽, 유적발굴보고 4, 과학원출판사, 평양.

고고학 및 민속학 연구소, 1959,「민족 문화 유산 계승 발전을 위한 우리 당 정책의 빛나는 승리. 문화 유물 보존 사업과 그 연구를 중심으로」,『문화유산』 1959(4), 1~12쪽, 과학원출판사, 평양.

국방부 전사편찬위원회, 1989,『한국전쟁 휴전사』, 서울.

김기석, 2006,「김일성종합대학의 창설에 관한 연구」,『북한의 교육과 과학기술』, 45~87쪽, 경인문화사, 서울.

김성보, 2011,『북한의 역사 1. 건국과 인민민주주의의 경험 1945~1960』, 역사비평사, 서울.

김성보·기광서·이신철, 2011,『사진과 그림으로 보는 북한 현대사』, 역사문제연구소, 웅진지식하우스, 서울.

김원용, 1987,「한국 고고학, 미술사학과 함께. 자전적 회고」,『삼불김원용교수 정년퇴 임기념논총 Ⅰ』, 일지사, 서울.

김재원, 1975, 『여당수필집』, 탐구당, 서울.

김재찬, 1936, 「『朝鮮社會經濟史」의 再檢討. 韓興洙氏의 批判에 對한 批判」, 『비판』 4권 4호, 1936년 6월, 2~12쪽, 京城.

김태준, 1936, 「震檀學報第3卷을 읽고(中央日報)」, 『진단학보』 4, 153~154쪽, 京城.

도유호, 1940, 「中國都市文化의 起源(1)」, 『진단학보』 12, 160~201쪽, 京城.

도유호, 1941, 「中國都市文化의 起源(3완)」, 『진단학보』 14, 149~191쪽, 京城.

도유호, 1949a, 「安岳에서 發見된 高句麗古墳들」, 『문화유물』 1, 87~95쪽, 조선물질문화유물조사보존위원회, 평양.

도유호, 1949b, 「安岳의 高句麗 壁畵墳」, 『자연과학』 5, 29~37쪽, 국립인민출판사, 평양. [국립중앙도서관, 해외수집기록물]

도유호, 1950a, 「先史學의 唯物史觀的 考察을 爲한 몇개의 基本問題(上)」, 『력사제문제』 15(1950년 1집), 56~103쪽, 조선력사편찬위원회, 평양.

도유호, 1950b, 「先史學의 唯物史觀的 考察을 爲한 몇개의 基本問題(下)」, 『력사제문제』 16(1950년 2집), 22~45쪽, 조선력사편찬위원회, 평양.

도유호, 1950c, 「奉先寺址考」, 『문화유물』 2, 39~40쪽, 문화유물출판사, 평양.

도유호, 1955, 「조선 석기 시대 사상(史上)에서 새로 판명된 몇가지 사실에 대하여」, 『력사과학』 1955(1), 41~54쪽, 력사학연구소, 평양.

도유호, 1956, 「서문」, 『라진 초도 원시 유적 발굴 보고서』, 유적발굴보고 1, 조선민주주의인민공화국 과학원, 평양.

도유호, 1957, 「머리 말」, 『궁산 원시 유적 발굴 보고』, 유적발굴보고 2, 과학원출판사, 평양.

도유호, 1958a, 「머리'말」, 『안악 제3호분 발굴 보고』, 유적발굴보고 3, 과학원출판사, 평양.

도유호, 1958b, 「머리'말」, 『안악 제 1호 및 제 2호분 발굴 보고』, 유적발굴보고 4, 과학원출판사.

력사연구소, 1977, 『조선문화사』, 과학·백과사전출판사, 평양.

리성대·리금철, 1994, 『천연기념물편람』, 농업출판사, 평양.

리주현·한은숙, 2009, 『총론』, 조선고고학총서 1, 고고학연구소·사회과학정보쎈터, 평양.

리태진, 1949, 「문화유물보존사업에 대하여」, 『문화유물』 1, 74~79쪽, 조선물질문화유물조사보존위원회, 평양.

문화공보부 문화재관리국, 1985, 「부록 : 북한문화재에 관한 제법령」, 『북한문화재실태와 현황』, 서울.

박갑동, 1991, 『통곡의 언덕에서』, (주)서당, 서울.

방기중, 1992, 『한국근현대사상사연구』, 124~125쪽, 역사비평사, 서울.

백학순, 2010, 『북한 권력의 역사. 사상·정체성·구조』, 한울, 서울.

H. 베르니노브, B. 브라긴쓰끼(김영철 역), 1949, 「선진적 쏘베트 언어학을 위하여」, 『조선어 연구』 1권 5호, 72~80쪽, 조선 어문 연구회, 평양. [국립중앙도서관, 해외수집기록물]

브루스 트리거(성춘택 옮김), 2010, 『브루스 트리거의 고고학사(개정신판)』, 영남문화 재연구원 학술총서 7, 사회평론, 서울.

손성철, 2008, 『헤겔 & 마르크스. 역사를 움직이는 힘』, 김영사, 서울.

손진태, 1934, 「朝鮮 돌멘(Dolmen)考」, 『개벽』 34(신간호), 637~647쪽, 京城.

송도학원, 송도중·고등학교총동창회, 2006, 『송도학원100년사. 부록 : 회원명부』, 인천.

아·드·우달쪼브(이효준 역), 1950, 「物質文化史研究院三十年」, 『문화유물』 2, 87~94쪽, 문화유물출판사, 평양.

야로슬라브 올샤, jr., 2011, 「한국을 여행한 7명의 체코인 이야기」, 『1901년 체코인 브라즈의 서울 방문』, 144~211쪽, 서울역사박물관·주한 체코 공화국 대사관, 서울.

Underwood, H. G. (Devine, M. J. 편집, 주장돈 번역), 2002, 『한국전쟁, 혁명 그리고 평화』, 연세대학교 출판부, 서울.

오세탁, 2005, 『문화재보호법원론』, 주류성, 서울.

요제프 스탈린(정선균 옮김), 1986, 『사적 유물론과 변증법적 유물론. 마르크스의 언어학』, 두레, 서울.

유동주(증언), 고송무(정리), 1989, 「蘇滿국경에서 바르샤바까지. 폴란드 교포의 體驗 記」, 『월간중앙』 1989년 5월호, 436~451쪽, 서울.

유리우쓰·푸췩(한홍수 역), 1949, 『교형수의 수기』, 조쏘문화협회중앙본부, 평양. [국립 중앙도서관, 해외수집기록물]

이광린, 1988, 「北韓의 歷史學」, 『동아연구』 16, 37~63쪽, 서강대학교 동아연구소, 서울.

이광린, 1990, 「北韓의 考古學. 特히 都宥浩의 研究를 中心으로」, 『동아연구』 20, 105~136쪽, 서강대학교 동아연구소, 서울.

이기성, 2010, 「일제강점기 '금석병용기'에 대한 일고찰」, 『한국상고사학보』 68, 25~44쪽, 서울.

이민희, 2005, 『파란, 폴란드, 뽈스까!』, 소명출판, 서울.

이상엽, 2007, 「해제 : 리케르트의 문화과학론과 철학의 과제」, 『문화과학과 자연과 학』(하인리히 리케르트, 이상엽 옮김), 246~263쪽, 책세상, 서울.

이선복, 1992, 「북한 고고학사 시론」, 『동방학지』 74, 1~74쪽, 연세대학교 국학연구원, 서울.

이순자, 2009, 『일제강점기 고적조사사업 연구』, 경인문화사, 서울.

이·쓰딸린(1945년 판), 1948, 『변증법적 유물론과 사적 유물론에 대하여』, 외국문서적 출판부, 모스크바. [국립중앙도서관, 해외수집기록물]

이영택 편집, 1991, 『최신 북한지도』, 우진지도문화사, 서울.

이청원, 1936a, 「震檀學報第3卷을 읽고(東亞日報)」, 『진단학보』 4, 157~158쪽, 京城.

이청원, 1936b, 「朝鮮原始社會硏究」, 『비판』 4권 1·2호, 1936년 3월, 29~39쪽, 京城.

전경수, 2015, 「평양정권이 숙청한 인류학자 한흥수(韓興洙, 1909~?) : 굴절과 파행의 '고려인류학(高麗人類學)'」, 『근대서지』 11, 390~465쪽, 서울.

정백운, 1958, 「해방후 우리 나라 고고학의 발전」, 『문화유산』 1958(4), 7~16쪽, 과학원 출판사, 평양.

정병준, 2012, 「현엘리스 이야기 : 어느 진보주의자의 삶과 파국적 종말」, 『역사비평』 99, 373~408쪽, 역사비평사, 서울.

정인성, 2006, 「關野貞의 낙랑유적 조사·연구 재검토」, 『호남고고학보』 24, 139~156 쪽, 서울.

재오스트리아 한인연합회 기획, 2012, 『오스트리아 속의 한국인』, 리더스가이드, 서울.

조선물질문화유물조사보존위원회, 1950, 「農樂에 關하여」, 『문화유물』 2, 41~51쪽, 문화유물출판사, 평양.

최남선, 1927a, 『兒時朝鮮』, 동양서원, 京城.

최남선, 1927b, 「岩石崇拜로서 巨石文化에까지」, 『동광』 9, 6~19쪽, 1927년 1월, 京城.

최덕교 편저, 2004, 「통권 114호, 사회주의 종합지 '비판'」, 『한국잡지백년』 2, 현암사, 서울.

최명학, 1956, 「라진 초도 원시 유적 출토 인골 감정 보고」, 『라진 초도 원시 유적 발굴 보고서』, 유적발굴보고 1, 과학원출판사, 평양.

콜린 렌프루·폴 반(이희준 옮김), 2006, 『현대 고고학의 이해』, 영남문화재연구원 학술총서 1, 사회평론, 서울.

프리드리히 엥겔스(김대웅 옮김), 2012, 『가족, 사유재산, 국가의 기원』, 팡세총서 1, 두레, 서울.

한길언, 1950, 「金日成綜合大學歷史博物館」, 『문화유물』 2, 65~73쪽, 문화유물출판사, 평양.

한창균, 1992, 「초기(1945~1950)의 북한 고고학」, 『중재 장충식박사 화갑기념논총(역사학 편)』, 701~719쪽, 단국대 출판부, 서울.

한창균, 2013, 「도유호와 한흥수 : 그들의 행적과 학술 논쟁(1948~1950)」, 『한국고고학보』 87, 76~118쪽, 서울.

한창균, 2014, 「일제강점기에 있어 한국 구석기시대의 인식」, 『한국구석기학보』 29, 3~20쪽, 서울.

한흥수, 1935a, 「朝鮮의 巨石文化硏究」, 『진단학보』 3, 132~147쪽, 京城.

한흥수, 1935b, 「原始社會硏究의 重大性과 그 다음에 오는 諸問題」, 『비판』 3권 5호, 1935년 11월, 56~62쪽, 京城.

한흥수, 1935c, 「朝鮮原始社會論. 白南雲氏著「朝鮮社會經濟史」에 對한 批判을 兼하야」, 『비판』 3권 6호, 1935년 12월, 2~19쪽, 京城.

한흥수, 1936a, 「朝鮮石器文化槪說」, 『진단학보』 4, 127~145쪽, 京城.

한흥수, 1936b, 「朝鮮文化硏究의 特殊性」, 『비판』 4권 5호, 1936년 7월, 2~5쪽, 京城.

한흥수, 1936c, 「彙報 : 韓興洙氏의 書信」, 『진단학보』 6, 157~160쪽, 京城.

한흥수, 1937a, 「海外短信」, 『비판』 5권 3호, 1937년 3월, 104~106쪽, 京城.

한흥수, 1937b, 「維也納日誌. 荒波의 孤舟 같은 墺地利의 近情」, 『비판』 5권 8·9호, 1937년 7월, 24~44쪽, 京城.

한흥수, 1938, 「維也納通信」, 『비판』 6권 7호, 1938년 7월, 46~49쪽, 京城.

한흥수, 1941, 「瑞西通信 : 프리부륵에서」, 『인문평론』 3권 2호, 1941년 2월, 66~69쪽, 京城.

한흥수, 1948, 「原始社會史 硏究에 關한 覺書」, 『력사제문제』 2, 117~132쪽, 조선력사편찬위원회, 평양.

한흥수, 1949, 「民族文化遺産의 繼承에 關한 諸問題」, 『문화유물』 1, 9~39쪽, 조선물질문화유물조사보존위원회, 평양.

한흥수, 1950a, 「朝鮮原始史硏究에 關한 考古學上諸問題」, 『력사제문제』 15(1950년 1집), 4~55쪽, 조선력사편찬위원회, 평양.

한흥수, 1950b, 「朝鮮民俗學의 樹立을 爲하여」, 『문화유물』 2, 1~18쪽, 문화유물출판사, 평양.

황   욱, 1957, 「거섭 3년명 칠반(居攝三年銘漆槃)」, 『문화유산』 1957(6), 81~84쪽, 과학원출판사, 평양.

Han, Hung-Soo, 1940, *Die Stellung der Megalithkultur in der koreanischen Urgeschichte*, Doctoral dissertation, Universität Freiburg (Schweiz).

Han, Hung-su, 1940(?), The neolithic culture of Corea : with special regard to megalithic culture, 영문 타자본.

Hoyt, J., 1948(July-September), Some points of interest from Han Hung Su's "Studies on megalithic culture of Korea, *American Anthropologist* 50(3), pp. 573~574.

Jaroslav Olša, jr., 2014, 「Korean Historian and His Central European Muse. Han Hŭng-su and Huberta Kimova - their work and life in Prague (1942/3-48)」, 『한국학 세계화의 선구자들을 찾아서(Pioneers of Korean : A Global Perspective)』, 39~71쪽, 2014년 제2차 비교한국학연구센터 국제학술대회, 한국중앙연구원 비교한국학연구 센터, 서울.

4부 도유호와 북한 고고학(2) : 1950대 중반~1960년대 중반

「金日成大學을 비롯한 各大學의 創設」, 『조선중앙년감 1949』, 조선중앙통신사, 평양.
「國家學位授與委員會」, 『조선중앙년감 1950년판』, 조선중앙통신사, 평양.
「學術用語査定委員會」, 『조선중앙년감 1950년판』, 조선중앙통신사, 평양.
「내각결정 제183호, 1952년 10월 9일, 조선 민주주의 인민 공화국 과학원 조직에 관하여」, 『조선중앙년감 1953』, 조선중앙통신사, 평양.
「국내외일지」, 『조선중앙년감 1953』, 조선중앙통신사, 평양.
「고적 유물 및 박물관」, 『조선중앙년감 1954~1955』, 조선중앙통신사, 평양.
「학술 용어 사정 위원회」, 『조선중앙년감 1954~1955』, 조선중앙통신사, 평양.
「과학원」, 『조선중앙년감 1957』, 조선중앙통신사, 평양.
「고적 유물 및 박물관」, 『조선중앙년감 1957』, 조선중앙통신사, 평양.
「과학 연구 기관」, 『조선중앙년감 1964』, 조선중앙통신사, 평양.
「초도유적」, 『조선향토대백과』, 평화문제연구소.

〈신문〉
■ 동아일보
1935년 6월 7일, 정인보, 「五千年間 朝鮮의 얼 : 第九 漢四郡役(卄四)」.
■ 로동신문
1966년 5월 11일, 도유호, 「우리 나라 구석기 시대 연구를 위하여」.
1998년 3월 11일, 「대동강과 더불어 빛을 뿌리는 유구한 력사와 찬란한 문화 : 조선민주주의인민공화국 력사학학회에서 평양을 중심으로 한 이 일대의 고대문화를 《대동강문화》로 명명」.
■ 한겨레신문
1991년 12월 13일, 김미경, 「최명학 : 기초의학 중시한 국내 첫 해부학자」.

〈논문, 단행본, 기타〉
고고학 및 민속학 연구소, 1956, 『라진 초도 원시 유적 발굴 보고서』, 유적발굴보고 1, 과학원, 평양.

고고학 및 민속학 연구소, 1957a, 『궁산 원시 유적 발굴 보고』, 유적발굴보고 2, 과학원출판사, 평양.

고고학 및 민속학 연구소, 1957b, 「조선에서의 초기 금속 사용에 관한 토론회」, 『문화유산』 1957(1), 118쪽, 102쪽, 평양.

고고학 및 민속학 연구소, 1957c, 「안악 3호분의 년대와 그 피장자에 대한 학술 토론회」, 『문화유산』 1957(2), 87~88쪽, 평양.

고고학 및 민속학 연구소, 1957d, 「지탑리 유적 발굴 사업 진행」, 『문화유산』 1957(4), 74~75쪽, 평양.

고고학 및 민속학 연구소, 1957e, 「고려 도자기와 초기 금속 유물 전시회」, 『문화유산』 1957(5), 76~79쪽, 19쪽, 평양.

고고학 및 민속학 연구소, 1958a, 『조선 원시 유적 지명표』, 과학원출판사, 평양.

고고학 및 민속학 연구소, 1958b, 「1957년도 고고학 및 민속학 연구소 사업 총화와 1958년도의 사업 전망」, 『문화유산』 1958(1), 1~5쪽, 평양.

고고학 및 민속학 연구소, 1958c, 「조선에서의 금속 문화 기원에 대한 토론」, 『문화유산』 1958(2), 72~78쪽, 평양.

고고학 및 민속학 연구소, 1958d, 「제 1차 전국 고고학 토론회」, 『문화유산』 1958(3), 84~86쪽, 평양.

고고학 및 민속학 연구소, 1958e, 「관개 공사장에서 발견되는 유물 보존 사업을 전 인민적 운동으로 강력히 전개하자」, 『문화유산』 1958(5), 7~10쪽, 평양.

고고학 및 민속학 연구소, 1958f, 「보수주의와 소극성을 반대하여」, 1~6쪽, 『문화유산』 1958(5), 평양.

고고학 및 민속학 연구소, 1958g, 「조선 민주주의 인민 공화국 창건 10 주년 기념 학술 보고회 진행」, 『문화유산』 1958(5), 76~78쪽, 평양.

고고학 및 민속학 연구소, 1958h, 「용어 해석 : 구석기 시대」, 『문화유산』 1958(5), 73~75쪽, 평양.

고고학 및 민속학 연구소, 1958i, 『대동강 류역 고분 발굴 보고』, 고고학자료집 1, 과학원출판사, 평양.

고고학 및 민속학 연구소, 1959a, 『태성리 고분군 발굴 보고』, 유적발굴보고 5, 과학원출판사, 평양.

고고학 및 민속학 연구소, 1959b, 『강계시 공귀리 원시 유적 발굴 보고』, 유적발굴보고 6, 과학원출판사, 평양.

고고학 및 민속학 연구소, 1959c, 「황해북도 황주군 순천리 상동 유적 조사 정리 보고」, 『대동강 및 재령강 류역 고분 발굴 보고』, 17~25쪽, 고고학자료집 2, 과학원출판사, 평양.

고고학 및 민속학 연구소, 1959d, 「황해북도 사리원시 상매리 석상묘 조사 보고」, 『대동강 및 재령강 류역 고분 발굴 보고』, 41~42쪽, 고고학자료집 2, 과학원출판사, 평양.

고고학 및 민속학 연구소, 1959e, 『대동강 및 재령강 류역 고분 발굴 보고』, 고고학자료집 2, 과학원출판사, 평양.

고고학 및 민속학 연구소, 1960a, 『회령 오동 원시 유적 발굴 보고』, 유적발굴보고 7, 과학원출판사, 평양.

고고학 및 민속학 연구소, 1960b, 「우리 나라 고대 종족과 국가 발생에 관한 토론회」, 『문화유산』 1960(1), 95~98쪽, 평양.

고고학 및 민속학 연구소, 1960c, 「《고고학상으로 본 고조선》에 대한 과학 토론회」, 『문화유산』 1960(3), 76~79쪽, 평양.

고고학 및 민속학 연구소, 1960d, 「해방후 조선 고고학이 걸어 온 길」, 『문화유산』 1960(4), 1~15쪽, 평양.

고고학 및 민속학연구소, 1961a, 『지탑리 유적 발굴 보고』, 유적발굴보고 8, 과학원출판사, 평양.

고고학 및 민속학 연구소, 1961b, 「1961 년도 과학 연구 사업의 더 높은 앙양을 위하여」, 『문화유산』 1961(1), 1~4쪽, 평양.

고고학 및 민속학 연구소, 1961c, 「도 유호 동지에게 박사 학위 수여」, 『문화유산』 1961(3), 76~77쪽, 평양.

고고학 및 민속학 연구소, 1961d, 「조선 로동당 제 3 차 대회 이후 고고학계가 거둔 성과」, 『문화유산』 1961(4), 1~9쪽, 평양.

고고학 및 민속학 연구소, 1961e, 「제 4차 당 대회에서 우리 앞에 제시한 과업을 성과적으로 수행하기 위하여」, 『문화유산』 1961(5), 1~5쪽, 평양.

고고학 및 민속학 연구소, 1961f, 「고조선에 관한 과학 토론회」, 『문화유산』 1961(5), 78~80, 77쪽, 평양.

고고학 및 민속학 연구소, 1961g, 「《고조선 연구에서 제기되는 몇 가지 문제》」, 『문화유산』 1961(4), 82~85쪽, 평양.

고고학 및 민속학 연구소, 1962, 「고고학 및 민속학 연구에서 주체를 확립할 데 대한 우리 당의 방침을 철저히 관철시키자」, 『문화유산』 1962(2), 1~4쪽, 평양.

고고학 및 민속학 연구소, 1963, 「함경 북도 웅기군 굴포리 서포항동에서 구석기 시대 유적 발견」, 『고고민속』 1963(2), 54쪽, 평양.

고고학 및 민속학 연구소, 1965, 「조선 로동당 창건 20 주년을 맞으며」, 『고고민속』 1965(4), 3~7쪽, 평양.

고고학연구소, 1969, 「상원 검은모루유적 발굴중간보고」, 『고고민속론문집』 1, 1~30

쪽, 사회과학출판사, 평양.

고고학연구소, 1971. 『조선원시고고학개요』, 15~26쪽, 김일성종합대학출판사, 평양.

고고학연구소, 1977, 『고조선문제연구론문집』, 43~44쪽, 사회과학출판사, 평양.

고고학연구소·력사연구소, 1969, 「기원전 천년기전반기의 고조선문화」, 『고고민속론
문집』 1, 33~139쪽, 사회과학출판사, 평양.

고고학 연구실, 1957, 「청진 농포리 원시 유적 발굴」, 『문화유산』 1957(4), 45~50쪽,
평양.

국립문화재연구소, 2001, 『전국문화유적발굴조사연표(증보판II)』, 서울.

김광진, 1955a, 「조선에 있어서의 봉건제도의 발생(상)」, 『력사과학』, 1955(8), 11~39
쪽, 평양.

김광진, 1955b, 「조선에 있어서의 봉건제도의 발생(하)」, 『력사과학』, 1955(9), 37~68
쪽, 평양.

김광진, 1956, 「삼국 시대의 사회 - 경제 구성에 관한 몇 가지 문제에 대하여(상)」,
『력사과학』 1956(5), 1~25쪽, 평양.

김기웅, 1961a, 「고조선 문제에 대한 토론 개요」, 『력사과학』 1961(5), 73~81쪽, 평양.

김기웅, 1961b, 「평안남도 개천군 묵방리 고인돌 발굴 중간 보고」, 『문화유산』 1961(2),
45~54쪽, 평양.

김미경, 1992, 「의학과정에 해부학이 등장하다 : 최명학」, 『발굴 한국현대사 인물
2』, 243~249쪽, 한겨레신문사, 서울.

김석형, 1956, 「조선의 노비 - 주로 농민인 노비에 대하여 - 」, 『력사과학』 1956(4),
10~67쪽, 평양.

김석형, 1957, 「조선 력사 연구의 기초 축성을 위하여」, 『력사과학』 1957(3), 6~11쪽,
평양.

김석형, 1958a, 「위대한 강령적 문헌들을 깊이 연구하자」, 『력사과학』 1958(1), 1~7쪽,
평양.

김석형, 1958b, 「우리 당 과학 정책의 정당성과 력사 학계의 임무 - 공화국 창건 10주년
에 제하여 - 」, 『력사과학』 1958(4), 1~13쪽, 평양.

김석형, 1959, 「3국의 계급 제 관계 - 3국의 사회 경제 구성의 해명을 위하여 - 」,
『력사과학』 1959(4), 13~51쪽, 평양.

김석형, 1960, 「조선 고대사 연구에서 제기되는 몇 가지 리론상 문제」, 『력사과학』
1960(3), 82~85쪽, 평양.

김석형, 1962, 「해방 후 조선 력사학의 발전」, 『력사과학』 1962(2), 1~12쪽, 평양.

김석형, 1963, 「고조선의 연혁과 그 중심지들에 대하여」, 『고조선에 관한 토론 론문집』,
95~115쪽, 과학원출판사, 평양.

김석형, 1966, 「력사연구에서 당성의 원칙과 력사주의 원칙을 관철할데 대하여」, 『력사과학』 1966(6), 1~7쪽, 평양.

김성보, 2011, 『북한의 역사 1. 건국과 인민민주주의의 경험 1945~60』, 178쪽, 역사비평사, 서울.

김신규, 1961, 「미송리 동굴의 동물 유골에 대하여」, 『문화유산』 1961(6), 1~12쪽, 평양.

김신규, 1962, 「함경북도 화대군에서 털코끼리(《맘모스》)의 유골을 발견」, 『문화유산』 1962(2), 81~84쪽, 평양.

김신규, 1963, 「미송리 동굴의 동물 유골에 대하여」, 『각지 유적 정리 보고』, 20~34쪽, 고고학자료집 3, 과학원출판사, 평양.

김신규, 1966, 「우리 나라 원시 시대의 메'짐승에 대하여」, 『고고민속』 1966(2), 4~7쪽, 평양.

김신규, 1986, 「우리 나라 구석기시대의 포유동물상」, 『조선고고연구』 1986(2), 2~5쪽, 평양.

김영우, 1964, 「세죽리 유적 발굴 중간 보고(2)」, 『고고민속』 1964(4), 40~50쪽, 평양.

김용간, 1958, 「금석 병용기에 관련하여」, 『문화유산』 1958(2), 72~74쪽, 평양.

김용간, 1959, 「강계시 공귀리 원시 유적의 편년에 대하여」, 『강계시 공귀리 원시 유적 발굴 보고』, 49~78쪽, 유적발굴보고 6, 과학원출판사, 평양.

김용간, 1961a, 「우리 나라 금속 문화의 기원에 대하여」, 『력사과학』 1961(5), 50~56쪽, 평양.

김용간, 1961b, 「미송리 동굴 유적 발굴 중간 보고(Ⅱ)」, 『문화유산』 1961(2), 23~33쪽, 평양.

김용간, 1962, 「서평 : 《지탑리 원시 유적 발굴 보고》에 대하여」, 『문화유산』 1962(3), 73~75쪽, 평양.

김용간, 1964a, 「우리 나라 청동기 시대의 년대론과 관련한 몇 가지 문제」, 『고고민속』 1964(2), 8~18쪽, 평양.

김용간, 1964b, 『금탄리 원시 유적 발굴 보고』, 유적발굴보고 10, 사회과학원출판사, 평양.

김용간·황기덕, 1967a, 「기원전 천년기전반기의 고조선문화」, 『고고민속』 1967(2), 1~19쪽, 평양.

김용간·황기덕, 1967b, 「우리 나라의 청동기시대」, 『고고민속』 1967(4), 1~9쪽, 평양.

김용남, 1961, 「서포항 조개무지 발굴 중간 보고」, 『문화유산』 1961(3), 17~41쪽, 평양.

김용남·김용간·황기덕, 1975, 『우리 나라 원시집자리에 관한 연구』, 사회과학출판사,

평양.

김원용, 1964, 「韓國文化의 考古學的 硏究」, 『韓國文化史大系』 1, 237~313쪽, 고려대학교 민족문화연구소, 서울.

김원용, 1973, 『韓國考古學槪說』, 일지사, 서울.

김유방, 1963a, 「도유호 저 《조선 원시 고고학》에 대한 몇 가지 의견」, 『력사과학』, 1963(2), 59~61쪽, 평양.

김유방, 1963b, 「우리 나라 3국 문화가 일본 문화 발전에 준 영향」, 『력사과학』 1963(6), 55~58쪽, 평양.

김일성, 1955, 「레닌의 학설은 우리의 지침이다」, 『력사과학』 1955(6), 1~9쪽, 평양.

김일출, 1958, 「조선 민속학의 발전을 위하여」, 『문화유산』 1958(4), 17~27쪽, 평양.

김재효, 1957, 「추사 김 정희의 생애와 그의 학술 사상」, 『문화유산』 1957(1) 105~117쪽, 평양.

김재효, 1958, 「우리 나라 초기 금속 문화의 원류에 대한 몇 가지 문제」, 『문화유산』 1958(2), 77~78쪽.

김정문, 1964, 「세죽리 유적 발굴 중간 보고(1)」, 『고고민속』 1964(1), 44~54쪽, 평양.

김홍걸·김세찬, 2009, 「화대군 장덕리 : 털코끼리화석이 드러난 장덕리 니탄층」, 『포자~화분』, 173~178쪽, 조선고고학총서 59(고생물편 4), 고고학연구소·사회과학정보쎈터, 평양.

도유호, 1949, 「安岳의 高句麗 壁畫墳」, 『자연과학』 5, 29~37쪽, 국립인민출판사, 평양.

도유호, 1955, 「조선 석기 시대 사상(史上)에서 새로 판명된 몇가지 사실에 관하여」, 『력사과학』 1955(1), 41~54쪽, 평양.

도유호, 1956a, 「서문」, 『라진 초도 원시 유적 발굴 보고서』, 3~5쪽, 유적발굴보고 1, 과학원, 평양.

도유호, 1956b, 「조선 력사상에는 과연 노예 사회가 없었는가 - 김광진 동지의 부정론과 관련하여 - 」, 『력사과학』 1956(3), 15~77쪽, 평양.

도유호, 1957, 「민족 문화 유산의 계승 발전과 고고학 및 민속학 연구소의 당면 과업」, 『문화유산』 1957(1), 1~10쪽, 평양.

도유호, 1958a, 「조선 원시 문화의 년대 추정을 위한 시도」, 『문화유산』 1958(3), 17~41쪽, 평양.

도유호, 1958b, 「삼국 시대는 봉건 시대가 아니다」, 『삼국 시기의 사회 경제 구성에 관한 토론집』, 24~73쪽, 과학원출판사, 평양.

도유호, 1959a, 「머리'말」, 『강계시 공귀리 원시 유적 발굴 보고』, 1~2쪽, 유적발굴보고 6. 과학원출판사, 평양.

도유호, 1959b, 「조선 거석 문화 연구」, 『문화유산』 1959(2), 1~35쪽, 평양.

도유호, 1959c, 「고구려 석실 봉토분의 유래와 서역 문화의 영향」, 『문화유산』 1959(4), 29~37쪽, 평양.

도유호, 1960a, 『조선 원시 고고학』, 과학원출판사, 평양.

도유호, 1960b, 「머리 말」, 『회령 오동 원시 유적 발굴 보고』, 유적발굴보고 7, 과학원출판사, 평양.

도유호, 1960c, 「초도 유적의 주인공에 관하여」, 『문화유산』 1960(1), 6~21쪽, 평양.

도유호, 1960d, 「고고학에 관한 새 용어의 해설」, 『문화유산』 1960(3), 79~80, 표지 3쪽, 평양.

도유호, 1960e, 「고조선에 관한 약간의 고찰」, 『문화유산』 1960(4), 28~57쪽, 평양.

도유호, 1961a, 「머리'말」, 『지탑리 유적 발굴 보고』, 유적발굴보고 8, 과학원출판사, 평양.

도유호, 1961b, 「고조선 문화에 대하여」, 『력사과학』 1961(5), 41~49쪽, 평양.

도유호, 1962a, 「신천군 명사리에서 드러난 고조선 독널에 관하여」, 『문화유산』 1962(3), 45~60쪽, 평양.

도유호, 1962b, 「고고학이란 어떠한 과학이며 력사 연구에는 왜 고고학이 필요한가」, 『문화유산』 1962(3), 61~65쪽, 평양.

도유호, 1962c, 「진번과 옥저성의 위치 - 고조선 령역 문제와 관련하여 - 」, 『문화유산』 1962(4), 1~13쪽, 평양.

도유호, 1962d, 「빙하기란 무엇인가」, 『문화유산』 1962(4), 62~65쪽, 평양.

도유호, 1962e, 「인류의 기원」, 『문화유산』 1962(5), 49~54쪽, 평양.

도유호, 1962f, 「왕검성의 위치」, 『문화유산』 1962(5), 60~65쪽, 평양.

도유호, 1962g, 「예맥조선에 관하여」, 『문화유산』 1962(6), 36~38쪽, 평양.

도유호, 1962h, 「신천군 명사리에서 드러난 고조선 독널에 관하여」, 『문화유산』 1962(3), 45~60쪽, 평양.

도유호, 1962i, 「구석기란 무엇인가?」, 『문화유산』 1962(6), 48~55쪽, 평양.

도유호, 1963, 「1963년 중 고고학에서 거둔 성과」, 『고고민속』 1963(4), 51쪽, 평양.

도유호, 1964, 「조선의 구석기 시대 문화인 굴포 문화에 관하여」, 『고고민속』 1964(2), 3~7쪽, 평양.

도유호, 1965, 「서평 : 금탄리 원시 유적 발굴 보고」, 『고고민속』 1965(1), 53쪽.

도유호·김용남, 1964, 「우리 나라 구석기 시대와 이른 신석기 시대의 년대론에 대하여」, 『력사과학』 1964(4), 57~59쪽, 평양.

도유호·김용남, 1965, 「굴포 문화에 관한 그 후 소식」, 『고고민속』 1965(1), 54~56쪽, 평양.

도유호·황기덕, 1957a, 「지탑리 유적 발굴 중간보고(1)」, 『문화유산』 1957(5), 20~37쪽, 평양.

도유호·황기덕, 1957b, 「지탑리 유적 발굴 중간 보고(2)」, 『문화유산』 1957(6), 12~35쪽, 평양.

력사과학 편집부, 1957. 「삼국 시기의 사회 경제 구성에 관한 토론회」, 『력사과학』, 1957(1), 87~90쪽, 평양.

력사연구소, 1956, 『조선통사』, 과학원출판사, 평양.

력사연구소, 1958, 『삼국 시기의 사회 경제 구성에 관한 토론집』, 과학원출판사, 평양.

력사연구소, 1959, 「삼국 시기 사회 경제 구성의 성격에 관한 과학 토론회」, 『력사과학』 1959(6), 68~69쪽, 평양.

력사연구소, 1960, 「우리 나라에 존재한 노예 소유자 사회 시기 문제에 관한 과학 토론회」, 『력사과학』 1960(5), 63쪽, 평양.

력사연구소, 1961a, 「김 석형 저《조선 봉건 시대 농민의 계급 구성》과《량반론》에 대하여」, 『력사과학』 1961(3), 86~88쪽, 평양.

력사연구소, 1961b, 「소위《기자 동래설》의 허황성에 대한 과학 토론회」, 『력사과학』 1961(4), 17쪽, 평양.

력사연구소, 1961c, 「조선 로동당 제 3 차 대회 이후 우리 력사 학계가 거둔 성과」, 『력사과학』 1961(5), 1~8쪽, 평양.

력사연구소, 1961d, 「우리 당 제 4 차 대회가 제시한 과업 수행을 위한 력사 학계 임무」, 『력사과학』 1961(6), 1~7쪽, 평양.

력사연구소, 1962a, 『조선통사(2판)』, 사회과학출판사, 평양.

력사연구소, 1962b, 「맑스-레닌주의의 기치를 높이 들고 력사 과학의 당성의 원칙을 고수하자」, 『력사과학』 1962(3), 1~6쪽, 평양.

력사연구소, 1962c, 「당 정책 연구에서 이룩한 또 하나의 새로운 성과」, 『력사과학』 1962(3), 82~85쪽, 평양.

력사연구소, 1963, 「《고조선 연구》에 대하여」, 『력사과학』 1963(5), 102~106쪽, 평양.

력사연구소, 1979, 『조선전사 1(원시편)』, 과학,백과사전출판사, 평양.

력사연구소 고대 및 중세사 연구실, 1957, 「서문」, 『삼국 시기의 사회 경제 구성에 관한 토론회』, 과학원출판사, 평양.

력사학연구소, 1955a, 「조선 력사 과학 전선의 과업에 대하여」, 『력사과학』 1955(1), 1~8쪽, 평양.

력사학연구소, 1955b, 「력사가들은 김 일성 선집을 깊이 연구하자!」, 『력사과학』 1955(4), 1~10쪽, 평양.

력사학연구소, 1955c, 「계급적 교양 사업을 더욱 강화하기 위한 투쟁에 있어서 력사가들의 전투적 과업」, 『력사과학』 1955(5), 1~16쪽, 평양.

력사학연구소, 1956, 「조선 로동당 제 3차 대회와 조선 력사 연구의 제 과업」, 『력사과학』 1956(4), 1~9쪽, 평양.

로영대, 1962, 「함북 화대군 털코끼리 발굴지에 발달한 니탄층의 포자 화분 조합(胞子 花粉 組合)」, 『문화유산』 1962(4), 49~54쪽, 평양.

리동성, 1958, 「출토 인골에 대한 감정」, 『안악 제3호분 발굴 보고』, 25~32쪽, 유적발굴 보고 3, 과학원출판사, 평양.

리병선, 1961, 「《고조선 연구에서 제기되는 몇 가지 문제》에 대한 학술 토론회」, 『력사과학』 1961(5), 65~66쪽, 평양.

리병선, 1963, 「압록강 류역의 청동기 시대의 특징적인 토기들과 그 분포 정형」, 『고고민속』 1963(3), 25~36쪽, 평양.

리상호, 1963, 「단군고(檀君考) - 고조선 문제 연구를 위한 서론 - 」, 『고조선에 관한 토론 론문집』, 173~287쪽, 과학원출판사, 평양.

리상호, 1963a, 「고조선 중심을 평양으로 보는 견해들에 대한 비판(상)」, 『력사과학』 1963(2), 45~52쪽, 평양.

리상호, 1963b, 「고조선 중심을 평양으로 보는 견해들에 대한 비판(하)」, 『력사과학』 1963(3), 55~60쪽, 평양.

리성대·리금철, 1994, 『천연기념물편람』, 농업출판사, 평양.

리여성, 1955, 『조선 미술사 개요』, 국립출판사, 평양.

리주현·한은숙, 2009, 『총론』, 조선고고학총서 1, 고고학연구소·사회과학정보쎈터, 평양.

리준석·최현모, 1962, 「털코끼리가 발견된 함북 화대군 장덕리 4기층의 층서와 고지리 적 환경에 대한 고찰」, 『문화유산』 1962(4), 55~57쪽, 평양.

리지린, 1963a, 「고조선의 위치에 대하여」, 『고조선에 관한 토론 론문집』, 1~94쪽, 과학원출판사, 평양.

리지린, 1963b, 『고조선 연구』, 과학원출판사, 평양.

리지린·김석형·황철산·정찬영·리상호·림건상, 1963, 『고조선에 관한 토론 론문집』, 과학원출판사, 평양.

림건상, 1959, 「삼국 시기 사회 경제 구성에 대하여」, 『력사과학』 1959(2), 51~60쪽, 평양.

림건상, 1960, 「김 석형 동지의 론문 《3국의 계급 제 관계》에서 제기된 몇 가지 리론상 문제에 대한 의견」, 『력사과학』 1960(1), 107~119쪽, 평양.

림건상, 1963, 「고조선 위치에 대한 고찰」, 『고조선에 관한 토론 론문집』, 288~325쪽, 과학원출판사, 평양.

미술사 연구실, 1958, 「조선 미술사 부문에서 거둔 성과」, 『문화유산』 1958(4), 28~31쪽, 평양.

박경철, 1994, 「북한에서의 '고·중세 사회경제구성' 인식에 대한 일고찰 - '시대구분' 논의와 '중세 초기' 정치사 인식과 관련하여 - 」, 『북한의 고대사 연구와 성과(김정배 엮음)』, 209~245쪽, 대륙출판사, 서울.

박형우·여인석, 1992, 「解剖學者 崔明學」, 『의사학』 1-1, 88~91쪽, 서울.

배문중, 1959, 「조선 고고학자들에게서 허심히 배우련다」, 『문화유산』 1959(4), 80~85쪽, 평양.

백기하, 1963a, 「사람의 뼈를 감정하는 방법(Ⅰ)」, 『고고민속』 1963(2), 58~61쪽, 평양.

백기하, 1963b, 「사람의 뼈를 감정하는 방법(Ⅱ)」, 『고고민속』 1963(3), 72~75쪽, 평양.

백학순, 2010, 『북한 권력의 역사 : 사상·정체성·구조』, 231~315쪽, 한울, 서울.

서국태, 1964, 「신흥동 팽이그릇 집자리」, 『고고민속』 1964(3), 35~45쪽, 55쪽, 평양.

손보기, 1973, 「舊石器文化」, 『한국사』 1, 11~46쪽, 국사편찬위원회, 서울.

손영종, 1963, 「《조선 통사(상)》(1962년판)에 대하여」, 『력사과학』 1963(1), 66~72쪽, 평양.

송호정, 1990, 「전근대사의 시대구분」, 『북한의 한국사 인식[Ⅰ](안병우·도진순 편)』, 13~45쪽, 한길사, 서울.

아. 야. 브류쏘브(김용간 역), 1960a, 「신석기 시대 년대론에 관한 약간의 리론적 기초」, 『문화유산』 1960(1), 77~91쪽, 평양.

아. 야. 브류쏘브(김용간 역), 1960b, 「신석기 시대 년대론에 관한 약간의 리론적 기초」, 『문화유산』 1960(5), 58~76쪽, 평양.

에쓰. 빼. 똘쓰또브(김신숙 역), 1957, 「쏘련에서의 민속학 발전의 총화와 전망 - 1956년 5월 레닌그라드에서 진행된 민속학회에서의 보고 - 」, 『문화유산』 1957(2), 80~86쪽, 평양.

엠. 게. 레빈, 엔. 엔. 체복싸로브(리연식 역), 1957, 「경제 문화 류형과 력사 민속적 지역」, 『문화유산』 1957(3), 65~72쪽, 평양.

요하임 헤르만(김재상 옮김, 1989, 「『가족, 사유재산, 국가의 기원』에 대하여」, 『가족, 사유재산, 국가의 기원』, 311~362쪽, 두레, 서울.

은길하, 1962, 「1961년도 력사학 학사 학위 청구 론문 공개 심의 정형」, 『력사과학』 1961(2), 68~72쪽, 평양.

이병도·김재원, 1959, 「총설」, 『한국사(고대편)』, 7~11쪽, 을유문화사, 서울.

이선복, 1992, 「북한 고고학사 시론」, 『동방학지』 74, 1~74쪽, 연세대학교 국학연구원, 서울.

이종석, 2000, 『새로 쓴 현대북한의 이해』, 역사비평사, 서울.

이종석, 2011,『북한의 역사 2 : 주체사상과 유일체제 1960~1994』, 역사비평사, 서울.

자연지리학사전편찬위원회 엮음, 1996,「석호」,『자연지리학사전』, 281쪽, 한울아카데미, 서울.

전장석, 1961,「연암 박 지원이 남긴 조선 민속학의 고귀한 자산」,『문화유산』1961(5), 6~24쪽, 평양.

전주농, 1958a,「태성리 저수지 건설장에서 발견된 유적 정리에 대한 개보(I)」,『문화유산』1958(2), 37~57쪽, 평양.

전주농, 1958b,「태성리 저수지 건설장에서 발견된 유적 정리에 대한 개보(II)」,『문화유산』1958(3), 59~75쪽, 평양.

전주농, 1960,「고조선 문화에 대하여 - 토광 무덤 년대의 고찰을 중심으로 - 」,『문화유산』1960(2), 39~59쪽, 평양.

전주농, 1961,「조선 고고학의 창시자 추사 김 정희」,『문화유산』1961(4), 59~81쪽, 평양.

전주농, 1962,「신천에서 대방군 장잠장 왕경(帶方郡 長岑長 王卿)의 무덤 발견」,『문화유산』1962(3), 76~77쪽, 평양.

전주농, 1963,「평안 남도 룡강군 석천산(石泉山) 동록의 고인돌」,『각지 유적 정리 보고』, 51~55쪽, 고고학자료집 3, 과학원출판사, 평양.

전주농, 1964,「고구려 벽화 무덤의 시원에 대하여」,『고고민속』1964(3), 57~61쪽, 평양.

정백운, 1957,『조선 금속 문화 기원에 대한 고고학적 자료』, 과학원출판사, 평양.

정백운, 1958,「해방후 우리나라 고고학의 발전」,『문화유산』1958(4), 7~16쪽, 평양.

정백운, 1959,『조선 금속 문화 기원에 대한 고고학적 자료』, 과학원출판사, 평양.

정찬영, 1960,「고조선의 위치와 그 성격에 관한 몇 가지 문제」,『문화유산』1960(3), 39~51쪽, 평양.

정찬영, 1963,「고조선에 관한 문제들에 대하여」,『고조선에 관한 토론 론문집』, 137~172쪽, 과학원출판사, 평양.

정찬영·김세익, 1961,「조선 노예 소유자 사회의 존재 시기 문제에 대한 론쟁 개요」,『력사과학』1961(3), 34~66쪽, 평양.

조선유적유물도감 편찬위원회, 1988,『조선유적유물도감 1(원시편)』, 외국문종합출판사, 평양.

조선유적유물도감 편찬위원회, 1989,『조선유적유물도감 2(고조선, 부여, 진국 편)』, 외국문종합출판사, 평양.

조중 공동 고고학 발굴대, 1966,『중국 동북 지방의 유적 발굴 보고 : 1963~1965』, 사회과학원출판사, 평양.

주영헌, 1963, 「고구려 봉토 무덤의 기원과 그 변천」, 『고고민속』 1963(3), 7~18쪽, 평양.

중앙일보사 동서문제연구소, 1983, 「도유호」, 『북한인명사전』, 서울.

채희국, 1959, 「고구려 석실 봉토분의 기원에 대하여」, 『문화유산』 1959(3), 5~28쪽, 평양.

최명학, 1956, 「라진 초도 원시 유적 출토 인골 감정 보고」, 『라진 초도 원시 유적 발굴 보고서』, 1~61쪽, 과학원, 평양.

최상준, 1966, 「우리 나라 원시시대 및 고대의 쇠붙이유물분석」, 『고고민속』 1966(3), 43~46쪽, 평양.

프리드리히 엥겔스(김대웅 옮김), 2012, 『가족, 사유재산, 국가의 기원』, 두레, 서울.

한길언, 1950, 「金日成綜合大學歷史博物館」, 『문화유물』 2, 65~73쪽. 문화유물출판사, 평양

한길언, 1958, 「조선에서의 사회-경제 구성체에 대하여」, 『삼국 시기의 사회 경제 구성에 관한 토론회』, 145~182쪽, 과학원출판사, 평양.

한창균, 2003, 「한국 구석기유적의 연대 문제에 대한 고찰 : 절대연대 측정결과와 퇴적층의 형성시기에 대한 검토를 중심으로」, 『한국구석기학보』 7, 1~39쪽, 서울.

한창균, 2009, 「천안-아산 지역의 구석기유적 연구」, 『한국구석기학보』 20, 3~22쪽, 서울.

한창균, 2013, 「북한 고고학사의 시기 구분 체계에 대하여」, 『한국상고사학보』 79, 208~211쪽, 서울.

한창균, 2015, 「북한 고고학에서 보는 요서지역의 신석기문화」, 『요하문명과 고조선』, 45~60쪽, 지식산업사, 서울.

한흥수, 1950, 「朝鮮原始史硏究에 關한 考古學上諸問題」, 『력사제문제』 15(1950-1), 4~55쪽, 평양.

허종호, 1961, 「《고조선의 위치와 강역》에 대한 학술 토론회」, 『력사과학』 1965(5), 67~68쪽, 평양.

홍희유·강석준, 1961, 「소위 《기자 동래설》에 대한 비판」, 『력사과학』 1961(4), 1~19쪽, 평양.

황기덕, 1957a, 「함경북도 지방 석기 시대의 유적과 유물(1)」, 『문화유산』 1957(1), 72~101쪽, 평양.

황기덕, 1957b, 「함경북도 지방 석기 시대의 유적과 유물((2)」, 『문화유산』 1957(2), 34~65쪽, 평양.

황기덕, 1957c, 「두만강 류역과 동해안 일대의 유적 조사」, 『문화유산』 1957(6), 53~67

쪽, 평양.

황기덕, 1958, 「조선 청동기 사용기의 존부에 관하여」, 『문화유산』 1958(2), 74~76쪽, 평양.

황기덕, 1959, 「1958년 춘하기 어지돈 관개 공사 구역 유적 정리 간략 보고(Ⅱ)」, 『문화유산』 1959(2), 67~78쪽, 평양.

황기덕, 1963, 「두만강 류역 철기 시대의 개시에 대하여」, 『고고민속』 1963(4), 1~10쪽, 평양.

황기덕, 1963, 「황해 북도 봉산군 송산리 솔뫼'골 돌 돌림 무덤」, 『각지 유적 정리 보고』, 77~81쪽, 고고학자료집 3, 과학원출판사, 평양.

황기덕, 1965, 「무덤을 통하여 본 우리 나라 청동기 시대 사회 관계」, 『고고민속』 1965(1), 8~23쪽, 평양.

황철산, 1962, 「조선 민속학의 목적과 대상 범위에 관하여」, 『문화유산』 1962(5), 55~59쪽, 평양.

황철산, 1963, 「고조선의 위치와 종족에 대하여」, 『고조선에 관한 토론 론문집』, 116~136쪽, 과학원출판사, 평양.

都宥浩(鄭漢德 譯), 1965, 「朝鮮の舊石器文化, 屈浦文化について」, 『考古學雜誌』 50-3, 207~213쪽, 東京.

都宥浩·金勇男(鄭漢德 譯), 1967, 「屈浦文化に關るその後の消息について － 鮒浦里德山遺蹟の槪報」, 『考古學雜誌』 53-1, 47~52쪽, 東京.

Institute of Geology(State Academy of Sciences, DPR of Korea), 1996, *Geology of Korea*, APPENDIX Ⅱ, PLATE XV, Foreign Languages Books Publishing House, Pyongyang

Larichev, V.E. and Grigorenko, B.G., 1969, The Discovery of the Paleolithic in Korea (The Couplo Culture), *Arctic Anthropology* 6-1, pp. 128~133.

글을 마무리하며

「아세아 아프리카 단결 회의의 선언」, 『조선중앙년감 1957』, 262~263쪽, 조선중앙통신사, 평양.

「아세아 아프리카 단결 회의」, 『조선중앙년감 1957』, 464~465쪽, 조선중앙통신사, 평양.

〈신문〉
■ 한겨레신문
1990년 4월 13일, 고종석, 「발굴 한국현대사 인물(21) : 도유호」, 서울.

〈논문, 단행본〉

김용간·황기덕, 1967, 「기원전 천년기전반기의 고조선문화」, 『고고민속』 1967(2), 1~17쪽, 평양.

리주현·한은숙, 2009, 『총론』, 조선고고학총서 1, 고고학연구소·사회과학정보쎈터, 평양.

도유호, 1958, 「삼국 시대는 봉건 시대가 아니다」, 『삼국 시기의 사회 경제 구성에 관한 토론집』, 24~73쪽, 과학원출판사, 평양.

도유호, 1960, 『조선 원시 고고학』, 과학원출판사, 평양.

이광린, 1990, 「北韓의 考古學 : 특히 都宥浩의 研究를 中心으로」, 『동아연구』 20, 105~136쪽, 서강대학교 동아연구소, 서울.

G·D·페이지(Glenn D. Paige)(김홍철 역), 1960(11월호), 「모스코바 會議에 다녀와서 : 第25次國際東邦學者會議 韓國分科委員會」, 『사상계』, 94~106쪽, 서울.

부록

부록 1. 조선물질문화유물조사보존위원회에 관한 결정서

내각결정 제58호

조선물질문화유물조사보존위원회에 관한 결정서

우리 민족문화의 방대한 유적을 과학적으로 조사연구하며 이를 후손에
전하도록 영구히 보존관리하는 사업을 일층 강력히 추진시키기 위하여
조선민주주의인민공화국내각은 다음과 같이 결정한다.

一. 내각직속으로 조선물질문화유물조사보존위원회를 설치하고 그 기
　구로서 다음의 부서를 둔다.

　1 원시사 및 고고학부

　2 미술 및 건축부

　3 민속학부

　4 박물관지도부

　5 총무부

二. 종래 문화선전성에서 관장하던 력사박물관에 대한 관리지도사업을
　1948년 11월 5일 이내로 인수할 것이다.

三. 종래 북조선고적보존위원회에서 담당하였던 명승지 및 천연기념물
　에 대한 사업은 이를 각도 및 평양특별시인민위원회에 이관할 것이며
　그의 보존을 엄격히 단속할 것을 내무상에게 책임지운다.

四. 각 국립대학총장 및 학장은 본위원회사업에 참가하는 교수에게 교과
　외 사업을 면제하도록 조치할 것이다.

1948년 11월 1일

조선민주주의인민공화국내각

수상 김일성

문화선전상 허정숙

평양시

* 조선물질문화유물조사보존위원회, 1949, 『문화유물』 1, 128쪽

부록 2. 조선물질문화유물조사보존위원회 임명에 관하여

내각지시 제49호

조선물질문화유물조사보존위원회 임명에 관하여

조선물질문화유물조사보존위원회 위원을 다음과 같이 임명한다.

위원장	한흥수(韓興洙)
위 원	리여성(李如星)
위 원	도유호(都宥浩)
위 원	박시형(朴時亨)
위 원	리태진(李泰鎭)
위 원	오인근(吳寅根)

이상 상무위원

위 원	태성수(太成洙)
위 원	김세율(金世律)
위 원	김주경(金周經)
위 원	전몽수(田蒙秀)
위 원	김경인(金慶寅)
위 원	김석형(金錫亨)
위 원	한길언(韓吉彦)
위 원	신구현(申龜鉉)
위 원	김득중(金得中)
위 원	황 오(黃 澳)

이상 위원

내각수상 김일성
1948년 11월 5일
평양시

* 조선물질문화유물조사보존위원회, 1949, 『문화유물』 1, 128쪽

부록 3. 조선력사편찬위원회의 조직 및 기본과업에 관하여

1949년 1월 14일
내각지시 제8호
교육상 재정상 앞

조선력사편찬위원회의 조직 및 기본과업에 관하여

내각결정 제11호 「조선력사편찬위원회에 관한 결정서」(二)에 의하여 교육상이 선정한 별표(1) 조선력사편찬위원회 구성 및 별표(2) 조선력사편찬위원회의 기본과업을 승인하는 동시에 금후 조선력사편찬사업을 일층 추진강화시키기 위하여 다음과 같이 지시한다.

　기(記)

1. 력사편찬과 사료수집조사에 관한 일체경비는 국고에서 지출할 것이며, 력사편찬의 집필을 담당하는 위원에게는 적응한 연구보조금을 지급하도록 할 것.
2. 위원은 본위원회의 사업수행을 위하여 집필 기타 사업촉진에 참가할 의무가 있으며 각 대학 기타 기관책임자는 본위원회사업에 참가하는 교수 기타 교원에게 교과외 사업을 면제하도록 조처할 것.

내각수상 김일성
1949년 1월 13일
평양시

　이 문건 원본에 수상이 수표하였음을 확인함.

내각사무국장
한병옥

* 조선력사편찬위원회, 1949, 『력사제문제』 1949(5)

별표(1)

조선력사편찬위원회 구성

위원장   △백남운
위 원   홍명희 △최창익 △태성수 △남 일 △김승화 기석복
          △박영빈 △박동초 △김두용 △류문화 △김광진 한설야
          리기영 전몽수 장주익 황병인 △박시형 △김석형 김득중
          김경인 △한길언 이동화 김한주 리여성 한흥수 도유호
          정현규 박경수 (△은 상임위원)

분과위원회
1. 원시사분과위원회   한흥수 남 일 도유호 리여성 황 오
2. 고대사분과위원회   한길언 최영환 전몽수 황병인 김승화
3. 봉건사분과위원회   김석형 박영빈 장주익 김득중
4. 최근세사분과위원회 김승화 홍명희 최창익 박시형 기석복 김광진
                      김두용 박동초 김경인 류문화 박경수 리동화

별표(2)

조선력사편찬위원회의 기본과업

1. 조선력사를 편찬하는 원칙적 리론의 기준을 과학적 세계관에 근거할 것.
2. 조선력사 편찬의 기본방침에 있어서는 일본식 사학 및 그 영향의
    잔재를 일소(一掃)하는 동시에 서구학자들의 동양사에 관한 부르죠아
    적 견해와 편견적인 방법의 영향을 절대로 배제할 것.
3. 편찬의 대상은 원시씨족사회로부터 조선민주주의공화국 수립에 이
    르기까지의 조선력사 발전의 전과정이며 편찬의 기본내용은 사회적
    생산기구 급(及) 성격의 생성발전 및 전변(轉變) 관계를 과학적으로
    구명할 것.

4. 편찬의 당면 과업으로서는 정치적 현실의 요청에 따라 1949년 3월 말까지 포괄적인 간이(簡易) 력사를 동년 12월 말까지 공간할 것.
5. 사료의 수집조사는 계속 사업으로써 국내외에 걸쳐 실시할 것.
6. 조선력사에 관한 개별적 문제의 연구발표 토론을 위하여 기관지 「력사제문제」를 출판할 것이며 그에 게재된 원고의 심사는 상임위원회에서 할 것.

집행사무기구
위원장 백남운(교육상 겸임)
서기장 김희옥

* 조선력사편찬위원회, 1949, 『력사제문제』 1949(5)

부록 4. 물질문화유물 보존에 관한 규정

조선민주주의인민공화국 내각결정 제110호
「물질문화유물 보존에 관한 규정」 승인안에 관한 결정서
조선민주주의인민공화국 내각은 별지 「물질문화유물 보존에 관한 규정」
   을 승인한다.

조선민주주의인민공화국 내각
수상 김일성
1949년 8월 2일

물질문화유물 보존에 관한 규정

제一조 역사상의 기념물 및 학술연구상의 귀중한 자료가 되는 유적
     건조물 회화(繪畵) 공예품 전적(典籍) 유물은 조선물질문화유물조사
     보존위원회(이하 위원회라고 략칭한다)에서 이를 보존관리한다.
     전항의 유물 중 위원회에서 특히 필요하다고 인정되는 유물은 이를
     고적 또는 보물로써 지정하되 경우에 따라서는 이를 해제할 수 있다.
제二조 전조에 해당하는 출토품 및 기타일체 새 발견품은 국가의 소유로
     한다.
     전항의 유물을 발견한 자는 2일 이내에 이를 위원회 또는 소관지방인
     민위원회에 보고하여야 한다.
     유물발견의 보고를 받은 지방인민위원회는 그 유물을 보관하며 2일
     이내에 이를 위원회에 보고하여야 한다.
     위원회는 보고자에 대하여 적당한 보수를 줄 수 있다.
제三조 제一조 제一항에 해당하는 유물은 임의로 국외로 반출하는 행위
     를 금한다.
     특수한 사정에 의하여 국외전람회 등에 일시 출품할 필요가 있을
     경우에는 위원회의 허가를 받아 이를 국외로 반출할 수 있다.
제四조 제一조 제一항에 해당하는 유물은 이를 파괴 훼손 은익함을
     금한다.

제五조 고적 보물에 영향을 밎이는 행위를 요할 때에는 반드시 위원회의 허가를 받어야 한다.

제六조 제一조 제一항에 해당하는 유물의 발굴 또는 그 현상(現狀)을 변경하는 행위를 요할 때에는 반드시 위원회의 허가를 받어야 한다.

제七조 제一조 제一항에 해당하는 유물로서 개인이 소유할 경우에 이를 매매 전낭 또는 양여할 때에는 위원회의 허가를 받어야 한다.

위원회는 제一조 제一항의 유물을 소유한 자에 대하여 보관상 필요하다고 인정할 때에는 그에 적당한 보관방법을 지시하여 그 보관을 보장하여야 한다.

제八조 본 규정을 위반한 자는 법에 의하여 처단한다.

부 칙 「보물 고적 명승 천연기념물 보존령」(1946년 4월 29일 북조선림시인민위원회 공포) 중 보물 고적에 관한 조항은 이를 폐지한다.

1949년 8월 2일

* 조선물질문화유물조사보존위원회, 1949, 『문화유물』 1

부록 5. 『문화유물』 창간사

창 간 사

　우리 조선인민들은 우리 민족의 물질문화유물의 조사보존 및 그 연구의 필요성을 절실히 느끼게 되었다.

　이것은 어데서 오느냐 하면 인류평화의 강력한 옹호자이며 위대한 사회주의국가 쏘련의 결정적 승리에 의하여 해방되었고 이어서 경제적으로 문화적으로 부단한 형제적 원조로 말미암아 급속한 발전을 보게 된 우리 조선인민의 민주주의적 력량이 이만한 여유를 소유하게 된데서 오는 것이다.

　우리 문화유물보존연구사업은 몇 개인의 창의에 의해서 나타난 우연적 현상이 아니오, 우리 민주건설의 구체적 일단이며, 우리 민족문화 발전상을 보여주는 「바로메타」라고도 볼 수 있다.

　이러한 성장과정 중에서 이번 생겨난 것이 『문화유물』이다.

　그러면 『문화유물』의 사명은

　첫째로 진행 중에 있는 우리 사업의 내용과 걷은 성과를 때때로 공개하고 또 조사연구의 결과를 되도록 평이하게 발표하여서 민족문화에 대한 과학적 인식과 보급화에 노력할 것이다.

　둘째로 선진국가 쏘련의 문화유물보존사업과 그에 동원되고 있는 보조과학들의 연구와 그리고 그 요구되는 방법론과 기술적인 자료들을 될 수 있는 대로 많이 또 정확하게 소개해서 우리 사업에 활용하는데 있다.

　셋째로 『문화유물』의 지면은 전문가나 특수취미가들의 독점 경역에 속하는 것이 아니라, 신진인들과 특히 지방 열심가들에게 널리 개방되어 있는 것이다.

　그리하여 『문화유물』은 전문가와 비전문가 사이에 유기적으로 련결시키는 매개체로 되려고 한다. 다시 말하면 인민적 민주주의사회에서는 그 민족의 문화유산은 인민의 소유물이라는 것과, 이것을 조사하고 보존하는 사업은 인민의 능동적 참가와 인민의 직접적 감시 밑에서 가장 효과적으로 성취될 수 있는 사실을 널리 선전하고저 한다.

그러니까『문화유물』은 몇 개인의 취미에만 지배되는 일이 없도록 노력할 것이다.

　그러기 위해서『문화유물』은 앞으로 자기발전의 변천을 통해서 끊임없는 비판과 자아비판에 의하여 단련될 것이며 우리 인민의 건전한 취미와 감정과 도덕적 욕구에 합치되는 문화를 건설하기 위한 투쟁에 과감히 참가할 것이다. 이러한 투쟁에 필요한 지적 량식은 항상 맑쓰=레-닌주의에서 섭취하기를 게을리 하지 않을 것이다. 아울러 우리는 모든 기회주의와 민족개량주의적 경향을 적극적으로 배격할 것이다.

　『문화유물』은 방법론적 연구나 토론에만 주력하지 않고 고고학 민속학 건축사 미술사 박물관학 등과 이상의 보조과학들이 요구하는 제작실험의 기술적 지엽문제에까지도 주밀한 관심을 가지려고 한다.

　우리의 사업은 대내외적으로 엄숙한 시기에 진행되고 있다. 이때에 민족문화 경역에서 봉사하는 우리들의 태도에도 우리 민족이 처해 있는 ○○적 정세가 직접적으로 반영되어 있지 않으면 아니 될 것이다.

　『문화유물』은 이러한 때에 탄생되어서 인민의 감시와 총애 밑에서 성장할 것이다.

* 조선물질문화유물조사보존위원회, 1949, 「창간사」,『문화유물』1

부록 6. 도유호 해적이

1905년 5월 29일(양력 7월 1일) : 함경남도 함흥에서 출생. 본명 : 도정호(都定浩),
  원적 : 함흥시 남문리(南門里) 3구 146.
1915년 4월~1918년 3월 : 함흥영신보통학교(咸興永信普通學校) 입학 및 졸업.
1918년 4월~1922년 3월 : 함흥영생학교(咸興永生學校) 입학 및 졸업(제12회). 4년제.
1922년 4월~1923년 3월 : 휘문고등보통학교(徽文高等普通學校) 편입 및 졸업(휘문고
  등보통학교 제1회, 휘문중고등학교 통회 제15회). 세5학년 편입.
1923년 5월 27일 : 동아일보사 주최 현상 문예 신시(新詩) 부문 당선. 제목 : 가을
  저녁(賞乙, 咸興 都定浩).
1923년 9월~1924년 3월 : 함경남도 신흥군 신흥공립보통학교(新興公立普通學校) 취
  직 및 사임. 촉탁 교원.
1924년 4월~1928년 3월 : 경성고등상업학교(京城高等商業學校) 입학 및 졸업. 3년제,
  3학년 때(1926) 1년간 휴학, 졸업생 명단 이름 : 도정호(都定浩).
1928년? 일본 고베상대(神戸商大) 입학시험 합격. 등록하지 않음.
1928년 9월~1930년 정월 : 중국 북평연경대학(北平燕京大學) 문학원 편입 및 퇴학.
  3학기 수료.
1930년 4월 19일 : 기차 편으로 경성 출발.
1930년 4월 22일 : 중국 대련(大連)에서 배편으로 출발.
1930년 6월 6일 : 이탈리아 제노바 항 도착.
1930년 6월 18일 : 독일 프랑크푸르트(佛郎府) 도착.
1930년 9월 2일~10월 5일 : 동아일보에 「歐洲行 印度洋 건너서서」 연재(23회). 필명 :
  도유호, 【일자】9월 2~6일(1-5회), 10~14일(6-10회), 16일(11회), 18~21일
  (12-15회), 24일(16회), 27~28일(17-18회), 30일(19회), 10월 1일(20회), 3~5일
  (21-23회).
1931년 5월~1932년 9월 : 『동광』에 인상기(印象記) 등 게재. 필명 : 도유호, 【제목】
  ① 「苦悶의 獨逸에서」(『동광』 21, 1931년 5월), ② 「獨逸生活斷片」(『동광』
  23, 1931년 7월), ③ 「獨逸留學日記」(『동광』 25, 1931년 9월), ④ 「詩人 「꾀테」의
  舊家를 찾고」(『동광』 26, 1931년 10월), ⑤ 「獨逸大學生의 生活」(『동광』 27,
  1931년 11월), ⑥ 「民族問題에 對한 나의 誤謬」(『동광』 28, 1931년 12월),
  ⑦ 「民族問題에 關하야」(『동광』 30, 1932년 1월), ⑧ 「緊急抗議文」(『동광』
  33, 5월), ⑨ 「旋風 부는 獨逸에서」(『동광』 37, 1932년 9월).
1931년 10월 : 프랑크푸르트대학(Frankfurt am Main, 佛郎府大學) 입학.

1932년　：「맑스主義=레닌主義와 辨證法」이라는 논문을 번역하여 『동아일보』에 투고. 게재되지 않음.

1932년　6월 : '支那日本及朝鮮의 民族及民族主義의 起源'에 관한 원고 작성. 사회심리학(민족주의) 세미나 발표(프랑크푸르트대학). 이 가운데 '조선'에 관한 부분이 체코어로 번역되어 잡지에 실림.

1933년　초 : 독일 히틀러 정권에 의하여 투옥됨.

1933년　5월 : 비엔나대학(維也納大學) 철학부 사학과로 전학.

1935년　6월 28일 : 비엔나대학에서 철학박사학위 받음. 논문 제목 : 『Probleme der koreanischen Geschichte in kulturellem Zusammenhang』[문화적 맥락에서 본 조선사의 문제(254쪽)], 필명 : Cyong-Ho Do, 지도 교수 : Alfons Dopsch, 비엔나대학 도서관 등록 필명 : Do, Cyong-ho.

1936년　7월 : 「彙報 : 都宥浩氏의 書信(維也納로부터)」, 『진단학보』 5 수록.

1937년　11월 : "KONFUZIUS UND LAOTSE IM LICHTE DER CHINESISCHEN SOZIALGESCHICHTE" [支那社會史上으로 본 公子와 老子(獨文)]. 『진단학보』 8 발표, 필명 : Cyong-Ho Do(Toh Yuho, 都宥浩).

1938년?　: "Proto-Schang und chinesische Zivilisation" [원상족(原商族)과 중국 문명(22쪽)] 작성, 비엔나대학 도서관 등록 필명 : Do, Cyong-ho.

1938년?　: 비엔나대학에서 실시한 카르눈툼(Carnuntum) 유적 등 발굴 참가.

1938년　: 일제 관헌은 비엔나에 체류하였던 도유호에 대한 보고서 작성. 【내용】 "Dr. Chung Ho-Do. 사회학적 문제로 본 조선사로 학위 취득, 일본어 교사 재직, 좌경적 및 반일적 언행, 재유납(在維納), 소화 13년 1월 7일(昭13.1.7), 유수댁(留守宅)"

1938년　: 「支那國家의 起源(獨文)」. 『진단학보』 9 투고, 편집 형편상 다음 호로 밀렸으나, 다음 호에 게재되지 않았음.

1939년　여름 : 「中國都市文化의 起源」 원고 작성.

1939년　10월 3일 : 제2차 세계대전으로 말미암아 비엔나를 떠남.

1939년　10월 9일 : 이탈리아 나폴리 항에서 일본우선(日本郵船)의 여객선, 복견환(伏見丸)을 타고 귀국의 길에 오름.

1939년　(겨울) : 미국 뉴욕자연사박물관 관람.

1940년　1월 24일 : 일본 요코하마(橫濱) 도착.

1940년　1월 27일 : 경성역 도착. 귀국 이후, 일제 당국의 감시를 심하게 받음.

1940년　4월 24일~26일 : 조선일보에 「感想 感謝와 訂正」 연재(3회). 필명 : 都宥浩. 【일자】「感想 (상) 感謝와 訂正」(24일), 「感想 (중) 感謝와 訂正」(25일), 「感想 (하) 感謝와 訂正」(26일).

1940년 6월 1일~8일 : 조선일보에 「"비엔나" 그리웁다!」 연재(5회). 필명 : 荷潭 都宥浩. 【일자】 1일 : "비엔나" 그리웁다!(1), 4일 : "비엔나" 그리웁다!(2), 5일 : "비엔나" 그리웁다!(3), 7일 : "비엔나" 그리웁다!(4)」, 8일 : "비엔나" 그리웁다! (終).

1940년 9월 : 「中國都市文化의 起源(1)」 및 「「요세프-헥켈」氏의 「토템」主義論」. 『진단학보』 12 발표. 필명 : 都宥浩(Toh Yu-Ho).

1940년 당시 : 진단학회 회원.

1941년 3월 : 「中國都市文化의 起源(2)」. 『진단학보』 13 발표.

1941년 4월 24 : 매일신보 주최 '독일과 독일정신, 독일유학생 좌담회' 참석. 장소 : 경성호텔.

1941년 6월 : 「中國都市文化의 起源(3완)」. 『진단학보』 14 발표.

1941년 6월 : 만주국 신경박물관(新京博物館) 취직.

1942년 3월~1945년 2월 : 일본 체류. 멩긴(Oswald Menghin)의 저서인 『Weltgeschichte der Steinzeit(1940, 제2판)』의 일본어 번역에 참여. 岡 正雄 譯, 1943, 『石器時代の世界史(上卷)』, 聖紀書房. 인류학, 선사학, 고고학에 관한 독문 서적을 일본어로 번역하며 생활비 마련.

1945년 2월 이후 : 일본에서 귀국, 함주군(咸州郡) 덕산(德山) 농촌에서 지냄. 일제 당국의 감시를 심하게 받음.

1945년 7월 : 함흥 소재 흥남용흥공장(興南龍興工場, 항공연료를 주로 생산) 사무원으로 취직.

1945년 해방 직후 : 함흥시립도서관장 및 함흥의과대학 강사.

1945년 8월 16일 : 진단학회 상임위원.

1946년 3월 : 서울에 와서 민주주의민족전선 가입, 조선인민당 입당, 조선과학자동맹 위원장 겸임.

1946년 4월 : 조선공산당 입당. 보증인 : 이강국(李康國).

1946년 4월 8일? : 민주주의민족전선 상임위원회 중앙위원으로 보선.

1946년 4월? : 민주주의민족전선 외교문제연구위원(3분과).

1946년 4월 12일 : 민주주의민족전선 주최 '루스벨트 대통령 서거 1주년 추도회' 참가(사회자). 이강국, 김오성과 함께 중앙신문사 방문.

1946년 7월 4일 : 민주주의민족전선 주최 미국 독립기념 축하식에서 미국 독립사 강연.

1946년 7월 23일 당시 : 조선인민당 정치국(국장 : 이여성) 산하의 외교부 책임자.

1946년 7월 30일 : 미 군정청이 계획한 8·15 1주년기념 준비회담에 좌익 정당대표 가운데 한 사람으로 참가.

1946년 8월 3일 : 조선인민당(위원장 : 여운형), 남조선공산당(책임비서 : 박헌영), 남조선신민당(위원장 : 백남운)의 3당 합당에 따른 조선인민당의 합당교섭위원으로 선출됨.

1946년 9월 1일 : 미 군정청에서 도유호에 대한 체포령 내림.

1946년 9월 : 인민당 합당교섭위원에서 면직됨.

1946년 10월 16일 : 38선을 넘어 월북.

1946년 10월 20일 : 김일성대학 교원으로 채용 결정.

1947년 : 북조선인민위원회 외무국 임시 근무.

1947년 9월 1일? : 김일성대학 역사문학부 조선사학 강좌장.

1947년 10월 3일 : 김일성대학 역사문학부 고고학 강좌장.

1947년 : 대동강 연안의 석암리(石巖里) 유적 등 발굴 참가.

1948년 11월 5일 : 조선물질문화유물조사보존위원회 상무위원.

1949년 1월 14일 : 조선력사편찬위원회 위원 겸 원시사분과위원회 위원.

1949년 4월~7월 : 황해남도 안악 제1호 무덤, 제2호 무덤(함박뫼), 제3호 무덤(하무덤) 발굴 참가.

1949년 9월~10월 : 나선시 초도 유적 발굴 참관.

1949년 : 「安岳의 高句麗 壁畵墳」, 『자연과학』 5 발표.

1949년 : 「安岳에서 發見된 高句麗古墳들」, 『문화유물』 1 발표.

1950년 2월 13일 : 조선물질문화유물조사보존위원회의 민속학부 주최로 열린 "민간예술좌담회" 참가. 당시 직위 : 고고학부장.

1950년 2월 : 「先史學의 唯物史觀的 考察을 위한 몇개의 基本問題(상)」, 『력사제문제』 15(1950년 1집) 발표.

1950년 3월 : 「先史學의 唯物史觀的 考察을 위한 몇개의 基本問題(하)」, 『력사제문제』 16(1950년 2집) 발표.

1950년 : 「奉先寺址考」, 『문화유물』 2 발표.

1950년 4월~5월 : 평안남도 궁산 유적 발굴 참관.

1951년 8월 20일~1953년 3월 17일 : 휴전회담의 공산군 측 통역 장교. "MAJ To Yu Ho, NKPA, Interpreter"(인민군 소좌 도유호, 통역). 휴전회담 장소 : 개성 및 판문점.

1952년 10월 9일 : 과학원 설립. 과학원 후보원사(고고학).

1952년 11월 5일 : 과학원 산하 물질문화사연구소 소장.

1954년 9월~10월 : 함경북도 회령시 오동 유적 발굴 현장 지도.

1954년 11월 : 물질문화유물보존위원회 위원장.

1955년 : 『력사과학』 편집위원.

1955년 1월 : 「조선 석기 시대 사상(史上)에서 새로 판명된 몇가지 사실에 관하여」. 『력사과학』 1955(1) 발표.

1956년 3월 : 과학원 소속의 고고학 및 민속학 연구소 소장.

1956년 5월 : 쏘련 민속학회 학술 대회 참가(쏘련, 레닌그라드). 레닌그라드 방문 중 레빈 교수, 꼬스웬 교수 등과 토론.

1956년 : 「조선 력사상에는 과연 노예제 사회는 없었는가」. 『력사과학』 1956(3) 발표.

1956년 10월 30일 : 력사연구소 개최 "후보 원사 리청원 저 《조선에 있어서 프로레타리아트의 헤게모니를 위한 투쟁》에 대한 합평회" 참가.

1956년 10월 31일~11월 2일 : : 력사연구소 개최 "삼국 시기의 사회 경제 구성에 관한 토론회" 참가.

1956년 12월 25일 : 고고학 및 민속학 연구소 개최 "조선에서의 초기 금속 사용에 관한 토론회" 참가.

1956년(정백운과 함께) : 『라진 초도 원시 유적 발굴 보고서』(유적발굴보고 1) 간행.

1957년 : 『문화유산』 책임편집위원.

1957년 : 「민족 문화 유산의 계승 발전과 고고학 및 민속학 연구소의 당면 과업」. 『문화유산』 1957(1) 발표.

1957년 2월 23일 : 고고학 및 민속학 연구소 미술사실에서 "안악 3호분 년대와 그 피장자에 대한 학술 토론회" 개최.

1957년 4월~5월 : 황해북도 봉산군 지탑리 유적 발굴 현장 지도.

1957년(황기덕과 함께) : 「지탑리 유적 발굴 중간보고(1)」. 『문화유산』 1957(5) 발표.

1957년(황기덕과 함께) : 「지탑리 유적 발굴 중간보고(2)」. 『문화유산』 1957(6) 발표.

1957년(황기덕과 함께) : 『궁산 원시 유적 발굴 보고』(유적발굴보고 2) 작성.

1957(1956?)년 봄 : 모스크바에서 건축사가인 후보원사 미하일로브를 만남.

1957년 12월26일~1958년 1월 1일 : 아세아 아프리카 단결 회의(Afro-Asian Peoples' Solidarity Conference, 이집트, 카이로) 참가. 북한 대표단 단장 : 한설야.

1958년 : 고고학 및 민속학 연구소에서 "과학원 창립 5주년 기념 학술 보고회" 개최.

1958년 3월 29~31일 : 고고학 및 민속학 연구소 주최 "제1차 전국 고고학 토론회" 참가, 보고(《해방후 조선 고고학 부문 사업에 대한 정형과 과학적 성과》) 및 학술 발표(《조선 원시 문화의 년대 추정을 위한 시도》).

1958년 : 「조선 원시 문화의 년대 추정을 위한 시도」. 『문화유산』 1958(3) 발표.

1958년 9월 6일 : 고고학 및 민속학 연구소 주최 "조선 민주주의 인민 공화국 창건 10 주년 기념 학술 보고회" 참가, 보고(《공화국 기치하 10 년간의 고고학 및 민속학 연구소 사업 성과》).

1958년 : 「삼국 시대는 봉건 시대가 아니다」, 『삼국 시기의 사회 경제 구성에 관한 토론집』(력사연구소 편집, 과학원출판사) 발표.

1958년 : 「머리'말」, 『안악 제 3호분 발굴 보고』(유적유물보고 3) 수록.

1958년 : 「머리'말」, 『안악 제 3호 및 제 2호분 발굴 보고서』(유적유물보고 4) 수록.

1958년 : 「서언」, 『대동강 류역 고분 발굴 보고』(고고학자료집 1) 수록.

1959년 : 「조선 거석 문화 연구」, 『문화유산』 1959(2) 발표.

1959년 : 「고구려 석실 봉토분의 유래와 서역 문화의 영향」, 『문화유산』 1959(4) 발표.

1959년 4월 22일 : 고고학 및 민속학 연구소 주최 《8·15해방 14주년 기념 고고학 학술 토론회》" 참가.

1959년 : 「재령과 단천 지방에서 나온 몇 개 유물에 관하여」, 『문화유산』 1959(6) 발표.

1959년 12월 23일 : 고고학 및 민속학 연구소 주최 "우리 나라 고대 종족과 국가 발생에 관한 과학 토론회" 참가.

1959년 : 「서문」, 『태성리 고분군 발굴 보고』(유적발굴보고 5) 수록.

1959년 : 「머리'말」, 『강계시 공귀리 원시 유적 발굴 보고』(유적발굴보고 6) 수록.

1960년 : 『회령 오동 원시 유적 발굴 보고』(유적발굴보고 7).

1960년 : 「초도 유적의 주인공에 관하여」, 『문화유산』 1960(1) 발표.

1960년 : 『조선 원시 고고학』 발행, 과학원출판사.

1960년 4월 1일 : 고고학 및 민속학 연구소 주최 "《고고학상으로 본 고조선》에 관한 과학 토론회" 참가.

1960년 : 「고고학에 관한 새 용어의 해설」, 『문화유산』 1960(3) 발표.

1960년 : 「고조선에 관한 약간의 고찰」, 『문화유산』 1960(4) 발표.

1960년 8월 9일~16일 : 제25차 국제동방학자 대회(International Congress of Orientalists) 참가(쏘련, 모스크바). 《기원전 3~2세기에 조선 북부지역의 금속문화(The Metallic Culture of the Northern Regions of Korea in the Third and Second Centuries Before Our Era)》 발표.

1961년 4월 19일 : 국가 학위 수여 위원회로부터 박사학위(역사학)를 받음. 박사학위 제출 논문 : 『조선 원시 고고학』, 『궁산 원시 유적 발굴 보고』, 『지탑리 원시 유적 발굴 보고』.

1961년 5월 : 조국평화통일위원회 중앙위원.

1961년 6월 21일 : 과학원 사회과학부문위원회 주최 "소위 《기자 동래설》의 허황성에 대한 과학 토론회" 참가.

1961년 7월 6일 : 사회과학부문위원회 주최 "《고조선 연구에서 제기되는 몇 가지 문제》에 대한 학술 토론회" 참가.

1961년 7월 18일~19일 : 사회과학부문위원회 주최 《고조선의 위치와 령역》에 대한 학술 토론회" 참가.

1961년 8월 1일, 8일 : 사회과학부문 위원회 주최 《고조선의 종족 구성과 시기 구분》에 관한 학술 토론회" 참가.

1961년 8월 29일, 9월 2일 : 사회과학부문위원회 주최 "《고조선의 생산력과 국가 형성》에 관한 학술 토론회" 참가.

1961년 9월 27일 : "조선 민주주의 인민 공화국 력사 민족 위원회 1961년도 년차 회의"에서 위원으로 선출됨(위원장 : 력사연구소 소장 김석형 박사).

1961년 :「고조선 문화에 대하여」.『력사과학』 1961(5) 발표.

1961년(황기덕과 함께) :『지탑리 원시 유적 발굴 보고』(유적발굴보고 8) 간행.

1962년 :「신천군 명사리에서 드러난 고조선 독널에 관하여」.『문화유산』 1962(3) 발표.

1962년 :「고고학이란 어떠한 과학이며 력사 연구에는 왜 고고학이 필요한가」.『문화유산』 1962(3) 발표.

1962년 :「진번과 옥저성의 위치 - 고조선 령역 문제와 관련하여 - 」.『문화유산』 1962(4) 발표.

1962년 :「빙하기란 무엇인가」.『문화유산』 1962(4) 발표.

1962년 :「인류의 기원」.『문화유산』 1962(5) 발표.

1962년 :「왕검성의 위치」.『문화유산』 1962(5) 발표.

1962년 :「예맥조선에 관하여」.『문화유산』 1962(6) 발표.

1962년 :「구석기란 무엇인가?」.『문화유산』 1962(6) 발표.

1962년 10월 : 최고인민회의 제3기 대의원 및 상임위원회 위원.

1962년 : 과학원 상무위원.

1962년 7월 6일, 13일, 27일 : 력사연구소 주최, "단군 신화에 대한 학술 토론회" 참석.

1962년 10월 25일, 12월 17일, 1963년 2월 14일 : 력사연구소 주최, 《고조선 령역에 대한 학술 토론회》 참석.

1962년 :「우리 나라 최초 국가 형성 과정에 관한 연구」 작성(발표되지 않음).

1963년 :「1963년 중 고고학에서 거둔 성과」.『고고민속』 1963(4) 발표.

1964년 2월 : 사회과학원(1964년 2월 7일 창설) 소속의 고고학 및 민속학 연구소 소장.

1964년 4월 : 과학원 원사.

1964년 :「조선의 구석기 시대 문화인 굴포 문화에 관하여」.『고고민속』 1964(2)

발표.

1964년   : 「평천리에서 나온 고구려 부처에 대하여」. 『고고민속』 1964(3) 발표.

1964년(김용남과 함께) : 「우리 나라 구석기 시대와 이른 신석기 시대의 년대론에 대하여」. 『력사과학』 1964(4) 발표.

1964년   : 「다리밟이」. 『조선의 민속 놀이』(군중문화출판사) 발표.

1965년   : 「서평 : 금탄리 원시 유적 발굴 보고」. 『고고민속』 1965(1) 발표.

1965년(김용남과 함께) : 「굴포 문화에 관한 그 후 소식」. 『고고민속』 1965(1) 발표.

1966년 5월 11일 : 「우리 나라 구석기 시대 연구를 위하여」(『로동신문』) 발표.

1982년? : 사망.

부록 7. 한흥수 해적이

1909년 9월 29일(양력 11월 11일) : 경기도 개성에서 출생.

1929년 7월 : 일본 장기(長崎, 나가사키)에서 열린 국제소년야영대회에 조선 대표 가운데 한 사람으로 참가(개성 송도고등보통학교 재학).

1930년 3월 : 개성 송도고등보통학교(松都高等普通學校) 졸업(제11회).

1930년 : 일본으로 유학. 역사, 철학 전공.

1935년 2월 : 동경인류학회(東京人類學會) 회원

1935년 3월 : 일본 상지대학(上智大學) 졸업.

1935년 : 일본에서 추방되어 귀국.

1935년 9월 : 「朝鮮의 巨石文化研究」. 『진단학보』 3 발표.

1935년 9월 : 진단학회 신입회원.

1935년 11월 : 「原始社會研究의 重大性과 그 다음에 오는 諸問題」. 『비판』 3권 5호 (1935년 11월호) 발표.

1935년 12월 : 「朝鮮原始社會論. 白南雲氏著「朝鮮社會經濟史」에 對한 批判을 兼하 야」. 『비판』 3권 6호(1935년 12월호) 발표.

1936년 4월 : 「朝鮮石器文化槪說」. 『진단학보』 4 발표.

1936년 5월? : 유럽으로 유학(기차 편).

1936년 7월 : 「朝鮮文化研究의 特殊性」. 『비판』 4권 5호(1936년 7월호) 발표.

1936년 8월 10일 : 오스트리아 비엔나 도착.

1936년 10월? : 비엔나대학 입학.

1936년 11월 : 「彙報 : 韓興洙氏의 書信」. 『진단학보』 6 수록.

1937년 3월 2일~7일 : 조선일보에 「北歐縱斷記 : 維也納에서」 연재(6회). 【일자】 2일 (1회), 3일(2회), 4일(3회), 5일(4회), 6일(5회), 7일(6회).

1937년 3월 : 「海外短信」. 『비판』 5권 3호(1937년 3월호) 수록.

1937년 7월 : 「維也納日誌. 荒波의 孤舟 같은 墺地利의 近情」. 『비판』 5권 8·9호(1937년 7월호) 수록.

1936년?~1938년 봄 : 비엔나 민족학박물관(Museum für Völkerkunde) 근무.

1938년 : 일제 관헌은 비엔나에 체류하였던 한흥수에 대한 보고서 작성. 【내용】 "開城高麗町446金貞煥方"

1938년 : 독일의 오스트리아 병합 이후, 스위스로 이주.

1938년 11월~1939년 10월 : 스위스 베른대학(University of Bern)에서 두 학기 수료.

1940년 5월 : 프라이부르크대학(스위스) 철학부에서 철학박사학위 받음. 【학위논문】

『Die Stellung der Megalithkultur in der koreanischen Urgeschichte』[조선 상고사에 있어 거석문화의 자리매김]. 제1권 : 본문(99쪽), 제2권 : 부록(지도, 사진, 그림). 필명 : Hung-Soo Han. 지도 교수 : Hugo Obermaier. 프리부르대학 도서관 등록 필명 : Han, Hung-Soo.

1940년? : "The neolithic culture of Corea, with special regard to megalithic culture" [거석문화를 중심으로 본 조선의 신석기문화(89쪽)] 작성. 학위논문 제2권(부록 편)에 해당하는 부분이 첨부되지 않았음. 영문 타자본. 비엔나대학 도서관 등록 필명 : Han, Hung-su.

1941년 2월 : 「瑞西通信 : 프리부륵에서」. 『인문평론』 3권 2호 수록.

1941년 봄 : 일제 관헌의 요구로 스위스에서 독일 베를린으로 추방됨. 6개월 뒤 오스트리아로 이전 허가를 받음.

1942년 : 비엔나 민족학박물관(Museum für Völkerkunde) 극동부 근무.

1943년 : 체코슬로바키아 프라하 동양학원(Oriental Institute) 교직에 취임.

1946년 11월 4일 : 비엔나대학에서 교수 자격을 얻기 위한 하빌리타치온(Habilitation) 논문 심사 통과. 제출 논문 : '동아시아 문화의 사회 경제적 기초(Die sozialwirtschaftlichen Grundlagen der Kulturen Ostasiens)'.

1946년 11월 26일 : 심사 통과를 행정적으로 인정받음.

1947년 4월 : 비엔나대학 철학부장, 한흥수의 하빌리타치온 통과를 공식적으로 서명.

1947년 6월 : 오스트리아 문교부장관으로부터 강의 자격을 부여받음.

1946년 12월 11일~1948년 2월 18일 : 『독립(Korean Independence)』에 약 49편 게재. 발행 : 캘리포니아 로스앤젤레스, 필명 : Hung Soo Han. 【제목 및 일자】「조선을 외국제국주의의 굴네에 집어너으려는 자는 전인류의 적이다」(1946년 12월 11일), 「전후 오스츠리아 급 체코 량국의 실정을 통하야 본 조선의 건국사업」(2회 연재, 1947년 1월 1일~8일), 「민주주의 신조선 건설과 식자의 길」(2회 연재, 1월 13일~22일), 「애국심의 본질」(2회 연재, 1월 29일~2월 5일), 「민주주의의 본질」(16회 연재, 3월 5일~7월 9일), 「우리 전평대표는 세계근노대중 압헤 민족의 슯흠을 호소」(7월 2일), 「우리나라의 압길을 바라보며」(7월 16일), 「개인주의와 집단주의」(5회 연재, 7월 23일~8월 20일), 「세계민청축전 관방긔」(9회 연재, 10월 12일~12월 17일), "Koreans at Youth Festival"(11월 19일), 「미국에 게신 동무께」(12월 31일), 「우리 민족의 명예를 위하야」(6회 연재, 1948년 1월 14일~2월 18일) 등.

1947년 : 『Zwölf Monatsgeschichten und andere Volkserzählungen aus Korea』[조선에 전해오는 열두 달 이야기와 그 밖의 민간설화] 발행. 비엔나 아만두스 출판사(Amandus-Ed). 비엔나대학 도서관 등록 필명 : Hung, Soo Han.

1947년 초 : 소설『大河』(金南天 저) 체코어로 번역 출판(프라하). 풀트르(Alois Pultr)와
공동 번역.

1947년 2월 22일~26일 : 국제민주여성연맹(WIDF) 대표 회의에 참석한 북한 대표단
수행(프라하). 북한 대표 : 박정애(朴正愛).

1947년 6월 13일~17일 : 국제직업연맹(WFTU) 총회에 참석한 북한 대표단 수행(프라
하). 북한 대표 : 최경덕·원동근, 남한 대표 : 이인동·한철.

1947년 6월 13일 : 위 대표단으로부터 김일성 친서를 전달 받음.

1947년 7월 20일~8월 17일 : 세계민주청년연맹(WFDY)이 주도한 국제청년축전 참가
북한 대표단 수행(프라하).

1947년 말 또는 1948년 초 : 북조선 입국.

1948년 8월 : 「原始社會史研究에 關한 覺書」. 『력사제문제』 2 발표.

1948년 11월 5일 : 조선물질문화유물조사보존위원회 위원장 겸 상무위원.

1949년(1952년 재판) : 『Korea včera a dnes』 [조선의 어제와 오늘(체코어)] 발행(프라하).

1949년 1월 14일 : 조선력사편찬위원회 위원 겸 원시사분과위원회 위원.

1949년 4월 : 『교형수의 수기(유리우쓰·푸칙 저)』 번역 출판. 조쏘문화협회중앙본부
발행(평양). '북조선로동당'에서 번역권을 위임받아 1948년 8월 31일 탈고.

1949년 5월 : 황해남도 안악 제2호 무덤(함박뫼) 발굴 참가.

1949년 12월 : 「民族文化遺産의 保存과 繼承에 關한 諸問題」. 『문화유물』 1 발표.

1950년 2월 : 「朝鮮原始史研究에 關한 考古學上諸問題」. 『력사제문제』 15(1950년 1집)
발표.

1950년 4월 : 「朝鮮民俗學의 樹立을 爲하여」. 『문화유물』 2 발표.

1951년 5월 16일~27일 : 북한에 파견된 국제민주여성연맹 조사단 수행.

1952년 3월 3일~19일 : 북한에 파견된 국제민주법률가협회 조사단 수행. 조사단장 :
브란트바이너(Heinrich Brandweiner, 오스트리아 그라츠대학 국제법 교수).

1952년 5월 17일 : 중국 북경에서 열리는 '아세아 및 태평양 지역 화평회의(亞洲及太平
洋區域和平會議)'에 따른 준비회의(1952년 6월 3일~6일)에 북한 대표 위원의
일원으로 선정됨(위원장 : 한설야).

1952년 9월 8일 : '제2차 평화 옹호 전국 민족 대회'에서 평화 옹호 대회의 위원으로
한흥수 등이 비준을 받음.